Heinrich Heine

Das Buch

»Er schrieb die ersten Lieder des dritten Jahrtausends«, sagte Alfred Kerr über Heinrich Heine, den modernsten deutschen Schriftsteller des 19. Jahrhunderts, einen der wenigen von Weltrang. Seine Dichtung ist geprägt von radikaler Subjektivität, geistreichem Witz, beißender Ironie.

Kerstin Decker zeigt, wie nah uns Heine heute noch ist. Jenseits aller akademischen Erörterungen führt sie uns mit erzählerischer Leichtigkeit mitten hinein in Heines zeitlos modernes Werk, das in seiner sinnlichen Sprache autobiographische Hinweise zuhauf bietet. Erstmals erhält auch Heines Frau Mathilde eine eigene Stimme. Es gelingt der Autorin, den Dichter, den politischen Pamphletisten und den Reiseschriftsteller Heine zu einem facettenreichen Lebensbild zusammenzufügen und seine Einzigartigkeit in der deutschen Literatur zu verdeutlichen.

Die Autorin

Kerstin Decker, geboren 1962 in Leipzig, ist promovierte Philosophin, Reporterin beim *Tagesspiegel*, Kolumnistin bei der *taz* und hat mehrere Bücher verfaßt, darunter *Oscar Wilde für Eilige* und, zusammen mit ihrem Mann Gunnar Decker, *Letzte Ausfahrt Ost*. Sie lebt in Berlin.

Kerstin Decker

Heinrich Heine

Narr des Glücks

Biographie

List Taschenbuch

Besuchen Sie uns im Internet:
www.list-taschenbuch.de

Alle Zitate aus Heines Werk sind kursiv gedruckt. Bei
wörtlichen Reden Heines, die nicht kursiv stehen, liegen
Zeugnisse Dritter zugrunde.

Ungekürzte Ausgabe im List Taschenbuch
List ist ein Verlag der Ullstein Buchverlage GmbH, Berlin
1. Auflage August 2007
© Ullstein Buchverlage GmbH, Berlin 2005 / Propyläen Verlag
Umschlaggestaltung und Konzeption:
RME Roland Eschlbeck und Rosemarie Kreuzer
(unter Verwendung einer Vorlage von Morian & Bayer-Eynck, Coesfeld)
Titelabbildung: Gottlieb Gassen, 1828 / akg-images
Satz: Franzis print & media GmbH, München
Gesetzt aus der Aldus Roman
Papier: Munken Print von Arctic Paper Munkedals AB, Schweden
Druck und Bindearbeiten: Clausen & Bosse, Leck
Printed in Germany
ISBN 978-3-548-60749-8

INHALT

III

Heinrich Heine, ein deutsches Wunder

Alles geben Götter, die unendlichen,
Ihren Lieblingen ganz:
Alle Freuden, die unendlichen,
Alle Schmerzen, die unendlichen, ganz.
Johann Wolfgang von Goethe

Er schrieb die ersten Lieder des dritten Jahrtausends.
Alfred Kerr über Heine

Den meisten Toten merkt man an, daß sie schon lange tot sind. Heinrich Heine klingt, als spräche er heute. Er starb vor einhundertfünfzig Jahren. Mit Heinrich Heine beginnt die literarische Moderne in Deutschland. Bis eben war, was Gewicht hatte, schwer. Er macht zum ersten Mal das Schwere leicht. Der Deutsche wird definiert durch die grundsätzliche Abwesenheit des Humors, glauben lang anhaltend die Nichtdeutschen. Sie haben Heine vergessen.

Mit Heinrich Heine betritt die entfesselte Subjektivität die Bühne und erläßt ihre Menschenrechtserklärung: Ich bin der Mittelpunkt der Welt. Er bestätigt alle Vorurteile gegen das bindungslose Ich: Ein Fremd-Liebender, der doch ein Selbst-Liebender ist. Ein Nähe-Mensch, aber mit Fernstem-Blick. Ein Symbiotiker, fähig der kältesten Distanzen. Ein Hegelianer und doch kein Hegelianer. Ein Klassenkämpfer und doch kein Klassenkämpfer. Ein Sympathisant des Volkes und doch ein Volksverächter. Ein Jude und intimster Feind der Juden zugleich. Ein Atheist, aber religiös tief begabt. Ein metaphysischer Nachmetaphysiker. Ein lachender Melancholiker. Ist der Mann kompliziert?

Wenige waren so einfach wie Heinrich Heine. Wenige waren sich selbst so treu wie er. Wenige waren so objektiv wie der Subjektivist Heine. Man nennt ihn einen Zerrissenen. Er war der *Ganzeste*.

Adorno hat an Heines hundertstem Todestag von der »Wunde Heine«[1] gesprochen. Dieses Buch handelt vom Wunder Heine.

I

Harry Heine haßt Gedichte sowie seinen Französischlehrer und hat eine verfemte Freundin

Ihr Haar ist rot und reicht bis über die Schultern. Sie kann es unterm Kinn zusammenbinden. Dann sieht sie aus, als habe man ihr den Kopf abgeschlagen und als quelle das Blut in Strömen hervor. Das weiß er noch Jahrzehnte später. Ihre Augen sind tiefdunkel, als hätten sie ein Rätsel aufgegeben. Aber ihr geschlossener Mund sagt, er wird es niemals lösen. Sie spricht nicht wie die Mädchen, die er kennt. Das kann sie auch nicht, denn sie weiß nicht, was die anderen sagen. Josefa, die Scharfrichterstochter, ist immer allein. So allein ist sie, daß sie anstatt von Menschen nur von Tieren träumt. Er nennt sie »das rote Sefchen«. Er ist der einzige, der sie besucht.

Der Gymnasiast Harry Heine aus Düsseldorf befindet sich gerade in einer sehr schwierigen Phase seines Daseins. Wenn ihm etwas auf die Nerven fällt, dann ist das die Dichtung. Er kann sie nicht ausstehen. Vor allem die französische Dichtung nicht, aber es gibt keine andere im Augenblick. Harry Heine lernt in der Schule, daß Frankreich das schönste aller Länder und die französische Sprache die schönste aller Sprachen ist. Das liegt an Napoleon, der schon über Düsseldorf herrschte, als der Schüler Harry sieben war. Jetzt ist er fast sechzehn. Harry Heine hat überhaupt nichts gegen Napoleon. Napoleon ist vielleicht der einzige Despot, den der werdende Despotenhasser immer vom Despotenhassen ausnehmen wird. Aber darf ein Land über fremde Länder herrschen, wenn es eine solche Dichtung besitzt wie Frankreich?

Über den Schüler des Düsseldorfer Lyzeums Harry Heine herrscht Napoleon nicht direkt, sondern sein Stellvertreter in der Schule, der Abbé d'Aulnoi. Er ist ein *emigrierter Priester, ... ein ältliches Männchen mit den beweglichsten Gesichtsmuskeln und mit einer braunen Perücke, die, sooft er in Zorn geriet, eine sehr schiefe Stellung*[2] einnimmt. Das geschieht öfter, weil die offenen Feindseligkeiten zwischen dem Verfasser mehrerer französischer Grammatiken, einer »Art oratoire« sowie einer »Art poétique« auf der einen Seite und seinem Zögling auf der anderen Seite bedenklich zunehmen. Sie gipfeln in der strikten Weigerung des Schülers, französische Hexameter zu setzen. Harry Heine fühlt in aller Schärfe, wofür er viel später die Worte *gereimtes Rülpsen* findet. Darin bestehe das Wesen der französischen Poesie. Der Dichter wird diese Auffassung bis an sein Lebensende nicht korrigieren. Genauso wenig wie jene über Napoleon. *Ich hätte für Frankreich sterben können, aber französische Verse machen – nimmermehr!* Die Perücke wehrt sich, so gut sie kann. Sie nennt ihren Schüler einen Barbaren aus dem Teutoburger Wald, der nicht im Ansatz etwas besitze, das man einen Sinn für Poesie nennen könne. Hier irrt der Abbé. Denn er kennt das rote Sefchen nicht.

Zu Füßen des roten Sefchens bei der stadtbekannten Düsseldorfer Hexe erfährt Harry Heine, der sich später Heinrich nennen wird, zum ersten Mal, was Dichtung ist. Das rote Sefchen singt:

> »O tilje lieb, O tilje mein,
> Du wirst wohl nicht die letzte sein –
> Sprich, willst du hängen am hohen Baum?
> Oder willst du schwimmen im blauen See?
> Oder willst du küssen das blanke Schwert,
> Was der liebe Gott beschert?«

An dieser Stelle befinden sich die Sängerin und ihr Publikum, das jedesmal nur aus Harry besteht, bereits im Zustand großer Ergriffenheit. Auf seiten des Zuhörers wird diese Befindlichkeit dadurch gesteigert, daß natürlich auch der Anblick des roten Sefchens reine Dichtung ist. Nie zuvor hat er ein edler geschnittenes, bleicheres Gesicht gesehen als das der Scharfrichterstochter in ihrem roten Haarbrand. Sie ist wie eine Statue, aber eine *in nassen Kleidern.* Dieser Eindruck rührt daher, daß alle Frauen in Harrys Kindheit unglaublich viele Röcke übereinander tragen, nur die Sängerin nicht. Deshalb sehen ihre Kleider aus, als würden sie unmittelbar an dem schmalen Körper kleben. Der Eindruck großer Magerkeit verstärkt sich, weil das Sefchen gerade so sehr wächst, als ob es so groß wie der Scharfrichtervater werden will. Heine weiß nach so vielen Jahren auch noch, wie die Taille des Sefchens aussieht: *Sie hatte jene enge Taille, welche wir bei den Quarteronen in Westindien bemerken.* Ihre Stimme ist nicht besonders schön, oft ganz ohne Klang, aber jetzt ändert sich das gerade. Die Dichtung erreicht ihren Höhepunkt, und in der Erregung des Versdramas bricht jedesmal ein Ton von reinem Metall hervor. Josefa singt die Antwort der Otilje auf die Todesart-Anfragen der ersten Strophe. Germanisten haben viel darüber nachgedacht, wie Heine dazu gekommen ist, Heine-Gedichte zu machen. Sie haben dicke Bücher darüber geschrieben, woher er das Einfache, das Volksliedhafte hat. Die Urszene der Heineschen Dichtung haben sie nicht bemerkt.

Josefa singt:

> »Ich will nicht hängen am hohen Baum,
> Ich will nicht schwimmen im blauen See,
> Ich will küssen das blanke Schwert,
> Was der liebe Gott beschert!«

Nach Verklingen der letzten Zeile bricht das Publikum in Tränen aus. Es hat genau zwei Gründe. Zum einen Rührung über die Erhabenheit des Gedichts. Das überrascht Harry Heine selber. Noch nie hatte er beim Abbé d'Aulnoi über ein Gedicht weinen müssen, höchstens vor Wut. Vielleicht, als er die Hexameter der Klopstockschen »Messiade« in französische Alexandriner übersetzen sollte. Der zweite Grund ist, daß das rote Sefchen am Ende des Liedes derart erschüttert aussieht, als müsse es jeden Augenblick auch weinen. Das ist zuviel für Harry Heine. Der Jünger und die Jüngerin der Poesie fallen einander in die Arme, weinen – nach dem Zeugnis des Dichters – eine ganze Stunde lang und sprechen kein Wort.

Danach fragt er Josefa, ob sie ihm diese erhabenen Zeilen, die er nie zuvor gehört hat – und nie wieder hören sollte – nicht aufschreiben könne. Das tut sie. Aber sie schreibt nicht mit Tinte, sondern mit ihrem Blut. Nicht viele besitzen Schriftstücke solcher Art. Er hat es trotzdem verloren.

Er ist gern bei Josefa. Im Vergleich zu ihr gehört er zum innersten Kreis der Gesellschaft. Obwohl er es schwer genug hat mit seinem Namen. Harry! Das klingt genau wie der Ruf, mit dem der Düsseldorfer Dreckmichel seinen Esel zum Loslaufen überredet. Der Dreckmichel heißt Dreckmichel, weil er jeden Morgen den Kehricht vor den Häusern der Stadt auflädt und hinaus auf das Mistfeld fährt. Der Mann sieht aus wie sein Gewerbe und der Esel sieht aus wie sein Herr. »Haarüh!« Der Esel und der Junge hören auf den gleichen Namen. *Die großen Buben gingen vorbei und grüßten: »Haarüh!«, die kleineren riefen mir denselben Gruß, aber in einiger Entfernung.* Manchmal antworten die Düsseldorfer Esel sogar, wenn sie das »Haarüh!« hören. Wenn in der Schule die Rede auf einen Esel kommt, egal in welchem Zusammenhang, schauen alle auf Harry. Dann betreiben sie Eselskunde: *»Wie unterscheidet sich das Zebra von dem Esel des Barlaam, Sohn Boers?« Die Antwort lautete: »Der eine spricht zebräisch und der andere sprach hebräisch.« – Dann kam die Frage: »Wie unterscheidet sich aber der Esel des Dreckmichels von seinem Namensvetter?«, und die impertinente Antwort war: »Den Unterschied wissen wir nicht.«*

Manche nennen ihn auch den »roten Harry«, und man weiß bis heute nicht warum. Von mittelbraun bis sehr blond sind alle Haarfarben bezeugt, nur rote Haare sah keiner. Kommunisten gibt es auch noch nicht. Heißt er »roter Harry«, weil er zum »roten Sefchen« geht?

Noch mehr Ärger als mit seinem Namen bekommt Harry wegen seines Großvaters. Der Vater hatte den Sohn belehrt: »Dein Großvater war ein kleiner Jude und hatte einen großen Bart.« Am nächsten Tag teilt Harry diese Neuigkeit seinen Klassenkameraden mit und erlebt etwas Merkwürdiges: *Kaum hatte ich diese Mitteilung gemacht, als sie von Mund zu Mund flog, in allen Tonarten wiederholt ward, mit Begleitung von nachgeäfften Tierstimmen. Die Kleinen sprangen über Tische und Bänke, rissen von den Wänden die Rechentafeln ... – ein Höllenspektakel, dessen Refrain immer der Großvater war, der ein kleiner Jude gewesen und einen großen Bart hatte.* Für die Jungen muß dies eine Nachricht aus einer anderen Welt gewesen sein. Denn sie kennen keine Juden näher. Weder die Großväter noch die Enkel. Noch nie war einer von ihnen auf dem städtischen Gymnasium gewesen. Harry Heine aus der Bolkerstraße ist der allererste. Weil Napoleon beschlossen hat, daß ein jüdischer Junge ein Junge ist wie jeder andere, und seine Mutter das sofort geglaubt hat. Die Franzosen waren ein gutes Jahr in der Stadt, da besuchte Harry schon die Vorbereitungsklasse des Lyzeums. Dann folgen – etwas später – noch seine beiden Brüder. Aber mehr kommen vorerst nicht. Die anderen gehen weiter auf jüdische Schulen. Und vielleicht haben Napoleon und seine Mutter sich geirrt, und Harry Heine ist doch nicht wie die anderen. Eben erlebt er es. Die ganze Klasse in Aufruhr wegen seines Großvaters. Ein zorniger Lehrer betritt den Raum. Als Urheber des Krawalls macht er Harry Heine ausfindig. ... *ich büßte meine Schuld durch eine bedeutende Anzahl Prügel. Es waren die ersten Prügel, die ich auf dieser Erde empfing ... Der Stock, womit ich geprügelt ward, war ein Rohr von gelber Farbe, doch die Streifen, welche dasselbe auf meinem Rücken ließ, waren dunkelblau. Ich habe sie nicht vergessen.*

Die ersten Prügel? Vielleicht sind es schon die zweiten. Denn zuvor besuchte Harry Heine die ABC-Schule der Frau Hindermanns. Frau Hindermanns ist sehr wichtig, denn hier begegnen wir zum ersten Mal – da kann er noch nicht einmal richtig schreiben – dem Polemiker Heinrich Heine. Alle späteren Heine-Polemiken werden diesem Urmuster folgen, aber keine wird mehr so klar sein wie diese allererste. Bei Frau Hindermanns handelt es sich um eine entfernte geistige Verwandte des Abbé, sie sitzt mit einer großen Brille auf dem Eulenschnabel, der ihre Nase ist, in einem Lehnstuhl und wackelt mit dem Kopf wie der Abbé. Ihr zur Seite liegen eine Birkenrute und eine Schnupftabaksdose, vor ihren Füßen hocken zwölf kleine Mädchen und Harry, der einzige Junge, nach Zeugenaussagen gerade vier Jahre alt. Vom Abbé unterscheidet sich Frau Hindermanns vor allem dadurch, daß sie den Ausbruch offener Feindseligkeiten gar nicht erst abwartet. Der erwachsene Zögling wird das Hindermanns-Porträt dichten: *Und in der Hand die Birkenrut'/ Womit sie schlug die kleine Brut,/ Das weinend arme kleine Ding,/ Das harmlos einen Fehl beging. – –/ Es wurde von der alten Frau/ Geschlagen bis es braun und blau. – –/ Mißhandelt und beschimpft zu werden,/ Das ist des Schönen Los auf Erden.*[3] Nach getaner pädagogischer Arbeit greift sie gern zur Schnupftabaksdose und nimmt einen langen, den gleich einsetzenden Genuß tief vorfühlenden Nasenzug genau wie Schiller oder später die Kokser. Aber eines Tages ist in der Dose statt des Tabaks Sand. Gemeiner Sand. Das war Harry. Warum hast du das getan? fragt Frau Hindermanns. Und Harry antwortet wahrheitsgemäß: Weil ich dich hasse.[4]

15

All das kann Josefa nicht passieren. Eine Scharfrichterstochter geht nicht zur Schule. Eine Scharfrichterstochter geht im Grunde nirgendwohin. Denn sie ist »unehrlich« von Geburt und lebt im »Freihaus«. So nennt man die Scharfrichterei. In Wirtshäusern wird dem »Freimeister« nur ein Krug mit Holzdeckel gereicht, während die übrigen Gäste aus Krügen mit Zinndeckeln trinken dürfen. Manchmal wird der Becher, den der Scharfrichter benutzt hat, nachher zerbrochen. Man spricht nicht mit ihm. Man meidet seine Berührung.

Das ist ein typisches Zeugnis der herrschenden Doppelmoral. Denn schließlich sind es die Bierwirte, die – Heine zufolge – Totenfinger brauchen: *Wenn man nämlich den Finger eines Gehenkten, zumal eines unschuldig Gehenkten, an einem Bindfaden befestigt im Fasse hinabhängen läßt, so wird das Bier dadurch nicht bloß wohlschmeckender, sondern man kann aus besagtem Fasse doppelt, ja vierfach soviel zapfen wie aus einem gewöhnlichen Fasse von gleicher Größe. Aufgeklärte Bierwirte pflegen ein rationaleres Mittel anzuwenden, um das Bier zu vermehren, aber es verliert dadurch an Stärke.* Woher aber haben die unaufgeklärten Bierwirte die Totenfinger? Vom Scharfrichter natürlich.

Oder von der Göchin. Das ist die stadtbekannte Hexe, bei der das rote Sefchen wohnt, weil Vater und Großvater schon tot sind. Die Hexe kennt der Gymnasiast Harry aber schon viel länger als das Sefchen. Fast seit seiner Geburt.

Da hat sie mit ihrem speichelfeuchten Daumen über Harrys Scheitel gestrichen, nicht ohne ihm zuvor ein paar Haare abgeschnitten zu haben. Auch andere Stellen berührte sie mit dem Spuckedaumen. Nicht um den eben geborenen Harry zu verhexen, sondern um ihn zu retten. Sein Kindermädchen hatte die Hexe um Hilfe gerufen. Das Kindermädchen war gar kein Mädchen mehr, sondern schon ziemlich alt und hieß Zippel. Aber sie war nicht nur alt, sondern auch sehr abergläubisch, und da sie gehört hatte, wie alle Verwandtschaft diesen prächtigen Säugling, den Erstgeborenen von Samson und Betty Heine, lobte ob seiner außergewöhnlichen Schönheit, bekam sie große Angst. Wenn nämlich Neugeborene derart gelobt werden, das wußte sie genau, werden sie krank oder sterben gleich. Ein Gegenzauber mußte her, beschloß die Zippel. Das war die Stunde der Hexe. Heine berichtet, er habe sich später von ihr in die Grundlagen der Zauberei einführen lassen. Besonders verstand sie sich auf Liebestränke, die Kunst der Entmannung und Bierverbesserung nach oben geschilderter Art. Welche von diesen Künsten Heine am meisten interessierte, hat er nie verraten.

Wirklich oft besucht Heine die Göchin erst, als das rote Sefchen bei ihr einzieht. Davor lebte Josefa auf dem Freihof bei ihrem Großvater, der natürlich auch Scharfrichter war. Wie sie beim Scharfrichtergroßvater lebte, muß man wissen, weil es zur Vorgeschichte des mit höchster Wahrscheinlichkeit allerersten Kusses gehört, den Heinrich Heine einer Frau gibt. Es ist ein Kuß mit einem Schwert, und er beinhaltet bereits den ganzen späteren Heine. Denn es ist sowohl ein sehr sinnlicher als auch ein weltanschaulicher und ein emanzipatorischer Kuß. Und ein spöttischer obendrein. Außerdem handelt es sich um die schönste Episode aus Heines »Memoiren«, weshalb sie ein Anrecht auf ausführliche Wiedergabe hat. Sein Leben lang droht Heine der Mitwelt seine Memoiren an. Alle, nicht nur seine Familie, zittern vor den Enthüllungen. Metternich, Sohn des einst mächtigsten Mannes Europas, schickt sogar Geheimagenten und will die Memoiren postum kaufen – von Heines Witwe. Für zehntausend Francs plus Witwenleibrente. Umsonst. Erst viele Jahre nach Heines Tod wird anstelle eines großen Konvoluts ein sehr schmales Bändchen erscheinen. Die Welt erfährt von Bierfingern, vom Dreckmichel und Wissenswertes aus dem Leben des roten Sefchens. Eben die Vorgeschichte des ersten Heine-Kusses.

Für Folgendes hätte Metternich junior beinahe zehntausend Francs bezahlt: Das rote Sefchen war im Freihaus des Großvaters, das nah am Hochgericht in einer waldigen Gegend lag, verschiedenen Gefährdungen ausgesetzt. Besonders wenn der Großvater nicht da war. Es befanden sich zwar noch drei alte Weiber im Haus, *mit greisen Wackelköpfen, die beständig ihre Spinnräder schnurren ließen, hüstelten ... und viel Branntewein tranken.* Aber die konnten dem Sefchen nicht wirklich helfen, schon gar nicht, wenn in langen Winternächten die toten Diebe kamen und die Gehenkten, die sich vom Galgen losgerissen hatten, weil ihnen so kalt war oder sie ihre Finger wiederhaben wollten. Nun klopften sie an des Großvaters Haus. *Sie schneiden so jämmerlich verfrorene Grimassen. Man kann sie nur dadurch verscheuchen, daß man aus der Eisenkammer ein Richtschwert holt und ihnen damit droht; alsdann huschen sie wie ein Wirbelwind von dannen.*

Das rote Sefchen verscheuchte standhaft alle toten Diebe, auch die, die nur ihre Finger wiederhaben wollten. Aber einmal, als es gerade acht Jahre alt war, hatte es die allergrößte Angst, obwohl der Großvater zu Hause war. Die drei alten Frauen mit den Wackelköpfen und den Branntweinnasen und sogar die Knechte mußten das Haus verlassen. Die Hütte des Hofhundes wurde vorn und an allen Ritzen verstopft. Da schüttelte es das Sefchen bereits vor Entsetzen. Aber es durfte bleiben. Die ältesten Scharfrichter aus den entferntesten Gegenden kamen. Draußen vorm Haus unter den großen Eichen standen drei Dutzend Flaschen des besten Rheinweins auf dem Steintisch und daneben schwere Eisenleuchter. Sefchen mußte den großen silbernen Pokal mit Meergöttern, Delphinen und Muscheln drauf abwaschen, abtrocknen, auf den Tisch stellen und dann sofort ins Bett gehen.

Vielleicht hat es das versucht. Aber es konnte nicht ins Bett gehen, sondern setzte sich hinter ein Gebüsch. Es wurde dunkel, und um den großen Steintisch mit den schweren Eisenleuchtern saßen schweigend die Henker. Stumm reichten sie sich die Kelche. Das dauerte so lange, daß das Sefchen beinahe eingeschlafen wäre, doch dann begann der Großvater eine Rede zu halten, von der das Sefchen hinter dem Gebüsch nichts verstand. Dafür konnte es alles gut sehen. Als die Rede zu Ende war, weinten der Großvater und die anderen Kopfabschneider bitterlich, *was ein entsetzlicher Anblick war, da diese Leute sonst so hart und verwittert aussahen wie die grauen Steinfiguren vor einem Kirchenportal – und jetzt schossen Tränen aus den stieren Steinaugen, und sie schluchzten wie die Kinder. Der Mond sah dabei so melancholisch aus seinen Nebelschleiern am sternenlosen Himmel, daß der kleinen Lauscherin das Herz brechen wollte vor Mitleid.* Am Ende legten alle ihre roten Mäntel ab und schritten paarweise zu einer Grube, die zwei andere blitzschnell ausgehoben hatten. Alle standen um sie herum, als der Großvater, der noch immer seinen roten Mantel trug, ein weißes längliches Paket darunter hervorzog und es in die Grube legte. Da griff das blanke Grauen nach dem roten Sefchen, es flüchtete in sein Bett und schlief auf der Stelle ein. Am nächsten Morgen glaubte Josefa, sie habe geträumt, aber dann sah sie die frisch aufgeworfene Erde.

Erst als der Großvater tot und Sefchen bei der Göchin in Düsseldorf war, wagte es, alles zu erzählen. Die Göchin zeigte sich gar nicht beunruhigt, im Gegenteil, die Geschichte schien sie zu freuen. Kein Kopf, kein Kind, keine Katze, kein Schatz sei da bestattet worden, sondern das alte Richtschwert des Großvaters. Denn ein Schwert, das hundert armen Sündern den Kopf abgeschlagen habe, müsse unbedingt beerdigt werden. Es habe mit der Zeit ein heimliches Bewußtsein gewonnen und brauche am Ende die Ruhe im Grab genau wie ein Mensch. Ein Schwert mit Bewußtsein – dem Mädchen schien das unmittelbar einsichtig und auch seinem Zuhörer Harry. Schwerter, erfuhr Josefa von der Göchin und Harry von Josefa, können grausam und blutrünstig werden, wenn man sie nicht rechtzeitig begräbt. Die alte Hexe aber schien gar keine Angst vor der Blutrünstigkeit des Schwertes zu haben, denn noch am selben Tag fuhr sie zu seinem Grab und holte es heraus. Jetzt, sagt das rote Sefchen zu Harry, steht es in der Rumpelkammer neben anderem Zaubergerät. Da will Harry, was Zuhörer bei solchen Gelegenheiten immer wollen: es selber sehen. Sie steigen hinauf in die Kammer, als die Alte nicht zu Hause ist. Sefchen tritt *hervor mit einem ungeheuren Schwerte, das sie trotz ihrer schmächtigen Arme sehr kräftig* schwingt:

> *Willst du küssen das blanke Schwert,*
> *Das der liebe Gott beschert?*

Heine antwortet darauf *in derselben Tonart:*

> *Ich will nicht küssen das blanke Schwert –*
> *Ich will das rote Sefchen küssen!*

Und da sie sich aus Furcht, ihn mit dem Riesenschwert zu verletzen, nicht wehren kann – und einfach fallenlassen kann sie es auch nicht –, muß sie geschehen lassen, daß der sechzehnjährige Gymnasiast Harry Heine *mit großer Herzhaftigkeit die feinen Hüften* umschlingt *und die trutzigen Lippen* küßt. Jedenfalls wird der alte – der ältere – Heine solches behaupten. Er küßt sie, obwohl sie »unrein« ist und diese »Unreinheit« auf jeden überträgt, der sie berührt. So glaubt man. Darum heiraten Scharfrichterstöchter nur Scharfrichterssöhne. Aber was geht das Harry Heine an? *Ich küßte*

19

sie nicht nur aus zärtlicher Neigung, sondern auch aus Hohn ge-
gen die alte Gesellschaft und all ihre dunklen Vorurteile, und in
diesem Augenblick loderten in mir auf die ersten Flammen jener
zwei Passionen, welchen mein späteres Leben gewidmet blieb: die
Liebe für schöne Frauen und die Liebe für die Französische Revo-
lution …

Gleich darauf sagt Heine etwas, das keine Geliebte gern hört,
nicht mal rückblickend. Er sagt, daß seine Liebe zum roten Sefchen
am Ende *doch nur ein Präludium* war. Vielleicht, weil er erst sechzehn war und sie auch?

Forscher sind dazu da, nicht alles zu glauben, was die Dichter sagen, und sie haben herausgefunden, daß der Dichter nicht gelogen
hat: Das rote Sefchen gab es wirklich, es stammte tatsächlich aus
einer Scharfrichtersfamilie und wohnte in einem abgelegenen
Haus im Düsseldorfer Stadtteil Bilk. Es hieß Josepha Edel.[5] Nur
war Josepha Edel nicht sechzehn, sondern zwölf Jahre alt gewesen,
als sie Heine traf. Vorausgesetzt, Heine war wirklich sechzehn. In
diesem Fall liegen vier Jahre zwischen ihnen. Vier Jahre sind viel in
dem Alter.

Josepha Edel, das Präludium. Aber ein Dichter wäre kein Dichter, könnte er nicht aus einem Präludium eine ganze Sinfonie machen. Und manchmal erfährt man aus den Präludien schon mehr
als aus der Sache selbst. So ein Präludium ist auch nur eine Art
Fegefeuer: *In der Liebe gibt es ebenfalls, wie in der römisch-ka-*
tholischen Religion, ein provisorisches Fegfeuer, in welchem man
sich erst an das Gebratenwerden gewöhnen soll, ehe man in die
wirkliche ewige Hölle gerät. Josepha ist Heines Fegfeuer. Daß er
nachher noch in die Hölle kommt, wissen wir. Und hier haben
wir bereits die erste und größte Besonderheit eines Heineschen
Liebesgedichts. In normalen Liebesgedichten, bis hin zu denen
Goethes, kommt zuerst der Himmel und dann, manchmal, die
Hölle. Bei Heine ist das anders. Bei Heine gibt es nur Höllenhim-
mel und Himmelhöllen. Das Richtschwert von Josephas Großvater hängt über jedem neuen Kuß, auch wenn er längst anderen
gilt.

Mit Heinrich Heine beginnt die literarische Moderne in
Deutschland. Doch noch merkt man das nicht, noch dichtet er so:
O, habt Ihr über Glück und Unglück noch Gewalt, Ihr Götter! –
gebt dem Glück auf heute viel Befehle, wenn Vater und Mutter,

die schöne Seele heute feiern ihren schönsten Tag.[6] Das ist, halb geborgt, der Gruß des Sechzehnjährigen zum Hochzeitstag der Eltern. Bis zu seinem neunzehnten Lebensjahr wird er entschlossen auf diesem poetischen Niveau verharren.

Ein Sohn liebt seine Mutter wie Napoleon und seinen Vater noch viel mehr

Der junge Harry Heine hat nicht nur einen Kaiser, eine verfemte Freundin und einen Lehrer, sondern er hat auch Eltern. Am Ende seines Lebens zeichnet er ihr Porträt. Das Bild seines Vaters entwirft er anhand eines anderen Porträts, das in seinem Elternhause hing und irgendwann vom Feuer geholt wurde. Aber da hatte es sich Heine längst eingeprägt – denn die Bilder, die man in der Kindheit sieht, täglich und beinahe unbewußt, trägt man in sich. Sie werden zu Seelenlandschaften.

Das Pastell zeigt den Vater sehr jung, vielleicht im Alter von achtzehn Jahren, in einer roten Uniform und mit Haarbeutel. Der Haarbeutel gehört noch zum Rokoko, und Heines Vater sollte eine lebenslängliche Anhänglichkeit an beide bewahren, Haarbeutel und Rokoko. Die rote Uniform gehört zum Militär, und auch diesem bleibt Samson Heine auf immer verbunden – genauer: dem militärischen Erscheinungsbild. Das Rot der Uniform deutet auf *hannöversche Dienstverhältnisse.* Und in Hannover wurde Samson Heine 1764 geboren. Zu Beginn der Französischen Revolution befindet er sich – in ebenjener roten Uniform – im Gefolge des Prinzen Ernst von Cumberland. Als Proviantmeister der britischen Armee nimmt er teil am Feldzug gegen Flandern und Brabant. So weiß es der Sohn.

Achtzehn Jahre alt und in der roten Uniform sieht Samson Heine zweifellos vielversprechender aus als sein Bruder Salomon. Siebzehn Jahre alt und ganze sechzehn Groschen in der Tasche, nur mit einer Lederhose bekleidet, soll dieser Bruder in Hamburg eingetroffen sein. Etwas später ist Salomon einer der reichsten Männer Europas, und sein Bruder Samson ist pleite.

Aber noch ist es nicht so weit.

Noch hat der junge rotuniformierte Proviantmeister Samson aus Hannover alles vor sich. Er hat einen Stall voller Reitpferde und viele Jagdhunde, ansonsten hat er eigentlich nichts. Aber er ist schön. *Die Schönheit meines Vaters hatte etwas Überweiches, Charakterloses, fast Weibliches.* Wir wollen hier nicht über die Erläuterung von »charakterlos« durch »fast weiblich« befinden. Heine braucht ohnehin beinahe einen ganzen Absatz, um diese Worte wieder ins rechte Licht zu rücken. Keinesfalls will er einen Mangel an väterlicher Männlichkeit andeuten.

Als Proviantmeister der britischen Armee kommt Samson Heine nach Düsseldorf, er soll einen Quartierschein für das van Geldernsche Haus gehabt haben.

Die van Gelderns sind eine angesehene jüdische Ärzte-, Bankiers- und Gelehrtenfamilie, Ende des siebzehnten Jahrhunderts aus den Niederlanden eingewandert. Sie haben auch eine Tochter. Sie heißt Peira van Geldern und nennt sich Betty. Sie ist auch sonst sehr eigensinnig, denn sie ist bereits fünfundzwanzig und immer noch allein. Dabei werden in jüdischen Familien die Mädchen noch früher verheiratet als in christlichen Familien. Aber nicht mit ihr! Einen wildfremden Mann soll sie in ihr Zimmer lassen, und nachher sogar in ihr Bett? Abscheulicher Gedanke. Aber im Augenblick fühlt sie sich beinahe etwas zu allein. Der Vater ist vor einem Jahr gestorben und nun auch noch ihr Lieblingsbruder, den sie »meinen zweiten Vater« nennt. Vielleicht hat Samson den Quartierschein für das van Geldernsche Haus auch deshalb bekommen, weil es gerade so leer ist. Metaphysisch leer. Sie hat Vater und Bruder gepflegt und fragt sich jetzt ernstlich, ob sie auf dieser Erde noch etwas vorhat. Ihre Briefe an eine Freundin sind kleine Weltuntergänge – deutsch in hebräischen Buchstaben.

Da sieht sie Samson. Und sieht, wie gut ihm die Uniform steht. Viel mehr kann sie nicht sehen, denn viel mehr Eigenschaften hat er eigentlich nicht. Betty van Geldern beschließt, Samson Heine zu heiraten. So muß es gewesen sein, denn nach dem Zeugnis des Sohnes ist das Fassen von Entschlüssen in seiner Familie reine Frauensache. Samson ist eben vor allem schön, so wie sein einziges Kapital: die Windhunde und die Pferde. Aber auf Betty van Geldern machen beide, Windhunde wie Pferde, wenig Eindruck. Dieses vierbeinige Kapital, glaubt sie, ist nur scheinbares Kapital. Ein kostspieliges obendrein. Betty van Geldern nähert sich ihm mit der ihr eigenen Entschlußkraft. Mit zwölf schönen Pferden – oder waren es nicht doch weniger? –, einem Stallmeister und vielen Jagdhunden zieht Samson Heine ein in Düsseldorf. Kurz darauf hat er kein Pferd mehr, nur noch einen einzigen Hund, und der entlassene Stallmeister hat Samsons goldene Repetieruhr. Der übriggebliebene Hund heißt Joly – wie später Heines Literaturhunde –, ist kreuzhäßlich und bewohnt im nunmehr leeren Stall die alte Kalesche des Vaters, *und wenn dieser hier mit ihm zusammentraf, warfen sie sich wechselseitig bedeutende Blicke zu. »Ja, Joly«, seufzte dann mein Vater, und Joly wedelte wehmütig mit dem Schwanze.*

Aber Samson Heine wird entschädigt. Ob mit der Mitgift seiner Ehefrau oder mit einem Zuschuß des inzwischen schon vermögenden Bruders Salomon oder mit beidem: Am 6. Juni 1797 meldet eine Anzeige in der Düsseldorfer Lokalzeitung die Eröffnung eines Geschäfts mit »*neumodischen* Waren«, hauptsächlich aus englischen Manufakturen. Das Geschäft liegt in der Bolkerstraße, in dem Haus, in dem Heinrich Heine ein halbes Jahr später geboren wird.

Bald stellt die Stadt Düsseldorf auch eine eigene Bürgergarde auf, und Samson Heine wird Offizier. Statt einer roten Uniform trägt er jetzt eine dunkelblaue mit hellblauen Samtaufschlägen und darf am eigenen Haus vorbeidefilieren: *Vor meiner Mutter, welche errötend am Fenster stand, salutierte er dann mit allerliebster Courtoisie; der Federbusch auf seinem dreieckigen Hute flatterte da so stolz, und im Sonnenlicht blitzten freudig die Epauletten.* In regelmäßigen Abständen muß Samson Heine als kommandierender Offizier die Hauptwache beziehen. Dann liegt die Sicherheit der Stadt allein in seinen Händen. *An solchen Tagen floß auf der Hauptwache eitel Rüdesheimer und Aßmannshäuser von den trefflichsten Jahrgängen, alles auf Rechnung des kommandierenden Offiziers, dessen Freigiebigkeit seine Bürgergardisten, seine Krethi und Plethi, nicht genug zu rühmen wußten.* Die alte Kaisergarde, sagt Heine, starb und übergab sich nie. Bei der Garde seines Vaters ist das genau umgekehrt. Sie muß sich öfter übergeben, bleibt aber immer am Leben. Zwischen Rüdesheimer und Aßmannshäuser schickt die Wache Patrouillen auf Streife, und manchmal kommt es vor, daß die eine die andere als Trunkenbolde und Ruhestörer arretieren will.

Kein Heine-Bericht ohne Pointe. Und wenn es Übergabe-Pointen sind. Dabei, man ahnt es, gibt es sehr viel pointenloses Leben. Und pointenlose Kindheiten gibt es auch. Wieviel Dichtung ist an Heines frühen Erinnerungen? Aber niemand erfindet seine Kindheit. Nicht seine Eltern. Und nicht seine ersten Gefährten. Heine gehört zu den Realisten unter den Dichtern. Seine Phantasie entzündet sich an der Wirklichkeit, seit dem Augenblick, da er beginnt, mit eigener Stimme zu sprechen. Als er nicht mehr Nachsänger ist, sondern Vorsänger wird. Dieser Augenblick ist noch zu bestimmen. Und sagt die Erinnerung eines Menschen nicht viel mehr über ihn aus als jede vorgebliche Objektivität?

Wer ist Heines Vater in der Schilderung des Sohnes? Ein gutmütiger, vorsichtig gesprochen: nicht eben erleuchteter Mann von beinahe weiblicher Schönheit. Und dann fällt der Satz: *In seinem Gemüt war beständig Kirmes.* Im Grunde ist das ein vernichtendes Wort. Es wird nur noch eine Person in Heines Leben geben, auf die es genauso zutreffen wird wie auf den Vater. Das ist Mathilde, Heinrich Heines spätere Frau. Jeder würde zumindest verstehen, wenn ein Mann seine Frau den Menschen nennt, den er am meisten liebt. Doch Heine reserviert diese Auszeichnung dem Mann mit dem Kirmesgemüt in Uniform, dem ehemaligen Besitzer von zwölf Reitpferden und noch mehr Jagdhunden. *Er war von allen Menschen derjenige, den ich am meisten auf dieser Erde geliebt.*

Was liebt Heine? Die Begabung dieses Menschen, ganz eins zu sein mit der Wirklichkeit? Da ist einer, der nie den Zwang spürt, sie durchschauen zu müssen. So wie später seine Mathilde. Ludwig Marcuse sagte über Samson Heine: »Er war nur ein Mann, vor dessen vertrauensvoller Naivität sich das Leben teilte, als er hindurchging.« Das »nur« ist das einzig Falsche an diesem schönen Satz. Der Vater und die Frau Mathilde – sie sind zwei Sonnenkinder des Daseins. Wer beginnt zu denken, ist schon jenseits des Lebens, ist schon aus ihm herausgefallen. Heine wird sich nie verzeihen, ein Denkender zu sein. Seine Liebe gilt den bewundernswert Gedankenlosen. Sie gilt dem Leben selbst.

Und die Mutter? Heinrich Heine liebt Betty Heine ungefähr so wie Napoleon. Ebenfalls lebenslänglich. Ihre Herrschaft ist eine Vernunftherrschaft, genau wie die des Kaisers von Frankreich. Bei ihr ist er sicher.

Betty Heine, geborene Peira van Geldern, Hunde- und Pferde-feindin, formuliert ihre Vision von dem, was aus ihrem ältesten Sohn einmal werden soll, sowohl positiv als auch negativ. Der positive Entwurf wechselt öfter, der negative bleibt immer gleich: Alles, aber um Himmels willen kein Dichter! Betty Heine weiß genau, was ein Dichter ist. Heine weiß es auch: Ein Dichter ist *ein zerlumpter armer Teufel, der für ein paar Taler ein Gelegenheits-gedicht verfertigt und am Ende im Spital stirbt.* Betty Heine ist auf der Welt, um das zu verhindern. Darum schlichtet sie auch den Streit mit der braunen Perücke am Gymnasium ihres Sohnes und ist tief beruhigt, als sie hört, daß ihr Sohn kein, aber auch gar kein Gefühl für die Poesie besitzt.

Früh trifft sie alle entscheidenden *Vorsichtsmaßregeln.* Den Mägden ist es streng untersagt, dem kleinen Harry Gespensterge-schichten zu erzählen, und tanzen darf er auch nicht. Denn Gespenstergeschichten und Tanzen sind unvernünftig.

Gerade eben, im achtzehnten Jahrhundert, ist die Sonne der Vernunft aufgegangen. Nun ist sie bereits dabei, wieder unterzu-gehen – zumindest sahen manche die Heraufkunft der Romantik so und einige tun das noch immer –, aber Betty Heine bleibt die personifizierte Aufklärung. Zumindest in den rückblickenden Augen ihres Sohnes: *Ihr Glauben war ein strenger Deismus, der ihrer vorwaltenden Vernunftrichtung ganz angemessen.* Das ist der be-rühmteste Satz des Sohnes über die Mutter. Kein Liebessatz, ein Vernunftsatz. Heine berichtet noch mehr. Betty Heine spricht Englisch und Französisch. Sie übersetzt für ihren Vater lateinische Dissertationen. Ihr Lieblingsbuch ist Rousseaus »Emil oder Über die Erziehung« – Heine konnte Rousseau nicht ausstehen –, aber Goethes »Elegien« liebt sie ersatzweise auch. Und sie spielt Flöte wie Friedrich II. Sagt der Sohn.

Aber keinem, der Peira van Geldern kennt, fallen Flötenspiel, Goethe oder Rousseau auf. Peira van Geldern schreibt Deutsch mit hebräischen Buchstaben – wie die Mutter von Karl Marx –, was ihre Fremdsprachenkenntnis und Lateinlektüre nicht wahrscheinlicher macht. Und würde eine flötespielende, Goethe zitierende Mutter ihrem Kind wirklich jeden Roman aus den Händen nehmen?

Die Heines sprechen ein deutsch-hebräisches Mischidiom, »Jargon« genannt. Es mag dem »Jiddisch« der Ostjuden ähnlich sein, muß aber unabhängig von ostjüdischem Einfluß entstanden sein.

Satzbau, Wortstellung und Kasus dieses »Jargons« sind recht eigenwillig. Er enthält viele hebräische Wörter. Kinder lernen die Sprache von ihren Eltern, sagt man. Heine hat sie nicht von seinen Eltern gelernt. Aber von wem dann? Die Deutschen sprechen noch lange nicht so weltgewandt wie Heine. Er ist sein eigenes Pfingstwunder.

Will Heine seine jüdische Herkunft kaschieren, als er über seine Mutter spricht?

Ist sie das schon, die Unzuverlässigkeit eines Dichters, eines Erfinders? Erfinder – dies immerhin ist der platteste Sinn des Wortes »Dichter«. Kann sein, Heine übertreibt die Bildung seiner Mutter. Er lügt im Dienste der Wahrheit. Er übertreibt bis zur Kenntlichkeit. Vielleicht stehen ihm Rahel Varnhagen und die anderen hochgebildeten kultivierten jüdischen Frauen vor Augen, als er über seine Mutter schreibt. Gehört sie etwa nicht zu ihnen? Sie ist eine Frau, die die jüdischen Mauern ihrer Herkunft entschlossen zerbricht. Auch wenn sie Goethe nur als Rousseau-Ersatz liest und nicht wie Rahel Varnhagen als Lebensbekenntnis.

Heine nennt sie *die Oberleitung meines Lebens*. Aber schon vorher hat sie die Oberleitung auch ihres eigenen Lebens inne, was bei Frauen eher selten vorkommt, eigentlich nie. Bedeutet Frausein nicht, sein Leben von Geburt an in den Händen anderer zu wissen? Es heißt Geheiratetwerden statt heiraten. Bei Peira van Geldern ist auch das anders. Nicht nur, daß sie selbst entscheidet, wann sie heiratet. Nicht nur, daß sie selbst entscheidet, wen sie heiratet. Sie setzt den Mann auch durch. Denn weder die Stadt Düsseldorf noch die dortige jüdische Gemeinde können sich für die Heiratspläne der Bürgerin van Geldern begeistern.

Jude zu sein in Düsseldorf ist vergleichsweise angenehm, denn die Stadt hat kein jüdisches Ghetto wie viele andere deutsche Städte. Nicht einmal ein Judenviertel. In Düsseldorf gibt es nicht diese Gassen, die so schmal sind, daß gerade die Sonne zwischen die Giebel paßt. Himmelslücken über engem Pflaster und dunklen, übelriechenden Wohnhöhlen – Ludwig Börne hat sie beschrieben. In Düsseldorf kann keiner ab siebzehn Uhr das Ghetto verriegeln, wie man es auch an christlichen Feiertagen macht. Niemand verlangt einen Ausweis geschäftlicher Tätigkeit, wenn die Düsseldorfer Juden in die Stadt wollen – sie sind schon in der Stadt. Und daß niemals mehr als zwei Juden nebeneinander gehen dürfen, davon wissen sie auch nichts. Vor all diesen Schikanen sind sie geschützt durch die bloße Nichtexistenz des Ghettos. Nur heiraten dürfen sie nicht ohne weiteres. Bei den städtischen Behörden müssen sie um Erlaubnis fragen, es gilt das Gesetz der »Judenstättigkeit«. Aber auch die jüdische Gemeinde Düsseldorfs findet den Zuzug eines Mittellosen – wenn man Pferde und Hunde einmal nicht als Kapital betrachtet – keineswegs begrüßenswert, denn Düsseldorfs Juden müssen hohe Abgaben an die Stadt zahlen. Sie stemmen sich mit aller Kraft gegen die geplante Heirat. Peira van Geldern stemmt von der anderen Seite – und gewinnt. Vier Monate vor der Hochzeit am 1. Februar 1797 wird Samson Heine der Zuzug nach Düsseldorf gewährt.

Die junge Familie Heine bezieht das Haus in der Bolkerstraße. Es wird noch im selben Jahr das Geburtshaus Heines, etwas später das der Schwester Charlotte und der Brüder Gustav und Maximilian.

Düsseldorf. Es ist nicht leicht für Städte, Heine zu gefallen. Heine ist vielleicht der erste große Städte-Beleidiger. Viele haben das zu spüren bekommen, zuerst Hamburg, Göttingen und Berlin. Es seien mehrere Flaschen Poesie nötig, um in Berlin etwas anderes zu sehen als tote Häuser und Berliner. Überhaupt versammeln sich dort nur Menschen, glaubt Heine, denen der Ort vollkommen gleichgültig ist.[7] Und Göttingen erst! Aber wie alle großen Beleidiger ist Heine in Wahrheit ein großer Liebender. Und es ist schwer, einer Stadt etwas Zärtlicheres zu sagen als Heine Düsseldorf: *Die Stadt Düsseldorf ist sehr schön, und wenn man in der Ferne an sie denkt und zufällig dort geboren ist, wird einem wunderlich zu Mute. Ich bin dort geboren, und es ist mir, als müßte ich gleich nach Hause gehn. Und wenn ich sage, nach Hause gehn, so meine ich die Bolkerstraße und das Haus, worin ich geboren bin.*[8]

Düsseldorf hat eine Gemäldegalerie, eine Kunstakademie, zwei Essigbrauereien, eine Bibliothek, ein physikalisches Kabinett, Tabakmanufakturen und Baumwollspinnereien – so viele Dinge, mit denen man gemeinhin Städte beschreibt und die kein Kind interessieren. Daß Düsseldorf dagegen ein Haus hat, das »Arche Noä« heißt und über dessen Tür schön bunt eine solche eingemeißelt ist, vermerkt keine Chronik. Dabei ist es das wohl wichtigste Haus Düsseldorfs – mit den Augen Harrys gesehen. Denn in der »Arche Noä« wohnt Onkel Simon van Geldern.

Onkel sind sehr wichtig in Heines Leben. Mit dem Hauptbruder des Vaters, mit Salomon, wird Heine bald um die legitime Weltherrschaft konkurrieren: Geist oder Geld? Von Salomon wird er lebenslang nicht loskommen. Kann sein, er sieht ihn bald als Ersatzvater, und mit dem ganzen Ehrgeiz eines Sohnes kämpft er dann um dessen Anerkennung. Aber als Heinrich Heine klein ist und noch Harry heißt, ist Simon van Geldern viel wichtiger.

Simon van Geldern ist ein Bruder der Mutter und fällt vor allem durch zwei Dinge auf. Zum einen durch seine Nase, *die zwar griechisch geradlinicht, aber gewiß um ein Drittel länger war, als die Griechen ihre Nasen zu tragen pflegten.* Zum anderen durch die Wahl seiner Lebenslaufbahn: gar keine. Den jungen Harry Heine beeindruckt das sehr. *Von rastlosem Fleiße, überließ sich der Onkel in der Arche Noä allen seinen gelehrten Liebhabereien und Schnurrpfeifereien, seiner Bibliomanie und besonders seiner Wut des Schriftstellerns, die er besonders in politischen Tagesblättern und obskuren Zeitschriften ausließ. Nebenbei gesagt, kostete ihm* – Heine hatte sein Lebtag eine unkorrekte Vorliebe für den Dativ – *nicht bloß das Schreiben, sondern auch das Denken die größte Anstrengung.*

Da sowohl der Vater als auch die Brüder des Onkels Doktoren der Medizin waren oder sind und die alten Frauen der Nachbarschaft fest daran glauben, daß die Heilkunst des Vaters sich dem Sohn vererbt, nähern sie sich ihm oft unter Weinen und Bitten. *Wenn der arme Oheim solcherweise in seinen Studien gestört wurde, konnte er in Zorn geraten und die alten Trullen mit ihren Urinflaschen zum Teufel wünschen und davonjagen.* Heine ist davon überzeugt, daß seine geistige Bildung diesem Onkel unendlich viel verdankt. Simon van Geldern führt ihm vor, was es heißt, ein geistiger Mensch zu sein, auch wenn ihm das Denken so große Mühe macht. Noch wichtiger für die geistige Bildung des Neffen als der Onkel selbst ist aber der Dachboden des Onkels.

Der Dachboden der »Arche Noä« gehört einer dicken Angorakatze, die genauso staubgrau aussieht wie alles da oben. Die staubgraue Katze rollt am liebsten eine alte Flöte der Mutter kreuz und quer über die Bretter, vorbei an einem ausgestopften, einäugigen, staubgrauen Papagei, der in seinen besseren Zeiten grün war. Vorbei an der zerbrochenen Wiege, in der einst Mutter Betty lag und die jetzt die Staatsperücke des Großvaters beherbergt. Neben all

dem findet Harry ein altes Notizbuch, das Simon van Geldern gehörte. Das ist aber nicht der Onkel, sondern ein Onkel des Onkels,
welcher ebenfalls durch die Wahl seiner Lebenslaufbahn aufgefallen war – gar keine. Dabei ist der Großonkel Simon sogar Anführer
eines unabhängigen nordafrikanischen Beduinenstammes geworden, der so unabhängig war, daß er nicht einmal an Allah glaubte.
All das geht aus dem Notizbuch hervor. Simon van Geldern, *der
Schrecken der Karavanen*. Aber Simons Familie, die jetzt auch die
Harrys ist, zeigt sich noch immer nicht gewillt, im Vorsitz eines frei-
geistigen Beduinenstamms eine Lebenslaufbahn zu erblicken.

Ohne eine Lebenslaufbahn aber, meinen die van Gelderns,
meint Betty Heine, ist der Mensch nichts. Gar nichts. Und man
kann diese Laufbahn nie früh genug beginnen.

Laufbahn, das klingt nach Langstreckenlauf. Harry erhält die
Bildung eines Kindes von höherem Stand. Betty Heine schiebt ihm
die ersten Startblöcke unter die Füße, da geht er noch zur Schule.
Sie hat einen guten Beruf für ihren Erstgeborenen entdeckt, abgesehen davon, daß er als Erstgeborener natürlich das Geschäft des
Vaters übernehmen wird. Aber vielleicht könnte er außerdem
noch Eroberer werden? Eroberer ist ein Beruf, der ganz und gar in
der Zeit liegt.

1806 zieht der Kaiser aller Franzosen in Berlin ein. Aber was ist
der Einzug in Berlin gegen den Einzug in Düsseldorf? Und der Kaiser muß bei seinem Einzug nicht einmal dabei sein. Mit sieben Jahren erfährt Heinrich Heine, was nur wenige erleben. Er wird Zeuge,
wie eine Welt gegen eine andere Welt einfach ausgetauscht wird.

Eroberer oder Papst? Vor der Berufswahl

Auf dem Marktplatz von Düsseldorf steht eine Reiterstatue.
Das soll der Kurfürst Johann Wilhelm II. sein. Man sagt, das
Metall reichte beim Gießen der Statue nicht aus, weshalb die
Bürger Düsseldorfs halbfreiwillig ihre silbernen Löffel abgaben.
Für »Jan Wellem« zu Pferde. Der Junge sitzt oft neben dem Kur-
fürstenpferd und rechnet sich aus, wieviel Apfeltörtchen man für

all das Silber im Pferdebauch bekommen könnte. Harry Heine wird immer gern Kuchen essen, die Vorliebe für Konditoreierzeugnisse bleibt eine seiner Haupteigenschaften. Jetzt scheint ihm nichts unvergänglicher als Apfeltörtchen, das Kurfürstentum und Kurfürstenpferde. Und die Fürsten waren damals *noch keine geplagten Leute wie jetzt, und die Krone war ihnen am Kopfe festgewachsen, und des Nachts zogen sie noch eine Schlafmütze darüber und schliefen ruhig, und ruhig zu ihren Füßen schliefen die Völker, und wenn diese des Morgens erwachten, so sagten sie: »Guten Morgen, Vater!« – und jene antworteten: »Guten Morgen, liebe Kinder!«*[9] Aber dann zeigt sich: Nur Apfeltörtchen sind unvergänglich.

Denn eines Morgens ist alles anders.

Niemand wünscht dem Volk einen guten Morgen, statt dessen liest es auf dem Marktplatz, unweit des Kurfürstenpferdes, eine Bekanntmachung. Der Schneider Kilian steht da und liest und zittert und neben ihm steht ein alter pfälzischer Invalide und liest und weint und neben dem Invaliden steht Harry und liest und weint auch. Dann fragt er den Invaliden: Warum weinen wir? *Und da antwortete er: »Der Kurfürst läßt sich bedanken.«* Und dann las er wieder, und bei den Worten: *»für die bewährte Untertanstreue«* *»und entbinden eurer Pflichten«*, da weinte er noch stärker. Während sie lesen, wird das kurfürstliche Wappen vom Rathaus abgenommen, die Ratsherren gehen abgedankt umher, und zu Hause sagt der Junge zu seiner Mutter: Der Kurfürst läßt sich bedanken. Und weint wieder. In der Nacht aber träumt er, *die Welt habe ein Ende – die schönen Blumengärten und grünen Wiesen wurden wie Teppiche vom Boden aufgenommen und zusammengerollt, der Gassenvogt stieg auf eine hohe Leiter und nahm die Sonne vom Himmel herab, der Schneider Kilian stand dabei und sprach zu sich selber: »Ich muß nach Hause gehn und mich hübsch anziehn, denn ich bin tot und soll heute noch begraben werden« – und es wurde immer dunkler, spärlich schimmerten oben einige Sterne, und auch diese fielen herab wie gelbe Blätter im Herbste, allmählich verschwanden die Menschen, ich armes Kind irrte ängstlich umher, stand endlich vor der Weidenhecke eines wüsten Bauernhofes und sah dort einen Mann, der mit dem Spaten die Erde aufwühlte, und neben ihm ein häßlich hämisches Weib, das etwas wie einen abgeschnittenen Menschenkopf in der Schürze hielt, und*

das war der Mond, und sie legte ihn ängstlich sorgsam in die offne
Grube – und hinter mir stand der pfälzische Invalide und
schluchzte und buchstabierte: »Der Kurfürst läßt sich bedanken.«

Am anderen Morgen scheint die Sonne, das Rathaus trägt ein
neues Wappen, und die Ratsherren tragen neue Gesichter, auf den
Straßen klingen die Trommeln, auch die des großen Trommlers Le
Grand, der Harry ab jetzt vortrommeln wird, was man von der
Welt wissen muß. Und der Junge wird alles verstehen. Aber heute
hat er schulfrei wegen der Huldigung der Franzosen.

Am nächsten Tag ist wieder Unterricht. Harry besucht gerade
die israelitische Privatschule des Herrn Rintelsohn. Und als Napoleon dann selber kommt, geht er immer noch zur Schule, aber nun
aufs Gymnasium, wo die braune Perücke lehrt. Das ist 1811. *Die*
nervenkranken Lilien nickten wehmütig-zärtlich, als der Kaiser
durch die Düsseldorfer Hofgartenallee geritten kommt auf einem
weißen *Rößlein, und das ging so ruhig stolz, so sicher, so ausge-*
zeichnet – wär ich damals Kronprinz von Preußen gewesen, ich
hätte dieses Rößlein beneidet. Das Herz des Jungen *schlug den Ge-*
neralmarsch – und dennoch dachte ich zu gleicher Zeit an die Po-
lizeiverordnung, daß man bei fünf Taler Strafe nicht mitten durch
die Allee reiten dürfe.

Blau-weiß-rot sind nun die selbstverständlichen Farben des Heineschen Lebens. Darum ist die braune Perücke an Harrys Gymnasium so mächtig. Obwohl sie nicht einmal Deutsch kann. Wozu
auch? Da die Welt ohnehin bald ganz französisch sein wird, ist die
Schule schon mal vorbereitend ganz französisch. Sogar die Geo-
metriebücher. Der Lehrplan ist sehr einfach: Die französischen
Schriftsteller sind die größten aller Schriftsteller – auch größer als
die Römer und Griechen, schon weil sie später geboren sind und so
auf deren Schultern stehen können –, das französische Empire ist
größer als Rom und sein oberster Feldherr noch größer als alle
griechischen und römischen Eroberer zusammen.

Lehrer, die nicht Französisch sprechen, werden entlassen. Denn
die Lehrer Europas werden bald einen einzigen riesigen – französischen – Lehrkörper bilden, von der Ostsee bis zum Mittelmeer,
von Moskau bis nach Lissabon. Das geht nicht ohne Disziplin. Darum hat der kleine Harry eine fast so schöne Uniform wie sein Vater. Aber sie ist nicht blau, sondern besteht aus einem grauen Rock

mit rotem Soldatenkragen und einem Hut, wie ihn der Kaiser selber trägt. Das ist der Bonaparte-Hut. Schule ist auch nur ein Spezialfall des Militärs, gerade in Eroberungszeiten. Darum bildet Harry mit seinen Mitschülern keine Klasse, sondern eine Kompanie, die einem Sergeanten untersteht. Unter Trommelschlag marschiert Harry zum Unterricht; unter Trommelschlag marschiert er wieder zurück. Zum Mittagessen wird vorgelesen – damit der Geist nicht faul bleibt, wenn der Magen arbeitet. Der Censeur verteilt die Post, der Proviseur das Taschengeld.

Was spricht dagegen, dieses glanzvolle militärische Leben nach der Schule gleich in größerem Maßstab fortzusetzen? Denkt Betty Heine. Sie hat eine Freundin in Düsseldorf, die ist gerade Herzogin geworden, denn ihr Mann gewann viele Schlachten unter Napoleon, was ihn geradewegs zum Herzog machte. Die Freundin, sagt die Mutter, sagt Heine, rechne fest damit, bald zur Königin befördert zu werden und am Hofe des Kaisers ein und aus zu gehen. Dieses Berufsbild – geadelter Eroberer – scheint Betty Heine sehr angemessen für ihren Erstgeborenen. Aber auch Eroberer muß man lernen. Wie wird man ein guter Stratege und zuverlässiger Administrator? Harry bekommt Privatstunden in Geometrie, Statik, Hydrostatik, Hydraulik – lauter Prolegomena zum Erobererwesen. Nur mit der eigentümlichen Dialektik des Erobererwesens rechnet Betty Heine nicht. Als Napoleon untergeht, sind alle Eroberer plötzlich arbeitslos, und auch Harry Heines kaum begonnene Lebenslaufbahn ist jäh zu Ende.

Aber noch ist es nicht so weit. Harrys Schulzeit steht bis zum Schluß unter dem Stern Napoleons. Viele große Schriftsteller waren undankbare Schüler und denken mit einem Gefühl tiefsten Abscheus an ihre Lehrer zurück. Heine geht es anders. Auch wenn das Lyzeum direkt der französischen Weltmacht angegliedert ist, ein Außenposten des Unterrichtsministeriums von Paris, weht in seinen Mauern doch noch ein zweiter, älterer Geist. Gewissermaßen der Hausgeist. Denn das Lyzeum ist ein ehemaliges Franziskanerkloster, und viele Lehrer sind noch immer katholische Priester. Die dicke alte Franziskanerglocke konkurriert mit den französischen Trommeln um die akustische Lufthoheit. Der Rektor des Lyzeums heißt Schallmeyer und ist auch ein katholischer Priester. In vollem Ornat hält er die Predigten, und danach lehrt er Harry und die anderen Deutsch und Philosophie. Ohne Rücksicht auf sich selbst sowie seinen Glauben trägt Herr Ägidus Schallmeyer die freigeistigsten philosophischen Systeme vor. Keineswegs zur Demonstration ihres diabolischen Ursprungs, sondern aus aufrichtiger Freude an der weitläufigen, veränderlichen Landschaft des Geistes. Vielleicht nimmt Ägidus Schallmeyer es als besonderes Zeichen der Vollkommenheit Gottes, daß dieser soviel verführerisches Heidentum gleich miterschaffen hat. Und Harry sieht es genauso. Der Katholizismus seiner Jugend ist nicht düster, im Gegenteil, er ist von freundlichster Toleranz. *Aus den frühesten Anfängen erklären sich die spätesten Erscheinungen. Es ist gewiß bedeutsam, daß mir bereits in meinem dreizehnten Lebensjahr alle Systeme der freien Denker vorgetragen wurden, und zwar durch einen ehrwürdigen Geistlichen, der seine sazerdotalen Amtspflichten nicht im geringsten vernachlässigte, so daß ich hier frühe sah, wie ohne Heuchelei Religion und Zweifel ruhig nebeneinander gingen, woraus nicht bloß in mir der Unglauben, sondern auch die toleranteste Gleichgültigkeit entstand.*[10]

So tun sich Harry und sein Vater hervor im Errichten von katholischen Altären. Als sie auf die andere Seite der Bolkerstraße ziehen, in ein größeres, schöneres Haus, müssen sie an jedem katholischen Feiertag einen Privat-Straßenaltar bauen. Harry und sein Vater unterziehen sich dieser Pflicht mit großem Ehrgeiz.

Altäre lassen sich in kleinerem und größerem Maßstab errichten. Und es gibt nicht nur Straßenaltäre. Am haltbarsten sind die Altäre Roms. Warum soll ein kleiner jüdischer Junge nicht Papst lernen? Päpste sind auch viel haltbarer als Eroberer. Ja, Päpste sind nahezu das Haltbarste überhaupt. Rektor Schallmeyer spricht oft mit Betty Heine, nicht nur, wenn ein Streit mit der Perücke, dem Abbé d'Aulnoi, zu schlichten ist. Irgendwann schlägt er ihr die Lebenslaufbahn Rom für den Sohn vor. Er kennt da auch jemanden in Rom. So erinnert es Heine. Heine, der Kardinal. Kann sein, Betty Heine hält von Päpsten nicht so viel wie von Eroberern. Kann auch sein, sie findet das Berufsziel Kardinal oder Papst doch ein wenig übertrieben für einen ungetauften jüdischen Jungen. Und Samson Heines Geschäft könnte ein katholischer Kardinal in der Familie schaden, er hat viele jüdische Kunden. Bald ist vom Papst Harry Heine nicht mehr die Rede. Außerdem gibt es zu Hause durchaus eine Konkurrenzbibel: die fast hundert Jahre alte, mit Hand auf Pergament geschriebene Passah-Haggada, verziert mit vielen Miniaturen. Betty Heine hat sich zwar längst entschlossen, sie nicht ganz so ernst zu nehmen – hat etwa die jüdische Gemeinde ihren Heiratswunsch ernst genommen? –, aber die jüdischen Feiertage beachten die Heines schon. Weshalb Harry sich schon mal weigert, beim Feuerlöschen zu helfen. Der Brand fällt so ungünstig: Ich darf's nicht, und ich tu's nicht, denn wir haben heut' Schabbes![11] Allerdings ist Harry flexibel. Weintrauben pflückt er sogar am Sabbat, schließlich wachsen die Trauben auch sieben Tage in der Woche. Wenn Gott etwas anderes gewollt hätte, hätte er das schon geregelt.

Viele, die über Heinrich Heine nachgedacht haben – über zwei Jahrhunderte hinweg –, haben das spezifisch Heinesche aus seiner Heimatlosigkeit erklärt. Da ist einer jenseits jeder Tradition. Es klingt an, was für die Juden einmal Vernichtung bedeuten wird: Sie haben kein Vaterland, sie haben keine Wurzeln. Da wird einer mit allem spielen und nichts ernst nehmen. Eben weil er keine homogene Herkunft hat, sagen die Herkunftsgewissen. Die Motive hinter dieser Diagnose wechseln. Die schwärzesten sind darunter. Es kommt darauf an, diese »Herkunftslosigkeit« zu bejahen.

Heinrich Heine hatte etwas damals sehr Seltenes: eine »moderne« Kindheit. Er hat nichts Bedauernswertes, er hat etwas Großartiges erlebt. Sein Herkunftskokon ist durchlässig. Keine jüdische Orthodoxie schnürt ihm die Luft ab. Und er begegnet anderen Durchlässigkeiten, sogar katholischen Durchlässigkeiten. Er darf den Dingen nah sein und fern bleiben zugleich. Das, nichts anderes, ist Freiheit. Die Hauptdurchlässigkeit ist wohl die Stadt Düsseldorf selbst. Er wird groß in der Freiheit des Denkens, er muß nicht erst seine Herkunftswelten zerbrechen, um jene zu erlangen. Das ist wichtig, um Heinrich Heines geistiges Naturell zu verstehen. Er ist nie der Kämpfer, für den man ihn hält. Er ist kein Revolutionär. Aber er verteidigt lebenslang, was er einmal besaß. Was ihm einmal selbstverständlich war.

Nur kleine Menschen finden sich damit ab, wenn die Luft, die sie atmen sollen, plötzlich rationiert wird. Heinrich Heine sieht sich dazu außerstande.

Die Welt des Kindes ist rund. Sie ist in sich vollkommen. Vorausgesetzt, das Kind hat eine Kindheit, vor allem zuverlässige Wächter und Förderer dieser Rundheit. Später wird dieser Kosmos aufgespalten, doch unsere Psyche vergißt die ursprüngliche Vollkommenheit nicht. Sie versucht, sie auf andere Weise wiederherzustellen. Hier liegt auch die – subjektive – Wurzel aller Metaphysik: Rückeroberung der frühen Rundheiten. Der Gedanke läßt sich übertragen. Als Heine größer wird, ist plötzlich alles um ihn herum kleiner.

1813 verlassen die besiegten Franzosen seine Heimatstadt. Schwarz-grüne und blau-gelbe Uniformen ersetzen das Blauweiß-rot. Trommeln haben die Andersfarbigen auch, genau wie Le Grand, aber sie laufen so komisch. Sie heben ihre ausgestreckten Beine so hoch, als wollten sie den Himmel eintreten, und überlegen es sich jedesmal im letzten Augenblick anders. Weil man aber Beine wie Stöcke nicht einfach so abstellen kann, gibt das bei Bodenkontakt jedesmal ein sehr knallendes Geräusch. Das sind die Preußen. Sie machen viele neue Gesetze, aber alle ahnen: Es sind in Wirklichkeit die alten.

1814 ist für Heinrich Heine die Schule zu Ende. In dem Jahr wird die Gleichstellung der Juden zurückgenommen. Harry Heine und sein Vater dürfen nun keine katholischen Altäre mehr vor dem Haus errichten, weil das Blasphemie ist, finden die Preußen. Die Bürgergarde wird aufgelöst, weil Bürger nun einmal keine Soldaten sind. Das wissen die Preußen ganz genau. Und weil Epauletten an der Uniform eines Juden erst recht Blasphemie sind. Wahrscheinlich wäre es jetzt für Harry Heine, trotz Schallmeyer, auch viel schwerer, Papst zu werden. Ein anderer Wind kommt auf. Noch halten ihn viele für den Wind der Freiheit. Auch Harry. Er dürfte jetzt ganz laut sagen, daß Racine eine Null ist. Und der Abbé müßte ohnmächtig zuhören. Ja, was er dem Abbé jetzt alles sagen könnte!

Manchmal sieht der Rückschritt aus wie der Fortschritt. Und der neue Zwang wie die Freiheit selbst. Bald wird Harry das merken.

Heinrich Heine wird den Kontinent seiner Kindheit bewahren, indem er Heinrich Heine wird. Radikaler Subjektivist. Denn das Subjekt ist das Objektivste. Worauf sonst soll man sich bei Weltbeben verlassen, wenn nicht auf sich selbst?

Kann sein, mancher ist jetzt empört. Frühe Heinesche Rundheiten? Und was ist mit den Haarüh!-Rufen? Sie drangen nicht durch die Haut. Sie verletzten nicht das Innen. Man hätte es an seiner Stimme erkannt. Heinrich Heine sprach nie als ein Gedemütigter.

Ohnmacht und Muskatnüsse

Napoleon muß nach Elba, und auch Harrys Karriere bekommt einen Knick. Er muß runter vom Lyzeum, ohne Abitur. Bei der Abschlußfeier der anderen trägt er – zur feierlichen Umrahmung – noch einmal ein Gedicht vor, das ist die Schultradition. Laut Heines Bruder Schillers »Taucher«; vielleicht aber auch Schillers »Kassandra«.[12] Doch »Der Taucher« paßt besser.

Der Saal ist voll besetzt, ganz vorn auf großen Lehnstühlen sitzen die Schulinspektoren. Zwischen ihnen steht ein goldener Sessel. Der Sessel ist leer.

Er kommt bis zur Zeile »Und der König der lieblichen Tochter winkt«, als der goldene Sessel besetzt ist. Zwischen den Schulinspektoren sitzt plötzlich zwar nicht die Tochter des Königs, aber doch die des Düsseldorfer Oberappellationsgerichtspräsidenten. Sie ist zu spät gekommen, der goldene Sessel war der letzte freie Platz. Das Wort Oberappellationsgerichtspräsident paßt in kein Gedicht, darum hat auch Schiller es vermieden, aber sonst – der Vortragende spürt es ganz genau – ist die Wirklichkeit gerade dabei, direkt ins Gedicht überzugehen, und das Gedicht in die Wirklichkeit. Das ist zuviel für die Nerven des Rezitators. Er stockt, wiederholt »Und der König der lieblichen Tochter winkt«, wiederholt es noch einmal, den Blick gerichtet auf die blondlockige Tochter des Königs, der zwar nur ein Oberappellationsgerichtspräsident ist, aber trotzdem nicht winkt, und die Tochter winkt auch nicht. Irrte Schiller? Der Vortragende weiß es nicht. Er weiß auch nicht, wie es weitergeht. In seinem Kopf breitet sich eine große weiche Leere aus. Der Rezitator fällt in Ohnmacht.[13]

Mit Gedichten kommt man nicht weit im Leben, Betty Heine hat es immer gewußt. Auch mit dem gesundheitsschädigenden Vortrag von Fremdgedichten ist es nun zu Ende. Denn die Geschäfte des Vaters fallen ebenfalls von einer Ohnmacht in die andere. 1806 verhängte Napoleon die Kontinentalsperre, das Handelsverbot mit Großbritannien. In Wirklichkeit war es eine Sperre gegen Samson Heine, denn der lebt davon, daß er mit England handelt. Den Namen Harry, aus dem man das schreckliche Harüüh! bilden kann, trägt der Sohn als Reverenz an einen Liverpooler Geschäftsfreund Samsons. Nach der Kontinentalsperre kam die napoleonische Finanzkrise von 1810 – das Geld wurde knapp in Europa –, und als auch das überstanden war, fiel der Preis für Baumwollwaren noch immer. Samson Heines Lieblingsbaumwollware heißt Velveteen und ist ein Samt. Er handelt damit weniger aus merkantiler Beflissenheit als aus ästhetischer Begeisterung, argwöhnt der Sohn. Auch, daß er notfalls noch Geld zugesetzt hätte, um nicht vom Velveteen lassen zu müssen. Doch Samson weiß, ein guter Geschäftsmann muß flexibel sein, also wird er ersatzweise Lotterie-Kollekteur. Aber es hilft nichts, er zieht immer wieder das kürzere Los. Vielleicht kann der Sohn es besser, auch wenn er schon beim Vortrag von Gedichten in Ohnmacht fällt? Und laut ansprechen darf man ihn auch nicht. Harry ist sehr empfindlich. Geräusche verursachen ihm leicht eine Nervenkrise. Immer wieder bittet er die geliebte kleine Schwester Charlotte, ob sie nicht ein wenig leiser sprechen könne. Aber egal, Harry soll nicht Marktschreier werden, sondern Millionär. Millionäre brauchen kein Abitur.

Betty Heine faßt Plan C. Das Millionärswesen liegt schließlich in der Familie, wenn man Hamburg mitzählt. Und der Eben-noch-Gymnasiast, Sohn des Lotterie-Kollekteurs Samson Heine, besucht ab jetzt die Vahrenkampfsche Handelsschule in Düsseldorf. Dort geht ihm vieles im Kopf herum, das mit dem Handelswesen nicht unbedingt in Verbindung steht. Vor allem beginnt er Gedichte zu machen und bezieht dafür – wie noch so oft im Leben – Prügel. Der Handelsschüler Harry Heine fliegt dem eintretenden Lehrer entgegen, mitten durch die Luft, und landet unter einer Bank. Das war Heines Banknachbar Faßbender, Sohn des Brauereibesitzers Faßbender. Herrn Faßbender gehört die Brauerei »Zum Specht«, was Harry zu folgender Dichtung anregte: »Im Specht, im Specht/ da schläft die Magd beim Knecht.« Das hat Faßbenders Sohn sich nicht zweimal sagen lassen und rechtfertigt den fliegenden Harry vor dem Lehrer: »Och, de verdammte Jüdd sähd: Em Specht, em Specht/ Do schlöft de Mähd beim Knecht. Do han ich em ene Watsch gegewe, on do es he von de Bank gefalle.«[14] Das überliefert ein Augenzeuge.

Heine erinnert sich eher an Situationen, in denen er nicht in Ohnmacht fällt oder unter Bänken landet, sondern ganz Herr der Lage ist. Etwa in seinem Geigenunterricht.

Ein Jahr lang lernt Harry schon Geigespielen, als die Mutter im Garten eine Melodie hört, die ein Jahr fleißigster Übung verrät, und Betty Heine fühlt die Befriedigung aller erfolgreichen Sponsoren. Darum geht sie hinauf ins Zimmer ihres Sohnes, um Lehrer und Schüler ihre Anerkennung auszusprechen und – findet Harry Heine ausgestreckt auf dem Sofa, während der Lehrer zur besseren Unterhaltung seines Schülers auf der Geige spielt. Fast ein ganzes Jahr geht das schon so, denn Heine kann beim Geigenspiel des Lehrers besonders gut dichten.[15]

Seine Gedichte klingen so:

Minnegruß

Die du bist so schön und rein,
Wunnevolles Magedein,
Deinem Dienste ganz allein
Möchte ich wohl mein Leben weihn.

Deine süßen Äugelein
Glänzen mild wie Mondesschein;
Helle Rosenlichter streun
Deine roten Wängelein.

Und aus deinem Mündchen klein
Blinkt's hervor wie Perlenreihn;
Doch den schönsten Edelstein
Hegt dein stiller Busenschrein.

Fromme Minne mag es sein,
Was mir drang ins Herz hinein,
Als ich weiland schaute dein,
Wunnevolles Magedein![16]

Für seinen Tanzlehrer hat Harry schon viel weniger Verwendung als für seinen Geigenlehrer. Und als der entgegen jeder Vernunft und unter Verkennung der eigentlichen Talente seines Schülers darauf beharrt, daß Harry tanzen lernen soll, sieht dieser keine andere Möglichkeit, als den Tanzmeister aus dem Fenster zu werfen. Er fällt weich auf einen Misthaufen, Betty Heine braucht nur noch

Schmerzensgeld zu zahlen. Etwas seltsam ist es schon, daß sie ihrem Sohn einerseits das Tanzen verboten und ihm zugleich einen Tanzlehrer engagiert haben soll. Kann schon sein, daß Harry Heine in Wahrheit niemals einen Tanzlehrer aus dem Fenster gestürzt und auch keinen Geigenlehrer als Muse seiner Dichtung mißbraucht hat – aber er hätte es gern getan, sonst hätte er es nicht berichtet. Insofern sind auch diese Szenen, selbst wenn sie unwahr sein sollten, vollkommen autobiographisch.

Aber jetzt bekommt Harry Heine es mit anderen als Tanz- und Geigenlehrern zu tun. Sein Hauptlehrer für drei Wochen heißt ab sofort Rindskopf, wohnt in Frankfurt und ist Bankier. Der Vater nimmt Harry mit zur Frankfurter Messe. Auf den Banklehrling Heine macht die große Handelsstadt im Jahre 1815 folgenden Eindruck: *Auch zeigte mir mein Vater die großen, sowohl christlichen als jüdischen Magazine, worin man Waren 10 Prozent unter dem Fabrikpreis einkauft und man doch immer betrogen wird. Auch das Rathaus, den Römer ließ er mich sehen, wo die deutschen Kaiser gekauft wurden. 10 Prozent unter dem Fabrikpreis. Der Artikel ist am Ende ganz ausgegangen.*[17]

Beim Bankier Rindskopf lernt er etwas fürs Leben: nämlich wie man einen Wechsel ausstellt, was dem künftigen Zocker Heine noch sehr nützlich werden soll.

Ein paar Wochen später verläßt er den Herrn Rindskopf und widmet sich fortan dem Spezereihandel. Diesmal für vier Wochen; *ich lernte bei dieser Gelegenheit ..., wie Muskatnüsse aussehen.*[18] In diesem Satz steckt bereits die ganze merkantile Leidenschaft des Kaufmanns Harry Heine.

Abends dichtet er. Oder nein, abends schreibt er nur auf, was in ihm dichtete, tagsüber zwischen dem unendlichen Gleichmut der Muskatnüsse. Die Verse klingen noch immer nicht besser:

Ahnung

Oben, wo die Sterne glühen,
Müssen uns die Freuden blühen,
Die uns unten sind versagt;
In des Todes kalten Armen
Kann das Leben erst erwarmen,
Und das Licht der Nacht enttagt.[19]

Noch immer reimt Harry seinem poetischen Urerlebnis hinterher. »O tilje lieb, O tilje mein,/ Du wirst wohl nicht die letzte sein –/ Sprich, willst du hängen am hohen Baum? ...«

Ein paar vaterländische Gewürze hat er sich dazu von anderen ausgeborgt. Es ist eben jene Art Lyrik, randvoll mit Vaterland und Mittelalter, wie sie im Geist der Zeit liegt und Heine bald akute Übelkeit erregen wird. Das Ganze immer wieder getaucht in josephasche Finsternisse. Auch vor der »frommen Minne« und des »deutschen Mannes Heldenbrust« macht der Kriegslyriker und Spezereiwarenhändler nicht halt. Ludwig Marcuse findet das richtige Wort für den Vor-Hamburg-Heine. Er ist ein »gereimtes Zeit-Echo«: Schwerkraftlos schwebt er im literarischen Raum. Unverbunden mit sich selbst.[20]

Weder Muskatnüsse noch Wechsel und schon gar nicht Harrys Gedichte sind mit Blick auf die Zukunft das größte Ereignis dieses Frankfurter Aufenthalts, sondern ein Besuch im Lesekabinett der Freimaurerloge, wo der Vater gern *Kaffee trank, Karten spielte und sonstige Freimaurerarbeiten verrichtete. Während ich im Zeitungslesen vertieft lag, flüsterte mir ein junger Mensch, der neben mir saß, leise ins Ohr: »Das ist der Doktor Börne, welcher gegen die Komödianten schreibt!«*

Als ich aufblickte, sah ich einen Mann, der, nach einem Journale suchend, mehrmals im Zimmer sich hin und her bewegte und bald wieder zur Tür hinausging. So kurz auch sein Verweilen, so blieb mir doch das ganze Wesen des Mannes im Gedächtnisse, und noch heute könnte ich ihn mit diplomatischer Treue abkonterfeien. Er trug einen schwarzen Leibrock, der noch ganz neu glänzte, und blendend weiße Wäsche; aber er trug dergleichen nicht wie ein Stutzer, sondern mit einer wohlhabenden Nachlässigkeit, wo nicht gar mit einer verdrießlichen Indifferenz ...[21] Sein Gesicht sei weder rot noch blaß, sondern *von einer angeröteten Blässe oder verblaßten Röte, und was sich darin zunächst aussprach, war eine gewisse ablehnende Vornehmheit, ein gewisses dédain, wie man es bei Menschen findet, die sich besser als ihre Stellung fühlen, aber an der Leute Anerkenntnis zweifeln.* Und so geht das fort, ein Porträt des Ludwig Börne entsteht, wie es jeder Intellektuelle sich wünscht: *Sind außerordentliche Menschen heimlich umflossen von der Ausstrahlung ihres Geistes?* fragt Heine beim Anblick Börnes. Allein es ist nur das überlebensgroße Standbild, in das

Heine dann genußvoll die Linien des Verfalls einzeichnen wird. Denn dieser Doktor Börne mag im Jahre 1815 gegen die Komödianten schreiben, später wird er aber auch gegen Heinrich Heine schreiben, und der ist nicht der Mann, der so etwas verzeiht.

Aber das ist fünfundzwanzig Jahre später. Vorerst empfängt Heine nur ein Bild: *Ein Funken aus dem Auge des Mannes berührte mich, ich weiß nicht wie, aber ich vergaß nicht diese Berührung und vergaß nie den Doktor Börne, welcher gegen die Komödianten schrieb.*

Wahrscheinlich vergißt er ihn doch, augenblicklich. Denn die Welt des Harry Heine ist vorerst das Millionärswesen. Sein Vater widmet sich indes immer entschlossener der Laufbahn des Pleitiers. Der Sohn spricht ihm rückblickend jeden Kaufmannsgeist ab, *obgleich er immer rechnete, und der Handel für ihn vielmehr ein Spiel war, wie die Kinder Soldaten oder Kochen spielen. Seine Tätigkeit war eigentlich nur unaufhörliche Geschäftigkeit.*[22] Vielleicht muß man sich Heinrich Heines Vater ein wenig vorstellen wie Thomas Manns Christian Buddenbrook, den nichtsnutzigen Bruder des Konsuls Thomas Buddenbrook. Vom Vater kann der Sohn nichts mehr lernen, aber Samson hat noch einen Bruder, eben eine Art Thomas Buddenbrook, nur wohnt der nicht in Lübeck, sondern in Hamburg.

Der Achtzehnjährige entscheidet sich für den Beruf des Millionärs, fährt nach Hamburg und geht pleite.

Heinrich Heine wird Heinrich Heine

Heine ist achtzehn Jahre alt und trifft in Hamburg ein. Die meisten Heine-Biographen sind der Ansicht, daß hier in Hamburg Heinrich Heines Leben erst beginnt. Man könnte auch sagen: wenn Harry Heine Hamburg wieder verlassen wird – und er bleibt nicht sehr lange da –, ist er ein fertiger Mensch. Nicht allen gelingt es, sie selbst zu werden. Heine schafft das schon mit achtzehn. In Hamburg wird aus Heinrich Heine Heinrich Heine, obwohl er noch immer Harry heißt.

Minnesänger Heine geht zu Klopstocks Grab, das ist auch in Ottensen, genau wie die Villa des Onkels. Er ist ganz allein mit Klopstock, obwohl noch andere um den toten Dichter herumstehen. Aber die gehören nicht zu ihm, er hat das im Gefühl:

> Als ich ging nach Ottensen hin,
> Auf Klopstocks Grab gewesen ich bin.
> Viel schmucke und stattliche Menschen dort standen.
> Und den Leichenstein mit Blumen umwanden,
> Die lächelten sich einander an
> Und glaubten wunders was sie getan. –
> Ich aber stand beim heiligen Ort,
> Und stand so still und sprach kein Wort,
> Meine Seele war da unten tief,
> Wo der heilige deutsche Sänger schlief: – –[23]

Vielleicht denkt er daran, wie er beim Abbé d'Aulnoi die Hexameter von Klopstocks »Messiade« in französische Alexandriner übersetzen mußte. Klopstock und er – zwei große Unverstandene.

Aus Hamburg schreibt er den ersten Brief, den wir von ihm haben. Er ist an den Freund Christian Sethe gerichtet und klingt so: *Mir geht's gut. Bin mein eigener Herr, und steh so ganz für mich allein, und steh so stolz und fest und hoch, und schau die Menschen tief unter mir so klein, so zwergenklein; und hab meine Freude dran.*[24] Der Ton ist neu, und doch: man kennt den Blick. Er kommt bei sehr jungen Menschen besonders oft vor. Wer die Welt nie so zwergenklein unter sich gesehen hat, lernt vielleicht überhaupt nie sehen. Heine lernt sehen. Die Heine-Perspektive ist da. Oder vielmehr eine der beiden Heine-Perspektiven. Was erblickt er von dort oben, wo er steht, *so stolz und fest und hoch?* Er erblickt vor allem Hamburg: *Wahr ist es, es ist ein verludertes Kaufmannsnest hier. Huren genug, aber keine Musen. Mancher deutsche Sänger hat sich hier schon die Schwindsucht an den Hals gesungen.*[25]

Immer wird er Hamburg mit den Augen des Neunzehnjährigen sehen, und das kommt noch sehr oft vor:

Und der Jungfernsteg! Der Schnee lag auf den Dächern, und es schien, als hätten sogar die Häuser gealtert und weiße Haare bekommen. Der Himmel war schneidend blau und dunkelte hastig. Es war Sonntag, fünf Uhr, die allgemeine Fütterungsstunde, und

die Wagen rollten, Herren und Damen stiegen aus mit einem ge-
frorenen Lächeln auf den hungrigen Lippen – ... und da ging eine
krummfüßige Zwei neben einer fatalen Drei, ihrer schwangeren
und vollbusigen Frau Gemahlin; dahinter ging Herr Vier auf
Krücken; einherwatschelnd kam eine fatale Fünf, rundbäuchig und
mit kleinem Köpfchen; dann kam eine wohlbekannte kleine Sechse
und noch eine wohlbekanntere böse Sieben ... Unter den vorüber-
rollenden Nullen erkannte ich noch manchen alten Bekannten.[26]

Welche stellvertretende Rache verübt Harry Heine an dieser
Stadt?

Kein Mensch bemerkt seinen Aufenthaltsort *so stolz und fest
und hoch.* Im Gegenteil, im Hause des Hamburger Onkels Salomon hat man große Mühe, den armen Neffen aus Düsseldorf, der
nun Kontorgehilfe ist, nicht zu übersehen. Gibt es eine Pflicht,
mittellose Verwandte zu bemerken? Amalie, Tochter des Onkels,
fühlt diese Pflicht nicht. Sie ist hübsch, ein wenig dicklich, Harry
nennt sie Molly, aber wohl nicht deshalb, und Molly ahnt nicht,
wer da zu ihr spricht. Sie hat kaum Geduld genug zuzuhören.
Denn es sprechen sehr, sehr viele zu ihr. Arme Cousins können
nerven, erst recht, wenn sie dichten. Einerseits ist das schmei-
chelnd, aber ein wenig peinlich ist es wohl auch.

Und Heinrich Heine dichtet jetzt:

> *Vergiftet sind meine Lieder; –*
> *Wie könnt es anders sein?*
> *Ich trage im Herzen viel Schlangen,*
> *Und dich, Geliebte mein.*

Da ist es, das typische, so revolutionäre Heinesche Zugleich. Trennung und Glück, Liebe und Haß sind nicht nacheinander, sie sind
im selben Augenblick. Nähe und Distanz im selben Atemzug. Aber
was heißt hier Nähe? Das Wort ist irreführend konventionell.
Nicht um irgendein Nahsein geht es; es geht um ein Ineins-Sein.
Dieser Heine ist begabt für Symbiosen, wie nicht viele es sind. Das
ist der zweite Heine.

Da schließt diese Hamburger Millionärstochter ihn an den eigenen Blutkreislauf an und merkt es nicht einmal. Das ist die Chir-
urgie der Liebe. Die ältere Heine-Geschichtsschreibung fand dafür
das bemerkenswerte Wort »Amalien-Erlebnis«.

Gérard de Nerval, Freund und Übersetzer in Heines letzten Jahren, wird die Amalien-Legende groß machen: »Was ich erst ahnte, gestand der Dichter mir später selbst, nachdem auch er mich näher kennengelernt hatte. Wir litten beide an einer Krankheit! Wir sangen beide die Hoffnungslosigkeit einer Jugendliebe tot. Wir singen noch immer, und sie stirbt doch nicht!«[27]

Macht sie das wirklich nicht?

In der neuen Heine-Geschichtsschreibung gehört es zum guten Ton, Amalie nicht so ernst zu nehmen. Das Nicht-ernst-Nehmen ist gewissermaßen Ausweis der Zeitgenossenschaft, der Kennerschaft. Symptomatisch sind Sätze wie: »Und so ist auch über das berühmte ›Amalien-Erlebnis‹, von einer biographisch geprägten Forschung lange mißdeutet als allbewegende Kraft der Heineschen Jugendlyrik, wenig Reales zu berichten.«[28] Da bekommt man selbstverständlich Lust, das Gegenteil zu behaupten. Und was heißt hier: »wenig Reales zu berichten«? Über welche Liebe gibt es schon Reales zu berichten? Die Liebe gehört grundsätzlich in den Bereich des Irrealen – wenn sie eine ist. Wenn sie sich je in referierbare Tatbestände auflösen lassen sollte – um so schlimmer für die Liebe. Der Forscher blickt durch die Liebe hindurch auf die Hintergründe der Liebe. Man kann die meisten Dinge aus ihren Hintergründen erklären. Aber die Liebe ist ihr eigener Hintergrund. Hier stoßen die Analytiker und die Ursache-Folge-Denker an die Grenzen der Analytik und des Ursache-Folge-Denkens.

Dennoch, die Frage ist legitim: Geht es wirklich um Amalie?

Amalie heißt der korpulente Zufall, der Heinrich Heine zu sich selbst bringt. Das ist gewissermaßen ihre geschichtliche Bedeutung. Sie schenkt ihm eine Locke, und der Sänger hat ein scharfzackiges schwarzes eisernes Kreuz. Dahinein schließt er die Locke, und das Locken-Kreuz hängt an einer schwarzen eisernen Kette genau über seinem Herzen. Aber soll er das ruhig selbst sagen: *Ich umarme Dich Christian: aber drücke nicht so fest, auf die nackte Brust hängt eine schwarze eiserne Kette, und daran, grade wo das arme Herz schlägt, hängt ein viel und scharfzackiges schwarze eiserne Kreutz, darin liegt M-s Locke. Hu! Das brennt! ... O Christian!*[29]

Da lacht sie schon mit anderen. Wohl auch über seine Gedichte.

Harry, *so stolz, so hoch* und zugleich angeschlossen an Amalies Blutkreislauf – geht denn das? Der Symbiotiker und der Ich-

Sager schließen sich aus, rein ontologisch gesehen. Nur im Menschen geht das Unmögliche zusammen, manchmal, indem es ihn zerreißt. Aus diesem Riß kommen Heines Gedichte. Er nennt sie schon jetzt *in Honig getauchten Schmerz*. Aber was Liebende nur selten wissen: die Lieben fremder Menschen sind meist lächerlich, sind peinlich, sind sentimental. Heine ist einer der ersten, die das merken. Und er läßt dieses Wissen noch durch den irrsten Schmerz hindurchscheinen. Das ist die ontologische Differenz im Heine-Gedicht. Das ist das Neue an Heine. Ludwig Marcuse hat den Zynismus den Rausch der Nüchternheit genannt. Heine ist eine Nüchternheit gegen sich selbst. Alle Humoristen sind große Vereinzeler. Um so besser, wenn sie auch große Liebende sind. Denn auf dem Grunde des Lachens wohnt nicht das Lachen, sondern der Ernst. Heine weiß das genau. Der gewöhnliche Witz ist ihm nur *ein Niesen des Verstandes*.

Aber wer soll das verstehen im Zeitalter der vaterländischen Barden, die ihr Innerstes, das oft das Äußerlichste ist, hinaustrompeten? Ganz ohne Lautstärkeregelung, ohne die Scheu und die Masken des feineren Geistes.

Einer der ersten Kritiker Heines wird den Ton vorgeben: »Betrachten wir jetzt den Geist, der in den Poesien Heines herrscht, so vermissen wir nicht allein jenes versöhnende Prinzip, jene Harmonie, worauf selbst die wildesten Leidenschaftsausbrüche berechnet sein sollten, sondern wir finden sogar darin ein feindliches Prinzip, eine schneidende Dissonanz, einen wilden Zerstörungsgeist, der alle Blumen aus dem Leben herauswühlt und nirgends aufkeimen läßt die Palme des Friedens.«[30] Der Biedersinn ortet sofort das feindliche Element Heine.

Aber noch sind die ersten Gedichte nicht gedruckt, der Bettelcousin schenkt sie nur ab und zu der Millionärscousine. Der Ort paßt zur Romanze, die keine ist: Der Park des Onkels fällt in Terrassen voller Statuen und Springbrunnen ab zum Elbufer, ganz unten ist der Fluß, ganz oben ist der Palast des Onkels, und drinnen ist, was in Hamburg Rang und Namen hat oder glaubt, solche zu besitzen. Aber auch Feldmarschall Blücher ist zu Gast. Das Zeremoniell ähnelt dem bei Hofe, die Diener tragen Livree. In diesen Kreis gehört auch Heinrich Heine. In diesen Kreis gehört Heinrich Heine nicht.

Es ist ein großer Irrtum zu meinen, daß ein späterer Dichter auch Dichter werden wollte. Ein *zerlumpter armer Teufel, der für ein paar Taler ein Gelegenheitsgedicht verfertigt und am Ende im Spital stirbt?* Nicht mit ihm. Amalie verkörpert die Welt, in die er will. Sie ist ein Mittelpunkt der Villa Ottensen. Heine will einer werden. Haben wir es hier gar mit einem Doppeleros zu tun? Liebt Heine durch Amalie hindurch die Welt, zu der sie gehört? Skeptischen Biographen ist längst aufgefallen, daß Amalie im Gegensatz zum roten Sefchen sehr blaß bleibt. Daß Heine das rote Sefchen gesehen hat, können wir nachlesen. Aber wer ist Amalie? Er beschreibt sie nicht. Er beschreibt nur ihren Blick: *liebendes Wohlwollen* und *bitterstensten, schnöden, eiskalten Hohn* im selben Augenblick. Wie soziale Mittelpunkte eben auf Nicht-Mittelpunkte schauen. Nun gut, ein Gesetz der Liebe ist auch das: Grundvoraussetzung, jemanden zu lieben, ist die vollkommene Gleichgültigkeit des Gegenüber. Und der bloße Eros des Reichtums macht keinen zum Dichter. Er bringt es auch niemals zu Versen wie diesen:

> *Mutter zum Bienelein:*
> *»Hüt dich vor Kerzenschein!«*
> *Doch was die Mutter spricht,*
> *Bienelein achtet nicht;*
>
> *Schwirret ums Licht herum,*
> *Schwirret mit Sum-sum-sum,*
> *Hört nicht die Mutter schrein:*
> *»Bienelein! Bienelein!«*
>
> *Junges Blut, tolles Blut,*
> *Treibt in die Flammenglut,*
> *Treibt in die Flamm' hinein –*
> *»Bienelein! Bienelein!«*
>
> *'s flackert nun lichterrot,*
> *Flamme gab Flammetod. –*
> *»Hüt dich vor Mägdelein,*
> *Söhnelein! Söhnelein!«*

Der bloße Eros des sozialen Aufstiegs diktiert auch nicht Briefe wie diesen, den zweiten, den wir von Heine haben:

Hamburg, d. 27. Oktober 1816
An den Studioso Christian Sethe in Düsseldorf.

Sie liebt mich n i c h t! – Mußt, lieber Christian, dieses l e t z t e Wörtchen ganz leise, leise aussprechen. In den ersten Wörtchen liegt der ewig lebendige Himmel, aber auch in dem letzten liegt die ewig lebendige Hölle. – Könntest Du Deinem armen Freunde nur ein bißchen ins Gesicht sehen, wie er so ganz bleich aussieht, und gewaltig verstört und wahnsinnig, so würde sich Dein gerechter Unmut, wegen des langen Stillschweigens, sehr bald zur Ruhe legen; am besten wäre es zwar, wenn Du einen einzigen Blick in seine inn're Seele werfen könntest, – da würdest Du mich erst recht liebgewinnen; – ... Denn obgleich ich die unleugbarsten, unumstößlichsten Beweise habe: daß ich nichts weniger als von ihr geliebt werde – Beweise, die sogar Rektor Schallmayer für grundlogisch erkennen, und kein Bedenken tragen würde, seinem eigenen Systeme obenan zu stellen, – so will doch das arme liebende Herz noch immer nicht sein concedo geben, und sagt immer: was geht mich deine Logik an, ich habe meine eigne Logik. – Ich habe sie wiedergesehen. –

> *»Dem Teufel meine Seele,*
> *Dem Henker sei der Leib,*
> *Doch ich allein erwähle*
> *Für mich das schöne Weib.«*

Hu! Schauderst Du nicht, Christian? Schaudere nur, ich schaudre auch. – Verbrenne den Brief. Gott sei meiner armen Seele gnädig. – Ich habe diese Worte nicht geschrieben. – Da saß ein bleicher Mensch auf einem Stuhl, der hat sie geschrieben. Das kommt, weil es Mitternacht ist. – O Gott! Wahnsinn sündigt nicht. – Du! Du! hauche nicht zu stark; da hab ich eben ein wunderhübsches Kartenhaus aufgeschichtet, und ganz oben auf steh ich und halte s i e im Arm! – Sieh, Christian, nur D e i n Freund konnte seinen Blick zum Allerhöchsten erheben (erkennst Du ihn hieran?); freilich scheint es auch, als wenn es sein Verderben sein wird. Aber Du kannst Dir auch kaum vorstellen, lieber Christian, wie mein Ver-

derben so herrlich und lieblich aussieht! Aut Cesar aut nihil war immer mein Wahlspruch. Alles an Allem. •

Ich bin ein wahnsinniger Schachspieler. Schon beim ersten Steyn habe ich die Königin verloren, und doch spiel ich noch, und spiele – um die Königin. Soll ich weiterspielen? –

> »Quand on a tout perdu et
> qu'on n'a plus d'espoir,
> La vie est une opprobre et
> la mort un devoir.«

Schweige, verfluchter, lästerlicher Franzose, mit deinem feigen Verzweiflungsgegreine! Kennst du nicht die deutsche Minne? Die steht kühn und fest auf zwei ewig unerschütterliche Säulen, Manneswürde und G l a u b e n. – Nur halte mich, O Gott, in sicherer Hut vor die schleichende, finstre Macht der S t u n d e. – Entfernt von ihr, lange Jahre glühende Sehnsucht im Herzen tragen, das ist Höllenqual, und drängt höllisches Schmerzgeschrei hervor. Aber, in i h r e r N ä h e s e i n, und doch ewig lange Wochen nach ihrem alleinseligmachenden Anblick oft vergebens schmachten, u – u – und – und – O! – O! – O Christian! Da kann auch das frömmste und reinste Gemüt in wilder wahnsinniger Gottlosigkeit auflodern. –[31]

Und so geht das weiter, noch viele Seiten. Der Liebende findet es auch *herzkränkend, daß s i e meine schönen Lieder, die ich nur für sie gedichtet habe, so bitter und schnöde gedemütigt und mir in dieser Hinsicht überhaupt sehr häßlich mitgespielt hat.* Dafür fühlt er sich Goethes »Tasso« jetzt ganz nahe: »Und wenn der Mensch in seiner Qual verstummt,/ Gab mir ein Gott, zu sagen, was ich leide.«

Eine empfindsame, schöne Seele zu besitzen, liegt – noch – im Zeitgeschmack. Ein reiches, unverstelltes Innenleben zu haben, zeichnet den Bürger aus gegenüber den Aristokraten mit ihren parfümierten Regungen. Das glauben die Bürger der Zeit, die Heine später die *Kunstperiode* nennen wird.

Was ist dieser Brief? Eine Liebeserklärung an sich selbst. Auch das, das vor allem.

Eine unglückliche Liebe macht keinen zum Dichter. Sie erfüllt nur eine wichtige Voraussetzung. Man muß wissen, was Trennungen sind, um zu schreiben. Manche, wie Heine, erfahren dabei noch mehr. Denn merkwürdig ist es schon, daß einer, der sich selbst sofort verliert, wenn er nicht gut auf sich aufpaßt, zugleich in niemanden so sehr verliebt ist wie in sich selbst. Heine ist ein Narziß wie jeder große Dichter. Ein Selbstliebender.

Er liest Byron und findet, daß der Brite durchaus Ähnlichkeit mit ihm hat. Eine Frau hat ihn verraten – Byron wird es alle Frauen vergelten lassen. Er wird den Schmerz zu Metall härten. Lord! Bruder! Byron soll ein weltverachtendes Zucken der Oberlippe kultiviert haben. Das paßt zu mir, denkt der unglückliche Harry und fängt jetzt auch an, mit vor Lässigkeit und Schmerz schiefem Mund zu sprechen. Denn er hat etwas erfahren von der eigentümlichen Dialektik der Liebe: Am Ende ist der Liebende doch göttlicher als der Geliebte. Goethe hat das schon ganz richtig gesehen: Der Mensch verstummt, der Gott spricht weiter. Also ist er ein Gott-Mensch.

Und göttlicher als der Onkel ist er sowieso. Noch sagt er es ihm nicht, aber er denkt es schon, sinngemäß: *Das Beste an dir ist, daß du meinen Namen trägst!* Der Satz fällt ihm erst viel später ein. Heine weiß, wer er ist. Daß kein anderer außer ihm das weiß, stört ihn wenig. Fritz J. Raddatz hat die Ursprünge des Heineschen Selbstbewußtseins ins kongeniale Bild gebracht: »Geld ist für Heine nur anders bedrucktes Papier, er kann Papier besser bedrucken.« Aber das Leben ist ungerecht. Es zieht sein eigenes Fazit: »Der Onkel ist ein freier Mann. Heine ist freier Schriftsteller.«[32] Und Heine kennt den Unterschied zwischen einem freien Mann und einem freien Schriftsteller schon jetzt genau, obwohl letzteres als Beruf noch gar nicht richtig erfunden ist. Diese Pioniertat wird ihm überlassen bleiben, und Schiller ist sein Vorläufer. Vorerst arbeitet Harry Heine daran, die Karriere des freien Schriftstellers zu umgehen. Mehr als ein Jahrzehnt wird er daransetzen.

Frei, das ist zu nah an: vogelfrei. Das heißt, ein Spielball des Lebens zu sein, ungeschützt. Und doppelt ungeschützt als Jude. Er ist Außenseiter von Geburt, und es gibt nur eine Macht, die ihn wirklich decken kann: Geld. Ein reicher Jude ist viel weniger Jude als ein armer Jude. Ein reicher Jude ist vor allem reich. Ein armer Jude ist vor allem Jude. Erst über einhundert Jahre später wird auch dieser Schutz nicht mehr helfen.

Harry Heine macht sich auf den Weg, ein reicher Jude zu wer-

den. Am 1. Januar 1818 schenkt er Amalie eine der meistverges-
senen und tränenreichsten Schicksalstragödien, Adolf Müllners
»Die Schuld«, besonders kostbar gebunden. Im Juni 1818 eröffnet am Hamburger Graskeller Nummer 139 das Manufakturwarengeschäft »Harry Heine & Co«. Ein eigener Laden mit ein-
undzwanzig! Er steht hinter dem Ladentisch. Oder sagen wir: Er
sollte hinter dem Ladentisch stehen, Beobachtern zufolge bringt
er den ganzen Tag im Alsterpavillon zu.[33]

Das ist nicht unwahrscheinlich, denn ein paar Jahre später wird
er der Alsterpavillons mit großer Liebe gedenken, was bei Hamburger Einrichtungen nicht öfter vorkommt. Extra für die Leser
in China und Oberbayern, denen Hamburg, wie der Autor
vermutet, vielleicht nicht bekannt ist, beschreibt er den Weg zu
den Pavillons, den Jungfernstieg entlang, der *aus einer Linden-*
straße besteht, die auf der einen Seite von einer Reihe Häuser,
auf der anderen von dem großen Alsterbassin begrenzt wird; und
daß vor letzterem, ins Wasser hineingebaut, zwei zeltartige lu-
stige Kaffeehäuslein stehen, die man Pavillons nennt. … Da läßt
sich gut sitzen, und da saß ich gut gar manchen Sommernach-
mittag und dachte, was ein junger Mensch zu denken pflegt,
nämlich gar nichts, und betrachtete, was ein junger Mensch zu
betrachten pflegt, nämlich die jungen Mädchen, die vorübergin-
gen –.[34]

Soeben sind seine ersten Gedichte gedruckt worden, im Hamburger »Wächter«. Aber Harry Heine hat nicht mit Harry Heine & Co.
gezeichnet, sondern »Sy Freudhold Riesenharf« unter die Gedichte geschrieben. Das heißt fast dasselbe, nur mit vertauschten
Buchstaben: Harry Heine Düsseldorf. Es ist viel Tod, viel Grab in
den Gedichten, schon weil der Tod überaus faszinierend ist, wenn
man so jung ist wie er. Außerdem kommen minnigliche »Wunne«
vor und viele tanzende Hochzeitsgäste, denn das Liebchen heiratet
immerzu einen anderen, und der Verschmähte muß jedesmal dabei
sein. Zuerst klingt das so:

> *Das war ein lustig Hochzeitsfest;*
> *Zu Tafel saßen froh die Gäst'.*
> *Und wie ich nach dem Brautpaar schaut –*
> *O weh! mein Liebchen war die Braut.*

Am Fortgang sind vor allem die Reime bemerkenswert:

> *Das war mein Liebchen wunnesam,*
> *Ein fremder Mann war Bräutigam;*
> *...*
> *Wie Blei lag meine Zung' im Mund,*
> *Das ich kein Wörtlein sprechen kunnt.*[35]

Im »Don Ramiro«, den alle Hamburger jetzt im »Wächter« lesen können, ist die Sache schon viel mehr ver-dichtet. Doña Clara heiratet einen anderen und lädt Don Ramiro, der sie liebt, zur Hochzeit ein:

> *Don Ramiro, der du mutig*
> *Soviel Mohren überwunden,*
> *Überwinde nun dich selber –*
> *Komm auf meine Hochzeit morgen.*

Und Don Ramiro kommt. Vierzehn (!) Strophen braucht Heine für den Tanz Don Ramiros mit Doña Clara, der nicht ihr Hochzeitstanz ist. Was der Bräutigam inzwischen macht, steht bei Heine nicht.

> *»Sind ja schneeweiß deine Wangen!«*
> *Flüstert Clara, heimlich zitternd.*
> *»Sprachest ja, ich sollte kommen!«*
> *Schallet dumpf Ramiros Stimme.*

Und so tanzen sie weiter, Doña Clara wundert sich über die eiskalten Hände ihres Tänzers, und einen schlechten Mundgeruch hat er auch:

> *»Laß mich, laß mich! Don Ramiro!*
> *Leichenduft ist ja dein Odem!«*[36]

Aber am Ende, als Doña Clara heiß und kalt vom Tanzen auf einem Stuhl sitzt, allein, klärt sich alles auf. Don Ramiro hat sich bereits am Mittag umgebracht. Und jetzt ist es Mitternacht.

Im Gegensatz zu Don Ramiro steht Sy Freudhold Riesenharf

sehr lebenswarm hinter seinem Ladentisch am Hamburger Graskeller und handelt mit englischem Tuch, wenn er nicht gerade im
Alsterpavillon ist. Das Tuch hat nur eine Besonderheit: Es ist solches, das sein Vater schon in Düsseldorf nicht loswerden konnte,
wahrscheinlich sein geliebtes, leider zur Unverkäuflichkeit nei-
gendes Velveteen. Nun ist es nicht unbedingt gut, ein neues Geschäft mit Ladenhütern zu eröffnen. Und es ist auch nicht gut, un-
gedeckte Wechsel auf ein so junges Unternehmen auszustellen.
Samson Heine macht es trotzdem. Denn es ist seine allerletzte
Chance. Mit den Wechseln auf die Hamburger Filiale seines Sohnes befreit sich Samson Heine von den drückendsten Forderungen. Alles obliegt nun dem merkantilen Genie Harrys.

Ab und zu muß Harry Heine den Alsterpavillon doch verlassen
haben, denn der Kommis eines bedeutenden Textilkaufmanns
trifft ihn tatsächlich an im Graskeller 139. Der Kommis will nichts
kaufen, nur Schulden kassieren. Er ist aufrichtig überrascht, dem
Inhaber selbst zu begegnen. Hier haben wir noch eine Erklärung
für Harrys Aufenthalte im Alsterpavillon: Inhaber defizitärer Geschäfte pflegen sich nur in Ausnahmefällen in selbigen aufzuhal-
ten. Dieser seltsame Schuldner aber hat glänzende Laune und gibt
dem Kommis zwei Louisdor. Als Anzahlung auf die Forderungen.

Heine zum Kommis:
– Sie sind Kaufmann, nicht wahr?
– Allerdings.
– Dann rate ich Ihnen, immer nehmen, nehmen, nehmen!
– Ja, ich nehme ja; ich will aber gern noch mehr nehmen.
– Sehr gut, sehr gut. Aus Ihnen kann noch etwas werden, aber
ich habe nicht mehr.[37]

Das stimmt. Schon Wochen später ist Samson Heine endgültig
zahlungsunfähig und mit ihm »Harry Heine & Co.«. Salomon hat
lange versucht, den Konkurs vom Geschäft seines Bruders abzu-
wenden. Ein Millionär mit Pleite-Bruder, wie sieht das aus? Aber
nun ist alles vorbei. Die Schulden bei Salomon betragen am Ende
fünfundachtzigtausend Taler. Die Hamburger Filiale wird liquidiert, noch bevor das Düsseldorfer Handelsgericht die Firma Heine
zu Düsseldorf für bankrott erklärt. Ein Manufakturwarenmakler
namens Joseph Friedländer hatte Harry Heine angeklagt, derselbe,
der bald in den »Reisebildern« als der *in Hamburg noch immer
ungehenkt herumgehende Manufakturwarenmakler* auferstehen

wird. Die Laufbahn der Finanzmacht Harry Heine war sehr kurz. Ein gescheiterter Kaufmann und gescheiterter Liebender kehrt nach Düsseldorf zurück.

Noch bis hierher reicht der lange Arm Hamburgs. Samsons jüngere Brüder lassen ihn entmündigen, auch wegen einer heftigen epileptischen Neurose, die ihn zunehmend geschäftsunfähig macht. Ein Jahr später, im Juli 1820, wird Heinrich Heines Vaterhaus in der Bolkerstraße, vor dem sie so oft Altäre errichtet hatten, verkauft. Von nun an ist die Familie Kostgängerin des reichen Bruders.

Noch einmal denkt Betty Heine darüber nach, was aus ihrem ältesten Sohn werden könnte. Nicht Eroberer, nicht Papst, nicht mal Millionär. Bleibt nur noch eine Möglichkeit: *Sie meinte jetzt, ich müsse durchaus Jurisprudenz studieren. Sie hatte nämlich bemerkt, wie längst in England, aber auch in Frankreich und im konstitutionellen Deutschland der Juristenstand allmächtig sei und besonders die Advokaten durch die Gewohnheit des öffentlichen Vortrags die schwatzenden Hauptrollen spielen und dadurch zu den höchsten Staatsämtern gelangen. Meine Mutter hatte ganz richtig beobachtet.*[38]

II

Ein Jurastudent besteigt einen Berg bei Bonn
und studiert alles, bloß nicht Jura

Manchmal steigen die Rheinländer auf ihre Rheinberge, und abends kommen sie wieder herunter. Aber am 18. Oktober des Jahres 1819 gehen sie erst abends los, lauter junge Männer mit Fackeln in der Hand. Oben auf dem Berg machen sie ein Feuer, einer steht auf und hält eine Rede. Die Rede beginnt mit »Brüder! …«, und die anderen rufen dazu »Hoch! Hoch!«. Dann steht der nächste auf, hält eine Rede, alle rufen »Hoch! Hoch!« und immer so weiter. Die jungen Männer sehen sehr umstürzlerisch aus und tragen vaterländisch illuminierte Gesichter. Wie oft Heinrich Heine »Hoch! Hoch!« ruft, wird nicht überliefert. Wahrscheinlich sammelt er im Dunkeln Reisig, denn es können nie alle am Feuer stehen und »Hoch!« rufen, jemand muß sich auch darum kümmern, daß es nicht ausgeht. Dann ist das Feuer doch aus, die Helden verlassen den Berg und gehen schlafen.

Über einen Monat später steht der Bonner Student Heinrich Heine vor einem akademischen Gericht. Er trägt eine rote Mütze und einen Flauschrock, da es schon fast Winter ist. Sein gelber Nankingrock ist nur für den Sommer. Aber die Hände hält er immer in den Taschen, sommers wie winters. Der Gang des Studiosus Heine ist betont nachlässig.[39] Soll die alte Erde ruhig merken, wie schwer es dem Genie ist, auf ihr einen Schritt zu machen. Sogar vor Gericht wird es gestellt. Kann sein, daß Heine jetzt die Hände aus den Taschen nimmt und die rote Mütze absetzt.

Im akademischen Gericht befinden sich Herr Professor Mittermaier und der Universitätssekretär Oppenhoff. Mittermaier will wissen, wieviel »Hochs« es genau waren, dort oben auf dem Berg. Der Student der Jurisprudenz, Neumitglied der Burschenschaft »Allgemeinheit«, antwortet:

– Ich erinnere mich an zwei; das erste galt dem verstorbenen Blücher und das zweite, wenn ich nicht irre, der deutschen Freiheit.[40]

Das ist übel, denn die deutsche »Freiheit« war soeben verboten worden, neben anderen Wörtern wie »Patriotismus« oder »Verfassung«. Über die Einhaltung des Verbots wacht die gerade gebildete »Zentralkommission zur Untersuchung der nationalen und liberalen Bewegungen«. Und das »Bundespressegesetz« paßt auf, daß die Freiheit nicht gedruckt wird, jedenfalls nicht in Drucksachen unter zwanzig Bogen oder dreihundertzwanzig Seiten. Die sind ab sofort der Vorzensur unterworfen. Dickere Bücher, findet Fürst Metternich, sind nicht so gefährlich, weil sie teurer sind, und Menschen, die sich dickere Bücher kaufen können, machen keine Revolutionen. Auch weil das Lesen dicker Bücher zu lange dauert. Man kennt die Verbote des Jahres 1819 unter dem Begriff »Karlsbader Beschlüsse«. Eigentlich sollen es nur Ausnahmegesetze sein, aber der Mord des Studenten Sand an August von Kotzebue, Staatsrat und Dichter, im Frühjahr sowie das Attentat auf den nassauischen Regierungspräsidenten von Ibell im Sommer liefern die Begründung, die Ausnahme gleich zur Regel zu befördern.

Im Jahr, als Heinrich Heine das Gymnasium verließ, wurde die bürgerliche Gleichstellung der Juden zurückgenommen. Das Jahr, als er zu studieren beginnt, ist das Jahr der Karlsbader Beschlüsse. Ihr geistiger Vater ist jener Fürst Metternich, den Heine später Fürst von Mitternacht nennen wird. Fürst Metternich hat einen ganz anderen Begriff von Freiheit als Heine. Erst wenn die Welt und insbesondere Deutschland wieder aussehen, als habe die Französische Revolution niemals stattgefunden, wird er wieder frei atmen können. Denn Fürst Metternich glaubt nicht, daß Menschen oder Nationen Talent haben, frei zu sein. Allein unter dem Feudalismus kann der Mensch Mensch sein. Alles kommt darauf an, die Menschen vor der Freiheit zu bewahren. Also vor sich selbst. Und auch die Nationen müssen in Schutz genommen werden vor sich selbst. Das ist die ganze Staatskunst, findet Metternich, der schon unter Napoleon Gesandter Österreichs war. Das nehmen die Studenten den neuen Herren besonders übel: Die zu Napoleons Füßen gelegen haben, die Kriecher von einst, geben jetzt die Nachfolge-Unterdrücker. Die Studenten von 1819 kämpfen zugleich für die Freiheit und für den Chauvinismus. Das ist nur scheinbar etwas Besonderes.

Etwas später, wenn Heinrich Heine bessere Gedichte schreibt, wird Fürst Metternich sie lieben. Aber nicht die, die an die Freiheit gerichtet sind. Man darf die Freiheit nicht nur nicht drucken, man darf sie auch nicht aussprechen. Deshalb steht Harry Heine jetzt vor Gericht.

Die studentischen Burschenschaften gelten als besonders bedenkliche Agenten der Freiheit:

– Wurde der Burschenschaft kein Lebehoch gebracht?

– Nein, ich erinnere mich nicht, ein solches gehört zu haben.

– Kamen die Worte vor: Auf uns hofft und wartet das Volk, um das gedrückte Vaterland vom Drucke zu befreien?

– Nein, solche Worte habe ich nicht gehört.

– Wissen Sie sonst nichts anzugeben?

– Nein.

Zusammenhänge will man wissen. Zusammenhang ist ein anderes Wort für Verschwörung, und die Freiheit ist eine Verschwörung. Welchen Zusammenhang also hatten die Reden? Der Student Harry Heine antwortet:

– In der ersten Rede konnte ich keinen Zusammenhang finden, und den Zusammenhang der zweiten kann ich nicht angeben, weil ich mich nicht erinnere.

Wer so spricht, sammelt nicht nur Reisig für die Feuer der Freiheit. Wer so spricht, trägt sie längst auf beängstigende Weise in sich. *Bin mein eigener Herr und stehe so ganz für mich allein und steh' so stolz und fest und hoch und schau' die Menschen tief unter mir so klein, so zwergenklein; und hab' meine Freude daran.* – Heine hat diesen Hamburger Ausguck nicht verlassen. Dabei besitzt er nicht einmal das Abitur. Aber er darf Ersatzprüfungen machen. Doch sollte man dann solche Abituraufsätze schreiben wie Harry Heine? Immerhin hängt seine Studienzulassung von diesen Prüfungen ab. Das Thema der »deutschen Arbeit« lautet: »Die Gründe, worauf es für die Entscheidung für einen bestimmten Beruf wesentlich ankommt.«

Was wissen Professoren schon von der Dialektik des Millionärswesens und von Muskatnüssen? Harry Heine schreibt: *Die Wissenschaften, welche in diesen Hörsälen gelehrt werden, bedürfen vor allem der Schreibbänke; denn diese sind die Stützen, die Träger und Grundlagen der Weisheit, welche vom Munde des Lehrers ausgeht, und von den andächtigen Schülern in die Hefte übertra-*

*gen wird. Dann sind aber auch die Schreibbänke gleichsam Ge-
denktafeln, für unsere Namen, wenn wir diese mit dem Federmes-
ser hineinschneiden, um künftigen Generationen die Spur unseres
Daseins zu hinterlassen.*

Hat dieser Aufsatz etwas mit seinem Thema zu tun? Hat er
nicht unbedingt. Die Prüfungskommission sieht das auch so. Und
wer die Schreibbänke als Träger und Grundlagen der Weisheit ansieht, ist von so antiakademischer Gesinnung, oder überakademi-
scher Gesinnung, daß die Universitäten des Landes schon jetzt allen Grund hätten, sich vor diesem Studiosus zu fürchten, der sein
erstes Semester noch nicht einmal begonnen hat. Es ist aber eine
furchtlose Prüfungskommission, denn sie bescheinigt dem Prüf-
ling »eine bemerkenswerte Anlage zur Satire« und erkennt – was
Prüfungskommissionen sonst nur selten gelingt – bereits die
Hauptbegabung des Zöglings. Daß er viel mehr Begabungen nicht
hat, erkennt sie auch: »Griechisch hat er nicht gelernt. Im Lateinischen ist er von unsicherer Kenntnis und zu geringer Übung, weshalb er auch keinen Aufsatz geliefert hat. Zu einer Prüfung in der
Mathematik hat er sich nicht verstanden. In der Geschichte ist er
nicht ohne alle Kenntnisse.«[41]

Es gibt zwei Arten von Studenten, die Realisten und die Romantiker. Die einen studieren, um etwas zu werden. Das ist der
überzeitliche Typus des BWL-Studenten. Die anderen studieren
direkt in die Gefahr hinein, nichts zu werden. Das sind die Romantiker. Harry Heine aus Düsseldorf gehört eindeutig zu letzteren. Er
ist der legitime Vorfahr aller Langzeitstudenten von heute. Warum Jura hören, wenn man auf einer Universität auch interessante
Dinge lernen kann? Etwa die »Geschichte der deutschen Sprache
und Poesie« und »Die Geschichte des deutschen Volkes und
Reichs« oder »Tacitus: de moribus Germanorum«. Als er ein Junge
war, bedichtete er das Mittelalter in den Farben des roten Sefchens,
jetzt will er etwas mehr darüber wissen. Daß das Mittelalter auch
in der Wirklichkeit ernste Absichten zeigt zurückzukehren, kann
seine Sympathien nicht trüben. Die Gegenwart tritt mit der Geschichte in Wettkampf, wer vergangener ist. Aber Harry Heine
merkt das nicht, er ist gebannt von einem der größten Lobredner
des Mittelalters: *Es war, mit Ausnahme des Napoleon, der erste
große Mann, den ich damals gesehen, und ich werde nie diesen erhabenen Anblick vergessen. Noch heute fühle ich den heiligen*

Schauer, der durch meine Seele zog, wenn ich vor seinem Kathe-
der stand und ihn sprechen hörte. Ich trug damals einen weißen
Flauschrock, eine rote Mütze, lange blonde Haare und keine
Handschuhe. Herr A. W. Schlegel trug aber Glacéhandschuh und
war noch ganz nach der neuesten Pariser Mode gekleidet; er war
noch ganz parfümiert von guter Gesellschaft und eau de mille
fleurs; er war die Zierlichkeit und die Eleganz selbst, und wenn er
vom Großkanzler von England sprach, setzte er hinzu ›mein
Freund‹, und neben ihm stand sein Bedienter in der freiherrlichst
Schlegelschen Hauslivree, und putzte die Wachslichter, die auf sil-
bernen Armleuchtern brannten und nebst einem Glase Zucker-
wasser vor dem Wundermanne auf dem Katheder standen. Liv-
reebedienter! Wachslichter! Silberne Armleuchter! Mein Freund
der Großkanzler von England! Glacéhandschuhe! Zuckerwasser!
welche unerhörte Dinge im Kollegium eines deutschen Profes-
sors![42]

Der Student Heine macht auf A.W. Schlegel, Bruder des Friedrich, drei Oden, und jede fängt an: O du, der du usw. So berichtet er
es später, als er längst keine Oden mehr auf Schlegel macht. Aber
ein Gedicht trägt wirklich den Titel *An A.W. v. Schlegel*, es beginnt
so:

> *Im Reifrockputz, mit Blumen reich verzieret,*
> *Schönpflästerchen auf den geschminkten Wangen,*
> *Mit Schnabelschuhn, mit Stickerein behangen,*
> *Mit Turmfrisur, und wespengleich geschnüret:*
>
> *So war die Aftermuse ausstaffieret,*
> ...

Sie kam, um den Knaben *zu umfangen*, er aber ist ihr *aus dem Weg*
gegangen, nur wußte er nicht zu wem, bis er die *echte Muse* fand,
schlafend im *Schloß in alter Wildnis*, aber bald von ihm erweckt.
Liebestrunken sank der Jungdichter sodann in ihre Arme. Wegweiser zum echten Musenschloß war somit A.W. Schlegel. Wegweiser wohlgemerkt, den Titel des Erweckers behält der Jungdichter sich selbst vor.

Heine schreibt seinen ersten Programmaufsatz. Für die Schlegelsche Romantik! Gegen *spanischen Schmelz, schottische Nebel*

und italienisches Geklinge![43] Später wird er die Romantik etwas anders beurteilen und A.W. Schlegel in der »Romantischen Schule« am liebsten ganz weglassen. Zu unbedeutend, findet Heine, bekundet dann aber doch, in einem »Lexikon der deutschen Schriftstellerinnen« auf seinen Namen gestoßen zu sein. Kein Zweifel, Heine hat sich über seinen früheren Lehrer geärgert. Und ein mißtrauischer Beobachter der Lebensform Heinrich Heine weiß auch, warum. Der Lehrer wird es später immer wieder versäumen, Heine einen großen Lyriker zu nennen. Ja, vielleicht versäumt er es gar, ihn zu lesen. So etwas verzeiht ein Heinrich Heine nicht. Und schon gar nicht dem Mann, von dem er sich freiwillig in die metrische Zwangsjacke stecken ließ. Ja, Harry Heine aus Düsseldorf, zweiundzwanzig Jahre alt, ohne Handschuhe, erwählt A.W. Schlegel, dreiundfünfzig Jahre alt, mit Glacéhandschuhen, zu seinem poetischen Richter. Schlegel darf, was nie wieder einer dürfen wird. Er darf Harrys Gedichte schlachten, und dann nimmt Harry die herumliegenden Arme und Beine und setzt alles neu zusammen, klaglos, mit unendlicher Geduld. Später wird er, ohnehin ein Bruder Oscar Wildes, ähnlich wie dieser auf Änderungsansinnen reagieren: Wer bin ich, daß ich an einem Meisterwerk herumpfuschen dürfte?

Aber noch läßt Harry sich schinden. Und er weiß wofür. Er hat die Talentprobe gemacht. Er hat seinem Freund Johann Rousseau die Gedichte aus dem Hamburger »Wächter« gegeben. Aber nicht flehenden Blicks, sondern mit einem kalten, byronschen, mundwinkelzuckenden Lächeln der Verachtung: Nun fängt schon die vollendete Talentlosigkeit an, ihre Gedichte drucken zu lassen. »Sy Freudhold Riesenharf«, die Verse sind genauso dämlich wie das Pseudonym. Er sagt nicht, daß es seine sind. Johann Rousseau nimmt den »Wächter«, liest, wie Don Ramiro sich den Garaus macht und leicht untertemperiert mit der Geliebten tanzt am Hochzeitstag, der nicht sein Hochzeitstag ist, und ist tief beeindruckt. Das soll die vollendete Talentlosigkeit gedichtet haben? Ja, ist Harry, sein Freund, denn blind und taub, daß er nicht sieht und nicht hört, daß ein werdendes Genie hier publiziert? Ein, nun sagen wir, zweiter Byron? – Harry wehrt sich, er zerreißt Sy Freudhold Riesenharf in der Luft, aber macht am Ende etwas, was Kritiker sonst niemals tun: Er bricht in Tränen aus, wie damals beim roten Sefchen. Er hat sein zweites großes Dichtungserlebnis. Diesmal mit seiner eigenen Dichtung. Er fällt dem Freund Johann Rousseau in die Arme, wie er damals dem Sefchen in die Arme fiel, sie schwören sich ewige Freundschaft, und der Freund widmet Heine noch ein langes, kitschiges Gedicht über die Nibelungen.[44]

Heine hört wieder auf zu weinen, nüchtern klingt er so: Neun Schwestern auf einmal habe er *besprungen* und ihnen *dicke Bäuche gemacht*. Die neun Schwestern sind die Musen, und zum ersten Mal finden wir Ansätze einer Schlegel-Polemik: *Aber der alte Schlegel, der überhaupt mit den Damen umzugehen versteht, hat die Schönen wieder mit mir versöhnt; und da er ihrer vielgenossenen Reize satt ist, oder sie vielleicht nicht mehr selber bespringen kann, so hat er sie mir gütigst zugekuppelt, und allen 9 Schwestern habe ich bereits wieder dicke Bäuche gemacht.*[45] Im übrigen sei Schlegel mit seinen Poesien sehr zufrieden, ja freudig erstaunt *über die Originalität* derselben, worüber sich zu wundern der Verfasser zu eitel ist. Schlegels erste Frage, wenn er ihn besuche, sei immer, wie es denn mit der Herausgabe der Gedichte stehe. Auch Heine findet, daß es Zeit ist für eine größere Publikation seiner Werke, und schreibt dem Verleger Brockhaus in Leipzig einen großmütigen Brief, in dem er ihm seine Gedichte zum Druck anbietet, betitelt »Traum und Lied«. Er spricht Brockhaus einen *richtigen Sinn für Poesie* zu, der ihn gewiß befähigen werde, *die strengste Originalität* wenigstens der ersten Hälfte der Gedichte zu bemerken. Vorsichtshalber fügt er an, daß Schlegel die Gedichte *ziemlich lobte*. Er glaubt, *einem Manne wie Sie die Bestimmung des Honorars gänzlich überlassen* zu können, erwähnt aber, daß er auf guten Druck und gutes Papier erhöhten Wert lege.[46] Brockhaus zeigt jedoch keine Lust, etwas zu bemerken, und druckt nicht.

Doch nicht nur Brockhaus entgeht die »strengste Originalität« des Studiosus Heine, seine Kommilitonen bemerken sie auch nicht. Der sagt doch gar nichts. Wenn man das Byronsche Zucken der Oberlippe noch nicht als Aussage werten will. Und die kurzen Einwürfe des stillen Blonden sind nun wirklich ein wenig zu kurz, als daß sie ihren Urheber in den Ruf der Beredsamkeit bringen könnten. Überhaupt verhält sich dieser Harry Heine höchst eigentümlich. Er raucht nicht, er trinkt nicht. Was ist das für ein Student?

Vielleicht sollte er ein wenig Jura studieren, nur so zwischendurch, aber er hat nicht viel Zeit, da auch Ernst Moritz Arndt in

Bonn lehrt und über die Geschichte des deutschen Volkes sowie das Werk das Tacitus liest. Arndt ist im Nebenberuf Dichter und Patriot und hat gerade eine Metternichsche Hausdurchsuchung hinter sich – eine Auszeichnung, die nicht jedem deutschen Professor zuteil wird. Immerhin bezeugen am Ende nicht nur die Professoren für »Geschichte des Altertums« und »deutsche Frühgeschichte«, daß Heine in ihren Vorlesungen saß, sondern auch einer für »römisches Recht«.

Aber erst einmal braucht Harry Heine Ruhe. Vor allem Ruhe vor Professoren. Er muß eine Tragödie schreiben. Er zieht auf die andere Seite des Rheins in das kleine Dorf Beuel und fängt an.

Längst hat er in der Bonner Universitätsbibliothek dicke Bände zur spanisch-maurischen Geschichte ausgeliehen und auch solche über die Inquisition. Aber der Jurastudent will keineswegs die Rechtsauffassung der Inquisition studieren, sondern einen möglichst genauen Hintergrund für seine erste Tragödie entwerfen. 1492 vertrieben die Spanier die Mauren aus Granada. Kein Triumph des Christentums, sondern eine Tragödie, findet Heine. Seine Sympathien gehören natürlich den Mauren, die nur eine Wahl hatten: sich zum Christentum zu bekennen oder dieses Land, in dem sie schon seit Jahrhunderten lebten, zu verlassen. »Almansor« wird genau zwei Aufführungsversuche erleben, nur wenige kennen die Tragödie, und doch enthält sie einen der bekanntesten Heine-Sätze: *Das war ein Vorspiel nur, dort wo man Bücher/ Verbrennt, verbrennt man auch am Ende Menschen.*[47]

Zwei maurische Freunde im maurischen Granada haben zwei maurische Kinder. Almansor und Zuleima. Da die Mutter des Jungen nach der Geburt starb, ist sein Vater immer traurig beim Anblick des Sohnes, weshalb der zartfühlende beste Freund eine Idee hat: Sie könnten einfach die Kinder tauschen, jeder erzieht das Kind des anderen, und später werden sie heiraten, weshalb die Väter die beiden schon jetzt verloben. Heine findet die Kleinkinderverlobung ganz in Ordnung, und so liegt die Zukunft offen vor Zuleima und Almansor, die schon als Kinder kaum voneinander zu trennen sind. Aber dann kommt das Jahr 1492. Zuleima hat ein christliches Kindermädchen, überhaupt ist dem Kind bald sehr christlich zumute und dem guten Aly, dem Tauschvater, geht es ebenso:

> *Aly:*
> *Ihr wißt, daß es der frommen Christenamme*
> *Schon längst gelang, Zuleimas sanftes Herz*
> *Für Christum zu gewinnen, daß die Holde*
> *Den Heiland auch bald öffentlich bekannte,*
> *Und durch der Taufe heil'ges Sakrament*
> *Den schönen Namen Clara sich gewann.*
> *Ich ging denselben Weg, dem eignen Herzen*
> *Und der geliebten Pflegetochter folgend.*[48]

Aly ist nun sehr erstaunt über die Reaktion seines Lieblingsfreundes. Der hat keine Lust, bekehrt zu werden und einen neuen, christlichen Namen und neue, christliche Kleider zu tragen, im Gegenteil:

> *Aly:*
> *Doch wehe mir, er war ein blinder Moslem,*
> *Und nahm die Botschaft auf mit kaltem Zorne,*
> *Und ließ mir melden: Seines Gottes Feind,*
> *den hasse er, als seinen eigenen Feind,*
> *Er wolle nie der Gottesleugnerin,*
> *Der eigenen Tochter Anlitz wiedersehn.*[49]

Nun verstehen wir auch, warum der Ersatzvater zu Beginn den Arm gegen den Sohn erhebt. Er ist gar nicht sein Sohn. An dieser Stelle hätte Heine noch zwei Möglichkeiten gehabt. Vertauscht nie eure Kinder! hätten wir lernen können. Verlobt überhaupt niemals Babys! Aber Heine ist das egal. Er läßt die Hand des Ersatzvaters gegen den Ersatzsohn sinken und die beiden in die Länder gehen, die besser zu Allah halten. Der Vater stirbt. Und Almansor, sein Sohn, sein Nichtsohn, kehrt nach Spanien zurück, um noch einmal Zuleima zu sehen, die Geliebte seiner Kindertage.

Bis hierher ist Heine vielleicht gekommen, aber alle Semesterferien gehen einmal zu Ende. Jetzt wird es Tote geben, viele Tote – denn je mehr Tote, desto tragischer die Tragödie. Die Toten hebt er sich auf. Er verläßt das kleine Dorf Beuel auf der anderen Rheinseite und geht nach Göttingen, was zu bereuen er dort ausführlich Gelegenheit hat.

Harry Heine kann Göttingen nicht leiden, duelliert sich beinahe im Monat des Duellverbots, bekommt die Syphilis und fliegt von der Universität

Die Stadt Göttingen, berühmt durch ihre Würste und Univer-
sität, gehört dem Könige von Hannover und enthält 999 Feu-
erstellen, diverse Kirchen, eine Entbindungsanstalt, eine Stern-
warte, einen Karzer, eine Bibliothek und einen Ratskeller, wo das
Bier sehr gut ist. ... Im allgemeinen werden die Bewohner Göttin-
gens eingeteilt in Studenten, Professoren, Philister und Vieh, wel-
che vier Stände doch nichts weniger als streng geschieden sind.
Der Viehstand ist der bedeutendste.[50] Der Verfasser dieses Göttin-
gen-Porträts sieht sich außerstande, die Namen aller Studenten
sowie *aller ordentlichen und unordentlichen* Professoren aufzu-
zählen, auch seien unter den Professoren viele, die noch keinen
Namen haben.

Kein Zweifel, Heinrich Heine hat sich über Göttingen geärgert.
Im Herbst 1820 trifft er ein. Kaum angekommen, schreibt er am
29. Oktober an seine Bonner Freunde: *... die alten Schmerzen be-*
geben sich wieder nach ihrer alten Kneipe, welches leider meine ei-
gene Brust ist, und diese ganze Familie S c h m e r z beginnt dort
wieder ihr altes Treiben; die blinde Großmutter W e h m u t h hör'
ich trippeln, ein neugeborenes Töchterchen hör ich greinen.
F r ä u l e i n   R e u e — so wird diese Kleine getauft, und in ihrem
ewigen Gegreine unterscheide ich die Worte: D u   h ä t t e s t   i n
B o n n   b l e i b e n   s o l l e n.[51]
Hergekommen ist er teils aus Übermut, teils des unbestimm-
ten Gefühls wegen, in Göttingen besonders gut arbeiten zu können. Immerhin müßte er mal etwas für die Jurisprudenz tun. Und
die Universität Göttingen ist berühmt, sie war eine der berühmtesten Universitäten der Aufklärung. Aufklärung herrscht immer
dann, wenn Monarchen sich Sorgen machen, was die Denker
über sie denken. Meist ist ihnen das schnurzpiepegal, aber im
achtzehnten Jahrhundert war so eine geschichtliche Ausnahme-
stunde. Bei jedem neuen Gesetz, das sie verabschieden wollte,
fragte sich Maria Theresia, Kaiserin von Österreich: Was wird

Schlözer dazu sagen? Dieser Schlözer aber war nicht wirklich wichtig; er war nur Historiker und Professor in Göttingen. Solch universitäre Fernwirkungen begeistern Studenten. Das wollte Heine mit eigenen Augen sehen. In Bonn hatte er schon erfahren, daß die Pulse der Zeit und der Puls der Universität den gleichen Takt schlagen (Ernst Moritz Arndt!), auch in der Unversöhnlichkeit. Doch in Göttingen – siehe oben – nichts davon. Göttingen ist ein totes Bonn. Zum ersten Mal begegnet Heine jenem Gelehrtentypus, den jeder Student irgendwann kennenlernt. Er begegnet dem akademischen Temperament an und für sich: *Es war noch sehr früh, als ich Göttingen verließ, und der gelehrte ** lag gewiß noch im Bette und träumte wie gewöhnlich: er wandle in einem schönen Garten, auf dessen Beeten lauter weiße, mit Zitaten beschriebene Papierchen wachsen, die im Sonnenlichte lieblich glänzen, und von denen er hier und da mehrere pflückt und mühsam in ein neues Beet verpflanzt, während die Nachtigallen mit ihren süßesten Tönen sein altes Herz erfreuen.*[52] Als Heine das schreibt, ist er bereits vier Jahre über Göttingen hinaus. So klingt einer, der die Universität zu gut durchschaut hat, um noch etwas von ihr zu erwarten. Früh schon ist Heines antiakademisches Sensorium auf Empfang geschaltet, noch mitten in seiner Begeisterungsfähigkeit. Normal begabte Menschen können meist nur eins: einer Sache ganz angehören oder sie ablehnen. Heine kann – in der Liebe wie im Denken – stets beides. Nichttriviale Menschen schauen immer von außen. Selbst wenn sie innen sind. Ein besonders hartnäckiger und besonders dummer Allgemeinplatz der Heine-Forschung lautet: Heine war kein Denker. Nur weil er das Denken durchschaute?

Noch ist Heine begeisterungsfähig. Noch kann er mit maßloser Enttäuschung von den nur neun Hörern in der Vorlesung über altdeutsche Literatur berichten. Heine hatte da nur mal vorbeigeschaut, von Jurisprudenz allein wird keiner satt. In Bonn wäre das nicht passiert. Überhaupt scheinen die Göttinger Studenten zu den Göttinger Professoren zu passen. Die Scheidung zwischen Bürgerlichen und Adligen ist scharf. Die Grafen essen an extra Grafentischen und führen hochwohlgeborene Gespräche über ihre Hunde, Pferde und Ahnen. Heine tritt wieder einer Burschenschaft bei und ist doch meistens allein.

Aber es geht ihm gut. Heine-Briefe in diesem Göttinger Herbst haben Anfänge wie: *Lieber Fritz! Soeben bin ich aufgestanden, die Kaffeekanne steht dampfend auf dem Feuerbecken, und Zucker und Brot und Butter und Milch und alles steht in schöner Ordnung drum herum.*[53]

Auch hat er soeben den dritten Akt seiner Tragödie beendet. *Das war der schwerste und längste Akt. Hoffentlich werde ich diesen Winter die beiden übrigen Akte auch vollenden. Wenn dieses Stück auch nicht gefallen wird, so wird es doch wenigstens ein großes Aufsehen erregen. In diesem Stücke habe ich mein eigenes Selbst hineingeworfen, mitsamt meinen Paradoxen, meiner Weisheit, meiner Liebe, meinem Hasse und meiner ganzen Verrücktheit.* Ziemlich viele Zutaten für eine Tragödie, Heine ahnt auch so etwas: *Und aufrichtig gesagt, ich fange fast an zu glauben, daß eine gute Tragödie zu schreiben viel schwerer sei, als eine gute Klinge zu schlagen; ob zwar man in einer Paukerei auf den Schläger 12 Gänge und in einer Tragödie nur 5 Gänge zu machen braucht.*[54] Doch lieber eine gute Klinge?

Ein Jude duelliert sich nicht. Das Duellieren liegt außerhalb der jüdischen Tradition, und es wirkt auch nicht besonders aufgeklärt, was selbst in Regierungskreisen aufgefallen ist. Es wurde soeben verboten. Heinrich Heine ist das egal. Er wird sich sein Leben lang duellieren. Das Duell ist viel leichter als eine Tragödie. Und außerdem hat Harry Heine ein sehr reizbares Ehrgefühl. Es war ohnehin nur eine Frage der Zeit, wann er mit dem Göttinger Ortsgeist aneinandergeraten würde. Dann ist es soweit.

Mittags im »Englischen Hof« speisen der Studiosus Harry Heine aus Düsseldorf und am Nebentisch der Studiosus Wilhelm Wiebel aus Eutin. Die Adligen reden über ihre Hunde, Pferde und Ahnen, aber sind die Bürgerlichen etwa besser? Sie reden über die Burschenschaften, die sich gegenseitig »verrufen«. Harry Heine bespricht einen Heidelberger Fall. Wenn eine Studentenverbindung die andere in Verruf bringe, »entstehe eine Schweinerei«. Siehe Heidelberg. Der Fall Heidelberg ist nicht leicht zu rekonstruieren. Heine jedenfalls findet »Heidelberg« in höchstem Maße ärgerlich. Inzwischen findet Studiosus Wiebel aus Eutin Harry Heine in höchstem Maße ärgerlich, springt auf und erklärt, nicht Heidelberg, sondern was er über Heidelberg sage, sei die eigentliche Schweinerei. So wird es nachher in den

Universitätsakten zu lesen sein, im Protokoll vom 4. Dezember 1820.

Was er, Harry Heine, sage, sei eine Schweinerei? Er wird das noch oft in seinem Leben hören und gefaßter reagieren, meist schriftlich. Jetzt sieht er nur einen Ausweg. Er läßt sich Wiebels Namen und Adresse geben. Dann schickt Heine den Studiosus Johann Adam Vallander zur Wohnung Wiebels, denn diese Art Post besorgt man nicht selbst. Vallander überbringt die Duellforderung Heines. Es ist eine Forderung auf Pistolen, wegen der besonderen Schwere der Beleidigung. Titulierungen wie »dummer Junge« – die Universitätsakte vermerkt es als Beispiel – hätte man vielleicht noch mit Säbeln beikommen können. Ein gutes Jahr später, in seinen »Briefen aus Berlin«, notiert Heine die Folgen dieser ganz und gar unhinnehmbaren Beleidigung »dummer Junge« und schreibt sie zwei Medizinern zu, die an der Berliner Universität ein Semiotik-Kolleg besuchten. Beide hatten den Platz Nr. 4 einzunehmen gedacht – eine Absicht mit mortalen Folgen. Heine läßt in seiner Schilderung selbstkritisch durchblicken, daß es diesen Einsatz nicht unbedingt lohnt: *Wenige Duelle fallen jetzt vor. Ein Duell ist kürzlich sehr unglücklich abgelaufen. Zwei Mediziner, Liebschütz und Febus, gerieten im Kollegium der Semiotik in einen unbedeutenden Streit, da beide gleichen Anspruch machten auf den Sitz Nr. 4. Sie wußten nicht, daß es in diesem Auditorium zwei mit Nr. 4 bezeichnete Sitze gab; und beide hatten diese Nummer vom Professor erhalten. »Dummer Junge!« rief der eine, und der leichte Wortwechsel war geendigt. Sie schlugen sich den anderen Tag, und Liebschütz rannte sich den Schläger seines Gegners in den Leib. Er starb eine Viertelstunde darauf.*[55]

Genau das gleiche passiert Heine – nach dem Zeugnis Hermann Schiffs – kurz nach der Niederschrift dieser Zeilen. Er rennt sich »mit der rechten Lende an der Schlägerspitze seines Gegners« auf.[56] Und überlebt. Heine wird gefordert, weil er einen späteren Herrn Dr. Schaller, damals noch lange nicht Doktor, sondern gerade im ersten Semester, »Fuchs« genannt hatte. Wegen dessen Erstsemestrigkeit. »Fuchs, ist dein Vetter zu Hause?« hatte er eines Tages gefragt. Der Fuchs war der Meinung, er heiße Schaller und nicht Fuchs, und ließ Heine fordern. Das ist zwar etwas kleinlich vom Fuchs, aber Heine sollte Verständnis haben. Schließlich genügt es schon, ihn etwas schief anzusehen, um am nächsten Morgen Besuch von seinem Sekundanten zu bekommen.[57]

Aber noch ist Heine in Göttingen, und von den vielen Duellen in Heines Leben ist das Göttinger Beinahe-Duell das erste. Es wird nie ausgetragen. Der Student Wiebel aus Eutin empfängt zwar die Herausforderung und läßt den Grafen Ranzau aus Holstein die Antwort überbringen. Aber dann erfährt die Universität vom geplanten Duell – immerhin sind Duelle soeben verboten worden. Und mit der Fühllosigkeit aller Behörden verhängt sie – laut Protokoll – »Stubenarrest« über beide Kontrahenten. Eigentlich ist dergestalt alles vorbei, als dem Universitätsgericht doch noch Bedenken kommen. Zwar hat man das Duell verhindert, aber ist es seiner geistigen Absicht nach nicht um so wirklicher? Die Nominalisten des Mittelalters wußten, was für ein Problem das ist. Das Göttinger Universitätsgericht lädt Heine und Wiebel noch mal vor. Der Eutiner Studiosus soll sagen, er habe »in Hitze« gesprochen. Dieser sieht sich dazu außerstande, denn würde das nicht bedeuten, alles zurückzunehmen? Und ebendies sei ihm, Wiebel, niemals möglich. Doch dann läßt Heine wissen, daß er nicht auf dem Zusatz »in Hitze gesprochen« bestehe, während Wiebel mitteilt, daß er den Zusatz »in Hitze gesprochen« anerkenne:

»Nach vorgängiger Ladung erschienen die Studiosi Heine und Wiebel. Letzterer erklärte, er habe die Beleidigung in Hitze ausgesprochen. Ersterer war damit zufrieden und beide erklärten sich für versöhnt. Beiden wurde bei geschärfter Relegation das Duell miteinander untersagt. Vorgelesen, genehmigt und entlassen. gez. Riedel«.

Umsonst. Das Universitätsgericht erteilt Heine das Consilium abeundi. Rauswurf für ein halbes Jahr. Denn irgendwie ist doch Harry Heine an all dem Ärger schuld, genau wie damals, als er seiner Klasse die Nachricht überbrachte, daß sein Großvater ein kleiner Jude mit einem großen Bart gewesen sei, worauf die Bänke durch den Schulraum flogen und Harry – als Urheber des Übels – die ersten Prügel seines Lebens empfing.

23. Januar 1821. Harry Heine hört stumm sein Urteil. Kann schon sein, daß sein linker byronscher Mundwinkel es kommentiert. Am nächsten Tag geht er in seine Kneipe. Und wird auch hier hinausgeworfen. Von seinen eigenen Mit-Burschenschaf-

tern. Sie haben eine bemerkenswerte Begründung. »Vergehen gegen die Keuschheit.« Oder werfen sie ihn hinaus, weil er Jude ist und die Burschenschaften sich gerade auf den Weg machen, urdeutsch zu werden? Der Rauswurf als antisemitischer Akt? So vermuteten es manche Heine-Biographen bisher. Aber nichts spricht dafür, daß seine Mit-Studenten wussten, daß Heine Jude war. Der Vorwurf – auch »Sittlichkeitsverschiß« genannt – ist sehr konkret: »Vergehen gegen die Keuschheit, begangen in der ›Knallhütte‹ bei Bovenden.« Bovenden liegt nördlich von Göttingen, eine »Knallhütte« ist der unsittliche Ort schlechthin.[58] Zu Heines Verteidigung muß man sagen, daß er nie vorgehabt hatte, sich nicht gegen die Sittlichkeit zu vergehen. Und wenn man eine Frau nicht haben kann, dann sollte man alle haben. Byron würde das genauso sehen.

Trotzdem, es ist ein doppelter Rauswurf. Heine ist tief gekränkt. Er ist ein Außenseiter, auch hier. Im Grunde hat er gar nichts dagegen, ein Außenseiter zu sein. Das Genie ist immer ein Außenseiter. Aber was ist ein hinausgeworfenes Genie? Hat man Byron etwa aus der Kneipe geworfen, weil er in der Knallhütte war?

Es ist so demütigend. Wäre er weniger stolz, er würde beginnen, sich zu krümmen. So bleibt ihm nur der Rückzug ins eigene Ich. Auf das Und-stehe-so-ganz-für-mich-allein-und-steh'-so-stolz-und-fest-und-hoch-und-schau'-die-Menschen-tief-unter-mir-so-klein.

Das klingt jetzt so:

Und wenn das Herz im Leibe ist zerrissen,
Zerschnitten, und zerschnitten, und zerstochen –
So bleibt uns doch das hübsche gelle Lachen![59]

Lachen ist gut, aber wer krank ist wie er, hat nichts zu lachen. Er hat Ausschlag, kann sein Zimmer nicht verlassen, was die Befolgung des Consilium abeundi schwierig macht. Er braucht Aufschub. Aufmerksame Heine-Biographen diagnostizieren die typische Knallhüttenkrankheit. Syphilis, Primärinfektion.[60]

Aber die vergeht wieder. Und täuscht den Kranken mit ihrem Vergehen. Ach, wie edel darf doch sein Almansor zugrunde gehen. Und er? Wiebel. Eutin. Knallhütte. Göttingen. Syphilis. Das hat doch keine Größe.

Adieu Göttingen! *Die Stadt selbst ist schön und gefällt einem am besten, wenn man sie mit dem Rücken ansieht. Sie muß schon sehr lange stehen; denn ich erinnere mich, als ich vor fünf Jahren dort immatrikuliert und bald darauf konsiliiert wurde, war sie schon vollständig eingerichtet mit Schnurren, Pudeln, Dissertationen, Teedansants, Wäscherinnen, Kompendien, Taubenbraten, Guelfenorden, Promotionskutschen, Pfeifenköpfen, Hofräten, Justizräten, Relegationsräten, Profaxen und anderen Faxen.*[61]

Er hat hier nichts mehr verloren.

Wenigstens hat er sein Drama. Wäre Harry Heine auf dem Schlachtfeld der Ehre gestorben, hätte er sein Drama nicht wiederlesen brauchen. Er ahnte es ja, daß es viel schwieriger sein könnte, eine gute Tragödie zu schreiben, als eine gute Klinge zu schlagen. Natürlich ist Almansor Harry Heine, inmitten von allen immer im Exil. Nur daß er jetzt Muslim ist, nicht Jude. Da steht er mitsamt seinen Paradoxen, seiner Weisheit, seiner Liebe, seinem Hasse und seiner ganzen Verrücktheit. Die schöne Zuleima, die jetzt Clara heißt, will gerade einen Spanier heiraten. Wenn die schöne dicke Amalie aus der Hamburger Villa Ottensen irgendeinen ostpreußischen Gutsbesitzer heiraten wird, kann er das nicht verhindern. Aber wozu schreibt man Dramen, wenn nicht zur Korrektur bereits eingetroffener und kommender Reallogiken? Almansor entführt seine schöne Braut, und beide gehen sie unter. Groß und gut und edel. Und mit ihnen die religiöse Kultur einer Minderheit. Jede Ähnlichkeit mit lebenden Personen und zeitgenössischen religiösen Minderheiten ist unbedingt beabsichtigt.

Eigentlich müßte er jetzt ergriffen sein. Tragödien schreibt man nicht zuletzt zum Zwecke der Selbstrührung. Aber der Autor findet sich seltsam erkaltet: ... *zu meinem eigenen Entsetzen finde ich, daß dieses von mir selbst angestaunte Prachtwerk nicht allein keine gute Tragödie ist, sondern nicht mal den Namen einer Tragödie verdient.* Nicht, daß Heine keinen Blick mehr für sich hätte. Er bemerkt *entzückend schöne Stellen* und sieht *poetische Bilder und Gedanken* allerorten *funkeln.* Aber was hilft das? ... *der strenge Kritiker, der unerbittliche Dramaturg trägt eine ganz anders geschliffene Brille, schüttelt den Kopf und erklärt das Ganze – für eine schöne Drahtfigur.*[62]

Wo soll er jetzt hin, mit einem mißratenen Drama und einem übel bearbeiteten Herzen – zerrissen und zerschnitten und zerstochen – in der Tasche? Zu seinen Eltern? Das Haus in Düsseldorf gibt es nicht mehr, nicht für ihn. Harry Heine aus Düsseldorf ist dreiundzwanzig Jahre alt und heimatlos. Seine Eltern machen gerade in Oldesloe eine Kur – vom Geld des Onkels. Wer von Göttingen nach Oldesloe will, könnte über Hamburg fahren. Die Geographie ist manchmal ein guter Ersatz des freien Willens. Heine fährt – willentlich, gegen seinen Willen – über Hamburg. *Ich hab's ja vorausgewußt und hab's Dir auch vorausgesagt. Kaum betrat ich das Weichbild Hamburgs, so war's mir plötzlich, als ob ich nie dieses Nest verlassen hätte und alles, was ich in jenen zwei Jahren der Abwesenheit erlebt, gedacht und gefühlt, erlosch in meinem Gedächtnis. Ich saß eine Stunde schweigend und fast ohne eigentlich etwas zu denken.*[63] Vielleicht ist es gut, daß Heine seinem »Almansor« gegenüber gerade so feindlich gesonnen ist. Es gibt Zeiten im Leben, da man alle Dramen verachtet, vor allem die des eigenen Lebens. Zeiten, in denen man keine Nerven hat, sich selbst ernst zu nehmen. Aus solchen Gemütszuständen wachsen die seltensten Blumen. Heine sieht Amalie wieder und berichtet einem Freund davon. Heine gehört – schon jetzt – zu den Dichtern, die in ihren Briefen genauso geistvoll und phantasievoll sind wie vor einem großen Publikum. Sie sparen sich nicht auf für den Auftritt. Aber sollte die Öffentlichkeit die folgende Amalie-Almansor-Realgeschichte nicht kennen, auch wenn Heine sie nur für den Göttinger Studienfreund Straube notiert?

Es ging schon gegen Mitternacht, da begab ich mich nach dem Hause meiner Dulcinea de Tobosa, um unter ihren Fenstern die Rolle meines Almansor in der Wirklichkeit zu spielen. Aber ich hatte keinen Mantel wie mein Almansor und mußte frieren wie ein Schneider. Auch hatte ich statt einer hellgestirnten andalusischen Sommernacht nur einen aschgrauen Himmel, feuchten Hamburger Nationalwind, und durchfröstelndes Regengeträufel. Denn der gelbe Kuppler, der mich soofſt belogen, hatte sich vor Scham hinter seine Wolkenbatterien verkrochen, und beleuchtete nur mit einzelnen Strahlen das Haus aller Häuser. – Ich brauche Dir nicht erzählen, lieber Wimmer, wie sehr ich du gewimmert. Alle Tollhäuser hatten ihre Wahnsinnsbilder losgelassen und mir auf den Hals gejagt. In meinem Gehirn feierte dies verrückte Gesindel seine

Walpurgisnacht, meine Zähne klapperten die Tanzmusik dazu, und aus meiner Brust ergossen sich warme Ströme von rotem, rotem Herzblut. Unheimlich umrauschten mich diese Blutwogen, betäubend umnebelte mich der Duft ihrer Nähe, und sie selbst, sie selbst erschien oben am Fenster, und nickte herab, und lächelte herab, in all ihrer leuchtenden Schönheitsglorie, so daß ich zu vergehen glaubte vor unendlicher Sehnsucht, und Wehmut und Seligkeit. –

Doch doppelschneidender Schmerz zerriß mein innerstes Gemüt, als ich bemerkte, daß meine Phantasie mich wieder in den April geschickt hatte. Das schaurigsüße Lockenköpfchen, das mir so huldreich herabgenickt, war nur die alte Gouvernante, die ihre Jalousien zugemacht, der wundersame Duft, der meine Sinne umnebelte, war nur der Geruch aus einem nahen Käseladen, und der herabrauschende Blutstrom war nur der – – -inhalt, den eine – – aus ihrem Fenster herabgoß.[64]

Solches Talent zur Selbstparodie bei noch lebendigem Herzen haben nicht viele. Amalie ist gerade dabei, einen anderen zu heiraten. Das teilt er dem Freund nicht mit. Als Heine diesen Brief schreibt, ist er schon in Oldesloe. Er sitzt im Zimmer seiner Eltern und muß aufpassen, daß ihm niemand über die Schulter sieht. *Kurz, ich bin geniert.*

Ich habe meine Familie in einem höchst traurigen Zustand gefunden. Mein Vater leidet noch immer an seiner Gemüthskrankheit, meine Mutter laboriert an Migräne, meine Schwester hat den Katharrh und meine beiden Brüder machen schlechte Verse. Dieses letztere zerreißt mir das Herz.[65]

Der jüngere Bruder will Medizin studieren, für ihn sei noch Hoffnung, denn: *Meine Gedichte gefallen ihm nicht. Das ist ein gutes Zeichen.*[66] Der ältere Bruder studiert Landwirtschaft, und über seine Schwester Charlotte ist Heine glücklich. Nach ihrer Meinung über eines seiner *besten Geisteswerke* befragt, antwortet sie: »Oh! Das geht.«[67]

Was soll er tun? Weiterstudieren. Vom Geld des Onkels. Er hat ein gutes Gewissen. In ein Genie zu investieren, ist gut angelegtes Geld. Und nur wenigen wird die Ehre zuteil, für den Unterhalt eines großen Mannes sorgen zu dürfen. Nur bemerkt der Onkel nichts von seiner außerordentlichen Stellung. Aber immerhin, er zahlt regelmäßig.

Harry Heine geht nach Berlin.

Berlin. Nichts als tote Häuser und Berliner.
Aber was für Berliner: Hegel! Hegelianer!
Rahel Varnhagen! Grabbe!
Und drei leibhaftige Verleger.

Über Hegels Gott und Heines Charakter

Macht er denn alles falsch? In Göttingen angekommen, sagt er sich: *Du hättest in Bonn bleiben sollen!* Göttingen war immerhin schön, egal ob man es von vorn oder von hinten ansah, aber Berlin ist häßlich. Nichts als *tote Häuser und Berliner.* Die Preußen laufen sehr komisch, das hatte er schon in Düsseldorf gesehen, aber daß ihre Häuser genau wie ihre Soldaten in Reih und Glied stehen, an schnurgeraden Straßen, damit hatte er nicht gerechnet. *Nur einmal, in einer Mondnacht, als ich etwas spät von Lutter und Wegener heimkehrte, sah ich, wie jene harte Stimmung sich in milde Wehmut aufgelöst hatte, wie die Häuser, die einander so feindlich gegenüberstanden, sich gerührt baufällig christlich anblickten und sich versöhnt christlich in die Arme stürzen wollten ...*[68] Aber schon am nächsten Morgen sah er, wie sie sich wieder *prosaisch entgegengähnten.*

Selbst der Frühling will zu dieser Stadt nicht passen, denn auch die Bäume scheinen zu exerzieren. Es würde ihn nicht wundern, wenn sie viereckige Blüten bekämen. Andererseits hegen die Berliner eine tiefe Zuneigung für ihre Geometriebäume. Einmal wird er zwei Frauen Unter den Linden gehen sehen, *bis endlich die eine schmachtend aufseufzte: »Ach, die jrine Beeme!«, worauf die andre, ein junges Ding, mit naiver Verwunderung fragte: »Mutter, was gehen Ihnen die jrine Beeme an?«*[69] Aber noch blühen sie nicht, noch ist März. An der Post auf der Königstraße steigt er aus und läßt sich den Koffer zum »Schwarzen Adler« auf der Poststraße bringen.[70] Für alle Benutzer heutiger Stadtpläne: Das ist in Mitte. Berlin bestand damals ohnehin nur aus Mitte, trotzdem meint Harry Heine, noch nie eine so große Stadt gesehen zu haben. Eine so neue Stadt hat er auch noch nicht gesehen. Die Städte, die er kennt, bestehen aus lauter Geschichte. Berlin besteht aus lauter Gegenwart. Das hat durchaus Vorteile.

In der Hauptstadt aller Preußen ist natürlich noch viel mehr verboten als sonst in deutschen Landen. Eigentlich ist alles verboten. Vor allem das Denken, insbesondere gedrucktes Denken. Andere Orte haben eine Zensur, Berlin hat dazu noch eine Vorzensur. Der Theologieprofessor Schleiermacher darf nicht zur Kur fahren, man kann ja nicht wissen. Er hat Berlin-Arrest.

Alle anderen Berliner, das merkt Harry Heine schnell, scheinen sich in einer Art freiwilligem Berlin-Arrest zu befinden, denn sie amüsieren sich gut in ihrer Stadt. Überhaupt scheint es Berlin nur um des Amüsements willen zu geben. Spätere Diktaturen hätten viel vom Berlin des Jahres 1821 lernen können: Wenn Bürger schon sonst nichts dürfen, sollen sie sich wenigstens gut unterhalten. Der Mittelpunkt von Berlin ist das Opernhaus, aber es gibt noch viel mehr Unter-Mittelpunkte, Kneipen und Salons – genau wie das heute noch ist –, und Heine kennt sie bald alle. Dann ist Berlin zwar immer noch häßlich, aber nie zuvor hat er sich irgendwo so wohl gefühlt, und er gelangt zu der Auffassung, daß Berlin ein hervorragender Aufenthaltsort für Menschen ist, denen der Ort ganz und gar gleichgültig ist.

Berelino ist eine Stadt, *die ganz oben in der Geographie liegt, unfern vom Eispol,* wird er das später den Italienern erklären. Und daß Berlin seine Entstehung den Bären verdanke, weshalb es eigentlich auch Bärlin heiße. Die Berliner leben *sehr mäßig und fleißig, und die meisten sitzen bis am Nabel im Schnee und schreiben Dogmatiken, Erbauungsbücher, Religionsgeschichten.*[71]

Aber nicht nur. Denn eine beachtenswerte Dialektik des Denkens besteht darin, daß es immer dort, wo es verboten ist, besonders gut gedeiht. Natürlich sind Einschränkungen zu verzeichnen. Goethes »Egmont« und Schillers »Wilhelm Tell« dürfen nicht gespielt werden, weil Individuen darin vorkommen, die etwas an der Regierung auszusetzen haben. Kleists »Prinz von Homburg« ist auch unmöglich, weil preußische Adlige darin vorkommen, die sich so verhalten, als ob sie gar keine preußischen Adligen wären. Findet die Zensur. Nun gut, das sind politische Dramen. Aber sie verbietet sogar schon Märchen. E.T.A. Hoffmanns »Meister Floh« – konfisziert. Der Regierungskommission zur »Untersuchung der Demagogie« kam beim Lesen der Verdacht, daß es sich um ihr eigenes Porträt handeln könnte. Was soll Hoffmann dazu sagen? Er könnte bei Lutter & Wegner am Gendarmenmarkt noch mehr trinken als sonst, das hat er ja auch getan, aber nun ist das vorbei. E.T.A. Hoffmann ist im Frühjahr 1821, als Harry Heine in Berlin eintrifft, schon sehr krank. Bis zuletzt wird er aus seinem Erkerfenster hinunter auf den Gendarmenmarkt schauen – etwas Leben sehen, fühlen, schmecken. »Nein, nein, leben, leben, nur leben – unter welcher Bedingung es auch seyn möge!« Soll die Zensur doch seine Märchen haben.

Ein paar Straßen weiter, Unter den Linden, ereignet sich die leibhaftige Dialektik des Denkens im Zeitalter seines Verbots. Im Hörsaal steht ein Mann, dem das Leben-Schmecken-Sehen-Fühlen allenfalls als eine untere Ebene des Bewußtseins gilt. Genauso wie das Leben nur eine niedere, leider unabdingbare Voraussetzung des Denkens ist. Er hat auch ein Buch darüber geschrieben, es heißt »Die Phänomenologie des Geistes«, und es handelt davon, wie Gott denken würde, wenn er denken könnte.

Hegel ist gerade dabei, diese Dialektik systematisch weiterzuentwickeln. Im Sommersemester 1821 liest er die »Philosophie des Rechts«, immer am späten Nachmittag. Zu seinen Füßen, vor dem hohen Pult sitzt Harry Heine, wenn er nicht schon bei Lutter & Wegner ist oder im Salon der Rahel Varnhagen erwartet wird. So ist das in Berlin, so ist das immer, wenn das Leben zu leben scheint: Man weiß gar nicht, wo man zuerst hingehen soll. Harry weiß es auch nicht. Der Mann dort vorn ist nicht unbedingt ein Rhetor, es ist eher ein Seufzen, was da vollkommen tonlos über das Pult in den Hörsaal hinabrinnt. Harry würde auch nicht sagen, daß er versteht, was der Seufzende sagt, *das* versteht keiner – obwohl es anscheinend vom Recht handelt, aber eben von der *Philosophie* des Rechts –, doch eins versteht er darum um so mehr: daß eben, wenn Gott denken könnte, vorausgesetzt, er existiert, er dann denken würde wie dieser Hegel. Naturen wie Heine haben ein feines Sensorium dafür. Welch ein Anti-Göttingen! Das Denken Gottes in unmittelbarer Nachbarschaft der preußischen Zensur. Und die merkt nichts, denn wer versteht schon einen Philosophen? Zu Hegels Füßen sitzen viele künftige Radikale. Der Boden für das Umstürzlertum der Zukunft ist bereitet.

Aber das ist nur eine Nebenwirkung Hegels. Ohnehin wird Heine nie zu denen gehören, die Hegel vom Kopf auf die Füße stellen wollen. Denn was er mit allen Fasern seines Seins aufnimmt, ist der ganz natürliche Hegelsche Kopfstand. Daß Gott, indem er denkt, sich seine Existenz gleich mitschafft. Denken und Existieren sind ein und dasselbe. Das ist zwar eine ziemlich unkantische Nachricht, sie klingt sogar ziemlich rückschrittlich. Das Kantsche Denken ist nicht göttlich – eine Ableitung, noch eine Ableitung, noch eine … –, so kommt kein Mensch, kein Gott in Schöpferlaune. Das sind die Mühen der philosophischen Ebene. Hegel überspringt sie einfach, vorkantisch und nachkantisch zugleich. Denn er braucht Gott ja gar nicht mehr für den Übermut des Simultan-Lebens-und-Existierens. Und was heißt hier Gott? Gott ist ein anderer Name für das Ich, näherhin das arme Fichtesche weltlose Ich! Jedes Ich aber kann Gott werden, wenn es nur unterwegs die ganze Welt in sich aufnimmt. Auf eine Botschaft wie diese hat Harry Heine gewartet. Sie kommt allem entgegen, was dunkel in ihm gärt. Nie lernt man besser als in solchen Augenblicken. Auch das weiß Hegel. Viele Heine-Kenner sprechen von dem späteren Abfall des Hegelianers Heine. Aber das ist ungenau. Das Heinesche Temperament, so folgerichtig es Hegel aufnehmen muß, ist zugleich unhegelisch schlechthin. Schon indem es ein poetisches ist. Der Welt-Widerstand ist die Wurzel aller Poesie. Etwas, das nicht auflösbar ist ins reine Denken. Die spätere Heinesche Opposition gegen Hegel wird dieselbe Wurzel haben wie die Schellings. Wenn der große Atheist Heine einen scheinbar sehr konventionellen, sehr ungehegelten Gott finden wird, so ist auch das keine Umkehr, sondern immer noch derselbe Heine. Nur in einer anderen Beleuchtung seines Lebens. Es ist ein Gemeinplatz der Heine-Kundigen, daß der Autor allen, die er einst verehrte, später mit Undankbarkeit, gar Haß begegnet. Fritz J. Raddatz erklärt dieses Reaktionsmuster geradezu zur Heine-Matrix. Aber so erscheint, was tiefste Wurzeln hat, als bloße – schonend gesagt – charakterliche Unebenheit, die es nicht ist. Doch der Heine, der behauptet, lange genug bei den Hegelianern *die Schweine gehütet* zu haben, liegt noch weit voraus. Wenige Menschen sind sich selbst so treu wie Heine. Wenige sind so einfach. Wenn man ihre Kompliziertheit erst einmal begriffen hat.

Vorerst fällt Harry Heine mitten hinein in das tonlose Seufzen vom Katheder. Aus mindestens drei Gründen. Der erste ist ganz einfach. Wer niemals Hegelianer war, weiß nicht, was Denken ist. Denn er war ja noch niemals Gott. Deshalb ist es für alle Hegelianer so schwer, nicht mehr Hegelianer zu sein. Der zweite ist das

Heinesche Ego. Daß sein Ich göttlich ist, daß die ganze Welt dort hineinpaßt, hatte er schon immer geahnt. Hegel bestätigt es ihm bloß. Der dritte Grund ist, daß Heine Jude ist. In Hegel scheint nichts weniger als die Lösung seiner, der jüdischen Existenzproblematik überhaupt zu liegen.

Bis eben lebten die Juden im Ghetto. Das heißt, sie lebten in einer abgeriegelten Vergangenheit, und sie lebten in der Zukunft, in einem fordernden Messianismus. So überlebten sie die Gegenwart, unverbunden mit ihr. Unvertraut mit ihrer Umgebungskultur, ohne kulturellen, ohne rechtlichen Platz in der Gesellschaft. Niemand hat diese Existenzform anschaulicher beschrieben als Heine. Er nennt das orthodoxe Judentum der Ghettos eine *Volksmumie, die über die Erde wandelt, eingewickelt in ihren uralten Buchstabenwindeln, ein verhärtet Stück Weltgeschichte.*[72] Nun sind die Ghettomauern gefallen. Durch die Aufklärung, durch die preußischen Reformen, durch Napoleons Code civil. Was soll werden mit der lebenden Volksmumie? Es ist die Zeit der Restauration. Es fehlt nicht an Stimmen, die fordern, die Juden zurückzusperren ins Ghetto. Ein Geschichtsprofessor derselben Universität, an der Heine Hegel hört, hat soeben eine Abhandlung publiziert: »Über die Ansprüche der Juden an das deutsche Bürgerrecht«. Der Professor fordert, daß alle Juden erkennbar sein müßten. Er will den gelben Fleck des Mittelalters zurück. 1819 erschien das Pamphlet »Der Judenspiegel«, das aufruft, die Tötung eines Juden nicht als Mord, sondern lediglich als ein Polizeivergehen anzusehen. Im selben Jahr gründeten jüdische Hegelianer den »Verein für Cultur und Wissenschaft der Juden«. Vermittlung heißt das Zauberwort der Hegelschen Philosophie. Und was hätte das Judentum gerade jetzt nötiger, als sich zu vermitteln mit dem universalen Geist, mit der eigenen Geschichte, auf ganz neue, nicht konfessionell befangene Weise? Was die erste Generation jüdischer Gymnasiasten an sich selbst erfuhr, die Weitung aller ihrer Begriffe, das will sie weitergeben. Der »Verein für Cultur und Wissenschaft der Juden« glaubt an die Macht des Geistes – und überschätzt ihn zugleich maßlos, wie jedes akademische Volksbildungsunternehmen sich selbst und das Volk überschätzt. Und nun erst Hegelianer fürs Volk!

Im August 1822 nimmt der preußische König jene Hardenbergschen Reformen zurück, die Juden den Zugang zu öffentlichen

Ämtern an Schulen, Universitäten und in Gemeinden erlaubten. Im selben Monat tritt Heine dem »Verein für Cultur und Wissenschaft der Juden« bei. Ein bloßer Aufsteiger verhielte sich anders; er verleugnete alles, was an seine Herkunft erinnert. Heine wird das nie tun. Im Gegenteil.

Er fährt nach Polen, ein polnischer Kommilitone, Eugen von Breza, hat ihn auf das Landgut seiner Familie eingeladen. Viele Polen studieren gerade in Berlin, denn Polen gibt es seit 1795 nicht mehr. Das Landgut der Brezas bei Posen gehört jetzt zu Preußen. *Das Land ist abscheulich,* schreibt Heine einem Freund, *einen melancholischen Eindruck gewähren die polnischen Dörfer, wo der Mensch wie das Vieh lebt. Ja, liebster Doktrinär, mir wurde gar wehmütig zumute, als ich jene Resultate einer ausgebildeten Aristokratie, der elende Zustand der polnischen Bauern, betrachte.*[73] Und vor den polnischen Juden erschrickt er. Was haben diese schmutzigen polnischen Juden mit ihm zu tun? Nichts. Alles. Sensible Naturen registrieren das. Sie mögen noch soviel Hybris zeigen, aber nur gegenüber Stärkeren. Gegenüber Schwächeren nie.

Verfeinerung ist immer auch Schwächung. Er weiß, daß er nicht einmal stark genug wäre, einen Bart zu tragen. Daß er nicht mehr die Kraft hätte, sich Judenmauschel nachrufen zu lassen. Er schreibt einen Aufsatz »Über Polen«, der die polnischen Patrioten aufschreien läßt. Sie merken nicht, daß der Aufsatz auch »Für Polen« heißen könnte. Denn er ist eine Sympathieerklärung. Zuletzt sind ihm die polnischen Juden näher als mancher gebildete Aufklärer. Er mag die Deutschen nicht, die abfällig über Polen sprechen.

Die polnischen Juden, deren Anblick ihn so erschreckt, sind seine Brüder? Das weiß nur er. Denn keiner, der ihm in Berlin begegnet, würde das glauben. Er ist jetzt ein Dichter. Und zwar ein Dichter mit eigenem Buch. Er ist Gast der größten Berliner Salons. Er verkehrt in denselben Gesellschaften wie Schleiermacher und Hegel. Ja, er besucht den Professor sogar zu Hause. So unter uns Philosophen.

Und wenn Hegel noch ein wenig zu arbeiten hat, tritt der Studiosus einfach ans Fenster und sieht hinauf zu den Sternen, denn er hat eben *gut gegessen und Kaffee getrunken.* In dieser Beleuchtung des Magens und unter dem Schein von oben kommen ihm die

Sterne wie der *Aufenthalt der Seligen* vor. Das sagt er dem Gott-philosophen. Da steht Hegel schon neben ihm: »*Die Sterne, hum! hum! die Sterne sind nur ein leuchtender Aussatz am Himmel.*« – »*Um Gotteswillen*« – *rief ich –*»*es gibt also droben kein glück-liches Lokal, um dort die Tugend nach dem Tode zu belohnen?*« *Jener aber, indem er mich mit seinen bleichen Augen stier ansah, sagte schneidend:*»*Sie wollen also noch ein Trinkgeld dafür haben, daß Sie Ihre kranke Mutter gepflegt und Ihren Bruder nicht ver-giftet haben?*« *– Bei diesen Worten sah er sich ängstlich um, doch er schien gleich wieder beruhigt, als er bemerkte, daß nur Heinrich Beer herangetreten war, um ihn zu einer Partie Whist einzula-den.*[74] Natürlich kann Hegel nicht wissen, daß der »deutsche By-ron« neben ihm steht. Es wäre ihm auch egal. Heine ist es nicht egal. Der »deutsche Byron«. Welch eine Promotion! Elise von Ho-henhausen hat ihm diesen Titel verliehen, und sie muß das wissen, immerhin übersetzt sie Byron. Innerhalb eines knappen Jahres in Berlin hat Heinrich Heine das alles geschafft: Gesellschafter, Salonvorleser, Abendunterhalter Hegels, Dichter mit gedruckten Gedichten. Sogar mit eigenem Buch. Erst eins, dann drei.

Und nur weil er eines Tages, nicht lange nach seiner Ankunft, an der Tür eines Verlegers steht, diesem einen Stapel Papier über-reicht und sich vorstellt: »Ich bin Ihnen vollkommen unbekannt, will aber durch Sie bekannt werden!«

Auf dem ersten Blatt steht »Poetische Ausstellungen«. Der Ver-leger heißt Gubitz, findet die Begrüßung irgendwie bemerkens-wert und beginnt zu lesen. Heine steht stumm daneben. Dann sagt der Verleger: »Kommen Sie gefälligst nächsten Sonntag wieder!«

Der Bericht des Verlegers: »Begreiflich konnte ich [in Anwesen-heit Heines] nur wenige Verse gelesen haben, es waren folgende, das Gedicht ›Der Kirchhof‹ beginnend:

> Ich kam an meiner Herrin Haus
> Und wandelt' in Wahnsinn und Mitternachtsgraus,
> Und als ich am Kirchhof vorübergeh'n will,
> Da winken die Gräber ernst und still.
> Da winkt', von des Spielmanns Leichenstein:
> Es war der flimmernde Mondenschein.
> Er lispelt: »Lieb' Bruder, ich komme gleich!«
> Da steigt's aus dem Grabe nebelbleich.

In dem Dichter denke man sich eine von schlottriger Kleidung um-
hüllte, krankhaft schlanke Gestalt mit blassem, abgemagertem
Antlitz, dem Spuren zu frühzeitiger Genüsse nicht mangelten,
und man wird es natürlich finden, daß jene Verse und der Eindruck
des Persönlichen etwas Unheimliches anwehten. Unverkennbar
ward mir aber, nachdem ich weiterlas, sein Dichtervermögen, und
als Heine wiederkam, erklärte ich mich bedingungsweise zur Aufnahme der Beiträge bereit.«[75]

Bedingungsweise? Wie viele Verleger findet auch Gubitz, daß er
mehr von Dichtung versteht als ein Dichter, und da so ein Verleger
die Macht hat, braucht er in seinen Umarbeitungsforderungen
nicht bescheiden zu sein. Gubitz: »In seinen ersten handschrift-
lichen Gedichten hatte er eine solche Menge von Häkchen an den
selbst- und mitlautenden Buchstaben der Worte und gebrauchte
falsche Reime so allbequem ...« Gubitz fordert Verbesserung.
Heine wehrt sich, und er gibt nach zugleich. Die vielen Häkchen
sind Absicht, er will den Volkston, nicht die hohe Sprache der
Dichtung. Hier kann er nicht oder nur wenig nachgeben. Mit den
Reimen wird es auch schwierig. Aber es hilft nichts. Man muß Zu-
geständnisse an das Konventionelle machen, wenn man als Un-
konventioneller weiterkommen will. Insofern Gubitz die Zuge-
ständnisse gleich selbst macht, tauft Heine diese Tätigkeit das
»Gubitzen«. Als er – ein paar Jahre später – das sichere Gefühl hat,
daß Gubitz beim Gubitzen viel zu weit geht, wechselt er den Verleger. Da kann er es sich leisten. Jetzt kann er froh sein, daß überhaupt jemand seine Gedichte druckt. Noch im Mai 1821 erscheinen sie in Gubitz' »Gesellschafter«. Lauter gegubitzte Gedichte.
Aber was soll's? Im selben Monat betritt er den Salon der Rahel
Varnhagen. Auf Empfehlung von Gubitz.

Wir wissen nicht, welchen Eindruck Heine auf Rahel Varnhagen und ihren Mann macht. Eine »von schlottriger Kleidung um-
hüllte, krankhaft schlanke Gestalt mit blassem, abgemagertem
Antlitz, dem Spuren zu frühzeitiger Genüsse nicht mangelten«?
Kein zweiter überliefert eine solche Beschreibung. Wahrscheinlich
stellt Gubitz sich so einen Dichter vor.

Vor Rahel Varnhagen steht ein zurückhaltender junger
Mensch, rührend ob seiner Jugend für die bereits fünfzigjährige
Frau, eine geborene Jüdin. Auch sie glaubt längst nicht mehr an
den Gott ihrer Vorfahren, sie hat – neben ihrem Mann, dem fast

fünfzehn Jahre jüngeren preußischen Adligen Varnhagen von Ense – nur einen Gott: Goethe. Heine läßt sich willig umgoethen. Goethe paßt zu Hegel. Was für ein Losreißen von den religiösen Herkunftshöhlen, egal ob sie nun christlich sind oder jüdisch. Heine kennt Goethe. Tasso ist ihm nah. In seinem Sie-liebt-mich-nicht-Brief vom Oktober 1816 zitierte er dem Freund jene Goethe-Passage: »Alles ist dahin! – Nur eines bleibt:/ Die Träne hat uns die Natur verliehen, Der Schrei des Schmerzens, wenn der Mann zuletzt/ Es nicht mehr trägt – Und mir noch über alles, –/ Sie ließ im Schmerz mir Melodie und Rede,/ Die tiefste Fülle meiner Not zu klagen:/ Und wenn der Mensch in seiner Qual verstummt,/ Gab mir ein Gott, zu sagen wie ich leide.«

Daß der Schmerz nicht stumm macht, daß »Melodie und Rede« im Gegenteil mit ihm zu wachsen scheinen, ist ein bemerkenswerter Zusammenhang. Das täuscht darüber hinweg – und Heine täuscht sich darüber hinweg –, daß Goethe den Schmerz doch ganz anders auflöst, als er es vermag. Heine wird können, was kein Autor eines objektiven Zeitalters fertigbringt: sich selbst nicht ernst nehmen. Nicht mal sein eigenes Leid. Und es in diesem Nichternstnehmen doppelt ernst zu nehmen. Das ist fürwahr eine verstiegene Dialektik. Es ist die Kluft zwischen zwei Zeitaltern, die sie trennt. Aber um eine Kluft zu sehen, muß man zuerst die Kontinuität sehen. Jetzt sieht Heine sie. In der schönen Berliner hegelisch-goethischen Objektivität könnte alles ganz einfach werden. In ihr könnte man nach Hause kommen.

Noch im selben Jahr erscheint Heines erster Gedichtband. Goethe ist einer der ersten Empfänger. Daß der Geheime Rat nie antwortet, wahrscheinlich nicht einmal liest, hätte Heine sich denken können. Und kann es sich nicht denken, denn er ist jung. Wer sich so etwas denken kann, ist uralt. Heine schreibt an Goethe:

An J. W. v. Goethe
Berlin, den 29. Dezember 1821

Ich hätte hundert Gründe Ew. Exzellenz meine Gedichte zu schikken. Ich will nur einen erwähnen: Ich liebe Sie. Ich glaube, das ist ein hinreichender Grund. –

Meine Poetereien, ich weiß es, haben noch wenig Wert; … Ich war lange nicht mit mir einig über das Wesen der Poesie. Die Leute sagten mir: frage Schlegel. Der sagte mir: lese Goethe. Das habe ich ehrlich getan, und wenn mal etwas Rechtes aus mir wird, so weiß ich, wem ich es verdanke.

Ich küsse die heilige Hand, die mir und dem ganzen deutschen Volke den Weg zum Himmelreich gezeigt hat, und bin Ew. Exzellenz

gehorsamster und ergebener
H. Heine, Cand. Juris

Das Himmelreich, natürlich. Nicht mehr christlich, schon gar nicht jüdisch. Ein Goethe-Varnhagen-Himmelreich. Egal, ob »gehorsamst« und ergeben – es ist die Emphase des Ins-Freie-Tretens. Mit einem Mal geht der junge Harry Heine mit Menschen um, in denen der gleiche Puls schlägt wie in ihm. Harry Heine möchte sich ein Halsband umlegen, auf dem steht: *Ich gehöre Frau Varnhagen.* Er hat ein Zuhause gefunden. Bald trägt er in ihrem Salon seine Gedichte vor. Scheu zuerst, dann immer selbstbewußter. Er liest auch im Salon der Elise von Hohenhausen, der Byron-Übersetzerin, die ihn zum »deutschen Byron« ernannte.

Die Tochter der Elise von Hohenhausen lacht Tränen, wenn sie Heine Liebesgedichte lesen hört. Die können nicht von Goethe sein, das ist kein Second-hand-Goethe. Was liest er?

> *Du liebst mich nicht, du liebst mich nicht,*
> *Das kümmert mich gar wenig;*
> *Schau ich dir nur ins Angesicht,*
> *So bin ich froh wie'n König.*

Oder er liest:

> *Die Welt ist dumm, die Welt ist blind,*
> *Wird täglich abgeschmackter!*
> *Sie spricht von dir, mein liebes Kind,*
> *Du hast keinen guten Charakter.*

Heine betrinkt sich gerade – an Goethe, im Auftrag der Rahel Varnhagen. Und wird wöchentlich verhegelter. Aber seinen Gedichten merkt man Goethe und Hegel nicht an. Solche Gedichte würde Goethe nie schreiben. Bedeutungsträger können das nicht. Sie dichten auch niemals so:

> Sie saßen und tranken am Teetisch,
> Und sprachen von Liebe viel.
> Die Herren, die waren ästhetisch,
> Die Damen von zartem Gefühl.

> »Die Liebe muß sein platonisch«,
> Der dürre Hofrat sprach.
> Die Hofrätin lächelt ironisch,
> Und dennoch seufzet sie: »Ach!«

> Der Domherr öffnet den Mund weit:
> »Die Liebe sei nicht zu roh,
> Sie schadet sonst der Gesundheit.«
> Das Fräulein lispelt: »Wieso?«

> Die Gräfin spricht wehmütig:
> »Die Liebe ist eine Passion!«
> Und präsentieret gütig
> Die Tasse dem Herren Baron.

> Am Tische war noch ein Plätzchen,
> mein Liebchen, da hast du gefehlt.
> Du hättest so hübsch, mein Schätzchen,
> Von deiner Liebe erzählt.

Vielleicht ist dieses das einzige Gedicht der Jahre 1821 und 1822, auf das jenes töchterlich-Hohenhausensche Lachen die passende Reaktion ist – bis zur vorletzten Strophe. Hier hat der Artist Heine den fühlenden, verwundbaren Menschen Heine zum ersten Mal beinahe ganz zum Verschwinden gebracht. Wer etwas von Kunst weiß, erkennt ihn noch untendrunter. Frivolität? In ihrer unverschämten Wohlgelauntheit provozieren auch andere Gedichte das Lachen, aber so, daß man sich an diesem Lachen verschluckt. Das macht sie zu nichttrivialen Tatbeständen schlechthin. Die Ebene der Worte deckt sich nicht mit der ihrer Bedeutung. Und nur der Unbedarfte, der Lebensanfänger nimmt wörtlich.

Sind Menschen, die lieben, überhaupt auszuhalten? Liebe ist Entgrenzung. Enttäuschte Liebe auch. Der Mensch wird Meer-Mensch. Er ist nur noch scheinbar Festkörper, hat nur nach außen halbwegs haltbare Umrisse. Alles löst sich in allem. Wie das mitteilen? Und mitteilen muß man es; was fließt, neigt zum Überfließen. Die meisten Gedichte der Berliner Jahre laufen noch über vor Tränen, die Verse beschwören, was er fühlt, und machen dabei – doch nur Worte:

> *Aus meinen Tränen sprießen*
> *Viel blühende Blumen empor,*
> *Und meine Seufzer werden*
> *Ein Nachtigallenchor.*

Der fühlende Mensch ist das Gegenteil des Künstlers. Er ist eine Zumutung. Allenfalls die Musik kann aussprechen, was Heine immer wieder mit Tränen, Seufzern und ganzen Nachtigallenchören sagen will. Was ihn zum modernen Dichter macht, ist: Er weiß es. Und er findet das Mittel, das nur die Sprache hat, um die gleiche Gewalt zu erzeugen wie die Musik. Die Beimengungen des Trivialen erst brechen die Trivialität. Das Hohe ist ein sehr relativer Begriff. Sterne – warum nicht? Aber bitte so:

> *Es stehen unbeweglich*
> *Die Sterne in der Höh,*
> *Viel tausend Jahr, und schauen*
> *Sich an mit Liebesweh.*
>
> *Sie sprechen eine Sprache,*
> *Die ist so reich, so schön;*
> *Doch keiner der Philologen*
> *Kann diese Sprache verstehn.*

Nur die Oberflächlichen halten Oberflächen für oberflächlich:

> *Ein Jüngling liebt ein Mädchen,*
> *Die hat einen andern erwählt;*
> *Der andre liebt eine andre,*
> *Und hat sich mit dieser vermählt.*

Das Mädchen heiratet aus Ärger
Den ersten besten Mann,
Der ihr in den Weg gelaufen;
Der Jüngling ist übel dran.

Es ist eine alte Geschichte,
Doch bleibt sie immer neu;
Und wem sie just passieret,
Dem bricht das Herz entzwei.

Mit der durchschauten Liebe ist Heine berühmt geworden. Mit Zeilen wie diesen. Jede neu verratene Liebe, überall auf der Welt, darf sich in ihrem Spiegel entdecken. Sie mildern den Schmerz. Oder sind sie der Schmerz selbst? Warum macht der Salonmensch Heine solche Reime? Welches Doppelleben führt seine Seele?

Das Mädchen, das einen anderen liebt, der eine andere liebt, gibt es – wir wissen es – wirklich. Amalie hat soeben geheiratet. Nicht den, den sie liebt, sondern einen anderen. Solange sie frei war, konnte man ihrem Desinteresse an ihm noch einen höheren Sinn geben. Es war gewissermaßen poetisch. Die neue Faktizität ist nicht poetisch. Er muß etwas tun. In einem schönen Widmungstext für Rahel Varnhagen sagt Heine selbst, wie desorganisiert sie ihn vorgefunden hat: *...wenn ich vielleicht nach einigen Jahrhunderten das Vergnügen habe, Sie als die schönste und herrlichste aller Blumen im schönsten und herrlichsten aller Himmelstäler wiederzusehen, so haben Sie wieder die Güte, mich arme Stechpalme (oder werde ich noch was Schlimmeres sein?) mit Ihrem freundlichen Glanze und lieblichen Hauche, wie einen alten Bekannten, zu begrüßen. Sie tun es gewiß; haben Sie ja schon 1822 und 1823 Ähnliches getan, als Sie mich kranken, bittern, mürrischen, poetischen und unausstehlichen Menschen mit einer Artigkeit und Güte behandelt, die ich gewiß in diesem Leben nicht verdient, und nur wohlwollenden Erinnerungen einer früheren Konnaissance verdanken muß.*[76]

Krank, bitter, mürrisch, poetisch, unausstehlich. – Wie Heinrich Heine in der Berliner Behrenstraße wohnt, wissen wir nicht, aber wie er sich benimmt, wenn er den »Fuchs« Schiff besucht: »Wenn Heine zu mir kam, pflegte er sich auf das Sofa zu legen und über Kopfschmerzen zu klagen.«[77] Heine schreibt gerade ein Rache-an-

Amalie-Drama. Der Kommilitone findet Heine bleich und schwächlich und seinen Blick zu matt. »Wie ein Kurzsichtiger kniff er gern die Augenlider ein, alsdann erzeugten sich vermöge der hochstehenden Wangenknochen jene kleinen Fältchen, welche eine polnisch-jüdische Abkunft verraten konnten. Im übrigen sah man ihm den Juden nicht an. Sein glattgestrichenes Haar war von bescheidener Farbe.«[78] Weiße zierliche Hände billigt Schiff ihm zu, außerdem ein vornehmes Betragen, selten lebhaft. Er spreche immer mit leiser Stimme, eintönig und langsam, als zähle jede Silbe gleich viel. Nie hört er Heine einer Frau oder einem Mädchen »Artigkeiten« sagen. Schiff ist der erste, der das Lächeln beschreibt, das schon anderen aufgefallen ist und seinen Besitzer so stolz macht: »Wenn er hie und da ein witziges oder geistreiches Wort hinwarf, so bildete sich um seine Lippen ein viereckiges Lächeln.«[79] Wenn Heine bei Schiff, von Kopfschmerzen attackiert, auf dem Sofa liegt, sagt er selten viel. Er läßt sich vom Kommilitonen dessen Gedichte vorlesen, ruft ab und zu: »Bravo! Echter Naturmystizismus!« und faßt seinen Gesamteindruck in die Worte: »Gut! Sehr gut! Das Beste, was in neuester Zeit geschrieben wurde – mit Ausnahme dessen, was ich geschrieben habe! Willst Du das nicht drucken lassen?«[80]

Eine etwas selbstverliebte Anfrage. Wie schwer es ist, etwas zu veröffentlichen, weiß Heine nur zu gut. Man muß immer schon etwas veröffentlicht haben, um weiter veröffentlichen zu können. Ohne Gubitz nicht die Gedichte im »Gesellschafter«, ohne die Gedichte im »Gesellschafter« und die Vermittlung Varnhagen von Enses nicht der erste Band »Gedichte« – noch 1821 erschienen, aber vordatiert auf 1822 –, ohne beides nicht, ein Jahr später, der Tragödienband mit »Almansor« und »William Ratcliff«. Der »Ratcliff« ist schon fertig, als Heinrich Heine, viereckig lächelnd, bei »Fuchs« Schiff auf dem Sofa liegt. »Das Beste, was in neuester Zeit geschrieben wurde – mit Ausnahme dessen, was ich geschrieben habe«, klingt leichthin, doch die Arroganz ist vollkommen ernst gemeint.

Noch der todkranke Heine wird eine Anhänglichkeit an dieses alte Stück bewahren und genau wissen, wie er es geschrieben hat: *Ich schrieb den »William Ratcliff« zu Berlin unter den Linden, in den letzten drei Tagen des Januars 1821* – falsch, es war 1822 –, *als das Sonnenlicht mit einem gewissen lauwarmen Wohlwollen die schneebedeckten Dächer und die traurig entlaubten Bäume beglänzte. Ich schrieb in einem Zuge und ohne Brouillon. Während dem Schreiben war es mir, als hörte ich über meinem Haupte ein Rauschen, wie der Flügelschlag eines Vogels. Als ich meinen Freunden, den jungen Berliner Dichtern, davon erzählte, sahen sie einander an mit einer sonderbaren Miene und versicherten mir einstimmig, daß ihnen dergleichen nie beim Dichten passiert sei.*[81]

Der »Ratcliff« handelt davon, was jungen Frauen passieren kann, wenn sie die falschen Männer heiraten. Glücklicherweise hat Heine gerade Walter Scotts »Black Dwarf« gelesen, so daß er genau weiß, wie es in Schottland aussieht und wie die Menschen dort heißen. Nur Laien glauben, man müsse die Länder kennen, die man beschreibt. Schiller war auch nie woanders.

Heine heißt jetzt William Ratcliff, hält sich in den Wäldern um Mac-Gregors Schloß versteckt, in welchem Maria wohnt. Er selbst war auch schon einmal da.

> *Mac-Gregor:*
> *Hört ruhig an die traurige Geschichte.*
> *Sechs Jahre sind es jetzt, da kehrte ein*
> *Bei uns ins Schloß ein fahrender Student*
> *Aus Edinburgh, mit Namen William Ratcliff.*
> *...*
> *Er sah Maria, und sah ihr in die Augen,*
> *Und sah dort viel zu tief, begann zu seufzen,*
> *Zu schmachten und zu ächzen – bis Maria*
> *Ihm rund erklärte: daß er lästig sei.*
> *Die Liebe packt' er in den Korb und ging. –*[82]

Die Szenerie kennt Heine aus seiner eigenen Biographie. Doch nun passiert etwas Merkwürdiges. Jedesmal, wenn Maria künftig heiraten will, wird der Bräutigam am Hochzeitstag vermisst. Man findet ihn erschlagen am Schwarzenstein. Und jedesmal erscheint Ratcliff danach in Marias Schlafzimmer und gibt ihr in aller Form den Ring des Mannes zurück, der nun leider verhindert ist, ihr Gatte zu werden. Amalie! Amalie! Wahrscheinlich hörte Heine beim Schreiben dieser Stellen den Flügelschlag am lautesten. Ratcliff verbringt die Zeit zwischen dem Erschlagen der Bräutigämmer in einer Diebesherberge, was Heine 1851 ausdrücklich vermerken wird. Denn hier kommt sie schon vor, »die große Suppenfrage«:

> *Ratcliff:*
> *O seht mir doch die klugen, satten Leute,*
> *Wie sie mit einem Walle von Gesetzen*
> *Sich wohlverwahrt gegen allen Andrang*
> *Der schreiend überläst'gen Hungerleider!*
> *Weh dem, der diesen Wall durchbricht!*
> *Bereit sind Richter, Henker, Stricke, Galgen –*
> *Je nun! manchmal gibt's Leut', die das nicht scheun.*

> *Tom:*
> *So dacht ich auch, und teilte ein die Menschen*
> *In zwei Nationen, die sich wild bekriegen;*
> *Nämlich in Satte und in Hungerleider.*

Aber das ist nur Zwischenspiel, denn ein neuer Bräutigam trifft ein in Mac-Gregors Schloß, und Ratcliff hat wieder viel zu tun. Auch diesmal erscheint er in Marias Schlafzimmer, aber ohne Ring. Denn der Neue lebt immer noch, und Ratcliff sieht – Tragödie! – keinen anderen Ausweg, als die Geliebte und sich zu töten. Und weil er schon einmal dabei ist, hat Heine am Ende der drei Tage noch mehr unschuldige Tote produziert.

Der Überlebende seiner Tragödie ist sehr zufrieden mit sich.

Vier Monate später zählt Heine nach einer schlaflosen Nacht seinem alten Schulfreund Christian Sethe auf, was er am meisten liebt auf Erden. Nr. 4 ist die Tragödie, nach Nr. 1, einem *weiblichen Schatten, der jetzt nur noch in meinen Gedichten lebt*, nach Nr. 2, *einer köstlichen Idee*, die mit der Polenreise zusammenhängt, und Nr. 3, *einem Menschen, den ich mir bisher in D i r gedacht*. Die Tragödie kommt noch vor Nr. 5: einer *Olla podrida von: Familie, Wahrheit, französische Revolution, Menschenrechte, Lessing, Herder, Schiller usw. usw. usw.*[83] Hegel und Goethe, eben noch als Wegweiser zum Himmelreich angetitelt, fehlen.

Es gibt gerade noch einen Dramenschreiber in Berlin. Der sitzt meist in der Weinstube Lutter & Wegner am Gendarmenmarkt und säuft mit dem prominenten Trinkerduo, dem berühmten

Schauspieler Ludwig Devrient und dem noch berühmteren E.T.A. Hoffmann, der schon sehr bald nicht mehr saufen kann. Der dritte am Tisch ist nicht berühmt, säuft aber noch mehr als die beiden anderen. Irgendwann, noch jung, stirbt er daran. Dabei ist er so kräftig, daß ein Freund von ihm sagen wird, er könne unmöglich am Alkohol gestorben sein, sondern er sei gestorben, weil er habe sterben wollen. Er stirbt durch »Selbsttrunk«.

Der ungespielte Dramatiker Christian Dietrich Grabbe ist einer von denen, die schon tot zur Welt kommen und dann, während der kurzen Phase ihrer Anwesenheit auf Erden, alle Leute erschrecken, vor allem die Normallebendigen. Auch er steht bei Gubitz vor der Tür, allerdings mit einem besseren Drama und weniger Erfolg als Heine. Es ist der »Herzog Theodor von Gothland«. Zutiefst irritiert gibt Gubitz die Blätter an Heine weiter, froh, diesen Irrsinn in Buchstaben los zu sein.

Heine liest und sagt: Sie irren, lieber Gubitz, der Mensch ist nicht verrückt, sondern ein Genie.[84] *Wir erkennen das poetische Wild schon am Geruch,* wird er das elementar formulieren. Auch Grabbe verfügt über einen solchen Elementarsinn – und hält sich die Nase zu. Der Typus Heine ist seinem Naturell ganz und gar unbekömmlich. Grabbe über Heine: »Heine ist ein magerer, kleiner, häßlicher Jude, der nie Weiber genossen hat, sich deshalb alles einbildet. Sein Schmerz, so natürlich er ist, mag wirklich sein. Poesien sind seine Gedichte aber nicht. Eine tüchtige Hure schmisse ihn aus dem Fenster.«[85] Grabbes Fazit der Heineschen Poesie: »Abwischereien eines Thee-Titanen.« Heine schätzt es gar nicht, wenn man so über ihn spricht, über sein Jüdischsein, und dazu seine »Knallhütten«-Tauglichkeit bezweifelt. Er wird diese Äußerung Grabbes nicht gekannt haben.

Der »Gothland«-Verfasser ist kein Mann der Verstellung. Er ist längst aufgefallen durch die Ankündigung, neunundneunzig Literaten erstechen zu wollen mit den Spitzen seines Haars, daß er sich bei Lutter & Wegner zu gegebener Stunde gleich büschelweise abschneidet. Und Heine besitzt ein viel zu feines Sensorium, um die latente Verachtung Grabbes nicht zu spüren. Der äußert sie auch verbal. Um so erstaunlicher die ungeheure Wertschätzung, die Heine ihm entgegenbringt, von Anfang an, lebenslang. Seine schmale »Memoiren«-Schrift beginnt im Grunde mit einer großen Hommage an Grabbe, die dort – strenggenommen – überhaupt nichts zu suchen hat. Es ist, als sei Heine nichts wichtiger, als das Andenken dieses genialen, ungehobelten, verkannten Dramatikers ins rechte Licht zu rücken. Dieser neidlose Sinn für das, was er nicht ist, was er nicht kann – selbst wenn es ihn durchstreicht –, zeichnet Heine aus.

Er bringt Rahel Varnhagen den »Gothland«, und die kann nicht eher wieder ruhig schlafen, bis das »abscheuliche Buch« aus dem Haus ist.

Der Trinker-Club bei Lutter & Wegner ist das Kontrastprogramm. Bestimmt fällt der Nichttrinker Heine dort unangenehm auf. Die Nüchternen sind unerträglich – ohne die Begabung, sich in gänzlich promillefreie Selbsträusche zu versetzen, wäre Heine da gleich wieder rausgeflogen.

In der Heine-Literatur findet sich über Grabbe das Kurzurteil »nicht gesellschaftsfähig«. Aber ist das ein Urteil? Hat ein Dramatiker nicht die Pflicht, nicht gesellschaftsfähig zu sein? Heine vermag nicht, nicht gesellschaftsfähig zu sein. Er rechnet es sich nicht als Vorzug an. Er weiß, was Grabbe ihm voraus hat.

In jenem »Ratcliff«-Januar wendet Heine sich noch einer anderen Textsorte zu. Die »Briefe aus Berlin« erscheinen im »Westfälischen Anzeiger«. Das ist reiner Anti-Grabbe. Das ist zierlichster Gesellschaftsjournalismus, einerseits.

Man liest diese Briefe, geschrieben aus dem Blickwinkel des Flaneurs auf der Sonnenseite der Straße. Daß das große Berlin einen scharfen Licht-Schatten-Kontrast besitzt wie kaum eine zweite deutsche Stadt, bereits krasse proletarische Armut neben unbefangenstem Reichtum, merkt man ihnen nicht an. Obwohl »die große Suppenfrage« erwähnt ist. »Große Suppenfrage« – das Wort könnte von Heine sein, ist es aber nicht. Er hat es unterwegs gefunden.

Heine hat die Aufgabe, den Westfalen alles Wissenswerte aus der Hauptstadt zu berichten. Das Tempo dieser Berlin-Feuilletons ist rasant, ihre Frechheit und Unmittelbarkeit sind es auch. Berlin besteht jenseits der großen Suppenfrage schon damals aus lauter Kultur. Eine Zäsur setzt in Heines erstem Berliner Jahr die Uraufführung von Webers »Freischütz«. Als er 1822 die »Briefe aus Berlin« beginnt, hat diese Oper bereits bemerkenswerte Folgen:

»Wir winden Dir den Jungfernkranz
Mit veilchenblauer Seide;
Wir führen Dich zu Spiel und Tanz,
Zu Lust und Liebesfreude.

Chor:
Schöner, schöner, schöner grüner Jungfernkranz,
Mit veilchenblauer Seide, mit veilchenblauer Seide!

Lavendel, Myrt' und Thymian,
Das wächst in meinem Garten.
Wie lange bleibt der Freiersmann?
Ich kann ihn kaum erwarten!

Chor:
Schöner, schöner, schöner usw.«

Die Wiedergabe des Textes folgt Heine, unschwer zu erkennen an der Zusammenfassung der letzten Chor-Zeilen. Und so geht das weiter:

Bin ich mit guter Laune des Morgens aufgestanden, so wird doch all meine Heiterkeit fortgeärgert, wenn schon früh die Schuljugend, den »Jungfernkranz« zwitschernd, bei meinem Fenster vorbeizieht. Es dauert keine Stunde, und die Tochter meiner Wirtin steht auf mit ihrem »Jungfernkranz«. Ich höre meinen Barbier den »Jungfernkranz« die Treppe hinaufsingen. Die kleine Wäscherin kommt »mit Lavendel, Myrt' und Thymian«. So geht's fort. Mein Kopf dröhnt. Ich kann's nicht aushalten, eile aus dem Hause und werfe mich mit meinem Ärger in eine Droschke. Gut, daß ich durch das Rädergerassel nicht singen höre. Bei ...li steig ich ab. »Ist's Fräulein zu sprechen?« Der Diener läuft. »Ja.« Die Tür fliegt auf. Die Holde sitzt am Pianoforte und empfängt mich mit einem süßen:

Wo bleibt der Freiersmann,
Ich kann ihn kaum erwarten. –

»Sie singen wie ein Engel!«, ruf ich mit krampfhafter Freundlichkeit. »Ich will noch mal von vorne anfangen«, lispelte die Gütige, und sie windet wieder ihren »Jungfernkranz« und windet und

windet, bis ich mich selbst vor unsäglichen Qualen wie ein Wurm winde, bis ich vor Seelenangst ausrufe: »Hilf, Samiel!«[86]

Samiel ist der freischützeigene Teufel, und Berlin hat sich gerade angewöhnt, in Lagen der Bedrängnis »Hilf, Samiel!« zu rufen.

Das ist der Ton der »Briefe aus Berlin«. Heine erwägt in stillem Protest gegen die Massenkultur den Erwerb von Kondomen aus veilchenblauer Seide, was er jedoch nicht in den »Briefen aus Berlin« mitteilt, sondern nur einem Freund. Ansonsten steht er fest auf seiten Webers gegen den machthabenden traditionalistischen Operndirektor Spontini. E.T.A. Hoffmann ist einst in der Abwehr des gepuderten Berliner Musikgeschmacks, insbesondere schauderhafter Mozart- und Gluck-Aufführungen, zum Dichter geworden – »Ritter Gluck« 1809 –; Heine macht es kürzer. Heine-Kritiken von Spontini-Opern lesen sich so: *Der Dekorationsmaler und der Theaterschneider haben sich selbst übertroffen.*[87] Der Weg der »deutschen« Oper gegen die genormte Affektensprache der italienischen Oper war mit dem Sieg des »Freischütz« in Berlin gebahnt, auch wenn der Komponist sich nun keine Hoffnungen mehr auf eine Anstellung in Berlin – also bei Spontini – zu machen braucht. Wagner wetterleuchtet am Horizont. In der Musik beginnt – und hat schon mit Mozart begonnen –, was Heine im Gedicht beginnt und was mit den Romantikern doch längst begonnen hat. Weg mit den vorgestanzten Gefühlsmarken! Rückbesinnung auf den ungekünstelten Volksliedton. Die Illusion, daß all dies in der deutschen Seele liege, die nur frei zu strömen brauche, um alle Wunden des Zeitalters zu heilen, teilt Heine nie. Seine Stellung verwehrt ihm solche Illusion. Dennoch ist erschreckend, was Heine – parallel zu den »Briefen aus Berlin« und ihrem leichten Ton – bereits an Bitterkeit in sich trägt.

Am 14. April 1822 kündigt er dem ältesten, engsten Freund, dem Adressaten seiner ersten Briefe, Christian Sethe, die Freundschaft auf. Jedenfalls versuchsweise. Er solle bloß nicht glauben, daß Heine ihm böse ist. Aber er, Sethe, sei ein Deutscher. Kann ein Jude mit einem Deutschen befreundet sein? *Ich lebe jetzt in einer ganz besonderen Stimmung, und dies mag wohl an allem den meisten Anteil haben. Alles, was deutsch ist, ist mir zuwider; und du bist leider ein Deutscher. Alles Deutsche wirkt auf mich wie ein Brechpulver. Die deutsche Sprache zerreißt meine Ohren. Die ei-*

genen Gedichte ekeln mich zuweilen an, wenn ich sehe, daß sie auf Deutsch geschrieben sind.[88]

Er muß Falschheit erfahren haben, Verrat. *Ich kann fast keine Nacht mehr schlafen. Im Traume sehe ich meine sogenannten Freunde, wie sie sich Geschichten und Notizchen in die Ohren zischeln, die mir wie Bleitropfen ins Gehirn rinnen. Des Tags verfolgt mich ein ewiges Mißtrauen, überall hör ich meinen Namen, und hinterdrein ein höhnisches Gelächter. Wenn du mich vergiften willst, so bringe mir in diesem Augenblick die Gesichter von Klein, Simons, Völling, Stucker, Plücker und von Bonner Studenten und Landsleuten vor Augen. Das miserable Gesindel hat auch dazu beigetragen, mir die Berliner Luft zu verpesten. Und Dir verdanke ich auch so manches, o Christian! Christian!*[89]

Heines Ekel ist privat und doch nicht privat. Denn wo von ihm die Rede ist, ist oft von seiner Abstammung die Rede. Heines Ekel am Deutschsein kommt den Realereignissen zuvor. Der Brief ist vom April; im August werden die Reformen zurückgenommen, die Juden den Zugang zu preußischen Staatsämtern ermöglichen. Auch daß Heine genau in diesem Monat dem »Verein für Cultur und Wissenschaft der Juden« beitritt, ist bereits gesagt. Zu ergänzen bleibt, daß Heine in diesem Hegelianer-Treff einige seiner besten Freunde findet.

Kein Verein ohne Vereinsprotokolle. Sie sind erhalten, daher wissen wir Bescheid. Am 4. August 1822 schlägt Eduard Gans als neues Mitglied Heine vor. Eduard Gans, Jurist, ist der oberste aller Hegelianer, später Mitherausgeber der ersten Hegel-Gesamtausgabe und bereits als Kritiker der historischen Rechtsschule – Savigny – aufgefallen. Die Aufhebung des Edikts soll sich speziell gegen Gans gerichtet haben, um dessen akademische Karriere zu verhindern. Sie ist nicht zu verhindern, Gans läßt sich taufen. Heines Verhältnis zu ihm bleibt von einer herzlichen Distanz gekennzeichnet. In einem Brief, fast ein Jahr später, Heine ist nicht mehr in Berlin, heißt es: *Besonders sagen Sie mir, was Gans macht. Ich getraue mich nicht, ihm zu schreiben; wenn ich ihm etwas mitzuteilen hätte, würde ich es lieber gleich ins Intelligenzblatt setzen lassen. Sagen Sie ihm, daß ich ihn liebe – das ist die Hauptsache, alles andere ist Kohl!* Der Brief ist an Moses Moser, Bankangestellter und Freizeithegelianer gerichtet. Er wird Christian Sethe in der Rolle des besten Freundes ablösen, ihm wird er bald seine schönsten Briefe schreiben. Neben Gans und Moser gehören noch mehr Hegelianer zum Verein, wie der spätere Begründer der modernen Judaistik, Leopold Zunz, und der Orientalist Ludwig Markus.

Am 29. September ist Heine zum ersten Mal bei einer Sitzung des Vereins anwesend. Ihm wird die Lösung der Frauenfrage übertragen:

»7. November 1822
Außerordentliche zur Stiftungsfeier des Vereins berufene Sitzung im Lokale des Dr. Rubo, abends 7 Uhr. Der Präsident eröffnet dieselbe mit einer Rede. Heine erstattet Bericht über einen zu stiftenden Frauenverein.«

»10. November 1822
Auf der Tagesordnung ist der Bericht von Heine über Frauenvereine. Es sollen die Anträge, welche in demselben enthalten sind, zur Abstimmung gebracht werden; da sie aber vom Verfasser nicht besonders herausgehoben wurden, so wird auf Dr. Rubos Antrag derselbe ersucht, sie in der nächsten Sitzung abgesondert vorzutragen.«

»17. November 1822
Anträge von Heine wegen des Frauenvereins nach schriftlichem Entwurf:
    A, daß jüdische Frauenvereine, zunächst einer in Berlin, zu veranstalten sei, mit 4 Stimmen gegen 1 genehmigt;
    A, 1 einstimmig angenommen;
    A, 2 einstimmig angenommen mit der Abänderung: insbesondere solche, die sich dem Ackerbau, dem Handwerk, Kunst und Wissenschaft widmen.«[90]

Eine Zeitlang ist es still um das Frauenprojekt, genau bis zum 16. März des Folgejahres:

»16. März 1823
Auf die Anfrage des Dr. Zunz, wie weit der Beschluß wegen eines Frauenvereins zur Ausführung gekommen sei, erklärt Heine, als mit dem Entwurfe des desfallsigen Circulars beauftragt, daß seine Unpäßlichkeit ihn fortwährend daran verhindere, und er den Auf-

trag, sofern er sich auf einen bloß lokalen Zweck beziehe, ab-
lehne.«[91]

Was aus Heines Frauenverein wurde, ist nicht bekannt. Wahrscheinlich hat er das Stadium des Antrags, des »desfallsigen Circulars«, nie verlassen. Die Zeitschrift des Vereins, die »Zeitschrift für
die Wissenschaft des Judentums«, schafft insgesamt drei Ausga-
ben in perfektem Hegelianisch. Heine an Zunz: *Ich will keine goe-
thische Sprache, aber eine verständliche, und ich bin fest überzeugt, was i c h nicht verstehe, versteht auch nicht David Levy,
Israel Moses, Nathan Itzig, ja, vielleicht nicht mal Auerbach II. Ich
habe alle Sorten Deutsch studiert, sächsisch Deutsch, schwäbisch
Deutsch, fränkisch Deutsch – aber unser Zeitschriftendeutsch
macht mir die meisten Schwierigkeiten.*[92]
  Die Unterrichtsanstalt muß im kommenden Frühjahr aufgrund
akuten Geldmangels schließen. Dabei unterrichten alle Vereins-
mitglieder grundsätzlich ohne Honorar. Auch Heine. Der Unterricht ist ein zentrales Anliegen des Vereins, besteht sein Ziel doch
in der »gänzliche(n) Umarbeitung der bis jetzt unter den Juden be-
standenen eigenthümlichen Bildung und Lebensbestimmung und
ein Hinführen derselben auf denjenigen Standpunkt, zu welchem
die übrige europäische Welt gelangt ist«.[93] Aber offenbar hatten
die Berliner Juden keine Lust, sich zu Hegelianern umwidmen zu
lassen.
  Heine unterrichtet Geschichte, Französisch und Deutsch. Dank
eines vierzehnjährigen jüdischen Jungen, der damals mit drei Sil-
bergroschen in der Tasche eine Reise nach Berlin unternahm, wissen wir Näheres über den Lehrer Heinrich Heine. Der Junge
kommt nach sechs Wochen Fußreise (!) und mit vier Pfennigen in
der Tasche in Berlin an, kauft sich für diese vier Pfennige am Ale-
xanderplatz Stachelbeeren und sieht wohl sehr verloren aus in der
großen Stadt, so daß er von einem Herrn angesprochen wird. Nein,
es ist nicht Heine. Der Junge will zur Schule gehen, denn das hat er
noch nie gemacht, deshalb ist er ja nach Berlin gewandert. Er erfährt, daß es in der Stadt einen Verein gibt, »dessen Aufgabe es sei,
Jünglinge meines Glaubens in allen Fächern der Wissenschaft zu
unterrichten«. Der Vierzehnjährige lernt sie alle kennen: »Zunz
unterrichtete in deutscher Grammatik, Stil usw., Dr. Gans in Latein, griechischer und römischer Geschichte, der kleine Markus

gab einen sehr gründlichen Unterricht in Geographie und Naturwissenschaft, Dr. Schönberg übernahm den Unterricht in der französischen Sprache.«[94] Der Unterricht findet meist in den Wohnungen der Herren statt, zwischen sieben und zehn Uhr vormittags, manchmal auch nachmittags.

So wie diesen Jungen, der sechs Wochen lang nach Berlin wandert, nur um etwas zu lernen, hat sich der Verein sein jüdisches Volk gewünscht. Der Lehrer, der den tiefsten Eindruck auf den Vierzehnjährigen macht, ist Heinrich Heine. Er ist kürzlich umgezogen und wohnt gerade in der Neuen Friedrichstraße 47, im Hause des Stadtrats David Friedländer. Sein Freund Moser ist bei Friedländer als Prokurist angestellt. Dort muß er nun zum Frühstück Mazzes essen, ein Umstand, an dem sich eine seiner tiefsten religiösen Betrachtungen überhaupt entzünden wird. Hier genügt das Selbstzeugnis: *Ich wohne nämlich jetzt bei einem Juden (Mosern und Gans gegenüber) und bekomme jetzt Mazzes statt Brot und zerknacke mir die Zähne.*[95]

An den Ort solchen Frühstücks pilgern seine Schüler, ob um sieben Uhr morgens oder eher etwas später, bleibt unklar. Der Lehrer schildert die Schlacht im Teutoburger Wald. Hermann-Arminius wird zum Freiheitskämpfer für sein unterdrücktes deutsches Volk gegen die Übermacht der Römer. Oder sagen wir: der einstigen Übermacht der Römer. Der Kampf eilt seinem Höhepunkt entgegen, die Augen des Wanderers glänzen, und dann ruft Heine mit der »überlauten« Schlachtfeldstimme des Augustus im Hause des Stadtrats Friedländer: »Varus! Varus! Gib mir meine Legionen wieder!« Das Gesicht des Vortragenden glänzt nun noch mehr als das seines jungen Schülers. »Wir, seine Zuhörer, waren höchst überrascht, ja erschüttert; noch nie hatten wir ihn mit so einer Begeisterung sprechen gehört.«[96] Der Junge lernt auch Französisch bei Heine und übersetzt nach dreimonatigem Griechischunterricht bereits Plutarch. Er ist der einzige, der zur Zeit Vorteilhaftes über Heines äußeren Eindruck sagt: Sein »noch jugendliches Gesicht strotzte vor Gesundheit«. Wahrscheinlich hat sich der Varus!-Augenblick ihm eingeprägt. Der Junge findet noch mehr Superlative für die Erscheinung seines Lehrers. Nie wieder wird ihn jemand so vollendet apollinisch schildern. Heinrich Heine ist fünfundzwanzig, aber seine Briefe klingen gerade wie die eines achtzigjährigen Invaliden. All seine Legionen scheinen verloren zu sein, er hat nicht einmal die Kraft »Varus! Varus! Gib mir …« zu rufen. Jedenfalls nicht außerhalb des Unterrichts. Er hat Kopfschmerzen, schreckliche Kopfschmerzen.

Krank, isoliert, angefeindet und unfähig, das Leben zu genießen, so leb ich hier. Ich schreibe jetzt fast gar nichts und brauche Sturzbäder,[97] heißt es am 21. Januar 1823. Und später, im April: *Die Hauptsache ist die Herstellung meiner Gesundheit, ohne welche alle Pläne töricht sind. Gott möge mir nur Gesundheit geben, für das übrige will ich selbst sorgen. … Meine Sturzbäder habe ich eingestellt, sie haben mir nichts geholfen und unmenschliches Geld gekostet.*[98] So geht das weiter. Alle seine Briefe werden jetzt zu Klagen, und man denkt unweigerlich daran, daß die zweite Phase der Syphilis-Infektion mit schlimmen Kopfschmerzen einhergehen soll, abgesehen davon, daß seine sensitive Natur ohnehin zu Kopfschmerzen neigt. Hätte er die Kondome aus veilchenblauer Seide doch nur früher gehabt. Hilft Seide?

Berlin ist nichts für einen Invaliden. Daß am Ende des Geldes noch soviel Studium übrig ist, kommt dazu. Eigentlich hatte die Familie – Onkel Salomon als Schlüsselinhaber des Geldschranks – ihn nach Berlin geschickt, um seine juristische Ausbildung zu befördern, wenn möglich mit Abschluß. Berliner Juristen kennt Heine sogar: Gans, Moser. Aber er trifft sie meist erst nach Feierabend. Immerhin, der Onkel will ihn noch zwei Jahre studieren lassen, und das kostet viel Geld. Er hat es nun also doch *nicht nötig, meinem früheren Plane gemäß in Sarmatien eine Professur zu suchen.*[99] Was aus ihm wird, ist offen. Im Augenblick, mit diesen Kopfschmerzen, sowieso nichts. In Preußen mit seinen soeben für alle Juden zugeschlagenen Türen zum öffentlichen Dienst auch nichts. Er überlegt – nach den Kopfschmerzen – sich *am Rhein zu fixieren. Ist das nicht der Fall, so fixiere ich mich in Frankreich, wo ich französisch schreibe und mir einen Weg ins Diplomatische bahne.*[100] Das teilt Heine am 7. April Immanuel Wohlwill mit. Weg aus Deutschland, das wäre gut. Am 10. April ist er schon einen Schritt weiter. *… und diesen Herbst bin ich in Paris. Dort will ich noch einige Zeit studieren und mich in die diplomatische Karriere jonglieren.* Das effektivste Mittel zur Beschleunigung dieses Werdegangs – das rät er dem Literatenfreund Immermann, falls dieser auch vorhabe, in Paris Diplomat zu werden – sei das Verfassen einer Broschüre, *welche die Aufmerksamkeit der Diplomaten reizen muß.*[101] Auch andere Freunde erfahren, daß Heine im Herbst längst in Paris zu weilen gedenkt, nur die Aufenthaltsgründe wechseln. *Ich gedenke viele Jahre dort zu bleiben, dort auf der Bibliothek emsig zu studieren, und nebenbei für die Verbreitung der deutschen Literatur, die jetzt in Frankreich Wurzel faßt, tätig zu sein.*[102] Vorher plant er noch, das Rheinland und Westfalen zu durchwandern. An Rahel schreibt er seinen schönen Stechpalmen-Abschiedsbrief. Er teilt allen mit, daß die Post für ihn ruhig weiter in der Neuen Friedrichstraße ankommen soll. Moses Moser wird alles nachschicken. Wohin? Es gibt einen Ort, der ist vielleicht genausoweit von Paris entfernt wie Sarmatien. Das ist Lüneburg. Da wohnen nun die Eltern, da fährt er jetzt hin. Ganz kurz nur. Aber im Herbst wird er immer noch in Lüneburg sein. Und im Winter auch. Für immer Lüneburg?

Allein in Lüneburg. Heine ist Mitte Zwanzig
und schreibt seine Memoiren.
Der Erfinder der Süßwasser-Sirene
trifft die Liebe seines Lebens, das Meer

Er fährt eine ganze Nacht und einen ganzen Tag, ärgert sich über *das lästige Geschwätz* seiner Reisegesellschaft, hat viele Gedanken zu Besuch und ist noch immer nicht in Lüneburg, sondern erst in Lübtheen. Dort schläft er und träumt: *Ich sah eine Menge Menschen, die mich auslachten, sogar kleine Kinder lachten über mich, und ich lief schäumend vor Ärger zu Dir, mein guter Moser, und Du öffnetest mir Deine Freundesarme, und sprachest mir Trost ein, und sagtest mir, ich solle mir nichts zu Gemüte führen, denn ich sei ja nur eine Idee, und um mir zu beweisen, daß ich nur eine Idee sei, griffest Du rasch nach Hegels Logik und zeigtest mir eine konfuse Stelle darin, und Gans klopfte ans Fenster, – ich aber sprang wütend im Zimmer herum und schrie: »Ich bin keine Idee und weiß nichts von einer Idee, und hab mein Lebtag keine Idee*

gehabt.« Es war ein schauderhafter Traum, ich erinnere mich,
Gans schrie noch lauter, und auf seiner Schulter saß der kleine
Marcus und schrie mit unheimlich heiserer Stimme die Zitate
hinzu und lächelte auf eine so gräßlich freundlich Weise, daß ich
vor Angst aufwachte.[103]

Am nächsten Morgen nimmt Heine *einen Wagen* und ist nachmittags um fünf am Ziel. Soviel Aufwand, nur um in Lüneburg an-
zukommen. Die Eltern wohnen am Ochsenmarkt in einem alten,
engen Haus mit drei Stockwerken. Heine erkennt in der Stadt bald
die *Residenz der Langeweile* und vermutet einen *Kulturableiter
auf dem Rathaus.* Im Mai ist er aus Berlin weggefahren, im Mai
schreibt er diesen ersten Brief an Moses Moser und erwähnt noch
vor dem Wiedersehen mit seinen Eltern den Judenhaß in der Stadt:
*Bei meinem Eintritt in Lüneburg merkte ich, daß hier großer Ri-
scheß herrscht ...*[104] Schon im nächsten Brief an den Freund wird
er genauer, schonungslos auch gegen das Eigene: *Juden sind hier,
wie überall, unausstehliche Schacherer und Schmutzlappen, die
christliche Mittelklasse unerquicklich, mit einem ungewöhnlichen
Rischeß, die höhere Klasse ebenso in höherem Grade. Unser kleiner Hund wird auf der Straße von anderen Hunden berochen und
malträtiert, und die Christenhunde haben offenbar Rischeß gegen
den Judenhund.*[105]

Er nimmt sich vor, vollkommen isoliert zu leben. Die »Tragödien« hat er mitgebracht und gibt sie seiner Familie zu lesen. Die
Mutter liest und ist ratlos, *meine Schwester toleriert sie bloß,
meine Brüder verstehen sie nicht, und mein Vater hat sie gar nicht
gelesen.*[106] Was soll ein Dichter in Lüneburg?

Immerhin erscheint in der »Staats- und Gelehrten Zeitung des
Hamburgischen unparteiischen Correspondenten« eine Nachricht aus Berlin: »Unter den neuesten literarischen Veröffentli-
chungen bilden die Tragödien von H. Heine durch ihre geniale Ei-
genart eine Sensation. Der junge Dichter, den viele Stimmen in der
Gesellschaft für einen deutschen Byron erklärt haben, ist gebürtig
aus Düsseldorf, lebt aber schon ein Jahr in Berlin.«[107] Der Onkel
liest das und zeigt sich beeindruckt.

Aber er ist ein Dichter mit Kopfschmerzen, das relativiert alles.
Einer wie Moser fehlt ihm hier. *Deine Gefühle sind schwere Gold-
barren, die meinigen sind leichtes Papiergeld,* sagt er dem Freund
und meint es in diesem Augenblick ganz ernst. Er registriert die

eigene Unfähigkeit zu wirklicher menschlicher Nähe – es ist die Unfähigkeit des Dichters. Er bemerkt das eigene Pathos und wendet es ins Komische. Denn nur was wirklich ernst und tief ist, wird durch den Witz noch ernster und tiefer: *Hast Du am obigen Bilde nicht gemerkt, daß ich ein jüdischer Dichter bin? Doch wozu soll ich mich genieren, wir sind ja unter uns, und ich spreche gern in unsern Nationalbildern. Wenn einst Ganstown erbaut sein wird, und ein glücklicheres Geschlecht am Mississippi Lulef benscht und Matzes kaut und eine neujüdische Literatur emporblüht, dann werden unsere jetzigen merkantilischen Börsenausdrücke zur poetischen Sprache gehören, und ein poetischer Urenkel des kleinen Marcus wird in Talles und Tefillin vor der ganzen Ganstowner Kille singen:* »*Sie saßen an den Wassern der Spree und zählten Tresorscheine, ...*[108]

Aus dem Vorsatz, völlig isoliert zu leben, wird bittere Wirklichkeit. Welch ein Kontrast zu Berlin. Mit *keinem menschlichen Menschen* trifft er zusammen, nur ein paar Lüneburger Straßenbäume lernt er kennen: *Ich habe hier also nur mit den Bäumen Bekanntschaft gemacht, und diese zeigen sich jetzt wieder in dem alten grünen Schmuck und mahnen mich an alte Tage, und rauschen mir alte vergessene Lieder ins Gedächtnis zurück, und stimmen mich zur Wehmut.*[109]

Und mahnen an alte Tage ... Vielleicht ist Lüneburg wirklich der richtige Ort, um seine Lebenserinnerungen aufzuschreiben. Heinrich Heine ist fünfundzwanzig Jahre alt und der festen Meinung, daß es höchste Zeit ist für seine Memoiren. Aber er hat einen Kopf wie ein altes Eisenwalzwerk. Darum kann er eigentlich überhaupt nicht arbeiten. Auch denkt er wie die meisten Memoirenschreiber schon jetzt die Vergangenheit nicht unter dem Aspekt ihrer Vergangenheit, sondern als eine Art persönlicher *Geschichtsschreibung der Gegenwart.*

Mag sein, er geht mit etwas umher, das Nietzsche in die kongeniale Frage-Antwort-Form »Warum ich so weise bin« gebracht hat, und zwar im »Ecce homo«, in dem er sein Hohelied auf Heine anstimmt: »Den höchsten Begriff vom Lyriker hat mir Heinrich Heine gegeben. Ich suche umsonst in allen Reichen der Jahrtausende nach einer gleich süßen und leidenschaftlichen Musik. Er besaß jene göttliche Bosheit, ohne die ich mir das Vollkommene nicht zu denken vermag – ich schätze den Wert von Menschen, von Rassen danach ab, wie notwendig sie den Gott nicht getrennt vom Satyr zu verstehen wissen. – Und wie er das Deutsche handhabt! Man wird einmal sagen, daß Heine und ich bei weitem die ersten Artisten der deutschen Sprache gewesen sind – in einer unausrechenbaren Entfernung von Allem, was bloße Deutsche mit ihr gemacht haben.«

Was verbindet beide? Nietzsches »Ecce homo« ist auch eine Art Autobiographie. Allerdings ist Nietzsche, als er den »Ecce homo« schreibt, schon im durchschnittlich memoirenfähigen Alter und wird ohnehin gleich wahnsinnig. Der Nietzsche-Zwischentitel »Warum ich so weise bin« könnte ein Indiz sein, doch klingt er nur ungeübten Ohren arrogant, denn er ist die Bescheidenheit selbst. Er sagt die Wahrheit: Es gibt einen Grund, daß ich so weise bin, und der liegt außer mir. Bei Heine ist das genauso. Er kann nichts dafür, daß er so klug ist. Klug nicht im heutigen technokratischen, über IQ-Tests meßbaren Sinne. Und wie gern wäre er ein wenig dümmer, ein richtiges Kind des Lebens.

In meiner Wiege lag schon die Marschroute für mein ganzes künftiges Leben, wird er später sagen. Was weiß er, was andere, die in wohlgeordnete, schön etikettierte Wirklichkeiten hineingeboren werden, oft bis ans Ende ihres Lebens nicht erfahren?

Glaube, Liebe, Hoffnung. Zuerst die Hoffnung.

Er will ein Dichter werden und weiß doch schon, was das Bücherschreiben bedeutet: *Das Verlegersuchen gehört zu den Anfängen des schriftstellerischen Matyrtum. Nach dem buchhändlerischen Verhöhnen und dem Insgesichtgespucktwerden kommt die teegesellschaftliche Geißelung, die Dornenkrönung dummpfiffigen Lobs, die literaturzeitungliche Kreuzigung zwischen zwei kritischen Schächern – es wäre nicht auszuhalten, dächte man nicht an die endliche Himmelfahrt.*[110] Diese Himmelfahrt beabsichtigt er noch immer, aber Himmelfahrten ereignen sich meist nach dem Tode. Eine üble Dialektik. Seine Mutter hatte schließlich gewußt, daß ein Dichter jemand ist, der für ein paar Groschen ein Gelegenheitsgedicht verfertigt und im Spital stirbt. Nur mit den paar Groschen, das weiß Heine jetzt, hatte sie eindeutig übertrieben. Für seinen ersten Band »Gedichte« bei Maurer in Berlin hat er gar keinen Groschen erhalten. Wovon lebt ein Dichter? Von den Musen, na bitte. Vierzig Freiexemplare allerdings waren ihm zugestanden, *wovon mir bis auf diese Stunde*

*noch zehn Exemplare aus filziger Knickrigkeit vorenthalten wer-
den.*[111] Stand 5. Januar 1823.

Und er weiß noch mehr: *Die Zeitschriften sind freilich nur die
Pißecken der Literatur, aber alle Annoncen sind dort angeschla-
gen.*[112] Heinrich Heine wird sich sein Leben lang um die Zeitschriften bemühen und, soviel er kann, dort veröffentlichen.

Auch eine neue Tragödie in mehreren Akten ist bereits fertig –
allerdings nur in seinem Kopf, wegen starker Unpäßlichkeit.

Glaube, Liebe, Hoffnung. Heinrich Heine weiß auch, was die
Liebe ist, das ist ein altes Lied, und es sei hier nur der Vollständig-
keit halber erwähnt. Er weiß, daß das Leben ein Kontrastphäno-
men ist und die meisten Dinge nur aus ihrem Gegensatz heraus
erkennbar sind. Es gäbe keine Poesie ohne Wahrnehmung des Gemeinen und Trivialen, *wir selber erkennen unser eigenes Wesen
nur dadurch, daß uns das fremdartige Wesen eines anderen Menschen bemerkbar wird und zur Vergleichung dient ...*[113] Er weiß,
wie selten *das äußere Gerüst unserer Geschichte mit unserer
wirklichen, innern Geschichte* zusammenpaßt, und ist leichtsinnig
genug, ein *Bei mir wenigstens paßte es nie!*[114] anzufügen. Leicht-
sinnige Biographen haben ihm das als Verstellung und Täuschung
ausgelegt,[115] was lediglich zur Existenz von Menschen gehört, die
neben dem wirklichen Leben noch ein zweites, geistiges haben.
Und sie hätten letzteres nie begonnen ohne Mangelerfahrung in
ersterem.

Vor allem weiß er soviel mehr über den Glauben als alle lebenslangen Bewohner ererbter religiöser Schneckenhäuser. Schon als
Neunzehnjähriger, in dem Sie-liebt-mich-nicht-!-Brief an Sethe,
hat er die Distanz eines Hundertjährigen: Er registriert *in der
Schacherstadt Hamburg* eine *schwüle Spannung zwischen getauften und ungetauften Juden (alle Hamburger nenne ich Juden,
und die ich, um sie von den Beschnittenen zu unterscheiden: getaufte Juden benamse, heißen auch vulgo: Christen).*[116] Jahre später, kurz vor Lüneburg, erfährt er von der Verlobung seiner
Schwester, die er liebt, und schreibt, wie es sich gehört, dem vor-
aussichtlichen neuen Familienmitglied eine Verbindlichkeit.
Heine vermutet durchaus politische Differenzen zum Verlobten
Charlottes, dieser hatte ihm brieflich seine Standpunkte dargelegt.
Aber Heine kann ihn trösten, zu den Radikalen – im regierungsof-
fiziellen Sprachgebrauch auch »Demagogen« genannt –, gehöre er

nicht. Bemerkenswert ist die Begründung: *Obschon ich aber in England ein Radikaler, und in Italien ein Carbonari bin, so gehöre ich doch nicht zu den Demagogen in Deutschland, aus dem ganz zufälligen und geringfügigen Grunde, daß bei einem Siege dieser letztern einige Tausend jüdische Hälse und just die besten, abgeschnitten werden.*[117] Als Heine in Bonn war, sprach das – später – Deutschnationale unter den Fahnen der Freiheit. Es gehört eine große Tiefenschärfe des Blicks dazu, um das an der Oberfläche beinahe Ununterscheidbare seinem verschiedenen Wurzelgrund nach zu erkennen. Immerhin hatte Heine in Bonn nahen, fast freundschaftlichen Kontakt zu Menschen, die ihn bald erbittert aus ebenjener Halsabschneiderecke angreifen werden. Der Wichtigste von ihnen wird Wolfgang Menzel sein.

Im August notiert Heine die ob ihrer Prophetie oft zitierten Sätze: *… und in schlimmen Zeiten, die unausbleiblich sind, wird der germanische Pöbel meine Stimme hören, daß es in deutschen Bierstuben und Palästen widerschallt.*[118] Schwer zu sagen, was beeindruckender ist: die böse Zukünftigkeit dieser Sätze oder ihre Kraftgebärde zu einer Zeit, da sich ihr Inhaber besonders malade fühlt. Einen Körper hat er nur noch als Ärgernis. So wird es auch zuletzt sein: Wo fast kein Körper mehr ist, da ist immer noch die Stimme. Widerschallend, zum Glück, nicht nur in Bierstuben und Palästen.

Gegenüber Immanuel Wohlwill, der eigentlich Wolf heißt, späterer Verfasser der »Grundsätze der religiösen Wahrheitsfreunde«, wird er in dieser Zeit am ausführlichsten. Auch Wohlwill kennt er vom Berliner »Verein für Cultur und Wissenschaft der Juden«. Daß Heine nie in der Lage wäre, ein Buch zu schreiben, das den Namen »Grundsätze der religiösen Wahrheitsfreunde« verdiente, mag Andeutung genug sein für das, was ihn von den anderen trennt. Obwohl man gerade Hegel Erbaulichkeit nicht anlasten kann, denn Antierbaulichkeit ist das Programm dieser Philosophie. Und ebendiese erwartet Heine auch von seinen – Kampfgefährten, dürfte man sagen, wenn dieses Wort sich noch einmal nichtplakativ gebrauchen ließe. Die *Hühneraugenoperateure* des Judentums verachtet Heine, jene, die *durch Komödianten ihre Bildung empfangen* und *dem Judentum neue Dekorationen und Kulissen* geben wollen: *… und der Souffleur soll ein weißes Bäffchen statt eines Bartes tragen; sie wollen das*

Weltmeer in ein niedliches Bassin von Papiermaché gießen, und wollen dem Herkules auf der Kasseler Wilhelmshöhe das braune Jäckchen des kleinen Markus anziehen. Andere *wollen ein evangelisches Christentümchen unter jüdischer Firma, und machen sich ein Talles aus der Wolle des Lamm-Gottes, machen sich ein Wams aus den Federn der Heiligengeisttaube und Unterhosen aus christlicher Liebe.*[119] In Wirklichkeit und zuletzt geht es doch nur um eines: *Wir haben nicht mehr die Kraft, einen Bart zu tragen, zu fasten, zu hassen und aus Haß zu dulden: das ist das Motiv unserer Reformation.*[120] Das ist ein einfaches, aber um so tieferes Wort. Nicht nur, daß Heine mit aller Deutlichkeit die Verbindung von Duldertum und Haß sieht – sie ist noch heute zu besichtigen und auf keine Religion beschränkt. Später spricht er von *der Volksmumie, eingewickelt in ihre Buchstabenwindel.* Und er sieht zugleich, daß Verfeinerung ein Schwächephänomen ist. Das Undifferenzierte, das Einfache – man dürfte auch sagen: das Barbarische – ist stärker. Dieser Brief an Wohlwill zeigt zugleich, wie Heine auf die Rücknahme des Gesetzes, das Juden den Zugang zu öffentlichen Ämtern gewährte, reagiert: *Verzeih mir diese Bitterkeit; Dich hat der Schlag des aufgehobenen Edikts nicht getroffen.* Er scheint zu spüren, wie fremd dem anderen diese Schonungslosigkeit vorkommen muß. Wer sich die Welt bewohnbar halten will, leuchtet nicht bis in den letzten Winkel und durch alle doppelten Böden der Wirklichkeit hindurch. Heine tröstet den Freund: Alles nicht so ernst gemeint. Ihm selbst fehle nicht nur die Kraft zum Barttragen, Fasten usf., er habe eben nicht einmal die Kraft, ordentlich Mazzes zu essen. Ist diese Einsicht in das dämonische Wesen aller Religion nicht Grund genug für Memoiren? Außerdem ist es eine schlechte Sitte, erst dann den Extrakt einer Zeit zu destillieren, wenn diese schon nicht mehr existiert. Und das Alter ist schließlich keine Frage des Alters.

Heinrich Heine weiß mit fünfundzwanzig Jahren schon alles darüber. Darum hat er beschlossen, ein ewiges Kind zu bleiben. Jeder wirklich Erwachsene ist viel zu erwachsen fürs Nur-Erwachsensein. *Es ist ein Kniff, daß ich mir gern die Kindheit so lang als möglich erhalte, eben weil sich im Kinde alles abspiegelt: die Mannheit, das Alter, die Gottheit, sogar die Verruchtheit und die Konvenienz.*[121]

Zeugnisse der Lüneburger Memoirenarbeit haben wir nicht.[122] Zum einen braucht Heine alle Kraft fürs Kranksein; die mehrmals erwähnte Tragödie wird seinen Kopf niemals verlassen. Es spricht aber viel dafür, daß Heine seine Memoiren-Anfänge wirklich geschrieben und später nur kurzerhand umgewidmet hat. Das »Buch Le Grand« im zweiten Band der »Reisebilder« ist eine kaum getarnte Autobiographie.

Er hat, trotz seiner Lüneburger Einsamkeit, Verpflichtungen. In einem Nest bei Hamburg wohnt Heine der Hochzeit seiner Schwester bei. Bis an sein Lebensende trägt er ihr Bild bei sich; wahrscheinlich ist es ihm schmerzlich, daß sie einen anderen heiratet. Und dann auch noch den. Moritz Embden, leicht gönnerhaft, Typus Hamburger Karrierist, fast doppelt so alt wie sie. Aber um seines Lottchens willen nennt er diesen Tag einen schönen *Tag der Festlichkeit und der Eintracht*, und weil er jeder Idylle mißtraut, fügt er umgehend an: *Das Essen war gut, die Betten waren schlecht, und mein Onkel Salomon war sehr vergnügt.*[123] Das ist vielleicht die Hauptmitteilung. Denn von der guten Laune des Onkels hängt vieles ab, unter anderem die Zukunft. *Ich glaube, ich werde in der Folge auf ziemlich guten Fuß mit ihm kommen; äußerlich leben wir auf dem allerbesten, er kajoliert mich sogar öffentlich.*[124] Das ist im Juni. Kann schon sein, daß man launisch wird, wenn andere mit soviel Anteilnahme jede Gemütsbewegung einzeln registrieren – weil sie gute Gründe haben. Einen Monat später verspricht Onkel Salomon dem Neffen *die herrlichsten Dinge*, reist aber schon am Morgen danach in aller Frühe überraschend ab. Ohne jede Konkretion. Der Neffe ist verstimmt. Die eigene Euphorie – die Aussicht auf Geld wirkt nun einmal so, denn sie stellt die Möglichkeit dar, eine Zukunft zu haben – nervt ihn. Die Abhängigkeit erscheint ihm entwürdigend. Er entschließt sich, den Onkel nicht mehr nötig zu haben, *da es so ganz und gar unter meiner Würde ist, und da – –*

Aber meine Kopfschmerzen sind entsetzlich, und ich muß alles in der Welt tun, um sie los zu werden. Das bedeutet im Klartext: Er muß zur Kur. Ohne Geld keine Kur. Ohne Onkel kein Geld. So werden auf Erden die besten Vorsätze zuschanden.

Er ist für acht Tage in Hamburg, gegen die schwersten eigenen Bedenken, die sich umgehend erfüllen: *Die alte Leidenschaft bricht nochmals mit Gewalt hervor. Ich hätte nicht nach Hamburg gehen*

sollen: wenigstens muß ich machen, daß ich so bald als möglich
fortkomme. Ein arger Wahn kommt in mir auf, ich fange an, selbst
zu glauben, daß ich geistig anders organisiert sei und mehr Tiefe
habe, als andere Menschen. Ein düsterer Zorn liegt wie eine Eisen-
decke auf meiner Seele. Ich lechze nach ewiger Nacht. –[125]

Was, »die alte Leidenschaft«? Hier muß Heine sich verzählt haben. Es ist keine alte, es ist eine neue. Der Neffe enthusiasmiert
sich für Amalies Schwester Therese. Therese ist siebzehn, ganz
ohne Scheu und neugierig, wie man sich mit siebzehn für einen
Dichtercousin interessiert. Er schenkt ihr ein Buch, und sie macht
einen Knicks. Jetzt wird sie doch rot. Auch Friederike, Amalies ältere Schwester, fand er bereits bemerkenswert. Aber Friederike ist
tot, sie ist überraschend gestorben. Die Hochzeitsgesellschaft seiner Schwester findet sich noch einmal zusammen. Da ist es eine
Trauergesellschaft. Für wenige Tage verdunkelt sich das helle Haus
des Onkels. Heine vermerkt nichts über Friederikes Tod. Amalie ist
fast ebensoweit weg wie Friederike. Sie ist in Ostpreußen. Vielleicht sind beide Teil seines *argen Wahns,* der nun auf den Namen
Therese hört.

Heine hat schon recht. Jede neue Liebe ist irgendwie die alte.
Außerdem sind die Buchhalter der Liebe unausstehlich. Es ist auch
kein Wunder, daß die Heine-Forschung sich schwer tut mit der
Liebesökonomie des Dichters. Die Liebe ist kein Forschungsgegen-
stand. Und natürlich kann man durch eine neue Liebe die alte
Liebe hindurchlieben. Man liebt etwas Neues, meint aber eigentlich das Alte. Der Zorn, von dem Heine spricht, ist schließlich auch
ein alter. Er läuft wieder nachts durch Hamburg, genauer: *durch*
die Schmutzgassen Hamburgs. Und zwar in *infernalischem Brü-*
ten. Nur daß er jetzt Menschen kennt, die er früher nicht kannte.
Ausgerechnet einem Hegelianer läuft er in die Arme. Es ist Wohlwill. Heine kann ihn überzeugen, daß er nur um der kühlen Sommernacht willen unterwegs ist. Hegelianer glauben so etwas.

Denke keiner, daß Heine neue Bekanntschaften in Hamburg
scheut. Im Gegenteil: *Haben Sie, Herr Varnhagen, einen Freund in*
Hamburg, dessen Bekanntschaft mir in dieser Hinsicht – des Fortkommens im Kleinen wie im Großen – *nützlich sein möchte, so*
wär' es mir lieb, wenn Sie mir solche vermittelten?[126] Oder: *Haben*
Sie in Hamburg gute Freunde, deren Bekanntschaft Sie mir durch
ein paar Zeilen verschaffen wollten, so würden Sie mich dadurch

erstaunlich verbinden, läßt er den Baron Friedrich de la Motte Fouqué wissen.[127] Überhaupt ist Heine sehr direkt. Von allen, die er kennt und deren Name zählt, erbittet er ohne Umweg die Besprechung seiner Tragödien. Moser wird aufgefordert, alles, was über ihn zu lesen sei, umgehend nach Lüneburg zu seiner Kenntnis zu schicken – und »schicken« bedeutet in Ermangelung des Kopiergeräts: *..., und Du tust mir aus besonderen Gründen den allergrößten Gefallen, wenn Du mir die Rezension abschreibst und herschickst, und zwar bald.*[128]

Post von Heine zu bekommen, ist für den Freund Moser immer mit Arbeit verbunden. Aber Ende August erreicht ihn neben neuen Aufträgen – *Ich wünschte, daß Du mir sechs Exemplare meiner »Tragödien«, laut beiliegendem Zettel, u n g e b u n d e n von Dümmler holen läßt ...* – der Bericht einer bemerkenswerten amourösen Situation. Die Lebensliebe Heines bahnt sich an: ... *die Wellen schlagen über das Schiff zusammen und schleudern es herauf und herab, Musik der Kotzenden in der Kajüte, Schreien der Matrosen, dumpfes Heulen der Winde, Brausen, Summen, Pfeifen, Mordspektakel, der Regen gießt herab, als wenn die himmlischen Heerscharen ihre Nachttöpfe ausgössen, – und ich lag auf dem Verdecke, und hatte nichts weniger als fromme Gedanken in der Seele. Ich sage Dir: obschon ich im Winde die Posaunen des jüngsten Gerichts hören konnte und in den Wellen Abrahams Schoß weit geöffnet sah, so befand ich mich doch weit besser, als in der Sozietät mauschelnder Hamburger und Hamburgerinnen.*[129]

Das ist der Ton der Liebe, an die Nordsee wird Heine ab jetzt noch viel schönere Lieder dichten als an Amalie. Er wollte von Ritzebüttel nach Helgoland, aber in der Nähe der Insel ist der Kapitän wieder umgekehrt – aus Respekt vor der *beweglichen Berggegend* aus Wasser. Es ist genau wie bei der zweiten Begegnung mit einer großen Geliebten. Ganz plötzlich ist der Sturm da, beim ersten Mal hatte man eigentlich gar nichts gemerkt. Im Gegenteil. Nach Ritzebüttel am Meer, ins Hotel »Harmonie«, fährt Heinrich Heine zur Wiederherstellung seiner Gesundheit und klingt nie kränker als bei seiner Ankunft: *Ritzebüttel, den 28. Juli 1823. Ich bin hier. Mehr kann ich wegen Unwohlsein nicht sagen.*[130] Es folgen doch noch ein paar Sätze: Die wenigen Menschen dort seien trist und ennuyant, er *gebe über 6 Mark des Tages aus.* Das klingt wie die Klage über eine gewöhnliche Kokotte. Schlecht und teuer.

Er ist ohnehin übel gelaunt. Am Abend vor seiner Abreise traf er Varnhagen in Hamburg. Er nennt diese Begegnung – noch Monate später, da weiß er längst, daß Varnhagen ihn noch mag – *eine feindliche Stunde*, die sie *für immer geschieden* habe: *Bei meinem Zusammentreffen in Hamburg hat er mich verletzt, und Du weißt, wie reizbar ich dort war.*[131]

Varnhagen wird genauer. Er schreibt seiner Frau Rahel in Berlin: »Den Sonntag hatte meine Schwester Gesellschaft geladen, liebe gute Leute, zum Teil mir schon bekannt; unser kleiner Heine mit darunter, den ich gern wiedersah, aber öfters etwas scharf werden mußte, damit er sich nicht bis zu schwindelnder Höhe verklettere und dann allzu gefährlich niederfalle.«[132] Aber wer sagt denn, daß das unbekömmlich ist? Er ist nun mal ein Mensch der schwindelnden Höhen und Täler – und genießt sie auf seine Art in *der beweglichen Berggegend* vor Helgoland. Inzwischen tauscht das Ehepaar Varnhagen Briefe über ihn: »Das Nähere von ihm mündlich; er reist heute mit dem Paketboot nach Cuxhafen ins Seebad, wo er zwei Monate bleiben will, dann nach Berlin zurückkehren, dort eine diplomatische Anstellung haben, in Hamburg leben, seine venetianische Tragödie dichten, ein Buch über Goethe schreiben usw. Jugend! ›Sie sollen kein Brentano werden, ich leid es nicht!‹ Den Spruch von Dir gab ich ihm heute zum Abschied. Er grüßt Dich vielmals und ergebenst; nicht ohne Ertrag hegt er Dein Angedenken und meines. Es gehe ihm wohl.«[133] Rahel antwortet zwei Tage später: »Heine muß wesentlich werden, und sollte er Prügel haben.«[134]

Was kümmert es ihn? Er schreibt überhaupt keine Briefe mehr. Wenn es ihm gut geht, schreibt er fast nie. Wozu mit anderen Menschen reden, wenn man auch mit dem Meer sprechen kann? Er ist sehr wesentlich. Das einzige, was wirklich untergeht, als Heine vor Helgoland Achterbahn fährt, ist seine Tragödie. Am 20. August wird der »Almansor« am Braunschweiger Nationaltheater aufgeführt und ausgepfiffen. Nie wieder wird Heinrich Heine fürs Sprechtheater schreiben. Nie wieder wird ein Heine-Stück es auf die Bühne schaffen. Heine, der Dramatiker, ist am Ende. Aber er weiß es noch nicht.

Er erwähnt das »Almansor«-Fiasko kühl in einem Brief an Gubitz. Da ist es schon Oktober. Der Freund Moser bekommt eine Rechenaufgabe: *Wenn die Elle Kattun 6 Groschen wert ist, was ist* dann der »Almansor« wert? und wenn der »Almansor« 3 Groschen 4 Pfennig wert ist, was ist dann der Verfasser wert?

$$? - 1$$
$$1 - 6\,2$$
$$2\,4 - 5$$
$$32\;183\;{}^{1}\!/_{4} - 250\;112$$
$$1 - 3^{3}\!/_{4}\;23\;2$$

facit: 2 Groschen 3 Pfennig

So viel bin ich wert, und für diesen Brief mußt Du mehr bezahlen, – Du bist ein schlechter Kaufmann.[135]

Es beschäftigt ihn eben doch mehr, als er zugibt. Aber vielleicht hat die Theaterkatastrophe auch ihr Gutes. Er hätte sich sonst unweigerlich als Nachfolger Shakespeares gefühlt. Hat ein Shakespeare es nötig, sein Hirn mit Paragraphen anzufüllen zum Erwerb eines Brotberufs? Heinrich Heine sträubt sich nicht mehr. Ohnehin gibt es kein Genie mit Kopfschmerzen. Er wird noch einmal für ein Jahr in das schreckliche Göttingen gehen, um endlich seinen Doktor zu machen, *damit die holde Justitia mir Brot gebe.*

Erst einmal muß das noch der Onkel tun. 100 Louisdor zum Studieren vom Januar 1824 bis 1825 sind ihm zugesagt. *Es war mir schon fatal genug, das mir zugesagte Geld für das Jahr 1824 zu vindizieren und ich bin ärgerlich, über diese Geschichte weiter zu schreiben.* Sein Stolz ist verletzt, weil Onkel Salomon sich so bitten läßt. Der Neffe sagt ihm, er nehme das Geld nur, weil er fest damit gerechnet habe, im übrigen könne er sicher sein, von ihm niemals mehr in Geldsachen belästigt zu werden. Ein wenig bereut er diese Voreiligkeit schon: *Und am Ende bin ich doch der Mann, der nicht anders zu handeln vermag, und den keine Geldrücksicht bewegen sollte, etwas von seiner inneren Würde zu veräußern.*[136] Ein unbestimmtes Bedauern klingt da mit. Des Menschen Charakter ist sein Schicksal, wird Walter Benjamin das formulieren. Heine vergeht aber nicht in Selbstmitleid über seinen leider so guten Charakter. Er porträtiert ihn auch so: *Es ist fatal, daß bei mir der ganze Mensch durch das Budget regiert wird. Auf meine Grundsätze hat Geldmangel oder Überfluß nicht den mindesten Einfluß, aber desto mehr auf meine Handlungen. Ja, großer Mo-*

ser, der H. Heine ist sehr klein. Wahrlich, der kleine Marcus ist größer, als ich.[137]

Er bittet den Freund, ihn um der wunderlichen Sorte Gefühls willen zu lieben, *die sich bei mir ausspricht in Torheit und Weisheit, in Güte und Schlechtigkeit.* Viele werden das tun. In wem die Menschen sich wiedererkennen, den lieben sie. Heine erkennt die Seele des modernen Menschen. Er hat selber eine. Ob sie unsterblich ist oder nicht, mag das Hauptinteresse anderer Zeitalter gewesen sein. Auf die Konsistenz kommt es an. Vor allem ist die moderne Seele aus Gummi. Moderne Menschen haben eine Gummiseele. *Die meine ist Gummi elastic., zieht sich oft ins Unendliche und verschrumpft oft ins Winzige. Aber eine Seele habe ich doch. I am positive, I have a soul, so gut wie Sterne.*[138]

Noch ist er in Lüneburg. Um der höheren Gerechtigkeit gegen Lüneburg willen – und auch Orte wie Lüneburg haben Gerechtigkeit verdient – ist nachzutragen, daß Heine am 7. November zwar den Kulturableiter auf dem Rathaus bemerkt, jedoch ausdrücklich anfügt: *Aber die Menschen sind nicht schlimm.*[139] Er kennt sie jetzt ein wenig näher. Ein Dr. Christiani hat ihn in ganz Lüneburg berühmt gemacht.

Eine Menge kleiner Lieder liegen fertig, werden aber so bald nicht gedruckt werden.[140] Die »Loreley« ist darunter. Manchmal liest er seinem Bruder Max, der aufs Gymnasium geht, ein paar Gedichte vor. Dann will Max auch gleich seine vorlesen. »Du bist wie eine Blume« tritt an gegen Max-Reime. Heines Weltruhm als Dichter liegt unerkannt in der Schublade, die er gleich ausräumen muß. Das Recht ruft. *Heute reise ich noch nicht, aber ich reise übermorgen, wenn meine Hemden unterdessen trocken sind und wenn ein Brief, den ich von Berlin erwarte, angekommen ist.*[141]

Jetzt fällt es ihm doch schwer zu gehen, auch wegen Amichem, des kleinen Familienhunds, den die Christenhunde nicht ausstehen können und der viel mehr Verstand und Gefühl besitze als alle deutschen Philosophen und Poeten. Sagt Heine.

Er hat gerade eine Schrumpfseele.

Göttingen, noch einmal. Heine wandert durch den Harz, will einen »Faust« schreiben und findet, Goethe sollte das wissen. Er läßt sich taufen und ist dagegen. Der Dichter verteidigt die These »Der Ehemann ist der Herr der Mitgift« und wird Doktor der Jurisprudenz

Auf der Reise nach Göttingen erfährt Heine, was er längst schon ahnte: Die Lüneburger Heide ist *ein Drittel von der Ewigkeit* und besteht aus lauter Langeweile. Irgendwo hinter Hannover, wo man die Folter erst vor einigen Jahren abgeschafft hat, beginnt es zu schneien. Heine sitzt im halboffenen Beiwagen, *neben dem Schirrmeister, dessen roter Purpurmantel allmählich zum Hermelin wurde.* Er sieht die Wahrzeichen Göttingens, den *ehrwürdigen Carcer, die läppischen Löwen auf dem Weendertore und den Rosenstrauch, auf dem Grab der schönen Cäcilie,* schon vor sich. Der Postwagen nach Hamburg kommt ihnen entgegen, und Heine beneidet die Briefe darin, weil sie nach Hamburg fahren. Er kennt sich. Er wird immer sentimental, wenn er irgendwo abreisen muß. Und wenn es Hamburg plus Umgebung sind. Außerdem lebt sein Schwester-Lottchen jetzt in Hamburg.

Am nächsten Morgen steht er schon in einem Göttinger Wirtshaus am Fenster und sieht unten auf der Straße seinen *alten Stiefelputzer* vorbeigehen. Er ruft ihn, der Gerufene kommt zu Heines Erstaunen herauf, *ohne ein Wort zu sprechen, und putzt meine Kleider und Stiefel ohne ein Wort zu sprechen, und geht fort …*[142] Ohne ein Wort zu sprechen. Heines Erstaunen und das seiner heutigen Leser sind etwas verschieden. Wir sind beeindruckt davon, daß Studenten damals ihre eigenen Stiefelputzer beschäftigten; Heine ist erstaunt darüber, daß er drei Jahre weg war und der Stiefelputzer augenscheinlich nichts gemerkt hat. Aber dann erinnert er sich an sein eigenes *altes Verbot* an den Stiefelputzer, *nie in meiner Gegenwart zu sprechen und nie etwas zu fragen.*[143] Befriedigt registriert er das Gewicht seiner Worte.

Und er dachte schon, er kennt hier gar keinen mehr, ausgenommen einige Professoren, denen er vor drei Jahren unvorsichtigerweise etwas mokante Abschiedsbriefe schrieb. Das macht die Bekanntschaft jetzt schwierig.

Heinrich Heine, der noch Harry heißt, wohnt bei der Witwe Brandißen auf der Roten Straße. Er umgibt sich mit dem Corpus juris und Langeweile – das eine ist vom anderen nicht zu trennen – und macht eine seltsame Erfahrung: Die Kopfschmerzen sind weg. Lüneburg, vermutet Heine, muß eine zu schlechte Luft haben. Er nimmt die fliehenden Schmerzen als Zeichen. Er will ein guter Jurist werden. Er ist auf dem richtigen Wege. *Wenn Du glaubst, daß ich kein guter Jurist werde, so irrst Du Dich,*[144] schreibt er warnend an den Freund Moser. Verräterischerweise trägt der Brief die Angabe *O weh! Göttingen, den 2. Februar 1824.* Heine ist aus freiem Entschluß hier, gegen seinen Willen freiwillig, denn er ist fest entschlossen, künftig *aus der Wagschale der Themis* sein Mittagbrot zu essen *und nicht mehr aus der Gnadenschüssel des Onkels.*[145] Insofern gedenkt er auch keinesfalls durch *Poetereien* aufzufallen.

Er zieht um zum Färber Wehner. Bücher und Journale stapeln sich auf seinen Tischen, bunt durcheinander. Augenzeugen finden es »höchst unordentlich« bei Heine. Auch daß das Bett in der Stube steht, irritiert. Wo er doch eine so schöne Kammer hat![146] Aber Heine braucht das Bett zum Arbeiten. Noch immer ist das Corpus juris *mein Kopfkissen,* sagt er, aber manchmal möchte er noch besser schlafen. Dann öffnet er das Fenster und ruft quer über die Straße »Adolf!«. Adolf ist Adolf Peters, auch Student und Freizeitdichter, und immer, wenn er Heine rufen hört, weiß er schon fast wie der Stiefelputzer, was er zu tun hat. Er nimmt seine selbstgemachten Gedichte und geht quer über die Straße zu Heine. Er macht das überaus freiwillig, denn Heines poetischer Ruhm ist schon bis zu ihm gedrungen. Wahrscheinlich liegt Heine auf dem Bett, wenn Peters liest, zunehmend beeindruckt von der Schönheit der eigenen Reime. Allerdings hat Heine am wachsenden Enthusiasmus des Vortragenden für sich selbst durchaus Anteil. Denn nach jedem Gedicht wacht Heine kurz auf und sagt: »Weißt Du, Adolf, das ist jetzt Dein Bestes!«, gesteigert nur noch durch die Worte: »Adolf, das ist Dein Allerbestes, bitte noch einmal!«, bis der Lobende irgendwann nicht mehr aufwacht. Dann schlägt Peters leise seine Mappe zu, verläßt auf Zehenspitzen das Zimmer und geht quer über die Straße zufrieden nach Hause.[147] Peters bewundert Heine, und doch sind ihm dessen Gedichte im tiefsten Innern fremd. Daß einer mit seiner Seele Karten spielt, ist ihm nicht geheuer.» … sein immer wiederkehrendes, gewöhnlich höhnisches Selbstauslachen am Schluß verletzt mich. Ich schaudre, wenn dem Blitz, der das Herz entzündet, sogleich ein kalter löschender Schlag folgt.«[148] Ein einziges Mal wird Heine von ihm hellwach. Das ist, als Peters für Gubitz' »Gesellschafter« eine Kritik der Heineschen Gedichte verfaßt, gerade so, wie noch heute alle mittelmäßigen Kritiker Kritiken schreiben.

Bei allem Lob, es muß doch etwas Negatives dabei sein. Peters lobt, natürlich, Heines beginnender Ruhm ist objektiv, so etwas beeindruckt, aber dann faßt er sein innerstes Befremden in den Verdacht: Diese Lieder lassen sich leider nicht singen. Normalerweise hätte Heine die Lobpreisung gnädig entgegengenommen, aber jetzt ist er außer sich. Nicht singen lassen! Seine Gedichte? Absichtsloser und gemeiner zugleich konnte es ihn kaum treffen. Dabei weiß er längst, was er von anderen erwarten kann. Er faßt es mitunter in so unvergleichliche Worte wie: *Menschen! ihr pißt wie Freigeister und denkt wie Saffianstiefel!*[149] Was also ist neu? Und doch ist er gekränkt. Versteht denn keiner, daß diese Selbstironien keine Rücknahmen sind, daß sie den Schmerz nur noch steigern?

Einer vielleicht versteht es. Er heißt Eduard Wedekind, ein Kommilitone, ebenfalls zu »Poetereien« neigend. Auch er hat von Heine schon gehört, bevor er ihn zum ersten Mal sieht. Er registriert den Neuankömmling kühl, so wie ein Schriftsteller eben Menschen wahrnimmt, die glauben, auch schreiben zu können. Und die das Schicksal versehentlich an eigener Statt berühmt gemacht hat. Oder wenigstens halbberühmt. Viertelberühmt. Am 23. Mai 1824 notiert Eduard Wedekind in sein Tagebuch »Heute Mittag habe ich den Dichter Harry Heine gesehen. … Er ist eine zwergartige Figur mit blassem langweiligem Gesichte.«[150] Aber der Eindruck relativiert sich bald: »Er ist ein ungeheures Genie, dabei durchaus nicht von sich eingenommen, so daß sein Umgang mir außerordentlich interessant ist.«[151] Wedekinds Tagebuch wird im Sommer dieses Jahres zum Leitfaden für künftige Dichter, er notiert die Unterhaltungen mit Heine. Daß Metall sein müsse in Gedichten, steht da, und daß alle Satire persönlich sei, schon seit Aristophanes, bloß die Deutschen wüßten das nicht. Und daß »Zu Kassel auf der Wache« etwas ganz anderes sei als »Auf der Wache zu Kassel«.

Es geschieht, was immer geschieht bei der Begegnung mit einem überlegenen Geist – wenn die Begegnung wirklich eine ist. Wedekind erträgt seine eigenen Gedichte nicht mehr. Er sagt das Heine, dieser antwortet mit der Höflichkeit des Genies:

– Wieso? Dann haben Sie mich falsch verstanden.

– O nein, aber ich habe mich jetzt selbst verstanden.[152]

Glaubt Wedekind.

Blutwenig schreibt er jetzt. Nur ein paar Seiten Memoiren, gar keine Gedichte, sagt er.[153] Und Byron ist tot. George Gordon Noël Lord, soeben gestorben an der Malaria im griechischen Freiheitskrieg. Ein wenig überrascht es ihn schon, daß Byron sterblich ist. Sollte er etwa auch …? Er ist jetzt ganz allein auf der Welt.

Wedekind tröstet ihn. Seine Gedichte des Sommers seien ausnahmslos gut. Hat er also doch welche gemacht. Das Zu-Kassel-auf-der-Wache-Gedicht endet:

> *Drauf haben sie mich besoffen gemacht,*
> *Da hab' ich gekratzt und gebissen.*
> *Sie haben mich armen Jüngling*
> *Zur Tür hinausgeschmissen.*
>
> *Und als sie mich an die Luft gebracht,*
> *Bedenk ich recht die Sache,*
> *Da saß ich armer Jüngling*
> *Zu Kassel auf der Wache.*[154]

Zu Kassel auf der Wache ist eben wirklich etwas anderes als »Auf der Wache zu Kassel«. Es ist ein Gedicht mitten aus dem Studentenleben. Mitten aus Kassel. Mit Freunden fährt er dorthin. Er trägt immer einen braunen Oberrock, den er bis zum Hals zuknöpft, und ein kleines schwarzseidenes Tuch um den Hals. Hinten auf dem Wagen ist ein kleiner Koffer festgebunden. Da, sagen Mitreisende,[155] sind Heines Manuskripte drin. Er fühle sich nicht wohl in Abwesenheit seiner Unterlagen. Auch hat Heine zwei Geldbörsen in der Tasche, eine für sich und eine für die Räuber unterwegs. Er bringt sie immer wieder mit zurück nach Göttingen. Zwei Ausflugsberichte von Kommilitonen sind überliefert, Reiseziel sind die Kneipen, beide Male trennt Heine sich zwischendurch von den anderen – wegen akuter Kopfschmerzen und Mißbefindens.

Nein, er vergißt nicht, wozu er in Göttingen ist. Ein einziges Jahr noch hatte Onkel Salomon bewilligt; jetzt ist es schon zur Hälfte vorbei. Andererseits, könnte man nicht öfter ein wenig Kassel in dieses Hiersein einfügen? Sollte er nicht eine Harzwanderung unternehmen, so ganz allein? Das wäre nicht Bummelei, das wäre höhere Arbeitsökonomie. Der Onkel müßte das verstehen. Nach einer solchen Wanderung passen bestimmt doppelt so viele Paragraphen in sein Hirn, und darauf kommt alles an. Im September bricht er auf zu einer der folgenreichsten Wanderungen der Literaturgeschichte. Sie dauert vier Wochen.

Ende Oktober bekommt Moses Moser in Berlin einen langen Brief, da steht vieles drin, und dann, schon fast auf der letzten Seite, der Reisebericht: *Ich war in Weimar; es gibt dort sehr gutes Bier.*[156] Und ganz am Ende liest der Freund: *Ich war in Weimar; es gibt dort auch guten Gänsebraten.* Das ist Heines Art zu sagen, daß er Goethe besucht hat. Es ist das Fazit seiner Harzreise.

Der Besuch dauert nicht lang, obwohl Heine sehr lange an seiner Selbsteinladung bei Goethe schreibt. Er sitzt in einem Weimarer Gasthaus und ist endlich zufrieden mit folgender Anrede:

Ew. Exzellenz
bitte ich, mir das Glück zu gewähren, einige Minuten vor Ihnen zu stehen. Ich will gar nicht beschwerlich fallen, will nur Ihre Hand küssen, und wieder fortgehen. Ich heiße H. Heine, bin Rheinländer, verweile seit kurzem in Göttingen und lebte vorher einige Jahre in Berlin, wo ich mit mehreren Ihrer alten Bekannten und Verehrer (dem sel. Wolf, Varnhagens usw.) umging und Sie täglich mehr lieben lernte. Ich bin auch ein Poet und war so frei, Ihnen vor drei Jahren meine »Gedichte« und vor anderthalb Jahren meine »Tragödien« nebst einem lyrischen Intermezzo (Ratcliff und Almansor) zuzusenden. Außerdem bin ich auch krank, machte deshalb auch vor drei Wochen eine Gesundheitsreise nach dem Harz, und auf dem Brocken ergriff mich das Ver-

langen, zur Verehrung Goethes nach Weimar zu pilgern. Im
wahrsten Sinne des Wortes bin ich nun hergepilgert, nämlich zu
Fuße und in verwitterten Kleidern, und erwarte die Gewährung
meiner Bitte, und verharre
   mit Begeisterung und Ergebenheit
                 H. Heine
Weimar, den 1. Oktober 1824
Adresse: An den Herrn Geheimrat von Goethe
Exzellenz[157]

Er muß nicht lange verharren, Goethe schickt einen Bediensteten
und läßt bitten. In seinem *schlechten braunen abgeschabten
Überrock* überschreitet Heine die Salve-Stufe. Viel später, in der
»Romantischen Schule«, wird er die Begegnung schildern. Allerdings mit den nötigen Änderungen. Daß er unwillkürlich zur Seite
geblickt habe, ob nicht ein Adler neben Goethe hocke, Blitze im
Schnabel. Daß er nahe daran gewesen sei, Goethe griechisch anzu-
reden, es dann aber doch gelassen habe, als er merkte, daß der
deutsch verstand. ... *so erzählte ich ihm auf deutsch, daß die
Pflaumen auf dem Wege zwischen Jena und Weimar sehr gut
schmeckten. Ich hatte in so manchen langen Winternächten darüber nachgedacht, wieviel Erhabenes und Tiefsinniges ich dem
Goethe sagen würde, wenn ich ihn mal sahe. Und als ich ihn endlich sah, sagte ich ihm, daß die sächsischen Pflaumen sehr gut
schmeckten. Und Goethe lächelte. Er lächelte mit denselben Lippen, womit er einst die schöne Leda, die Europa, die Danae, die Se-
mele und so manche andere Prinzessinnen oder auch gewöhnliche
Nymphen geküßt hatte.*[158]
   Dieser Bericht enthält genau drei Fehler. Erstens gehört der Weg
zwischen Jena und Weimar nicht zu Sachsen, sondern zu Thürin-
gen, Goethe muß das wissen, er ist dort Minister. Zweitens lächelt
Goethe nicht. Drittens sprechen die beiden Klassiker – ein echter
und ein moderner – bei ihrem einzigen Treffen nicht von Pflaumen, sondern von Pappeln. Jedenfalls im Bericht des Bruders Maximilian.[159] Entweder Maximilian hat in der Erinnerung Pappeln
mit Pflaumen verwechselt, oder sein Bruder Heinrich findet das
Obst für den schriftlichen Bericht attraktiver. Die Pappel-Pflau-
men-Frage ist nicht zu klären. Sprechen wir also von der Pappelpflaume.

Die Unterredung ist wahrscheinlich kürzer als Heines Brief. Vielleicht handelt es sich um einen der kürzesten Empfänge bei Goethe überhaupt. Daß Heine nicht nur ein Dichter, sondern *auch krank* ist, wie er schreibt, weckt die Anteilnahme des Hausherrn. Andererseits kann ein Gespräch zwischen zwei Menschen des gleichen Berufs, von denen der eine erst sechsundzwanzig ist, nicht nur von Krankheiten und Pappelpflaumen handeln.

Da wird es schwierig. Z w e i Dichter, in Goethes Haus? Gibt es das, zumindest in Goethes Anwesenheit: zwei Dichter? Kann sein, Heine spürt die Provokation. Er befindet sich in einem Alter, da der Mensch sich noch etwas vornehmen kann, auch in seiner Eigenschaft als Dichter. Das macht ihn Goethe überlegen. Goethe hat nur eine Chance. Die überrumpelnde Frage, ohne Vorbereitung gestellt, übergangslos von der Pappelpflaume zum Zentralsten, Verletzbarsten, Erhofften und Gefürchteten zugleich:

– Und womit beschäftigen Sie sich jetzt? fragt Goethe.

– Mit einem Faust, antwortet Heine. Oder vielmehr eine Stimme, die an seiner Stelle antwortet und sich anhört wie seine.

Die alten Griechenaugen mustern ihn kalt:

– Haben Sie weiter keine Geschäfte in Weimar, Herr Heine?

– Mit einem Fuß über die Schwelle Ew. Exzellenz sind alle meine Geschäfte in Weimar beendet, antwortet Heine.

Er ist entlassen. Eine der kürzesten Audienzen, die Goethe gewährte, ist zu Ende. Kein Lächeln. Noch kennt kein Mensch »Faust, der Tragödie zweiter Teil«. Der Alte trägt das große Werk bei sich. Es beschwert seine Tage. Man könnte Heines Antwort für eine kongeniale Heinesche Frechheit halten. Allein es ist keine. Es ist die Wahrheit. Die unpassendste aller möglichen Wahrheiten. Wie alle großen Provokateure ist auch Heine ein sehr schüchterner, schamvoller, zurückhaltender Mensch. Er ist nicht Grabbe. Alles hatte er gewollt bei Goethe, nur keinen Auftritt. Er besitzt Takt. Und wenn es zehnmal stimmt, daß er sich mit einem Faust beschäftigt – nicht er spricht den Satz. Es spricht aus ihm. Vielleicht, weil Goethe seine Gedichte nicht einmal erwähnt. Und nicht den »Almansor«. Und nicht den »Ratcliff«. Vielleicht wegen der Erwartung, der Hoffnung, die man hat, wenn man weiß, daß jede Erwartung, jede Hoffnung trügt.

Unter dem 2. Oktober findet sich in Goethes Tagebuch ein einziger Satz: »Heine von Göttingen.« Mehr nicht. Das ist das Ende einer literaturgeschichtlich höchst bedeutsamen Reise. Kommen wir zum Anfang.

Goethe ging nach Italien. Heine geht durch den Harz. Trotzdem ist das nicht originell, der Brocken ist längst zum Kultberg geworden, und wer nebenan in Göttingen studiert und es nicht bis auf den Brocken schafft, muß etwas falsch gemacht haben.

Von Göttingen bricht er auf, nicht ohne das schon oft erwähnte unverlierbare Porträt dieser Stadt zu zeichnen. Diese ersten drei Seiten der »Harzreise« sind wie gemeißelt aus Bosheit. Die Virtuosität dieser Anfangs-Gemeinheit und ihrer Beiläufigkeiten wird sie danach nicht mehr erreichen, vielleicht noch dies: *Einige behaupten sogar, die Stadt sei zur Zeit der Völkerwanderung erbaut worden, jeder deutsche Stamm habe damals ein ungebundenes Exemplar seiner Mitglieder zurückgelassen, und davon stammten all die Vandalen, Friesen, Schwaben, Teutonen, Sachsen, Thüringer usw., ...*[160] Sehr früh am Morgen verläßt der Wanderer die Stadt, stellt sich vor, was der Professor träumt, wie er seine Lieblingszitate von einem Beet ins andere pflanzt, und atmet draußen auf der Chaussee die Morgenluft. Er begegnet zwei Universitätspedellen, *die wachsam aufpassen müssen, daß sich keine Studenten in Bovden duellieren* – Bovden, klingt das nicht fast wie der Standort der »Knallhütte«? –, *und daß keine neuen Ideen, die noch immer einige Dezennien vor Göttingen Quarantäne halten müssen, von einem spekulierenden Privatdozenten eingeschmuggelt werden.*

Auf dem Weg nach Nörten begegnet Heine zwei Jünglingen, einer Hure sowie einer *gelbledernen Magd, Fusia Cania, auch Trittvogel genannt,* außerdem einem Herrn in Begleitung zweier bemerkenswerter Damen: *Die eine Dame war die Frau Gemahlin, eine gar große und weitläuftige Dame, ein rotes Quadratmeilen-Gesicht mit Grübchen in den Wangen, die wie Spucknäpfe für Liebesgötter aussahen.*

Nun glaube keiner, daß Heine die »Harzreise«.schreibt um dieser Momentaufnahmen willen. Er braucht sie als Kontrast. Das Motiv der »Harzreise« ist ein urromantisches:

Schwarze Röcke, seidne Strümpfe,
Weiße, höfliche Manschetten,
Sanfte Reden, Embrassieren -
Ach, wenn sie nur Herzen hätten!

...

Lebet wohl, ihr glatten Säle,
Glatte Herren! Glatte Frauen!
Auf die Berge will ich steigen,
Lachend auf euch niederschauen.

Heine flieht vor der »entfremdeten« (Göttinger) Menschheit in die »unentfremdete Natur«. Rote Quadratmeilen-Gesichter mit Götterspucknäpfen sind die Folie, vor der sich *die liebe goldene Sonne,* Tannenwälder, wogend *unten wie ein grünes Meer,* und die *weißen Wolken* oben am Himmel bemerkenswert abheben, auch sprachlich. Heine schreckt nicht vor Sätzen zurück wie: *Und am blauen Himmel schifften die weißen Wolken.* Er fühlt sich befreit hier draußen, und die reine Unmittelbarkeit des Gefühls in der Sprache, deren Ausdruckswert er doch wie kein anderer durchschaut, sie unterläuft auch ihm. Der alte Fehler, große Gefühle in große Worte zu internieren. Dabei wird ihm davon übel – bemerkt er diese Worte bei anderen. Da ist er schon ein paar Harz-Schritte weiter, ganz oben auf dem Brocken, und liest im großen Brockenbuch, in das sich alle Gipfelwanderer eintragen: *Viele drücken sich sogar in Versen aus. In diesem Buche sieht man, welche Greuel entstehen, wenn der große Philistertroß bei gebräuchlichen Gelegenheiten wie hier auf dem Brocken, sich vorgenommen hat, poetisch zu werden. Der Palast des Prinzen von Pallagonia enthält keine so große Abgeschmacktheiten wie dieses Buch, wo besonders hervorglänzen die Herren Akziseeinnehmer mit ihren verschimmelten Hochgefühlen, die Kontorjünglinge mit ihren pathetischen Seelenergüssen, die altdeutschen Revolutionsdilettanten mit ihren Turngemeinplätzen.* Das ist Heines innerste dichterische Identität: Kampf der Floskelhaftigkeit der Sprache, die auch eine des Empfindens, eine des Denkens ist.

Er marschiert von Osterrode nach Clausthal. *Nachdem ich eine Strecke gewandert, traf ich zusammen mit einem reisenden*

Handwerksburschen, der von Braunschweig kam und mir als ein dortiges Gerücht erzählte: der junge Herzog sei auf dem Wege nach dem Gelobten Lande von den Türken gefangengenommen worden und könne nur gegen ein großes Lösegeld freikommen. Der Handwerksbursche ist ein Schneidergesell, *ein niedlicher, kleiner junger Mensch, so dünn, daß die Sterne durchschimmern konnten.* Ebendieser Schneidergesell hat später Heines »Harzreise« gelesen und den Bericht des Autors in wesentlichen Punkten konkretisiert.

Erstens kommt der Schneidergesell nicht aus Braunschweig, sondern wie Heine aus Osterode, wo er – im Unterschied zu Heine – eine ganze Flasche Serons de Salvanette bei einem alten Freund getrunken hatte, was ihn nun in die Lage versetzt, völlig fremde Menschen unterwegs vertrauensvoll anzusprechen. Und er muß sehr weit laufen. Den Fußgänger Heine trifft er genau auf der Mitte des Weges und fragt ihn unter dem maßgeblichen Einfluß des Serons de Salvanette sofort, wie er heiße, woher er komme und wohin er wolle, im Leben überhaupt und an diesem Nachmittag. Heine gehört zu den Menschen, die nicht jedem Weinlaunigen ihre vollständige Lebensgeschichte erzählen, andererseits wäre es unfreundlich, nicht zu antworten. Also faßt Heine den Gesellen der Schneiderei und des Serons de Salvanette fest ins Auge und erklärt, daß er Peregrinus heiße, Kosmopolit sei und im Auftrag des türkischen Sultans reise, um Rekruten anzuwerben. Haben Sie Lust? beendet Heine seine Vorstellung. – Von all dem steht natürlich nichts in der »Harzreise«. Wahrscheinlich setzt Heine auf einen plötzlichen Ausnüchterungseffekt bei dieser Nachricht, aber der Schneidergesell, *so dünn, daß die Sterne durchschimmern konnten,* zeigt sich der Situation gewachsen und berichtet von dem Braunschweiger Herzog in türkischer Gefangenschaft. Woraufhin Heine verspricht, sich beim Sultan für den Herzog zu verwenden. Der Schneidergesell, der gar kein Schneidergesell ist, sondern Geschäftsreisender auf Abwegen des Serons de Salvanette, vertraut Heine an, daß er eine enorme Summe bei sich trage und deshalb um so zufriedener sei, einen solch mannhaften Reisebegleiter gefunden zu haben. Wahrscheinlich ist ihm aufgefallen, daß nicht nur er selbst klein und dünn ist, sondern auch sein Mitwanderer nicht unbedingt größer und dicker aussieht. Heine wiederum läßt sich mit Räubern nicht erschrecken, in der Türkei gebe es viel mehr, erklärt er dem geschäftsreisenden Schneidergesell, weshalb Reisende dort grundsätzlich Kanonen bei sich führten. Auf diese Weise laufen sie, bis der vermeintliche Schneidergesell auf einem Baumstumpf sitzenbleibt und klagt, daß die Welt viel zu weitläufig sei. Die Wirkung des Serons de Salvanette läßt nach. Später wird er notieren, wie Heine aussieht an diesem Tag, als er ihn allein weiter nach Clausthal laufen läßt: Er trägt einen braunen Überrock, gelbe Pantalons, gestreifte Weste, schwarzes Halstuch, hat eine grüne Kappe auf dem Kopf und einen Tornister aus grüner Wachsleinwand auf dem Rücken.[161]

Als nächsten trifft der Wanderer Heine einen kleinen Jungen, der ihm das Dorf Lerbach zeigt und sich mit den Bäumen und den Vögeln unterhalten kann, worum ihn Heine sehr beneidet: »*Die Kinder*«, dacht ich, »*sind jünger als wir, sie können sich noch erinnern, wie sie ebenfalls Bäume oder Vögel waren, und sind also noch imstande, dieselben zu verstehen; unsereins aber ist schon alt und hat zuviel Sorgen, Jurisprudenz und schlechte Verse im Kopf.*«[162]

In der »Krone« zu Clausthal ißt Heine am Mittag und beschreibt so ausführlich, was für ihn aus der »Kronen«-Küche kommt – *frühlingsgrüne Petersiliensuppe, veilchenblauer Kohl* –, auch wer sonst noch im Raume ist, daß es ein einziger Affront gegen den klassischen Literaturbegriff ist. Nicht nur, daß der Autor unablässig mitteilt, was er denkt, wenn er läuft, was er träumt, wenn er schläft, was er denkt, wenn er vor dem Spiegel steht – *Es gibt nichts Unheimlicheres, als wenn man bei Mondschein das eigene Gesicht zufällig im Spiegel sieht* –, auch was er ißt, bleibt der Nachwelt unverloren. Denn Heinrich Heine weiß, daß nur aus lauter Nebensachen eine Hauptsache zu komponieren ist und daß man schon sehr, sehr subjektiv sein muß um der Objektivität willen. Und was heißt hier klassische Naturschilderung? Die Natur wollte wissen, wie sie aussieht, und sie erschuf Goethe, ahnt er. Sie weiß nun fast alles, er sagt ihr noch mehr: *In ihren weißen Nachtmänteln standen die Berge, die Tannen rüttelten sich den Schlaf aus den Gliedern, der frische Morgenwind frisierte ihnen die herabhängenden Haare.*

In Clausthal fährt Heine in zwei Gruben ein, in die »Karolina« und die »Dorothea«, er erfindet unterwegs das Wort *pudeldeutsch*, weist nach, daß das deutsche Volk das treueste aller Völker ist und denkt anhand einer uralten Bergarbeitersfrau am Ofen über den Ursprung der deutschen Märchen nach: *So stillstehend ruhig auch das Leben dieser Leute erscheint, so ist es doch ein wahrhaftiges, lebendiges Leben. Die steinalte, zitternde Frau, die dem großen Schranke gegenüber, hinterm Ofen saß, mag dort schon ein Vierteljahrhundert lang gesessen haben, und ihr Denken und Fühlen ist gewiß innig verwachsen mit allen Ecken dieses Ofens und allen Schnitzeleien dieses Schrankes. Und Schrank und Ofen leben, denn ein Mensch hat ihnen einen Teil seiner Seele eingeflößt. Nur durch solch tiefes Anschauungsleben, durch die »Unmittelbarkeit«* entstand die deutsche Märchenfabel mit ihrem sprachbegabten, demnach äußerst lebendigen Hausrat, egal ob Schrank und Ofen oder Besen und Schippe. Unter solchen Überlegungen erreicht Heine Goslar.

Goslar ist im Gegensatz zu der uralten Frau mit dem lebendigen Inventar ziemlich tot. Die Standbilder der deutschen Kaiser sehen aus wie *gebratene Universitätspedelle*, und das Pflaster ist *so holprig wie Berliner Hexameter*. Heine sieht auch den Springbrunnen auf dem Marktplatz, den der Teufel irgendwann nachts dort abgestellt haben soll. Er findet das sehr plausibel: *Damals waren die Leute noch dumm, und der Teufel war auch dumm, und sie machten sich gegenseitig Geschenke.* Der alte Dom ist weg und der Goslarer Kaiserstuhl, laut Heine, in Berlin. Wir befinden uns hier in unmittelbarer Nähe der Hauptmitteilung der »Harzreise«. Das Uralte verliert plötzlich seine Macht über die Gegenwart; es hat nur noch den Realitätsgrad von Gespenstern. Nicht, daß Heine sich nicht vor Gespenstern fürchtet. In seiner letzten Goslarer Nacht sagt er sich »Das höchste Prinzip ist die Vernunft!« und geht zu Bett. Trotzdem öffnet sich nach dem Mitternachtsglockenschlag seine Zimmertür, und herein tritt der verstorbene Doktor Saul Ascher, den Heine aus Berlin kennt, wo er tagein, tagaus den Satz bewies: »Das höchste Prinzip ist die Vernunft.« Dazu trug er einen *engen, transzendentalgrauen Leibrock* und machte ein mathematisches Gesicht. Jetzt sieht er noch genauso aus, nur etwas gelber. Er hat auch dieselben abstrakten Beine, und wer könnte besser die Nichtexistenz von Gespenstern erläutern als ein Gespenst? So erörtert Saul Ascher dem schlafenden Heine gerade die Bedingungen der Möglichkeit eines Gespenstes, als er aus Versehen statt seiner Uhr eine Handvoll Würmer aus der Tasche zieht, was ihm sehr peinlich ist. »Die Vernunft ist das höchste –« wiederholt der tote Doktor noch einmal, und Schlag eins ist er verschwunden.

Am nächsten Morgen verläßt Heine Goslar, trifft unterwegs einen Goslarer, der aussieht, *als habe er die Viehseuche erfunden,* und nähert sich dem Brocken. Zwischen den Goslarer mit dem Viehseuchengesicht und den Brocken stellt er ein schönes, unglaublich langes Gedicht. Das fängt so an:

> *Auf dem Berge steht die Hütte,*
> *wo der alte Bergmann wohnt;*
> *Dorten rauscht die grüne Tanne,*
> *Und erglänzt der goldne Mond.*

> *In der Hütte steht ein Lehnstuhl,*
> *Reich geschnitzt und wunderlich,*
> *Der darauf sitzt, der ist glücklich,*
> *Und der Glückliche bin ich.*

Viel später im Gedicht kommt Heines Einsicht in die heilige Trinität, sie enthält zugleich das Glaubensbekenntnis der »Harzreise«:

> *Als ich größer wurde, Kindchen,*
> *Noch viel mehr begriff ich schon,*
> *Und begriff, und ward vernünftig,*
> *Und ich glaub auch an den Sohn;*

> *An den lieben Sohn, der liebend*
> *Uns die Liebe offenbart,*
> *Und zum Lohne, wie gebräuchlich,*
> *Von dem Volk gekreuzigt ward.*

> *Jetzo, da ich ausgewachsen,*
> *Viel gelesen, viel gereist,*
> *Schwillt mein Herz, und ganz von Herzen,*
> *Glaub ich an den heil'gen Geist.*

> *Dieser tat die größten Wunder,*
> *Und viel größre tut er noch;*
> *Er zerbrach die Zwingherrnburgen*
> *Und zerbrach des Knechtes Joch.*

Alte Todeswunden heilt er
Und erneut das alte Recht:
Alle Menschen, gleichgeboren,
Sind ein adliges Geschlecht.

Heine steht nun am Fuße des Brockens. Beim Aufstieg ist ihm, als ob ein Pferdefuß mit ihm hinaufklettere und jemand neben ihm humoristisch Atem hole. Ganz oben weiß der Wanderer, wer der Brocken ist: *Der Brocken ist ein Deutscher. Mit deutscher Gründlichkeit zeigt er uns klar und deutlich, wie ein Riesenpanorama, die vielen hundert Städte, Städtchen und Dörfer …* Heine erfährt, daß man ganz oben auf dem Berg, weit weg vom nächsten Dorf, genauso viele deutsche Philister treffen kann wie in jeder Göttinger Kneipe. Er besieht einen Sonnenaufgang. Noch ist er oben auf dem Berg, dann steigt er wieder runter, und die Harzreise ist gleich zu Ende. Vorher allerdings kommt er noch über Ilsenburg und am Ilsenstein vorbei, immer weiter die Ilse entlang, und Heine erfährt, was er längst schon weiß: Daß die Natur ihren höchsten Begriff genau dann erreicht, wenn sie die Innenwelt des Dichters illuminieren darf. Darauf wäre Hegel nie gekommen. Heine wird seinerseits ilsenförmig, trotzdem gelingen ihm während des Abstiegs noch ein paar bemerkenswerte Beobachtungen zur Erkenntniskritik. Vor lauter Ilsentrunkenheit findet er den Normalzustand des Geistes besonders bedenklich, *wie wir alles so hübsch eingeteilt in objektiv und subjektiv, wie wir unsere Köpfe mit tausend Schubladen versehen, wo in der einen die Vernunft, in der anderen Verstand, in der dritten Witz, in der vierten schlechter Witz und in der fünften gar nichts, nämlich die Idee, enthalten ist.* Heine zieht die Ilse als Gesellschaft jedem Hegelianer vor. Dennoch kommt ihm irgendwann beim Wettlauf mit dem Fluß, den Berg hinunter, die Idee, Goethe zu besuchen. Oder er hat die ganze Reise nur unternommen, um wie nebenbei nach Weimar zu Goethe zu kommen. Aber das steht nicht mehr in der »Harzreise«. Noch hat er sie auch nicht geschrieben, nur erlebt. Und als sie fertig ist, geschrieben *im subjektivsten Style,* sehr ungoethisch, wird es noch einmal ein Jahr dauern, bis sie erscheint. Bei Gubitz im »Gesellschafter«, gegubitzte Fassung.

Womit beschäftigen Sie sich gerade? – Mit einem Faust! hatte er zu Goethe gesagt. Kann sein, er spürte zu sehr die Herablassung in

Goethes Erkundigung nach seiner derzeitigen Beschäftigung. Gut, daß er ihm nicht mehr erzählt hat. Denn im Grunde war der Heine-Faust schon im Sommer fertig: als Konzeption. Heine kennt die Professoren, insbesondere die Göttinger, zu gut, um sie noch so ernst nehmen zu können wie Goethe. Und ist die Faust-Frage, was die Welt im Innersten zusammenhält, nicht irgendwie sehr vorkopernikanisch, vorkantisch? Wenn schon Metaphysiker und trotzdem von heute – dann müßte Faust ein Hegelianer sein. Aber selbst die Hegelianer kennt er schon zu gut, um sie so ganz und gar ernst nehmen zu können. Der Student der Jurisprudenz weiß genau, wer Faust in Wirklichkeit ist: ein Göttinger Professor. Ein vorweggenommener Professor Unrat, immerzu verführt vom Teufel. Bei Goethe ist Faust der Handelnde. Heine will das ändern. Der Handelnde ist selbstverständlich der Teufel. Und wieso eigentlich negatives Prinzip? Ein Engel, ein Gegenschöpfer – Lenau –, Urironiker, mit einem Schimmer Sehnsucht.

Also, hätte Heine Goethe erklären können, der Teufel kommt nach Göttingen und belegt ein Kolleg. Die Professor-Unrat-Dynamik setzt ein. Student Wedekind hat am 16. Juli Heines Faust-Pläne in sein Tagebuch notiert: Der Professor beginnt, seinen Studenten aufzufallen. »›Unser Professor geht auf den Strich‹, sagen sie. ›Unser Professor wird liederlich‹, heißt es immer allgemeiner, bis Herr Professor die Stadt verlassen muß und mit dem Teufel auf Reisen geht. Bei dieser Gelegenheit erfährt Faust, was kein Göttinger Professor normalerweise erfährt: wie es wirklich in der Welt aussieht. – Auf den Sternen veranstalten die Engel inzwischen Tee-Gesellschaften, zu denen Mephistopheles sich auch einfindet, und dort beratschlagen sie über den Faust. Gott soll ganz aus dem Spiel bleiben.«[163] Was ist das? Nur Übermut, nur Unterbietung?

Jeder sollte einen Faust schreiben, findet Heine. Er weiß, daß Goethe das anders sieht. Aber wer Jude ist wie er, kann nicht das Goethesche wohlzentrierte Universum bewohnen. Seine Gravitationskraft schleudert ihn immer wieder an den Rand. Viele erfahren das gerade, die Zeit ist denkbar unklassisch, und wer von heute ist, sollte das Heute nicht übersehen. Der Atem der Zeit sollte der Atem der Literatur sein, findet nicht nur Heine. Goethe wird zum Inbegriff all dessen, was man nicht ist. Heine findet bald die treffendsten Worte dafür. Er nennt Goethe *das große Zeitablehnungsgenie* oder, noch bündiger, den *Weimarer Kunstgreis*. Und doch wird Heines Goethe-Kritik nie so vernichtend sein wie die seiner Zeitgenossen Börne oder Menzel. Und vor allem – nie so ideologisch.

Heine taugt nicht zum Fanatiker. Andere halten sich an Grundsätzlichkeiten fest, besonders Philosophen, er mißtraut ihnen allen. Er wäre so gern ungrundsätzlich, das ist vielleicht die tiefste, dabei meistverkannte Form des Humanums. Er wäre ja auch gern Goethe geworden, Minister also und Geheimer Rat. Er ist nicht geboren, um zu kämpfen. Nichts macht ihn, den Polemiker, so müde wie die Polemik. Aber wahrscheinlich wäre selbst Goethe nie Goethe geworden, wäre er als Jude zur Welt gekommen. Heine gibt sich doch Mühe. Säße er hier in Göttingen und füllte sein Hirn randvoll mit Paragraphen, wenn er nicht die feste Absicht hätte, Rechtsanwalt zu werden? Wenn schon nicht Minister, dann wenigstens Anwalt. Aber es genügt nicht im Spätherbst 1824, die »Harzreise« immer mal zur Seite zu legen, um der Paragraphen willen. Juden dürfen nicht Rechtsanwalt werden. Er muß nicht nur die Prüfungen der Universität bestehen, er muß noch eine zweite, außerakademische Prüfung bestehen. *Wie Du denken kannst, – kommt hier die Taufe zur Sprache. Keiner von meiner Familie ist dagegen, außer ich,*[164] schreibt er schon im September 1823 an den Freund Moses Moser. Für einen nichtgrundsätzlichen Menschen kann das doch nicht so schwer sein, dürfte man denken. Falsch. Denn gerade die Nichtgrundsätzlichen haben ein besonders intimes Verhältnis zu sich selbst. Vielleicht hat niemand Heines Situation so klar gesehen wie Ludwig Marcuse: »Die Anmaßung schlechter Menschen, die glänzende Ideen stolz als Deckung vor sich hertragen, der Hochmut von Charakteren, die sich nicht wandeln, weil sie zu dumm sind und weil ihnen der Wahrheitstrieb fehlt, der sie forttreiben könnte von ihrem Standpunkt, von dem Punkt, auf dem die Zeit sie stehengelassen hat – alle diese dummarroganten Zeitgenossen verleumden immer die, welche über ihren sehr begrenzten Horizont hinauswachsen.«[165]

Dieses Ich ist verletzlich, darum ist es stolz, und es fürchtet sich vor Demütigung. Daß er sich taufen lassen soll, empfindet Heine als Demütigung. Über die Phase, sich zu einer positiven Religion zu bekehren, ist er längst hinaus. In der Hinsicht fühlt er sich dem großen Heiden Goethe nah. Nur daß Goethe es viel leichter hatte. Der junge Goethe hatte einst Gottfried Arnolds »Unparteiische

Kirchen- und Ketzerhistorie« gelesen und daraus den Schluß gezogen, daß am Ende doch jeder seine eigene Religion habe. Goethe folgerte daraus, daß auch er sich seine eigene bilden dürfe – »und das tat ich dann mit großer Behaglichkeit«. Behaglichkeit? Er, Heine, wird hervorgezerrt werden, ihn wird man examinieren, und man wird Dinge von ihm wissen wollen, deren simple Wahrheiten ihm nur peinlich sein können. Ja, es ist Demütigung. *Ich weiß wirklich nicht, wie ich mir in meiner schlechten Lage helfen soll. Ich werde noch aus Ärger katholisch und hänge mich auf.*[166] Von den Juden hat er ohnehin nichts zu hoffen. Ihre Gemeinden distanzieren sich von ihm und werden es immer tun. Daß dieser Heine für ihre Frömmigkeit verloren ist, begreifen sie schnell. Die Bigotterie aller Konfessionen hat eine Witterung dafür. Auch von den Juden wird er längst angegriffen, und das ausgerechnet zu *einer Zeit, wo ich mich ruhig hingestellt habe, die Wogen des Judenhasses gegen mich anbranden zu lassen.*[167]

Als er an der »Harzreise« schrieb, bekam Moses Moser gleich zweimal hintereinander im Abstand von fünf Tagen Post von Heine. Das war ungewöhnlich, und wieder traf es zu – Post von Heine ist mit Arbeit verbunden: *Du mußt nämlich statt meiner die Rezension des besprochenen Boppschen Buches, irgend etwas über Indien, … anfertigen. Ich hatte versprochen, sie ungefähr um diese Zeit zu liefern, hatte in den Ferien das Buch nicht zur Hand, um die Rezension zu schreiben, und da ich jetzt dran gehen wollte, werde ich durch unvorhergesehene Hindernisse davon abgehalten. Ich habe meine »Harzreise« jetzt schon zur Hälfte geschrieben, und will nicht abbrechen. Diese schreibe ich in einem lebendigen enthusiastischen Stil, und es würde mir nicht allein nach einer Unterbrechung schwer werden, wieder hinein zu geraten, sondern auch würde es mir schwer fallen, aus diesem Stil in die trockne gelehrte Anzeiger-Prosa überzugehen.* Dann folgt noch eine kurze Ermutigung des Freundes: *Ich weiß, daß Dir das wenig Mühe macht, auf den Stil kömmt nichts an – ! –, nur klar und verständlich muß der Aufsatz sein, und – ich bitte Dich – in vierzehn Tagen fertig.*[168] Ja, diese Umleitung von Arbeit war noch einfach. Wie gern würde er auch jetzt jemand anderes zum Religionsunterricht nach Heiligenstadt schicken. Überhaupt ist ein Hegelianer dafür viel besser geeignet. Er nimmt es einfach als Erfahrung des Weltgeistes. Aber Heine ahnt schon, wenn er evangelisch werden will – werden wollen muß –, muß er wohl selbst kommen. Hauptsache keiner merkt etwas, seine Mitstudenten wissen nicht, daß er gar nicht so christlich ist wie sie. Das kreuzkatholische Heiligenstadt liegt schon in Preußen, die paar Protestanten in der Diaspora sind völlig isoliert, diskreter geht es nicht.

Am schwarz-weißen Schlagbaum der preußischen Grenze bellt es »Halt!«, als Heine und sein Bruder dort ankommen. Ein Gamaschenfeldwebel mit purpurroter Nase beäugt beide:

– Vorname?

– Heinrich.

– Zuname?

– Heine.

– Titel?

– Liegt schon im Namen.

– Und der andere Herr? Vorname?

– Maximilian.

– Zuname?

– Bruder.

– Titel?

– Haupthahn zu Mariahüpp.

Der Grenzbeamte notiert »Hauphahn zu Mariahüpp«. Mariahüpp heißt eigentlich Mariaspring, weshalb es alle Mariahüpp nennen. Und gut tanzen kann man dort auch, was Heines Bruder kürzlich getan hatte, was ihn auf die Titelangabe »Haupthahn« brachte. Der Beamte weiß nun, wer sie sind, aber nicht, was sie haben.

– Nichts Zollbares?

– Nichts, außer Gedanken und Schulden.

– Absicht der Reise nach Heiligenstadt?

– Katholisch zu werden.

Der Beamte zeigt Symptome erhöhter geistiger Anspannung. Wie soll er das interpretieren? Er entschließt sich zu einer konkretisierenden Frage:

– Kehren die Herren zurück?

– Ja, in der Nacht als Bischöfe.[169]

Am 28. Juni um zehn Uhr erscheint Harry Heine bei Pastor Grimm in dessen niedrigem, fast armseligen Studierzimmer. Eine

Stunde später heißt er Heinrich. In das Kirchenbuch der evangelischen Gemeinde zu St. Martini, Heiligenstadt, wird eingetragen: »Ein Proselyt, Herr Harry Heine, welcher in Göttingen die Rechte studiert, und bereits das Examen zum Grade eines Doctoris juris bestanden hat, empfing mit Beibehaltung des Familiennamens Heine bei der Taufe den Namen Christian Johann Heinrich. Er ist geboren zu Düsseldorf, den 13. Dezember 1799 – ehelich – ist der älteste Sohn eines vormals in Düsseldorf wohnenden israelitischen Kaufmanns Samson Heine. Der Vater privatisiert jetzt in Lüneburg, der getaufte Sohn hält sich noch in Göttingen auf.

Tag der Taufe: der 28. Junius, gegen 11 Uhr vormittags. Die Taufe geschah in der Stille, in der Wohnung des Pfarrers. Getauft hat Magister Gottlob Christian Grimm, Pfarrer der evangelischen Gemeinde und Superintendent. Einziger Pate war der Dr. der Theologie und Superintendent in Langensalza, Herr Karl Friedrich Bonitz.«[170]

Das Geburtsdatum auf dem Taufschein ist falsch; wahrscheinlich findet Heine, daß zu einem so fragwürdigen Akt wie der Taufe ein fragwürdiges Geburtsdatum besonders gut paßt. Außerdem hat er sich längst an die Vorzüge des falschen Datums gewöhnt. Es macht ihn – von Geburt an – zum ersten Mann des neuen Jahrhunderts. Eine Stellung, die ihm gebührt, wie er findet. Und zugleich kann er sich darauf berufen, das alte Jahrhundert noch erlebt zu haben. Auch ist es angenehm, sich jünger fühlen zu dürfen als man ist. Trotzdem ist der verschobene Geburtstag kein spontaner Einfall, wahrscheinlich war diese kleine Korrektur der Tatsachen einst notwendig, um dem preußischen Militärdienst zu entgehen.

Pastor Grimm wird später in der »Gartenlaube« feststellen, daß Heines Antworten »von eingehendem Nachdenken über den Inhalt und das Wesen der christlichen Religion« zeugten.[171] Was weder der Superintendent zu Heiligenstadt noch der Superintendent zu Langensalza wissen: Der über das Christentum belehrte Proselyt ist gerade dabei, eine jüdische mittelalterliche Quasi-Heiligenlegende zu schreiben. Denn der Mensch muß Gegengewichte schaffen. Wann, wenn nicht jetzt? denkt Heine. Und das Genre der jüdischen Heiligenlegende ist in der deutschen Literatur dramatisch unterrepräsentiert – um nicht zu sagen: es existiert nicht –, was nicht zuletzt an dem Glauben liegt, in dessen Grundlagen Harry, der nun Heinrich heißt, soeben eingeführt wurde. Egal ob es vergiftete Brunnen oder tote Babys waren – schuld waren meist die Juden, die »Christusmörder«.

Natürlich ahnt Harry-Heinrich, daß er als Verfasser von Heiligenlegenden, gleich welcher Konfession, eine glatte Fehlbesetzung sein könnte, aber sein guter Wille ist übermächtig. Die Geschichte vom Rabbi von Bacherach soll sein Beitrag werden zu dem, was der Freund Moses Moser und die anderen Hegelianer vom »Verein für Cultur und Wissenschaft der Juden« wollen. Im Frühjahr des letzten Jahres war er noch einmal kurz in Berlin gewesen und hatte für diesen Besuch nur eine Bedingung gestellt: *Ich bitte Dich schon im voraus, laß mich, wenn wir zusammenkommen, kein Hegelsches Wort hören ...*[172] Der Freund sollte im Gegenteil zur Vorbereitung seines Besuchs Stunden bei Auerbach nehmen. So heißt ein Vertreter des Menschentypus, dessen außerordentliche Mittelmäßigkeit immer von neuem Aufsehen erregt. Den Rabbi noch fester im Herzen als zuvor kam Heine aus Berlin zurück. Er saß nun in der Bibliothek nicht nur um der Paragraphen, auch um des Rabbis willen. Denn er muß viel wissen über die jüdische Geschichte. Darum will er überhaupt nur vom Rabbi erzählen: um der jüdischen Geschichte ein Gedächtnis zu geben. Jetzt studiert er das buchgewordene Gedächtnis ihrer Feinde. *Ganz eigene Gefühle bewegen mich, wenn ich jene traurigen Annalen durchblättre, eine Fülle der Belehrung und des Schmerzes. Der Geist der jüdischen Geschichte offenbart sich mir immer mehr und mehr ...*[173]

Das ist im Juni. Heine erschrickt *über das Rischeß, das über jedes Blatt ausgegossen*, den Haß, der die Berichte prägt. Zugleich muß er lachen *über die Rindviehhaftigkeit, womit das Rischeß vorgebracht wird.*[174] Er liest und liest, über die Juden am Rhein, über die Frankfurter Juden, über die spanischen Juden. Aus der Bibliothek schreibt er dem Freund ein Gedicht; das »Du« ist der ideelle Gesamtautor der christlichen Berichterstattung über das jüdische Volk:

An Edom!

Ein Jahrtausend schon und länger
Dulden wir uns brüderlich;
Du, du duldest, daß ich atme,
Daß du rasest, dulde ich.

Manchmal nur, in dunklen Zeiten,
Ward dir wunderlich zumut,
Und die liebfrommen Tätzchen
Färbtest du mit meinem Blut!
...

Viel tiefer dringen diese Zeilen, als bloße Anklage es könnte. Es ist auch hier wie immer bei Heine. Von dem, was ihn am tiefsten berührt, kann er nicht unmittelbar, nur in der Verfremdung erzählen. Das zeigt den feineren Geist. Hätte Magister Gottlob Christian Grimm, Pfarrer der evangelischen Gemeinde und Superintendent zu Heiligenstadt, dieses Gedicht seines Schäfchens lesen können, das Kreuz wäre ihm aus der Hand gefallen.

Heine weiß, daß es nicht klug ist, über diesen Rabbi zu schreiben, der irgendwann im Mittelalter in Bacherach am Rhein lebte, wo an den Ufern schöne Abteien stehen. Viele dieser Abteien sind zu Ehren des heiligen Werner errichtet worden. Der heilige Werner hat keine Wunder gewirkt auf Erden, er hat auch nichts Außerordentliches getan, dazu hatte er keine Zeit, denn er starb schon als Baby. Ermordet von den Juden. Anders konnten sich die Eltern diesen plötzlichen Kindstod nicht erklären. Das war im Jahre 1287, und der kleine Werner wurde das berühmteste Baby weit und breit. Er wurde heiliggesprochen, was Babys ganz selten passiert, und überall wurden ihm zu Ehren Abteien errichtet. Auch in Bacherach. Werner steht inzwischen nicht mehr im Heiligenkalender. Er war wohl das Opfer eines Sexualmords.

Heine weiß das noch nicht. Aber daß die Juden nun an christlichen Feiertagen noch viel mehr Angst vor ihren Mitbacherachern hatten als sonst, das weiß er. *Je mehr aber der Haß sie von außen bedrängte, desto inniger und traulicher wurde das häusliche Zusammenleben, desto tiefer wurzelte die Frömmigkeit und Gottesfurcht der Juden von Bacherach.*[175] So tief anteilnehmend kann Heine von einer Verfaßtheit reden, die er anderswo als *Volksmumie, eingewickelt in ihre Buchstabenwindeln,* bezeichnet. Die Bezüge sind andere. Wenn er dieser Frömmigkeit, auch sie ein Zeitablehnungsgenie, im Leben begegnet, nimmt er vor allem ihre Beschränktheit wahr. Die reizt ihn. Dabei findet sich nur schwer einer, der diese Frömmigkeit und Gottesfurcht mit solcher Innigkeit beschreiben kann wie er. Die Juden Bacherachs feiern Passah, das Fest zum Gedenken des Auszugs aus Ägypten, und Heine sagt, was sie tragen, was sie lesen, was sie essen. Er weiß das – zu einem großen Teil – auch nur aus Büchern.

Der Rabbi und seine Gemeinde bekommen Besuch. *Da öffnete sich die Saaltüre, und herein traten zwei große, blasse Männer, in sehr weite Mäntel gehüllt, und der eine sprach:* »*Friede sei mit euch, wir sind reisende Glaubensgenossen und wünschen das Paschafest mit euch zu feiern.*« Die Fremden bleiben, und nur der schönen Sara, der Frau des Rabbis, fällt eine seltsame Versteinerung ihres Mannes auf, die in eine Lustigkeit übergeht, die sie noch nie an ihm bemerkt hat. Dann reicht die schöne Sara allen das Waschbecken, daß sie die Hände vor der Abendmahlzeit reinigen, und als Sara vor ihrem Mann, dem Rabbi, steht, gibt er ihr ein Zeichen. Sie gehen zusammen hinaus, und kaum draußen, faßt er ihre Hand und zieht sie durch die dunklen Straßen Bacherachs, immer weiter weg bis an den Rhein. Zurückschauend sagt er zu seiner Frau: *Siehst du den Engel des Todes? Dort unten schwebt er über Bacherach! Wir aber sind seinem Schwerte entronnen. Gelobt sei der Herr!*« Der Rabbi trägt die schöne Sara hinunter zum Ufer, nachdem er ihr gesagt hat, was er unterm Tisch des Festsaals gesehen hatte: ein blutiges totes Kind. Die Fremden hatten es unter den Tisch gelegt.

Der stille Wilhelm, ein taubstummer Junge, wartet wie immer mit seinem Kahn am Rhein, und was jetzt folgt, ist auch eine Rheinfahrt, aber nicht die des Siegfried. Die schöne Sara sitzt mit ihrem Mann im Boot des stillen Wilhelm, sie sieht die Ufer vorbeischwimmen, aber eigentlich sieht sie weit nach innen und erlebt noch einmal ihre Jugend in Bacherach. Sie fahren durch die Nacht und erreichen am nächsten Morgen Frankfurt. Sie tauchen ein in das Leben der großen Stadt, und auf der Frankfurter Messe besieht die schöne Sara grüne Höschen und blauseidene Gürtel, überlegt, was sie den Bäschen und dem kleinen Gottschalk mitbringen könnte nach Bacherach, als ein Gedanke sie durchfährt: »*Ach Gott! die sind ja unterdessen groß gewachsen und gestern umgebracht worden!*« … »*Mach die Augen zu, schöne Sara*«, *sagte der Rabbi und führte seine Frau weiter durch das Menschengedränge.* Er sagt noch oft: »*Mach die Augen zu, schöne Sara!*«, bis sie an das Tor des Judenviertels gelangen. Heine hat viel gelesen über das Frankfurter Ghetto, aber seine Bewohner lebendig machen, das konnten die Bücher nicht. Heine kann es. Am Tor zum Ghetto sitzt ein christlicher Landsknecht mit Trommel und trommelt ein Lied, das einst die Geißler bei der Judenschlacht gesungen haben: »*Unsre Liebe Fraue,/ Die ging im Morgentaue,/ Kyrie eleison!*« »*Hans, das ist eine schlechte Melodie!*« – *rief eine Stimme hinter dem verschlossenen Tor des Judenquartiers* – »*Hans, auch ein schlecht Lied, paßt nicht für die Trommel, paßt gar nicht und beileibe nicht in der Messe und am Ostermorgen, schlecht Lied, gefährlich Lied, Hans, Hänschen, klein Trommelhänschen, ich bin ein einzelner Mensch, und wenn du mich liebhast, wenn du den Stern liebhast, den langen Stern, den langen Nasenstern, so hör auf!*«

Noch eineinhalb Seiten lang stehen der Rabbi und die schöne Sara vor dem Tor, während der Trommelhans antisemitische Lieder trommelt und der Wächter Nasenstern ums Aufhören bittet, vor allem, weil er ein »einzelner Mensch« sei. Außerdem hat der Nasenstern ernste Bedenken, das Tor zu öffnen: »*Ein Mann und ein Weib!*« – *ächzte der Nasenstern* – »*Und wenn das Tor aufgemacht wird, wirft das Weib den Rock ab und es ist auch ein Mann, und es sind dann zwei Männer, und wir sind nur unserer drei!*« Der Wächter kann seine Vorsicht auch begründen: »*Man hat mich nicht der Courage wegen hierhergestellt, sondern der Vorsicht halber. Wenn zu viele kommen, soll ich schreien. Aber ich selbst kann sie nicht zurückhalten. Mein Arm ist schwach und ich bin ein einzelner Mensch.*« Als er den Rabbi und seine Frau doch einläßt, ist das Judenquartier leer, denn alle sind in der Synagoge. Jäckel, der Narr, singt dem Besuch ein Lied: »*Ein Böcklein, ein Böcklein, das gekauft Väterlein, er gab dafür zwei Suslein; ein Böcklein! ein Böcklein!*« Das Lied ist sehr lang und das Ende lautet: »*Es kam ein Todesenglein und schlachtete das Schlächterlein, das geschlachtet das Öchslein, das gesoffen das Wässerlein, das gelöscht das Feuerlein, das verbrannt das Stöcklein, das geschla-*

gen das Hündlein, das gebissen das Kätzlein, das gefressen das Böcklein, das gekauft das Väterlein, er gab dafür zwei Suslein; ein Böcklein, ein Böcklein!«

Heine erfindet eine ganze mittelalterliche Stadt, und man merkt sich jeden ihrer Bewohner, Ellen Schnapper mit ihrer Garküche, auch Schnapper-Elle genannt, und Hündchen Reiß, *eine platte grünliche Frau, die jedes Unglück witterte und immer eine skandalöse Geschichte auf der Zunge trug,* und viele andere. Dieses Frankfurter Ghetto hat noch keine Ähnlichkeit mit dem, das Börne kennt: *Damals nämlich waren die Häuser des Judenviertels noch neu und nett, auch niedriger wie jetzt, indem erst späterhin die Juden, als sie in Frankfurt sich sehr vermehrten und doch ihr Quartier nicht erweitern durften, dort immer ein Stockwerk über das andere bauten, sardellenartig zusammenrückten und dadurch an Leib und Seele verkümmerten. Der Teil des Judenquartiers, der nach dem großen Brande stehengeblieben, und den man die Alte Gasse nennt, jene hohen schwarzen Häuser, wo ein grinsendes, feuchtes Volk umherschachert, ist ein schauderhaftes Denkmal des Mittelalters.* Heine macht ein anderes daraus.

In der Synagoge auf der Frauenempore vernimmt die schöne Sara zum ersten Mal einen bisher nie gehörten Gesang, und sie würde ihn noch besser hören, wenn in ihrem Rücken die Frauen nicht so laut über den ersten Mann der Schnapper-Elle, den alten Schnapper, sprechen würden und was Frauen noch so reden, wenn sie unter sich sind wie hier in der Synagoge. Der Blick von der Frauenempore gibt Heine Gelegenheit, einen ganzen jüdischen Gottesdienst zu schildern, ohne daß man den Eindruck hat, einer historischen Belehrung unterzogen zu werden. Der Gottesdienst ist einfach hineingestreut in die Unterhaltung zwischen Hündchen Reiß, der grünlichen Dame, und Schnapper-Elle, deren erster Mann nach der Rückkehr aus Amsterdam der Schnapper gewesen ist. Und dann hört die schöne Sara von unten die Stimme ihres Mannes, hört, *wie der Ton derselben allmählich in das trübe Gemurmel des Totengebetes überging, sie hörte die Namen ihrer Lieben und Verwandten, und zwar begleitet von jenem segnenden Beiwort, das man den Verstorbenen erteilt, und die letzte Hoffnung schwand aus der Seele der schönen Sara, und ihre Seele ward zerrissen von der Gewißheit, daß ihre Lieben und Verwand-*

ten wirklich ermordet worden, daß ihre kleine Nichte tot sei, daß auch ihre Bäschen, Blümchen und Vögelchen tot seien, auch der kleine Gottschalk tot sei, alle ermordet und tot!

Heine ist ein Meister des Übergangs vom Leichten zum Schweren, vom scheinbar Trivialen zum Tragischen und umgekehrt. Das alles liest sich ganz leicht, aber der Rabbi wird Heine schwer. Der Rabbi sträubt sich. Ein Drittel erst sei fertig, gesteht er im selben Brief, in dem er Moser mitteilt, daß das Weimarer Bier wirklich gut sei. Dabei trage er mit *unsäglicher Liebe* das ganze Werk in der Brust. *Ist es ja doch ganz aus der Liebe hervorgehend, nicht aus eitel Ruhmgier,* schreibt er dem Freund. *Im Gegenteil, wenn ich der Stimme der äußeren Klugheit Gehör geben wollte, so würde ich es gar nicht schreiben. Ich sehe voraus, wieviel ich dadurch verschütte und Feindseliges herbeirufe.*[176]

Das Publikum ist schlecht vorbereitet auf die Lektüre jüdischer Heiligenlegenden. Heine selbst ist es auch. Denn plötzlich hat er eine zweite Hauptfigur in seiner Geschichte, einen spanischen Ritter, einstmals Jude, der längst hinter sich hat, was Heine eben noch vor sich hatte: die Taufe. Sie bedeutet ihm nichts, ein Überlebensmittel nach der Vertreibung der Juden aus Spanien, nichts weiter. Aber auch die Frankfurter Judengasse besucht Don Isaak, der aussieht wie ein spanischer Ritter, nicht in religiöser Absicht: *»Der Verkehr mit dem Volke Gottes ist sonst nicht meine Liebhaberei, und wahrlich nicht, um hier zu beten, sondern um zu essen besuche ich die Judengasse …«* Den Ritter zieht es zur Garküche der Schnapper-Elle. Der Rabbi versteht den Unterton der kulinarischen Aussage:

»Du hast uns nie geliebt, Don Isaak …«

»Ja« – fuhr der Spanier fort – »ich liebe eure Küche weit mehr als euren Glauben; es fehlt ihm die rechte Sauce. Euch selber habe ich nie ordentlich verdauen können. Selbst in euren besten Zeiten, selbst unter der Regierung meines Ahnherrn Davids, welcher König war über Juda und Israel, hätte ich es nicht unter euch aushalten können, und ich wäre gewiß eines frühen Morgens aus der Burg Zion entsprungen und nach Phönizien emigriert, oder nach Babylon, wo die Lebenslust schäumte im Tempel der Götter …«

»Du lästerst, Isaak, den einzigen Gott« – murmelte finster der Rabbi – »du bist weit schlimmer als ein Christ, du bist ein Heide, ein Götzendiener …«[177]

Der so Beschuldigte ist natürlich Heine selbst. Er ist Don Isaak. Er hat wirklich geglaubt, eine längere Strecke mit dem Rabbi zusammengehen zu können. Er hatte es gewollt. Denn er sieht genau, was in der »Allgemeinheit« der neueren Kultur untergeht: mit den Beschränkungen des alten Glaubens eine ganze Kultur, ja, eine nicht ersetzbare Zärtlichkeit. Die Welt wird kälter werden, Heine bejaht das, also kommt es darauf an, das Gedächtnis ihrer Wärme zu bewahren. Und doch, er spürt es, Don Isaak ist ihm näher. In der Antwort Don Isaaks auf den Götzendienstverdacht des Rabbis liegt schon die ganze Religionsphilosophie Heines und sein tiefstes Glaubensbekenntnis zugleich: *Ja, ich bin ein Heide, und ebenso zuwider wie die dürren, freudlosen Hebräer sind mir die trüben, qualsüchtigen Nazarener.*« Vielleicht hätte er das dem Magister Gottlob Christian Grimm, Pfarrer der evangelischen Gemeinde und Superintendent zu Heiligenstadt, sagen sollen. Die »trüben, qualsüchtigen Nazarener« sind natürlich die Christen, letztlich aber ein anderer Apfel vom selben Stamm des immer latent fanatischen, asketischen Monotheismus. Er hat es dem Superintendenten nicht gesagt. Er hat Don Isaak, den Rabbi und die schöne Sara in die Garküche der Schnapper-Elle zum Essen geschickt; Don Isaak will gerade beginnen, die These der Schnapper-Elle, »Schönheit vergeht, aber Tugend besteht«, kritisch zu beleuchten, als die Suppe aufgetragen wird und das Manuskript abbricht. Es folgt nur noch ein kleiner Nachsatz: *Der Schluß und die folgenden Kapitel sind ohne Verschulden des Autors verlorengegangen.* Das ist nicht unbedingt richtig, denn Heine hat den Rabbi nie zu Ende geschrieben, auch wenn wirklich ein Teil des Manuskripts 1833 im Haus seiner Mutter in Hamburg verbrennt. Er veröffentlicht das »Rabbi«-Fragment 1840, als die Ermordung eines Kapuzinermönchs in Syrien alte Ritualmordverdächtigungen gegen die Juden aufleben läßt und zu einem Pogrom führt, das durch die europäische Presse geht. Trotzdem wird der »Rabbi« fast nicht bemerkt, nur ein deutscher Rezensent spürt einen »giftigen, anwidernden Hauch« von diesem Buch ausgehen, und die »Allgemeine Zeitung des Judenthums« sieht das genauso, nur aus anderen Gründen.[178]

Wahrscheinlich ist er noch gar nicht bei Don Isaaks Widerlegung der Schnapperschen These über Schönheit und Tugend, aber er könnte sie im Augenblick ohnehin nicht weiter ausführen, weil er es gerade mit ganz anderen Thesen zu tun bekommt. Die erste lautet: »Der Ehemann ist der Herr der Mitgift.« Die zweite lautet: »Der Gläubiger muß eine Quittung ausstellen.« Und dann folgen noch drei andere. Am 20. Juli muß Heinrich Heine diese Thesen in einer öffentlichen Disputation gegen seine Opponenten, den Privatdozenten der Philologie Dr. C. F. Culemann und den stud. jur. Th. Geppert, verteidigen. Natürlich fällt ihm dazu vieles ein, auch ist die These »Der Ehemann ist der Herr der Mitgift« durchaus eine schöne These, insofern man der Ehemann ist. Auch der These »Aus dem Eid erwächst keine Verpflichtung« kann Heine etwas abgewinnen, aber die Sache hat einen Haken: Er muß alle fünf Thesen auf Latein verteidigen, das setzt seiner Beredsamkeit gewisse Grenzen. *Täglich verwünsche ich den Arminius und die Schlacht im Teutoburger Walde. Wäre diese nicht vorgefallen, so wären wir jetzt alle Römer, und sprächen Latein und das Corpus juris wäre uns so geläufig und leicht wie Claurens Mimili.*[179] Überhaupt ist Heine der Ansicht, daß die Römer zu gar nichts gekommen wären, wenn sie erst noch Latein hätten lernen müssen. Auch sonst hält er nicht viel vom Corpus juris, aber das notiert er erst später: *Welch ein fürchterliches Buch ist doch das Corpus juris, die Bibel des Egoismus. Wie die Römer selbst blieb mir immer verhaßt ihr Rechtskodex. Diese Räuber wollten ihren Raub sicherstellen, und was sie mit dem Schwert erbeutet, suchten sie durch Gesetze zu schützen; deshalb war der Römer zu gleicher Zeit Soldat und Advokat.*[180]

Im Augenblick besteht der Hauptfehler der Römer für Heine darin, daß sie Latein sprachen. Besonders schwer wird ihm die Verteidigung der Eid-These sowie der Behauptung: »Die Confarreatio war bei den Römern die älteste Art einer rechtlichen Eheverbindung.« Keiner der Zeugen dieser Disputation wird nachher behaupten, daß sie in besonders klassischem Latein geführt worden sei. Manche Ausführungen Heines führen zu spontaner Heiterkeit des Auditoriums. Auf diese Art Lachen zu erregen, ist Heine nicht gewohnt. Er hat schon gewußt, warum er dem Dekan der juristischen Fakultät, Professor Hugo, gleich die ganze Prüfungsgebühr aushändigte, obwohl man die zweite Hälfte erst nach dem Examen und vor der Promotion zahlt. Zuerst gab der Dekan die Hälfte der Gebühr auch wieder zurück und sagte: »Erst, mein lieber Herr, müssen wir Sie prüfen.« Aber Heine schob die Summe wieder zum

Dekan und sprach: »Prüfet alles und behaltet das Beste.« – Vielleicht wird doch noch ein großer Advokat aus ihm.

Er ist frei. Er spürt nicht mehr die Tonnenlast der Paragraphen. Niemand kann ihn mehr wegen gesetzwidriger Duelle von der Universität relegieren. Natürlich hat er sich bei diesem Göttingen-Aufenthalt duelliert, genauso wie schon vorher in Berlin. Er kann nichts dafür, es passiert ihm einfach, egal, was er beginnt. Zum Beispiel schon wieder Mittagessen im »Englischen Hof«: Er sitzt mit ein paar Studenten am Tisch, der Bratenteller macht die Runde, Heine beobachtet beide genau, den Braten und den Teller, und als die Platte bei ihm ist, macht er es genauso, wie er es dem Dekan empfohlen hatte: Prüfet alles und behaltet das Beste! Heine hält den Teller und prüft und prüft, da plötzlich bohren sich die Zinken einer fremden Gabel in seine noch unentschlossen über dem Teller kreisende Hand. »Ich will Ihnen zeigen, wie man Rindfleisch spießt«, ruft der Besitzer der Gabel und läßt sie in Heines Hand stecken. Der ist augenblicklich mit dem Bratengutachten fertig und prüft nun seine Lage.

Auf eine fremde Gabel im Handrücken eines Gourmets gibt es nur zwei mögliche Antworten, befindet Heine. Säbel oder Pistolen. Und er überlebt auch diesmal, wie er schon zuvor in Berlin überlebt hatte.[181] Das war nicht ganz einfach, wählen Duellanfänger Heine doch durchaus gern als Sparringspartner. Denn auch das Sich-Duellieren muß man üben, und bei Heine, erzählen sich die Neulinge, kann nicht soviel passieren. Jedenfalls nicht dem Duellanten. Bei den Sekundanten sieht das schon ganz anders aus. Für sie kann ein Heine-Duell durchaus lebensgefährlich werden, denn nie kann man die Himmelsrichtung eines Heineschen Hiebes vorausbestimmen. Er ist nicht unbedingt der kriegerische Typ, aber jedesmal verläßt er das Schlachtfeld der Ehre erhobenen Hauptes. Als er in Berlin eine fremde Stichwaffe sich in seine Lende bohren fühlte – aufgrund einer Ungeschicklichkeit beider Seiten –, war er noch geistesgegenwärtig genug gewesen, ganz laut »Stich!« zu rufen, bevor er zu Boden ging. Damit war seine Ehre gerettet, denn ein Stich beim Hiebfechten gilt als unehrenhaft, und er hatte die kommentwidrige Verletzung rechtzeitig gerügt. So konnte er aufrecht nach Hause gehen. Wenn er hätte gehen können. Aber die Wunde blutete zu stark. Sie machte eine achttägige Behandlung mit kalten Umschlägen notwendig, dabei hatte er mit seinen Kopfschmerzen schon genug zu tun. Und was heißt hier nach Hause gehen? Als er in Berlin Unter den Linden wohnte, fanden Duelle direkt im Nebenzimmer statt. Beim Einzug hatte er den Nachbarn um Ruhigstellung seiner Uhr gebeten, denn Heine konnte das Ticken unmöglich ertragen. Duelle im Nebenzimmer, lernte er bald, sind kein bißchen besser, und er zog wieder aus.[182]

Uhren sind die Hauptfeinde seiner Nerven. Das Ticken einer Uhr bringt ihn um den Verstand. Viele Freunde und Bekannte berichten, wie sie ihre Uhren verstummen lassen, wenn Heine bei ihnen ist. Noch sind es nur Uhren, keine Papageien wie später in Paris. Wie viele Uhren Mathilde besaß, wissen wir nicht, aber daß sie die Eigentümerin mehrerer Papageien war, von anderen Ziervögeln zu schweigen, wissen wir. Und Heines Nerven werden inzwischen nicht stärker geworden sein. Im Augenblick ist es aber kein Wunder, daß er nervös ist, nach all den juristischen Strapazen. Er sollte mal wieder zur Kur fahren.

Ich sollte mal wieder zur Kur fahren, sagt Heine seinem Hamburger Onkel. Onkel Salomon ist extra nach Göttingen gekommen. Wahrscheinlich will er mit eigenen Augen sehen, woran er nicht mehr recht glauben kann: daß sein Neffe wirklich fertig ist mit dem Studium. Bei Langzeitstudenten glaubt das irgendwann keiner mehr, um so größer und freudiger ist die Überraschung auf allen Seiten. Onkel Salomon ist angenehm berührt und bester Laune. Für Menschen wie Onkel Salomon wurden die Doktortitel erfunden. Sie sind dazu gemacht, die Verwandtschaft und sonstige weltliche Mächte zu beeindrucken, die eigentlich durch nichts zu beeindrucken sind, schon gar nicht durch den Geist. Ein promovierter Dichter ist eine Albernheit, Heine weiß das, aber man steht doch gleich ganz anders da. Man ist kein Nichts mehr, sondern vielmehr ein promoviertes Nichts. Als ein solches beschließt Heine nach Norderney zu fahren, in das gerade eleganteste Seebad an deutschen Küsten. Der Onkel stimmt zu und öffnet seinen Geldbeutel weit. Und wenn er von Norderney zurückkommt, wird er sich einen Beruf suchen, nimmt Dr. Heinrich Heine sich vor. Er hat einen neuen Titel und einen neuen Namen, da sollte sich schon etwas Passendes finden lassen. Gehobener Staatsdienst oder eine Advokatur in Hamburg, notfalls könnte er Philosophiedozent in Berlin werden.

Künftiger Advokat hat eine Wasserseele und schreibt Wellenstrophen.
Ein Sommer auf Norderney und ein Winter in Hamburg

Sternlos und kalt ist die Nacht,
Es gärt das Meer;
Und über dem Meer, platt auf dem Bauch,
Liegt der ungestaltete Nordwind,
Und heimlich, mit ächzend gedämpfter Stimme,
Wie'n störriger Griesgram, der gutgelaunt wird,
Schwatzt er in's Wasser hinein,
...

Der Erfinder der Süßwasser-Sirene ist allein mit seiner alten Geliebten, dem Meer. Dem Meer ist es egal, ob ein Doktor oder ein getaufter Doktor, ein künftiger Advokat, Anwärter auf den gehobenen Staatsdienst, oder ein kommender Berliner Philosophiedozent an seinem Strand steht. Und Heine spürt, daß im Angesicht des Meeres das alles nichts bedeutet. Er fühlt sich nicht recht wohl in seiner getauften Haut und ist dem Meer dankbar für seine Gleichgültigkeit gegen Rang, Titel und Konfession. Das Meer ist wie er selber in seinen besten Stunden: grenzenlos. *Ich liebe das Meer, wie meine Seele. Oft wird mir sogar zu Mute, als sei das Meer eigentlich meine Seele selbst.* Sie hat keine festen Umrisse mehr. Paragraphen sind Festlandsgedanken; er denkt jetzt nur noch Wassergedanken. Wassergedanken sind nicht zweistrophig wie seine bisherigen Gedichte, sie sind offen, ihre Rhythmen sind frei. Er ist sich nicht sicher, ob dem Publikum, *dem gewöhnlichen Süßwasserleser,* gefallen wird, was er jetzt dichtet – was in ihm dichtet –, aber das ist ihm egal. Sollen sie von dem *ungewohnt schaukelnden Metrum* ruhig alle seekrank werden.

Nun gut, er schreibt auch Strophen, die beginnen: *O Meer!* oder *Meeresstille!* oder *Sei mir gegrüßt, du ewiges Meer!* oder *Wie schön ist die Sonne!*

Wenn er zurückkommt vom Strand ins Kurhaus, werden seine Umrisse wieder fester, und wenn man ihn mit »Guten Morgen, Herr Doktor!« und »Guten Abend, Herr Doktor!« anspricht, ist er froh, daß er seine wasserlösliche Seele so gut hinter einem Titel verstecken kann. Er spricht mit schönen Frauen, unter denen eine ganz besonders schön ist, verkehrt mit einer Fürstin Solms und mit Offizieren aus Hannover, die nicht soviel Verstand haben wie die Preußen, dafür aber ist unter ihrer Uniform ein *Gentleman in feinstem Zivilrock* anzutreffen. Er hört ihnen gern zu, denn manche kamen mit der britischen Armee bis nach Ostindien, andere waren immerhin in Spanien, Portugal, Irland oder auf Sizilien. Gern unterhält er sich auch mit Dummköpfen, weil die das »Herr Doktor« besonders schön betonen können. Morgens, mittags und abends geht er ans Meer und zwischendurch in die Spielbank. Das Spielen ist ein besonders mondänes Vergnügen, und ihm ist gerade sehr mondän zumute. Er hat nicht nur eine Wasserseele, sondern auch eine Spielerseele.

Es ist im Glücksspiel wie in der Literatur: Man muß immer den vollen Einsatz wagen, und genau das macht er. Es hat den Nachteil, daß der erste Brief, den er nach vielen, vielen Jahren seinem alten Freund Christian Sethe schreibt, nachdem er ihn unverhofft auf Norderney wiedertraf, daß dieser Brief hauptsächlich von Geld handelt, welches jener ihm borgen müsse. Sechs Louisdor, abzugeben unter seinem Namen bei Herold & Wahlstab in Lüneburg. Es soll nichts Persönliches in diesem schnell abzuschickenden Geldbrief stehen, denn Heine hat schon einem Bekannten Order gegeben, den Brief für ihn zu öffnen. Dann kommt er zur Deutung dieser Geldleihe: *Sei überzeugt, daß ich Dir bei dieser Gelegenheit den größten Beweis meiner Feundschaft gebe, indem ich, trotz mancher Regung inneren Unmuts gegen Dich, mich dennoch in der Not mit unbedingtem Vertrauen an Dich wende. Vergiß dies nie, …*[183] Im übrigen sei ihm gerade sehr sentimental zumute, die besonders schöne Frau sei abgereist und auch die Fürstin, das Wetter sei schlecht und er höre nichts als das Brausen der See. *O läg ich doch begraben unter den weißen Dünen! – Ich bin in meinen Wünschen sehr mäßig geworden. Einst wünschte ich begraben zu sein unter einer Palme des Jordans.*[184] Es gibt nichts Traurigeres, als der letzte Kurgast zu sein in einem beinahe schon leeren Seebad, und dazu einer ohne Geld und mit Schulden. Immerhin war es nicht sein Geld, das er verspielt hat, sondern das des Onkels.

Er ist bald dreißig Jahre alt, sollte er da nicht irgendwann beginnen, sein eigenes Geld zu verspielen? Der Gedanke verstimmt ihn, es ist ein typischer Festlandsgedanke. Aber jetzt, mit neuem Namen und neuem Titel, wird alles ganz einfach werden, glaubt er. Er wird nach Hamburg gehen und ehe das Jahr zu Ende ist ein hanseatischer Rechtsanwalt sein. Einer von diesen lebenssatten Hamburgern, die er so gut beschreiben kann, die am Sonntag, fünf Uhr, *zur allgemeinen Fütterungsstunde* aus dem Wagen steigen, *mit einem gefrorenen Lächeln auf den hungrigen Lippen, ... eine krummfüßige Zwei neben einer fatalen Drei* und dahinter *eine wohlbekannte kleine Sechse und noch eine wohlbekanntere böse Sieben.*[185] Bald wird er zu ihnen gehören, das ändert vieles, erst recht die Perspektive.

Doch vorher muß er noch das Meer in die Tasche stecken, muß es in seine Sprache bannen – Heinrich Heine, der erste deutsche Dichter, der das Meer besingt. Als der September kommt, nimmt er Abschied vom Strand und fährt zu den Eltern nach Lüneburg. Seltsam, wie vertraut ihm das alte Nest mit dem Kulturableiter auf dem Rathaus jetzt ist. Er schreibt weiter die frei rollenden Wellenstrophen, »Die Nordsee« entsteht. Die »Harzreise« ist noch immer ungedruckt, Heine hatte sie dem schöngeistigen Literaturalmanach »Rheinblüten« angeboten: *Die Verse in meiner »Harzreise« sind eine ganz neue Sorte und wunderschön. Indessen man kann sich irren.*[186] Er muß jetzt ohnehin an andere Dinge denken. Es ist Herbst, wenn er vor dem Winter noch eine vollgültige Ziffer unter den anderen Hamburger Ziffern werden will, wird es Zeit für ihn. Er bricht auf nach Hamburg.

Im Dezember bekommt der Freund Moser Post von Heine. *Verdammtes Hamburg, den 14. Dezember 1825. Teurer Moses! lieber, gebenedeiter Mensch!* Heine schreibt dem Freund, wie er unter den weihnachtlich Geschenke kaufenden Hamburgern auf der ABC-Straße herumirrt und beschließt, Moser *etwas ganz Apartes zur Weihnacht* zu *schenken, nämlich das Versprechen, daß ich mich vor der Hand nicht totschießen will. Wenn Du wüßtest was jetzt in mir vorgeht, so würdest Du einsehen, daß dieses Versprechen wirklich ein großes Geschenk ist. ... Was mein äußeres Leben betrifft, so ist es nicht der Mühe wert, daß ich davon spreche. Du siehst Cohen ja diese Tage, und er kann dir erzählen, wie ich nach*

Hamburg gekommen, dort Advokat werden wollte und es nicht wurde. Wahrscheinlich kann Cohen Dir die Ursache nicht angeben; ich aber auch nicht.[187]

Es gibt keine Advokatur für Dr. Heinrich Heine in Hamburg. Und nicht nur Heine weiß nicht, warum. Bis heute weiß das keiner so richtig. Böse Einflüsterungen des Schwagers Moritz Embden in das Onkel-Ohr? Heine ist sicher, daß der Mann seiner Schwester Rache sucht für die *wohlverdiente Verachtung, die ich ihm zeigte.*[188] Daß er ihn und seine Lebensweise *bei der ganzen Welt* verleumdet. Zur »ganzen Welt« gehört auch jener Herr Cohen, eigentlich ein guter Bekannter und Nachrichtenüberbringer zwischen Moser und Heine, denn er ist öfter in Berlin. *Da soll nun Cohen im Hause meines Oheims geäußert haben: ich sei ein Spieler, lebte müßig, müsse in schlechten Händen sein, ich hätte keinen Charakter ...*[189] Menschen wie dieser Cohen und sein Schwager sind gefährlicher als offenkundige Feinde, weiß Heine, weil sie wie *Protektoren und Seelsorger* auftreten. Anderen gegenüber soll Moser nichts über Heine sagen, niemanden auffordern, etwas für ihn zu tun. ... »*etwas für den Menschen zu tun«. Dieser Ausdruck schon allein kann mich toll machen.* Heine hat den Verdacht, daß auch der Freund in Berlin dabei ist, andere auszuschicken, »etwas für ihn zu tun«. Er will das nicht. Schließlich zieht Heine das nüchterne Fazit: Das Talent, sich *irgendwo einzunisteln, ... dieses Talent, welches Insekten und einige hiesige Doctores juris in hohem Grade besitzen, fehlt mir ganz und gar.*[190] Sollte die Paukerei der letzten Jahre ganz umsonst gewesen sein?

Jetzt, im Dezember, schickt Heine die »Harzreise« zu Gubitz nach Berlin und ist neugierig, *wieviel Tannenbäume mir die Zensur auf dem Oberharze streichen wird.*[191]

Seine Biographen deuten Heines Versprechen an Moser, sich noch nicht gleich totzuschießen, gewöhnlich als Ausdruck einer tiefen Verzweiflung über das Scheitern seiner Berufspläne. Allerdings ist dieser Dezemberbrief an Moser sehr lang, obwohl Heine ankündigt, sich auf das beschränken zu wollen, was ihm *in diesem Augenblicke das Wichtigste scheint.* Bei einem Suizidgefährdeten sollte es sein bevorstehender Selbstmord sein, ist es aber nicht: *Ich habe nämlich Lust, nächste Ostern unter dem Titel* »Wanderbuch, erster Teil« *folgende Piecen drucken zu lassen:*

1. *Ein neues Intermezzo, etwa 80 kleine Gedichte, meist Reisebil-*
   der, und wovon Du schon 33 kennst.
2. *Die »Harzreise«, die Du dieser Tage im »Gesellschafter« schon*
   sehen wirst, aber nicht vollständig.
3. *Das Dir bekannte Memoire über Polen, völlig umgearbeitet*
   und bevorwortet.
4. *Die »Seebilder«, wovon Du einen Teil beikommend erhältst.*[192]

Auch diesmal ist es so wie immer, wenn Heine an Moser schreibt. Moser muß arbeiten. Und Heine formuliert bündig wie immer: *Die Aufgabe ist jetzt erstens, das Buch Dümmlern zum Verlag an-* *zubieten, und zweitens, so viel Honorar, als möglich, von ihm zu* *bedingen. Ich denke, daß er mir zwei Louisd'or für den Bogen gibt.* Daß *die Aufgabe* Moser zugedacht ist, wird gar nicht extra er-wähnt. Und das ist noch nicht alles. Denn Heine überlegt, das alte »Lyrische Intermezzo« noch einmal abdrucken zu lassen in Ver-bindung mit einem neuen, weshalb beide zusammen den Titel »Das große Intermezzo« tragen könnten. Moser soll das mal mit Dümmler klären. Und vielleicht könnte er zum »Großen Inter-mezzo« eine Vorrede schreiben?

Wer solche Briefe verschickt, ist nicht suizidgefährdet. Heine unterscheidet längst zwischen seinem *äußeren Leben* und einem anderen, nicht näher bestimmten. Es ist sein inneres, das eigentli-che Leben, welches nur den einen Nachteil hat, daß man von ihm nicht leben kann, weshalb sogar das Genie ein äußeres Leben füh-ren muß. Um dieses freilich ist es katastrophal bestellt. *Regen,* *Schnee und zuviel Essen.* Alle Menschen sehen ihn an, *als wollten* *sie das lyrische Intermezzo parodieren.*

Es wird Januar. Das neue Jahr 1826 findet ihn brotlos wie zuvor. Ein Dichter ist jemand, der für ein paar Pfennige ein Gelegenheits-gedicht verfertigt und im Spital stirbt. Diese frühe Warnung scheint zur Wirklichkeit seines Lebens werden zu wollen. Die Taufe hat ihm kein Glück gebracht. *Ich bin jetzt bei Christ und* *Jude verhaßt. Ich bereue sehr, daß ich mich getauft hab',* schreibt er Moser.[193] Überhaupt scheint seine Mitwelt erst jetzt, da er Christ ist, zu bemerken, daß er Jude ist. Oder war. Und damit noch immer ist. Einmal Jude, immer Jude. Das ist schon in Ordnung, hätte er sich nur nicht taufen lassen. Immerhin, in Berlin erscheint nun doch Gubitz' »Gesellschafter« mit der »Harzreise«. Als Heine sie vor sich hat, möchte er am liebsten tot umfallen. Gubitz hat keinen Harzbaum neben dem anderen gelassen. Er hat den ganzen Wald durcheinandergebracht, rücksichtslos Kahlschlag betrieben, und schreckte nicht einmal vor Brandrodungen zurück. Zum einen, weil er Angst hatte vor der Zensur, zum anderen, weil der Text eines Autors für ihn nur die Vorlage ist, um sich eine Frage zu stellen: Wie würde ich das schreiben, wenn ich es geschrieben hätte? – Die Antwort liest Heine gerade und ist rasend vor Ohnmacht. Nie wieder Gubitz!

Aber wer dann? Er weiß es nicht. Er geht in die Campesche Buchhandlung in Hamburg und tut das, was Autoren öfters tun: Nachsehen, ob die eigenen Bücher da sind. Und ob jemand sie anschaut, in die Hand nimmt. Vielleicht. Er verlangt seine »Tragödien«, der Buchhändler gibt ihm den Band.

Heine hält ihn in der Hand. Er wiegt nicht viel. Geprüft und für zu leicht befunden. Warum sollen seine Tragödien besser sein als sein augenblickliches winterliches, stellungsloses Befinden? Denn auch wer ein inneres, eigentliches Leben besitzt, schaut manchmal wie von außen auf sich selbst. Der Buchhändler bringt auch noch die Gedichte. Heine beginnt, ihn zu belehren. Daß diese Gedichte gar nichts wert seien. Er kenne sogar den Verfasser, er könne das beurteilen. Heine liebt seine Bücher, und es bereitet ihm jetzt eine merkwürdige Befriedigung, sie kleinzureden. Lieben ist Leiden, auch hier. Aber die Wunde, die er sich schlägt, wird augenblicklich gut versorgt. Der Buchhändler verteidigt den Band; er weist dem Banausen bündig nach, daß es sich hier um ein ganz besonderes Stück Literatur handele. Vom selben Autor sei übrigens im »Gesellschafter« gerade eine »Harzreise« abgedruckt, die müsse er einmal lesen, dann könne man weiterreden.

Heine ist beeindruckt. Dieser Buchhändler kennt seine »Harzreise« und bemerkt ihre genialen Züge selbst noch unter drei Schichten Gubitz-Glasur. Sein Hirn arbeitet inzwischen an einfachen logischen Schlußverfahren: Wenn dieser Buchmensch, Campe heißt er, diesen verschrobenen Autor und seine verschrobenen Tragödien mitsamt der gegubitzten »Harzreise« wirklich gut findet, sollte er dann nicht seine eigene »Harzreise« und dazu ein paar oder ein paar mehr Gedichte drucken?

Seit dem vergangenen Sommer schon denkt er daran, dieses schön dicke Buch herauszubringen, mit diesem Plan hatte er Moser unlängst zu Dümmler geschickt. Dick muß es sein, um die Metternichsche Präventivzensur für Druckwerke unter zwanzig Bogen zu umgehen. Doch Dümmler lehnte ab. Soviel Honorar als möglich sollte Moser erwirken. Soviel als möglich ist Dümmler viel zuviel. Überhaupt sollten Schriftsteller dankbar sein, daß einer sie druckt, und nicht auch noch Geld dafür verlangen. Finden die Dümmlers dieser Erde.[194]

Dr. Heinrich Heine aus Düsseldorf, bald dreißig Jahre alt, steht nun in dieser Hamburger Buchhandlung, er hat nicht nur keinen Beruf, er hat auch keinen Verleger. Und da passiert, was im Leben und sogar in der katholischen Kirche eher selten passiert: ein Wunder.

Dichter trifft Verleger. Die ersten »Reisebilder« und noch ein Sommer auf Norderney

Er erklärt dem Campe das *Wanderbuch I-ter Theil*, und der hat einen Blick, in dem Heine sofort das Unerhörte liest: Sein Wanderbuch ist schon so gut wie gedruckt. Er soll sogar ein Honorar bekommen. Dreißig Louisdor. Als er die Buchhandlung verläßt, hat er zwar noch immer keinen Beruf, aber dafür einen Verleger. Es ist eine der folgenreichsten Begegnungen zwischen dem bald folgenreichsten Schriftsteller und dem bald folgenreichsten Verleger der Zeit.

Campe wird für Heine, was Cotta für Goethe war. Der liberale Campe, Absolvent der Freiheitskriege im Lützowschen Freikorps, beginnt einen neuen Freiheitskrieg. Diesmal geht es gegen die Zensur. Er verlegt bald alle großen Liberalen, Ludwig Börne, Karl Gutzkow, Hoffmann von Fallersleben, Georg Weerth, Friedrich Hebbel. Drei Jahre zuvor hatte er den alten Verlag Hoffmann und Campe von seinem Halbbruder übernommen. Julius Campe ist fünf Jahre älter als Heine.

Schon im Mai erscheint das *Wanderbuch, I-ter Theil*, nur heißt es ein wenig anders: »Reisebilder. Erster Theil«. Campe ist gut im

Titelmachen. Er wird es noch oft sein. Gedichte der »Heimkehr« stehen darin und die sprechenden Nordseewellen des letzten Sommers, die entgubitzte und überhaupt noch einmal ganz neu überarbeitete »Harzreise«. Campe glaubt fest an den Erfolg. Heine nicht ganz so sehr. Aber er ist froh. *Mein neues Büchlein ist im vollen Gedrucktwerden.* Vielmehr, er könnte froh sein. *Es ist mir (das Buch) ganz gleichgültig, wie mir denn überhaupt die meisten Dinge keinen Spaß mehr machen. – Ich hab' diese Tage meine Schwester verloren.*[195] Sie bricht mit ihm wegen seines Haders mit ihrem Mann. Es trifft ihn tief. Es geht ihm doch nicht so gut.

Seinem Buch geht es dafür um so besser. Es geht einem Buch nie besser, als wenn es gelesen wird. In Kürze schon wird Heine als der »Reisebilder«-Heine berühmt sein, und in diesem Frühjahr geht das los. Er stellt sich die Göttinger vor, wenn sie ihr Porträt am Anfang der »Harzreise« lesen. Die »Harzreise« ist das Porträt des deutschen Philistertums, und Göttingen ist seine Mitte. Sie ist auch das Porträt seiner Seele, die sich vor dem Hintergrund des Philistertums um so zarter und kostbarer ausnimmt. Zuletzt ist sie irgendwie auch das Porträt des Harzes, aber das hatten wir schon. Er geht nun leichten Schritts in die »Damenhalle« am Jungfernstieg, um Kuchen zu essen. Die Damenhalle besucht er öfter, weil da nicht geraucht werden darf. Er ißt einen Kuchen nach dem anderen, liest die Zeitungen, schaut den vorübergehenden Frauen nach und denkt, daß er nur hineinzubeißen brauche. *Als ich ein Knabe war, fühlte ich immer eine brennende Sehnsucht, wenn schön gebackene Torten, wovon ich nichts bekommen sollte, duftig=offen bei mir vorübergetragen wurden; späterhin stachelte mich dasselbe Gefühl, wenn ich modisch entblößte, schöne Damen vorbeispazieren sah ...*[196] Wenn das Wetter gut ist, setzt er sich an die Wasserseite des Alsterpavillons, schaut den Booten und den Schwänen nach und denkt an sein Buch.

Im Juli zahlt Campe seinem Autor bereits einen Vorschuß für die »Reisebilder, Zweiter Theil«. Das trifft sich gut, denn Heine möchte wieder nach Norderney, und Norderney ist teuer. Auch ist es gar nicht so leicht hinzukommen. Erst sitzt er acht Tage in Cuxhaven fest, dann fährt er mit einer kleinen Jolle zum Schiff, das weit draußen auf Reede liegt. Dreimal wird sie von den Wellen fast in den Hafen zurückgeschlagen und *wenig fehlte, daß nicht eine Menge ungeschriebener Seebilder nebst ihrem Verfasser zugrundegingen.*[197] Dennoch war ihm selten so wohl wie jetzt. Die schöne Frau vom vergangenen Jahr ist auch schon da, obwohl ihm scheint, daß sie da noch schöner war als jetzt. Er begrüßt die Fürstin Solms, noch eine Bekannte vom letzten Jahr. Und er begrüßt die Spielbank, ebenfalls eine Bekannte vom Vorjahr. Gleich am ersten Tag oder zumindest am zweiten vormittags besucht er sie und gewinnt ausnahmsweise. Aber das fällt nicht weiter ins Gewicht, weil er in Cuxhaven auch schon gespielt hat und dabei fünf Louisdor verlor.

Jetzt sitzt er in einer Fischerhütte mit einem zu niedrigen Tisch, an dem wohl noch nie jemand geschrieben hat. Fast alles ist wie im letzten Jahr. Er sieht schöne Frauen und die besonders schöne, aber nicht mehr ganz so schöne Frau, er hört die Wellen und ißt gut. Mehr, Heine weiß das genau, kann der Mensch nicht verlangen. Ein paar Seebilder fallen ihm ein und neue Szenen zu seinem »Faust«. Das Projekt ist noch immer nicht begraben. Obwohl es ihm sehr, sehr gut geht, hat er manchmal *Gedanken von papier maché und käsige Gefühle.* Aber er ist optimistisch. Es sind sogar ein paar Berlinerinnen da, die seine »Reisebilder« gelesen haben, und eine davon findet er gar nicht übel. Vier Wochen will er bleiben und, wenn er die Spielverluste zurückgewinnt, weiter in die Niederlande fahren. Von Varnhagen bekommt er Post: Die »Reisebilder« haben ihm gefallen. Und noch mehr freut er sich über Rahel Varnhagens Brief; dieser Brief hebt ihn ganz weit hoch auf einen Wellenkamm, und er hat keine Angst herunterzufallen: *Entzückt, wahrhaft entzückt, fast berauscht hat mich Frau Varnhagens Brief. ... Das Beste ist, ich brauche Frau von Varnhagen keine langen Briefe zu schreiben. Wenn sie nur weiß, daß ich lebe, weiß sie auch, was ich fühle und denke. ... Ich lauf' so wild in der Welt herum, manchmal kommen Leute, die mich wohl gern zu ihrem Eigentum machen möchten, aber das sind immer solche gewesen, die mir nicht sonderlich gefielen, und solange dergleichen der Fall ist, soll immer auf meinem Halsbande stehen: j'appartiens à Madame Varnhagen. –*[198]

Auch wenn die schöne Frau nicht mehr so schön ist wie im letzten Jahr, er trifft eine andere am Strand, nur im Vorübergehen, sie sehen einander an, er nimmt ihre Hand, und dann ist sie weg, aber *meine Seele zitterte und glühte. – Ich hab' nachher geweint.*[199] Das Meer scheint ihm nicht mehr ganz so romantisch wie 1825, aber die beiden kommen gut miteinander aus, denn die Nordsee weiß, daß er sie besingt. Er besucht sie vor allem nachts, bei Mondschein. An der einst besonders schönen Frau – sie ist aus Celle – bewundert er inzwischen nur noch die Stimme. Da ist es schon August. Es wird Zeit, in die Niederlande weiterzureisen, aber das geht nicht. Er wartet noch auf einen Geldzuschuß von zwölf Louisdor, die ihm Campe schicken soll. Der macht das gern, glaubt Heine. Er hat sein Geld doch nicht zurückgewonnen, und seit Mitte August spielt er gar nicht mehr, *... weil mich das Spiel zu langweilen begann ... Auch ärgerte ich mich über das ewige Verlieren.*[200]

Die Niederlande sind für dieses Jahr gestorben. Die letzten Badegäste reisen ab, die See ist bald sein einziger Umgang – *und ich habe nie einen besseren gehabt.* Er mietet sich ein Boot und zwei Schiffer und kreuzt tagelang auf der Nordsee. Er schaut in den Himmel, er schaut auf die Wellen. Im vergangenen Jahr hatte er beim Schauen eine seltsame Vision, die ist längst Gedicht geworden, und viele Festländer lesen es gerade und können nicht an sich halten vor Empörung. Das Gedicht handelt von Jesus Christus, dem Heiland, gemacht aus Sonne und Nordseegischt:

> Frieden
>
> *Hoch am Himmel stand die Sonne,*
> *Von weißen Wolken umwogt,*
> *Das Meer war still,*
> *Und sinnend lag ich am Steuer des Schiffes,*
> *Träumerisch sinnend – und, halb im Wachen*
> *Und halb im Schlummer, schaute ich Christus,*
> *Den Heiland der Welt.*
> *Im wallend weißen Gewande*
> *Wandelt' er riesengroß*
> *Über Land und Meer;*
> *Es ragte sein Haupt in den Himmel,*
> *Die Hände streckte er segnend*
> *Über Land und Meer;*
> *Und als ein Herz in der Brust*
> *Trug er die Sonne*

Die rote, flammende Sonne,
Und das rote, flammende Sonnenherz
Goß seine Gnadenstrahlen
Und sein holdes, liebseliges Licht,
Erleuchtend und wärmend,
Über Land und Meer.

Und so geht das weiter, noch einmal so lange, bis zum Fazit:
Gelobt sei Jesu Christ!
Aber jetzt hebt das Gedicht noch einmal an:

Hättest du doch dies Traumbild ersonnen,
Was gäbest du d'rum,
Geliebtester!
Der du in Kopf und Lenden so schwach,
Und im Glauben so stark bist,
Und die Dreifaltigkeit ehrest in Einfalt,
Und den Mops und das Kreuz und die Pfote
Der hohen Gönnerin täglich küssest,
Und dich hinaufgefrömmelt hast
Zum Hofrath und dann zum Justizrath.
Und endlich zum Rathe bei der Regierung,
In der frommen Stadt,
Wo der Sand und der Glauben blüht,
Und der heiligen Spree geduldige Wasser
Die Seelen wäscht und den Thee verdünnt -
Hättest du doch dies Traumbild ersonnen,
Geliebtester!
Du trügest es, höheren Ortes, zu Markt,
Dein weiches, blinzelndes Anlitz
Verschwämme ganz in Andacht und Demuth,
Und die Hocherlauchte,
Verzückt und wonnebebend,
Sänke betend mit dir auf's Knie,
Und ihr Auge, selig strahlend,
Verhieße dir eine Gehaltszulage
Von hundert Thalern Preußisch Courant,
Und du stammeltest händefaltend:
Gelobt sei Jesu Christ!

Man macht sich keine Freunde mit solchen Versen. Gerade ein frisch Getaufter riskiert viel, wenn er zeigt, daß er das Wesen des Christentums, insofern es teilhat am Wesen der (Geschäfts-)Welt, verstanden hat. Ein künftiger Beamter sollte anders dichten. Oder besser gar nicht. Heine kündigt das stille Einverständnis der Sphäre auf, die er doch noch immer betreten möchte. Er ist zu klug, das nicht zu wissen. Kann sein, er findet einen eigentümlichen Genuß darin, gegen sich zu arbeiten. Und was heißt hier »er« ? Kein Dichter dichtet selbst. Es dichtet in ihm, und wer ist er, der Möchtegernbürger Heine, Repräsentant seines äußeren Lebens, daß er den dichtenden Quell in ihm aus kleinlichen Rücksichten des Fortkommens zensieren dürfte? Ist der Dichter in ihm erst korrumpiert, ist er so gut wie tot.

Die Mehrzahl der Kritiker ahnt nichts von solch empfindlichen Rücksichten. Gottlos, leichtsinnig, zynisch, ja auch krankhaft nennen sie diese »Reisebilder«. Heines Verweigerung der Schlußharmonie reizt sie.

Jede Antithese ist nur ein Durchgangsglied zur höheren Synthese? Dieser Glaube macht den klassischen Kulturbürger, er macht den Hegelianer. Heines Gedichte verweigern diese Synthese von Anbeginn. Er kann nicht anders. Hegelianer sind seine besten Freunde – Moser! –, aber er glaubt nicht an Weltgeister. Oder doch. An den Weltgeist, wie er einem betrunkenen Seemann in der Hafenkneipe erscheint – an den glaubt er von ganzem Herzen:

> *Du braver Ratskellermeister von Bremen!*
> *Siehst du, auf den Dächern der Häuser sitzen*
> *Die Engel und sind betrunken und singen;*
> *die glühende Sonne dort oben*
> *Ist nur eine rote, betrunkene Nase,*
> *Die Nase des Weltgeists;*
> *Und um die rote Weltgeistnase*
> *Dreht sich die ganze, betrunkene Welt.*

Ende September. Er ist zurück in Lüneburg, seine Eltern sind inzwischen umgezogen, vom Wahlstabschen Haus in eine kleine Wohnung am Marktplatz. Dort sitzt er und schreibt einem Freund, daß er in letzter Zeit viel gelitten habe. Am Meer gelitten? Dieser

Mensch ist wirklich verwöhnt. Vielleicht hat er den betrunkenen Seemann, aus dessen Römerglas der ganze wogende Mikrokosmos hinabfließt *ins durstige Herz*, schon fertiggedichtet. Denn »Im Hafen« gehört zur zweiten Abteilung der Nordsee-Gedichte, die im kommenden Frühjahr erscheinen wird. Acht große Seebilder hat er im Oktober fertig, aber Campe geht das viel zu langsam.

Er will den zweiten Teil so schnell wie möglich drucken. Doch Heine beeilt sich nicht. Erstens ist Lüneburg nicht an einem Tag erbaut, läßt er Campe von ebendort wissen, und zweitens hat er die Idee zu noch einem Buch. Das läßt er Campe auch wissen. Heine ist, wie bereits mehrmals erwähnt, bald dreißig, und selbst wenn er angesichts dieses bedenklich fortgeschrittenen Alters im Augenblick noch nicht seine vollständigen Memoiren veröffentlicht, so ist es dennoch Zeit für eine Rückschau, eine Art Gesammelte Werke, in seinem Fall Gesammelte Gedichte. Heine denkt an ein Kompendium seiner Lyrik, an ein »The best of …« und macht die gleiche Erfahrung wie auch heute jeder etwas unbekanntere und bekanntere Autor, der seinem Verleger vorschlägt, ein dickes Buch Gedichte zu drucken. Campe will nicht. Ein Gedicht ist schon tendenziell unverkäuflich, mehrere Gedichte sind ebenso unverkäuflich, warum sollte das bei vielen Gedichten anders sein? Campe will wirklich nicht. Er sieht Heines gereimten Lebensrückblick bereits bleischwer in den Regalen liegen. Und gibt am Ende doch nach. Daß Lüneburg nicht an einem Tag erbaut wurde, weiß er. Damit muß er sich abfinden, ein Verleger muß geduldig sein. Aber was, wenn es nun gar nicht erbaut wird? Wenn es keine Fortsetzung der »Reisebilder« geben wird wegen tiefen Mißmuts des Autors? Daher wird Campe, Verleger zu Hamburg, bald ein »Buch der Lieder« drucken.

Alles kommt, wie vorausgesehen. Das »Buch der Lieder« liegt bleischwer in den Regalen. Zehn Jahre verhält es sich genau wie vom Verleger erwartet und beweist täglich aufs neue seine tendenzielle Unverkäuflichkeit. Aber dann wird alles anders. Dann wird Heines »Buch der Lieder« zu einer der erfolgreichsten Gedichtsammlungen der Weltliteratur. Und ein Vierteljahrhundert später wird Heines Bruder Maximilian die Vermutung äußern, daß Düsseldorf seinem nunmehr berühmten Sohn bestimmt bald ein Denkmal setzen wird, und Heine wird antworten: In Hamburg habe er schon eins. *Wenn Du von dem Börsenplatze Dich links hältst, so siehst Du ein großes, schönes Haus, das dem Verleger meiner Reisebilder, Herrn Julius Campe, gehört. Das ist ein prachtvolles Monument aus Stein, in dankbarer Erinnerung an die vielen und großen Auflagen meines Buches der Lieder.*[201] Aber so weit ist es noch nicht. Und auch dann wird das mit den vielen und großen Auflagen nicht ganz stimmen, die erscheinen erst nach seinem Tod.

In Lüneburg hat Heine viel Arbeit. Er stellt seine alten Gedichte zusammen und schreibt neue »Reisebilder«. Er ist sehr beeindruckt von sich: *Wenn es sich nur mit meiner Gesundheit etwas mehr bessert, so wird der zweite »Reisebilder«-Teil das wunderbarste und interessanteste Buch, das in dieser Zeit erscheinen mag.*[202]

Er hat seine Form gefunden. Es ist die radikale Nicht-Form. Die Un-Form. Vom Gedicht zum Reisebericht und wieder zurück. Aber wer glaubt, in Heines »Reisebildern« etwas über die Orte zu erfahren, an denen er sich gerade aufhält, der hat keine Ahnung. Die Mitte eines Reiseberichts ist grundsätzlich der Reisende selbst. Heine hat das als erster herausgefunden. Der Harz ist das Unwichtigste an der ganzen Harzreise, und nur weil er die Ilse so liebte, kommt soviel Ilse darin vor. Wichtig an einem Reisebericht ist, was der Reisende gerade denkt, wenn er den Fuß in eine mehr oder weniger zufällige Landschaft setzt. *Im Grunde ist es auch gleichgültig, was ich beschreibe; alles ist ja Gottes Welt und der Beachtung wert; und was ich aus den Dingen nicht heraussehe, das sehe ich in sie hinein.*[203] Heine hat recht. Wer das nicht von sich sagen kann, braucht nicht Schriftsteller zu werden. Und die Sache hat noch mehr Vorteile. Auf diese Weise, glaubt er, kann er alles sagen. Vor allem das, was er nicht sagen kann. Und das ist eigentlich alles in der Ära Metternich. Folgerichtig wird er von *allen Dingen und von noch einigen* sprechen. Freunde fordert er zum Mitsagen auf, sollen sie ruhig etwas Eigenes in seinen neuen »Reisebilder«-Band geben, dann wird es noch unordentlicher. Xenien nennt man diese Fremdgedanken im Eigenen. Moser zum Beispiel könnte *ein paar fragmentarische Aussprüche über den Zustand der Wissenschaften in Berlin oder Deutschland oder Europa* beisteuern – *wer könnte die leichter hinskizzieren als Du? Und wer könnte sie besser verweben als ich? Hegel, Sanskrit, Dr. Gans, Symbolik, Geschichte – welche reiche Themata!*[204]

Während er auf die Antworten der Freunde wartet, schreibt er schon mal, wie ihm Norderney im letzten Sommer gefallen hat. Er sammelt auf, was nicht in die Gedichte paßte. Jetzt schreibt er Prosa. Die dritte Abteilung der »Nordsee« beginnt: – – – *Die Eingeborenen sind meistens blutarm und leben vom Fischfang.*[205] Außerdem, teilt der Autor mit, trinken sie Tee, *der sich von gekochtem Seewasser nur durch den Namen unterscheidet.* Das heißt, die Frauen trinken Tee, Männer gibt es oft nicht mehr, weil die Norderneyer auch auf fremden Kauffahrteischiffen zur See fahren, Vater und Söhne immer zusammen auf demselben Schiff, und wenn das dann untergeht, sind gleich alle Männer weg. So schreibt Heine und ist sehr sorglos dabei. Vielleicht denkt er, *die Eingeborenen* lesen keine Bücher, und wenn er sich im nächsten Sommer wieder tagelang von ihnen auf dem Meer herumfahren läßt, werden sie nichts wissen und ihn schon nicht versenken. Andererseits ist er durchaus wachsam. Wenn der eigene Name von der Straße heraufgerufen wird, öffnet jeder das Fenster und antwortet. Heine nicht, er löscht lieber das Licht, als er seinen Namen hört.

Es ist bald Weihnachten, und er ist kurz in Hamburg. Die rufende Stimme könnte Campe gehören, aber kann man das wissen? Verabredet sind sie erst für den nächsten Tag. Besser, er guckt nicht hinaus. Das war sehr klug, denkt Heine Minuten später, denn da fliegen schon kleine Geschosse gegen die Fensterscheibe. Es werden immer mehr. Schließlich öffnet der Hauswart. Auf der Straße steht Campe, er hatte bei Heine Licht gesehen und an einer Bude eine Tüte Pfeffernüsse für ihn gekauft. Nun mußte er das Gebäck als Munition zweckentfremden, weil keiner aufmachte. Den Rest gibt er dem Hauswart: Mit besten Grüßen an Herrn Heine von Professor Hugo aus Göttingen! sagt Campe, denn etwas ärgerlich ist er schon. Am nächsten Abend trifft er Heine im Damenpavillon. Diesmal sind sie verabredet. Campe wartet. Eigentlich müßte Heine doch etwas sagen über die Pfeffernüsse von Professor Hugo aus Göttingen. Aber Heine sagt nichts. Nun gut, denkt sich Campe. Hat er sie wohl noch nicht gegessen. Doch Tage später spricht Heine noch immer nicht über die Göttinger Süßwaren. Da will Campe es wissen:

– Wie haben Ihnen denn die Pfeffernüsse geschmeckt?

Heines kleine Augen werden ganz groß:

– Die waren von Ihnen?

Ein gewisses Bedauern steht jetzt im Gesicht des Liebhabers von Konditoreierzeugnissen. Es hatte ihn schon Überwindung gekostet, die Pfeffernüsse einfach ins Feuer zu werfen. Aber sollte er etwa Pfeffernüsse von Professor Hugo aus Göttingen essen? Die mußten vergiftet sein, da war sich Heine sicher.[206] Göttingen hatte die »Reisebilder« natürlich verboten. Andere Klein-Göttingens, von denen es viele gibt, folgten ihm nach. Heine weiß also genau, was er tut, wenn er beginnt, die »Eingeborenen« Norderneys zu schildern und danach noch eine andere Art von Eingeborenen, die Hochgeborenen, den hannöverschen Adel und was der Kurgäste mehr sind.

Doch dieses Prosastück ist nicht bloße Laune, vielmehr gelingt Heine hier auf wenigen Seiten eine Beschreibung des Zeitalters und seiner Verwerfungen, die andere in einem ganzen Buch nicht leisten könnten. Denn Heine braucht die armen Insulaner, um die Welt von gestern zu beschreiben, diese Welt, die für den diensthabenden Herrscher Metternich die einzig denkbare, weil die einzig lebbare ist. Der finstere Reaktionär Metternich ist eigentlich gar nicht nur finster und auch nicht nur Reaktionär. Er verteidigt bloß seinen Weltbegriff. Selten wird er sich so verstanden gefühlt haben wie hier von seinem Opponenten. Daß Heinrich Heine nicht zum politischen Fanatiker taugt, ersehen wir ebenfalls aus dieser kleinen Schrift, denn wer die Dinge immer doppelt sieht – zu ihrer taghellen Seite auch die nachtdunkle hinzu – wer weiß, daß nichts auf der Welt eindeutig ist und jeder Gewinn zugleich Verlust, der ist als Revolutionär schon verloren.

Die »Eingeborenen« von Norderney, sofern ihre Schiffe nicht unterwegs gesunken sind, kommen als Matrosen manchmal bis in die südlichen Länder, wo die Sonne heller ist und die Blumen bunter sind. Und doch, weiß Heine, können alle Blumen dort *nicht den Leck ihres Herzens stopfen, und mitten in der duftenden Heimat des Frühlings sehnen sie sich wieder zurück nach ihrer Sandinsel, nach ihren kleinen Hütten, nach dem flackernden Herde, wo die Ihrigen, wohlverwahrt in wollenen Jacken, herumkauern*[207] und eben jenen Tee trinken, der sich von gekochtem Seewasser nur durch den Namen unterscheide. Heine interessiert, was diese Menschen so fest und genügsam zusammenhält. Es ist nicht die

Liebe, sondern die Gewohnheit, *das natürliche Ineinander-Hin-überleben, die gemeinschaftliche Unmittelbarkeit. Gleiche Geisteshöhe oder, besser gesagt, Geistesniedrigkeit, daher gleiche Bedürfnisse und gleiches Streben; ... an den Augen sehen sie sich ab, was sie denken, die Worte lesen sie sich von den Lippen, ehe sie gesprochen worden, alle gemeinsamen Lebensbeziehungen sind ihnen im Gedächtnisse ...*[208] Beinahe ein Ton der Wehmut schleicht sich ein in die anfangs so distanzierte Betrachtung.

Es gibt zwei Arten von Geistesmenschen. Die einen, Typus Hegelianer, Wissenschaftler überhaupt, die stolz sind auf die Gabe des Geistes. Und es gibt die anderen, die wissen, daß der Geist die Katastrophe schon einschließt. Heine gehört zu ihnen. Er weiß, was ihn von den Fischern auf Norderney trennt: *Denn wir leben im Grunde geistig einsam; durch eine besondere Erziehungsmethode oder zufällig gewählte besondere Lektüre hat jeder von uns eine besondere Charakterrichtung empfangen; jeder von uns, geistig verlarvt, denkt, fühlt und strebt anders als die andern, und des Mißverständnisses wird so viel, und selbst in weiten Häusern wird das Zusammenleben so schwer, und wir sind überall beengt, überall fremd und in der Fremde.*[209] Wenn es einen Satz gibt, der den ganzen Abstand Heines zu Goethe, zum klassischen Zeitalter enthält und die ganze Nähe zu den Romantikern, dann ist es dieser.

Wir sind überall fremd und in der Fremde – das kann nur ein Romantiker sagen. Und nur ein Romantiker kann sich nach der Fischerförmigkeit des Daseins zurücksehnen, mit einem Teil seiner Seele wenigstens: *In jenem Zustande der Gedanken- und Gefühlsgleichheit, wie wir ihn bei unseren Insulanern sehen, lebten oft ganze Völker und haben oft ganze Zeitalter gelebt. Die römisch-christliche Kirche im Mittelalter hat vielleicht einen solchen Zustand in den Korporationen des ganzen Europa begründen wollen und nahm deshalb alle Lebensbeziehungen, alle Kräfte und Erscheinungen, den ganzen physischen und moralischen Menschen unter ihre Vormundschaft. Es läßt sich nicht leugnen, daß viel ruhiges Glück dadurch gegründet ward und das Leben warm-inniger blühte und die Künste, wie still hervorgewachsene Blumen, jene Herrlichkeit entfalteten, die wir noch jetzt anstaunen und mit all unserem hastigen Wissen nicht nachahmen können.*[210] Was Heine hier beschreibt, ist der Bruch der Moderne, der nicht nur ein geschichtlicher ist, sondern mehr denn je durch die globale

Gegenwart geht und durch jeden einzelnen auch, insofern er ein Heutiger ist. Niemand ist nur von heute, er ist immer auch von gestern. Und je mehr er von heute ist, weiß er, daß er auch vergangene Zeitalter in sich trägt. Und er kennt den Riß, der diese in derselben Brust voneinander trennt. *Aber der Geist hat seine ewigen Rechte, er läßt sich nicht eindämmen durch Satzungen und nicht einlullen durch Glockengeläute; er zerbrach seinen Kerker und zerriß das eiserne Gängelband, woran ihn die Mutterkirche leitete, und er jagte im Befreiungstaumel über die ganze Erde, erstieg die höchsten Gipfel der Berge, jauchzte vor Übermut, gedachte wieder uralter Zweifel, grübelte über die Wunder des Tages und zählte die Sterne der Nacht.*[211] Und dann stellt Heine die Frage: Ist jetzt mehr Glück als früher? *Wir wissen, daß diese Frage, wenn sie den großen Haufen betrifft, nicht leicht bejaht werden kann; aber wir wissen auch, daß ein Glück, das wir der Lüge verdanken, kein wahres Glück ist und daß wir, in den einzelnen zerrissenen Momenten eines gottgleichen Zustandes, einer höheren Geisteswürde, mehr Glück empfinden können als in den lang dahinvegetierten Jahren eines dumpfen Köhlerglaubens.*[212] In diesem Zwiespalt lebt er.

Denken macht nicht glücklich, nur manchmal, in ebenjenen zerrissenen Momenten eines gottgleichen Zustands. Und das größte Unglück des Denkens ist, daß man nicht mehr dahinter zurückkann. Also denkt Heine weiter, denkt noch das, was hinter der Innigkeit der alten Welt liegt – die Herrschaft. *Rom wollte immer herrschen, und als seine Legionen fielen, sandte es Dogmen in die Provinzen. Wie eine Riesenspinne saß Rom im Mittelpunkt der lateinischen Welt und überzog sie mit seinem unendlichen Gewebe. Generationen der Völker lebten darunter ein beruhigtes Leben, indem sie das für einen nahen Himmel hielten, was bloß römisches Gewebe war ...*[213]

Wer ein Reisebild von Heine liest, muß auf solche Philosophie der Weltgeschichte gefaßt sein. Und natürlich gehört sie in eine Beschreibung Norderneys, schließlich hat der Autor sie dort gedacht. Denn er hat den Gegensatz zwischen den Fischern und den Kurgästen empfunden, und er ahnt, daß mit den Kurgästen eine fremde Welt in das Fischerdasein einbricht, eine *innere Lebensstörung, schlimmer Anreiz, großer Schmerz.* Bei dieser Gelegenheit fällt Heine das Tortengleichnis ein: wie groß seine Kindersehnsucht war, wenn Torten an ihm vorübergetragen wurden, von denen er nichts bekommen sollte. Und wie groß später seine Sehnsucht war, wenn Frauen an ihm vorübergingen, von denen er nichts bekommen sollte. *... und ich denke jetzt, die armen Insulaner, die noch in einem Kindheitszustande leben, haben hier oft Gelegenheit zu ähnlichen Empfindungen, und es wäre gut, wenn die Eigentümer der schönen Torten und Frauen solche etwas mehr verdeckten.*[214] Allerdings ist die Tugend der Insulanerinnen nach Heine noch weitgehend ungefährdet, da ihre Häßlichkeit und ihr Fischgeruch einen natürlichen Schutz darstellten. So grob ist er. Das Derbe, Ungeformte stößt ihn ab. Aber schöne Frauen hat er doch gesehen, wovon der wiederholte Ausruf »Evelina!« zeugt, gestreut zwischen grundsätzliche Überlegungen zu Goethe, zum Wesen der Klabautermänner, zum hannöverschen Adel, zu Napoleon und Walter Scotts Vorsatz, dessen Biographie zu schreiben. Heine würde ihm abraten. »Evelina!«, mehr steht da nicht. Was soll man auch mehr sagen über eine Frau, deren Hand man nur einmal im Dunkel gehalten. Wahrscheinlich hat Heine der nächtlichen Hand den Namen Evelina gegeben und sie, so eingeklemmt zwischen Goethe und Scott, unsterblich gemacht.

Zu Goethe hat er inzwischen wieder einen gelassenen Abstand. Daß Goethe mit Norderney nichts, aber auch gar nichts zu tun hat – dies zu bestreiten wäre Heine der letzte. Allein ist ihm hier am Strand wieder Goethes schönes Heidentum aufgefallen, und das läßt ihn freier atmen, diesen *Wolfgang Apollo* liebt er und verteidigt ihn gegen jeden *Tugendpöbel*. Einmal stand er hier auf Norderney hinter dem Stuhl einer Dame, *der man schon von hinten ihre vierundsechzig Ahnen ansehen konnte,* und ließ sich in eine Diskussion verwickeln:

– Doktor, was halten Sie von Goethe?

Ich aber legte meine Arme kreuzweis auf die Brust, beugte gläubig das Haupt und sprach: »La illah ill allah, wamohammed rasul allah«.[215]

Die Dame hätte ihn auch fragen können, was er über Himmel und Erde denke. Ja, er kann jetzt sogar Goethe sehen, wie dieser sich selbst sieht, er kann das *klare Griechenauge* bewundern, das *nirgends die Dinge mit seiner Gemütsstimmung koloriert. Das* genau das Gegenteil von dem tut, was er selbst gerade unternimmt. Aber dieses Verdienst Goethes werden erst spätere Zeiten erkennen, die nicht mehr so krank, so zerrissen sind wie die seine, sagt Heine.

Und noch ein Reisebild schreibt er im Winter in Lüneburg. Eigentlich ist es eher ein Kindheitsbild und sagt, was man über Düsseldorf wissen muß und den großen Kaiser Napoleon, den kein Mensch mehr einen großen Kaiser nennt, oder nur sehr wenige und dann unter Gefahr. Harry-Heinrich aber darf das sagen, denn er schreibt nur auf, was das Kind dachte. Das Kindheits- als Napoleonbild heißt »Ideen. Das Buch Le Grand«. Le Grand ist der französische Trommler, der bei ihm zu Hause einquartiert war. Oder er ist der französische Trommler, der bei ihm zu Hause hätte einquartiert sein können. Le Grand ist ein idealler Gesamttrommler.

Das Gute ist, daß Heine mit diesem Reisebild gar nicht ganz von vorn anzufangen braucht. Wozu hat er denn seine Memoiren geschrieben? Und wer sagt, daß Memoiren ein einziges Buch ergeben müssen? Memoiren sind, wie das Wort schon sagt, viele, und man kann sie auch einzeln auf die Reise schicken. Rein technisch gesehen, trifft Campe die letzten Reisevorbereitungen, das neue Buch wird gedruckt, und Heine hat das sichere Gefühl, daß es höchste Zeit ist, wieder einmal zu verreisen. Er denkt an die Pfeffernüsse an seinem Fenster und an den Professor in Göttingen: Auch hat diesmal nicht nur Göttingen Grund, ihm böse zu sein. *Das Buch wird viel Lärm machen, nicht durch Privatskandal, sondern durch die großen Weltinteressen, die es ausspricht,*[216] hatte er einem Freund geschrieben. Da ist es doch besser, man ist nicht zu Hause.

Eines Morgens im April nimmt Heinrich Heine ein allererstes Exemplar seines Buches, überreicht es dem Onkel beim Morgenkaffee und sagt:

– Ich muß das Land meines Ratcliff, ich muß England sehen!

– Dann reise, sagt der Onkel.

– Aber das Leben in England ist teuer, sagt der Neffe.

– Du hast unlängst Geld bekommen, sagt der Onkel.

– Ja, das ist für das tägliche Brot, sagt der Neffe, aber für den Namen, für die Repräsentation habe ich einen guten Kreditbrief nötig.

Onkel Salomon sieht das ein. Schließlich trägt der Neffe seinen Namen, da sollte er schon etwas vermögend aussehen. Und Onkel Salomon gibt seinem Neffen, von Beruf »Reisebilder«-Autor, eine

Empfehlung nebst Kreditbrief über vierhundert (oder auch nur zweihundert) Pfund Sterling an Baron von Rothschild in London. Aber nur zur Repräsentation, sagt der Onkel mahnend.

Der Neffe nickt und geht.[217]

Heine fährt nach England, löst den nur zur Repräsentation bestimmten Kreditbrief des Millionärsonkels ein und entwirft eine Theodizee

Am 12. April 1827 wird der zweite Band der »Reisebilder« ausgeliefert. Am Morgen dieses Tages verläßt Heinrich Heine etwas fluchtartig deutschen Boden. Das ist das Pfeffernußtrauma. Er fährt mit dem Dampfschiff nach England, in das Land Byrons, das Land Scotts, der gerade eine Napoleon-Biographie schreibt, die er besser nicht schreiben sollte, wie Heine findet. Und nicht zuletzt fährt er in das Mutterland der Freiheit. Die Sehnsucht nach freier Luft zum Atmen ist ebenso groß in ihm wie seine Sehnsucht nach versunkenen Romantikerwelten. Die meisten Menschen haben nur Platz für eine Sehnsucht, das macht sie so berechenbar; es macht sie zu Revolutionären oder Reaktionären. Er möchte keines von beiden sein und kann nur hoffen, daß die Reaktionäre ihn nicht zu den Revolutionären zählen.

Wenigstens ist er weg. Sie kriegen ihn nicht mehr, höchstens sein Buch. Er ist schon dort, wo er sich am sichersten fühlt: auf hoher See.

Am 22. Mai wird der Londoner »Morning Herald« melden: »Dr. H. Heine, the German Satirist and Poet, is now in London, on his tour to Paris.« Na bitte. Wäre er Advokat in Hamburg, nicht das allerletzte Käseblatt nähme davon Notiz, wenn er irgendwo hinführe. Und nun vermerkt sogar London seine Anwesenheit, neben Paris die zweite Hauptstadt der Welt und die größte sowieso. Er steht auf dem Verdeck seines Schiffes, erblickt die grünen Ufer der Themse. *»Land der Freiheit«, rief ich, »ich grüße dich! — Sei mir gegrüßt, Freiheit, junge Sonne der verjüngten Welt! Jene älteren Sonnen, die Liebe und der Glaube, sind welk und kalt geworden* *und können nicht mehr leuchten und wärmen … Alle Kraft der Menschenbrust wird jetzt zu Freiheitsliebe, und die Freiheit ist vielleicht die Religion der neuen Zeit, und es ist wieder eine Religion, die nicht den Reichen gepredigt wurde, sondern den Armen und sie hat ebenfalls ihre Evangelisten, ihre Märtyrer und ihre Ischariots!«*[218]

Kann sein, er denkt das nicht ganz so ausführlich, und bestimmt ruft er es nicht, aber dramaturgisch gesehen ist das Rufen wichtig, denn nachher wird aus diesen England-Begrüßungsgedanken ein Text, und neben dem jungen Rufer steht ein »gelber Mann«. Nähere Bestimmungen hat er nicht, aber er kann sprechen. »*Junger Enthusiast«, sprach der gelbe Mann, »Sie werden nicht finden, was Sie suchen …«* Und der gelbe Mann erklärt, daß jedes Volk seine eigene Freiheit hat, der Engländer etwa schätzt vor allem die häusliche Freiheit. »*Der Engländer ist daher mit jener Freiheit zufrieden, die seine persönlichsten Rechte verbürgt und seinen Leib, sein Eigentum, seine Ehe, seinen Glauben und sogar seine Grillen unbedingt schützt. In seinem Hause ist niemand freier als ein Engländer …«* Beim Franzosen sei das anders. Die Franzosen seien kein häusliches Volk, sondern ein geselliges, darum mußte mit der Ausbildung der Gesellschaftlichkeit in Frankreich auch das Bedürfnis nach Gleichheit entstehen, *und wenn auch der Grund der Revolution im Budget zu suchen ist, so wurde ihr doch zuerst Stimme und Wort verliehen von jenen Roturiers, die in den Salons von Paris mit der hohen Noblesse scheinbar auf einem Fuße der Gleichheit lebten und doch dann und wann, sei es auch nur durch ein kaum bemerkbares, aber desto tiefer verletzendes Feudallächeln, an die große, schmachvolle Ungleichheit erinnert wurden; – und wenn die canaille roturiere sich die Freiheit nahm, jene hohe Noblesse zu köpfen, so geschah dieses vielleicht weniger, um ihre Güter, als um ihre Ahnen zu erben.*[219]

Und die Deutschen? Der gelbe Mann auf dem Deck des Schiffes, das an den grünen Ufern der Themse entlangfährt, weiß auch, wie es um die Deutschen steht: *Was die Deutschen betrifft, so bedürfen sie weder der Freiheit noch der Gleichheit. Sie sind ein spekulatives Volk, Ideologen, Vor- und Nachdenker, Träumer, die nur in der Vergangenheit und in der Zukunft leben und keine Gegenwart haben. … Der Deutsche hat nichts, wofür er kämpfen sollte, und da er zu mutmaßen begann, daß es doch Dinge geben könne, deren*

Besitz wünschenswert wäre, so haben wohlweise seine Philoso-
phen ihn gelehrt, an der Existenz solcher Dinge zu zweifeln.[220]

Der freiheitstrunkene junge Mann an Deck ist sprachlos, der
gelbe Mann darum um so sprachmächtiger. Er kommt jetzt zur
Conclusio: *Der Engländer liebt die Freiheit wie sein rechtmäßiges*
Weib ... Der Franzose liebt die Freiheit wie seine erwählte Braut
... Der Deutsche liebt die Freiheit wie seine alte Großmutter.[221]
Nicht Heine hat das gesagt, sondern der gelbe Mann. Heine ist auf
der Reise ganz sonderbar zumute, als habe er Heimweh. Eine *ku-*
riose Nachliebe erfaßte ihn schon, als er die Linie der deutschen
Küste verlor, darum widerspricht er dem gelben Mann und legt
seine ganze Romantikerliebe in die Verteidigung der Deutschen
und ihrer Großmütter: *Lieber Herr, scheltet mir nicht die Deut-*
schen! Wenn sie auch Täumer sind, so haben doch manche unter
ihnen so schöne Träume geträumt, daß ich sie kaum vertauschen
möchte gegen die wachende Wirklichkeit unserer Nachbarn. Da
wir alle schlafen und träumen, so können wir vielleicht die Frei-
heit entbehren; denn unsere Tyrannen schlafen ebenfalls und
träumen bloß ihre Tyrannei. Nur damals sind wir erwacht, als die
katholischen Römer unsere Traumfreiheit geraubt hatten; da han-
delten wir und siegten und legten uns wieder hin und träumten. O
Herr! Spottet nicht unserer Träumer, dann und wann, wie Som-
nambüle, sprechen sie Wunderbares im Schlafe, und ihr Wort wird
Saat der Freiheit.[222] Was Heine hier gibt, ist das geschichtliche
Psychogramm Deutschlands, das seine Revolutionen in der Literatur und in der Philosophie stattfinden ließ. Bald wird man das Land
»die verspätete Nation« nennen und auch seine Katastrophen aus
dieser Verspätung erklären, aber nie wieder wird jemand diesen
Befund so schön formulieren wie Heine.

Dabei ist ihm im Augenblick gar nicht poetisch zumute. Dieses
London erschreckt ihn. Er hatte sich fest vorgenommen, sich nicht
beeindrucken zu lassen, und dann passiert es doch. *London hat all*
meine Erwartungen übertroffen in Hinsicht seiner Großartigkeit,
aber ich habe mich selbst verloren, schreibt er an Merckel aus der
Craven Street No. 32, unweit vom Strand. Dort hat er sich eine
Wohnung genommen. Es ist noch immer April, draußen fällt
Schnee, es ist kein Feuer in seinem Kamin, er friert von außen und
von innen und schreibt dem Freund einen kühlen Brief. Schon soviel gesehen, und doch keine einzige klare Anschauung.

Schickt einen Philosophen nach London, beileibe keinen Poeten![223] Der Ernst dieser Stadt, ihre Größe, ihre Einförmigkeit, ihre maschinenhafte Bewegung erdrücken seine Phantasie. Alle sind so busy. Egal, wo er steht, immer steht er im Weg, und er nimmt es dem Mann nicht übel, der ihn an der Ecke von Cheapside mit einem »God damn!« etwas unsanft zur Seite stößt. »God damn!« *Das Bild aber, welches ich an der Ecke von Cheapside angaffte, war der Übergang der Franzosen über die Beresina.* Als er durch das »God damn!« und den Stoß aufschreckt aus seiner Betrachtung und wieder London sieht, scheint es ihm, als sei *ganz London so eine Beresinabrücke, wo jeder in wahnsinniger Angst, um sein bißchen Leben zu fristen, sich durchdrängen will, wo der kecke Reiter den armen Fußgänger niederstampft, wo derjenige, der zu Boden fällt, auf immer verloren ist ...*[224]

Aber er wird in dieser großen Stadt nicht verlorengehen. Wenn er auch ein Poet ist, Talent zum Prosaiker hat er ebenso. Pragmatismus muß er nicht erst von den Angelsachsen lernen. Denn Pragmatismus ist keine Philosophie, sondern eine Anleitung für den Alltag. Ein Kreditbrief in der Tasche, den man nicht einlösen darf, sagt der Pragmatismus zum Beispiel, ist höherer metaphysischer Unsinn. Heine ist kein Anhänger der noch gar nicht erfundenen Philosophie des Als-ob. Mit Kreditbrief ist einem, als ob man Geld hätte. Heine beschließt augenblicklich, diesen quasi transzendentalen Zustand zu beenden. Kaum vierundzwanzig Stunden in London, nimmt er den Kreditbrief vom Onkel – »Nur zur Repräsentation!« – und trägt ihn geradewegs zu Rothschilds Bank.

Und hat er nicht recht? Mit barem Geld in der Tasche läßt sich viel besser repräsentieren als mit einem Kreditbrief. Vierhundert (oder zweihundert) Pfund Sterling, zehntausend Franken. Er nimmt das Geld und meldet sich umgehend beim Chef des Hauses. Baron von Rothschild lädt ihn zu einem schönen Dinner ein. Er hat hervorragend repräsentiert, auch ist es gut, wenn man mal zum Essen eingeladen wird, denn London ist noch teurer, als er dachte.

Er gibt mehr als eine Guinee täglich aus. Für die wenigen Bücher, die er mitbrachte, hat er fast ein Pfund Zoll bezahlt. Schulden zu haben, irritiert ihn nicht. Schulden begreift Heine als den eigentlichen Ausweis des Humanums, denn Tiere haben keine Schulden. Eigentlich hat er jetzt vierhundert Pfund Schulden bei seinem Onkel, aber die kann er ohnehin nicht zurückzahlen und hatte es auch nie vor – so darf er nicht einmal in diesem schönen warmen menschlichen Zustand des Schulden-Habens verharren.

Aber er hat vor, bald in ein englisches Seebad zu reisen. Seine Briefe klingen ohnehin, wie sie meistens klingen: *Ich fürchte, daß ich nächstens ernstlich krank werde.*[225] England verursacht ihm eine Erkältung des Gemüts. Er bemerkt ein zerlumptes Weib am Anfang einer dunklen Gasse, ein Kind an der abgehärmten Brust. Er geht nicht hinein in diese Gasse. Es gibt keine Schilderung des East Ends von Heine. Das West End kennt er. Und auch die Lords, die von ihren hohen Rössern hinuntersehen auf die Armen, als ob deren Schmerz und deren Lust mit den lordschaftlichen Gefühlen nichts gemein hätten – *denn über dem Menschengesindel, das am Erdboden festklebt, schwebt Englands Nobility, wie Wesen höherer Art, die das kleine England nur als ihr Absteigequartier, Italien als ihren Sommergarten, Paris als ihren Gesellschaftssaal, ja die ganze Welt als ihr Eigentum betrachten.*[226] Dieses Bild der Briten wird sich in seiner Seele immer mehr verfestigen, bis er sie später zum *widerwärtigsten Volk* ernennen wird, *das Gott in seinem Zorne erschaffen hat.* Überhaupt hätte sich das Meer längst diese kleine Insel geholt, hätte es nicht gefürchtet, sich daran zu verschlucken.

Im tiefsten Seelengrunde hat England schlechte Karten bei Heine, denn es hat den Kaiser auf dem Gewissen, Heines Lieblingskaiser, Napoleon, diese menschgewordene hegelsche Idee. Und bald hat Walter Scott tatsächlich das Buch fertig, das Heine so sehr ängstigt – um seiner selbst willen, um Walter Scotts willen, den er doch liebt. Und es steht genau das drin, was Heine am meisten befürchtet hatte. Die Rechtfertigung Englands. Scott will *uns überzeugen, daß der Exkaiser – so nennt ihn der Exdichter – nichts Klügeres tun konnte, als sich den Engländern zu übergeben, obgleich er seine Abführung nach St. Helena vorauswissen mußte, daß er dort ganz scharmant behandelt worden, indem er vollauf zu essen und zu trinken hatte, und daß er endlich, frisch und gesund und als ein guter Christ, an einem Magenkrebse gestorben.*[227] Heines Fazit: *Die Engländer haben den Kaiser bloß ermordet, aber Walter Scott hat ihn verkauft.*[228]

Vielleicht hätte Heine den Engländern auch noch die Sache mit Napoleon vergeben, aber ihre Küche wird er ihnen nie verzeihen.

*Der Himmel bewahre jeden Christenmenschen vor ihren Saucen
… Der Himmel bewahre auch jeden vor ihren naiven Gemüsen,
die sie in Wasser abgekocht, ganz wie Gott sie erschaffen hat, auf
den Tisch bringen.*

Und die Sonne der Freiheit, die er so enthusiastisch begrüßt
hatte an den grünen Ufern der Themse? Ist sie untergegangen vor
St. Helena, ertrunken in einem englischen Saucentopf?

Nicht ganz. Aber um das zu verstehen, muß man sich erst einmal über die philosophischen Grundlagen verständigen. Heine
macht das in den »Englischen Fragmenten«. Was das Grundübel
der Welt ist, hat er vollkommen klar erkannt, seit er in England
ist. Das Grundübel der Welt liegt darin, daß der liebe Gott zu wenig Geld erschaffen hat. In Bedlam trifft Heine *einen wahnsinnigen Politiker*, der ihm anvertraut, der liebe Gott sei eigentlich ein
russischer Spion. Heine findet das plausibel und ernennt den
wahnsinnigen Politiker von Bedlam umgehend zum Philosophen,
der die nötige Tiefe in diese Überlegungen bringe. Ob dieser
wahnsinnige Politiker und tiefsinnige Philosoph – was beides ungefähr dasselbe ist – am Ende auch ein bißchen Heine selbst ist,
das sagen die »Englischen Fragmente« nicht. Der Philosoph tut,
was man mit jeder philosophischen These tun sollte. Er radikali-
siert sie. Nicht nur, daß der liebe Gott zu wenig Geld erschaffen
hat, er hatte auch selbst keines, als er sich an die Schöpfung
machte. Alles mußte er sich vom Teufel borgen und ihm die vollständige Schöpfung als Hypothek überschreiben. Darum kann
Gott dem Teufel nun auch nicht verwehren, in der Schöpfung
spazieren zu gehen, denn irgendwie gehört sie ihm. Der Teufel
wiederum wäre ein dummer Teufel, wenn er die Schöpfung ganz
ruinieren würde, denn dann ginge sein Unterpfand zum Teufel.
Gott wiederum sieht eine Möglichkeit, viel Arbeit zu sparen, indem er dem Teufel ab und zu die Weltherrschaft ganz überläßt.
Auch knickt ihm der Teufel nicht immerzu alle Rosenknospen
um, wenn er eine richtige Aufgabe hat. Er kann die alte Erde ja
doch nicht kaputtmachen. Den Teufel wiederum ärgert dieser
Zwang zur Werterhaltung, und er entschädigt sich dadurch, daß
er zu den besten Zwecken immer die niederträchtigsten Mittel
anwendet. Das ist die Heinesche Theodizee, sie ist viel plausibler
als die seines Vorgängers Leibniz, und mehr muß man über die
Welt vielleicht auch gar nicht wissen.

Zugleich besitzt diese Theodizee den Vorzug, viel vom Wesen der Politik zu erklären.

Dazu muß man wissen, daß Heine gerade dann in England ist, als es seine Position unter Premierminister Canning neu definiert. Und zwar gegen die Heilige Allianz. Das imponiert ihm. Besonders gern besucht er Parlamentsdebatten. Er trägt auch »Harris' List of Covent Garden Ladies« bei sich! 114 Huren! Leider ist Harris' List schon von 1781.

Nicht das Land der Freiheit also findet er, sondern vielmehr eine vertrackte Theodizee. Es wird wirklich Zeit für das Seebad. Es scheint ihm noch immer richtig, weggefahren zu sein. Nur eine Einschränkung macht er: Hätte er ernsthaft Aussicht auf eine Anstellung in Berlin gehabt, wäre *ich unbekümmert um den Inhalt meines Buches* sofort dorthin gefahren, schreibt er an Varnhagen von Ense. Er könne auch einmal bei Cotta in München nachfragen, ob der vielleicht einen Korrespondenten in London brauche. Oder in Paris. Heine hat vor, von London direkt nach Paris zu fahren. Sollte er für Cotta länger in London bleiben, müßte dieser *etwas stark honorieren*, weil England so beispiellos teuer ist und er so pleite wie Gott bei der Schöpfung.

Varnhagen versteht und macht sich an die Mittlerarbeit, mit bemerkenswertem Effekt. Eine erste feste Anstellung in Heines Leben rückt zum Greifen nahe. Er könnte nicht nur etwas schreiben für Cotta, er könnte gleich *Liberalenhäuptling in Bayern* werden, kündigt Varnhagen an. Cotta, der Verleger Goethes und Schillers, will seine alten »Politischen Annalen« reformieren und die »Neuen allgemeinen politischen Annalen« daraus machen. Er braucht noch einen Redakteur. Vielleicht Heine? *Liberalenhäuptling in Bayern* – Heine findet den Gedanken nicht unattraktiv. Schon am 1. Juni schreibt er Merckel davon, aus London. Aber schon der nächste Satz schränkt ein: *Aber ach, ich bin krank, ruiniert und gefesselt.*[229] Es wird wirklich höchste Zeit für das englische Seebad.

Er fährt nach Ramsgate und denkt weiter darüber nach, ob er, wenngleich *krank, ruiniert und gefesselt*, nicht doch bajuwarischer Freiheitsheld werden sollte. Nun gut, ein bürgerlicher Beruf im engeren Sinne ist das nicht. Nicht zu vergleichen mit einem Justizrat oder einem Professor. Sein weitläufiger Freund Gans hat gerade eine Professur in Berlin bekommen. Er hat kürzlich einen

Artikel von Gans gelesen und nichts verstanden, aber auch gar nichts. Gans ist demnach absolut qualifiziert für eine Professur im Gegensatz zu ihm. Aber vielleicht könnte er ja doch ... Überhaupt scheint Heine das Angebot Cottas eher in Verlegenheit zu setzen. Redakteur. Kann sein, das klingt in den Ohren der Zeit noch eher liederlich. Doch Heine ändert seine Reiseroute. Er streicht Paris für dieses Jahr und geht zurück nach Deutschland.

Am Sterbetag Cannings verläßt er England.

Er hat Cotta noch nicht geantwortet.

Als Liberalenhäuptling in Bayern

Er fährt über Norderney zurück nach Hamburg. Die Fischer tun so, als ob sie nichts wüßten, und wahrscheinlich stimmt das auch. Aber das Badevolk schaut ihn mit großen Augen an, als habe es eine Erscheinung: Er ist es! Er ist es wirklich! Unfaßbar! Daß der sich das traut. Dann senkt man diskret den Blick und macht einen kleinen höflichen Bogen um ihn, so wie man Gespenstern ausweicht, Wesen, die es eigentlich gar nicht gibt, jedenfalls nicht geben sollte und schon gar nicht hier, auf der Insel.

Sollte das etwa an seinen neuen »Reisebildern« liegen? Vielleicht ist der *langmagere, quecksilbergefüllte Jüngling* wieder da, der aussieht *wie ein Barometer* und immerzu Schillers Reinheit und Tugend verteidigt. Vielleicht haben auch die Strandjäger sein Buch gelesen, dabei hat er gar nichts Böses über die Jagd am Strand gesagt. Vielmehr ist er selbst mit einer Flinte am Wasser entlanggegangen und hat ein paarmal in die Luft geschossen, um den Möwen zu zeigen, daß sie sich künftig in acht nehmen sollen vor Leuten mit Flinten. Leider hat er dabei eine junge Möwe getroffen. Die Jagd, sagt Heine, liege ihm eben nicht im Blute. *Meine Ahnen gehörten ... nicht zu den Jagenden, viel eher zu den Gejagten, und soll ich auf die Nachkömmlinge ihrer ehemaligen Kollegen losdrücken, so empört sich dawider mein Blut.*[230] Viel leichter wäre es ihm, auf einen Jäger zu zielen – kann sein, die Jäger haben das gelesen und sind verstimmt.

Außerdem sind die Jäger meist adelig und oft aus Hannover oder Göttingen. Ich habe schon lange nichts mehr über Göttingen geschrieben, muß Heine sich gedacht haben und berichtete, wie er in Göttingen einst einen Schnelläufer gesehen hatte. *Der arme Mensch hatte sich schon in der schwülen Sonntagshitze ziemlich müde gelaufen, als einige hannövrische Junker, die dort Humaniora studierten, ihm ein paar Taler boten, wenn er den zurückgelegten Weg nochmals laufen wolle; und der Mensch lief, und er war todblaß und trug eine rote Jacke, und dicht hinter ihm, im wirbelnden Staube, galoppierten die wohlgenährten, edlen Jünglinge auf hohen Rossen, deren Hufen zuweilen den gehetzten, keuchenden Menschen trafen, und es war ein Mensch.*[231]

Immerhin erkennt Heine an diesem Beispiel einen deutlichen Fortschritt der Zivilisation: Inzwischen müssen die Herren schon dafür bezahlen, wenn sie einen Menschen jagen wollen. Dennoch bleibt der Adel ein Problem, auch rein landschaftlich gesehen: *In diesem Land Hannover sieht man nichts als Stammbäume, woran Pferde gebunden sind ...* Und so geht das weiter, Seite um Seite porträtiert Heine die Hauptkurgäste Norderneys, um schließlich doch zu einem optimistischen Schluß zu kommen: *Ich denke, daß wir einmal durch Amerika etwas von dieser Fürstenlast erleichtert werden. Denn früh oder spät werden sich doch die Präsidenten dortiger Freistaaten in Souveräne verwandeln, und dann fehlt es diesen Herren an Gemahlinnen, die schon einen legitimen Anstrich haben, sie sind dann froh, wenn wir ihnen unsere Prinzessinnen überlassen, und wenn sie sechs nehmen, geben wir ihnen die siebente gratis ...*[232] Solche Rechenbeispiele haben die Kurgäste im Kopf, als sie Heine auf der Promenade promenieren sehen.

Dieser schreibt inzwischen einen Brief, denn viel Gelegenheit zum Plaudern hat er in diesem Jahr nicht. Nicht mal ob Goethe größer sei als Schiller, will man diesmal von ihm wissen. Auf den Briefkopf schreibt er ein launiges

Norderney, Norderney, Norderney, den 20. August 1827
Lieber Merckel,
Wie du siehst, bin ich wieder in Norderney. Ich hörte, daß man hier sehr ungehalten gegen mich sei, mich totschlagen wolle usw. – und ich hatte nichts Eiligeres zu tun, als hierher zu kommen.[233]

Von seiner unveränderten Lebendigkeit zeugt der Brief, auch ist Heine nicht bange, daß ihm diese abhanden kommen könnte. Daß Cotta ihm *sehr liberale Vorschläge* gemacht hat, vermerkt er und auch, daß er noch nichts entscheiden kann. Was ihn gerade am meisten beschäftigt, ist Campes Knausrigkeit: *Indes wurmt es mich, daß er mir für den zweiten Teil nicht unbedingt das Verlangte gegeben, sondern mir dreißig Louisdor Honorar abgerissen.*[234]

Ob die schöne Frau, die schon im letzten Sommer nicht mehr ganz so schön gewesen war wie im vorvorigen Sommer, wieder da ist, sagt Heine nicht. Auch nichts über die Gräfin Solms. Sollte sie schon nach Amerika verkauft worden sein? Ansonsten sind viel mehr Badegäste da als im letzten Jahr, und schließlich wird ihm doch sehr unbehaglich zumute zwischen denen, die längst zu Figuren der Literatur geworden sind, seiner Literatur. Daß Adel und Fischer dennoch ein bedenkliches Eigenleben führen, undankbar gegen ihren Schöpfer, irritiert ihn dann doch. Etwas fluchtartig wechselt er die Insel.

Auf Wangerooge ist fast niemand. Der Strand ist einsam, ganz allein mit Heine. Er kuriert seine Nerven und bereitet sich auf das Unvermeidliche vor. Irgendwann, also eher jetzt gleich, muß er zurück nach Hamburg. Das im Augenblick Unerfreulichste an Hamburg ist, daß sein Onkel dort wohnt, der nun ein paar Pfund weniger auf dem Konto hat. Unterwegs macht er die Erfahrung, daß wildfremde Menschen in wildfremden Gasthöfen ihn anschauen wie einen alten Bekannten. Fünf Wörter nur bewirken das, die Vorstellung: Heinrich Heine, Autor der »Reisebilder«.[235] Man kennt ihn, ohne ihn zu kennen. Das heißt wohl: einen Namen haben.

Hat er es eigentlich nötig, sich von seinem Onkel beschimpfen zu lassen, nur weil er seinen Kreditbrief eingelöst hat? Nun gut, er hat nichts, von dem Namen einmal abgesehen. Aber so weit soll es der Millionenonkel erst einmal bringen.

Alles kommt, wie befürchtet. Der Onkel macht Wellen. Er entfesselt Orkane, und die Windstärke seiner Rede nimmt sekündlich zu. Durch all das Getose versteht der Neffe undeutlich, daß von ihm die Rede ist. Onkel Salomons Schwiegersöhne haben Salomon Heine ja schon immer gesagt, daß sein Neffe ein Taugenichts ist. Heine steht und schweigt. Gerade so, wie er bis eben am Nordseestrande stand und dem schäumenden Wasser zusah. Viel Lärm um nichts. Er kennt solche Szenen vom Meer. Irgendwann wird es wieder spiegelglatt. Als der Onkel keine Luft mehr kriegt, sagt der Neffe versöhnlich und sehr leise:

– Weißt du, Onkel, das Beste an dir ist, daß du meinen Namen trägst!

Und geht aus dem Zimmer.[236]

So ungefähr ist es gewesen. Aber nicht ganz. Sehr lange hat die Heine-Literatur den bemerkenswerten Weißt-du-Onkel-Satz auf dieses Jahr datiert, Heines Bruder Maximilian hat das Gespräch so bezeugt. Allein er fällt wohl erst über zehn Jahre später in einem Brief an Salomon, der nicht erhalten ist. Natürlich geht es wieder um Geld. Daß er trotzdem schon hier steht, liegt an seiner kongenialen Paßform. Beide Male, jetzt und Ende der dreißiger Jahre, folgt ein langwieriges tiefes Zerwürfnis, und Heine wird bis zum äußersten Rande seines Stolzes gehen müssen – und noch einen Schritt weiter –, um den Onkel wieder zu versöhnen.

Er versteht Salomon doch. Auch eine Kaufmannsseele hat mal Seegang. Und sogar die Windstille in seinem Herzen hält nicht lange. Er sieht im Hamburger Theater den »König Lear«, und seine Seele macht Kräuselwellen. Das liegt nicht so sehr am armen König Lear, sondern mehr an seiner Lieblingstochter Cordelia, mit bürgerlichem Namen Therese Peche. Er wird sie bald zum allerglänzendsten Stern am Theaterhimmel der Zeit ernennen, auch gegen Kritiker der Einundzwanzigjährigen, und zwar in Cottas »Morgenblatt«.

Campe druckt inzwischen das »Buch der Lieder«. Den Ertrag aller künftigen Auflagen hat er sich gesichert, allerdings glaubt er nicht, daß dieses Büchlein noch eine erlebt. Heine glaubt das auch nicht. Das »Buch der Lieder« sei nichts als eine Gesamtausgabe seiner bekannten Gedichte. *Es ist wunderschön ausgestattet, und wird wie ein harmloses Kauffahrteischiff, unter dem Schutze des zweiten Reisebilderbandes, ruhig ins Meer der Vergessenheit hinabsegeln. Daß letzteres Buch ein Kriegsschiff ist und allzuviel Kanonen an Bord führt, hat der Welt e r s c h r e c k l i c h mißfallen. Der dritte Band soll noch fürchterlicher ausgerüstet werden, das Kaliber der Kanonen soll noch größer ausfallen, und ich habe schon ein ganz neues Pulver dazu erfunden.*[237]

Campe macht sich Sorgen um Heine. Zwar hat er ihn zu den Kanonenbooten gebracht, aber jetzt hat er Bedenken. »Das Verbot der Reisebilder am Rhein ... hat ihn unbegreiflich gekitzelt und eitel gemacht; eine Erscheinung, die mich aufrichtig betrübt. Dieser Kitzel wird ihn der Poesie entrücken und der Politik zuführen, wo mehr Ruhm zu erlangen ist, wenigstens mit weniger Mühe.«[238] Bemerkenswerte und doch seltsame Töne von einem, der zeitlebens nichts so ungern drucken wird wie ausgerechnet Gedichte. Allerdings ist er gerade dabei, und so etwas färbt ab.

Heine fühlt eher die Befriedigung, die sich einstellt, wenn man eine Sache zu Ende gebracht hat. Erledigt. Vorbei. Etwas merkwürdig berührt es ihn darum, daß Amalie Heine, verheiratete Friedländer, heimliche Mitte des »Buches der Lieder«, ausgerechnet an dem Tag in Hamburg eintrifft, an dem dieses Buch von Campe ausgeliefert wird. Er wird sie besuchen. Viele Jahre hat er sie nicht gesehen, und daß sie wirklich existiert, ist ein inzwischen leicht unangenehmer Gedanke. Er hat sie aufgelöst ins Gedicht, und sie existiert eigensinnig weiter, inzwischen nicht nur mit Mann, auch mit Kind und ganze elf Jahre älter. Muß er da wirklich hin? Viel lieber würde er Frau Varnhagen einen Brief schreiben, *lang wie die Welt, weitschweifig und unerträglich wie mein eigenes Leben. Aber – ich bin im Begriff diesen Morgen eine Frau zu besuchen, die ich in 11 Jahren nicht gesehen habe, und der man nachsagt, ich sei einst verliebt in sie gewesen. Sie heißt Madame Friedländer aus Königsberg, sozusagen eine Kusine von mir. Den Gatten ihrer Wahl hab' ich schon gestern gesehen, zum Vorgeschmack ... – Die Welt ist dumm und fade und unerquicklich, und riecht nach vertrockneten Veilchen.*[239]

Heine hat sich nie über den Ausgang seines Besuches bei Amalie geäußert. Kann sein, dieser letzte Satz ist schon seine Zusammenfassung.

Es ist Mitte Oktober, und er hat eine Entscheidung getroffen. Er wird doch nach München gehen und dort Liberalenhäuptling werden. Das hat Gründe, denn vom Onkel kann er im Augenblick nichts borgen. Und wovon soll er leben? Auch soll Cotta nicht halb so knauserig sein wie Campe.

Darum geht der Vertrocknete-Veilchen-Brief an Varnhagen auch sehr gutgelaunt weiter: *Ich aber bin Herausgeber der »Politischen Annalen«; außerdem bin ich fest überzeugt, daß die Esel, wenn sie unter sich sind und sich ausschimpfen wollen, so schimpfen sie sich »Mensch«.*

Ärgert Dich Dein Auge, so reiß es aus; ärgert Dich Deine Hand, so haue sie ab; ärgert Dich Deine Zunge, so schneide sie ab; und ärgert Dich Deine Vernunft, so werde katholisch.

Im neuen Bedlam in London habe ich einen wahnsinnigen Politiker gesprochen, der mir geheimnisvoll vertraut hat, der liebe Gott sei eigentlich ein russischer Spion. – Der Kerl soll Mitarbeiter werden bei meinen »Politischen Annalen«.

Der Redakteur H. Heine[240]

Er macht sich auf den Weg. Ein Restgeld von des Onkels Kreditbrief hat er aus London zu Varnhagen schicken lassen. Achthundert Taler. Es ist für den Fall der Fälle, sollte er mal über Nacht ins Exil gehen müssen. Oder wieder verreisen wollen. Heine kann es nicht selbst verwahren, denn was er hat, gibt er aus, das weiß er. Bei Varnhagen liegt es viel sicherer. Und er kann schweigen.

Von unterwegs empfängt Varnhagen die Nachricht, daß ein gewisser Herr Goethe nicht wird verhindern können, *daß sein großer Name einst gar oft zusammen genannt wird mit dem Namen H. Heine.*[241] Der angehende Redakteur, Verfasser von ein paar Reisebeschreibungen als Selbstporträts, dessen »Faust« noch immer eine Ruine ist, neigt nicht zu übertriebener Bescheidenheit. Er hat gerade erfahren, daß Goethes Urteil über die »Reisebilder« höchst ungünstig ist, aber ihn läßt es kalt. Er weiß, daß Goethes Tadel ehrend ist, seit er – wie manche große Männer – alles Schwächliche lobt. Mit Goethe ist er fertig, aber nur kleinere Geister werden darum Goethe-Verächter.

Von Hamburg nach München ist es ein weiter Weg. Heine fährt seiner ersten geregelten Arbeit entgegen und zeigt keine besondere Eile. In Kassel besucht er die Brüder Grimm, die noch einen Bruder haben, der nicht im Sammelnamen Brüder Grimm enthalten ist. Ludwig, der jüngste, ist nicht Märchensammler, sondern Zeichner und macht eine Radierung von Heine, auf der er wenig Ähnlichkeit hat mit sich selbst. Eher sieht er aus wie ein idealischer Jüngling, mit energischem Byron-Kinn, das er nicht hat, verwegenen Locken, die er auch nicht hat, und bedenklich fliehender Stirn, die er schon gar nicht hat.

Hinter Kassel liegt Frankfurt, dort wohnt Börne. Zum ersten Mal trifft Heine den Mann, den er schon früh bewundert und dessen Worte er seiner »Harzreise« vorangestellt hat: »Nichts ist dauernd als der Wechsel; nichts beständig als der Tod. Jeder Schlag des Herzens schlägt uns eine Wunde, und das Leben wäre ein ewiges Verbluten, wenn nicht die Dichtkunst wäre. Sie gewährt uns, was uns die Natur versagt: eine goldene Zeit, die nicht rostet, einen Frühling, der nicht abblüht, wolkenloses Glück und ewige Jugend. Börne«

Als Junge in Begleitung seines Vaters hatte Heine Börne zuerst gesehen und war beeindruckt gewesen von der nachlässigen Eleganz des Mannes. Nun ist er enttäuscht. *Keine Spur mehr von vornehmer Unzufriedenheit und stolzer Verdüsterung. Ich sah jetzt ein zufriedenes Männchen, sehr schmächtig, aber nicht krank, ein kleines Köpfchen mit schwarzen glatten Härchen, auf den Wangen sogar ein Stück Röte, die lichtbraunen Augen sehr munter, Gemütlichkeit in jedem Blick ...*[242] Etwas von dieser Enttäuschung ist natürlich Programm. Heine schreibt seine Erinnerung an diesen Besuch über ein Jahrzehnt später, da ist Börne schon tot. Bald wird Börne beginnen, ihn mit grimmigem Mißfallen zu verfolgen, Heine wird immer schweigen, bis er dieses Buch schreibt, »Ludwig Börne. Eine Denkschrift«, das Thomas Mann das liebste von allen Heine-Büchern sein wird. Schon an dieser frühen Begegnung will Heine den Gegensatz ihrer beider Charaktere deutlich werden lassen. Das erklärt den distanzierten Ton, der seinem Blick auf Börne im Herbst 1827 wohl nicht ganz entspricht. Denn noch sind beide voller gegenseitiger Bewunderung, und Heine schildert diesen Besuch über zehn Jahre später, doch als wäre er gestern gewesen.

Wenn Köchinnen zusammenkommen, sprechen sie von ihrer Herrschaft, und wenn deutsche Schriftsteller zusammenkommen, sprechen sie von ihren Verlegern. Unsere Konversation begann daher mit Cotta und Campe, ...[243] Als die Verleger erledigt sind, beginnen die wechselseitigen Komplimente. Börne ist begeistert vom zweiten Teil der »Reisebilder« mit zwei charakteristischen Einschränkungen. Er findet, *daß ich von Gott, welcher doch Himmel und Erde erschaffen und so weise die Welt regiere, mit zuwenig Reverenz, hingegen von dem Napoleon, welcher doch nur ein sterblicher Despot gewesen, mit übertriebener Ehrfurcht gesprochen habe.*[244]

Börne kommt nun auf das Geschirr Napoleons zu sprechen und äußert die Vermutung, daß der Frieden von Campo Formio vielleicht nur geschlossen wurde, weil Napoleon bei einer Unterredung mit der Gegenpartei vor lauter Eifer ein wunderbares Kaffeeservice zerschlug, so daß ein Friedensschluß geraten schien, um des Kaisers restliches Porzellan und das seiner Gegner zu schonen. Überhaupt übt das Geschirr einen erstaunlichen Einfluß auf unser Leben aus, überlegt Heines Börne, der sich kürzlich ein Teeservice gekauft hat, mit Kanne, Zuckerdose und Tassen. Auf der einen Tasse ist der Katharinenturm und auf der anderen die Konstablerwache. Börne ist seinem Teeservice von Herzen zugetan, er weiß, wie es sich auf seinen Charakter auswirken wird. *»Ich habe wahrhaftig jetzt meine liebe Sorge, daß ich in meiner Dummheit nicht zu frei schreibe und plötzlich flüchten müßte. – Wie könnte ich in der Geschwindigkeit alle diese Tassen und gar die große Kanne einpacken?«*[245] Je länger er, Börne, seine Porzellanfessel betrachtet, desto wahrscheinlicher wird ihm der Gedanke, daß die Kanne mitsamt Zuckerdose und Tassen von Metternich herrühre. – Die Tassengeschichte ist gut. Um so erstaunlicher, daß Heine sie Börne überläßt. Denn die Tassengeschichte ist eine originär Heinesche Erfindung, er hat sie übrig nach den Italien-Reisebildern, da ist er noch selbst der Häftling seines Porzellans.

Von der Zuckerdose, die wahrscheinlich von Metternich ist, kommt Heines Börne auf Metternich selbst und dann auf Goethe. Nun sind Goethe und Metternich nicht unbedingt das gleiche, aber für Börne schon, er kann gar nicht recht sagen, welcher von beiden ihm hassenswerter ist. Heine sieht das anders. Mag der Name des Alten neben dem seinen ruhig erhalten bleiben. Für sein freies Griechentum wird er ihn doch immer lieben. Der Goethe-Grunddissenz mit Börne ist schon damals angelegt, und was Heine erst so viele Jahre später formulieren wird, entspricht seiner frühen Wahrnehmung: *Wie in seinen Äußerungen über Goethe, so auch in seiner Beurteilung anderer Schriftsteller verriet Börne seine nazarenische Beschränktheit. Ich sage nazarenisch, um mich weder des Ausdrucks »jüdisch« noch »christlich« zu bedienen, obgleich beide Ausdrücke für mich synonym sind und von mir nicht gebraucht werden, um einen Glauben, sondern um ein Naturell zu bezeichnen. »Juden« und »Christen« sind für mich ganz sinnver-*

*wandte Worte im Gegensatz zu »Hellenen«, mit welchem Namen
ich ebenfalls kein bestimmtes Volk, sondern eine sowohl angebo-
rene als angebildete Geistesrichtung und Anschauungsweise be-
zeichne.*[246] Alle Menschen sind für Heine entweder Juden oder
Hellenen, Menschen *mit asketischen, bildfeindlichen, vergeisti-
gungssüchtigen Trieben oder Menschen von lebensheiterem, ent-
faltungsstolzem und realistischem Wesen.* Daß deutsche Prediger-
familien und die Synagoge reine Hellenen hervorbringen können,
wie auch der nazarenische Typus unter den alten Griechen anzutreffen war, versteht sich von selbst.

Drei Tage lang zeigt Börne seinem vermeintlichen Gesinnungs-
genossen Frankfurt, er zeigt ihn auch seinen Freunden, und nicht
nur Heine ist Berichterstatter seiner Tage bei Börne. Moritz Gottlieb Saphir, ein Freund des Gastgebers, findet Heine nach einem
gemeinsamen Abendessen befremdlich. Sie sprechen über Judentum und Christlichwerden; Börne ist getaufter Jude wie Heine.
»Börne in seiner großartigen Gesinnung, Börne in seiner offenen
und redlichen Wahrheitsliebe«, schreibt Saphir, »er hat nie geleug-
net, daß er ein Jude war, er sagte mir an demselben Abend: ›Der ist
mehr Christ, der sich das Christentum e r w o r b e n hat, als der es
geerbt hat ...‹

Heine sträubt sich mit Händen, Füßen, Federn und Liedern dagegen, daß er Jude ist, er spricht nur von seinen jüdischen ›Vorfahren, von seinen V o r e l t e r n, die Juden waren ...‹ Ist das nicht
kleinlich von einem so großen Geist, ist das nicht dumm von einem so klugen Kopfe?«[247]

Die Antwort gibt die Heinesche Unterscheidung von Nazare-
nern und Hellenen. Er versteht sich in der Tat nicht als Jude, weder
im Sinne eines Glaubens noch im Sinne eines Naturells. Alle, die
heute Heine vor allem aus seinem Judentum erklären, vergessen
doch meist die entscheidende Voraussetzung. Das Judentum wie
das Christentum sind ihm nur die religiöse Verpuppung des
Menschseins, die der Mensch jetzt abwirft, um sich selbst zu übernehmen. Ein Schmetterling, selbstbunt, nicht beleuchtet von einem Heilsgeschehen her. Wer diese Zäsur nicht mitdenkt, weiß
nichts vom achtzehnten und frühen neunzehnten Jahrhundert.
Daß Heine sein Jüdischsein verleugnet, ist keine Charakterschwä-
che, keine kleine Rücksicht. Sich wie Börne sein Christentum zu
erwerben, hat er nie vorgehabt.

Heine und Börne gehen durch das Frankfurter Judenviertel, sie sehen die schwarzen Häuser der engen Straßen, und Börne sagt: »*Betrachten Sie diese Gasse … und rühmen Sie mir alsdann das Mittelalter! Die Menschen sind tot, die hier gelebt und geweint haben, und können nicht widersprechen, wenn unsere verrückten Poeten und noch verrückteren Historiker, wenn Narren und Schälke von der alten Herrlichkeit ihre Entzückungen drucken lassen; aber wo die toten Menschen schweigen, da sprechen desto lauter die Steine.*«[248] In solcher Wahrnehmung ist Heine sich mit Börne einig – Romantik ist eine Frage des Standpunkts –, zugleich weiß er, daß, sobald der Schmetterling seine Hülle verläßt, diese zerfällt, obwohl sie historisch einzigartig und selbst ein Kunstwerk war. Die neuen universalistischen Schmetterlinge haben durchaus eine Tendenz zur Konformität, zum Gleichleuchten, weiß Heine. Auch hier ist Fortschritt zugleich Rückschritt.

Wo Heine die verlassenen Hüllen der Religionen erblickt, möchte er gern ihre Bedeutungskerne retten. Wo er den noch nicht Geschlüpften gegenübersteht, bekommt er keine Luft mehr.

– Hüten Sie sich, in München mit den Pfaffen zu kollidieren, sagt Börne ihm altersweise zum Abschied. Börne befindet sich wirklich gerade in seiner Tassenphase. Er hat das Vermögen seines Bankiervaters geerbt, mit dem er sich nicht verstand, es geht ihm gut; er wird jetzt mit Heines Empfehlung zu Campe gehen, um eine Gesamtausgabe von sich drucken zu lassen. Er wird immer mehr Tassen kaufen. Er weiß noch nicht, daß er ein Nazarener ist und bald zum Radikalen werden wird.

Heine muß über Stuttgart reisen, denn er war leichtsinnig genug, Börne zu versprechen, den ruhmreichen Goethe-Feind Wolfgang Menzel zu besuchen. Börne: »Der hat Mut …, der hat viel Courage, der ist ein grundehrlicher Mann und ein großer Gelehrter.«

In der letzten Novemberwoche kommt Heine endlich in München an. Cotta erwartet schon ungeduldig seinen neuen Redakteur. Journalisten sollten etwas schneller sein, Heine ist langsam. Cotta, der Verleger Goethes und Schillers, ist bereits dreiundsechzig, aber seinem neuen Redakteur an Tatkraft durchaus überlegen. Vor zwei Jahren hat er die Dampfschiffahrt auf dem Bodensee eingeführt und ist gerade dabei, Bayern und Württemberg an den preußischen Zollverband anzuschließen.[249] Da hat man keine Zeit, auf verbummelte Redakteure zu warten. Cotta hat noch mehr Zeitschriften, unter anderem »Das Ausland«, und findet, Heine könne auch gleich die Hauptredaktion des »Auslands« übernehmen, außerdem ist da noch das »Morgenblatt«, dessen Redakteur soeben gestorben ist, da wäre es doch eine gute Idee, wenn Heine … Natürlich kann man alles zugleich machen, weiß Cotta, wo wären sonst die Bodenseeschiffahrt und die neue große Goethe-Ausgabe, wenn man das nicht könnte. Der neue Redakteur hört seinem Verleger schweigend zu, dieser will ihm auch sehr, sehr viel Geld zahlen. Heine wird ganz melancholisch zumute, und angesichts des virtuellen Arbeitsberges, der sich vor ihm auftürmt, notiert er schon jetzt: *Ich sehne mich nach einem Lande, das noch nicht entdeckt ist. Manchmal auch nach Berlin.*[250] Er fühlt sich *herz- und kopfkrank*, spürt genau, daß er es mit der Vitalität eines Cotta nicht aufnehmen kann, und schüttelt »Das Ausland« sowie das »Morgenblatt« gleich wieder ab.

Drei Tage später, am 1. Dezember, schreibt er an Campe und meldet, daß er halbtot sei, weshalb er sein Zimmer bisher kaum verlassen habe. Dann zieht er das Fazit seiner Herreise, immerhin ist er von wildfremden Menschen gegrüßt worden, die seine »Reisebilder« kannten: *Ich habe wirklich nicht geglaubt, schon so berühmt zu sein. Das hab' ich zwei Menschen zu verdanken: dem H. Heine und dem Julius Campe … Ich denke, wir werden alt zusammen werden und uns immer verstehen.*[251]

Kaum hat er diesen kühnen Vorgriff auf ein gemeinsames ruhiges Pensionärsalter getan, hat er schon eine Bitte an seinen Verleger. Da er erwarte, jeden Augenblick zu sterben, müsse sich einer um seine Papiere kümmern. *Im Ernst, teurer Campe, ich bin sehr krank. … Wenn ich kränker werde – ich scherze nicht – ordne ich meine Papiere und adressiere sie an Sie für den Fall meines Absterbens.*[252] Doch nicht Altwerden mit Campe? – Ja, wer will von Todkranken auch noch Logik verlangen? Was Heine noch kränker macht als das Münchner Klima, ist der Gedanke, daß auffällig viele deutsche Schriftsteller genau in dem Moment verblichen sind, da sie berühmt wurden. Insofern ist es ein Risiko, berühmt zu werden, und soeben ist es passiert. Auch hat er gehört, daß einer von Campes Hunden das »Buch der Lieder« angebellt hat. Genau der, Magister heißt er, der immer an Gubitz apportiert. Heine ist verzweifelt.

Und stirbt nicht. Als es ihm etwas besser geht, findet er, daß man die Stadt, an der man ganz sicher sterben wird, vorher ruhig einmal gesehen haben sollte. Heine besichtigt also München und findet es viel schöner als Berlin. Ja, in gewissem Sinne sei es sogar das Gegenteil von Berlin. *Tausend miserable Schriftsteller haben Berlin schon in Prosa und Versen gefeiert, und es hat in Berlin kein Hahn danach gekräht und kein Huhn ist ihnen dafür gekocht worden, und man hat sie Unter den Linden immer noch für miserable Poeten gehalten, nach wie vor.*[253] So etwas könne in München nicht passieren. Mit dem siebten Sinn des Genies erkennt Heine den bis heute gültigen Hauptunterschied zwischen beiden Städten.

München ist nämlich eine Stadt, gebaut von dem Volke selbst, und zwar von aufeinanderfolgenden Generationen, deren Geist noch immer in ihren Bauwerken sichtbar, so daß man dort, wie in der Hexenszene des »Macbeth«, eine chronologische Geisterreihe erblickt, von dem dunkelrohen Geiste des Mittelalters, der geharnischt aus gotischen Kirchenpforten hervortritt, bis auf den gebildet lichten Geist unserer Zeit, der uns einen Spiegel entgegenhält, worin jeder selbst sich mit Vergnügen anschaut. In dieser Reihenfolge liegt eben das Versöhnende; das Barbarische empört uns nicht mehr, wenn wir es als Anfänge und notwendige Übergänge betrachten. Wir sind ernst, aber nicht unmutig heim Anblick jenes barbarischen Doms, der sich noch immer, in stiefelknechtlicher Gestalt, über die ganze Stadt erhebt und die Schatten und Gespenster des Mittelalters in seinem Schoße verbirgt.[254]

Daß die Schatten und Gespenster im Dom noch sehr lebendig sind und auch öfter einmal herauskommen, zum Beispiel um den König für sich zu gewinnen und zu verhindern, daß Heine eine Professur an der Münchener Universität bekommt, weiß er noch nicht, trotz Börnes Warnung.

Im Augenblick hat König Ludwig anderes zu tun, als den Dominsassen zuzuhören. Er will die freiesten und ausgefallensten Geister in seine Residenz holen und München zur heimlichen Hauptstadt Deutschlands machen, zum Isar-Athen, so daß keiner Deutschland kennt, wenn er nicht München gesehen hat.

Daß das Isar-Athen dabei zwangsläufig einem anderen deutschen Athen mit Kleinstfluß in die Quere kommt, ist klar. Vielleicht läßt Heine in der »Reise von München nach Genua« deshalb einen Charlottenburger im Münchner Biergarten auftreten und nörgeln, daß München zuwenig attisches Temperament besitze, denn es fehlte ihm Witz und Ironie:

»Des«, rief er ziemlich laut, »gibt es nur in Berlin. Da nur ist Witz und Ironie. Hier gibt es gutes Weißbier, aber wahrhaftig keine Ironie.«

»Ironie haben wir nicht«, rief Nannerl, die schlanke Kellnerin, die in diesem Augenblick vorbeisprang, »aber jedes andere Bier können Sie doch haben.«

Worauf Heine beginnt, das Nannerl zu belehren: *»Schönes Nannerl, die Ironie is ka Bier, sondern eine Erfindung der Berliner, der klügsten Leute von der Welt, die sich sehr ärgerten, daß sie zu spät auf die Welt gekommen sind, um das Pulver erfinden zu können, und die deshalb eine Erfindung zu machen versuchten, die ebenso wichtig und eben jenen, die das Pulver nicht erfunden haben, sehr nützlich ist.*[255]

Aber München gefällt ihm, auch ohne Ironie. Als er merkt, daß er nicht gleich stirbt, denkt er an Umzug. Vor seiner Wohnung wird zuviel Holz gehackt. Heine zieht um in ein richtiges Palais. Sein Gartenzimmer im Rechbergschen Palais auf der Hundskugel hängt bald voller Bilder der Münchner Maler.

Und es gibt im Augenblick sehr viele Maler in München, was auch mit der geplanten Athenisierung der Stadt zu tun hat. *Am liebsten bin ich unter jungen Malern, die besser aussehen als ihre Bilder*[256], berichtet Heine. Bei den Münchner Malern erfährt er, daß es in München doch Ironie gibt. Er belehrt nämlich nicht nur das schöne Nannerl im Biergarten, sondern einmal auch die Münchner Maler im Atelier. Und zwar über ihren Beruf, die Malerei.

Heine hat bis jetzt im Grunde keine Ahnung von Malerei, aber das Schöne, ein Hegelianer zu sein, besteht gerade darin, daß man gar keine Ahnung von den Dingen haben muß und sie trotzdem beurteilen kann. So belehrt Heine die jungen Maler darüber, daß ihre Kunst eine sehr, sehr untergeordnete sei, weil nämlich ein Lied oder eine Tragödie die Menschen unmittelbar anspreche, während sie vor den großen historischen Gemälden ratlos stehen und erst auf jemanden warten müssen, der sie ihnen erklärt. Auf die Dichter und Tragödienschreiber nämlich. Jeder Hegelianer, auch jeder Teilzeit-Hegelianer wie Heine, weiß, daß die Malerei noch zu unmittelbar der sinnlichen Wahrnehmung verhaftet ist, um es mit anderen Künsten aufnehmen zu können, und darum findet er es auch besonders unpassend, daß die jungen Männer bald anfangen zu lachen und gar nicht mehr aufhören können. Dann sieht Heine das Blatt mit einem aufgeblasenen, belehrenden Hegelianer darauf, und das ist er selber. Das Bild spricht für sich. Ohne Kommentar. Es verschlägt ihm die Sprache. Er ist widerlegt und verstimmt, besucht die Maler aber trotzdem noch öfter.[257]

Als es Mai wird, zeigt er einem Siebzehnjährigen die Stadt. Der Student, der die »Reisebilder« kennt und mit einem Empfehlungsschreiben vor Heines Tür steht, erwartet einen mürrischen, menschenfeindlichen Mann, »der schon viel zu erhaben über den Menschen und dem Leben stünde, als daß er sich noch an sie anschmiegen könnte«.[258] Nach dem Spaziergang mit Heine notiert er in sein Tagebuch: »Einkauf – Geschmacksachen – Heine – geistreiche Unterhaltung – ironisches Männchen – liebenswürdige Verstellung – Gang mit ihm auf die Leuchtenbergische Galerie – der Sessel Napoleons – Grazien v. Canova nicht edel genug – Magdalena schön – Billard – Table d'hôte.«[259] Der siebzehnjährige Student heißt Robert Schumann.

Heine ist auch im Besitz von Empfehlungsschreiben. Varnhagen und Cotta öffnen ihm die Türen der Münchner Gesellschaft. Er lebe als Grandseigneur, *und die fünfeinhalb Menschen hier, die lesen können, lassen mir – ! – auch merken, daß sie mich hochschätzen. Wunderschöne Weiberverhältnisse – indessen, diese befördern weder meine Gesundheit noch meine Arbeitslust.*[260]

Sogar den König mag Heine. Heine über den König: *Der König ist ein netter Mensch. Liest mit Teilnahme die »Politischen Annalen«, wie er sagt.*[261] Zuerst hat Heine einen kleinen Aufsatz über Freiheit und Gleichheit darin veröffentlicht, leider wissen wir nicht, ob der König auch diesen Artikel mit Teilnahme gelesen hat. Heine aber rechnet sehr auf die Teilnehmung des Königs an seiner Person. Zwar ist er schon *eine von Cottas teuersten Puppen*, sein Gehalt entspricht dem eines gutbezahlten Universitätsprofessors, aber eine richtige Universitätsprofessur hätte Heine gern noch dazu. Mit Bücherschreiben ist Onkel Salomon nicht zu beeindrucken, aber einem Professor könnte er seine Achtung vielleicht nicht so ganz versagen.

Als Redakteur ist Heine eine latente Fehlinvestition; gut daß sein Mitredakteur so fleißig ist, er hat auch keine andere Chance. Es wird Frühling, bald Sommer, und Heine schickt seinen Verleger als Boten zum König. Folgende Worte gibt er ihm mit auf den Weg: *Herr Baron! Nach dem, was ich Ihnen gestern mitgeteilt, begreifen Sie leicht, daß mir viel daran gelegen ist, die beikommenden drei Bücher so bald als möglich in des Königs Hände zu befördern. Bitte, vergessen Sie nicht, sie mitzunehmen, wenn Sie zum Könige gehen; es käme mir auch sehr zugute, wenn Sie ihm andeuten wollten, der Verfasser sei viel milder, besser und vielleicht jetzt auch ganz anders als seine früheren Werke. Ich denke, der König ist weise genug, die Klinge nur nach ihrer Schärfe zu schätzen und nicht nach dem etwa guten oder schlimmen Gebrauch, der schon davon gemacht worden.*[262] – »Viel milder, besser und vielleicht jetzt auch ganz anders als seine früheren Werke«? Überzeugungstäter klingen anders. Heine will geschmeidig bleiben, für keinen zu fassen, schon gar nicht für einen Parteigeist. Dennoch kündigt sich hier kein Selbstverrat an, denn nur wenig später, als ihm die schöne Münchner Professur zum Greifen nah scheint, schreibt er auch das: *Man glaubt in München, ich würde jetzt nicht mehr so gegen den Adel losziehn, da ich im Foyer der Noblesse lebe und die liebenswürdigen Aristokratinnen liebe – und von ihnen geliebt werde. Aber man irrt sich. Meine Liebe für Menschengleichheit, mein Haß gegen Klerus war nie stärker wie jetzt, ich werde fast dadurch einseitig. – Aber eben um zu handeln, muß der Mensch einseitig sein. Das deutsche Volk und Moser werden eben wegen ihrer Vielseitigkeit nie zum Handeln kommen.*[263]

Heine liebt die Vielseitigkeit. Denken ist, die vielen Aspekte einer Sache auf einmal verhandeln zu können. Miteinander. Gegeneinander. Aber er ist auch zu großen Einseitigkeiten fähig. Heine handelt. Nach Italien!

Viel zu oft schon hat er von Münchner Terrassen auf die Berge am Horizont gesehen, und jedesmal mußte er dabei denken, daß hinter diesen Bergen Italien liegt. *Einst sogar, in der goldenen Abenddämmerung, sah ich auf der Spitze einer Alpe ihn ganz und gar, lebensgroß, den jungen Frühlingsgott, Blumen und Lorbeeren umkränzten das freudige Haupt, und mit lachendem Auge und blühendem Munde rief er: »Ich liebe dich, komm zu mir nach Italien!«*[264]

Heine erfährt den Nachteil geordneter Arbeitsverhältnisse. So ein festangestellter Redakteur kann nicht so einfach über alle Berge. Am 1. April hat Heine schon mal an Varnhagen geschrieben, daß er nun den Geldrest vom Londoner Kreditbrief seines Onkel braucht, den er ihm zur Verwahrung gegeben hatte, weil er sonst nicht mehr da wäre. *Da ich nicht weiß, wie bald ich nach Italien reise, so wünsche ich, lieber Varnhagen, daß Sie mir die achthundert Taler herschicken. Aber wie? Das ist die Aufgabe.*[265] Es ist derselbe Brief, in dem ein typisch Heinescher Satz über Börne steht: *Er hat mich sehr lieb. Er ist viel besser als ich, viel größer – aber nicht so großartig.*[266] Die Langfassung dieses Satzes wird mehr als ein Jahrzehnt später ein ganzes Buch einnehmen.

Zunächst aber, Heine ahnt noch nichts, wird er es mit einem ganz anderen zu tun bekommen. Mit dem Grafen Platen, Dichter. Daß sich der Graf von den »Xenien« Immermanns am Schluß von Heines zweitem »Reisebilder«-Band sehr angegriffen fühlt und gerade dabei ist, sich diesen Angriff von der Seele zu schreiben, hört und vergißt er wieder. Daß der Graf ein Dichter ist, ein richtiger Dichter, weiß er wohl, und er bemerkte es am 2. Mai ausdrücklich gegenüber Menzel – auch er ein späterer Vorzugsfeind: *Lesen Sie doch so bald als möglich Cottas Grafen Platen, nämlich dessen eben erschienene Gedichte, er ist ein wahrer Dichter. Leider! Leider, oder besser, schrecklich! schrecklich! das ganze Buch enthält nichts als Seufzen nach Päderastie. Es hat mich daher bis zum fatalsten Mißbehagen angewidert.*[267] Aber trotzdem – ein Dichter! In solchen Dingen ist Heine objektiv.

Bei alledem weiß er beständig den Frühlingsgott in seinem Rücken auf einer Alpe sitzen und nach Italien zeigen; in München registriert er nun *Kleingeisterei der großartigsten Art, ein Meer von kleinen Seelen.* Schelling und Görres hat er noch nicht gehört. Er wird ihnen später kaum größere Seelen zuerkennen.

Im Juni teilt er Varnhagen und dessen Frau mit, daß er nicht Napoleon sei und nicht einmal daran denke, *Pankau – Pankow – zu* erobern und viel weniger die Welt. Seine ganze Eroberungssucht beschränke sich auf vielleicht zehn bis elf Herzen. Und auf Italien, fügen wir an dieser Stelle aus intimer Kenntnis an. Die »Annalen« sind nicht gerade erfolgreich geworden, was nach Heines Ansicht daran liegt, *daß die Deutschen keinen Sinn für Politik haben – da gar keine guten politischen Federn aufzutreiben sind. Bin noch immer krank und sehne mich nach Italien.*[268] Die »Annalen« sind ein Flop, heutig gesprochen; Mitte Juli werden sie vorläufig eingestellt. Cotta hat aber vor, sie nach einem »Relaunch« im Januar weiterzuführen.

Heine ist frei.

Heine reist nach Italien, findet, daß der Sommer in Deutschland nur ein grün angestrichener Winter ist, und guillotiniert einen Dichter

Er fährt über die Alpen, und wenn er zurückkehrt, glaubt er, hofft er, wird er außerordentlicher bayerischer Professor sein und »Annalen«-Redakteur außerdem, ein Mann mit zwei Professorengehältern auf einmal. Das könnte er werden, der Sommer seines Lebens. Der italienische Sommer kommt schon jetzt.

Tirili! Tirili! ich lebe! Ich fühle den süßen Schmerz der Existenz, ich fühle alle Freuden und Qualen der Welt, ich leide für das Heil des ganzen Menschengeschlechts, ich büße dessen Sünden, aber ich genieße sie auch.[269] Heine spricht mit den *niedrigsten Wiesenblümchen* und mit *den höchsten Tannen*, denn beide wissen, daß er nicht menschenstolz ist. Er denkt über den Gesang der Adler nach: *Seine Mittiere, besonders die Menschen, glauben, der Adler könne nicht singen, und sie wissen nicht, daß er dann nur singt, wenn er aus ihrem Bereich ist, und daß er aus Stolz nur von der Sonne gehört sein will. Und er hat recht; es könnte irgendeinem von der gefiederten Sippschaft einfallen, seinen Gesang zu rezensieren. Ich habe selbst erfahren, wie solche Kritiken lauten: Das Huhn stellt sich dann auf ein Bein und gluckt, der Sänger habe kein Gemüt; der Truthahn kullert, es fehle ihm der wahre Ernst; die Taube girrt, er kenne nicht die wahre Liebe; die Gans schnattert, er sei nicht wissenschaftlich; der Kapaun kikert, er sei nicht moralisch ...*[270]

Das alles kann ihm jetzt sehr egal sein. Wer von München nach Italien fährt, muß durch Tirol. In Innsbruck findet er die Häupter der Berge *wie mit grauen Turbanen umwickelt,* in der Hofkirche trifft er einen hageren Mann *mit aufgesperrtem Gesichte* und eine *nicht mehr ganz junge, schon etwas abgeliebte, aber noch hinlänglich schöne Dame* mit Lakai und Mops. Wer von Heine so beschrieben wird, muß Engländer sein. Und wirklich, der Mann mit dem einschlägigen Gesicht bemüht sich anhand seines Reiseführers um die Identifizierung der Statuen in der Kirche. Leider fängt er die Reihe falsch herum an, so daß Rudolf von Habsburg plötzlich Frauenkleider trägt und die Königin Maria eiserne Hosen anhat. *Ich, der ich gern mit meinem Wissen nachhelfe, bemerkte beiläufig, dergleichen habe wahrscheinlich das damalige Kostüm erfordert,* und es könne dem jetzigen Kaiser durchaus einfallen, *sich im Reifrock oder in Windeln gießen zu lassen. Der Mops bellte kritisch, der Lakai glotzte, der Herr putzte sich die Nase, und Mylady sagte:* »*A fine exhibition, very fine, indeed!*« —[271] Nein, Heine hat den Briten das »God damn!« noch nicht verziehen, das ein Vertreter dieses Volkes äußerte, als er ihn an einer Londoner Straßenecke beinahe umgerannt hatte.

Als Heine und sein Bruder, der ihn bis Tirol begleitet, durch Brixen kommen, gibt ihm das Gelegenheit, ein paar Betrachtungen über die Jesuiten anzustellen, *ja, mich dünkt zuweilen, der Teufel, der Adel und die Jesuiten existieren nur so lange, als man an sie glaubt.*[272] Hier irrt Heine, denn alle drei arbeiten in München schon an der Verhinderung seiner Professur, jedenfalls wird er das später glauben.

Die Tiroler findet er gut. *Die Tiroler sind schön, heiter, ehrlich, brav und von unergründlicher Geistesbeschränktheit. Sie sind eine gesunde Menschenrasse, vielleicht weil sie zu dumm sind, um krank sein zu können.*[273] Aber Heine verteidigt sie trotzdem, denn er hat im letzten Sommer in einem Londoner Konzertsaal Tiroler Sänger gesehen, in ihrer Volkstracht, mit ihren *einfältigen Bergliedern. ... da verzerrte sich alles in meiner Seele zu bitterem Unmut, das gefällige Lächeln vornehmer* englischer *Lippen stach mich wie Schlangen, es war mir, als sähe ich die Keuschheit des deutschen Wortes aufs roheste beleidigt und die süßesten Mysterien des deutschen Gemütlebens vor fremdem Pöbel profaniert. Ich habe nicht mitklatschen können bei dieser schamlosen Verschacherung des Verschämtesten.*[274] Auch das ist Heine.

Mit Wehmut sieht er die kleinen Häuser, an Berghänge und vor Abgründe geklebt, mit ihrer langen *balkonartigen Galerie, und diese wieder mit Wäsche, Heiligenbildchen, Blumentöpfen und Mädchengesichtern ausgeschmückt.* Hierher passen diese Lieder und wenn *ich solche Häuser im einsamen Regen liegen sah, wollte mein Herz oft aussteigen und zu den Menschen gehen, die gewiß trocken und vergnügt darinnen saßen.* ... *Von der Politik wissen sie nichts, als daß sie einen Kaiser haben, der einen weißen Rock und rote Hosen trägt; das hat ihnen der alte Ohm erzählt, der es selbst in Innsbruck gehört von dem schwarzen Sepperl, der in Wien gewesen. Als nun die Patrioten zu ihnen hinaufkletterten und ihnen beredsam vorstellten, daß sie jetzt einen Fürsten bekommen, der einen blauen Rock und weiße Hosen trage, da griffen sie zu ihren Büchsen und küßten Weib und Kind und stiegen von den Bergen herab und ließen sich totschlagen für den weißen Rock und die lieben alten roten Hosen.*[275]

In Südtirol sieht er lange einer Spinnerin zu, *und an dem Faden ihres Wockens hing mein eigenes Herz,* dann ist er wirklich in Italien, in Trient. Heine weiß, was die meisten Verfasser italienischer Reisebeschreibungen nicht wissen: *Es gibt nichts Langweiligeres auf der Erde als die Lektüre einer italienischen Reisebeschreibung – außer etwa des Schreibens derselben – ...*[276]; und selbst wenn Heine dabei an Goethe denkt, er würde es nie zugeben; und Goethe hätte einen Besuch im Trienter Dom bestimmt auch ganz anders beschrieben: Es ist heiß draußen, aber im Innern ist es kühl. Große katholische Augen schauen ihn an, und Heine formuliert gültig, was noch heute jeder Italienreisende Sommer für Sommer erlebt: Der Katholizismus ist eine gute Sommerreligion! *Wahrlich, ein solcher Dom mit seinem gedämpften Lichte und seiner wehenden Kühle ist ein angenehmer Aufenthalt, wenn draußen greller Sonnenschein und drückende Hitze. Davon hat man gar keinen Begriff in unserem protestantischen Norddeutschland, wo die Kirchen nicht so komfortabel gebaut sind und das Licht so frech durch die unbemalten Vernunftscheiben hineinschießt und selbst die kühlen Predigten vor der Hitze nicht genug schützen. Man mag sagen, was man will, der Katholizismus ist eine gute Sommerreligion. Es läßt sich gut liegen auf den Bänken dieser alten Dome, man genießt dort die kühle Andacht, ein heiliges Dolcefarniente, man betet und träumt und sündigt in Gedanken, die Madonnen nicken so verzeihend aus ihren Nischen ... und zum Überfluß steht noch in jeder Ecke ein brauner Notstuhl des Gewissens, wo man sich seiner Sünden entledigen kann.*[277] Nein, Heine hat nicht recht, *italienische Reisebeschreibungen* müssen gar nicht immer langweilig sein. Vor allem nicht für die Italiener, denn ohne Heine hätte die Trienter Gemüsefrau auf dem Marktplatz nie erfahren, wie der deutsche Winter aussieht und auch nicht, wie deutsches Obst schmeckt. *»Ach, liebe Frau!«, sagte ich ihr, »in unserem Lande ist es sehr frostig und feucht, unser Sommer ist nur ein grün angestrichener Winter, sogar die Sonne muß bei uns eine Jacke von Flanell tragen, wenn sie sich nicht erkälten will; bei diesem gelben Flanellsonnenschein können unsere Früchte nimmermehr gedeihen, sie sehen verdrießlich und grün aus, und unter uns gesagt, das einzige reife Obst, das wir haben, sind gebratene Äpfel.*[278] Natürlich hat Heine das nicht zur Gemüsefrau gesagt, aber er hätte es sagen können, und das ist viel wichtiger. Er hat es ihr auch deshalb nicht erzählt, weil er fast gar kein Italienisch spricht, dafür aber Latein, bloß das kann die Gemüsefrau nicht. Damit ist der kommunikative Grundkonflikt seines Aufenthalts benannt: *Ja, des Nachts kann ich Italien ganz verstehen, dann schläft das junge Volk mit seiner jungen Opernsprache, und die Alten steigen aus ihren kühlen Betten und sprechen mit mir das schönste Latein.*[279]

Ganz wichtig bei einer jeden Reisebeschreibung – wir kennen das schon aus der »Harzreise« – sind natürlich die Träume des Autors. In seiner ersten italienischen Nacht träumte er sich *nämlich wieder einige Stunden zurück, ich kam wieder an in Trient, ich staunte wieder wie vorher, und jetzt um so mehr, da lauter Blumen statt Menschen in den Straßen spazierengingen.*

Da wandelten glühende Nelken, die sich wollüstig fächerten, kokettierende Balsaminen, Hyazinthen mit hübschen leeren Glockenköpfchen, dahinter ein Troß von schnurrbärtigen Narzissen ...[280] Auch die dicke Marktfrau ist wieder da, nur sieht sie jetzt aus wie eine *verwinterte Ranunkel* und spricht ein ganz bemerkenswertes Deutsch: »*Was wollen Sie unreife Blite? Sie saure Jurke? Sie ordinäre Blume mit man eenen Stoobfaden? Ich will Ihnen schon begießen!*« Vor Angst rennt der träumende Heine in den Dom, in dem sich lauter Tulpen zum Gebet versammelt haben. Wieder draußen, trifft er auf einen Leichenzug und erschrickt, als er erkennt, wer da zu Grabe getragen wird: Es ist die kleine Rose, die ihm ein Musikantenmädchen am Abend geschenkt hatte. Eine

Klatschrose hält die Trauerrede, und die ist so langweilig – und ist doch keine italienische Reisebeschreibung –, daß Heine davon aufwacht. Natürlich hat er das alles nicht geträumt, aber er hätte es träumen können, und ebendas ist viel wichtiger.

Eine Reisebeschreibung, die wie eine Reisebeschreibung aussieht, ist übel. Weshalb Heine italienische Geschichten erzählt, in denen nur manchmal und ganz unauffällig ein paar Dinge vorkommen dürfen, die »Sehenswürdigkeiten« zu nennen die Touristen aller Zeitalter sich angewöhnt haben. Etwa das Haus in Verona, das man für das Haus der Capulets hält, das jetzt aber eine schmutzige Kneipe für Kutscher und Fuhrleute beherbergt – weshalb Heine es wohl erwähnt. Am liebsten aber berichtet er von definitiven Nichtsehenswürdigkeiten wie dem kleinen Ort Ala bei Verona, den vor Heine niemand gekannt hat und der beinahe im völligen welthistorischen Abseits geblieben wäre, hätte er nicht die Familie des Wirtes porträtiert, bei dem er dort zu Mittag ißt. Heine ißt: *Zuppa mit Parmesankäse, einen Braten derb und fest wie deutsche Treue* ...

Auf dem Schlachtfeld von Marengo steigt er aus und hält Andacht, denn noch sind nicht alle Schlachten verloren: *Ja, es wird ein schöner Tag werden, die Freiheitssonne wird die Erde glücklicher wärmen als die Aristokratie sämtlicher Sterne; emporblühen wird ein neues Geschlecht, das erzeugt worden in freier Wahlumarmung.*[281]

In La Spezia kommt Heine mehr oder weniger nah an des Dichters Platen Haus vorbei, jedenfalls sagt er das Campe. Was macht der Platen denn da, will Campe wissen. Er frißt Apfelsinen und treibt viele Sodomitereien, antwortet Heine und besucht Platen nicht.[282]

Ende August ist er in Livorno und schreibt einen Brief an Eduard von Schenk. Schenk ist im Augenblick ziemlich wichtig, denn er ist Heines zweiter und eigentlicher Fürsprecher beim König aller Bayern, außerdem ist er ebenfalls aus Düsseldorf und verfaßt auch Dramen, bringt es aber im Unterschied zu Heine bis zum bayerischen Innenminister. Solchen Menschen muß man schreiben, und Heine teilt Schenk die Adresse mit, an die er die gute Nachricht vom König schicken soll: H.H., poste restante in Firenze. Bald wird er dort und ein ordentlicher bayerischer Professor sein. Aber vorher fährt er noch in die Bäder von Lucca zur Kur. Ein letztes Mal als Nur-Doktor! Glaubt Heine. Aus den Bagni di Lucca teilt er seinem Freund Moser mit: *Ich lebe viel und schreibe wenig.*

Er läuft durch die Apenninen und philosophiert mit den Eidechsen. Ein alter, besonders weiser Eidechs verrät ihm, daß am Ende der Zeit ein großes Naturavancement stattfinden wird und Steine in Pflanzen verwandelt werden, Pflanzen in Tiere, Tiere werden Menschen, und die Menschen werden Götter. *Ich habe von meinem hieroglyphenhäutigen Naturphilosophen noch manches andre Geheimnis erfahren; aber ich gab mein Ehrenwort, nichts zu enthüllen. Ich weiß jetzt mehr als Schelling und Hegel.*[283] Der Eidechs findet diese beiden durchaus bemerkenswert. Und Heine antwortet: *»Wenn man bedenkt, ... daß sie bloß Menschen und keine Eidechsen sind, so muß man über das Wissen dieser Leute sehr erstaunen«* und erzählt dem toskanischen Eidechs, *wie in der gelehrten Karawanserei zu Berlin die Kamele sich sammeln um den Brunnen Hegelscher Weisheit, davor niederknien, sich die kostbaren Schläuche aufladen lassen und damit weiterziehen durch die märk'sche Sandwüste.* Der alte Eidechs schaut sehr nachsichtig und entläßt Heine mit der Versicherung, daß kein Mensch denken kann, weder Schelling noch Hegel, und daß es nur eine einzige wahre Philosophie gibt, *und diese steht, in ewigen Hieroglyphen, auf meinem eigenen Schwanze.*

Manchmal läuft er von den Bädern von Lucca hinunter zur Stadt. Das ganze Land, erklärt er, ist hier gartenhaft und geschmückt wie bei uns die ländlichen Szenen auf dem Theater. Zwar gibt es auch in Italien Philister, aber es sind italienische Orangenphilister und keine plumpdeutschen Kartoffelphilister. Eigentlich geht er von den Bädern hinunter in die Stadt, um Franscheska und Mathilde zu suchen, und fragt einmal sogar einen toskanischen Adler nach dem Weg: *So ein Adler hat einen unerträglich stolzen Blick und sieht einen an, als wollte er sagen: »Was bist du für ein Vogel?«*

Heine trifft Franscheska und Mathilde in Lucca, aber das ist schon nicht mehr Reisebericht, sondern eher Roman, und er tritt nunmehr nur noch als der *Dottore* auf. Mathilde ist eine schöne, spöttische Engländerin, die der Dottore schon aus den Bädern von Lucca kennt. Und Signora Franscheska ist das Mädchen, in das der Dottore sich verliebt hat. Er findet sie an den Stufen eines italienischen Altars wieder. »*Franscheska!*« rief ich, »*Stern meiner Ge-danken! Gedanke meiner Seele! vita della mia vita! Meine schöne, oftgeküßte, schlanke, katholische Franscheska!*« Fran-scheska und Mathilde – die Namen muß man sich merken. Er er-findet sie erst zu Ende, als er sich längst nicht mehr toskanisch leicht fühlt, im dunklen Hamburger Herbst des Jahres 1830.

Aber noch ist ihm so milde zumute. Warum kann nicht das ganze Leben sein wie ein großes Kurbad in Lucca? Warum muß der Onkel böse sein auf ihn, nur weil er ein bißchen Onkelgeld ei-nem neuen Verwendungszweck zuführt? Der Onkel hat Heines Bad in Lucca schließlich gesponsert, zwar unfreiwillig, aber einen Brief hat er dafür verdient. Und Heine schreibt an den Onkel da-heim im grün angestrichenen Hamburger Winter: *Ich habe dieser Tage so lebhaft an Sie gedacht, ich habe so oft mich danach ge-sehnt, Ihre Hand zu küssen … und so weiter. Ich bitte Sie, lassen Sie daher auch etwas ab von Ihren Klagen gegen mich, da sie sich doch alle auf Geld reduzieren lassen und, wenn man alle bis auf Heller und Pfennig in Banko Mark ausrechnet, doch am Ende eine Summe herauskäme, die ein Millionär wohl wegwerfen könnte – statt daß meine Klagen unberechenbar sind, unendlich, denn sie sind geistiger Art, wurzelnd in der Tiefe schmerzlicher Empfin-dungen. Hätte ich jemals auch nur mit einem einzigen Worte, mit einem einzigen Blick die Ehrfurcht gegen Sie verletzt oder Ihr Haus beleidigt – ich habe es nur zu sehr geliebt! –, dann hätten Sie recht zu zürnen. Doch jetzt nicht …*[284] Selbst ein Sack voller Geld müßte mit diesen Zeilen zu rühren sein, und der Onkel ist ein Geldsack, den er aber auf seine Weise wirklich liebt – denn Men-schen, um deren Anerkennung man so sehr wirbt wie Heine um die seines Onkels, sind einem niemals gleichgültig. Dieser Brief, schreibt Heine, solle den Onkel nicht belästigen, er sei nur ein Seufzer. *Es ist mir leid, daß ich diesen Seufzer nicht frankieren kann, er wird Ihnen Geld kosten – wieder neuer Stoff zu Klagen. Adieu, teurer, guter, großmütiger, knickriger, edler, unendlich ge-liebter Onkel!*[285]

Wenn Heine nicht badet, nicht auf die Apenninen klettert und nicht mit kurenden Damen plaudert, arbeitet er schon an seiner Reisebeschreibung. Am 1. Oktober kommt er nach Florenz, und er geht über den Markt, wo alle staunend an den Palazzi und Arkaden emporsehen. Nur Heine nicht. Er geht geradewegs zur Post. Es muß Nachricht da sein vom König. Von Schenk. Ist er schon Professor? Aber es ist kein Brief da.

Kein Brief. Heine bewahrt Fassung. Er überredet sich sogar zu einer überlegenen Reaktion und schreibt an Schenk, den tragödienschreibenden Schenk, der gerade bayerischer Innenminister geworden ist: *Ich will Ihnen freimütig gestehen, im Boudoir der Mediceischen Venus vergaß ich Schenk und seinen Brief.*[286] Trotzdem, teilt Heine mit, gedenke er nun in Florenz zu bleiben, bis die Nachricht da ist, denn *solange ich nicht die Ausfertigung des Dekrets habe, lebe ich in einer gewissen Unbestimmtheit, die sehr unbequem ist.*[287] Heine besucht die Venus noch oft und wartet geduldig.

Aber es kommt kein Brief. Dafür schreibt er selbst noch einen. Cotta erfährt, daß Heine sich in Italien nicht in eine Tänzerin verliebt hat, auch nicht *börnisch faul* ist, vielmehr schon die ersten Italien-Kapitel zum Abdruck im Cottaschen »Morgenblatt« fertiggemacht hat. Auch über das Geschick der »Annalen« hat er nachgedacht und schlägt nunmehr den Titel »Neue Annalen, eine Zeitschrift für Politik, Literatur und Sittenkunde« vor. Sofern der Herr Baron wünsche, Heines Namen auch fürderhin auf das Titelblatt der »Annalen« zu setzen, habe er nichts dagegen, jedoch drei Bedingungen, die sich ungefähr so zusammenfassen lassen: *Was mich selbst betrifft, so sage ich im voraus, daß auf mich in Hinsicht der Beiträge nicht viel zu rechnen ist, und noch weniger in Hinsicht der redaktorischen Betriebsamkeit – Kolb und wieder Kolb muß für alles sorgen.*[288] Kolb heißt der Mann, den Heine sich am besten als Nachfolger des fleißigen Zweitredakteurs vorstellen kann. Und ein Motto für die neualte Zeitschrift hat er auch schon: *Es gibt in Europa keine Nationen mehr, sondern nur Parteien.*[289] Ein prophetisches Wort. Marx wird es gefallen.

Heine hat nicht mehr vor, dieses Jahr noch über die Alpen zu gehen. Es ist bald November, und er will in Florenz bleiben. Da trifft statt der erhofften Nachricht eine andere ein. Sein Vater ist sehr schwer krank. Heine bricht auf. Er reist über Venedig, das nicht unbedingt auf der Strecke Florenz–Hamburg liegt. Eben noch hat er so kokett über seine Zwiesprache mit italienischen Ruinen geschrieben. So ein verwittertes gotisches Pfeilerstück verstehe ihn sehr gut, *bin ich doch selbst eine Ruine, die unter Ruinen wandelt.*[290] Wie fühlte er sich da heil und beinahe grundsaniert. Im

Augenblick aber ist sein Leben wieder dabei, auseinanderzubrechen wie ein alter Palazzo. Und Venedig im November ist auch voller ertrinkender Häuser.

Er kommt zu spät, seinen Vater lebend zu sehen. In Würzburg erreicht ihn die Todesnachricht. Der Vater starb am 2. Dezember. Heine fährt weiter nach Hamburg, denn dorthin sind seine Eltern im Sommer erst von Lüneburg gezogen, zu ihrem Sohn Gustav, der hier ein Speditions- und Produktengeschäft eröffnet hat. Nach mehreren fehlgeschlagenen merkantilen Aktivitäten hatte er sich nunmehr dem Ölhandel zugewandt, was sein Bruder Heinrich mit der Bemerkung quittiert haben soll: Armer Gustav, das ist deine letzte Ölung! Das wird sie dann auch. Im Sommer des kommenden Jahres muß Gustav Heines Ölhandel liquidiert werden, was seinen Bruder Heinrich veranlassen wird, fürderhin von Gustav nur noch als dem Ölhändler zu sprechen.

Es steht nicht gut um die Teilfamilie des Samson Heine. Der Vater tot, der Bruder im Ölgeschäft und die Münchner Professur bekommt Heine wohl auch nicht. Auch ist er schon wieder in Hamburg, in das er doch keinen Fuß mehr setzen wollte. Und der andere Bruder, Max, wird bald als Arzt in die Türkei gehen; sie werden sich erst 1852 wiedersehen. Vor allem aber: Der Tod des Vaters trifft ihn tiefer, als er geglaubt hatte. Die Geschwister tragen es leichter.

Im Februar schreibt Campe an Immermann: »Heine habe ich so weit, daß er nun endlich zum Arbeiten gehen will; aber wo, wo kann er arbeiten? Überall will es nicht passen.«[291] Gegen Berlin ist Campe ganz entschieden, da wird das doch nie was mit dem Arbeiten.

Heine fährt trotzdem nach Berlin. Er sieht Rahel wieder und fast alle seine Berliner Bekannten. Er wohnt in der Friedrichstraße, »über die Brücke hinweg, dem Klinikum und den Kasernen gegenüber«. Sie weiß nicht so recht, was sie von Heine halten soll. Er sieht gesünder aus, klagt fast gar nicht, »aber es ist manche sonst vorüberfliegende Miene festgestellt zwischen seinen Zügen, die ihnen nicht wohltut; so im Munde ein Zerren, wenn er spricht, was ich sonst – auch schon – fast als eine kleine Grazie bemerkte, obgleich es nie schön Zeugnis gab«.[292] Sie notiert es, als er gerade kommt. Sie spürt, daß der Tod seines Vaters noch immer wie ein Schatten auf ihm liegt. Er will Rahel, der Goetheanerin, ein paar freche antigoethische Sätze sagen, er will noch viel mehr sagen, worüber sie sich ärgern müßte, aber er kann es jetzt nicht. Um Viertel vor zwei ist er gekommen, als er geht, öffnet Rahel erst einmal die Fenster. Seine Stiefel rochen nach Schuster, seine Kleider stockig.[293] Sie denkt viel über ihn nach in den folgenden Tagen und kommt zu dem Schluß: »Hier sind nun so viele und reiche Anlagen, aber die Natur hat doch in der Hast einige wesentliche Zutaten verabsäumt, und nun gehen da die glänzend beleuchteten Mängel herum.«[294]

Dann geht Heine doch ins Schreib-Exil. Er wählt Potsdam, das ist weit genug weg von Berlin und dicht genug dran: Heines Bruder Max berichtet von dreistündiger (!) staubiger Fahrt.

Das Exil ist perfekt: *Ich sehe hier nichts als Himmel und Soldaten*, berichtet Heine aus Potsdam, und der schönen Friederike Robert, die er so oft bei Varnhagens sah, schreibt er, daß er hier wie Robinson auf seiner Insel lebe – *mein Stiefelputzer ist mein Freitag, die Hausmägde sind meine Lamas usw.* Im übrigen lese er jetzt Goethes »Wilhelm Meister«. Das Wiedersehen mit Friederike muß ihn sehr berührt haben, mit *Sehr schöne Freundin!* redet er sie an und schließt:

Ich befinde mich in jeder Hinsicht schlecht. Bin ich krank? dumm? verliebt? Wer kann das unterscheiden?

Leben Sie wohl und grüßen Sie mir die Welt.

Ihre getreue Freundin

        Heine

Heine kann sehr zärtlich sein, wenn er liebt, nur ein bißchen, aber sehr unmöglich, also etwa verheiratete Frauen wie Friederike. Da muß er die Nähe doch ein wenig umdefinieren: *Wir beiden sind noch die besten Schriftstellerinnen Deutschlands! Wir können die Herzen von Grund auf bewegen.*[295] Ein ganz einsamer Robinson sei er nun nicht mehr, denn er sei gestern abend im Neuen Garten in eine Damengesellschaft geraten *und saß zwischen einigen dicken Potsdamerinnen wie Apoll unter den Kühen des Admet.*[296]

Und doch:

… wie bin ich zahm geworden, seit dem Tode meines Vaters! Jetzt möchte ich auf einer fernen Insel nur das Kätzchen sein, das am warmen Herde sitzt und zuhört, wenn von berühmten Taten erzählt wird.

Ich bin so niedergeschlagen, so zusammengedrückt, so beengt – ach, ich möchte ein Kätzchen sein! Grüßen Sie mir Mimi – – Auch Ihren Hauskater lasse ich herzlich grüßen; ebenfalls alle Nachbarschaftskatzen. Auch Varnhagens. Leben Sie wohl und behalten Sie lieb

Ihre kleine Freundin

H. Heine

Potsdam, ohne Datum 1829

Auch Moser bekommt wieder Post von Heine: *Potsdam, ich glaube den 30. Mai 1829. Lieber Moser! Wenn Du mir nicht gleich vierzig Taler schickst, so werde ich auf Deine Kosten hier verhungern.*[297] Moser rettet den Freund, Heines Dankesbrief ist einer der letzten zwischen beiden. Darin steht, daß er ihn in Berlin leider nicht sehen konnte, da er zu lange bei den Roberts war, und das sei besonders schade, weil er noch mehr Geld von ihm borgen wolle. Bald wird Heine den besten Freund verlieren, den er je hatte und der ihn nicht in Potsdam verhungern ließ – überhaupt, was ist er ohne Moser? Heine verliert Moser um einer Sache willen, die er ihm selbst ankündigt:

Jedoch ich hoffe, daß mein diesjähriger Feldzug gegen Pfaffen und Aristokraten besser ausfällt als der russische. ... Lies doch den »Romantischen Ödipus« von Graf Platen; er ist gegen Dich gerichtet. Leb wohl! H. Heine.[298]

Wir wissen nicht genau, wann Heine das Lustspiel des Grafen zum ersten Mal gelesen hat. Daß der Graf etwas gegen ihn schrieb, erfuhr Heine schon am Tag seiner Abreise nach Italien. Aber was man nicht kennt, regt nicht auf. Und in gewissem Sinne ist es durchaus erfreulich, wenn andere Schriftsteller gegen einen schreiben, und dieser hier ist sogar ein Graf. Kann es einen schöneren Beweis der eigenen Existenz geben? Heutige Temperamente formulieren diesen Sachverhalt noch bündiger: Bad publicity is good publicity. Aber alles hat seine Grenzen.

Campe sagt, er habe Platens »Romantischen Ödipus« mitgebracht, als er Heine in Potsdam besuchte. Dafür spricht auch Heines Literaturempfehlung an Moser in seinem Junibrief. Aber vielleicht hatte er ihn da noch gar nicht gelesen. Das launige *er ist gegen Dich gerichtet* wäre sonst wohl einer anderen Schärfe gewichen. Heine selbst sagt, er habe den »Ödipus« auf Helgoland gelesen.

Und Lyser sagt, Heine habe das Buch erst Anfang August bei Campe im Buchladen entdeckt, und zwar so: Er, Lyser, steht gerade im Campeschen Buchladen und liest auf Empfehlung des Hausherrn die Stelle, wo Platen einen Dichter namens »Jammermann« – Immermann – über seinen Dichterfreund sagen läßt, daß dessen Küsse unerfreulich riechen. Nämlich nach Knoblauch. In diesem Augenblick betritt Heine bestgelaunt die Buchhandlung, worauf Campe ihn bittet, alles gleich noch einmal zu lesen, um die Freude an der Literatur zu teilen: »Ich las ganz unbefangen«, berichtet Lyser, »und da ich nicht vom Buche aufblickte, konnte ich auch nicht sehen, daß Heine – wie Campe mir später sagte – erst glühendrot und dann totenbleich wurde; als ich aber an die Stelle von den Knoblauchküssen kam, riß er mir das Buch aus der Hand und stürzte wie toll aus dem Laden.«[299]

Lyser gehört zu der bemerkenswerten Sorte schreibender Zeitgenossen, die dadurch berühmt zu werden gedenken, daß sie immerzu vielen anderen Berühmtheiten begegnen, und da keiner allen begegnen kann, ist es unumgänglich, solche Begegnungen auch zu erfinden, worin Lyser es zu einer gewissen Meisterschaft bringt. Insofern ist auch die obige Szene einschlägig gefährdet, aber in metaphysischem Sinne ist sie um so wahrer. Heines empfindlichster Nerv ist getroffen. Am nächsten Tag erscheint er bei Lyser, wirft ihm das Buch auf den Tisch und sagt: »Was wetten Sie, ich ärgere den Platen noch tot.« Campe kommentiert: Wenn er das gesagt hat, dann macht er das auch. So gut kennt der Verleger seinen Dichter schon. Selbst heutige Heine-Enthusiasten, die wissenschaftlichen und die nicht ganz so wissenschaftlichen, finden das Totärgern meist ein wenig übertrieben von Heine. An dieser Stelle tadeln sie ihn. Aber das ist kleinlich. Es kommt darauf an, Heine zu verteidigen.

Platens Wut richtet sich nicht so sehr gegen Immermann, der in des Grafen Lustspiel als Nimmermann oder eben Jammermann vorkommt, womit Platen bereits die äußerste Grenze des ihm zugänglichen Humors erreicht, sondern vielmehr gegen Heine, der selbst kein einziges Wort gegen den Ghaselenschreiber gesagt hat. Was Platen so sehr reizt, ist offenbar, daß er gezwungen wird, jemanden zu bemerken, der bis vor kurzem nie seinen Weg hätte kreuzen können, schon gar nicht seinen literarischen. Einen Judenjungen eben. Bis eben war es undenkbar, daß beide dieselbe Welt teilen müssen. Jetzt ist es geschehen. Und Platens »Romantischer Ödipus« hat eine einzige, eine giftige Wurzel – aller Welt zu zeigen, welche Zumutung das darstellt. So lesen wir vom ...; aber am besten, Heine referiert das selber, denn so stark ist er doch: *Noch weit schlimmer ergeht es* in Platens Lustspiel *dem »getauften Heine«. Ja, ja, du irrst dich nicht, lieber Leser, das bin ich, den er meint, und im »König Ödipus« kannst du lesen, wie ich ein wahrer Jude bin, wie ich, wenn ich eine Stunde Liebeslieder geschrieben, gleich darauf mich niedersetze und Dukaten beschneide, wie ich am Sabbat mit langbärtigen Mauscheln zusammenhocke und den Talmud singe, wie ich in der Osternacht einen unmündigen Christen schlachte ...*[300]

Die »Küsse, welche absondern Knoblauchgeruch«, läßt er dann doch weg.

Es ist also geschehen, denkt Heine. Wovor er die größte Angst hatte, seit er die ersten Gedichte schrieb – es ist passiert. Man wird die Liebeslieder eines Juden nicht »ungehudelt« lassen, ahnte er schon vor vielen Jahren und bat Moser in Berlin, ihm sofort zu schreiben, wenn er etwas über ihn lese, das mit seiner Herkunft zu tun habe.

Es geht nicht um einen Literatenstreit. Es geht um die Grundlagen der Welt.

Die Grundlagen der Welt klärt man am besten auf Inseln. Auf Norderney hat er dieses Jahr doch keine Lust mehr – die Literatur fordert ihren Preis. Aber Helgoland hat er noch nicht beschrieben, das kennt er noch gar nicht, weder die Helgoländer noch ihre Sommergäste, dort kann man nichts gegen ihn haben. Und wer sich so weit hinauswagt, der muß schon ziemlich wasserdicht sein. Der verträgt viel. Heine wohnt nun bei Brodder Nickels mitten in der Nordsee, und erst jetzt fällt ihm auf, wie elend er in Potsdam und Berlin war. Erst am Meer wacht der Mensch wirklich auf. Erst am Meer merkt er, daß alles sonstige Leben wie ein ewiger Halbschlaf ist. Er weiß jetzt genau, wer er ist: *Ich bin ein Fisch mit heißem Blute und schwatzendem Maule; auf dem Lande befinde ich mich wie ein Fisch auf dem Lande.*[301]

Das mit dem schwatzenden Maul stimmt genau. Denn er wird schon wieder zum Duell gefordert. Diesmal von einem Herrn L., der im selben Haus wohnt. Und Heine war so freundlich zu ihm. Er lieh ihm sogar seinen Frack, denn Herr L. ist ganz ohne Reisegepäck gekommen, nur zu einem Kurzbesuch. Aber nun ist die bekannte Sängerin S. aus Hamburg auch auf der Insel, und wie sieht das aus, sich einer Dame zu nähern ohne die passende Garderobe? Heine hatte sich Frau S. bereits genähert, natürlich im Frack, dann aber wieder damit aufgehört, weshalb der Frack für Herrn L. frei war. Herr L. hatte es in Heines Frack schon zum obersten Verehrer der Frau S. gebracht, als das allgemeine Publikum von dem einen Frack mit zwei Männern erfuhr. Heine versteht das Aufsehen nicht. Er pflege es so zu halten, hatte er gesagt, daß Herr L. das aufnehme, was er ablege. Worauf Herr L., möglicherweise noch in Heines Frack, den Herrn Heine auf Pistolen forderte. Und das gerade jetzt, wo er sich überlegen muß, was er mit Platen macht. Er hat schon einen Sekundanten, als Herr L. sich doch noch besänftigen läßt. Er sollte sich am kommunikativen Temperament der Fische ein Beispiel nehmen.[302]

Er schreibt Moser, der noch nie am Meer war, daß alle Okeaniden ihn grüßen lassen und die Seehunde auch. *Eine weiße Möwe, die ich gestern kennenlernte, läßt sich erkundigen, ob Gans sein Buch fertig ist. Leb wohl, es gibt wenig Papier auf Helgoland. Dein Freund H. Heine.*[303]

Aber ein bißchen Papier hat er noch. So sitzt er auf dem roten Felsen, möwenumkreischt, und denkt an einen anderen Sommer in den Bädern von Lucca. Und schöpft in jene italienische Sommeridylle hinein, nach Potsdamer Entwürfen, seine erste literarische Figur in voller Lebensgröße, Hyazinth, Zwerg und Diener, weitläufiger Verwandter des Sancho Pansa, ehemaliger Hamburger Lotteriekollekteur. Und wie dieser undenkbar war ohne seinen Don Quixote, so ist Hyazinth undenkbar ohne seinen Herrn Gumpelino, der aus *einer uralten Weltfamilie* stammt, die einst Ägypten verließ, was Gumpelino nicht hindert, beim Erklettern der toskanischen Berge immerzu »Oh, Herr Jesu!« zu rufen. Denn er war längst desertiert aus der *uralten Weltfamilie.* Der Dottore trifft ihn bei der schönen Engländerin Lady Mathilde und erkennt im Marchese Christophoro di Gumpelino sofort seinen alten Freund, den Hamburger *Bankier Christian Gumpel, mit seinem wohlhabenden Lächeln und gottgefälligen Bauche*[304], was ein real existierender Herr namens Gumpel, wohnhaft zu Hamburg, dem Verfasser noch sehr übelnehmen wird. Der real existierende Herr Gumpel in Hamburg ist Bankier wie Onkel Salomon, bei Heine aber ist er vor allem Kurgast, und noch mehr als den Herrn Jesus verehrt er den Sommer von Lucca und die Frauen, nicht nur Lady Mathilde, sondern auch die beiden bemerkenswerten Signoras Lätitia und Franscheska, die wir schon kennen. Signora Lätitia ist laut Heine *eine fünfzigjährige junge Rose*, die am liebsten, in Gesellschaft ihrer Verehrer, wie eine Sphinx auf dem Diwan liegt, *ihr hochfrisiertes Haupt stemmte sie auf ihre beiden Arme, und zwischen diesen wogte ihr Busen wie ein rotes Meer.* Diese Stelle wird dem Zensor später besonders unangenehm auffallen, ganz zu schweigen von dieser: »*Und für wie alt halten Sie mich?*« *rief plötzlich Signora Lätitia, und ohne an ihr Evakostüm, das bis jetzt die Bettdecke verborgen hatte, zu denken, erhob sie sich bei dieser Frage so leidenschaftlich in die Höhe, daß nicht nur das rote Meer, sondern auch ganz Arabien, Syrien und Mesopotamien zum Vorschein kam.*[305]

Die beiden wohnen oben auf dem Hügel in einem Haus, das aussieht, als sei es noch im Negligé, und bekommen öfter Besuch, auch vom Dottore, dem Alter ego Heines. Das Ganze, unschwer zu erkennen, ist natürlich eine Literatursatire.

Nun kann man fragen, was Gumpelinos, Hyazinths, Häuser im Negligé und Literatursatiren in einer *italienischen Reisebeschreibung* zu suchen haben, aber das hatten wir schon öfter. Vieles spricht dafür, daß Heine ursprünglich einen Italien-Reiseroman plante, aber nun muß er vor allem etwas gegen Platen schreiben und kann nicht warten, bis ein ganzer Roman fertig ist. Immerhin weiß er jetzt, wie er Platen in die »Bäder von Lucca« hineinbekommt. Denn elegant muß es schon sein, und Eleganz ist ein anderes Wort für Beiläufigkeit, also für die absichtsloseste Absicht. Was weiß Platen mit seiner bemühten Aristophanes-Adaption schon von solchen Finessen? Schließlich kann Heine keinen offenen Brief schreiben, in dem drinsteht, was der Platen über ihn gesagt habe, fände er doch sehr gemein.

Die Hauptliebe des Marchese Gumpelino heißt nicht Mathilde oder Lätitia oder Franscheska, welche die Hauptliebe des Dottore ist. Gumpelinos Hauptliebe heißt Lady Maxfield, und da Gumpelino besonders die aussichtslosen Lieben liebt, gibt es auch einen Lord Maxfield. Heine, der Dottore, wird eines Abends Zeuge eines bemerkenswerten Gesprächs über Religion zwischen Gumpelino und seinem Diener Hyazinth, in dessen Verlauf letzterer die bemerkenswerte Ansicht äußert, *gäbe es in der protestantischen Kirche keine Orgel, so wäre sie überhaupt keine Religion.* Auch hat der Lotteriekollekteur Hyazinth schon einmal die Zahlen, die in den protestantischen Kirchen immer so schwarz auf den weißen Täfelchen stehen, probeweise in der Altonaer Lotterie gesetzt – nichts. *Jetzt wußte ich, was ich zu denken hatte, jetzt dacht ich, bleibt mir weg mit einer Religion, die gar nichts kann, bei der nicht einmal eine Ambe herauskömmt.*[306]

Der Marchese ist da ein ganz anderer Geist, er würde sein Vermögen auf die Liebe setzen und auf Lady Maxfield; er leidet sehr und nimmt schließlich auf Empfehlung seines Dieners eine Prise »Glaubenssalz«, hoch wirksam gegen Gemütsbeschwerden jeder Art. Überhaupt macht dieses Glaubenssalz alle Menschen gleich, insofern sie sich in den kommenden Stunden in steter Reichweite einer Toilette aufhalten sollten, und gerade da bekommt der Marchese Post von Lady Maxfield. Am Abend noch will sie ihn sehen, und morgen schon reist sie ab, was den Marchese ausrufen läßt: »*Weh mir, ich Narr des Glücks!*« und sein Diener erkennt: »*Hier kann kein irdischer Lebensmensch mehr helfen.*« Aber dann hat dieser Sancho Pansa eine Idee: »*Herr Gumpel« – sprach es endlich aus ihm hervor –, »schicken Sie mich!*«

Jetzt könnte die Geschichte zu Ende sein, ist sie aber nicht. Denn am nächsten Abend, draußen stehen im Mondschein die düsteren Zypressen, liegt der Marchese im blauseidenen Domino auf dem Diwan, das Buch in seiner Hand ist in rotes Saffianpapier mit Goldschnitt gebunden, und er schaut erst auf, als der Dottore vor ihm steht: »*Ich habe die ganze Nacht kein Auge zutun können*« – *klagte er mir –, »ich war so sehr bewegt, ich mußte elfmal aus dem Bette steigen, und zum Glück hatte ich dabei diese vortreffliche Lektüre, woraus ich nicht bloß Belehrung für die Poesie, sondern auch Trost für das Leben geschöpft habe. Sie sehen, wie sehr ich das Buch geehrt, es fehlt kein einziges Blatt, und doch, wenn ich so saß, wie ich saß, kam ich manchmal in Versuchung –*«[307]

Das Buch in Saffianpapier mit Goldschnitt heißt »*Gedichte von August Grafen von Platen; Stuttgart und Tübingen. Verlag der J.G. Cottaschen Buchhandlung. 1828.*«

Hyazinth malt indessen geheimnisvolle Muster auf den Cotto-Fußboden. Das sind die Versfüße, das Wesen der Dichtung.

Heine träumt sein neues Buch. Er mag es schon jetzt. Er braucht es nur noch zu schreiben. Zwischendurch unterhält er sich mit den Badegästen und fährt mit dem Boot um die Insel. Dann reisen die Badegäste ab; Heine bleibt fast allein mit einem Herrn Vogt auf Helgoland zurück und fährt nun mit ihm um die Insel. Manchmal fährt Herr Vogt bei hoher See auch ohne ihn aufs Meer und erschießt Vögel. Das Vögel-Erschießen gehört zu seinen Lieblingsbeschäftigungen; was Heine darüber denkt, wissen wir schon. Dann reist auch Heine ab, und Herr Vogt erschießt sich selbst. Aus Liebeskummer. Heines Kommentar: »Ich hatte ihm schon vorher abgemerkt, daß ihm das Leben zur Last war, da er am liebsten bei hoher See zum Vogelschießen ausfuhr, wo ich ihn dann nur aus Ambition, um nicht ein Poltron zu scheinen, manchmal begleitet habe. Er schoß noch viele Vögel, manch hübschen Vogel, und den merkwürdigsten zuletzt.«[308]

Aber Platen lebt noch.

Am 30. September ist Heine zurück in Hamburg, nimmt sich eine abgelegene Wohnung in der Mühlenstraße, Schimmelmannsches Palais, zweite Etage. Er muß sich jetzt sehr beeilen, denn Campe wartet auf sein Buch. Das Papier sei schon seit zwei Jahren da und nichts zum Drucken. Also schickt Heine schon mal den ersten Teil an Campe und bekommt dafür bald die Druckfahnen. Das nennt Campe Papier? »Ich laufe wütend im Zimmer herum und betrachte vergleichend meine alten Unterhosen und dann wieder meinen Aushängebogen. Ich sterbe vor Unmuth.«[309] Ungezählt die Herbsttage, an denen er sich fühlt, als bestehe er *aus Campeschem Fließpapier.* Eine schlechtere Meinung als über das Papier seines Verlegers hat er nur noch über dessen Großzügigkeit, insofern er sich zu teurerem milchweißen Papier nur überreden läßt unter der Bedingung, daß er es vom Honorar abzieht oder daß Heine mehr schreibt. Also noch mehr schreiben.

Und wie soll man inmitten solchen Ärgers nach allen Regeln der Kunst einen Grafen guillotinieren? Manchmal schläft Heine auch bei seinem Freund Wienbarg, der dann nicht nur die Uhr aus Heines Schlafzimmer wegnehmen muß, sondern auch die Uhren aus den Nebenzimmern. Wie soll man inmitten eines solchen Krachs schlafen? Daß der Graf überreizt ist, versteht Heine, überreizt ist er selbst, das sieht er ihm nach. Aber sonst eigentlich nichts.

Er entschließt sich zu den Anfangsworten: *Wer ist denn der Graf Platen, den wir im vorigen Kapitel als Dichter und warmen Freund kennenlernten?* Bevor Heine das dem Publikum anvertraut, nutzt er die Gelegenheit, wieder einmal ein Wort über die Universitäten zu sagen. Er sagt: *Den deutschen Universitäten muß man überhaupt nachrühmen, daß sie den deutschen Schriftsteller, mehr als jede andere Zunft, mit allerlei Narren versorgen ... Dies ist auch der geheime Grund, weshalb ich mich für die Erhaltung der Universitäten erkläre, obgleich ich stets Gewerbefreiheit und die Vernichtung des Zunftwesens gepredigt habe.*[310]

Man hat die Düsseldorfer Universität dafür verlacht und auch ein wenig verachtet, daß sie sich so beharrlich dagegen gesträubt hatte, Heinrich-Heine-Universität heißen zu müssen, bis sie sich Anfang der 1980er Jahre geschlagen gab. Solche Erwägungen gehören an diese Stelle wie Graf Platen in die »Bäder von Lucca«, aber schließlich kommt die Universität als solche im Gesamtwerk Heines kaum besser weg als der Graf. Und dann noch den Namen des Verächters annehmen müssen!

Der Standpunkt, von wo ich den Grafen zuerst gewahrte, war München, der Schauplatz seiner Bestrebungen, wo er bei allen, die ihn kennen, berühmt ist und wo er gewiß, solange er lebt, unsterblich sein wird.[311] An dieser Stelle hätte Heine schon aufhören können, aber er beobachtet den Grafen noch seitenlang bei *winternächtlichem Zähneklappern* und *ingrimmigen Anstrengungen, womit er seine Verse ausarbeitet,* und doch weiß er nicht, *daß das Wort nur bei dem Rhetor eine Tat ist, bei dem wahren Dichter aber ein Ereignis.*[312] Alle Ereignishaftigkeit spricht Heine ihm jedoch ab. Das Prätentiöse, das ihn an Platen so nervt, hat kein Talent, Ereignis zu werden, glaubt er. Noch Jahre später, Platen wird sich längst totgeärgert haben, wird er auf Anfragen nach dessen Dichtergenius antworten: Ganz gewiß wäre er ein Dichter geworden, wenn er nur Poesie und Gedanken gehabt hätte. *Er hatte ja Alles zum Dichten: den Hochmuth, die Reizbarkeit, die Armuth, die Schulden, die Kenntnisse, Alles – eben mit Ausnahme der Poesie! An Verständnis der Metrik hat ihn Niemand übertroffen ...*[313]

Jetzt findet Heine ein anderes Bild für Platen, das all dies enthält. Er findet das Bild vom Vogel Strauß, der den Kopf verbirgt, *den eiteln ohnmächtigen Vogel, der das schönste Gefieder hat und doch nicht fliegen kann und zänkisch humpelt über die polemische*

Sandwüste der Literatur.[314] Die Hauptsache an dem Vogel, gerade wenn er den Kopf unten hat, ist, wie jeder sehen kann, natürlich der Steiß. Heine hält das für symptomatisch, *in der Tat, er ist mehr ein Mann von Steiß als ein Mann von Kopf.*[315] Denn in ersterem fände man Quelle und Gegenstand seiner Dichtung, metrisch gut getarnt. Sorgsam verteilt Heine lauter kleine Bosheiten, des Grafen Sexualität betreffend, über den Text. *Böse Zungen meinten, daß ihm das Gelübde der Armut und die Enthaltung von Weibern nicht schwerfallen würde.*[316] Nun ist Heine gewiß ganz egal, wie schwul der Graf ist. Und darum haben seine Interpreten ein ungutes Gefühl, wenn sie hier zwei Außenseiter, einen sexuellen und einen gesellschaftlichen, gegeneinander ins Feld ziehen sehen. Raddatz merkt an, daß Heine als erster Autor überhaupt Polemik sexualisiert hat. Aber es geht Heine nicht darum, Platen bloßzustellen – das auch, schon von wegen der Eleganz; diesen Kollateralschaden nimmt er gern in Kauf –, er braucht die gräfliche Sexualität, um die Doppelmoral der Herrschenden zu treffen. Ebenjener jesuitisch-Münchner Phalanx, die – das glaubt Heine noch immer – seine Münchner Professur verhindert hat. Und nahezu zeitgleich dem verarmten Grafen Platen zur Aufnahme in die Königliche Akademie verhalf sowie zu sechshundert Gulden Jahresgehalt aus der königlichen Privatschatulle.[317] Heine will sagen, daß die Schwulengedichte des Grafen und seine eigenen Gottlosigkeiten der tonangebenden Geistlichkeit ungefähr gleich fernstehen müßten, ginge alles mit rechten Dingen zu. Geht es aber nicht, und deshalb wird es dem Grafen, dem unfruchtbaren Vogel, nicht erspart, ein großes Straußenei legen zu müssen und heraus kriecht der »Romantische Ödipus«. Ein Geschöpf, *das die Nachteulen der Kongregation mit frommem Gekrächze und die adeligen Pfauen mit freudigem Radschlagen schon lange im voraus begrüßt hatten.*

Das Volk aber erzähle: wenn ein männlicher Vogel ein Ei lege, so entstehe daraus ein giftiges Geschöpf, dessen Hauch die Luft verpeste und das man nur töten könne, indem man es sein Bild im Spiegel sehen lasse. Das Volk weiß er somit hinter sich. Und das ist auch gut so, denkt er, schließlich schreibt er das alles nicht gegen den armen Platen persönlich, das auch, natürlich, unter Dichtern!, aber vor allem schreibt er es doch gegen den *frechen Freudenjungen der Aristokratie,* den die Nachteulen und Pfauen vorgeschickt haben. Hier irrte Heine wohl doch. Platens Angriff war rein privat. Wenn man die Platensche Überhebung einem wie Heine gegenüber nicht mitzählt, denn hier hätten die Vertreter einer späteren Fehde doch einmal recht: Auch das Private ist politisch.

Weil er schon einmal dabei ist, folgt auch noch eine kurze Analyse des Platenschen Witzes im »Ödipus«, kurz schon deshalb, weil der Platensche Witz *so schlau ist, sich nie ertappen zu lassen.*

Er ist fertig. Fröhlich und sehr friedfertig sitzt er nun auf Platens Leiche. Denn nach einer Schlacht ist er immer die Milde selbst. Genau wie Napoleon, der immer sehr gerührt war, wenn er nach einem Sieg über das Schlachtfeld ritt.

Ein bißchen stört es ihn schon, daß er diesen Platen nun neben seinen ureigensten literarischen Schöpfungen in Lebensgröße plazieren muß, aber erstens kommt ihm der Graf inzwischen selber vor, als habe er ihn erst geschaffen, und zweitens kann er ihn später einfach wieder herausnehmen, wenn er noch viel mehr über Lucca geschrieben hat: *Wenn auch mal das Ganze gedruckt wird, wird auch der Graf, wie sich das gebührt, aus dem Buche herausgeschmissen.*[318]

Den ganzen Herbst lang hat er geschrieben, und Campe hat parallel schon gedruckt, so daß er sehr erschrickt, als das Buch plötzlich da ist. Das heißt, andere können es nun auch lesen. Damit hat er nicht gerechnet, denn es ist schon sehr seltsam, daß das, was eben noch im eigenen Kopf war, morgen schon in der Welt sein kann.

Einerseits fühlt er sich wohl, Seite an Seite mit Gumpelino und Hyazinth so auf Platens Leiche zu sitzen, andererseits gibt es alle drei irgendwie wirklich, in verschiedenem Realitätsgrad, wie es schließlich auch die Norderneyer und den »hannövrischen Adel« wirklich gibt. Und man weiß ja nie ... Andererseits fühlt er sich plötzlich so leer. *Ich leide nämlich an einem hohlen Zahn und an ein hohles Herz, die beide eben wegen ihrer Hohlheit mir viel Qual verursachen.* Er schreibt seiner Friederike Robert, daß er nicht verliebt sei in sie, aber mit außerordentlicher Liebe an sie denke, und das sei die Wahrheit. *Ich sterbe täglich mehr und mehr, ich bin fast ein Toter, und solche Leute haben das Recht, die Wahrheit zu sagen, da ihnen die Lüge keinen Spaß mehr macht ... manchmal um Mitternacht miaut eine tote Katze in den Ruinen meines Herzens.*[319]

Am zweiten Weihnachtstag schickt er auch Immermann sein Buch und teilt ihm mit, daß die hiesige Primadonna vorgestern Pietistin geworden sei und der Direktion anzeigen ließ, *daß sie in keinen sinnlichen Opern mehr auftreten würde. Sie heißt Kraus-Wranitzki.*[320] Heine hält das für symptomatisch. Am 3. Januar 1830 hat sich das Heinesche Befinden noch weiter kraus-wranitzkisiert. Wenn er daran denkt, daß er erst das ganze Jahr 1830 überstehen muß, ehe er ins Jahr 1831 gelangen kann! Heine ist ein seismographisch begabter Mensch. Er ist eben dabei, den ersten Literaturskandal der deutschen Geschichte auszulösen, und etwas in ihm ahnt das voraus. Vielleicht hat er auch das deutliche Gefühl, daß die Leiche Platens unter ihm sich bewegt und Anstalten macht aufzustehen. Er schreibt einen Angstbrief an Varnhagen, ob er nicht vielleicht nach Berlin kommen solle. *Ich will ruhig und arbeitsam dort leben.*[321]

Aber muß man mit dem ruhigen und arbeitsamen Leben eigentlich sofort anfangen? Gerade wenn es einem nicht gut geht und tote Grafen aufwachen und ein Herr Gumpel rasend in Hamburg herumläuft, sich für den Marchese di Gumpelino ausgibt und einem den Tod schwört. Außerdem herrscht ein Mordswinter, alle bekommen die Grippe, und Heine spuckt Blut. Vier Wochen muß er sich von Blutegeln, spanischen Fliegen, Apothekern und Freunden quälen lassen, und er weiß aus der Literaturgeschichte, *was dergleichen bei Versifexen zu bedeuten hat.* Also Schluß mit der Poesie! Vielleicht kann man, poetisch tot, dafür prosaisch um so länger leben. *Wie lang ich hierbleib, weiß ich nicht; was ich jetzt beginne, weiß ich auch nicht, kurz, ich weiß gar nichts. Ich glaub aber auch nicht, daß andere viel mehr wissen.*[322] Warum das nicht positiv sehen?

Und wenn jetzt der Sturm der Entrüstung über ihn losbricht, ist es besser, gerade von Sachen und Leuten in Anspruch genommen zu sein, die Heine *Hamburger Fleischtöpfe und Fleischtöpfinnen* tituliert. Letzteres ist ein sehr geräumiger Name, die Reeperbahn heißt noch nicht Reeperbahn, und er ist in besserer und schlechterer Gesellschaft, hin und wieder auch bei Freund Lyser, in dessen Wohnung er manchmal, selten, ganze Vormittage schreibt. Dann, berichtet der Freund, kocht er »Tee und Erdäpfel in der Montur, und Heine spendierte einen holländischen Hering, Zucker und Rum, und so tafelten wir miteinander, schwatzten und lachten bis 9 Uhr, wo er gewöhnlich noch ein Stündchen zu Marr oder zum

Alsterpavillon ging; ...«[323] Egal was passiert – gegen öffentliche Angriffe will er nichts schreiben und sich notfalls die Hände binden lassen, daß er es nicht tut.[324]

Schon beginnt die »öffentliche Meinung«, Heine zu richten. Etwas schonungsvoller hätte der »niedriggeborene« Heine mit einem Grafen schon umgehen müssen. Ja, aber genau darum hat er doch überhaupt gegen den Platen geschrieben, versteht das denn keiner? Nur Varnhagen tritt öffentlich als sein Verteidiger auf, vereinzelt finden sich auch ein paar andere, aber nicht die, auf die Heine gerechnet hat. Robert oder Gans. Selbst Moser zeigt sich befremdet. Inzwischen geht ein Hamburger Gymnasialprofessor die Sache noch viel grundsätzlicher an: »S e h n s ü c h t i g e Misthaufen! eine b l ö d e Stadt! Ein h a s t i g grüner Leibrock! ein p i t t o - r e s k e s Weh! g ö t t l i c h liederlich! g e i s t r e i c h e Hüften! ein ä n g s t l i c h e s Violett! Wehmuth, dein Name ist K a t t u n ! u.s.w. Wohin soll es mit unserer Sprache kommen, wohin ist es mit unserem Verstande gekommen, wenn Dergleichen gutgeheißen wird? Wo hätten Herder, Lessing, Schiller, Goethe, Winckelmann je Ähnliches geschrieben?«[325]

Und nicht nur Hamburger Gymnasialprofessoren rempeln einen an. Als er mit einer Dame über den Wall geht, kommt so ein schnurrbärtiger Herr mit Polonika und rennt ihn fast um. Ist er hier in London? Keine Entschuldigung des Schnurrbarts; statt dessen sucht er Streit. Heine weiß, was in solchen Situationen zu tun ist. Er überreicht dem Herrn stolz seine Karte. Er hat sich schon lange nicht mehr duelliert. Und wer weiß, wer das ist? Früher hatte er die Göttinger Professoren nur unter Verdacht, ihm vergiftete Pfeffernüsse zu senden, kann man ahnen, wen sie jetzt schicken? Allerdings muß Heine auf das Duell verzichten, denn der Schnurrbart ist polizeibekannt und wird noch am selben Tag aus Hamburg ausgewiesen.[326]

Es ist besser, er weist sich auch aus. Außerdem wird es Frühjahr, da sollte man auf dem Land leben. Er geht nach Wandsbek, auch weil *das Erwachen der Natur sich* schon *in den Gesichtern der Stadtphilister zeigt und unerträglich gemütliche Grimassen darin hervorbringt. Wieviel nobler gebärden sich die Bäume, die ruhig grün werden und bestimmt wissen, was sie wollen! – Auch ich weiß bestimmt, was ich will, aber es kommt nicht viel Grünes dabei heraus.*[327]

Die Freunde sind ein wenig befremdet von seiner neuen Residenz. »Wie gewöhnlich, hatte Heine sich für vieles Geld ein miserables Logis gemietet: ein hohes, weites, dunkles Zimmer zu ebener Erde, wo man fror, wenn es draußen noch so heiß war, kahle Wände, zwei Stühle, ein altes Sofa, ein zerbrechliches Bett ...«[328], stellt Lyser fest. Wienbarg ergänzt noch, welche Aussicht Heines Zimmer hat. Es geht auf einen »wüsten Hofraum hinaus«, »dessen nächstes Gegenüber ein Schweinekoben« ist. Heine mag es. Er liegt auf dem Sofa, als Freund Lyser eines Frühjahrsmorgens eintrifft. Wie er nur bei dem wunderbaren Wetter in diesem dunklen, kalten Loche liegen könne, und das an dem Ort, an dem Claudius sang?

– Claudius? Wer ist denn das? kommt die Rückfrage vom Sofa.

Und Lyser läßt sich hinreißen zu antworten, spricht nicht nur von aufgegangenen Monden, sondern auch vom »Wandsbeker Boten«.

– Kenn ich nicht, sagt Heine und reicht dem Freund einen Band Gedichte. Überhaupt sei die Natur nicht nur vor der Tür, sondern auch in Gedichten, was den Vorteil habe, daß man gar nicht erst vom Sofa aufstehen müsse. Die Gedichte sind ihm gewidmet, ein Verehrer und Nachahmer hat sie geschrieben. Irgendwie tut Heine der Gedanke gut, daß es da draußen nicht nur Menschen gibt, die ihn hassen, sondern auch solche, die ihn lieben. Niemand macht sich eine Vorstellung davon, wie liebebedürftig die scheinbar kalten Spötter sind. Gerade sie.

Dann verläßt er das Sofa doch und nimmt den Weg zum Friedhof, Lyser folgt ihm und sie stehen vor dem Grab des Wandsbeker Boten Matthias Claudius, genannt Asmus. Und Heine sagt:

– Sie haben/ Einen guten Mann begraben,/ Und mir war er mehr.[329]

Wenn die Freunde wieder weg sind, spricht er nur mit dem lieben Gott und Thiers in Wandsbek – *ich lese nämlich die Revolutionsgeschichte des einen und die Bibel des anderen Verfassers.*[330] Er ist bei den ganz grundsätzlichen Dingen.

Im Mai gibt Onkel Salomon ein Bankett, von dem wir wissen, weil ein Gast beschrieben hat, wie es 1830 bei Onkel Salomon aussieht. Die Berichterstatterin heißt Therese Devrient und wird mit ihrem Mann nach Abgabe einschlägiger Empfehlungsbriefe sofort eingeladen. Um sechs Uhr abends – das ist die Dinerzeit des Hauptonkels – hält eine höchst elegante Kutsche samt höchst elegantem Kutscher und extra Bedienstetem zum Wagenöffnen vor dem Quartier der Devrients, um sie hinaus nach Ottensen zu bringen. Frau Devrient ist beeindruckt von der Villa und findet alles von so gediegener Eleganz, daß man sie fast nicht bemerke. Nur die Unterhaltung bei Tisch kommt ihr merkwürdig vor, weil sie sich fast ausschließlich den Delikatessen widmet, die immerzu auf- und wieder abgetragen werden. Salomon Heine spricht gern über das, was es bei ihm zu essen gibt, weshalb er seinem Neffen später sogar Briefe mit vollständigen Speisefolgen schicken wird.

Therese Devrient fällt ein junger Mann auf und zwar dadurch, daß er ihr auffällt. »In einiger Entfernung mir gegenüber saß ein Herr, der meine Aufmerksamkeit an sich zog, weil er mich mit zugekniffenen, zwinkernden Augen maß, dann geringschätzig und gleichgültig fortsah. Der Ausdruck seines Gesichts dabei machte mir die Empfindung, als ob ich zu anständig aussähe, um von ihm berücksichtigt zu werden.«

– Wer ist der Herr dort drüben, fragt Frau Devrient ihren Nachbarn.

– Kennen Sie den nicht? Das ist mein Neffe Heinrich, der Dichter, und die Hand an den Mund legend, flüstert er: die Canaille.

»Jetzt begriff ich«, sagt Frau Devrient, »die natürliche Antipathie zwischen uns beiden. Ich ward aufmerksamer auf das, was er sprach und hörte, wie er mit blasiertem, halb spöttischem, halb klagendem Ton von seiner Armut sprach, die ihm größere Reisen versage. Da rief der Onkel (von dem man wußte, daß er den Neffen großzügig unterstütze): Heinrich, du brauchst doch nicht zu klagen. Wenn dir's an Geld fehlt, gehst du zu einigen guten Freunden ins Haus, drohst ihnen: Ich mach euch in meinem nächsten Buch so lächerlich, daß kein ordentlicher Mensch mehr mit euch umgehen kann, oder du blamierst einen Edelmann! Du hast ja Mittel genug in den Händen.«[331]

Die Blamage des Edelmanns bezieht sich natürlich auf Platen. Platens »Romantischen Ödipus« kannte der Onkel auch schon und sagte zu seinem Neffen: »Der Platen hat dir aber gut getrefft!« – Nun hat Heine längst zurückgeschossen, was Salomon durchaus amüsiert. Vor allem wie sein Nachbar, der Bankier Gumpel, im Buch seines Neffen aussieht, das mag er. Gumpel, der immer versucht, ihn, den Millionär, nachzuahmen. Er wohnt ganz nah bei Salomons Landsitz in Ottensen, und beide führen einen kleinen, lebenslangen harmlosen Krieg, wie das unter guten Nachbarn vorkommen kann. Allerdings ist die Feder seines Neffen, die nicht einmal Aristokratenköpfe verschont, bereits bis an seinen Gartenzaun vorgerückt, was Salomon nun auch wieder ängstigt. Was, wenn der Neffe eines Tages sogar über ihn …?

Aber insgesamt vertragen Onkel und Neffe sich gerade recht gut, was sich bald wieder ändern wird. Heine nennt Onkel Salomon *meinen goldigen Onkel*, und wenn er etwas von ihm will – was will man schon von Millionären? –, muß er früh aufstehen, denn das macht der Onkel auch. Salomons Kammerdiener heißt ebenfalls Heinrich, und jedes Mal, wenn der andere Heinrich morgens zu Salomon Heine will, fragt er zuerst den Kammerdiener:

– Heinrich, was haben wir für Wetter?

Ist Onkel Salomon übellaunig, antwortet Heinrich: Stürmisches Wetter, Herr Doktor, besser Sie kommen heute abend wieder.[332] Und das macht er dann.

Weil aber in diesem Frühjahr 1830 doch ab und zu auch beim Onkel drin so schönes Wetter ist wie draußen, kann Heine Ende Juni wieder nach Helgoland fahren.

III

Ein Bad auf Helgoland, eine Revolution in Paris
und ein Pogrom in Hamburg

Heinrich Heine ist fast dreiunddreißig Jahre alt, als er in einer offenen Jolle im Sturm auf dem roten Felsen ankommt, was die Insulaner außerordentlich beeindruckt. Entweder dieser Mensch ist lebensmüde, oder er ist ein Held. Letzteres ist er nicht und wollte es nie werden; ersteres ist er schon. Wenigstens ein bißchen. Hatte der Möwenjäger, sein Begleiter, sich hier nicht letztes Jahr erschossen, sich selbst, den allerseltsamsten Vogel zuletzt? Wenn man es nirgends mehr aushält, dann doch noch immer auf dem Meer. Und was ist Helgoland anderes als ein Ausguck in der See? Auch wenn die ganze Nordsee dieses Jahr überschwemmt ist mit Berlinern. Manche haben es sogar bis nach Helgoland geschafft.

Er braucht jetzt diesen Felsen zum Festhalten, damit es ihn nicht ganz wegspült. Seine Seele, das weiß er längst, ist meerförmig, meerlöslich. Mit der ihm eigenen Bescheidenheit neigt er gemeinhin eher zu der Ansicht, daß das Meer ein Teil seiner Seele ist. Aber jetzt sagt er das nicht. Denn gerade herrscht Ebbe dort. Über diesen Sommer von 1830 berichtet er fast zehn Jahre später.[333]

Nur ein paar Bücher hat Heine auf die Insel mitgenommen. Eine »Geschichte der Langobarden«, die Bibel, Homer und ein paar Studien über das Hexenwesen. Über das Hexenwesen will er bald ein Buch schreiben. Aber meist liest er die Bibel, er hat auch Gründe. 8. Juli – – *Da gestern Sonntag war und eine bleierne Langeweile über der Insel lag und mir fast das Haupt eindrückte, griff ich aus Verzweiflung zur Bibel.*[334]

Woher die Langeweile kommt, weiß er. Helgoland gehört noch zu Großbritannien, also hat es auch einen britischen Gouverneur. *Als ich dem hiesigen Gouverneur präsentiert wurde und dieser Stockengländer mehrere Minuten, ohne ein Wort zu sprechen, unbeweglich vor mir stand, kam es mir unwillkürlich in den Sinn, ihn einmal von hinten zu betrachten, um nachzusehen, ob man dort etwa vergessen habe, die Maschinen aufzuziehen.*[335] England, *wo die Maschinen sich wie Menschen und die Menschen wie Maschinen* sich gebärden, ist ihm das Heimatland der Langeweile. Er geht an den Strand und liest die Bibel. Und denkt und schreibt nichts Distanziert-Ironisches. Obwohl er ein Hellene ist, versteht er das Volk, aus dem er stammt, jetzt besser. Das Vaterland der Juden ist ein Buch; versenkt *in der Lektüre dieses Buches, merkten sie wenig von den Veränderungen, die um sie her in der wirklichen Welt vorfielen.*[336] Bisher galt ihm das als Mangel, aber jetzt?

Ewiger sinnloser Wellenschlag, das Meer rollt vor, und dann rollt es wieder zurück. Er weiß nicht, was er davon halten soll. Früher war er begeistert von Byrons Blick auf das Meer: »*Die Wellen kommen eine nach der andern herangeschwommen, und eine nach der anderen zerbrechen sie und zerstieben sie auf dem Strande, aber das Meer selber schreitet vorwärts –*«.[337] So hat auch er sich die Revolution vorgestellt, die menschliche Entwicklung überhaupt. Aber das Meer schreitet nicht vorwärts. Es verschwendet seine Kraft für nichts. Seltsam, daß soviel Vergeblichkeit gemeinhin eine tröstende Wirkung auf uns hat. Solche Wirkung sucht er jetzt. Es ist alles umsonst, sicher, aber sollte man das nicht positiv sehen? Er ist bereit.

Er sieht endgültig ein, daß niemand Deutschland, den schlafenden Riesen, aufwecken kann, und darum will er sich jetzt auch eine Nachtmütze anschaffen und über die Ohren ziehen. Einstmals kam er aus Verzweiflung auf die Idee, Deutschlands Nachtmütze in Brand zu stecken, aber das ist vorbei. Schlafen und Träumen sind sehr schöne Tätigkeiten. Und wer wäre dazu begabter als gerade er? *Ich, der ich mich am liebsten damit beschäftige, Wolkenzüge zu beobachten, metrische Wortzauber zu erklügeln, die Geheimnisse der Elementargeister zu erlauschen, und mich in die Wunderwelt alter Märchen zu versenken ... ich mußte politische Annalen herausgeben, Zeitinteressen vortragen, revolutionäre Wünsche anzetteln, die Leidenschaften aufstacheln, den armen deutschen Michel beständig an der Nase zupfen, daß er aus seinem gesunden Riesenschlaf erwache ...*[338] Nein, er ist jetzt auch müde. Ein Sturmvogel wartet auf der Klippe. Umsonst. Kein Sturm, nirgends.

Er kommt gut vorwärts mit der Bibel, die Liebesgeschichte von Dina und dem jungen Sichem rührt ihn, er denkt viel über die Sittlichkeit nach, für die man ein anderes Wort braucht, weil sie kein Produkt der Sitte ist, sondern ewig. Genau wie das Meer und die Bibel. Sittlichkeit ist die Vernunft des Herzens, glaubt er, und jeder kann sie erkennen, zu allen Zeiten. Er liest auch im Neuen Testament, erkennt, wie tief die Passion motiviert ist durch die Prophezeiungen des Alten Testaments.

Er wohnt mit mehreren Logiergästen bei einem kühnen Helgoländer Seemann; sein Nachbar aus Königsberg, der Stadt, die Kant erfunden hat, hält ihn für einen Pietisten. Er diskutiert mit dem Justizrat über die heilige Trinität. Beim Heiligen Geist gibt der Justizrat auf: »*Mit dem Heiligen Geist hat es wohl am Ende dieselbe Bewandtnis wie mit dem dritten Pferde, wenn man Extrapost reist; man muß immer dafür bezahlen und bekömmt es doch nie zu sehen, dieses dritte Pferd.*«[339] Normalerweise reklamiert er solche Pointen für sich; aber jetzt überläßt er sie gern dem Justizrat. Was stört ihn die Unsichtbarkeit des Heiligen Geistes; unter ihm wohnt ein Holländer, der glaubt nur an das Sichtbare, näherhin an gesalzene Heringe, der gesalzene Holländer ist so platt wie das Meer. Dann doch lieber der Heilige Geist!

Aber dann kommt sein Hauswirt, der kühne Seemann, von großer Fahrt zurück und berichtet etwas, was Seemänner sonst nie berichten: Das ganze Meer roch nach frischgebackenem Kuchen.

Heine geht abends allein an den Strand. *Der hochgewölbte Himmel glich der Kuppel einer gotischen Kirche. Wie unzählige Lampen hingen darin die Sterne; aber sie brannten düster und zitternd. Wie eine Wasserorgel rauschten die Meereswellen; stürmische Choräle.*[340]

Am nächsten Morgen kommt ein Zeitungspaket vom Festland: *Es waren Sonnenstrahlen, eingewickelt in Druckpapier. … Jetzt weiß ich auch, warum die ganze See nach Kuchen roch.*[341] Er küßt zuerst seine Wirtin, dann den Seewolf, den ostpreußischen Justizrat, und sogar den Holländer nimmt er in die Arme, bereut es aber sofort. In Paris ist Revolution! Ein Fischer rudert ihn hinüber auf die Sandinsel zum Strand. Auch die Helgoländer kennen schon die Neuigkeit des Tages: Die armen Leute haben gesiegt! erklärt der Fischer seinem Badegast. Heine ist beeindruckt. *Mit seinem In-*

stinkt begreift das Volk die Ereignisse vielleicht besser als wir mit allen unseren Hilfskenntnissen.[342]

Er kommt sich plötzlich vor wie ein lebender Seismograph. War die Windstille in seiner Seele nicht die Ankündigung des Sturms? Selbst der Sturmvogel auf der Klippe wacht auf. *Lafayette, die dreifarbige Fahne, die Marseillaise ... Ich bin wie berauscht. Das ist ein beständiges Geigen da droben in himmelblauer Freudigkeit, und das klingt aus den smaragdenen Wellen wie heiteres Mädchengekicher. Unter der Erde aber kracht es und klopft es, der Boden öffnet sich, die alten Götter strecken daraus ihre Köpfe hervor und mit hastiger Verwunderung fragen sie:* »*Was bedeutet der Jubel, der bis ins Mark der Erde drang? Was giebt's Neues? Dürfen wir wieder hinauf?*« *Nein, ihr bleibt unten in Nebelheim, wo bald ein neuer Todesgenosse zu euch hinabsteigt ...* »*Wie heißt er?*« *Ihr kennt ihn gut, der euch einst hinabstieß in das Reich der ewigen Nacht ... Pan ist tot. – Lafayette, die dreifarbige Fahne, die Marseillaise ... Fort ist meine Sehnsucht nach Ruhe. Ich weiß jetzt wieder, was ich will, was ich soll, was ich muß. Ich bin der Sohn der Revolution und greife wieder zu den gefeiten Waffen ...*[343]

Er schläft jetzt schlecht und träumt von gotischen Domen auf der Flucht. Kurz hinter Augsburg ist er den wackelnden Wanderdomen begegnet. Er muß dringend runter von der Insel. Am 19. August fährt er, wieder in einer offenen Jolle, zurück nach Cuxhaven. Unterwegs merkt er, daß er den Propheten Jona in seinem Bauch hat. Jona predigt, was er immer predigt: *O Ninive, o Ninive, du wirst untergehen! ... So ungefähr predigte mein Bauchredner, und er schien dabei so stark zu gestikulieren und sich in meinen Gedärmen zu verwickeln, daß sich mir alles kullernd im Leibe herumdrehte ... bis ich es endlich nicht länger ertragen konnte und den Propheten Jonas ausspuckte.*[344]

Selbst in Hamburg weht die Trikolore. Abends im Theater erscheinen die Damen mit dreifarbigen Bändern am Kleid. Überhaupt ist die Stadt plötzlich voller Revolutionäre, auch die greifen zu den Waffen und feiern die Julirevolution – nur ein wenig anders. An einem Abend im September, Schlag neun, ziehen sie durch die Lokale der Stadt und werfen jeden hinaus, der ein Jude ist oder sein könnte, vorzugsweise aus den Alsterpavillons, Heines Lieblingsrestauration. Wer getauft ist, bekommt die Chance, seinen Taufschein zu holen. Dann ziehen sie weiter durch die Straßen und werfen den Juden die Fensterscheiben ein. In der nächsten Nacht geht das weiter. Salomon Heine hat den Ruf eines Wohltäters, aber auch vor seinem Haus sammelt sich lärmendes Volk. Millionäre werden immerhin noch beschützt im Gegensatz zu den weniger Reichen; vor Salomons großem Stadthaus am Jungfernstieg steht Polizei, aber die ist machtlos, sonst gäbe es keine Revolutionen, nicht einmal Pogrome. Also wirft der Plebs auch dem Millionär die Scheiben ein. Am nächsten Morgen werden die Scheiben wieder eingesetzt. Über einhundert Jahre später wird das Scheibeneinsetzen am nächsten Morgen nicht mehr möglich sein. Der Senat von Hamburg erläßt ein »Tumult-Mandat«, das hanseatische Kontingent und die Bürgerwehr werden aufgeboten und bewachen die Straßen. Die Hamburger September-»Revolution« ist zu Ende. An beide Wehren, die bürgerliche und die gehobene, werden zur Stärkung Käse und Brot verteilt, da sie weiter auf den Straßen patrouillieren müssen. Heines Kommentar zum Hamburger September: Die Hanseaten haben sicher Schweizer Käse bekommen und die Bürger holländischen.

Noch nie hat Heine ein Pogrom erlebt; es ist sein erstes. Wahrscheinlich wohnt er in diesen Tagen bei seiner Mutter am Neuen Wall. Zwei Monate später schreibt er Varnhagen, daß *die hiesigen Ereignisse einem minder starken Herzen wohl das Schönste verleiden* konnten.[345] Er hat keine Illusionen über »das Volk«. Es ist nicht schön. Er hat genug Revolutionsgeschichte gelesen, um das zu wissen. Im Grunde hat er Angst vor dem Volk. Als ihn im August auf Helgoland die Nachricht seines Freundes Wienbarg erreicht, daß er ein Journal herausgeben möchte, lehnt Heine eine Mitarbeit ab: *Aber in Hamburg oder anderswo in Deutschland ein Journal herauszugeben, das übersteigt meine Courage ... Bricht nun gar in Deutschland die Revolution aus, so bin ich nicht der letzte Kopf, der fällt.*[346] Revolution, das weiß er, ist ein anderes Wort für abgeschlagene Köpfe.

Er liest jetzt die Revolutionsgeschichte von Mignet. Nun wohnt er ein paar Häuser weiter bei Dr. Kluth. Sein Bett ist knallrot, blutrot angestrichen, weshalb er sein neues Zuhause »die Guillotinenkammer« nennt. Eines Abends liest er im Mignet, schläft, liest weiter, und lesend, schlafend, sieht er die blutigen Helden der Revolution aus dem Mignet emporsteigen, er sieht auch die edlen Köpfe der Gironde, und das Fallbeil, und er hört die heulende Meute, das Volk, und sieht im Halbschlaf sein knallrotes Bett, die Guillotine. Kopf ab! Er selbst, jetzt schon? Und ist plötzlich hellwach und mit einem Sprung aus dem Bett und kann nicht mehr schlafen. Am nächsten Morgen findet ihn Wienbarg halbtot vor Erschöpfung. Es ist das erste Mal, daß er über Heines »Ich bin der Kränkste von allen« nicht lachen muß.[347]

Wienbarg weiß, daß sein Freund kein Revolutionär ist. Und hätte es an Heine allein gelegen, alles Bestehende zu stürzen, er hätte es sich noch einmal überlegt und wäre wohl wieder schlafen gegangen. Er ist ein Ironiker, kein Handelnder. Sein Witz gilt allen, ausnahmslos, auch den Revolutionären. Revolutionäre können solche Typen nicht ausstehen, in Paris wird er es noch erfahren.

Er sitzt in seiner Guillotinenkammer, bald herbstet es draußen, und Heine kehrt noch einmal zurück in den Sommer von Lucca zu Signora Franscheska und Lady Mathilde. Er ordnet seine alten Manuskripte. Vergeßt Platen, er hat die schöne toskanische Gesellschaft ohnehin nur in ihrer Rede unterbrochen. Er will zurück zum alten Eidechs, zurück in die Unbefangenheit. Lucca feiert ein Fest, *es war so ein lebendes Totenfest, ... so ein Schindungstag irgendeines geduldigen Märtyrers.*[348] Heine, jetzt noch einmal der Dottore, begegnet dem *ganzen diplomatischen Korps Gottes* und bemerkt eine gewisse Familienähnlichkeit in den Gesichtern, wie man sie immer findet bei Menschen, die das gleiche Gewerbe treiben.

Er sitzt mit Franscheska in einer Kirche, als er hinter sich Lady Mathilde bemerkt. Lady Mathilde hat an Unglauben selbst dem Dottore noch einiges voraus, weshalb es im Dom von Lucca zu einem der bemerkenswertesten Religionsgespräche der Weltliteratur kommt. Sie hören gemeinsam die Predigt *eines großen, vierstämmigen Mönchs.* »*Und wäre auch*«, *rief er,* »*die Hölle am Erlöschen, so würde ich, ich mit meinem Atem, die letzten glimmenden Kohlen wieder anfachen, daß sie wieder auflodern sollten zu ihrer alten Flammenglut.*« *Hörte man nun die Stimme, die gleich dem Nordwind diese Worte hervorheulte, sah man dabei das brennende Gesicht, den roten, büffelstarken Hals und die ge-*

waltigen Fäuste des Mannes, so hielt man jene höllische Drohung für keine Hyperbel.

»I like this man«, sagte Mylady.

»Da haben Sie recht«, antwortete ich, »auch mir gefällt er besser als mancher unserer sanften, homoöpathischen Seelenärzte, die 1/10000 Vernunft in einen Eimer Moralwasser schütten und uns damit des Sonntags zur Ruhe predigen.«[349]

Und so geht das weiter, während Franscheska betet. Am Ausgang des Doms tunkt Lady Mathilde den Zeigefinger dreimal ins Weihwasser, besprengt den Dottore und murmelt dazu: *»Dem Zefardeyim Kinnim«, welches nach ihrer Behauptung die arabische Formel ist, womit die Zauberinnen einen Menschen in einen Esel verwandeln.*[350] Dann beschreibt der Dottore das Herz Lady Mathildes und beschreibt darin sein eigenes: *Indessen, es gibt Herzen, worin Spott und Ernst, Böses und Heiliges, Glut und Kälte sich so abenteuerlich verbinden, daß es schwer wird, darüber zu urteilen. Ein solches Herz schwamm in der Brust Mathildens; manchmal war es eine frierende Eisinsel, aus deren glatten Spiegelboden die sehnsüchtig glühendsten Palmenwälder hervorblühten, manchmal war es wieder ein enthusiastisch flammender Vulkan, der plötzlich von einer lachenden Schneelawine überschüttet wird.*[351]

Das Gespräch über die Religion zwischen Mathilde und dem Dottore ist noch nicht zu Ende, denn noch ist das Judentum nicht behandelt, die Brennglasworte über die Religion der Väter fallen hier, in der »Stadt Lucca«. Der Dottore zu Mathilde: *» ... Da kam aber ein Volk aus Ägypten, dem Vaterland der Krokodile und des Priestertums, und außer den Hautkrankheiten und den gestohlenen Gold- und Silbergeschirren brachte es auch eine sogenannte positive Religion mit ... Nun entstand die ›Menschenmäkelei‹, das Proselytenmachen, der Glaubenszwang und all jene heiligen Greuel, die dem Menschengeschlechte soviel Blut und Tränen gekostet.«*

»Goddam! Dieses Urübelvolk!«

»Oh, Mathilde, es ist längst verdammt und schleppt seine Verdammnisqualen durch die Jahrtausende. Oh, dieses Ägypten! ... und ebenso unverwüstlich ist jene Volksmumie, die über die Erde wandelt, eingewickelt in ihren uralten Buchstabenwindeln, ein verhärtet Stück Weltgeschichte, ein Gespenst, das zu seinem Unterhalte mit Wechseln und alten Hosen handelt ...«[352]

Das werden die jüdischen Gemeinden ihm nie verzeihen. Und den Mächtigen im Land mißfällt Heines Religionsgeschichte von der Antike bis zur Gegenwart, für die andere ganze Bibliotheken, er aber gerade eine halbe Seite braucht: *Da plötzlich keuchte heran ein bleicher, bluttriefender Jude, mit einer Dornenkrone auf dem Haupte und mit einem großen Holzkreuz auf der Schulter; und er warf das Kreuz auf den hohen Göttertisch, daß die goldnen Pokale zitterten und die Götter verstummten und erblichen und immer bleicher wurden, bis sie endlich ganz in Nebel zerrannen.*

Nun gab's eine traurige Zeit, und die Welt wurde grau und dunkel. Es gab keine glücklichen Götter mehr, der Olymp wurde ein Lazarett ... Die Religion gewährte keine Freude mehr, sondern Trost; es war eine trübselige, blutrünstige Delinquentenreligion. War sie vielleicht nötig für die erkrankte und zertretene Menschheit?[353]

Was Heine über England denkt, steht schon weiter vorn, aber er arrangiert und ergänzt die Manuskripte, schreibt manches neu, und irgendwann im November ist alles fertig. Campe will das Manuskript in Leipzig drucken lassen, weil man da die Zensur, zumal jetzt nach der Revolution in Paris, nicht so fürchten muß. Das stimmt dann aber doch nicht, Heine fühlt sich wieder sehr von Campe betrogen und muß auch noch etwas dazuschreiben, damit das Buch die Dicke bekommt, die es der Metternichschen Vorzensur für dünne Bücher enthebt. Also schreibt er in den Monaten nach der Julirevolution von Paris, daß die Sonne seit sechstausend Jahren jeden Morgen im Osten aufgeht und es deshalb höchste Zeit sei für eine Abwechslung. Er läutet die Freiheitsglocke, er gibt den Revolutionär. Aber ein merkwürdiger Revolutionär ist er doch.

Denn Revolutionäre schreiben, mitten in der revolutionären Situation ihres Herzens, nur ganz selten Briefe wie diesen: *... und mein Streben geht dahin, mir à tout prix eine sichere Stellung zu erwerben; o h n e   s o l c h e   k a n n   i c h   j a   d o c h   n i c h t s   l e i s t e n.*[354] Ja, wo gibt es denn sichere Stellungen mitten in ersehnten Revolutionen? Aber Brief um Brief steht es so in den Mitteilungen an Varnhagen, er soll prüfen, *ob in Berlin oder – Wien (!!!) nichts für ihn zu erlangen ist.* Und er soll in einer großen Zeitung etwas über das Gerücht schreiben, daß es ein Gerücht gibt,

Heine könne eventuell Ratssyndikus zu Hamburg werden. Zwar sei das nur ein Gerücht, aber schon horcht die Öffentlichkeit auf und findet, keine größere Ehre könne Hamburg widerfahren, als einen Ratssyndikus Heine zu haben. – Irgend so etwas müsse Varnhagen schreiben. Denn in Hamburg ist wirklich eine Ratssyndikusstelle frei, und Heine möchte sie sehr gern haben. Man sucht jemanden mit einem populären Namen, der schreiben kann. Hat er etwa keinen populären Namen? Und schreiben, glaubt er, kann er auch. Er ist der geborene Ratssyndikus, das sieht doch jeder. Er würde eine ehrsame Allongeperücke tragen, seidene Pluderhosen und einen spanischen Mantel und den hochzeremoniösen Ratsversammlungen beiwohnen. Revolutionär Heine in Allongeperücke und spanischem Mantel! Onkel Salomon wäre stolz auf ihn.

Längst hatte der sich bei einer Hamburger Autorität namens Zimmermann – und Herr Zimmermann war eine Autorität, was man schon daran erkannte, daß er eine Stellung hatte, nämlich als Professor am hiesigen Johanneum, außerdem war er Dramaturg am Theater und Hamburgs Oberkritiker –, längst schon hatte Onkel Salomon sich bei dieser Persönlichkeit erkundigt: »Sagen Sie, ist wirklich etwas dran an meinem Neffen?«

Salomon Heine glaubt es eigentlich nicht, denn sonst hätte er ja eine Stellung, aber Professor Zimmermann erklärte Onkel Salomon, was für einen bedeutenden Neffen er habe. Das machte dem Onkel gute Laune, im Augenblick hat er wieder schlechte, was Heinrich betrifft. Um so wichtiger ist die Perücke.

Darf man gegen die Perücken schreiben und selber eine werden wollen? Solche Fragen stellen nur kleine Geister.

Doch Varnhagen schreibt den erbetenen Gerüchte-Artikel nicht und belehrt Sorgenkind Heinrich, daß man nicht Gedichte säen und eine Staatsstellung ernten kann. Kann man doch, schreibt Heine sinngemäß zurück. So tief sitzt in ihm die Angst vorm Bodenlosen. Letztlich ist das Leben ohne die Aussicht auf bürgerliche Befestigung, die zugleich Anerkennung wäre, für ihn undenkbar. Oder er müßte ein ganz anderes Leben anfangen, an einem anderen Ort, wo lauter Unbefestigte leben. Zumindest wenn sie Deutsche sind. Er müßte nach Paris gehen.

Aber er hat Angst vor Paris. Er malt Varnhagen, seinem Förderer, aus, was diese Stadt aus ihm machen würde. Er müßte dort eine

Rolle spielen, *wobei all mein künstlerisches poetisches Vermögen zugrunde ginge.*[355] Kann Varnhagen das wünschen? Er wünscht es nicht, aber er kann ihm nicht helfen.

Am 1. April 1831 schreibt er den Varnhagens seinen Abschiedsbrief. Er lebt. Zwar nicht zu seinem Vergnügen, wie Frau Varnhagen es wünscht, aber immerhin, er lebt. Und da er die Weisheit der deutschen Regierungen nicht für sich benutzen kann, *bleibt mir nichts übrig, als mich vor ihren Torheiten zu schützen.*[356]

Er wird nach Paris gehen. Und als er sich dazu entschlossen hat, verfaßt er auch noch gleich ein schönes Vorwort für das Buch eines anderen. Ein Herr Kahldorf alias Robert Wesselhoeft hat ein Buch geschrieben, eine Antwort auf den Grafen M. von Moltke, der nachgewiesen hatte, daß der Adel absolut notwendig und keinesfalls abzuschaffen sei. Dagegen weist nun Kahldorf nach, daß der Adel absolut nicht notwendig und besser abzuschaffen sei, und Campe findet, wenn Heine diese hübsche kleine Schrift einleiten könnte, würde das die ganze Unternehmung kolossal heben. Heine schreibt in das Vorwort hinein, daß die deutsche Philosophie nichts anderes sei als der Traum der Französischen Revolution, mit Kant als Robespierre, Fichte als Napoleon der Philosophie, dem *despotischen, schauerlich einsamen Idealismus* des absoluten Ich. Dann kommt Schelling, und die Vergangenheit wird wieder in ihre Rechte eingesetzt, bis Hegel, der Orléans der Philosophie, ein ganz neues Regiment begründet oder vielmehr alles Vorherige ordnet und den *Kantischen Jakobinern, den Fichteschen Bonapartisten, den Schellingschen Pairs und seinen eigenen Kreaturen eine feste verfassungsmäßige Stellung anweist.*[357] Jahre später wird er aus diesem Gedanken deutsch-französischer Arbeitsteilung – denn wer eine Revolution macht, kann nicht gleichzeitig auch noch denken – den vielleicht lesenswertesten philosophischen Großessay überhaupt machen. In der Einleitung bedenkt er, dem Thema gemäß, die Möglichkeit, die Herrn von Moltke entging: daß nämlich aus der Ultima ratio regis leicht eine Ultimi regis ratio werden kann – aus dem »letzten Wort des Königs« das »Wort des letzten Königs«. Er schreibt eine geradezu rührende Verteidigung des Volkes, das in den Julitagen 1830 seine Revolution viel unblutiger gemacht habe als noch einundvierzig Jahre zuvor, und das sei nicht zuletzt das Verdienst der französischen Presse. Sie habe das Volk von Paris für bessere Gefühle und minder blutige Witze empfänglich gemacht. Sie habe Intelligenz in die Herzen gesät, und *die Frucht eines solchen Samens war die edle, legendenartige Mäßigung und rührende Menschlichkeit des Pariser Volks in der großen Woche.*[358] Das geheime gesamteuropäische Bündnis all jener, *die soundsoviel Ahnen aufzuweisen* und überall die Macht und die höchsten Offiziersränge innehaben, ist nach Heine der eigentliche Grund, warum der Adel weg muß. Weil er die Völker dazu zwingen kann, gegeneinander zu fechten, wenn sie die Fesseln der Aristokratie abwerfen möchten.

Der gallische Hahn hat jetzt zum zweiten Mal gekräht, und auch in Deutschland wird es Tag. In entlegene Klöster, Schlösser, Hansestädte und dergleichen letzte Schlupfwinkel des Mittelalters flüchten sich die unheimlichen Schatten und Gespenster, die Sonnenstrahlen blitzen, wir reiben uns die Augen, das holde Licht dringt uns ins Herz, das wache Leben umrauscht uns, wir sind erstaunt, wir befragen einander: – Was taten wir in der vergangenen Nacht?[359]

Aber noch gibt es Schwierigkeiten mit der Morgendämmerung. Der Vorsitzende des preußischen Oberzensurkollegiums liest »Die Stadt Lucca« und ist sehr mißvergnügt. Wahrscheinlich verstimmen ihn weniger die Monologe des philosophischen Eidechs am Anfang als Lady Mathildens und des Doktors Überlegungen zur Religion. Das Christentum, *eine blutrünstige Deliquentenreligion?* Er fordert ein sofortiges Verbot »dieses Scheusals von Schrift«. Am 5. April ist das Verbot da. »Kahldorf über den Adel« folgt ihm auf dem Fuße. Dessen Verfasser Robert Wesselhoeft hatte mehrere Jahre in der Festung Magdeburg gesessen, wegen »demagogischer Umtriebe«.

Heine ist sich nicht sicher, ob es ihm auf so einer Festung gefallen würde. Er kenne einen alten Berliner Justizrat, der viele Jahre auf der Festung in Spandau gesessen und ihm erzählt habe, wie unangenehm es sei, wenn man im Winter Eisenringe um die Füße tragen müsse. *Ich fand es in der Tat sehr unchristlich, daß man den Menschen die Eisen nicht ein bißchen wärme. Wenn man uns die Ketten ein wenig wärmte, würden sie keinen so unangenehmen Eindruck machen. ... Ich frug meinen Justizrath, ob er zu Spandau oft Austern zu essen bekomme. Er sagte Nein, Spandau sei zu weit vom Meere entfernt. ... Da ich nun wirklich einer Aufheiterung bedurfte und Spandau zu weit vom Meer entfernt ist, um dort Austern zu essen, und mich die Spandauer Geflügelsuppen nicht sehr lockten und auch obendrein die preußischen Ketten im Winter sehr kalt sind und meiner Gesundheit nicht zuträglich sein konnten, so entschloß ich mich, nach Paris zu reisen und im Vaterland des Champagners und der Marseillaise jenen zu trinken und diese letztere, nebst »En avant, marchons!« und »Lafayette aux cheveux blancs«, singen zu hören.*[360]

Er verläßt Hamburg am 1. Mai 1831. Seinem Hauptonkel schreibt er zum Abschied ins Stammbuch: *Lieber Onkel, leihe mir hunderttausend Taler und vergiß auf ewig Deinen Dich liebenden Neffen H. Heine.*[361]

Auf der Durchreise in Frankfurt findet einer, dieser Heine sehe gar nicht aus wie ein Republikaner, eher wie ein Metternich en miniature. »Dieser blasse junge Mann mit dem feingeschnittenen Gesichte, mit den verschwimmenden Augen, den weichen blonden Haaren, den feinen, in Glacéhandschuhen steckenden Händen, in eleganter schwarzer Kleidung, eine Rose im Knopfloch, eine andere zwischen den spielenden Fingern, der sich so vornehm nachlässig auf dem Kanapee wiegt …«[362] – er sieht wirklich aus, als wolle er in den nächstbesten französischen Salon zum Austernessen gehen.

Er fährt über den Rhein. *Den alten Flußgott, den Vater Rhein, sah ich nicht, und ich begnügte mich, ihm meine Visitenkarte ins Wasser zu werfen. Er saß, wie man mir sagte, in der Tiefe und studierte wieder die französische Grammatik von Meidinger, weil er nämlich während der preußischen Herrschaft große Rückschritte im Französischen gemacht hatte und sich jetzt eventualiter aufs neue einüben wollte. Ich glaubte ihn unten konjugieren zu hören: »J'aime, tu aimes, nous aimons.«*[363]

Am 19. Mai kommt er in Paris an.

Nach Paris! Da wartet schon einer

Als *ich nach Frankreich reiste und eines Morgens im Wagen aus einem fieberhaften Halbschlummer erwachte, sah ich im Frühnebel zwei wohlbekannte Gestalten neben mir einherreiten, und die eine, an meiner rechten Seite, war Don Quixote von der Mancha auf seiner abstrakten Rozinante, und die andere, zu meiner Linken, war Sancho Pansa auf seinem positiven Grauchen. Wir hatten eben die französische Grenze erreicht. Der edle Manchaner beugte ehrfurchtsvoll das Haupt vor der dreifarbigen Fahne, die uns vom hohen Grenzpfahl entgegenflatterte, der gute Sancho grüßte mit etwas kühlerem Kopfnicken die ersten französischen Gendarmen, die unfern zum Vorschein kamen; endlich aber jagten beide Freunde mir voran, ich verlor sie aus dem Gesichte, und nur noch zuweilen hörte ich Rozinantes begeistertes Gewieher und die bejahenden Töne des Esels.*[364] So erreicht er *die Triumphpforte des Boulevards Saint-Denis, die ursprünglich zu Ehren Ludwigs XIV. errichtet worden, jetzt aber zur Verherrlichung meines Einzugs in Paris diente.*[365] Die Menschen sind so geschmackvoll gekleidet, als wären sie aus einem Modejournal entlaufen. Und sie sprechen alle französisch! Das imponiert ihm sehr. Aber wird man ihn hier verstehen? Sein Französisch ist kaum mehr besser als das des alten Vater Rhein. Er macht den Test mit einer kleinen Blumenverkäuferin in der Passage de l'Opéra. Er erklärt *der Kleinen sehr verständlich das Linnésche System, wo man die Blumen nach ihren Staubfäden einteilt; die Kleine folgte einer anderen Methode und teilte die Blumen ein in solche, die gut rochen und in solche, welche stänken. Ich glaube, auch bei Männern beobachtete sie dieselbe Klassifikation.*[366]

Am 22. Mai meldet »Le Globe« Heines Ankunft im Hôtel des Ambassadeurs.

Er bezieht sein Zimmer und läuft durch die Stadt. Das »Liberté, Egalité, Fraternité« an den Straßenecken ist schon wieder abgewischt. Er versucht, öfter einmal angestoßen zu werden. Denn wenn ihn jemand anstößt, fällt es ihm leichter zu glauben, daß er wirklich hier ist, in Paris, der Hauptstadt der Welt, aber es gibt noch einen zweiten Grund: *Süßer Ananasduft der Höflichkeit! wie wohltätig erquicktest du meine kranke Seele, die in Deutsch-*

land soviel Tabaksqualm, Sauerkrautsgeruch und Grobheit einge-
schluckt! Wie Rossinische Melodien erklangen in meinem Ohr die
artigen Entschuldigungsreden eines Franzosen, der am Tage meiner Ankunft mich nur leise angestoßen hatte. Ich erschrak fast vor
solcher süßen Höflichkeit, ich, der ich an deutsch-flegelhafte Rip-
penstöße ohne Entschuldigung gewöhnt war.[367] Das will er noch
öfter erleben und postiert sich als Verkehrshindernis. Die Länder
und die Städte unterscheiden sich eben nach der Art und Weise,
wie man in ihnen im Weg stehen darf. London!

In Paris sieht Heine sich sogar gezwungen, eine Korrektur an
seinem Verwandtschaftsverhältnis zu den Fischen vorzunehmen,
denen er sich bis eben am nächsten fühlte. Ich bin nur ein Fisch mit
heißem Blut und schwatzendem Maule, hatte er auf Helgoland gedacht. Jetzt läßt er den Fischen ausrichten, daß es etwas noch Wun-
derbareres als ihren Ozean gibt. Fragt Sie jemand, schreibt er einem Bekannten, wie ich mich hier befinde, so sagen Sie: Wie ein
Fisch im Wasser, oder vielmehr sagen Sie den Leuten, daß, wenn
im Meere ein Fisch den anderen nach seinem Befinden fragt, so
antworte dieser: Ich befinde mich wie Heine in Paris.[368]

In Venedig bestieg der Doge alljährlich den goldenen Bucen-
tauro, um die herrschende Venezia mit dem Meer zu vermählen.
Das ist in Paris unmöglich, denn nicht nur Spandau ist zu weit vom
Meer entfernt und die Seine kein vollkommener Ersatz. Aber
könnte man Paris nicht jedes Jahr neu mit der Sonne vermählen?
Ein anderer Dichter kam auf diese Idee. Immerhin hat die Stadt
ihre Revolutionen stets im Sommer gemacht. Heine findet den
Vorschlag gut. Noch flimmern hie und da die Lichter der Julisonne
in der Stadt, und wegen dieser Lichter, wenn man es mal ganz genau nimmt, ist er doch gekommen. Ja, Paris und die Sonne gehören
zusammen. Zu gelungenen Revolutionen gehört wirklich gutes
Wetter, behaglicher Sonnenschein, ein angenehm warmer Tag,
und daher gerieten sie im Junius, Juli und August immer am besten. Es darf auch nicht regnen, denn die Pariser fürchten nichts
mehr als den Regen ... Auch darf die Luft nicht neblicht sein, sonst
kann man ja die großen Plakate, die das Gouvernement an die
Straßenecken anschlägt, nicht lesen; ...[369] Heine muß das wissen,
er hat ein ganzes Jahr lang fast nur Revolutionsgeschichte gelesen.
Er weiß, welcher Ernst in dem Ausruf eines Girondisten lag, der
einen Sturm des aufgebrachten Volkes befürchtete, das Fenster

öffnete und es dann ruhig wieder schloß: Sie werden heute abend nicht kommen. Es regnet.

Das alles schreibt Heine in einem seiner ersten Zeitungsberichte aus Paris. Auf die Idee des Sonnenfestes hat sich die Regierung dann doch nicht eingelassen, sie fürchtete »den Polterabend einer solchen Hochzeit« und die »allzu starke Hitze einer solchen Ehe« (Strodtmann). Heine ist der erste große Klimatologe der Revolution. Überhaupt ist das Klima ein bisher schwer unterschätzter Faktor, denn es bildet nicht nur d i e Atmosphäre, sondern viele Atmosphären, und die meisten Dinge auf der Welt sind ohnehin zuletzt eine Frage der Atmosphäre und der Beleuchtung. Auch das Licht von Paris analysiert Heine. Er weiß schließlich, daß in dieser Stadt die größten Tragödien der Weltgeschichte aufgeführt werden und daß die Leichtigkeit des Seins, die er fühlt, eine Täuschung sein muß, aber er kann sie erklären. Einmal sitzt er im Theater hinter einer Dame mit einem riesengroßen Hut aus rosaroter Gaze, es ist unmöglich, am Hut der Dame vorbeizugucken, also sieht er durch das Rosarot hindurch die Greuel auf der Bühne. Das muß es sein, das Licht von Paris. *Ja, es gibt in Paris ein solches Rosenlicht, welches alle Tragödien für den nahen Zuschauer erheitert, damit ihm dort der Lebensgenuß nicht verleidet werde. Sogar die Schrecknisse, die man im eignen Herzen mitgebracht hat nach Paris, verlieren dort ihre beängstigenden Schauer.*[370]

Er läuft durch den Jardin du Luxembourg, sieht das Pantheon und begreift nicht ganz, daß die kleinen Menschen für ihre großen Männer solche Denkmäler errichten. Leider immer erst, wenn sie tot sind ... *nach ihrem Hungertode oder sonstigem Qualtode.* Er geht in die Königliche Bibliothek und läßt sich die Manessische Handschrift zeigen, dieses wunderbarste Stück Mittelalter im Original. Nur sehr selten wollen Revolutionäre an fremden Orten zuallererst ein Stück Mittelalter sehen. Heine ist ein seltsamer Revolutionär. Er geht durch den Louvre, die Leichenausstellung der Morgue und *die Académie française, wo ebenfalls viele unbekannte Leichen ausgestellt* sind. Aber er besucht auch eine Ausstellung der neuesten Bilder der französischen Maler. Delacroix' berühmtes Bild der Freiheit auf den Barrikaden ist darunter. Im Herbst wird er über die Ausstellung berichten. Vorerst macht er nur Notizen, er hat keine Ruhe zum Schreiben.

Höchstens für einen kurzen Brief. Der erste Brief, den er aus Paris schreibt, ist ein Abschiedsbrief. Von Paris steht darin kein Wort, wenn man das *Paris, den 27. Juni 1831* nicht als Mitteilung zählt. Heine schreibt Moses Moser, seinem besten Freund über so viele Jahre, einen allerkältesten Schluß-und-aus-Brief. Ihre Freundschaft habe nicht aufgehört, *sondern vielmehr nie existiert*, denn Moser habe ihn nie verstanden. Wie tief muß es Heine verletzt haben, daß selbst Moser im Platen-Streit nicht an seiner Seite stand: *Du willst mein Stillschweigen als Poeteneitelkeit ausdeuten; diesen Irrtum muß ich Dir entziehen. Ich war nie empfindlich über irgendein Urteil von Dir, das den Poeten betraf; auch ob Du irgendeine meiner Handlungen, die ich als Mensch übte, getadelt oder gelobt hast, war mir, wenn auch nicht gleichgültig, doch keineswegs verletzlich ... Ich klage nur über die Götter, die mich so lange Zeit im Irrtum ließen über die Art, wie Du mein Leben und Streben begriffest. Du hast letzteres nicht verstanden, und das ist es, was mir Kummer gemacht. Du verstehst es noch nicht ...*[371] Es folgt das In-Wahrheit-waren-wir-nie-befreundet. Erst viele Jahre später wird Moser noch einmal einen allerseltsamsten Brief von Heine bekommen. Da braucht er Geld.

Als er mit Moser fertig ist, mit diesem Brief und dem Freund, schreibt er gleich noch an Varnhagen. Varnhagen erfährt alles, was er dem Freund, der kein Freund mehr ist, nicht sagt – wie sich die Stadt ihm gegenüber benimmt: *La force des choses! Die Macht der Dinge! Ich habe wahrhaftig nicht die Dinge auf die Spitze gestellt, sondern die Dinge haben mich auf die Spitze gestellt, auf die Spitze der Welt, auf Paris – ja, gestern morgen stand ich sogar auf die Spitze dieser Spitze, auf das Pantheon.*[372] Und wozu noch Grammatik, egal, ob man auf der oder *die* Spitze steht, Hauptsache man ist oben.

Es geht ihm wie vielen anderen Deutschen in Paris. Diese Stadt ist ein Kulturschock. Jeder Kulturschock ist zuerst ein Zeitschock. In Deutschland war er es gewohnt, daß *jeder Tag fünfundzwanzig Stunden hat; ich aber bin an einem Ort, wo die Zeit sich selber kaum Zeit nimmt zu verfließen. Ich habe hier gar keine Zeit.*[373]

Obendrein bestehe ich jetzt ganz aus Phosphor, und während ich in einem wilden Menschenmeer ertrinke – verbrenne ich auch durch meine eigne Natur.[374]

Rahel hatte gefordert, er solle zu seinem Vergnügen leben, aber jetzt übertreibt er. Er braucht dringend ein paar Gewohnheiten. Gewohnheiten beruhigen, sie schaffen Zeit.

Etwa ein fester Spaziergang, bei dem man nur das sieht, was man schon kennt. Heines Lieblingsspaziergang führt bald durch die Passage des Panoramas am Boulevard Montmartre. Die Passage ist einer jener Orte, wo ein Mann besser allein langgeht, jedenfalls nicht in Begleitung einer Frau mit Possessivpronomen – nicht mit seiner Frau. Heine läuft hier entlang, wie er schon durch Göttingen oder Berlin lief. Betont lässig, die Hände tief in den Taschen, nur der weiße Filzhut, den er weit in den Nacken schiebt, ist neu. Zwischen den Boutiquen und Garküchen warten all die Hortensen, Dianas, Jolanthas, Maries, Katharinas und Clarissas, die er bald bedichten wird. Und die Gedichte werden den Sammelnamen »Verschiedene« tragen, was das sittliche Empfinden der daheimgebliebenen Deutschen sehr strapazieren wird. Haben sie nicht immer gewußt, daß dieser Mensch liederlich ist und kein Herz und keine Seele hat? Als er die Passage schon sehr gut kennt, muß er öfter einmal nachgucken, ob keins der Mädchen dort ein neues Kleid anhat. So wird er das Ludwig Börne erklären.

Eine zweite beruhigende Gewohnheit ist der tägliche Besuch in der Buchhandlung von Heideloff und Campe. Dieser Campe ist ein Cousin des Hamburger Campe, aber sein Laden ist keine Hamburger Filiale. Bei Heideloff und Campe treffen sich alle Deutschen, die das haben, was man einen Namen nennt. Heine trifft alte Bekannte wieder, und mit zweien fährt er im August nach Boulogne-sur-Mer. Schließlich kann man nicht, nur weil man in einem neuen Land lebt, seine ältesten Gewohnheiten aufgeben, und schon gar nicht das In-die-Seebäder-Reisen. Er fährt mit Michael Beer und Hermann Franck nach Boulogne.

Es ist der erste Nach-Helgoland-Sommer, der erste Nach-Juli-Sommer. Und es ist nicht die Nordsee, nur ein überdimensionierter Kanal. Franck will wissen, ob es sich lohnt, nach Helgoland zu fahren. O ja, sagt Heine, man zeigt Ihnen dort das Haus, wo ich gewohnt habe. Bei schlechtem Wetter sitzt er manchmal im Lesezimmer des Hotels, mitunter in Gesellschaft lautstarker Engländerinnen, die sich im großen Speisesaal zu verloren vorkommen. Heine nähert sich ihnen betont leise, um dann behutsam zu ihnen zu sprechen: I hope ladies' conversation will not be troubled by my reading papers![375] Keine Frage, er ist ein Mann von Welt. Und wenn es sein muß, ist er britischer als die Briten. Leicht wie eine Sommerbrise weht ihn auch eine neue Liebe an; sie kommt ebenfalls von jenseits des Kanals, Heine kennt das schon aus seinen Büchern. War nicht er selbst in den »Bädern von Lucca« ein irritierend naher Bekannter der schönen Lady Mathilde?

Am 26. September ist er, leicht liebesversehrt, aber bestgelaunt, zurück in Paris und besucht Ludwig Börne, aber das soll Börne selbst erzählen: »Gestern vormittag kam ein junger Mann zu mir, stürzt freudig herein, lacht, reicht mir beide Hände – ich kenne ihn nicht. Es war Heine, den ich den ganzen Tag im Sinne hatte! Er sollte schon vor acht Tagen von Boulogne zurück sein, aber ›ich war dort krank geworden, hatte mich in eine Engländerin verliebt‹ usw. ... Heine gefällt mir nicht.«[376]

Dabei ist Heine vielleicht nur darum so forsch, weil er vor Börnes Haus erst auf und ab gegangen ist, bis er sich »ein Herz nahm« einzutreten.[377] Jetzt, am 26. September 1831. Ein bißchen spät ist das schon, wenn man bedenkt, daß Heine schon seit Mai in der Stadt ist. Und wenn man weiter bedenkt, daß Ludwig Börne schon seit Februar sehr viel an ihn, Heine, denken muß.

Denn im Februar, als Heine noch Ratssyndikus zu Hamburg werden wollte, hatte Ludwig Börne in Paris eine Idee. Er und Heine müßten sich Briefe schreiben! Der Mann in Paris hält sich für einen der klügsten und witzigsten Zeitgenossen, was auch irgendwie stimmt, und kennt überhaupt nur noch einen, der genauso klug und witzig ist wie er, oder fast genauso klug und witzig, was auch irgendwie stimmt. Wenn nun er, Börne, mit all seiner Klugheit dem anderen einen Brief schreibt mit allem drin, was er gerade denkt über »Politik, Kunst, Wissenschaft, von unseren Reisen«, und bekommt darauf eine Antwort, mit allem drin, was der andere gerade denkt, dann würden sich die Klugheit und der Witz verdoppeln, und der Campe könnte ein Buch daraus machen – unvorstellbar! Denn so ist dieser Briefwechsel gemeint: Alle Vierteljahre müßte Campe diese Briefe drucken, deshalb werden sie ja überhaupt nur geschrieben. »Die Hauptsache ist, daß Heine sich mit mir vereinigt; denn außer uns beiden, fürchte ich, gibt es unter deutschen Schnecken und Austern kein drittes rotblütiges Tier, das zu brauchen wäre.«[378] So dachte Lud-

Der junge Heine, Porträtzeichnung von Wilhelm Hensel, 1829

Heines Mutter Betty, geb. van Geldern (1771-1859)
»Unsere ganze Verwandtschaft besteht freilich nur darin, daß Du eine alte weitläuftige
Mutter von mir bist, aber Du bist zugleich eine so erzbrave Frau und ein so liebes altes
Mausel ...«

Charlotte von Embden, geb. Heine (1803-1899)
Heines Schwester, die er zärtlich liebt.

Der Marktplatz von Düsseldorf
»... und nun stand ich stundenlang vor dem Reiterbilde und zerbrach mir den Kopf, wieviel silberne Löffel wohl darin stecken mögen und wieviel Apfeltörtchen man wohl für all das Silber bekommen könnte.«

Einzug des Kaisers Napoleon in Düsseldorf am 3. November 1811
» ... mein Herz schlug den Generalmarsch - und dennoch dachte ich zu gleicher Zeit an die Polizeiverordnung, daß man bei fünf Taler Strafe nicht mitten durch die Allee reiten dürfe.«

Amalie Friedländer, geb. Heine (1799-1838)
Heines Cousine und erste Liebe: »Sie liebt mich *nicht* - Mußt, lieber Christian, dieses
Wörtchen ganz leise aussprechen.«

Therese Halle, geb. Heine
Noch eine Cousine, noch eine Liebe.

Salomon Heine (1767-1844), der Millionen-Onkel
»Weißt Du, Onkel, das Beste an Dir ist, daß Du meinen Namen trägst!«

Georg Wilhelm Friedrich Hegel (1770-1831) bei der Vorlesung
»Ich sah, wie Hegel mit seinem fast komisch ernsthaften Gesichte als Bruthenne auf den
fatalen Eiern saß, und ich hörte sein Gackern.«

Rahel Varnhagen von Ense, geb. Levin (1771-1833), Heines Freundin
»Ich gehöre Frau Varnhagen« soll auf einem Halsband stehen, das er tragen will.

Karl August Varnhagen von Ense (1785-1858),
Heines lebenslanger Freund und Förderer

Der Loreley-Felsen bei St. Goarshausen am Rhein, um 1840

Helgoland um 1840
»Ich liebe das Meer wie meine Seele.«

Julius Campe, Heines Verleger (1792–1867)
»Ich bin Ihr einziger Klassiker ... O liebster Campe, ich gäbe was drum,
wenn Sie mehr Religion hätten!«

Der Verleger Johann Friedrich von Cotta (1764–1832)
»Ich bin eine von Cottas teuersten Puppen.«

August von Platen (1796-1835),
Heines Gegner im ersten deutschen Literaturskandal
»Auf der Leiche Platens sitzend, gestehe ich ganz ruhig mein Unrecht ...«

Ludwig Börne (1786-1837), Heines größter Widersacher in Paris
»Ich bin eine normale Guillotine, Börne ist eine Dampfguillotine.«

Heinrich Heine 1831
Gemälde von Ludwig Oppenheim, entstanden während Heines Reise nach Paris

»Die Freiheit führt das Volk« von Eugène Delacroix
Heine sieht das berühmteste Bild der Julirevolution bei seiner Ankunft in Paris in der
Gemäldeausstellung »Salon«.

Kölner Dom, um 1800
»Doch siehe! Dort im Mondenschein/ Den kolossalen Gesellen!/
Er ragt verteufelt schwarz empor,/ Das ist der Dom von Köllen.«

George Sand (1804-1876)

»Aber wenn ich alles hinter mir habe, werde ich Sie wiedertreffen, und sei es am Ende der Welt ... vorausgesetzt, daß man Sie inzwischen nicht aufs neue ergriffen und ins Bagno zurückgeführt hat, mein schöner, von der Liebe befreiter Galeerensklave!«

Cristina di Belgiojoso-Trivulzio (1808-1871)

»Wenn Sie nicht lachen wollen, würde ich bekennen, daß ich Sie für eine Hexe halte. Aber Sie, Madame, Sie sind ein starker Geist und Sie behandeln alles als Aberglauben, was nicht chinesisch und eklektische Philosophie ist.«

Heine und Ehefrau Mathilde, Doppelporträt von Ernst Benedikt Kietz, 1851

Mathildes Papagei »Cocotte«, zeitgenössische Zeichnung
Den Vorgänger hat Heine vergiftet, weil er Mathildes Liebe nicht mit einem Vogel teilen
wollte. Da weiß er noch nicht, daß er zwei Vögel mitnehmen muß
nach Deutschland: Cocotte und Mathilde. Cocotte wird unterwegs schwer seekrank,
schließlich ist er keine Möwe.

Mathilde Heine (1815-1883), geb. Augustine Crescence Mirat
»Ich bin verdammt, nur das niedrigste und törichtste zu lieben... begreifen Sie, wie das
einen Menschen quälen muß, der stolz und sehr geistreich ist?«

Heine nach 1847, Gemälde von Ary Scheffers
»Die hübschen Frauen drehen sich um, wenn ich durch die Straßen gehe, meine geschlossenen Augen ..., meine hohlen Wangen, mein fiebriger Bart, mein wankender Gang, all das
verleiht mir das Aussehen eines Sterbenden, das mich hinreißend macht!«

Die »Mouche«, Porträt eines unbekannten Künstlers
»Ich liebe Dich mit der Zärtlichkeit eines Sterbenden, das heißt, mit der überhaupt denkbar
größten Zärtlichkeit.«

Heine nach 1853, gezeichnet von Marcellin-Gilbert Desboutin

wig Börne in Frankreich am 3. Februar 1831 über Heinrich Heine in Deutschland. Gleich würde Heine aufbrechen nach Paris, aber das wußte Börne nicht. Heine selbst wußte es noch kaum. Um ein Haar wäre er, das zweite »rotblütige« Tier Deutschlands, Perückenträger geworden.

Börne ist ein bemerkenswerter Autor. Er kann im Plural denken. Er kann sagen: Wir beide. Erst recht, als er ein paar Februartage später den vierten Band der »Reisebilder« in den Händen hält. Selten hat die Euphorie des Lesens – fremder Texte – solche Worte gefunden: »Meine Augen, die Windspiele meines Geistes, liefen weit voraus und waren schon am Ende des Buches, als ihr langsamer Herr noch in der Mitte war. Das ist der wahre Dichter, der Günstling der Natur, der Alles kennt, was seine Gebieterin dem Tage Häßliches, was sie ihm Schönes verbirgt. ... Diesmal hat der Stoff Heine ernster gemacht, als er sonst den Stoff, und wenn er auch noch immer mit seinen Waffen spielt, so weiß er doch auch mit Blumen zu fechten.«[379] Hier findet einer die schönsten Bilder im Lob eines anderen. Und dann noch einmal, ganz pur: »Das Buch hat mich gelabt, wie das Murmeln einer Quelle in der Wüste; es hat mich entzückt wie eine Menschenstimme von oben, wie ein Lichtstrahl den lebendig Begrabenen entzückt.«[380] So schreibt keiner, der soeben ein gutes Buch gelesen hat. So schreibt einer, der einen Gefährten gefunden hat.

Einer, der ihn nötig hatte. Auch das gesteht Ludwig Börne: »Ich sprach so allein in dieser Zeit und Heine hat mir geantwortet.«[381] Was ist ein Liebesgeständnis gegen einen Satz wie diesen? Und nun steht da dieser verbummelte junge Mann vor ihm und hat sich in eine Engländerin verliebt.

Vielleicht ist jede Liebe ein Mißverständnis. Die Börnes zu Heine ist es auch. Wie in jeder Liebe liebt einer mehr. In der Liebe Börne–Heine liebt überhaupt nur einer. Und bereits der Börnesche Heine-Jubel-Brief aus Paris vom Februar endete mit einer Dissonanz. Wie dieser Mensch Napoleon lieben kann, das begreift Börne nicht. Bewundern ja, aber lieben doch nicht. Und Börne sagt auch, warum das unmöglich ist: »Einen Helden lieben, der nichts liebt als sich; einen herzlosen Schachspieler, der uns wie Holz gebraucht, und uns wegwirft, wenn er die Partie gewonnen. Daß doch die wahnsinnigen Menschen immer am meisten lieben, was sie am meisten hätten verabscheuen sollen.«[382]

Es ist schon das Porträt seiner eigenen Liebe zu Heine. So ist der Heine-Bekenntnisbrief in Wirklichkeit ein Abschiedsbrief. Börne hatte keine Antwort bekommen von Heine auf sein Angebot des Briefebuchprojektes. Jetzt bekommt er eine. Heine will nicht. Sagt es und lacht noch immer.

»Heine gefällt mir nicht.« Aus diesem Satz wird eine der größten, folgenreichsten Kontroversen der deutschen Literaturgeschichte, und sie wird vorausdeuten auf die Frage, die erst im zwanzigsten Jahrhundert existentiell vor viel zu vielen stand: Wie politisch muß ein Dichter sein? Wie politisch darf er sein? Der »Stern« wird mehr als ein Jahrhundert später kommentieren: »Wäre die Kontroverse nicht so glänzend formuliert, könnte man sie für ein Streitgespräch von heute halten.«

Ab jetzt hat Heine einen Beobachter. Es ist ein unnachgiebiger, böser Beobachter, auf den jeder Geheimdienst stolz wäre: »Der arme Heine wird chemisch von mir zersetzt, und er hat gar keine Ahnung davon, daß ich im Geheim beständig Experimente mit ihm mache.«[383] Börne registriert alles, es ist negative Faszination: »Heine soll gemein und liederlich sein. Er wohnt am Ende der Stadt und sagt mir oft, es geschehe, um keine Besuche zu haben, und ich solle ihn auch nicht besuchen.«[384] Börne bemerkt auch, was ihm bisher nicht aufgefallen war: daß dieser Heine »ein hübscher Mensch ist und eins von den Gesichtern hat, wie sie den Frauen gefallen«.

Am 30. September überlegt er, daß Heine wohl nur deshalb sich nicht mit ihm zu einem Journal verbünden wolle, weil er fürchte, in seiner Nähe nicht genug zu glänzen. Einen Tag später ist Börne vollends fassungslos: »Er s p i e l t, und er könnte nichts tun, was mir größeres Mißtrauen gegen ihn einflößte. Er hat schon einmal 50 Louisdor auf einmal verloren.«[385] Aber zuletzt sind es nur fünf Franken. Mehr hat Heine nicht bei sich, als er mit Hermann Franck im Salon des étrangers ist. Im Grunde ist er ganz Börnes Meinung. Er findet, daß das Spielen ein großes Laster ist, wenn man verliert.[386] Börne hält ihm freundschaftliche Lektionen über das Spielen, deren Erfolg er so zusammenfaßt: »Was ich gegen das Spiel vorgebracht, schien ihm alles neu zu sein.«[387] Man kann sich vorstellen, wie Heine Börnes Predigten eines soliden Lebenswandels lauscht, ungläubiges Erstaunen im Blick und ab und zu die Frage »Ja, wirklich?« im Munde.

Es ist Herbst. Die Wintersaison beginnt, die Salons stehen offen, *jene höhere Region, welche man die Welt nennt.* Man begibt sich in Gesellschaft. Der Hamburger Freund und Theaterinspektor Lewald ist jetzt in Paris; Heine kommt fast jeden Abend zu ihm, wenn es dämmert und die Kaminfeuer brennen. Tea time. Die eine Stunde, bevor er ins Theater geht oder eine Soiree besucht, ist er hier. Er betritt die Wohnung seines Freundes, wie er die Wohnungen aller seiner Freunde vorher betrat: Er wirft den Mantel ab, läßt sich in den nächstbesten Lehnstuhl fallen, streicht sich mit der feinen weißen Hand, deren Feinheit und Weißheit fast alle bezeugen, über die Stirn und klagt sein Ich-bin-der-Kränkste-von-allen. Dann bittet er um Tee. Skeptiker glauben, er lege die Hand nur deshalb so oft an die Stirn, damit jeder sie sehen kann. Es ist eine aristokratische Hand. Sie paßt ausgezeichnet in die Salons.

Empfehlungsschreiben öffnen ihm die Türen. Die Salons beobachten Heine, und Heine beobachtet die Salons. *Als das Interessanteste dieser Welt frappierte mich nicht sowohl die Gleichheit der feinen Sitten, die dort herrscht, sondern vielmehr die Verschiedenheit der Bestandteile. Manchmal, wenn ich mir in einem großen Salon die Menschen betrachtete, die sich dort friedlich versammelt, glaubte ich mich in jenen Raritätenbutiken zu befinden, wo die Reliquien aller Zeiten kunterbunt nebeneinander ruhen: ein griechischer Apollo neben einer chinesischen Pagode ... Da sah ich alte Mousquetaires, die einst mit Maria Antoinette getanzt, Republikaner von der gelinden Observanz, die in der Assemblée nationale vergöttert wurden, Montagnards ohne Barmherzigkeit und ohne Flecken, ... herrschende Jesuiten der Restauration, kurz, lauter abgefärbte, verstümmelte Gottheiten aus allen Zeitaltern, und woran niemand mehr glaubt. Die Namen heulen, wenn sie sich berühren, aber die Menschen sieht man freundlich und friedsam nebeneinanderstehen, wie die Antiquitäten in den erwähnten Butiken des Quai Voltaire.*[388] In Deutschland, denkt Heine, wäre das unmöglich, schon weil die Leidenschaften dort weniger disziplinierbar sind. Zivilisation – die Möglichkeit des Umgangs des Heterogensten.

Er kann es nicht leugnen, in den Salons fühlt er sich wohler als bei den Zusammenkünften der deutschen Schneider, Schuster, Sattler, Tischler und sonstigen Handwerker. Tausende von ihnen leben in Paris, fortgetrieben von der wirtschaftlichen Not in der

Heimat. Die Deutschen bilden die größte Minderheit in Paris, und die absolute Mehrheit dieser Minderheit kommt aus dem einfachen Volk. Wenn das einfache Volk aus Not sein Land verlassen muß, neigt es leicht zu radikalen Ansichten genau wie sein Wortführer Börne. Früher zog das Volk sich gut an, wenn es in die Kirche ging; jetzt geht das Volk in seinen besten Anzügen zu den Versammlungen. Die ersten Reden fangen meist mit Bibelstellen an, in den letzten Reden ist man bei der Umwälzung aller bestehenden Verhältnisse. Jetzt könnte man entweder eine Revolution machen oder noch ein Bier trinken gehen. Die deutschen Republikaner in Paris entscheiden sich regelmäßig für die zweite Möglichkeit, und dann rauchen sie ihre Pfeifen und singen ihre alten Lieder und hauen mit den Krügen auf die Tische, und Heine überlegt, was er eigentlich mit ihnen gemein hat.

Er weiß ja nicht einmal, was er mit Börne gemein hat. Worin seine politischen Ansichten sich von denen Börnes unterscheiden, wird er gefragt. Da plötzlich weiß er es ganz genau: Ich bin eine gewöhnliche Guillotine, Börne ist eine Dampfguillotine, antwortet er.[389] Er sieht Börne auf den Montmartre gehen, um zu deutschen Schuhmachern und Schmieden zu sprechen.[390] Das würde er nie tun. Erstens, weil es ihm unmöglich ist, vor größerem Publikum zu reden. Er konnte das noch nie. Und zweitens, weil er beim besten Willen nicht weiß, was er den Schuhmachern und Schmieden sagen sollte. Daß Börne keine Angst hat vor dem Volk, versteht er. Börne hat einen schlechten Magen und das Podagra und darum nicht viel zu verlieren. Bei ihm sei das etwas anderes.[391] Heine mag es gar nicht, daß ihre Namen immer zusammen genannt werden. Was habe ich mit Börne zu schaffen, ruft er dann mißmutig, ich bin ein D i c h t e r![392]

Aber manchmal, wenn es sich gar nicht vermeiden läßt, geht er auch mit Börne essen. Und sagt hinterher, daß er noch einmal in die Passage des Panoramas müsse. Börne gehört zu den Menschen, die bei einer solchen Mitteilung immer noch eine Frage haben: Warum? Und Heine antwortet, er wolle nachsehen, ob keines der Mädchen, die er kenne, ein neues Kleid anhabe. Börne ist schon wieder fassungslos: »Heine ist doch schon dreißig Jahre alt«, notiert er.[393]

Am 25. Oktober ist er mit Heine zusammen als Trauzeuge geladen. »Bei dieser Heiratsgelegenheit, wo ich drei Stunden mit

Heine beisammen war, konnte ich ihn recht gut beobachten und kennenlernen. Nie ist mir eine feigere Seele vorgekommen, die sich mit solcher Geduld von ihrem Körper tyrannisieren läßt. Er ist so herunter, so morsch, so *bettlägerig* in seinem ganzen Wesen … Sollte einmal in Deutschland eine politische Revolution eintreten, so würde er eine zwar kurze, aber für ihn und die Welt höchst verderbliche Rolle spielen. Er wäre, wie alle schwachen Menschen, der blutigsten Grausamkeiten fähig.«[394] Börne, der Psychologe. Aber manchmal ist er auch von erschreckendem Weitblick: Heine habe sich »durch sein liederliches Leben solche Übel zugezogen, welche die Nerven und den Kopf endlich ganz zerstören, so daß dieser so geistreiche Mensch noch einmal dumm, ja wahnsinnig werden kann, wenn er nicht so glücklich ist, früher das Leben zu verlieren«.

Der Besprochene denkt inzwischen über die Pariserinnen nach, diejenigen aus der Passage des Panoramas und die anderen. *Sind die Pariserinnen schön? Wer kann das wissen! Wer kann alle Intrigen der Toilette durchschauen, wer kann entziffern, ob das echt ist, was der Tüll verrät* … Heine beschreibt, wie der männliche Blick im Begriff ist, durch all die Schichten der Pariserin zum Kern vorzudringen, um dann sehr plötzlich eine neue Frage zu stellen: *Sind ihre Gesichter schön? Auch dieses wäre schwierig zu ermitteln. Denn all ihre Gesichtszüge sind in beständiger Bewegung, jede Pariserin hat tausend Gesichter … Sind ihre Augen groß? Was weiß ich? Wir untersuchen nicht das Kaliber einer Kanone, wenn ihre Kugel uns den Kopf entführt. … Ist der Raum zwischen Nase und Mund bei ihnen breit oder schmal? Manchmal ist er breit, wenn sie die Nase rümpfen; manchmal ist er schmal, wenn ihre Oberlippe sich übermütig bäumt. Ist ihr Mund groß oder klein? Wer kann wissen, wo ihr Mund aufhört und das Lächeln beginnt?*[395]

Das Wunderbarste an den Pariserinnen aber ist: Sie sprechen französisch. Daß eine Pariser Dame de la halle besser französisch spricht als eine deutsche Stiftsdame mit vierundsechzig Ahnen, findet er fabelhaft. Fabelhaft auch deshalb, weil sein erstes französisches Buch La Fontaines »Fabeln« waren, darum glaubt er nun überall, die vertrauten Tierstimmen zu hören, Lamm, Storch und Taube.

Einen entscheidenden Makel haben die Pariserinnen aber doch. Sie sind zu klein. Wenn man »die langen deutschen Glieder gewohnt ist«, sei es schwer, »sich hier einzurichten«.[396] Er muß noch oft an eine besonders walkürenhafte Hamburgerin denken. Überall sehe ich sie wieder, sagt er einem Freund, als sie durch den Louvre gehen und an den kolossalen Frauen der Renaissance und der Niederlande vorbeikommen. Mathilde wird später viele Fehler haben, aber zu klein wird sie nicht sein. Und zu leicht auch nicht.

Heine ist feinfühlig genug, den Doktor Börne nicht in eine Betrachtung der Körpermaße der Pariserinnen zu verwickeln. Börne weiß auch nicht, daß Heine die Mädchen in der Passage und anderswo nicht zuletzt aus philosophischer Überzeugung aufsucht. Denn die einzigen Versammlungen in Paris, die er wirklich gern besucht, sind die Versammlungen der Saint-Simonisten. Er hat schon in Deutschland ihre Bücher gelesen. Man merkt es der »Stadt Lucca« an. Auch ihretwegen ist er nach Paris gekommen. Seit der Julirevolution dürfen die Saint-Simonisten öffentlich auftreten. Und das Evangelium, das sie verkündigen, gefällt Heine besonders gut. Es ist das Evangelium von der Befreiung des Fleisches. Heine wird es probeweise das »Dritte Testament« nennen.

Zwischen Liebe und Cholera

Gleich nach seiner Ankunft in Paris geht er in die Salle Taibout. Das Haus ist wie ein Amphitheater und hat drei Ränge mit Logen unter einem gläsernen Dach. Es ist festlich geschmückt, denn dies ist das Amphitheater einer kommenden Zeit. Hier werden immer sonntags Predigten über die Zukunft gehalten. Im Oktober nach der Revolution erhielt die Deputiertenkammer ein Sendschreiben, das die Zukunft so formulierte: »Alle gesellschaftlichen Einrichtungen müssen zum Ziel die sittliche, geistige und körperliche Verbesserung der zahlreichsten und ärmsten Klasse haben; alle Vorrechte der Geburt, ohne Ausnahme, werden aufgehoben, jedem nach seiner Fähigkeit und jeder Fähigkeit nach ihren Werken.« Zum ersten Mal hörte ganz Europa, was ein alter, nun schon toter Graf sich überlegt hatte, während ganz Frankreich den Napoleon-Traum träumte. Und jetzt bekommt Louis Philippe öfter Briefe, die ihn auffordern, im Interesse der Menschheit seine Regentschaft den Saint-Simonisten zu übergeben.

Der folgenreiche Graf hieß Saint-Simon, er war ein Pair von Frankreich, ein Grande von Spanien und seine Ahnentafel führte bis auf Karl den Großen zurück. Er hatte also keinen Grund, sich über Vergangenheit oder Zukunft Gedanken zu machen. Und über die Gegenwart auch nicht, denn sein Jahreseinkommen betrug fünfhunderttausend Francs. Aber er fiel schon vor der Französischen Revolution von 1789 – da war er neunundzwanzig Jahre alt – durch mehrere Eigentümlichkeiten auf. Jeden Morgen ließ er sich durch den selbstformulierten Ruf wecken: Stehen Sie auf, Herr Graf, Sie haben große Taten zu vollbringen! Normalerweise hat ein Mann seines Standes überhaupt nichts zu vollbringen, höchstens beim Militär, aber da gefiel es ihm nicht. Die Modernisierbarkeit der noch prärevolutionären Welt nahm seine ganze Aufmerksamkeit gefangen. Er wurde Kanalbauer, im Geiste. Er riet dem Vizekönig von Mexiko, seine zwei Ozeane links und rechts durch einen Kanal zu verbinden. Und wenn er Spanien sah, dachte er nur daran, wie vorteilhaft es sein müßte, wenn in Madrid endlich große Schiffe anlegen könnten. Man braucht einen Kanal von Madrid zum Meer! Als die Revolution ausbrach, waren seine Mitadeligen unangenehm berührt, er nicht, denn er hatte nie die geringste Anhänglichkeit an das Perückenwesen gezeigt. Er hatte nun keine Titel mehr, das war egal, aber er hatte auch keinen Besitz mehr, das war schon übler, denn die Wissenschaft kostet Geld.

In gewissem Sinn ist Saint-Simon der Begründer der Gesellschaftswissenschaften. Napoleon eroberte Land um Land, aber das schien dem Grafen bloßer Aktionismus, er schrieb Buch um Buch über den Umbau der Gesellschaft nach den Gesetzen der Vernunft. Nicht nach dem Gesetz der Gleichheit wohlgemerkt. Heine verdankt dem Grafen die Einsicht, daß Bettelei und Borgerei das Los der göttlichen Naturen auf Erden sind. Saint-Simon starb wie manche Propheten vor ihm, krank, ungehört, verarmt. Aber er hatte Schüler. Die standen zuerst vor einem kleinen Auditorium, und die stehen nun vorn in der Salle Taibout und predigen die Zukunft in den Farben Saint-Simons. Sie geben auch eine überaus erfolgreiche Zeitschrift heraus, den »Globe«, und ihre Botschaften dringen über die Grenzen. Künstler, Wissenschaftler, Ärzte gehören zur saint-simonistischen Gemeinde im Amphitheater der Zukunft, alle, die sich von dem Zugleich unbedingter Modernität und neuer Menschengemeinschaft angezogen fühlen. Heine trifft Liszt in der Salle Taibout. Neue Menschengemeinschaft? Ist die neue Menschengemeinschaft denn vollständig ohne Frauen? Enfantin, der Hauptprediger, hat eine Idee. Es gilt, die Frau zu befreien und die Sinnlichkeit überhaupt. Heine hört es mit offenen Ohren. Aber Saint-Simons zweiter Hauptschüler Bazard, mehr der nüchtern-wissenschaftliche Typus, ist da skeptisch. Er mag, was sich berechnen läßt. Die Frau läßt sich nicht berechnen. Die einzig mögliche Stellung zum Weibe sei, die Unmöglichkeit, es beurteilen zu können, anzuerkennen, hatte Enfantin erklärt und die Entfesselung der Lust im inneren Kreis der Saint-Simonisten gefordert. Denn es gibt bereits eine große Saint-Simonisten-WG, eine Art Kommune 1 in der Rue Monsigny. Über der Frage, ob und wie die Lust entfesselt werden soll, entzweien sich die Häupter der Saint-Simonisten. Als Heine im Herbst 1831 in ihren Versammlungen sitzt, ist schon fast alles vorbei. Aber noch blenden der festliche Glanz der Zukunft in der Salle Taibout und Enfantins Pathos.

Alles kommt genau so, wie Heine es befürchtet hatte. Man findet in Paris keine Ruhe zum Arbeiten. Andererseits ist es sehr wichtig zu arbeiten, denn das Leben in Paris ist viel teurer als das Leben in Deutschland, und das Geld von Cotta, das er schon längst verbraucht hat, ist noch gar nicht abgearbeitet. Also schreibt er einen Gemäldebericht für Cottas »Morgenblatt«. Es ist seine erste Arbeit hier. Ausstellungsberichterstatter zu sein ist viel schwerer als heute, denn man kann noch keine Fotos zum Artikel stellen, und abmalen kann man die Gemälde schließlich auch nicht, so daß Heine die Bilder, die er beurteilt, erst noch beschreiben, nacherfinden, also wortmalen muß.

Er ist ein kongenialer Bilderbeschreiber. Der Umgang mit den jungen Münchner Malern, die viel besser aussahen als ihre Bilder, hat ihm sehr geholfen. Auf die gemalte Welt schaut er nun nicht mehr mit der Arroganz des Hegelianers.

Von Mai bis Oktober hat die Ausstellung der neuesten Malerei, »Salon« genannt, geöffnet. Den Namen »Salon« wird Heine sich bald als Sammeltitel für seine eigenen Schriften ausborgen. Was in Deutschland »Reisebilder« hieß, heißt jetzt »Salon«. Der

Titel, wie damals, stiftet den Zusammenhang des Unzusammenhängenden.

Im Original-Salon sieht er eine Judith von Horace Vernet, eben im Begriff, Holofernes zu töten. Heine findet ihr Sätze wie diesen: *Da steht sie, eine reizende Gestalt, an der eben überschrittenen Grenze zur Jungfräulichkeit, ganz gottrein und doch weltbefleckt, wie eine entweihte Hostie.*[397] Hier lernt man, daß jede gute Beschreibung eine Nachschöpfung im anderen Medium ist. Und das erste, was er in Paris notiert, ist die Art, wie er sterben möchte. Nämlich so wie Holofernes: *Er schläft so gutmütig in der Nachwonne seiner Beseligung; er schnarcht vielleicht, oder wie Luise sagt, er schläft laut; seine Lippen bewegen sich noch, als wenn sie küßten; er lag noch eben im Schoße des Glücks, oder vielleicht lag auch das Glück in seinem Schoße; und trunken von Glück und gewiß auch ohne Wein, ohne Zwischenspiel von Qual und Krankheit, sendet ihn der Tod durch seinen schönsten Engel in die weiße Nacht der ewigen Vernichtung. Welch ein beneidenswertes Ende! Wenn ich einst sterben soll, ihr Götter, laßt mich sterben wie Holofernes!*[398] Sein Ende wird das Gegenteil sein.

Und dann steht er vor Delacroix' »Die Freiheit führt das Volk«. Jedesmal, wenn er kommt, haben sich schon viele davor versammelt. Viel Volk ist auf dem Bild, aber in der Mitte, *beinahe wie eine allegorische Figur, ragt hervor ein jugendliches Weib, mit einer roten phrygischen Mütze auf dem Haupte, eine Flinte in der Hand und in der andern eine dreifarbige Fahne. Sie schreitet dahin über Leichen, zum Kampfe auffordernd, entblößt bis zur Hüfte, ein schöner ungestümer Leib, das Gesicht ein kühnes Profil, frecher Schmerz in den Zügen, eine seltsame Mischung von Phyrne, Poissarde und Freiheitsgöttin.*[399]

Heine bemerkt eine *kleine Karlistin* vor dem großen Delacroix. Karlisten sind die Anhänger des von der Freiheitsgöttin eben entthronten Bourbonenkönigs Karl X. »*Papa!*« rief sie, »*wer ist die schmutzige Frau mit der roten Mütze?*« – »*Nun freilich*«, spöttelte der noble Papa mit einem süß zerquetschten Lächeln, »*nun freilich, liebes Kind, mit der Reinheit der Lilien hat sie nichts zu schaffen. Es ist die Freiheitsgöttin.*« – »*Papa, sie hat auch nicht einmal ein Hemd an.*« – »*Eine wahre Freiheitsgöttin, liebes Kind, hat gewöhnlich kein Hemd und ist daher sehr erbittert auf alle Leute, die weiße Wäsche tragen.*«[400]

Nun ist Heine durchaus ein Sympathisant von weißer Wäsche, andererseits gefällt ihm die Frau mit der roten Mütze sehr, denn sie ist keinesfalls so klein wie die übrigen Pariserinnen. Aber etwas unheimlich ist sie ihm schon. Er ist auch nicht ganz sicher, ob Delacroix wirklich eine Göttin gemalt hat, *diese Figur scheint vielmehr die wilde Volkskraft, die eine fatale Bürde abwirft, darzustellen. Ich kann nicht umhin zu gestehen, diese Figur erinnert mich an jene peripatetischen Philosophinnen, an jene Schnelläuferinnen der Liebe oder Schnelliebenden, die des Abends auf den Boulevards umherschwärmen, ...*[401] Auch die Figuren neben der *Gassenvenus* sind Heine durchaus verdächtig. Der *kleine Schornsteinkupido* mit Pistole neben ihr ist vielleicht nicht allein vom Ruß so schmutzig, und der tote *Pantheonskandidat* am Boden könnte am Abend zuvor noch mit Kontermarken des Theaters gehandelt haben, vermutet Heine. Nein, direkt sympathisch sind ihm diese Leute nicht, *aber das ist es eben, ein großer Gedanke hat diese gemeinen Leute, diese Krapüle, geadelt und geheiligt und die entschlafene Würde in ihrer Seele wieder aufgeweckt.*[402] Er möchte so gern an diesen Seelenadel glauben, aber weiß man, wann das Volk seinen Adel wieder vergißt? Begegnen möchte er dem Volk lieber nicht.

Börne registriert das genau. Börne, der reiche Bankierssohn, der von seinem ererbten Geld leben könnte, auch wenn er gar nichts mehr schriebe, hat sich entschlossen, das Volk zu lieben. Und dieser Heine, der nicht einmal reich ist, hat Angst vor den Armen? »Wie alle furchtsamen Menschen, hat auch Heine ein Grauen vor dem Volke, und er kann sich gar nicht darein finden, wie ich dem P ö b e l so zugetan sein, ihn so warm verteidigen mag. Ich habe ihm erst heute gesagt: ›Laßt uns unsern künftigen Herrn ehren!‹«[403] Das schreibt Börne am 15. Dezember an Jeanette Wohl, und schon zwei Tage später: »Das Volk macht ihn seekrank, sein Sturm jagt ihm Todesangst ein.«[404] Börne kommt zu dem Schluß, daß Heine in einer Revolution wohl den Robespierre machen könnte, aber nur für einen halben Tag. Robespierre für einen halben Tag – so hoch wird er nie wieder von ihm denken, gemeinhin hält er ihn für einen Totalversager.

Natürlich hat Heine Angst vor dem Volk, denn daß das Volk sein künftiger Herr sein könnte, daran glaubt er wie Börne. Er glaubt auch, daß es ein Recht darauf hätte. Er glaubt auch, daß es ihn dann guillotinieren würde, denn das Volk guillotiniert alles, was es nicht ganz versteht. Vielleicht sollte man sich davor schützen?

Und doch findet Heine es albern, daß Börne, dieser allerkränklichste aller kränklichen Menschen – denn ist er nicht noch viel kränker als er, Heine, selbst? –, am liebsten in der Rolle des obersten Königsfressers auftritt. Er hingegen findet den König gut, das wird er auch bald schreiben, und Börne wäre sicher in Ohnmacht gefallen, würde er von Heine nicht inzwischen alles erwarten. Wenn Börne dabei ist, sagt Heine am liebsten, daß er mit seiner Überzeugung genausogut schreiben würde wie gegen seine Überzeugung. Ja, vielleicht schriebe er gegen seine Überzeugung noch viel besser?[405] Er kann einfach nicht anders. Immer wenn er das Moralistengesicht Börnes vor sich sieht, fallen ihm lauter solche Sachen ein. Daß er zu gleicher Zeit Anträge und Geld von Buchhändlern abweist, deren Gesinnung ihm zweifelhaft ist, weiß Börne nicht. Man müsse sich vor solchen Berührungen hüten, sagt Heine dem Freund Lewald, es sei keine Ehre dabei.[406] Moralität ist nichts, was man wie eine Fahne vor sich herträgt. Der eigentlich moralische Mensch scheut manchmal nicht einmal den Schein der Immoralität.

Der Dezember ist ein guter Monat zum Arbeiten. Im Dezember wird Heine Auslandskorrespondent von Cottas »Allgemeiner Zeitung«. Die gilt nicht nur als wichtigste Zeitung Deutschlands, sondern als wichtigste Zeitung Europas. Das hat Cotta geschafft, der Begründer der Bodenseeschiffahrt. Heine ist einer von neun Korrespondenten, die 1832 aus Paris berichten. Aber er wird schon dafür sorgen, daß man ihn bemerkt.

Zeit, ein Fazit der Julirevolution zu ziehen, die nun schon fast eineinhalb Jahre alt ist. Er selbst hat sich einen gemäßigten Ton anempfohlen, in größten und wichtigsten Zeitungen geht das gar nicht anders. So wird sein erster politischer Bericht aus Paris ein Artikel über Klima und Gartenbau, näherhin über Revolutionswetter und königliche Gartengestaltung.

Ein Hauptergebnis der Julirevolution ist die Abschaffung der erblichen Pairswürde. Diesem Umstand gilt der erste Satz seiner ersten Korrespondenz für die »Allgemeine Zeitung«: *Paris, 28. Dezember 1831. Die erblichen Pairs haben jetzt ihre last speeches gehalten und waren gescheit genug, sich selbst für tot zu erklären,*

*um nicht vom Volke umgebracht zu werden. Dieser Bewegungs-
grund ist ihnen von Casimir Perier ganz besonders ans Herz gelegt worden.*[407] Perier ist seit März des Jahres Ministerpräsident
und führt gerade die Politik des Justemilieu ein, der »richtigen
Mitte«. »Richtige Mitte« bedeutet, was es heute immer noch bedeutet: freie Entfaltung und Privilegien für die Wirtschaft. Frankreichs Industrialisierung beschleunigt sich mit Macht. Zwar ist das
Volk von Paris im vorletzten Juli nicht dafür auf die Barrikaden
gegangen, aber Revolutionen sind so: Absicht und Ergebnis fallen
nie zusammen. Heine war zwar darauf vorbereitet, überrascht ist
er trotzdem. 1830 waren nur einhunderttausend Franzosen wahl-
berechtigt, jetzt, nach der Revolution, sind es zwar schon zwei-
hunderttausend, aber Kleinbürger, Arbeiter und Bauern sind noch
immer ausgeschlossen. Die Arbeiter haben es besonders schwer,
denn gegen ihre ersten Organisationen geht die Regierung mit besonderer Härte vor, was ihr immerhin die Sympathien der »neuen
Mitte« einträgt. Allerdings ist die Bezeichnung »Mitte« sehr irreführend, weil die Schicht der wirklich Wohlhabenden, gleich ob
Adel oder Großbürger, hauchdünn ist.

Über dem Justemilieu-Ministerpräsidenten steht der Justemi-
lieu-König, denn Frankreich ist noch immer eine Monarchie.
Heine findet das gut, und doch ist gerade dieser erste Artikel eine
einzige große Respektlosigkeit gegenüber dem neuen König. In
gewissem Sinne ist das in Ordnung, denn dieser Louis Philippe
nennt sich nicht mehr »König von Frankreich« wie alle französischen Könige vor ihm, sondern »König der Franzosen«. Ein Bür-
gerkönig also. Auch sonst hegt er einige ungewöhnliche Ansichten
über die Insignien der Herrschaft. Er findet Krone und Zepter unbequem. So eine goldene Krone sei zu heiß im Sommer und zu kalt
im Winter, ein Zepter wiederum sei zu stumpf, um es als Waffe,
aber zu kurz, um es als Stütze zu gebrauchen, weshalb ein runder
Filzhut und ein guter Regenschirm unbedingt vorzuziehen seien.
Heine mag das, nur ist er nicht sicher, *ob Ludwig Philipp sich dieser Äußerungen noch zu besinnen weiß, denn es ist schon lange
her, seit er das letztemal mit rundem Hut und Regenschirm durch
die Straßen von Paris wanderte* ...[408] Auch daß der König inzwischen umgezogen ist, verstimmt den Berichterstatter. Zwar wurde
Louis Philippes Vater 1793 im Zuge des allgemeinen Enthauptens
mitenthauptet, aber Louis Philippe war dennoch ein Anhänger der

Revolution, und das Palais Royal, wo er wohnte, galt geradezu als das Epizentrum der Revolution. Aber nun, sagt Heine seinen Lesern, ist der König umgezogen. Weg aus dem Epizentrum der letzten Revolution in die Tuilerien, wo er und seine Gattin in der ersten Nacht nicht ganz so gut wie sonst geschlafen hätten, auch weil sie ständig die längst guillotinierte Marie Antoinette zornsprühend von einem Zimmer ins nächste rennen sahen.

Heine teilt seinem Publikum in aller Ausführlichkeit das Schicksal des Herausgebers eines Karikaturjournals mit, der den König abgemalt hatte, wobei dessen Gesicht bedauerlicherweise große Ähnlichkeit mit Obst bekommen hatte, näherhin mit einer Birne. Es entspann sich darauf der alte platonische Streit, was Urbild und was Abbild ist und was zuerst da war: König oder Birne. Und könne man einen Karikaturisten wirklich für das Zeichnen von Obst verurteilen?

Von der Betrachtung des Obstes kommt Heine zum Gartenbauwesen. Denn daß der Birnenkönig vom großen Tuilerien-Garten einen kleinen Privatgarten ganz für sich allein abgeteilt hat, hält er für ein ausgesprochen schlechtes Zeichen. Zieht Ludwig Philipp etwa einen Graben zwischen sich und dem Volk?

In Paris wird man aufmerksam auf diese neue Korrespondenz in der »Allgemeinen Zeitung« und findet es nicht gut, daß die preußische Zensur zwar jede Lästerung absoluter Könige streng untersagt, aber über Bürgerkönige könne man wohl schreiben, was man wolle?

Im nächsten Bericht aus Paris erklärt Heine die »Temps«, die das zuerst bemerkt hat, zur *gescheitesten Zeitschrift der Welt* und schreibt im Folgenden nicht mehr über den König persönlich, sondern über die Institution des Königtums. Denn im Grunde, das verhehlt er nie, ist er deren größter Anhänger. Er wäre auch der größte Anhänger Louis Philippes, würde der nicht ständig kleine Privatgärten vom Garten des Volkes abteilen. Börne und die deutschen und französischen Republikaner wollen Frankreich als Republik und die Republik Deutschland gleich hinterher. Heine stellt fest, diesen Wahn im Augenblick nicht weiter bekämpfen zu wollen, und beginnt statt dessen den Nachweis, daß die Franzosen trotz ihres republikanischen Temperaments gar keine Republik ertragen könnten, weder die *Verfassung* von Athen würden sie aushalten – war es nicht die jugendlich-akademische Verfassung der

Menschheit? – noch die von Sparta – zu schlechte Küche – und am allerwenigsten die von Nordamerika: *Die amerikanische Lebensmonotonie, Farblosigkeit und Spießbürgerei wäre noch unerträglicher in der Heimat der Schaulust, der Eitelkeit, der Moden und der Novitäten.*[409]

Und im übrigen sei er, *Royalist aus angeborner Neigung,* es hier in Frankreich außerdem noch aus Überzeugung.

Aber kaum ist Heine fertig mit seinem Bekenntnis zum Königtum an und für sich, muß er an lauter republikanisch-börneschen Unternehmungen teilnehmen. Er muß insofern, als er Angst hat vor der Guillotine der deutschen Schuster und Schneider bei der nächsten Revolution. Und diese Heinesche Angst vor Börne und seinen Republikanern ist keineswegs theoretisch. Er sieht, schreibt er an Cotta, *schon die Zeit herannahen, wo sie mich als Verteidiger der Institution des Königtums noch bitterer befehden werden als andre. ... Wir Gemäßigten gehen mit zugrunde, und damit büßen wir vielleicht ab, was in unserem Oppositionsstreben zuweilen nicht den reinsten Absichten entsproß. – Über lang oder kurz wird in Deutschland die Revolution beginnen, sie ist da in der Idee, und die Deutschen haben nie eine Idee aufgegeben, nicht einmal eine Lesart ...*[410] Enthusiastisch klingt das nicht, und nun soll er, der bekennende Royalist, auch noch einen Verein der Volksfreunde mitgründen.

Im Februar 1832 versammeln sich Börne, Heine und viele Republikaner in Paris, und als sie wieder auseinandergehen, hat die künftige Revolution einen neuen Verein, den »Deutschen Volksverein«. Der »Deutsche Volksverein« kämpft für die Freiheit der Presse, unterstützt politische Flüchtlinge, insbesondere deutsche und polnische, und außerdem alles, was eine Revolution in Deutschland befördern könnte. Aber auch das versöhnt Börne nicht mit Heine. Im Gegenteil. Nur aus Feigheit und Angst habe Heine unterschrieben und das auch noch zugegeben. Börne hatte schon nicht mehr geglaubt, daß Heine ihn überraschen könnte, und nun das. Am 4. März ist er mit Heine und anderen essen – Börne hat inzwischen die Angewohnheit angenommen, überall dort aufzutauchen, wo er Heine vermutet, der ihm gewissenhaft auszuweichen sucht. Aber das schafft er nicht immer, denn Börne ist ein großer Verfolger, und darum muß Heine an diesem 4. März mit Börne im Palais Royal essen. Daß sie nicht allein sind, findet

Börne besonders gut und erklärt Heine nun vor größerem Publikum, was er von ihm hält, und zwar etwas barsch. So schreibt er es an Jeanette Wohl. Ja, wenn Heine nur feige wäre, damit könnte er vielleicht leben, doch nun hat Börne eine niederschmetternde Entdeckung gemacht: »… unter dieser Feigheit versteckt sich noch etwas Schlimmeres, eine niederträchtige Gesinnung … Das jetzige Treiben der Deutschen, die Assoziation, das kommt ihm alles lächerlich vor, und doch hat er unterschrieben.«[411]

Wenn Börne wüßte, wie er es haßt, überall zu unterschreiben. Schließlich hat er mal Kaufmann gelernt, da weiß man, daß man für seine Unterschrift haftet. Und das große Unterschreiben fängt gerade erst an. Denn kein Verein ohne Vereinstätigkeit. Immer öfter versammeln sich die Mitglieder des Volksvereins – und er, Heine, ist schließlich auch eins –, und sie trinken Bier und essen und unterzeichnen zwischendurch Petitionen, Erklärungen und Subskriptionslisten. Grobe Handwerkerfäuste schieben immer neue Listen über die Tische, zwischen Suppe und Rindfleisch, und Heine berührt die vom vielen Anfassen schon schmutzigen Blätter. – Nur die Aristokratie hat saubere Hände, man weiß, warum. Aber auch er hat saubere Hände und hofft, daß dies hier nicht so sehr auffällt, er unterschreibt und weiß nicht, was ihm unangenehmer ist, das Unterschreiben oder das schmutzige Papier. Er sucht einen Grund, zu gehen. Aber Gründe, gleich wieder zu gehen, sind noch viel schwerer zu finden als Gründe, gar nicht erst zu kommen. Bei einer Versammlung der »Volksfreunde« hat er Glück. Zwischen zwei kämpferischen Reden in einem dichtgefüllten Saal stößt ein Fremder ihn an und fragt, ob er eine Pistole dabei habe. Wieso? fragt Heine zurück, und der Volksfreund erklärt, daß die Nationalgarde jeden Augenblick die Versammlung stürmen könne. Heine begreift augenblicklich, verleiht seinem Gesicht einen zu allem entschlossenen wehrhaften Ausdruck und spricht tapfer zu dem Mann: »Ich will eine Pistole holen!« Heinrich Heine verläßt den Saal und – fährt zu einer Soiree im Faubourg St. Germain.[412]

Aber wie soll er sich dem Unterschreiben entziehen, das man immerzu von ihm fordert? Da kommt eine neue Aktionsliste quer über den Tisch. Diesmal geht es gegen den Papst. Den Volksfreunden mißfällt die päpstliche Politik in der Romagna. Und schneller als er denken kann, hört er sich sagen: »Was geht mich der Papst an?« Und steht auf. Und unterschreibt nicht mehr.[413]

Die großen Verbrüderungen erschrecken ihn. Er kann sich nur mit verwandten Seelen verbrüdern. Und das sind, er weiß es genau, nicht viele. Manchmal scheint es ihm, als gäbe es überhaupt keine verwandte Seele.

Der Karneval kommt. Er verkörpert immerhin die Einsicht, daß Verbrüderungen Ausnahmezustände sind. Und nur als solche erträglich. Aber in diesem Jahr verbirgt sich unter den Masken noch ein anderer großer Verbrüderer und Gleichmacher. Es ist der Tod.

Es ist schon Ende März, das Wetter ist warm, die Boulevards sind überfüllt, man sieht viele Masken in der Menge. *Übermütiges Gelächter überjauchzte fast die lauteste Musik, man erhitzte sich beim Chahut, einem nicht sehr zweideutigen Tanze, man schluckte dabei allerlei Eis und sonstig kaltes Getränke: als plötzlich der lustigste der Arlequine eine allzu große Kühle in den Beinen verspürte und die Maske abnahm und zu aller Welt Verwunderung ein veilchenblaues Gesicht darunter zum Vorschein kam. Man merkte bald, daß solches kein Spaß sei, und das Gelächter verstummte, und mehrere Wagen voll Menschen fuhr man von der Redoute gleich nach dem Hôtel-Dieu, dem Zentralhospitale, wo sie, in ihren abenteuerlichen Maskenkleidern anlangend, gleich verschieden.*[414] Vor Angst, sich anzustecken, beerdigt man sie sofort. So wie sie sind, in ihren Karnevalskostümen. Die Cholera ist da.

Aus London war die beruhigende Nachricht eingetroffen, daß sie dort ein mildes Regime geführt habe. Manche der Masken hatten die nahende Seuche sogar verspottet. Es war ein letzter Versuch der Bannung. Umsonst. Wer kann, verläßt in größter Hast die Stadt. So kommt es, daß Heine bald die größte Ruhe zum Schreiben hat. Die Freunde sind fast alle weg. Er war kurz vor der Ankunft der Cholera umgezogen, und zwar in den zweiten Hinterhof eines großen alten Hotels, »in welchem Gras wuchs, und eine Totenstille lagerte«. – Die Totenstille hatte er schon vor der Cholera zum Gefährten. Heines Freunden kamen seine Quartiere schon immer sehr merkwürdig vor. Nicht daß Heine von einem Hotel ins andere zieht, ist merkwürdig; erst Mitte des vorigen Jahrhunderts wurde es unüblich, in Hotels als Dauergast und oft billiger als in einer eigenen Wohnung zu wohnen. Kurz bevor August Lewald vor der Cholera davonläuft, begutachtet er Heines Domizil. Das Hotel in der Rue de l'Echiquier, einer einsamsten Straße mit dem einsamsten zweiten Hinterhof gehört einer einsamsten alten Dame. Ein, wie August Lewald findet, »häßlicher Mohr brachte ihm das Teewasser und machte seine petit ménage, wie es die Pariser nennen. Er überließ sich vertrauensvoll diesem Bedienten, dessen Vorsätze leicht noch schwärzer sein konnten als sein Gesicht.«[415]

Unter der Aufsicht des Schwarzen schreibt Heine seine »Französischen Zustände«, zu denen jetzt auch die Cholera gehört. Warum nicht auch er aus der Stadt flieht, ist nicht ganz klar. *Ich war zu faul*, schreibt er im Mai an Varnhagen. Lewald sagt, der Freund bleibt, weil er einen kranken Vetter pflegt, der gerade nach Paris kam.[416] Das wäre Heine zuzutrauen. Salomon Heine, der schreckliche Lieblingsonkel, hat schon mehrere Kinder in der Fremde verloren, kann sein, diesen Sohn will Heine ihm erhalten. Bekennende Amoralisten machen so etwas. Carl überlebt. Es ist derselbe Carl, der ihm viele Jahre später sein Erbe, genauer: den winzigen Erbkrümel, den er bekommen soll, streitig machen wird. Und mit dem er erbittert um »sein Recht« kämpfen wird, und sollte es sein Leben kosten. Das tut es dann auch. Zuerst kostet es seine Gesundheit. Jedenfalls wird Heine es so sehen.

Ein dritter Grund, in Paris zu bleiben, ist natürlich sein augenblicklicher Beruf. Er ist Berichterstatter. Berichterstatter dürfen nicht einfach so weglaufen. Am 2. April schreibt Heine an Baron Cotta, daß fast alle seine Bekannten aus Deutschland und England abgereist sind. *Ich würde auch fortgehen, wenn nicht bei der durch die Cholera eingetretenen Volksstimmung die wichtigsten Dinge vorfallen könnten. Macht die Cholera Ravagen, so kann es hier sehr toll hergehen. Der Mißmut der armen Klasse ist grenzenlos.*[417]

Die arme Klasse – das ist fast die ganze Stadt. Heine nennt die Unsauberkeit *kolossal*, und fügt an: nicht nur bei den ärmeren Klassen. Es sind keinerlei Vorkehrungen getroffen worden. Jetzt bildet sich eine Commission sanitaire, Sauberkeitsverordnungen werden erlassen und neue Straßenreinigungskarren eingesetzt, die auf erbitterten Widerstand stoßen. Einige tausend Menschen in Paris betrachten *den öffentlichen Schmutz als ihre Domäne. Dieses sind die sogenannten Chiffonniers, die von dem Kehricht, der sich des Tags über vor den Häusern in den Kotwinkeln aufhäuft, ihren Lebensunterhalt ziehen. Mit großen Spitzkörben auf dem Rücken und einem Hakenstock in der Hand, schlendern diese Menschen, bleiche Schmutzgestalten, durch die Straßen und wissen mancherlei, was noch brauchbar ist, aus dem Kehricht aufzugabeln und zu verkaufen.*[418] Nun sollen sie draußen vor der Stadt den Müll durchwühlen. Aber die Chiffonniers zetteln die Konterrevolution an, gemeinsam mit alten Trödelweibern. Sie zerschlagen die Reinigungskarren und werfen sie in die Seine. Sie bauen Barrikaden bei Saint Denis, die Trödelweiber fechten mit ihren Regenschirmen, müssen durch die Staatsgewalt bezwungen werden, und Heines Meinung von der Vernunft des Volkes ist auf dem Nullpunkt. Irgendwer streut das Gerücht, daß gar nicht alle, die man jetzt so schnell unter die Erde bringt, Opfer der Cholera sind, sondern daß sie vergiftet würden. Das arme Volk kocht vor Wut. Heine wird Zeuge, wie eine Meute zwei Menschen meuchelt, die ein weißes Pulver bei sich trugen. Er sieht, wie die alten Weiber ihre Holzschuhe ausziehen und dem Sterbenden *damit so lange auf den Kopf schlugen, bis er tot war. Er war ganz nackt und blutrünstig zerschlagen und zerquetscht; nicht bloß die Kleider, sondern auch die Haare, die Scham, die Lippen und die Nase waren ihm abgerissen … Ein wunderschönes, wutblasses Weibsbild mit entblößten Brüsten und blutbefleckten Händen stand dabei und gab dem Leichname, als er ihr nahe kam, noch einen Tritt mit dem Fuße.*[419] Kann sein, er dachte daran, daß er eine wie sie gerade beschrieben hatte, als Freiheitsgöttin, Freiheitsmegäre auf dem Bild von Delacroix.

Kurz darauf stellt sich heraus, daß die Erschlagenen nur Kampfer oder ein anderes Schutzmittel gegen die Cholera bei sich trugen. Nein, er ist kein Freund von Revolutionen. Und was sind Revolutionen anderes als entfesselter Volkszorn? Und doch denkt er auch jetzt noch, daß das Volk ein Recht hat auf diesen Zorn, als es die Reicheren mitsamt Ärzten und Apotheken aus der Stadt fliehen sieht.

Ministerpräsident Perier tut, was Ministerpräsidenten in Krisenzeiten tun sollen – er begibt sich an den Krisenschauplatz, das *Hôtel-Dieu,* das große Krankenhaus, in das die ersten Harlekine eingeliefert worden waren. Leider überlebt er diesen Besuch nur um wenige Tage. Heine kommentiert kühl, daß Perier eine noch größere Krankheit als die Cholera gewesen sei, und diagnostiziert den Anbruch des *flanellen Zeitalters.* Flanell soll überaus wirksam sein als Choleraschutz, weshalb der König eine Flanelleibbinde trägt und er selbst bis zum Hals in Flanell steckt. Ganz in Flanell geht Heine abends zurück in sein einsamstes Zimmer im zweiten Hinterhof des einsamsten Hotels, morgens verläßt er es wieder, wenn der »häßliche Mohr« ihm seinen Tee gebracht hat. Denn er muß nach dem Vetter sehen und der Cholera. Es finden keine Gesellschaften mehr statt, bald gibt es nicht mehr genug Leichenwagen in der Stadt. Man nimmt jetzt alles, was vier Räder hat. Als er einen guten Bekannten besuchen will, wird gerade dessen Leiche aufgeladen. Heine kommt auf die Idee, ihm das letzte Geleit zu geben, weil er die Leichenwagen am allertraurigsten findet, denen niemand folgt. Er nimmt sich eine Kutsche und fährt zum Père-Lachaise. *Hier nun, in der Nähe des Kirchhofs, hielt plötzlich mein Kutscher still, und als ich, aus meinen Träumen erwachend, mich umsah, erblickte ich nichts als Himmel und Särge. Ich war unter einige hundert Leichenwagen geraten, die vor dem engen Kirchhofstore gleichsam Queue machten, und in dieser schwarzen Umgebung, unfähig mich herauszuziehen, mußte ich einige Stunden ausdauern. Aus Langeweile frug ich den Kutscher nach dem Namen meiner Nachbarleiche ...*[420]

Heine behauptet, die Nachbarleiche gekannt zu haben, als sie noch eine schöne junge Frau war; jetzt sei sie sehr still und vielleicht blau. *Ich will, um die Gemüter zu schonen, hier nicht erzählen, was ich auf dem Père-Lachaise gesehen habe. Genug, gefesteter Mann wie ich bin, konnte ich mich doch des tiefsten Grauens nicht erwehren. Man kann an den Sterbebetten das Sterben lernen und nachher mit heiterer Ruhe den Tod erwarten; aber das Begrabenwerden unter die Choleraleichen, in die Kalkgräber, das kann man nicht lernen. Ich rettete mich so rasch als möglich auf den höchsten Hügel des Kirchhofs, wo man die Stadt so schön vor sich liegen sieht. Eben war die Sonne untergegangen, ihre letzten Strahlen schienen wehmütig Abschied zu nehmen, die Nebel der Dämmerung umhüllten wie weiße Laken das kranke Paris, und ich weinte bitterlich über die unglückliche Stadt, die Stadt der Freiheit, der Begeisterung und des Martyrtums, die Heilandstadt, die für die weltliche Erlösung der Menschheit schon soviel gelitten!*[421]

Die Cholera kann man überstehen, vielleicht, aber wie übersteht man die Zensur?

Als Heine noch, heldenmütiger Korrespondent, auf dem Père-Lachaise in die Abendsonne blickt, ist seine Laufbahn bei Europas wichtigster Zeitung vorläufig schon fast beendet. Nur weiß er das noch nicht.

Friedrich von Gentz, einst Revolutionär, jetzt Reaktionär, bis eben engster Mitarbeiter Metternichs, befreundet mit Baron Cotta, hat neuerdings schlechte Laune nach Lektüre der »Allgemeinen Zeitung«. Am 21. April schreibt er an Cotta: »Endlich aber – Verzeihen Sie mir das starke Wort – ist das Maß dieser falschen, und wie ich glaube, höchst verderblichen Richtung voll geworden, durch die Aufnahme der schmählichen Artikel, die Heine seit einiger Zeit, unter dem Titel ›Französische Zustände‹, wie einen Feuerbrand, in Ihre, solchem pöbelhaften Muthwillen bis dahin unzugängliche Zeitung geworfen hat.«[422] Gentz spricht von »giftigen Ausschweifungen« und daß es ihm ein Rätsel sei, warum Cotta das dulde. Die Aufforderung ist deutlich. Der Verleger kann ein Verbot der »Allgemeinen Zeitung« nicht riskieren. Man könnte meinen, da Heines Kritik nicht mehr die Mächte von gestern trifft, sondern sich an den neuen Machthabern erprobt, wäre Gentz ruhig genug, sich nicht gemeint zu fühlen, aber das Gegenteil ist der Fall: »Mich dünkt aber, die gränzenlose Verachtung, womit diese Unholde«, gemeint sind alle Paris-Korrespondenten der »Allgemeinen Zeitung«, »unter andern, und jetzt vorzugsweise, von den achtbarsten Classen des *Mittelstands* sprechen, sollte selbst diese Classen gegen sie aufbringen.«[423]

Nicht nur Gentz schreibt an jenem 21. April an Cotta, Heine auch. Launig teilt er seinem Verleger mit, daß das Justemilieu die Cholera habe, weshalb im Augenblick nichts Besonderes vorfalle. Eine kleine Unpäßlichkeit habe auch ihn mit Cholera-Angst erfüllt, weshalb er seinen letzten Artikel sofort ohne persönliches Anschreiben losgeschickt habe. Auch bei den Masken ist schließlich alles sehr schnell gegangen, und Hauptsache, der Artikel ist in Sicherheit. Welch ein Journalist! Im übrigen dürfe der Baron sich *von meiner Schreiblust für Ihre Institute immer überzeugt halten.* Und: *Ich bitte, Herr Baron, sorgen Sie, daß mir an meinen Artikeln wenig verändert wird, sie kommen ja doch schon zensiert aus meinem Kopfe.*[424] Umsonst. Cotta hat die Botschaft des ersten Briefes sehr gut verstanden.

Heines großer Juni-Bericht wird schon nicht mehr in der »Allgemeinen Zeitung« erscheinen.

Außerdem beschließt der Bundestag am 28. Juni, noch größeren Druck auf die Presse auszuüben. Er hat auch Grund, denn inzwischen war das Hambacher Fest. Vielleicht hat Gentz später bei

Börne nachgelesen, wie das war. Vier Tage lang, vom 27. bis zum 30. Mai 1832, fand auf dem Hambacher Schloß bei Neustadt a.d. Haardt das »Hambacher Fest« statt. Fast dreißigtausend Menschen kamen, nicht nur Studenten, auch Kleinbürger und Handwerker. Sie trugen die polnische Fahne – aus Solidarität mit den unterlegenen Kämpfern des Warschauer Aufstands – und das Schwarz-Rot-Gold der verbotenen Burschenschaften. Sie forderten ein einiges, freies Deutschland als »revolutionäre nationaldeutsche Demokratie«. Börne war da und wurde wie Napoleon begrüßt. Am 28. Mai schreibt er an Jeanette Wohl: »Ich werde als ein Napoleon angesehen. Gestern abend brachten mir die Heidelberger Studenten … ein Vivat mit Fackelzug vor meine Wohnung. Schon früher zog mir auf den Straßen alles nach mit Geschrei: es lebe Börne, es lebe der deutsche Börne! Der Verfasser der Briefe aus Paris! Ich flüchtete mich zu Bekannten in ein Haus, da stürzte man mir nach und rief vor den Häusern. Als ich heute über die Straße ging, riefen die Abreisenden aus dem Wagen: es lebe Börne. Nicht bloß Studenten, auch Bürger. Die Rheinbayern, Polen, kommen alle deputationsweise zu mir und halten förmliche Reden. Gestern abend war mein Zimmer gedrängt voll Menschen …«[425] Und so geht das weiter. Unvorstellbar, Heine wäre das Objekt solchen Zulaufs gewesen. Er hätte nicht gewußt wohin vor Unwohlsein. Er wäre auch unfähig zu soviel Selbstgenuß in Prosa.

Heine weist inzwischen nach, warum Deutschland gar keine Republik werden kann, jedenfalls erst mal nicht, aber Cotta wagt auch das nicht mehr zu drucken: *Ich glaube nicht so bald an eine deutsche Revolution und noch viel weniger an eine deutsche Republik; letztere erlebe ich auf keinen Fall; aber ich bin überzeugt, wenn wir längst in unseren Gräbern vermodert sind, kämpft man in Deutschland mit Wort und Schwert für die Republik.*[426] In der Gegenwart sieht Heine kein Volk republikferner als die Deutschen: *Aber Deutschland kann keine Republik sein, weil es seinem Wesen nach royalistisch ist. Frankreich ist, im Gegenteil, seinem Wesen nach republikanisch.*[427] Und er kann das auch beweisen: *Der Royalismus eines Volkes besteht, dem Wesen nach, darin, daß es Autoritäten achtet, daß es an die Personen glaubt …*[428] Und das machen die Deutschen wie kein anderes Volk, sie glauben noch an *eine hohe Obrigkeit, an die Polizei, an die heilige Dreifaltigkeit, an* die »Hallesche Literaturzeitung«, an Löschpapier und Packpapier, am meisten aber an Pergament.[429]

Der Republikanismus eines Volkes besteht Heine zufolge darin, daß der Republikaner an keine Autorität glaubt, daß er nur die Gesetze hochachtet und von deren Vertretern beständig Rechenschaft fordert. Es gibt fast keine Autoritäten mehr, denn man hat sie geköpft, auch die republikanischen Autoritäten, weil nämlich Autoritäten nicht zum republikanischen Prinzip passen. Die alte Religion sei auch tot; es *gibt hier keine Atheisten; man hat für den lieben Gott nicht einmal so viel Achtung übrig, daß man sich die Mühe gäbe, ihn zu leugnen.*[430] Mit der alten Moral sei es das gleiche. Und doch haben die französischen Republikaner es schwer im Augenblick. *Jener Lamarquesche Leichenzug sollte nur eine große Heerschau der Opposition sein. Aber die Versammlung so vieler streitbarer und streitlustiger Menschen geriet plötzlich in unwiderstehlichen Enthusiasmus ... Schon auf den ruhigen Zuschauer mußte dieser Leichenzug einen großen Eindruck machen, sowohl durch die Zahl der Leidtragenden, die über hunderttausend betrug, als auch durch den dunkelmutigen Geist, der sich in ihren Minen und Gebärden aussprach. Erhebend und zugleich beängstigend wirkte besonders der Anblick der Jugend aller hohen Schulen von Paris, der Amis du peuple und so vieler anderer Republikaner aus allen Ständen, die, mit furchtbarem Jubel die Luft erfüllend, gleich Bacchanten der Freiheit vorüberzogen, in den Händen belaubte Stäbe, die sie als ihre Thyrsen schwangen, grüne Weidenkränze um die kleinen Hüte.*[431]

Heine beschreibt, wie sie von den Bajonetten der Nationalgardisten erstochen wurden, wie die Nationalgardisten in einem Haus die Treppe zerstörten, um den Republikanern oben jede Fluchtmöglichkeit zu nehmen, und schließlich ein Zimmer voller Leichen eroberten. *In der Kirche Saint-Merry hat man mir diese Geschichte erzählt, und ich mußte mich an die Bildsäule des heiligen Sebastian anlehnen, um nicht vor innerer Bewegung umzusinken, und ich weinte wie ein Knabe.*[432]

Aber all das erfahren die Leser der »Allgemeinen Zeitung« schon nicht mehr, nichts vom Royalismus und Republikanismus der Völker, nichts von Lamarques Begräbniszug. Cotta wirft Heine nicht raus, er schreibt noch mehrere kürzere »Tagesberichte«. Man schlägt ihm vor, ab jetzt ganz harmlos zu schreiben, »unter

Vermeidung von Witzen«, vielleicht auch unter Vermeidung von Gedanken, und statt dessen Szenen aus dem Volksleben zu schildern. Es ist nicht schwer, sich Heine vorzustellen, wie er diese Ratschläge entgegennimmt. Schließlich teilt er Cotta mit, er habe keine Lust, ihm Geld mit *kleinen unwichtigen Notizbriefen abzustehlen.*[433] Daß er nicht mehr auch nur *im halben Refexionsstile des vorigen Jahrs schreiben dürfte,* hat er aus Kolbs letztem Brief ersehen und schlägt einen anderen Berichterstatter vor. Dabei hat er Cottas Honorare so nötig. In Paris braucht er sechsmal soviel Geld als sonst, schreibt er im Sommer aus Dieppe.

In Dieppe merkt er zum ersten Mal, daß seine schönen Hände sich verändern. Eine ist lahm und eine ist schwach, teilt er am 12. August lakonisch Friedrich Merckel mit, wahrscheinlich nur, um die Außerordentlichkeit des Umstands hervorzuheben, daß er trotzdem Lust hat, an den Freund zu schreiben. Am 12. August 1832 in Dieppe beginnt die lange Geschichte von Heines fortschreitender Lähmung. Im Mai des Revolutionsjahres 1848 wird er zum letzten Mal ausgehen. Er wird sich zum Louvre schleppen, zur Venus von Milo, nur um zu ihren Füßen zusammenzubrechen. Und die Venus wird ihm nicht helfen, denn sie hat ja keine Arme. Nein, er wirft ihr das nicht vor. Er ist kein Amerikaner. Die verklagen einfach die Eisenbahngesellschaft, wenn in den Rocky Mountains ein Abguß der Venus von Milo ohne Arme ankommt. Und bekommen sogar recht. Oscar Wilde wird das aufschreiben, am Anfang seines Ruhms, am Ende seines Ruhms wird er in Dieppe sitzen wie Heine jetzt und wissen, daß alles vorbei ist. Heine weiß das noch nicht. Nichts ist vorbei. Ohne Arme, ohne Hände sein? Der wahre Schriftsteller schreibt dann erst recht.

Im Oktober notiert er den berühmten Satz an alle Fische dieser Erde, daß sie sich im Wasser gar nicht besser befinden können als er, Heine, sich in Paris. Aber im selben Brief steht noch etwas anderes: Zwei Finger der linken Hand sind gelähmt. Noch kann man es überlesen, noch soll man es überlesen: *Ich bin jetzt ein fleißiger Besucher der Oper, ein Anhänger von Ludwig Philipp, meine Backen sind rot, zwei Finger der linken Hand sind gelähmt, ich trage helle Röcke und bunte Westen.*[434]

Gut, daß er schon im Mai die Idee hatte, aus den »Französischen Zuständen« ein Buch zu machen. Der Börne mit seinen Briefchen aus Paris wird sich wundern. Und jetzt, im Oktober, schreibt er zwischen den Opernabenden ein Vorwort, so radikal, daß es selbst den Börne umhauen muß und kein Mensch in Paris – und Deutschland – mehr glauben wird, er sei ein bezahlter Schuft. Das nämlich hat Börne in Republikanerkreisen über ihn verbreitet. Wenn Börne beim Hambacher Fest war, ist er dann nicht auch vor der Cholera aus Paris geflohen? Heine in dem Ich-war-zu-faul-vor-der-Cholera-wegzulaufen-Brief an Varnhagen: *Börne hatte längst reisen wollen, und man tut ihm unrecht, wenn man seine Abreise der Furcht beimaß.*[435] Zu solcher Großzügigkeit ist er fähig.

Im übrigen entschließt er sich, Börne *als einen Verrückten* zu betrachten[436], aber sicher ist sicher. Daher schreibt er in sein Vorwort, daß bald die Heilige Allianz der Nationen zustande kommen wird, und zwar genau dann, wenn die große Menge anfängt, die Gegenwart zu verstehen: *... wir brauchen aus wechselseitigem Mißtrauen keine stehenden Heere von vielen hunderttausend Mördern mehr zu füttern, wir benutzen zum Pflug ihre Schwerter und Rosse, und wir erlangen Friede und Wohlstand und Freiheit. Dieser Wirksamkeit bleibt mein Leben gewidmet; es ist mein Amt.*[437]

Er schreibt, daß er lieber bei den ärmsten Franzosen um eine Kruste Brot betteln würde, als Dienst zu nehmen bei den vornehmen Göttern im deutschen Vaterland. Er schreibt, daß die Bundestagsbeschlüsse vom 28. Juni grausamer Hohn auf das Volk sind, daß Preußen viel schlimmer ist als Österreich, denn Metternich hat nie Arndts Lieder gesungen und dabei Weißbier getrunken, er hat auch nie in der Hasenheide geturnt, nein, er war immer schon von gestern und hat nie etwas anderes behauptet. Preußen schon, es hat seinem Volk einst sogar eine freie Konstitution versprochen und ihm statt dessen die Bundestagsbeschlüsse gegeben: *Kraft meiner akademischen Befugnis als Doktor beider Rechte erkläre ich feierlichst, daß eine solche von ungetreuen Mandatarien ausgefertigte Urkunde null und nicht ist; kraft meiner Pflicht als Bürger protestiere ich gegen alle Folgerungen, welche die Bundestagsbeschlüsse vom 28. Juni aus dieser nichtigen Urkunde geschöpft haben; kraft meiner Machtvollkommenheit als öffentlicher Sprecher erhebe ich gegen die Verfertiger dieser Urkunde meine Anklage und klage sie an des gemißbrauchten Volksvertrauens, ich klage sie an der beleidigten Volksmajestät, ich klage sie an des Hochverrats am deutschen Volke, ich klage sie an!*[438]

Er wünscht sich, er könnte jetzt Börnes Gesicht sehen. Frankreich wird noch viele Jahre brauchen, um wieder so ein mächtiges Ich-klage-an zu formulieren. Das macht dann Zola in der Dreyfus-Affäre.

Aber das Volk, auch wenn es eine Majestät ist, ist doch ein Narr, Preußen, sagt Heine, braucht keine Angst zu haben. Höchstens ein bißchen: *Aber habt ihr gar keine Furcht, daß dem Narren mal all die Lasten zu schwer werden und daß er eure Soldaten von sich abschüttelt und euch selber aus Überspaß mit dem kleinen Finger den Kopf eindrückt, so daß euer Hirn bis an die Sterne spritzt?*[439] Das ist gut. Das ist sehr gut. Börne wird bestimmt neidisch, wenn er das liest. Vielleicht geht Heine in hellem Rock und bunter Weste gleich wieder in die Oper, als er den Text fertig hat am 18. Oktober 1832. Die Oper der Saison heißt »Robert le diable«.

Leider hat er nicht damit gerechnet, daß nicht nur Börne mitsamt seinen Republikanern erschrecken könnte vor dem kämpferischen Mut des Autors. Sein Verleger erschrickt auch. Um Gottes willen, denkt Campe, und das gerade jetzt nach den Bundestagsbeschlüssen! Jetzt, da keine Schrift politischen Inhalts unter zwanzig Bogen mehr ohne Erlaubnis der Zensur erscheinen darf. Campe trägt die vor Radikalität vibrierende Vorrede umgehend zum Zensor, und der beweist, daß nicht nur Heine Witz hat, sondern die Zensur manchmal noch viel witziger sein kann. Als Campe die Vorrede wieder abholt, ist aus ihr eine honette Schmeichelrede auf den König von Preußen geworden. Gekonnt streichen! Heine hatte geschrieben, daß ein gewisser Professor Raumer von allen schlechten – preußischen – Schriftstellern noch der beste sei. Jetzt kann jeder lesen, daß Professor Raumer von allen Schriftstellern der beste sei. Und so geht das weiter.

Zwei Tage nach Weihnachten hält Heine sein neues Buch in den Händen. Wahrscheinlich läßt er es gleich wieder fallen. *Ich bin betäubt vor Kummer*, läßt er Campe wissen und sieht keinen Ausweg, als zu der Vorrede noch eine Vorrede zu schreiben, und Campe soll sich beeilen, beide zu drucken: *Ich kann nicht eher honett schlafen, bis die Vorrede in der Welt ist. Merken Sie sich das. ... Schreiben Sie nur gleich – ich bin wütend auf Sie. ... Leben Sie wohl und hole Sie der Teufel! Ich kann gewiß nicht schlafen, ehe die Vorrede gedruckt ist. ... Der Teufel hole Sie. Ihr Freund H.H.*[440]

Immerhin werden gerade seine ersten Bücher ins Französische übersetzt, es wäre gar nicht auszuhalten sonst. Im letzten Herbst hatte er schon einen Übersetzer gehabt, der war leider Nachtwandler und fiel vom Dach. »Ich habe viel Unglück!« bemerkte Heine bei dieser Nachricht.[441] Jetzt ist alles anders. Jetzt wird er erfolgreich sein. Frankreich hat, was Deutschland noch kaum besitzt: einen Buchmarkt. Neuerdings kann man dort astronomische Summen verdienen. Das gedenkt er nun auch zu tun. Überhaupt will er jetzt viel mehr für die Franzosen schreiben, und zwar eher Grundlegendes. Die Deutschen sind Spezialisten für Grundlegendes, und er ist ein Deutscher, na bitte.

Wenn er auch die Republikaner nicht leiden kann, die Konservativen im Geiste mag er auch nicht. Da ist zum Beispiel so ein kleiner Franzose namens Victor Cousin, der schon mal Hegel gelesen hat und sich deshalb einbildet, etwas von deutscher Philosophie zu verstehen. Ja, dieser Cousin ist sogar so weit gegangen, vor der Julirevolution die Legitimität der französischen Verfassung aus Hegels Geschichtsphilosophie zu erklären. An der Sorbonne. Diese Vorlesungen sind berühmt geworden. Heine nimmt Cousin diese Eigenmächtigkeiten übel, sie widersprechen nicht nur seinen politischen Auffassungen sowie seinem Hegel-Bild, sondern außerdem seiner höchsteigenen philosophiehistorischen als welthistorischen These. Die hatte er schon in seiner Abschiedsschrift von Deutschland formuliert, und sie lautete, wir erinnern uns, daß die deutsche Philosophie nichts anderes sei als der Traum der Französischen Revolution, mit Kant als Robespierre, Fichte als Napoleon der Philosophie, dem *despotischen, schauerlich einsamen Idealismus* des absoluten Ich. Dann kommt Schelling, und die Vergangenheit wird wieder in ihre Rechte eingesetzt, bis Hegel, der Orléans der Philosophie, ein ganz neues Regiment begründet oder vielmehr alles Vorherige ordnet und den *Kantischen Jakobinern, den Fichteschen Bonapartisten, den Schellingschen Pairs und seinen eigenen Kreaturen eine feste verfassungsmäßige Stellung anweist.*[442] Ja, aber doch nicht so wie Cousin. Das muß er jetzt klären. Nicht, daß er seither nichts zu berichtigen gehabt hätte an seiner Vorrede zu »Kahldorf über den Adel«. Die war gegen den Grafen Moltke gerichtet, da wußte er noch nicht, daß er ihn bald persönlich treffen würde. Es ist immer etwas seltsam, wenn die Gegenstände der eigenen Polemik einem plötzlich leibhaftig gegenüberstehen. Und eigentlich ist dieser Graf doch ein recht sympathischer Mensch, sogar irgendwie fortschrittlich und gar kein Finsterling.

Er war noch keine zwei Monate in Paris, als Magnus von Moltke bemerkenswerte Post von Heine bekam: *Herr Graf! Die Schrift, die ich gegen Sie herausgegeben, ist mir selbst noch nicht zu Gesicht gekommen.* Also fragt Heine den Grafen, ob er ihm das Büchlein nicht einmal leihen könne. *Auf jeden Fall, sind Sie, Herr Graf, etwa nicht glimpflich genug behandelt, so bitte ich um Verzeihung. ... Ich will mir gern morgen früh das Vergnügen machen, Sie zu besuchen. Mit Hochachtung und Ergebenheit. H. Heine*[443] Das ist wirklich das einzige, was er an seiner Schrift zu korrigieren hätte: daß ein Mann wie Moltke, obwohl er an die Notwendigkeit des Adels glaubt, trotzdem nett sein kann. Mit dieser Möglichkeit hatte er nicht gerechnet. Aber seine geschichtsphilosophische These findet er noch so spannend wie am ersten Tag. Dazu kommt: Er ist gar kein Gegner der Revolution, aber muß es gleich die blutige auf den Straßen sein? Die Erhebung des Fleisches ist viel schöner, die ganze Theologie sollte man neu schreiben von der Herrlichkeit des Fleisches her. Das sind die beiden Quellen, die Heine zum Theoretiker machen. Ab jetzt wird er zwei Jahre zum philosophischen Großessayisten. Warum auch soll man das Denken immer den Menschen überlassen, die nicht schreiben können?

Wenn er wieder auftaucht aus dem Denkrausch, wird er an einer Straßenecke das Gegenteil des Denkens stehen sehen und ihm auf der Stelle verfallen. Das Gegenteil des Denkens heißt Augustine Crescence Mirat und assistiert einer Tante im tanteneigenen Schuhladen. Das heißt, sie steht an der Schuhladentür und lächelt den Vorübergehenden zu. Zu viel mehr wird sie lebenslang nicht zu gebrauchen sein. Heine findet das genug. Er wird sie Mathilde nennen wie seine spottkluge Lady Mathilde aus der »Stadt Lucca«, Lady Mathilde, die ein Herz hat wie er, glutkalt, bösheilig. Die wirkliche Mathilde hat ein ganz normales Menschenherz.

Aber jetzt fängt er erst einmal mit dem Denken an.

Heine bedichtet Seraphine, Angelique, Diana, Hortense … und ernennt sich zum obersten Deutschlandexperten Frankreichs.

Der Autor als Liebhaber und Weltgeist

Madame de Staël, Autorin des berühmten Buches »De l'Allemagne«, Begründerin des Dichter-und-Denker-Rufes der Deutschen, hatte einen großen Fehler. Sie mochte Napoleon nicht. Heine weiß auch genau, woher die Napoleon-Antipathie der geistreichen Frau kam. Sie war eine Frau, die immer alle besuchte. Zuerst besuchte sie Napoleon, später die Deutschen. Napoleon, glaubt Heine, saß gerade in der Badewanne, als sie sich anmeldete, weshalb er, der damals noch nicht Kaiser war, sich entschuldigen ließ. Aber Madame de Staël wischte die Entschuldigung vom Tisch, das Genie – ließ sie ausrichten – habe kein Geschlecht. Schließlich gelang es Madame de Staël doch, Napoleon zu besuchen. Welche Frau halten Sie für die größte Frau der Gegenwart? fragte Madame de Staël. Der Kaiser antwortete: Die Frau, die die meisten Kinder bekommen hat. Seitdem mochte Madame de Staël den Kaiser nicht.

Heine findet die These, daß das Genie kein Geschlecht hat, so bemerkens- und überdenkenswert, daß er sich noch Jahre später an den Nachweis macht, daß Madame de Staël sehr wohl Inhaberin eines Geschlechts ist. Er führt diesen Nachweis gewissermaßen zur Bekräftigung ihrer eigenen These. Heine wird dann die Psychologie der schreibenden Frau untersuchen und feststellen, daß Frauen bloß lieben oder hassen können. Der Haß aber ist *nur eine Liebe, welche umgesattelt hat*. Siehe Frau von Staël und Napoleon. *Wenn sie schreiben, haben sie ein Auge auf das Papier und das andere auf einen Mann gerichtet, und dieses gilt von allen Schriftstellerinnen, mit Ausnahme der Gräfin Hahn-Hahn, die nur ein Auge hat.*[444] Männer schreiben für oder gegen eine Sache, Frauen schreiben – nach Heine – immer gegen oder für einen einzigen Mann. Wir lassen dahingestellt, ob der Verfasser das wirklich glaubt, denn man darf von keinem Menschen verlangen, immer seiner eigenen Meinung zu sein: *Charakteristisch ist bei ihnen*, den Frauen, *ein gewisser Cancan, der Klüngel, den sie auch in die Literatur herüberbringen und der mir weit fataler ist als die roheste Verleumdungswut der Männer. ... Die Weiber, wie alle passiven Naturen, können selten erfinden, wissen jedoch das Vorgefundene dergestalt zu entstellen, daß ...,*[445] kurz: Heine will sagen, daß »De l'Allemagne« das Buch einer Frau ist. Und immer wenn er daran denkt, sieht er Madame de Staël, *diesen Sturmwind in Weibskleidern durch unser ruhiges Deutschland fegen, wie sie überall entzückt ausruft: »Welche labende Stille weht mich hier an!«*[446] *Sie betrachtete unsere Philosophen wie verschiedene Eissorten und verschluckte Kant als Sorbet von Vanille.*[447]

Napoleon konfiszierte die Erstausgabe von »De l'Allemagne«. Wahrscheinlich hat ihm Heine, der sonst sehr gegen das Bücher-Konfiszieren ist, sogar das verziehen.

Madame de Staël hatte noch einen Fehler. Sie war immer mit A. W. Schlegel unterwegs. Was Madame de Staël von den Deutschen wußte, wußte sie zuerst von ihm. Früher ließ Heine sich von Schlegel sagen, was an seinen Gedichten nicht gut sei. Schlegel war der einzige, dem solche Auszeichnung zuteil ward, und Heine war sehr jung. Inzwischen schreibt Heine über A. W. Schlegel vorzugsweise so: *Vielleicht mit Ausnahme von August Wilhelm Schlegel gibt es keine Frau in Deutschland, die sich so gern durch ein buntes Bändchen auszeichnete wie die Franzosen.*[448] Er sei auf Schlegels Namen, wenn er nicht irre, *in Spindlers Lexikon der deutschen Schriftstellerinnen* gestoßen. Kein Genie und trotzdem ohne Geschlecht. Eigentlich wollte er Schlegel ganz weglassen, und zwar wegen Unbedeutendheit. Ein unbedeutender Mensch, der einen bedeutenden Menschen – sagen wir: Heine – nicht erkennt, wird natürlich noch viel unbedeutender. Und in der Tat, Schlegel hat es immer wieder versäumt, die Genialität seines einstigen Zöglings zu bemerken.

Heine ist ab sofort Madame de Staël II. Er adoptiert frech den Namen ihres berühmten Buches; seins wird auch »De l'Allemagne« heißen. Er gedenkt, ihren Ruhm zu erben, zu übertreffen und ihre Fehler zu korrigieren. Madame de Staël wollte, indem sie Deutschlands geistiges Leben pries, nicht zuletzt Frankreich treffen, den materialistischen, realistischen Sinn der Kaiserzeit. Das liegt Heine fern. Außerdem muß er jenen Victor Cousin absetzen, der sich einbildet, die Deutungshoheit über den deutschen Geist in Frankreich zu besitzen. Leider besitzt er die wirklich. Im Unterschied zu Heine hat Cousin längst einen eigenen Kreis gebildet und ist dabei, eine steile Karriere zu machen. Cousin wird es in einigen Jahren bis zum französischen Unterrichtsminister bringen, viele akademische und sonstige Ämter bekleiden und außerdem ein führendes Mitglied der französischen Akademie der Wissenschaften werden. Cousin ist schon jetzt ein Repräsentant des Geistes; Heine ist nur Geist. Das ist ein bißchen wenig, allerdings hat Heine eben gerade einen Vertrag mit dem bekannten Pariser Verleger Renduel gemacht, der auch Victor Hugo herausbringt und schon Heines »Reisebilder« übersetzen läßt. Na bitte, der Weg ist offen. Und wer ist überhaupt Victor Cousin?

Heine weiß es genau: ... *erstens ist das keine deutsche Philosophie, was den Franzosen bisher unter diesem Titel, namentlich von Herrn Victor Cousin, präsentiert worden,* schreibt er. *Herr Cousin hat viel geistreiches Wischiwaschi, aber keine deutsche Philosophie vorgetragen.*[449] Das gedenkt Heine zu ändern, und mit der deutschen Literatur fängt er an.

Es ist ein guter Augenblick. Soeben ist Goethe gestorben. Und keiner begreift so gut wie Heine, was das bedeutet. Auch kann es keiner so gut ausdrücken. Gerade hat ein junger Investor namens Victor Bohain eine neue Kulturzeitschrift gestiftet, die »Europe littéraire«. Er bittet Heine um Mitarbeit. Ob er nicht etwas über Deutschland schreiben könne, vielleicht in der Art der Madame de Staël? fragt Bohain. Heine schlägt eine etwas andere Art vor. Bohain ist einverstanden, außer dem Genre ennuyeux gestatte er jedes Genre. Man möchte in dem Interims-Verleger Victor Bohain beinahe einen Zeitgenossen erkennen, denn er ist randvoll mit Unternehmensideen, mit denen sich spielend eine Million verdienen läßt. Rein theoretisch. Die »Europe littéraire« ist eine dieser Ideen. Sie *war eine vortreffliche Konzeption, ihr Erfolg schien gesichert, und ich habe ihren Untergang nie begriffen. Noch den Vorabend des Tages, wo die Stockung begann, gab Victor Bohain in den Redaktionssälen des Journals einen glänzenden Ball, wo er mit seinen dreihundert Aktionären tanzte.*[450] Heine hält Bohain rückblickend für den Erfinder der Repräsentationskosten, nicht nur wegen der dreihundert tanzenden Aktionäre, auch wegen Bohains Champagnerrechnungen. Der Champagner soll verhindern, daß seine Autoren ins Genre ennuyeux abdriften. Denn noch ist die »Europe littéraire« nicht untergegangen, noch steht sie ganz am Anfang. Der Bohain-Autor beginnt zu schreiben.

Goethe und die Folgen. Heine entwirft das Porträt des Dichters als Baum. Goethe ist die alte, hundertjährige Eiche, die nun gefallen ist und in deren Schatten ein neuer, junger Wald heranwuchs. Der steht plötzlich in der Sonne, Grund genug, ihn sich genauer anzugucken. An dieser Schonung stört Heine vor allem, daß die meisten der Romantiker-Stämmchen eine bedenkliche Einheitsneigung gen Rom zeigen. Ja, wegen dieses schiefen Wuchses des neuen deutschen Literaturwaldes schreibt er den Essay überhaupt. Denn ist es nicht übel, daß die Kunst, gerade der Kirche entlaufen, schon wieder, und diesmal freiwillig, in ihren *alten Geisteskerker* zurückwill? Natürlich, er selbst hat auch die Seele eines Romantikers, doch, er ist einer, das sagt er jetzt bloß nicht, denn hier ist er der Analytiker. Er weiß, daß seine Brust *ein Archiv deutschen Gefühls* ist, und dennoch war ihm selten weniger vergangenheitstief zumute. Im Gegenteil, er ist geradezu gegenwartsfromm, und was wäre gegenwärtiger als das Fleisch, der Körper einer Frau, oder sagen wir – vieler Frauen? Gerade weil das Fleisch, weil die Körper so vergänglich sind. Nie hat er die christliche Feindschaft gegen den Leib so stark empfunden wie eben jetzt. Nie war ihm so bewußt, daß die Kunst des Mittelalters, auf welche die Romantiker sich so innig zurückbesinnen, im Grunde nichts anderes ist als der Triumph des Geistes über alles Körperliche. Das hat seine eigene Würde, er weiß es. Er weiß auch, daß der christliche Spiritualismus die notwendige Gegenwehr war gegen die römische Frechheit des Fleisches. Aber gilt es nicht, ebenjene ganz neu wiederzuentdecken? In einer Leipziger Zeitung erscheinen gerade seine jüngsten Gedichte. Unter dem Titel »Verschiedene«[451]. Und die Verschiedenen heißen Seraphine, Angelique, Diana, Hortense und immer so weiter.

> *Welcher Busen, Hals und Kehle!*
> *(Höher seh ich nicht genau.)*
> *Eh' ich mich ihr anvertrau,*
> *Gott empfehl ich meine Seele.*

Das ist aus »Diana«. »Angelique« klingt nach sehr, sehr vielen Strophen kurz vorm Ende so:

Schaff mich nicht ab, wenn auch der Durst
Gelöscht der holde Trunk;
Behalt mich noch ein Vierteljahr,
Dann hab auch ich genung.

»Genung« als Reim auf »Trunk« ist nur die Sekundärfrechheit. Denn welcher unaussprechlichen Art dieser Trunk sein könnte, der die etwas anderen Dürste löscht, mag sich jeder selbst sagen. Romantische Gedichte jedenfalls sind das nicht, die Heine da schreibt, obwohl es darunter auch ein Quasi-Caspar-David-Friedrich-Gedicht gibt:

Das Fräulein stand am Meere
Und seufzte lang und bang,
Es rührte sie so sehre
Der Sonnenuntergang.

»Mein Fräulein! Sein Sie munter,
Das ist ein altes Stück;
Hier vorne geht sie unter
Und kehrt von hinten zurück.«

Kann schon sein, daß er den romantischen Horizont im Augenblick nicht ganz ausfüllt. Der romantische Horizont ist entrückt. Was er in den »Verschiedenen« vor sich sieht, ist nah. Vor allem, wo schreibt er diese Gedichte? Wir wissen es nicht, wir wissen nur, und zwar durch eine seltene Freizügigkeit des Autors, wo er manchmal in ebendiesem Jahr 1833 Briefe schreibt. *Ich schreibe diese Zeilen im Bette meiner schönhüftigen Freundin.*[452] Schönhüftig. Heute würde man sich da etwas sehr Schmales vorstellen, aber das ist grundfalsch. Am besten, wir zitieren den Anfang des Gedichts mit der Dame, an der Heine von unten nicht ganz bis nach oben gucken kann, vollständig:

Diese schönen Gliedermassen
Kolossaler Weiblichkeit
Sind jetzt, ohne Widerstreit,
Meinen Wünschen überlassen.

Es sind Massen. Gliedermassen. Wir müssen uns das merken. Daß der nicht eben große Heine die Pariserinnen eigentlich zu klein findet, wissen wir schon. Diese Diana ist nicht zu klein. Für den Fall, daß ein spätfeministischer Sinn etwas an der letzten Zeile auszusetzen hat, müssen wir um der Wahrheit willen noch weiter zitieren in diesem seltenen Fall eines hochironischen, hocherotischen Gedichts:

> *Wär ich, leidenschaftsentzügelt,*
> *Eigenkräftig ihr genaht,*
> *Ich bereute solche Tat!*
> *Ja, sie hätte mich geprügelt.*

Der Genommene ist er. Das ist, wir werden das vertiefen, sein erotisches Temperament. Ein Vorurteil der Heine-Kenner lautet, daß über seine Vor-Mathilde-Lieben wenig bekannt ist. Weil er nichts darüber gesagt habe. Aber er ist doch ein Dichter! Was er preisgeben will – preisgeben muß: der nichtexhibitionistische Typus fängt nie an zu schreiben –, das Preiszugebende also steht überdeutlich in seinen Gedichten. Menschen, die preisgeben, sind zugleich große Selbstschützer. Alles andere wäre trivial. Und darum ist das Überdeutliche wohlverborgen. Nur strukturelle Analphabeten stellen Fragen wie: Gab es Diana und Hortense und die vielen anderen wirklich?

Natürlich – nicht. Er muß sie nicht selbst geliebt haben. Und muß es zugleich tausendmal getan haben. Anders entsteht das nicht.

Und er hat noch mehr gesehen. Er weiß viel von einer ziemlich unhegelschen Dialektik. Das ist die Dialektik des Fleisches. Er kennt auch seine Ermüdbarkeit. Seine Trostlosigkeit. Das Biedermeierpublikum in Deutschland, erweist sich bald, ist solcher Dialektik noch nicht gewachsen.

Wenn Heine für sein deutsches Publikum an das Ende seiner Vorrede zur »Romantischen Schule« (franz.: »De l'Allemagne«) schreibt: *Anfang und Ende aller Dinge ist in Gott*, so ist das nicht christlicher, sondern eher erotischer Überschwang: *Ich gehöre nicht zu den Materialisten, die den Geist verkörpern; ich gebe vielmehr den Körpern ihren Geist zurück, ich durchgeistige sie wieder, ich heilige sie.*[453]

Und zwar – das steht in »Seraphine« – so:

> *Auf diesem Felsen bauen wir*
> *Die Kirche von dem dritten,*
> *Dem dritten neuen Testament;*
> *Das Leid ist ausgelitten.*
>
> *Vernichtet ist das Zweierlei,*
> *Das uns so lang betöret;*
> *Die dumme Leiberquälerei*
> *Hat endlich aufgehöret.*
>
> …
>
> *Der heil'ge Gott, der ist im Licht*
> *Wie in den Finsternissen;*
> *Und Gott ist alles, was da ist;*
> *Er ist in unsern Küssen.*

Er ist in unseren Küssen. Das hat noch kein Pantheist vor ihm gewagt. Solche erotischen Evangelien werden erst ferne Jugendbewegungen verkündigen; er ist ihr legitimer Vorfahr. Am nächsten kam all dem noch Goethe. Und der ist jetzt tot. Er betrachtet sie noch einmal, die klassische Goethe-Eiche, die kleineren starken Vor-Goethe-Bäume und dann die postgoetheschen romantischen Glaubensgewächse.

Zuerst die Eiche: *Es fehlte, wie schon gesagt, nicht an einer Opposition, die gegen Goethe, diesen großen Baum, mit Erbitterung eiferte. … Die Altgläubigen, die Orthodoxen, ärgerten sich, daß in dem Stamme des großen Baumes keine Nische mit Heiligenbildchen befindlich war, ja, daß sogar die nackten Dryaden des Heidentums darin ihr Hexenwesen trieben, und sie hätten gern, mit geweihter Axt, gleich dem heiligen Bonifazius, diese alte Zaubereiche niedergefällt; die Neugläubigen, die Bekenner des Liberalismus ärgerten sich im Gegenteil, daß man diesen Baum nicht zu einem Freiheitsbaum und am allerwenigsten zu einer Barrikade benutzen konnte. In der Tat, der Baum war zu hoch, man konnte nicht auf seinen Wipfel eine rote Mütze stecken und darunter die Carmagnole tanzen. Das große Publikum aber verehrte diesen*

Baum, weil er so selbständig herrlich war, ... weil seine Zweige so prachtvoll bis in den Himmel ragten, so daß es aussah, als seien die Sterne nur die goldnen Früchte des großen Wunderbaums.[454] – Alle, die noch immer glauben, Heines Charakter in seinem Ausspruch zu erkennen, er habe keine Kränkung auf Erden je verziehen, könnten dieses Goethebaum-Porträt gleich noch einmal lesen. Ein schöneres hat Goethe vielleicht nie bekommen, und wir wissen, wie sehr er Heine kränkte.

Zu den etwas kleineren, aber festen Vor-Goethe-Stämmen gehört Lessing, und Heine bekennt, *daß er in der ganzen Literaturgeschichte derjenige Schriftsteller ist, den ich am meisten liebe.* Wahrscheinlich wegen dessen Nathan mit der Ringparabel. Auch Voß weiß er sich nah, Johann Heinrich Voß, norddeutscher Dichter, der Verse haute wie Marmorblöcke und einen guten Freund hatte, der plötzlich katholisch wurde. Worauf Johann Heinrich Voß sehr um seinen Freund trauerte und das Büchlein schrieb »Wie ward Fritz Stolberg ein Unfreier?« Ja, dieser Voß ist ihm nah. Oder Schiller: *Schiller schrieb für die großen Ideen der Revolution, er zerstörte die geistigen Bastillen, er baute an dem Tempel der Freiheit, und zwar an jenem ganz großen Tempel, der alle Nationen, gleich einer einzigen Brüdergemeinde, umschließen soll; er war Kosmopolit. Er begann mit jenem Haß gegen die Vergangenheit, welchen wir in den »Räubern« sehen, wo er einem kleinen Titanen gleicht, der aus der Schule gelaufen ist und Schnaps getrunken hat und dem Jupiter die Fenster einwirft.*[455] Er findet nichts dümmer, als Goethe gegen Schiller auszuspielen, das kennt er schon von Norderney.

Er will nicht ungerecht sein, höchstens zu A. W. Schlegel. Dessen Bruder ergeht es besser. Bei allem, was Friedrich Schlegel sage, höre man zwar die Glocken läuten, aber trotz solcher Gebrechen wisse er kein besseres Buch als die Schlegelsche Literaturgeschichte. Und Tieck ist ihm *immer noch ein großer Dichter* und Übersetzer. Der philosophische Inspirator der Romantiker war Schelling, als er jung war. Nun ist er schon ziemlich alt, und Heine behauptet, ihn doch noch in München gehört zu haben. Er hielt *Vorlesungen über allgemeine Weltgeschichte und war schon bis zum Sündenfall gekommen.*

Nur wenigen gelingen vollständige Porträts eines Menschen in einem Satz. Heine über Novalis: *Novalis sah überall nur Wunder,*

*und liebliche Wunder; er belauschte das Gespräch der Pflanzen, er
wußte das Geheimnis jeder jungen Rose, er identifizierte sich endlich mit der ganzen Natur, und als es Herbst wurde und die Blätter abfielen, da starb er.*[456] Genügt das? Ganz so leicht wird er diesen Novalis nicht los, und auch E.T.A. Hoffmann nicht. Die große
Ähnlichkeit zwischen beiden Dichtern findet er darin, daß ihre
Poesie eigentlich eine Krankheit war. Er weiß, er bewegt sich hier
auf dünnem Eis, der Romantiker in ihm fühlt sich gestellt: *Aber
haben wir ein Recht zu solchen Bemerkungen, wir, die wir nicht
allzu sehr mit Gesundheit gesegnet sind? Und gar jetzt, wo die Literatur wie ein großes Lazarett aussieht? Oder ist die Poesie vielleicht eine Krankheit des Menschen, wie die Perle eigentlich nur
der Krankheitsstoff ist, an der das Austertier leidet?*[457] Vor Thomas Mann weiß niemand so viel über das Geschwisterpaar Krankheit und Kunst wie Heine, und wahrscheinlich lernt Thomas
Mann es von ihm. Es wird ihn erschreckt haben, daß dieses Wissen
Heine nicht geholfen hat. Aber noch ist Heine – vergleichsweise –
kerngesund, nur das Fräulein Sophia leidet.

Das Fräulein Sophia ist keine deutsche Schriftstellerin, sondern
eine deutsche Leserin mit einem einzigen Buch. Novalis' »Heinrich von Ofterdingen«, rotes Maroquinleder mit Goldschnitt. Er
sah das Fräulein mit Buch zuerst, sagt Heine, kurz bevor er nach
Italien fuhr. Es hatte auch eine Schwester, Postmeisterin bei Göttingen, die las nur E.T.A. Hoffmann und hatte einen Busen, der *wie
eine Festung aussah.* Als Heine aus Italien zurückkehrte, fand er
die Festung geschleift, *die zwei Haupttürme nur hängende Ruinen,* und auch dem Fräulein Sophia ging es gar nicht gut. Es las
noch immer Novalis, rotes Maroquinleder mit Goldschnitt. Dann
las es nicht mehr. Heine aber sitzt jetzt in Paris und teilt seinen Lesern mit, daß das rot-goldene Buch des toten Fräulein Sophia vor
ihm auf dem Schreibtisch liege.

Nicht nur Sophia und Goethe sind tot. Auch seine schöne Friederike Robert ist schon gestorben. Und gerade, als die ersten Romantik-Aufsätze in der »Europe littéraire« und bei Heideloff auf
deutsch als Buch erscheinen, trifft ihn die Nachricht vom Tode seines Onkels van Geldern in Düsseldorf. Der Arche-Onkel mit dem
Dachboden seiner Kindheit, dem das Denken so schwerfiel und
der ebendeshalb nichts anderes beginnen wollte, diesen großen

Onkel gibt es nicht mehr. Dann kommt ein Brief von Varnhagen. Rahel!

Heine an Varnhagen: *Ich kann in diesem Augenblick vor Weinen nicht schreiben – ach! wir armen Menschen, mit Tränen in den Augen müssen wir kämpfen. Welch ein Schlachtfeld diese Erde!*[458]

Und nicht nur die Erde, sogar die Literaturgeschichte. Er weiß, er tröstet Varnhagen schlecht, aber er verspricht ihm: *Ich gebe das Schwert nicht aus der Hand, bis ich hinsinke.* – Das ist ein sehr untypisches Heine-Pathos. Ein wenig voreilig auch. Denn eine Voraussetzung, das Schwert nicht aus der Hand zu geben, ist, es halten zu können. Beim Schwerter-Halten hat er im Augenblick Schwierigkeiten. Mit der gelähmten Hand?

Am 14. Juli, zum Jahrestag der Revolution, regnet es in Paris. Nach Heines Sonnen-Revolutionstheorie könnte jetzt keine Weltgeschichte stattfinden. Sogar die Droschkenpferde haben schlechte Laune, die Menschen laufen schneller. Aber am Seine-Kai, gegenüber dem Pavillon Marsan, steht ein Mann, hält seinen triefenden Hut in der Hand und sieht Paris und den Parisern im Regen zu. Er ist allein inmitten all der Menschen, ein Beobachter, ein Flaneur. Die Melancholie seines Blicks fällt einem Journalisten auf. Der Journalist weiß noch nicht, daß er da Heine beim Beobachten beobachtet.[459]

Er muß eine Pause machen im Denken, im Schwerter-Halten. Er fährt ans Meer, wohin sonst? In Boulogne-sur-Mer ist er *umgeben vom Meer, vom Wald und von Engländern, die eben so stumm sind wie der Wald – ich will nicht sagen, ebenso h ö l z e r n.*[460] Aber es gibt Ausnahmen. Er trifft ein kleines englisches unstummes Mädchen, das noch wenig Ahnung zu haben scheint von der Literaturgeschichte und deren höchsten, einsamsten Gipfeln.

– Wenn Sie nach England zurückkehren, sagt er zu seiner elf- oder zwölfjährigen Tischnachbarin beim Table d'hôte, können Sie Ihren Freundinnen erzählen, daß Sie Heine gesehen haben!

Das Kind heißt Lucie und zeigt die solchen Anreden einzig kongeniale Reaktion. Es fragt: Wer ist das denn? Vor sich sieht es einen dicken, kleinen, kurzsichtigen Mann.

In den nächsten Septembertagen wandert der dicke, kleine, kurzsichtige Mann mit dem Mädchen oft bis zur Molenspitze hinaus und erzählt ihm Märchen von Fischen, Nixen und Sirenen oder von einem alten französischen Geiger mit Pudel. Der Pudel nimmt pünktlich jeden Tag drei Seebäder. Lucie revidiert ihr Vorurteil über dicke, kleine, kurzsichtige Männer. Seltsamerweise bekommt ihr Begleiter immerzu Grüße von der Nordsee. Die Wellen bringen sie ihm. O Gott, denkt Lucie, nur Erwachsene können so sentimental sein.[461]

Heine trifft in Boulogne auch das dazugehörige große englische Mädchen. Das heißt Sarah Austin, ist Schriftstellerin, schon ziemlich berühmt und außerdem ziemlich verheiratet. Aber es gibt Menschen, die glauben, Heine habe diesem großen Mädchen keine Märchen erzählt, sondern an ihm alle nur möglichen Direktheiten geübt, was ein sehr prosaischer Geist so zusammengefaßt haben soll: »Ich weiß es nicht wie lange noch Du Dich auf der Fotze der Mme Austin zu der englischen Unsterblichkeit hineinarbeiten wirst –.«[462] So unaufhellbar wie die Grammatik dieses Satzes ist auch das Verhältnis.

Manchmal, wenn Heine frei ist von kleinen und großen Mädchen, schreibt er etwas. Campe erfährt, welche Korrekturen beim Neudruck der »Reisebilder« zu machen sind: *Nur im dritten Teile, S. 223, Zeile 2, wird der Gedankenstrich durch das Wort »Flöhe« ersetzt. Zeile 3 wird statt des Gedankenstrichs das Wort »Floh« gesetzt, so wie auch Zeile 6 der Gedankenstrich durch das Wort »Floh« …*[463] Und so geht das weiter. Er liegt viel im Bett, innerlich und äußerlich noch ganz erkältet von der Nacht, da er unmittelbar vor der Küste das Schiff »Amphitrite« im Sturm sinken sah. Die »Amphitrite« war ein Sträflingsschiff, sie hatte nur Frauen an Bord. Fast alle ertranken. Welch ein Schlachtfeld ist diese Erde!

Wieder in Paris, ist aus seinem stillen Zimmer ein lautes Zimmer geworden. *Eine Familie mit entsetzlichem Spektakel und Kindergeschrei ist grad unter mir eingezogen.*[464] Welch ein Schlachtfeld ist diese Erde! Und dann will ihn auch noch seine Mutter besuchen. Auf dem Seeweg, wo immerzu die Schiffe sinken. *Übers Meer kann ich und will ich Dich nicht reisen lassen, ich gehe sonst nach Ägypten,*[465] läßt er seine Mutter wissen.

Nach Ägypten, ins Vaterland der Krokodile? Er denkt derzeit wirklich öfter an Ägypten. Der Ober-Saint-Simonist Prosper Enfantin ist dort, schon recht lange. Wahrscheinlich will er die Ägypter zum Saint-Simonismus bekehren. Prosper Enfantin in Ägypten wird er sein Philosophenbuch widmen. Das muß er auch noch zu Ende schreiben, bei dem Krach unter ihm.

In Deutschland, bei Campe, erscheint inzwischen der »Salon I«. Die »Verschiedenen« stehen darin und der allerseltsamste, allerleichteste Anfang eines Romans:

Mein Vater hieß Schnabelewopski; meine Mutter hieß Schnabelewopska; als beider ehelicher Sohn wurde ich geboren den ersten April 1795 zu Schnabelewops. Meine Großtante, die alte Frau von Pipitzka, pflegte meine erste Kindheit und erzählte mir viele schöne Märchen und sang mich oft in den Schlaf mit einem Liede, dessen Worte und Melodie meinem Gedächtnisse entfallen. Ich vergesse aber nie die geheimnisvolle Art, wie sie mit dem zitternden Kopfe nickte, wenn sie es sang, und wie wehmütig ihr großer einziger Zahn, der Einsiedler ihres Mundes, alsdann zum Vorschein kam. ... Unsere Katze hieß Mimi, und unser Hund hieß Joli. Er hatte viel Menschenkenntnis und ging mir immer aus dem Wege, wenn ich zur Peitsche griff. Eines Morgens sagte unser Bedienter, der Hund trage den Schwanz etwas eingekniffen zwischen den Beinen und lasse die Zunge länger als gewöhnlich hervorhängen; und der arme Joli wurde, nebst einigen Steinen, die man ihm an den Hals festband, ins Wasser geworfen. Bei dieser Gelegenheit ertrank er. Unser Bedienter hieß Prrschtzztwitsch. Man muß dabei niesen, wenn man diesen Namen ganz richtig aussprechen will. Unsere Magd hieß Swurtszsa, welches im Deutschen etwas rauh, im Polnischen aber äußerst melodisch klingt. Es war eine dicke, untersetzte Person mit weißen Haaren und blonden Zähnen. Außerdem liefen noch zwei schöne schwarze Augen im Hause herum, welche man Seraphine nannte.[466]

Als der kleine Schnabelewopski größer wird, verläßt er Schnabelewops und fährt – wie es viele Polen machen – nach Deutschland, genauer nach Hamburg, was Heine Gelegenheit gibt zu einer ausführlichsten Schilderung der Stadt: *Hamburg ist erbaut von Karl dem Großen und wird bewohnt von 80 000 kleinen Leuten, die alle mit Karl dem Großen, der in Aachen begraben liegt, nicht tauschen würden.*[467] Es soll auch Historiker geben, die behaupten, Karl der Große habe Hamburg nur erweitert, *die Phönizier aber hätten Hamburg und Altona gegründet, und zwar zu derselben Zeit, als Sodom und Gomorrha zugrunde gingen.*[468] Besonders interessiert sich der junge Schnabelewopski in Hamburg für die Drehbahn, näherhin für Minka und Heloise. Viel später wird er Minka wiedertreffen, *da sah sie aus wie der Tempel Salomonis, als ihn Nebukadnezar zerstört hatte, und roch nach assyrischem Knaster.* Von Hamburg aus macht Schnabelewopski seine erste Seereise und muß unterwegs an die vielen Wassermärchen denken, die ihm seine alte Großmuhme mit dem Zahn erzählt hatte, darunter das Märchen vom fliegenden Holländer. In der Nacht sieht er manchmal ein großes Schiff mit blutroten Segeln vorbeifahren und fragt sich, ob das vielleicht das Schiff des Holländers sei. In Amsterdam geht er ins Theater und sieht: den fliegenden Holländer. Nicht den von Wagner, denn der sitzt gerade als Kapellmeister in Riga am Meer und kann den »Fliegenden Holländer« noch nicht komponieren, weil Heinrich Heine ihn noch gar nicht erfunden hat. Das macht Heine jetzt, für den Theaterbesuch Schnabelewopskis; Wagner in Riga wird es etwas später lesen und braucht nur noch die Musik dazu zu machen.

Heine selbst benötigt den »Holländer« vor allem als Hintergrund für ein Lächeln von den oberen Rängen, das Schnabelewopski unten im Parkett trifft. Eine Dame wirft ihm metaphorisch Apfelsinenschalen an den Kopf, und *um die linke Oberlippe zog sich etwas oder vielmehr ringelte sich etwas wie das Schwänzchen einer fortschlüpfenden Eidechse. Es war ein geheimnisvoller Zug, wie man ihn just nicht bei den reinen Engeln, aber auch nicht bei häßlichen Teufeln zu finden pflegt. Dieser Zug bedeutete weder das Gute noch das Böse, sondern bloß ein schlimmes Wissen; es ist ein Lächeln, welches vergiftet worden vom Apfel der Erkenntnis, den der Mund genossen.*[469] Ein solches Lächeln hatte auch Lady Mathilde in den »Bädern von Lucca«. *Wenn ich diesen Zug auf weichen vollrosigen Mädchenlippen sehe, dann fühl ich in den eigenen Lippen ein krampfhaftes Zucken, ein zuckendes Verlangen, jene Lippen zu küssen; es ist Wahlverwandtschaft.*[470]

Im weiteren Verlauf seiner Anwesenheit in Amsterdam verliebt sich nicht die Trägerin des Lächelns, sondern vielmehr die Wirtin des Gasthauses »Zur roten Kuh« in Schnabelewopski. In der »Roten Kuh« essen viele Studenten, und solange die Wirtin Schnabelewopski liebt, ist das Essen gut. Als es einmal ganz schlecht ist, disputieren die Studenten aus gegebenem Anlaß über die Existenz Gottes, wobei sich besonders der kleine Simson hervortut. *Denn* seine Väter gehörten zu dem auserwählten Volke Gottes, einem Volke, das Gott einst mit seiner besonderen Liebe protegiert und das daher bis auf diese Stunde eine gewisse Anhänglichkeit für den lieben Gott bewahrt hat. Die Juden sind immer die gehorsamsten Deisten, namentlich diejenigen, welche, wie der kleine Simson, in der freien Stadt Frankfurt geboren sind. Diese können bei politischen Fragen so republikanisch als möglich denken, ja sich sogar sansculottisch im Kote wälzen; kommen aber religiöse Begriffe ins Spiel, dann bleiben sie untertänige Kammerknechte ihres Jehova.[471] Der kleine Simson kann nicht leiden, wenn in seinem Zimmer irgend etwas verrückt wird, denn seine Möbel und sonstige Effekten dienten ihm als Hilfsmittel, nach den Vorschriften der Mnemonik allerlei historische Daten oder philosophische Sätze in seinem Gedächtnisse zu fixieren.[472]

Das Essen der Roten-Kuh-Wirtin wird immer schlechter aufgrund mangelnden Einsatzes Schnabelewopskis, die theologischen Debatten der Studenten werden härter; der kleine Simson greift zu verzweifelten Argumenten: »Ich habe einmal zu Frankfurt«, sagte der kleine Simson, »eine Uhr gesehen, die an keinen Uhrmacher glaubte; sie war von Tombak und ging sehr schlecht –« Doch viel weiter kommt der kleine Simson nicht. Einer seiner unversöhnlichen, materialistischen, ob der schlechten Suppe sehr verstimmten Mitstudenten zeigt ihm, daß so eine gottlose Uhr gut schlagen kann. Er fordert den nervtötenden kleinen Simson zum Duell. Und der kleine Simson schlägt sich für die Existenz Gottes, mit kleinen Ärmchen und großen feurig schwarzen Augen. Aber Gott kümmert sich nicht um ihn, und er bekommt im sechsten Gang einen Stich in die Lunge. Schnabelewopski sitzt an seinem Sterbebett, Schnabelewopski ist schuld an allem, weil er die Rote-Kuh-Wirtin vernachlässigt hat. Man liest dem kleinen Simson die Geschichte des Simson aus der Bibel vor, und regelmäßig ruft der kleine Simson »O dumme Philister!« aus seinem Bett. Dann stirbt er. Und der Roman, der nur der Anfang eines Romans ist, ist zu Ende.

Noch kennt Börne den kleinen Simson nicht. Das ist vielleicht auch besser so, denn Börne ist längst dabei, nicht nur Jeanette Wohl zu schreiben, was er von Heine hält, sondern er schreibt es allen. In Büchern. Er hat den Deutschen mitgeteilt, daß Heines »Französische Zustände« so ziemlich das allerletzte seien. Anfang März liest er die ersten Romantik-Aufsätze Heines in der »L'Europe littéraire« und faßt seinen Eindruck so zusammen: Heine schreibe mit voller Absicht wider besseres Wissen; »Goethe, den er so wenig achtet wie ich, streicht er heraus, um den Berlinern den Hof zu machen. Varnhagen von Ense, ein Berliner Legationsrat, der den Kopf einer Ameise hat, nennt er un homme qui a dans le cœur des pensées grandes comme le monde.«[473] Es ist wirklich gut, daß Börne den kleinen Simson und den Schnabelewopski noch nicht kennt und nicht die »Verschiedenen«. Als Deutschland diese Sachen gelesen hat, ist Heine dort erledigt. Daß soviel Liederlichkeit in ein einziges Buch paßt! Die deutschen Kritiker wissen gar nicht, was sie schrecklicher finden sollen, den »Schnabelewopski« oder die »Verschiedenen«.

In Deutschland mag man ihn für liederlich halten, in Frankreich ist er gerade das Gegenteil, nämlich eine Persönlichkeit, eine geistige Persönlichkeit, ja, ein Repräsentant des Geistes, ein Experte. Fast so wie dieser Cousin. Denn nicht nur die Romantik-Aufsätze sind fertig, auch sein philosophischer Riesenessay, und die literarische Welt von Paris merkt auf. Ein Vorteil, Repräsentant von irgend etwas zu sein, besteht darin, daß man überall eingeladen wird. Jeder will diesen Heine einmal angucken.

Sogar zu einer richtigen Fürstin wird er eingeladen. Die repräsentiert zwar den Adel, aber sie hat auch Vorzüge. Sie ist jung und sehr, sehr schön und ungefähr so saint-simonistisch wie er. Und sie hat sogar eine widerständlerische Vergangenheit. Denn die in Mailand geborene Principessa Cristina Belgiojoso di Trivulzio ist im Grunde eine Emigrantin wie er. Ihr Mann hatte eine geheime Verbindung gegen die österreichische Fremdherrschaft geleitet. Immerhin hat sie bald ihr Vermögen zurückbekommen, weshalb Cristina ihre Mansardenwohnung verlassen und wieder einen Salon (Treffpunkt der »Carboneria riformata«) eröffnen und Soireen geben kann, zu denen auch der Deutschlandexperte und Saint-Simonist Heine eingeladen wird. George Sand beobachtet ihn, »zu Füßen der Prinzessin Belgiojoso versteinert«.

Als er sie schon fast ein Jahr kennt, im April 1834, muß eine besonders bemerkenswerte Soiree stattgefunden haben. Zwei Tage danach hat er Angst, daß sein Herz, das eine Republik ist, eine Monarchie wird, und er schreibt einen seiner schönsten Briefe an die Principessa:

Seien Sie sicher, Madame, daß ich seit der vorgestrigen Soiree, die ich vielmehr eine Journée nennen möchte, sehr viel an Sie gedacht habe. Wahrhaftig, Sie haben eine Schlacht geliefert, die der des Justemilieu gleichkommt; Sie haben das Volk zusammengeschossen, es war ein schreckliches Feuer, und es fehlte wenig, daß mein Herz, das eine Republik ist, eine Monarchie wurde. Indessen, heute beginne ich wieder Mut zu fassen, der gesunde Verstand, der um halb zwölf, als der schwarze Schleier fiel, die Flucht ergriff, kehrte ganz sachte zurück, und ich habe schon die Kühnheit, an Sie zu denken ohne zu zittern, nur würde ich es noch nicht wagen, Ihnen in die Augen zu sehen. Aber ich denke, morgen oder übermorgen werde ich all meine altdeutsche Kaltblütigkeit wiedergewonnen haben, und ich werde Sie mit einer ziemlich gescheiten Analyse Ihrer Frisur unterhalten können, mit der ich Sie an jenem denkwürdigen Tag des 16. April gesehen habe. Ich habe niemals etwas so Fabelhaftes, Poetisches, Feenhaftes gesehen wie dieses schwarze Haar, das sich in wilden Wellen von der durchsichtigen Blässe des Gesichts abhob; und dieses Gesicht haben Sie irgendeinem Bild des fünfzehnten Jahrhunderts, einer alten Freske der lombardischen Schule, vielleicht Ihrem Luini, gestohlen oder sogar den Dichtungen des Ariost, was weiß ich! Aber dieses Gesicht verfolgt mich Tag und Nacht wie ein Rätsel, das ich lösen will. Um Ihr Herz, das zweifellos schön ist, sorge ich mich wenig. Alle Frauen haben Herzen, und es gibt Frauen, die außerordentlich schöne haben. Zum Beispiel meine Großmutter. Aber keine hat Ihr Gesicht.

Wirklich, Madame, ich scherze nicht, Tag und Nacht zermartere ich mir den Kopf, um die Bedeutung dieses Gesichts, dieser Symbole, dieser unerhörten Augen, dieses geheimnisvollen Mundes, aller dieser Züge zu erraten, die in der Wirklichkeit nicht zu existieren, die vielmehr das Produkt eines Traumes zu sein scheinen, so daß ich immer fürchte, all das werde sich eines schönen Morgens verflüchtigen.

Ich bitte Sie, Madame, sich nicht zu verflüchtigen...

Ihr sehr ergebener und sehr gehorsamer

Henri Heine.[474]

Gautier braucht viel weniger Worte, die Schönheit der Principessa zu beschreiben, er sagt, sie ist schön wie ein alter Tisch. Balzac braucht noch weniger Worte, denn er findet die Principessa gar nicht schön. Egal, ein schwarzer Schleier fällt, und Heines Verstand ergreift die Flucht, um erst zwei Tage später unentschlossen zurückzukehren? Wir wissen nichts Näheres. Aber Heine wird nicht nur von Fürstinnen eingeladen, die ihm dann vielleicht sogar sehr unverschleiert gegenüberstehen.

Manche betreiben ihre Einladungen mit wahrer Leidenschaft. Etwa eine Dame, die auf den etwas zu direkten Namen Goldstükker hört und die Ehefrau eines Spekulanten ist. Mitten im Winter 1835 schreibt Ernestine Goldstücker, Gattin des Spekulanten Goldstücker: »Alles duftet um mich herum, Blumen, Poesie, Rückerinnerung, alles lächelt mich an ... Daß ich diese Nacht wachend träumte und träumend wachte ...«[475] Dieser Aufruhr des Gemüts der Spekulantengattin hat eine einzige Ursache. Sie hat Heine gelesen. Und gesehen. Und gehört. Und hat jetzt nur noch einen Gedanken: »Wie aber fange ich Durstige es an, mich an Heines silberklarem, übersprudelndem Geistesquell zu erlaben?« Sie will ihn einladen, und eine Freundin soll dabei helfen: »Liebe, Gute, bieten Sie alles auf, was die Natur Ihnen so reich an Witz und Liebenswürdigkeit verlieh – locken Sie – versprechen Sie (Ihnen glaubt er eher als mir, und da hat er ganz recht), lassen Sie alle Minen springen, führen Sie Heine zu mir!«[476]

Das ist im Augenblick ein wenig schwierig. Denn sein Herz ist ganz und gar unempfänglich für Frauen, die sich an seinem »übersprudelnden Geistesquell erlaben« wollen, überhaupt für Frauen, die lesen können.

Mathilde jedenfalls kann nicht lesen.

Denken trifft Sein. Heine findet Mathilde, flieht auf das Schloß seiner Fürstin, bekommt Schuld am Tod Bellinis und außerdem Berufsverbot

Lesen kann sie nicht, schreiben kann sie nicht und eigentlich auch nichts anderes, aber sie ist. Das, findet Heine, ist großartig. Die wenigsten Menschen schaffen das – einfach nur leben, ohne sich vom Denken dabei stören zu lassen. Die Philosophen, mit denen er sich gerade so sehr beschäftigt, würden Mathilde lediglich das Prädikat der Existenz zuerkennen. Dieses hat sie mit den Steinen und den Blumen gemein. Aber nur Denker irritiert das. Die Dichter ließen sich davon noch nie abschrecken, die ganze Dichtung der Welt ist nichts weiter als ein großer Kommentar zur Botanik, näherhin der Existenzweise der Blumen. *Du bist wie eine Blume,* heißt eines seiner eigenen Gedichte; es wird eines der bekanntesten.

Ist Mathilde eine Blume? Blumen kann man pflücken, man wirft sie wieder weg, wenn einem ihr Duft nicht mehr gefällt oder wenn sie verblühen. Daß er sie pflücken will, weiß er bald, und daß er sie nicht einfach wegwerfen kann, auch.

Mathilde ist eine Kampfblume. Groß und fleischig sowieso. Anfangs hatte sich Heine über die spezifische Kleinheit der Pariserinnen beschwert, er mag Frauen, die mehr wiegen als er. Mathilde ist erst achtzehn Jahre, als er sie in der Tür des Schuhladens ihrer Tante stehen sieht, sie hat das Gemüt eines Kindes, aber sonst ist sie ihm schon groß genug. Er ist doppelt so alt wie sie. Sie hat eine »Grasmückenstimme«, die sich »mit tiefer Verachtung der Mittelstraße stets in den höchsten Tonlagen« aufhält, findet Caroline Jaubert. Wahrscheinlich klingt Mathilde genauso wie ihre Papageien und Singvögel später. Mit all diesen Vögeln, dem großen und den kleinen, wird er, der keine tickende Uhr im Zimmer erträgt, einmal zusammenleben müssen. Ein wesentlicher Vorzug der Blumen, mag Heine noch öfter denken, ist, daß sie nicht sprechen können.

Aber auch Blumen haben Namen, meist komplizierte lateinische. Mathilde, bevor Heine sie Mathilde nennt, hat einen komplizierten französischen Namen. Augustine Crescence Mirat. Crescence. Das kratzt ihn im Hals. Das tut weh. Augustine klingt auch nicht viel besser. Er tauft sie kurzerhand um in Mathilde. Und hat plötzlich ein ähnliches Problem wie Gott. Das Namengeben ist der eigentliche Akt der Schöpfung. Wem man einmal einen Namen gegeben hat, den hat man erschaffen, den wird man so schnell nicht wieder los. Darum hat Gott die ganze Schöpfung am Hals und Heine bald Mathilde. Ihren neuen Namen bekommt Crescence am 14. März 1835, und da Schöpfer dazu neigen, mit ihren Schöpfungsakten gleich ganz neue Zeitrechnungen einzuführen, feiert Crescence ihren Geburtstag, besser: ihren Namenstag, künftig am 14. März.

Die Fachleute sind sich nicht ganz einig, wie das Einander-Näherkommen, an dessen Ende der Akt der Namensgebung steht, stattfindet. Manche sagen, er läuft nun immer wieder an dem Schuhladen vorbei in seiner Lieblingspassage beim Justizpalast, und Mathilde, die noch nicht Mathilde ist, lächelt jedesmal. Er steckt ihr ein Billett zu, sie kann es nicht lesen. Er bringt ihr Blumen, das versteht sie. Die Tante, der der Schuhladen gehört, lächelt irgendwann auch und hat nichts dagegen, daß Heine das Schuhfräulein zum Essen oder zum Tanzen einlädt. Die Tante kommt mit. Crescence hat noch nicht lang mit Schuhen zu tun, sondern eigentlich mehr mit Kühen. Sie kommt vom Land, aus Le Vinot im Département Seine et Marne, fünfzig Kilometer östlich von Paris. Ihre Mutter war Mitte zwanzig oder etwas älter, als sie das Kind von einem Edelmann bekam, der unedel genug war, sich nicht darum zu kümmern. Crescence ist ein Bastard nach den Begriffen der Zeit. Seit zwei oder drei Jahren lebt sie in Paris bei der Schuhtante. Tanzen kann sie schon.

Aber Heine nicht. Seit Heine seinen Tanzlehrer aus dem Fenster geworfen hat – oder haben will –, tanzt er überhaupt nicht mehr. Insofern könnte schon dieser Anfang von leiser Disharmonie gezeichnet sein. Crescence tanzt, und er und die Tante gucken zu? Andere sagen, die Umwege übers Lächeln und Tanzen sind gar nicht lang. Crescence sei eine typische Pariser Grisette, er schlafe sehr bald mit ihr. Vielleicht sogar schon vor diesem Oktober, als er sich in sie verliebt. Doch, so etwas soll vorkommen, daß man sich verliebt in den, mit dem man schläft. Jedenfalls ortet ein österreichischer Spitzel bereits ein Jahr früher eine feste Maitresse bei Heine. Allerdings kann man sich auf nichts sowenig verlassen wie auf Spitzel.

Heine selbst sagt gar nichts. Sollen die Späteren doch sehen, wie sie allein klarkommen, wenn sie unbedingt in den Lieben fremder Leute sich umsehen wollen. Aber wir müssen gerecht sein. Heine sagt überhaupt niemandem irgend etwas. Er beantwortet keine Briefe mehr und läßt sich nicht einladen. Ernestine Goldstücker wird es sehr schwer mit ihm gehabt haben. Für ein paar Monate ist er komplett verschwunden. Er findet erst wieder zur Sprache und meldet sich in der Außenwelt zurück, als er beschließt, Crescence-Mathilde zu verlassen. Das dauert noch lange.

Im Januar macht er eine Ausnahme, wenn auch nur, um eine Einladung abzusagen. Die Einladung ist von seiner Cousine George Sand – hinter diesem Namen eines Mannes verbirgt sich, wie jeder weiß, eine Frau, und zu Cousins erklärt sie alle, die ihr nah sind. Seelennah, herznah. Heine gehört seit ein paar Monaten dazu, und er weiß, daß es bei manchen Einladungen nicht genügt, nicht zu kommen, man muß auch absagen. Heinrich Heine schreibt am 8. Januar 1835 an George Sand:

Ich bedaure unendlich, daß es mir unmöglich ist, Sie heute zu sehen und mit Ihnen zu dinieren. Ich bin dieser Woche in großem Aufruhr. Ich danke Ihnen für Ihr liebenswürdiges Billett. Sie sind die Liebenswürdigkeit selbst. Seien Sie überzeugt, daß es unmöglich ist, auszudrücken, wie liebenswürdig, anbetungswürdig, göttlich Sie sind. Schreiben Sie, wie Sie wollen, Sie machen es immer besser als die andern. Verzeihen Sie die Geckenhaftigkeit derer, die glauben, Sie zu verstehen; bitten Sie für die Seelen derer, die es wagen, über Sie zu urteilen. Sie zu tadeln ist Gotteslästerung. Ihr Cousin Heinrich Heine.

Immerhin, er kann – inmitten der Krisis – noch sprechen. Manche nehmen an, Heine habe auch George Sand geliebt und hätte auf den leisesten Wink von ihr Mathilde verlassen. Aber hier winkt sie doch gerade. Und er kommt nicht einmal zum Essen. Allerdings ist es für George Sand schwer, richtig deutlich zu winken, denn erst hat sie Musset und dann gleich Chopin, da findet sie schwer eine Lücke. Andererseits, das weiß er genau, wird er seiner Mathilde nie solche Briefe schreiben können wie George Sand. Nicht, weil sie nicht lesen kann, das läßt sich ändern – aber auch als sie lesen kann, bleibt sie eine strukturelle Analphabetin, unempfänglich für das Binnenleben der Buchstaben, unempfänglich für alles, was man nicht sehen, hören, anfassen oder schmecken kann.

Daß er Mathilde dann doch verläßt, liegt nicht an George Sand, sondern an ihm.

Ende März knüpft er wieder die ersten Kontakte zur Außenwelt, schreibt einem guten Bekannten einen Empfehlungsbrief an Victor Hugo und am 4. April geht er wieder auf eine Gesellschaft bei der Principessa. Das ist ein Fortschritt. Am nächsten Morgen schreibt er ihr einen sehr rätselhaften Brief über seine Empfänglichkeit für die Reize anderer Weiblichkeit:

Die kleine Frau, die ich gestern bei Ihnen sah, hat einen Reiz in ihrem Wesen, ein Ich-weiß-nicht-was, das auf einzigartige Weise auf mich wirkt. Gewohnt, mir über alles, was ich fühle, Rechenschaft abzulegen, versuche ich vergeblich, mir diese Empfindung zu erklären. Ich glaube, daß es eine sehr verworren bewegte Natur ist, deren Bewegtheit auf Deutsche mit großen blauen Augen ansteckend wirkt; sie macht meine Seele krank, sie erweckt dort schlummernde Klagen, sie ist schmerzhaft gut, sie ist auf fröhliche Weise böse; ich will das nicht und will es doch, es ist ein Zauber.

Wenn Sie nicht lachen wollen, würde ich bekennen, daß ich Sie für eine Hexe halte. Aber Sie, Madame, Sie sind ein starker Geist, und Sie behandeln alles als Aberglauben, was nicht chinesisch und eklektische Philosophie ist.

Ihr sehr ergebener und sehr gezähmter
Henri Heine[477]

Sehr gezähmt – von wem? Von Mathilde, von der die Principessa vielleicht schon weiß? Oder von der Principessa selbst? Er ist ihr Vertrauter; sie ist seine Vertraute – diese Grundlage ihres Zusammenseins scheint sie schon deutlich gemacht zu haben. Das schließt einen bestimmten Ton der werbenden Bewunderung aus. Die Bewunderung Dritter jedoch schließt es ausdrücklich ein. Etwa der *kleinen Frau*. Heine scheint unter den Augen der Principessa zu üben, vielleicht auf ihre Empfehlung hin, sich für andere Frauen zu interessieren, um die eine besser vergessen zu können. Fast jeden Tag schreibt er jetzt einen Brief, vielleicht zur Selbsttherapie. Aus vorgetäuschtem Interesse an der Außenwelt könnte vielleicht sogar einmal wieder ein echtes werden. Und manche Dinge da draußen sind wirklich wichtig. Zum Beispiel Geld. Am 6. April teilt er dem Freund und Komponisten Giacomo Meyerbeer mit, daß er kein Posa, kein Titus Vespasianus und auch kein Nathan der Weise sei, sondern sogar das Gegenteil, und wieder Geld von ihm borgen wolle: *Heute müssen Sie wieder helfen und unverzüglich einen Betrag von fünfhundert, sage fünfhundert Francs, zu meiner Verfügung stellen.*[478] Ja, er kann sehr schonungslos sein. Damit Meyerbeer sein Sponsorentum leichter fällt, fügt er an, gerade einen größeren Betrag an *deutsche Hungerleider* gespendet zu haben. So etwas macht er wirklich.

Am nächsten Tag bekommt Campe Ärger, weil Heine für sein *armes Geld* ein Exemplar seines eigenen Buches bei Heideloff kaufen mußte, weil der Verleger noch immer keins geschickt hat. Heine hat noch viel mehr Beschwerden und glaubt, der Verleger müsse endlich einmal wissen, mit wem er es hier überhaupt zu tun hat: *Ich lasse mich nicht wie ein Junge, der schweigen muß, behandeln. Ich war vielleicht ein kleiner Junge, als Sie mich zuerst sahen, aber das sind jetzt zehn Jahre, und ich bin seitdem ganz erschrecklich gewachsen. Und gar in den letzten vier Jahren; Sie haben keinen Begriff davon, wie ich groß geworden bin. Ich überrage einen ganzen Kopf hoch eine Menge Schriftsteller, denen ihre Verleger, mit welchen sie nicht einmal in Freundschaft stehen, doppelt soviel Honorar zahlen, wie Sie mir zahlen. Es ist wahr, ganz kleine Jungen von Schriftstellern erhalten jetzt soviel Honorar wie ich; …*[479] Und nur kleine Jungen schreiben solche Briefe. Und der große Junge in ihm weiß nur zu genau, daß er ein kleiner Junge ist, Mathildes kleiner Junge, und wahrscheinlich würde sie einen Lachanfall bekommen, wenn er ihr von seinem Wachstum berichtete.

Am 11. April schreibt er zwei Briefe. Einen an die Principessa, die ihm soeben einen Termin beim Ministerpräsidenten und Historiker Thiers besorgt hat. Es kann einem Dichter schließlich nicht schaden, den ersten Mann im Lande persönlich zu kennen. Heine bedankt sich mit einem *Madame, man kann nicht schöner sein, als Sie es sind an Leib und Seele.*[480] Am nächsten Tag um halb elf muß er da sein, zuerst bei Herrn Mignet, dessen Revolutionsgeschichte er einst in seiner Guillotinenkammer las. Mit dem er dann zusammen … Dabei fühlt er sich Ministerpräsidenten im Augenblick gar nicht gewachsen; er fühlt sich ja nicht einmal seiner analphabetischen Hilfsschuhverkäuferin gewachsen.

Den anderen Brief schreibt er an den Freund Lewald. Lewald sagt er zum ersten Mal, was ihm geschehen ist. Lewald hatte ihm geschrieben und keine Antwort bekommen, weshalb er nach Art der höflichen Menschen gleich noch einmal schrieb, weil der vorige Brief sicher verlorengegangen sei. *Nein, ich will Ihnen die ganze Wahrheit gestehen, ich habe ihn richtig erhalten, aber zu einer Periode, wo ich bis an den Hals in einer Liebesgeschichte saß, aus der ich mich noch nicht herausgezogen. Seit Oktober hat nichts für mich die geringste Wichtigkeit, was nicht hierauf unmittelbar Beziehung hatte. Alles vernachlässige ich seitdem, niemand sehe ich, höchstens entfährt mir ein Seufzer, wenn ich an die Freunde denke ... Und das ist alles, was ich Ihnen heute sagen kann; denn die rosigen Wogen umbrausen mich noch immer so gewaltig, mein Hirn ist noch immer so sehr von wütendem Blumenduft betäubt, daß ich nicht imstande bin, mich vernünftig mit Ihnen zu unterhalten.*

Haben Sie das Hohelied des König Salomo gelesen? Nun so lesen Sie es nochmals, und Sie finden darin alles, was ich Ihnen heute sagen könnte.

...

Lesen Sie das Hohelied von König Salomo; ich mache Sie aufmerksam auf diesen Mann. H. Heine[481]

Im Juni ist vom Hohelied Salomos nichts mehr zu hören; jetzt klingt alles nach Katastrophe. Das Gute daran, eine Fürstin zur Freundin zu haben, ist, daß man vor seiner Geliebten auf ihre Landgüter flüchten kann. Genau das hat Heine vor, er ist auch eingeladen und sollte schon längst da sein. Er deutet *häusliche Mißgeschicke* als Ursache für die Verspätung an, hofft, daß die Fürstin längst über einen Mittelsmann Näheres weiß, und bittet sie, nicht zu lachen, *denn es ist leicht möglich, daß die Folgen ernst sein werden. Es handelt sich jetzt darum, den Kelch bis zur Neige zu leeren. Ich habe meine Eigenschaft als Gott vergessen, ich habe meine Göttlichkeit kompromittiert, ich bin in den Kot der menschlichen Leidenschaften hinabgestiegen, und ich habe Mühe, mich wieder daraus zu erheben.*[482]

Aber er will es. Er ist entschlossen, sein Herz von einer Monarchie wieder in eine Republik zurückzuverwandeln. Mathilde muß etwas sehr falsch gemacht haben. Wahrscheinlich hat sie einem fremden Mann zugelächelt. Heine ist rasend eifersüchtig. Vielleicht ahnt er in diesem Augenblick, daß ihn nichts vor Wiederholungen schützt. In den meisten Lieben liebt einer mehr als der andere. Schon wieder ist er es. Mathildes Natur ist zu phlegmatisch für solche Exaltationen des Gemüts. Sie liebt ihren Henri genauso wie ihre Papageien, die sie bald haben wird. Also doch ziemlich. Der Mann, dessen »Buch der Lieder« nun beginnt, zum Bestseller zu werden, der wie wenige andere die Abgründe der Liebe kennt und bald ganz Europa zum Liebes-Mitwisser hat, bleibt mit diesem Wissen allein. Mathilde ahnt nichts davon. Und wird nie davon erfahren.

Sie könnte ihn unglücklich machen. Dann ist es besser, sagt er sich, er ist gleich unglücklich und hat es hinter sich. Sein Reststolz rät ihm dringend das gleiche: *Ich bin verdammt, nur das niedrigste und törichtste zu lieben ... begreifen Sie, wie das einen Menschen quälen muß, der stolz und geistreich ist?*[483]

Er will zurück in die Welt, die er vor ein paar Monaten verließ. In die Welt der Ideen und Soireen. Wenn er auch nie vorhatte, mit Ideen dauerhaft zu verkehren, treu sind sie. Das muß man rühmen.

Er ist wieder Repräsentant. Mathilde wird doch nie begreifen, was er repräsentiert. Natürlich, er mag das. Nur um seiner selbst willen gemocht zu werden. Aber jetzt täte es ihm doch wieder gut, von anderen angestaunt zu werden. Überhaupt »vernünftig« mit anderen zu reden, wenn es sein muß, sogar über die Vernunft.

Aber es muß gar nicht immer sein.

Im Landhaus zu Marly, auf dem Gut der Principessa, sind viele Gäste. Das Gut soll einmal der Marquise von Pompadour gehört haben. Man kann hier schon am frühen Morgen Billard spielen mit Menschen, die ungefähr genauso berühmt sind wie man selbst. Da ist zum Beispiel so ein blonder, rosiger, kindlicher, gutmütiger Junge, der Bellini heißt und ein großer Komponist sein soll. Heine kennt ihn nicht und nicht seine Musik, sonst würde er wissen, daß dieser blonde Junge die vielleicht schönste Opernarie überhaupt geschrieben hat, »Casta Diva« aus »Norma«. Wenn Heine sie hören könnte, er würde diese Musik seiner eigenen Seele sicher nicht ertragen können. Hier weiß noch einer: daß der Schmerz nur ein Spezialfall der Lust ist und ihr Abgrund zugleich. Bellini hat dieses Wissen hörbar gemacht. Wirklich, er selbst? Oder war er nur das Medium? Bellini macht beim Billardspielen öfter billarduntypische Handbewegungen. Heine ist irritiert – können diese Italiener nicht einmal vernünftig Billard spielen? –, dann begreift er, daß sein Mitspieler immerzu die bösen Geister vom Billardtisch verscheucht. Und weil nur Billardspielen auch langweilig ist, erklärt er dem furchtsamen Bellini, was ihn erwartet:

– Ja, ja, stoßen Sie die Kugel, genießen Sie, leben Sie schnell! Ihr Talent verdammt Sie dazu, jung, sehr jung zu sterben, wie Raffael, Mozart, Jesus …

– Das ist entsetzlich, hören Sie auf, ruft der nun kalkweiße Maestro, sprechen Sie nicht vom Tode! Principessa, verbieten Sie es ihm!

Heine weiß, wie dem jungen Bellini zumute ist. Als er selbst, gerade eben berühmt geworden, in München ankam, war er auch überzeugt gewesen, augenblicklich sterben zu müssen. Vielleicht hat der Mensch ein tiefes Gefühl dafür, welche Hybris darin liegt, Gott an Schöpfertum übertreffen zu wollen. So etwas bleibt nicht ungesühnt.

Die Principessa kommt und verbietet Heine jede weitere Spekulation über das von Herrn Bellini voraussichtlich zu erreichende Lebensalter. Heine fügt sich dem Befehl der Principessa, seine Besorgnis sei wahrscheinlich ganz und gar unbegründet, Herr Bellini sei bestimmt gar kein Genie. Und zu Bellini selbst sagt er:

– Ihr Engelsgesicht beruhigt mich über Ihre Zukunft!

Bellini ist sprachlos vor Angst und Ärger. Die Möglichkeit, kein Genie zu sein, gefällt ihm ebensowenig wie die andere. Er spielt nun zwar nicht mehr mit Heine Billard, begegnet ihm aber trotzdem immer wieder auf dem Landgut der Principessa, und jedesmal sagt Heine:

– Sie sehen aber heute sehr schlecht aus, Maestro?

Heine bringt Bellini zum Weinen, was die Principessa sehr verstimmt.

Etwas später lädt eine Freundin des Hauses Heine, Bellini und die Fürstin zu einem Versöhnungsessen ein. Alle sind da, aber Bellini kommt nicht. Die Damen vermuten, daß er zuviel Angst hat vor Heine, aber dann trifft statt des Casta-Diva-Komponisten ein Brief ein. Bellini läßt sich entschuldigen, er ist krank. Die Principessa schaut vorwurfsvoll auf Heine. Der möchte den Brief jetzt auch begutachten und zeigt sich vollkommen zuversichtlich:

– Nun, meiner Ansicht nach kann man nichts Beruhigenderes lesen: Buchstaben wie gedruckt, parfümiertes Papier; und nach dem Tone zu schließen, sollte man glauben, er habe sein Bedauern mit einem Zuckerrohr geschrieben – sollte es wirklich ein großer Komponist sein, der dieses Billett zustande gebracht hat?

Ein paar Tage später ist Bellini tot.

Noch aber ist Sommer, Heine und Bellini spielen Billard, und die Dame, die zu dem wegen Unpäßlichkeit mit mortalen Folgen fehlschlagenden Versöhnungsessen einladen wird, ist auch auf La Jonchère zu Gast. Sie heißt Caroline Jaubert und ist die Dame mit dem Fuß. Sie hat den bemerkenswertesten Fuß von ganz Paris, und Heine hat ihn soeben beschrieben: ... *Dieser Fuß, den ich vorgestern sah, kann nur einem dieser phantastischen Wesen gehören, von denen ich in meinem Buch sprach, den* »Elementargeistern«; *aber ist es der Fuß einer Nixe? – Ich denke, daß er geschmeidig ist wie die Welle und daß er sehr wohl auf dem Wasser tanzen könnte. Oder gehört er einem Salamander?*[484] Und so geht das weiter.

Die Dame mit Fuß wird eine der engsten Freundinnen Heines, und sie bemerkt jetzt auf La Jonchère, daß der deutsche Dichter sich mindestens so seltsam benimmt wie der italienische Komponist. Er erzählt nämlich allen Menschen, die es interessiert, und auch denen, die es nicht interessiert, von »seiner Kleinen«, die in Wahrheit »seine Große« ist. Heines Gewohnheit, Mathilde »seine Kleine« zu nennen, hat selbst so große Heine-Kenner wie Ludwig Marcuse, der das schönste Buch über ihn geschrieben hat, dazu verführt, sich Mathilde klein zu denken. Es wird sich noch zeigen, wie wichtig ihre volle Lebensgröße ist. Die bessere Gesellschaft auf La Jonchère wundert sich nach Art der besseren Gesellschaft sehr, wie einer ein Verhältnis mit einer Grisette so schrecklich ernst nehmen kann. Ein wenig rührt es sie auch. Jeder versucht Heine zu trösten – gut, daß es vorbei ist; es gibt so viele andere ... –, natürlich, das weiß er selbst, aber was sind schon Verschiedene gegen die eine? Eigentlich ist er hier, um anderweitig gefesselt zu werden, aber Caroline Jaubert bemerkt schon jetzt das Mißlingen dieser Unternehmung. Ein Mann, der anderen Frauen immerzu von einer anderen Frau erzählt, ist nur eine bedingte Verführung. Heine jedoch ist überzeugt, schon große Fortschritte auf dem Wege der Gesundung gemacht zu haben. Gelassen teilt er Campe in Hamburg mit, was mit ihm geschehen sei. Daß er geglaubt habe, nie wieder in *den Strudel rasender Menschlichkeit hineingerissen* werden zu können, daß die Zeit der Leidenschaft für ihn vorüber sei und wie sehr er sich darin täuschte. Jetzt aber, *dank meiner unverwüstlichen Gemütskraft, ist die Seele wieder beschwichtigt, die aufgeregten Sinne sind wieder gezähmt, und ich lebe heiter und gelassen auf dem Schlosse einer schönen Freundin in der Nähe von Saint Germain, im lieblichen Kreise vornehmer Personen und vornehmer Persönlichkeiten.*

Ich glaube, mein Geist ist von aller Schlacke jetzt endlich gereinigt; meine Verse werden schöner werden, meine Bücher harmonischer. Das weiß ich, vor allem Unklaren und Unedlen, vor allem, was gemein und müffig ist, habe ich in diesem Augenblick einen wahren Abscheu.[485]

Ist Mathilde etwa *müffig*? Und ist jemand, der soviel Selbstbeschwörung nötig hat, geheilt? Caroline Jaubert sieht ihn an und weiß es besser.

Heine hat einen Abscheu vor dem Verstandesweib. Alle Heine-Deuter führen diesen Abscheu an, wenn sie seine Leidenschaft für Mathilde erklären wollen. Sie übersehen, daß er hier auf La Jonchère unter gebildeten Frauen lebt, in denen der Verstand schon wieder freischwingend ist. Unter Nichtblaustrümpfen. Heine ist fähig wie wenige Männer, mit Frauen befreundet zu sein, ja Seelengemeinschaften mit ihnen zu bilden. Das hat erotische Unter- und Nebentöne; daß aus ihnen nie der Hauptton wird, hat viele Gründe. Die Principessa wird Heine mitgeteilt haben, daß der Abend des Schleierfalls eine Ausnahme war. Caroline Jaubert, der der letzte Besuch gelten wird, den er auf dieser Erde macht, ist noch verheirateter als die Principessa. George Sand ist nicht verheiratet, hat aber um so mehr Geliebte. Heine kann und will sich nicht hinten anstellen. Auch fehlt ihm dazu die Sicherheit eines Chopin oder eines Musset. Er hat immer im Hurenhaus geliebt und nach oben verehrt, das erste sehr praktisch, das zweite vergeblich. Vielleicht hegt er einen letzten platonischen Zweifel, ob Frauen, deren Geist und Seele seinem Geist und seiner Seele begegnen können, wirklich einen Unterleib haben. Es sind andere Welten.

Heine glaubt sich umgeben von *vornehmen Personen und vornehmen Persönlichkeiten*. Das ist schon ein bemerkenswerter Unterschied, den ein Geist wie er da macht. Die Persönlichkeiten sind wahrscheinlich die Repräsentanten. Egal, was sie repräsentieren – aus solchen Zusammentreffen ergeben sich oft sehr nützliche Verbindungen. Etwas unangenehm aber kann es werden, wenn zwei Repräsentanten derselben Sache aufeinandertreffen.

Bei der Fürstin trifft Heinrich Heine auf Victor Cousin. Der Repräsentant des französischen sowie des deutschen Geistes soll in der Küche der Principessa gerade mit philosophischem Gleichmut Kartoffeln schälen[486] – oder war das schon in ihrer Stadtwohnung? Etwas später sind alle Anwesenden sehr unangenehm berührt, aber nicht vom kartoffelschälenden Cousin, sondern von Heine. Es zeigt sich, daß dieser Heine das Wesen der Philosophie nicht begriffen hat. Philosophie ist dazu da, daß man mit Gedanken glänzen kann, mit eigenen oder fremden. Sie ist dazu da, sich zu Höherem berufen zu fühlen, und eben so spricht Victor Cousin auf der Gesellschaft der Principessa, als das Unerhörte geschieht. Er wird unterbrochen.

– Ich weiß, ich weiß, was Sie sagen wollen, geht Heine dazwischen, das ist die Theorie Fichtes, die von Schelling später weitergeführt wurde, aber …

Heines »aber« gerät nun sehr ausführlich und sehr grundsätzlich. Wie unangenehm. So genau will das doch keiner wissen. Kann schon sein, daß dieser Heine recht hat, aber ist er nicht doch ein typisch germanischer Grobian? Wer nicht weiß, daß keine Philosophie es wert ist, wegen ihr die gute Laune einer Gesellschaft zu stören, der sollte sich mit anderen Dingen befassen.

Auch nützt ihm der Salon-Sieg über Cousin gar nichts. Fast gleichzeitig erscheint im »Journal Général de l'Instruction publique« eine Kritik zu Heines »De l'Allemagne«. Ein wichtiger Cousinianer läßt die gebildete Welt Frankreichs wissen, daß Heines philosophische Essays nichts taugen, denn es fehle ihm der nötige Ernst, um über so hohe und tiefgründige Gegenstände wie die Philosophie, und dazu erst die deutsche Philosophie, gewissermaßen die Philosophie aller Philosophien, urteilen zu können. Überhaupt sei dieser Heine gar kein richtiger Deutscher, das erkenne man schon an der Art zu schreiben.

Der Ernst ist eben eine Frage der richtigen Plazierung. Auf Gesellschaften ist er peinlich. Für Bücher gilt: Je unverständlicher, desto philosophischer. Dieses Grundgesetz hat er verletzt. Und haben die Franzosen nicht deshalb die deutsche Philosophie so angestaunt, weil sie so ganz und gar unverständlich ist?

Ist eine Philosophie, die man verstehen kann, überhaupt noch eine Philosophie?

Was hat er getan? Die Schrift »Zur Geschichte der Religion und Philosophie in Deutschland« ist zu wichtig, um Heines Zusammenfassung noch einmal zusammenzufassen. Am besten, jeder liest sie selbst. Philosophie für alle! ist ihr Motto. Eine entschiedene Merkwürdigkeit des deutschen Geistes will er auflösen: *Sonderbar! Wir Deutschen sind das stärkste und klügste Volk. Unsere Fürstengeschlechter sitzen auf allen Thronen Europas, unsere Rothschilde beherrschen alle Börsen der Welt, unsere Gelehrten regieren in allen Wissenschaften, wir haben das Pulver erfunden und die Buchdruckerei; – und dennoch, wer bei uns eine Pistole losschießt, bezahlt drei Taler Strafe, und wenn wir in den »Hamburger Korrespondent« setzen wollen: »Meine liebe Gattin ist in Wochen gekommen, mit einem Töchterlein, schön wie die Freiheit!«, dann greift der Herr Doktor Hoffmann zu seinem Rotstift und streicht uns »die Freiheit«.*[487]

Jeder soll künftig die Philosophie verstehen können. Und er kann nicht nur Leibniz, Spinoza und Christian Wolff erklären, er kann sogar Kant erklären: *Die Lebensgeschichte des Immanuel Kant ist schwer zu beschreiben. Denn er hatte weder Leben noch Geschichte. Er lebte ein mechanisch geordnetes, fast abstraktes Hagestolzenleben, in einem stillen, abgelegenen Gäßchen zu Königsberg ... Ich glaube nicht, daß die große Uhr der dortigen Kathedrale leidenschaftsloser und regelmäßiger ihr äußeres Tagewerk vollbrachte wie ihr Landsmann Immanuel Kant.*[488] Schon früh hatte er die deutsche Philosophierevolution zum Parallelereignis der französischen Wirklichkeitsrevolution erklärt, das war nicht nur eine fixe Idee, er kann sie auch ausführen. Kant, der Parallel-Robespierre: *Wenn aber Immanuel Kant, dieser große Zerstörer im Reiche der Gedanken, an Terrorismus den Maximilian Robespierre weit übertraf, so hat er doch mit diesem manche Ähnlichkeiten, die zu einer Vergleichung beider Männer auffordern. Zunächst finden wir in beiden dieselbe unerbittliche, schneidende, poesielose, nüchterne Ehrlichkeit. Dann finden wir in beiden dasselbe Talent des Mißtrauens, nur daß es der eine in Gedanken ausübt und Kritik nennt, während der andere es gegen Menschen anwendet und republikanische Tugend betitelt. Im höchsten Grade jedoch zeigt sich in beiden der Typus des Spieß-bürgertums – die Natur hatte sie bestimmt, Kaffee und Zucker zu wiegen, aber das Schicksal wollte, daß sie andere Dinge ab-wögen, und legte dem einen einen König und dem anderen einen Gott auf die Waagschale ... Und sie gaben das richtige Ge-wicht!*[489]

Heine sieht Kant ausführlich beim Wiegen zu, er traktiert Phänomena und Noumena, auch die Kantschen Gottesbeweise und kommt dann zum Ergebnis: *Immanuel Kant hat bis hier den un-erbittlichen Philosophen traciert, er hat den Himmel gestürmt, er hat die ganze Besatzung über die Klinge springen lassen, der Oberherr der Welt schwimmt unbewiesen in seinem Blute, es gibt jetzt keine Allbarmherzigkeit mehr, keine Vatergüte, keine jen-seitige Entlohnung für diesseitige Enthaltsamkeit, die Unsterb-lichkeit der Seele liegt in den letzten Zügen – das röchelt, das stöhnt –, und der alte Lampe, Kants treuer Diener, steht dabei mit seinem Regenschirm unterm Arm, als betrübter Zuschauer, und Angstschweiß und Tränen rinnen ihm vom Gesichte. Da er-barmt sich Immanuel Kant und zeigt, daß er nicht bloß ein gro-ßer Philosoph, sondern auch ein guter Mensch ist, und er über-legt, und halb gutmütig, halb ironisch spricht er: »Der alte Lampe muß einen Gott haben, sonst kann der arme Mensch nicht glük-klich sein – der Mensch soll aber auf der Welt glücklich sein – das sagt die praktische Vernunft – meinetwegen – so mag auch die praktische Vernunft die Existenz Gottes verbürgen.« Infolge die-ses Arguments unterscheidet Kant zwischen der theoretischen und der praktischen Vernunft, und mit dieser, wie mit einem Zauberstäbchen, belebte er wieder den Leichnam des Deismus, den die theoretische Vernunft getötet.*[490]

Nicht nur der Cousinianer liest und urteilt, auch Börne liest und urteilt: »Aus gewichtigen Gründen werde ich nicht in die Einzel-heiten des Werkes von Herrn Heine eingehen; ich werde mich be-gnügen, den Geist desselben zu prüfen, d.h. den Geist des Verfas-sers überhaupt. Erstens sind meine Kenntnisse von der deutschen Filosofie und Literatur sehr oberflächlich, und obgleich ich mich darin von Herrn Heine nur durch die Offenheit meines Geständnisses unterscheide …«[491] Das ist vernichtend. Börne glaubt nicht, daß Heine sich wirklich für die Philosophie interessiert, er, der Goethe-Hasser, interessiert sich auch nicht dafür. Er glaubt, Heine will nur glänzen. »Dieser Durchschlag von Literatur, diese Creme von Filosofie, diese Beafsteek's mit Vanille sind nicht nach meinem Geschmack.«[492] Und was Heine gegen das Christentum hat, versteht Börne, der kleine Simson, nun gar nicht. »So ist denn Herr Heine von der Vorsehung zum Anwalt der Materie, zum Vormund der minderjährigen Materie ernannt. Doch mag er auf sein Mündel Acht haben! Über Nacht kommt guter Rat für die Töchter, und wenn 35 Jahre vorbei, ist es besser Spiritualist zu sein als Bewahrer der Materie.«[493] Hier hat Börne irgendwie recht, und in der Tat wird Heine – viele Jahre später – über diesen Punkt noch einmal neu nachdenken.

Gott sei Dank gibt es noch freie Geister, die keine Schablonen brauchen, um die Genialität eines Textes zu verstehen. Der einzige, der den Rang seiner Essays wirklich begreift, ist Fürst Metternich. Immerhin der derzeitige Regierungschef fast ganz Europas. Höchstpersönlich teilt er im Oktober dem preußischen Minister Wittgenstein mit, die Abhandlung »Zur Geschichte der Religion und Philosophie in Deutschland« sei ein »wahres Meisterstück in Beziehung auf Styl und Darstellung«. Es gibt immer nur wenige, die einen ganz verstehen, hier ist also einer. Und sogar in dieser absolut verstümmelten Fassung, noch nie hatte ein Zensor soviel gestrichen. Aber Metternich hat selbst schuld, daß er jetzt diesen Torso lesen muß, der nur noch eine Ahnung läßt von der Schönheit und Fülle des Originals. Es spricht für Metternich, daß er das kann.

Leider hat der Satz mit dem Lob Metternichs noch einen Vor-Satz. Der Essay enthalte »die Quintessenz der Absichten und Hoffnungen der Bagage, mit der wir uns beschäftigen«[494], steht da.

Ach Metternich! Er muß bei der Lektüre der Heineschen Gedichte weinen. Das sagt Varnhagen. Metternich ist der einzige, der Heines Essays schätzt, und ist sein Verderber und sein Verhängnis zugleich. Metternich ist schuld, daß die kommenden Jahre hart werden für ihn und sein Schriftstellertum und seine Finanzen fast ruinieren. Und Metternich ist schuld, daß er zurückkehren wird zu Mathilde, schon sehr bald.

Noch glaubt er, daß er sie nie wiedersieht.

Sonst war er immer nur im Sommer an der See. Jetzt ist es schon Dezember, und er ist immer noch in Boulogne, macht Studien über die ersten Jahrhunderte der Kirche und fährt mit den Fischern fischen. Es gibt nicht so viele Fische wie sonst. Nach Paris zurück kann er nicht, denn in Paris ist Mathilde. Die Kinder der Fischer lieben ihn, weil er ihnen abends am Kamin Märchen erzählt. Noch am 2. Dezember schreibt er an Mignet, mit dem er bei Ministerpräsident Thiers war und der einer der wenigen Menschen ist, die sowohl den Ministerpräsidenten als auch das Phantom Mathilde kennen: *Sie werden die Gründe dieses freiwilligen Exils sehr leicht erraten und vollständig billigen; Sie werden mich gänzlich geheilt und das Herz von seinen schmerzhaften Schandflecken gereinigt finden.*[495]

Im November sind in Deutschland seine philosophischen Essays erschienen, die Metternich so sehr lobte. Aber statt ihm Blumen zu schicken, schickt Metternich jetzt etwas anderes: Das Totalverbot gegen das »Junge Deutschland«, beschlossen am 10. Dezember vom Bundestag zu Frankfurt, das Totalverbot Heines. Inklusive aller Bücher, die er noch gar nicht geschrieben hat. Fünf Autoren sind betroffen. Sein Name fällt zuerst. Heine, Gutzkow, Wienbarg, Laube und Mundt. In dieser Reihenfolge. Börne fehlt. Warum fehlt der Oberradikale Börne? Mit den Fischern kann er darüber nicht reden. Und nach Märchenerzählen ist ihm auch nicht mehr.

Er fährt zurück nach Paris. Er muß jetzt mit anderen sprechen, mit seinen Mitbetroffenen, erfahren, wie ernst diese neue Schikane ist. Das Leben selbst hat es verfügt, daß er zurück muß nach Paris. Liebende glauben gern an höhere Mächte. Erst recht, wenn sie einen Grund suchen, ihre eigenen Vorsätze zu hintergehen.

Heine kauft Mathilde. Er wohnt wie ein Spießer, verkehrt in Palästen, schreibt einen Brief an den Bundestag und ist pleite wie nie.

Leben unterm Berufsverbot

Er hat noch die Kraft, nicht sofort zu Mathilde zu laufen. Erst am nächsten Tag steht er mit einem Drosselpaar vor ihrer Tür, weiß Ludwig Marcuse, woher, ist völlig unklar. Aber es könnte so gewesen sein.

Denn kaum zurück in Paris, wohnt er mit Mathilde zusammen.

Er macht auch ein Gedicht über diese Rückkehr, genauer über Flucht und Rückkehr:

> *Der Tannhäuser*
> *Eine Legende – Geschrieben 1836*
>
> …
>
> *»Frau Venus, meine schöne Frau,*
> *Leb wohl, mein holdes Leben!*
> *Ich will nicht länger bleiben bei dir,*
> *Du sollst mir Urlaub geben.«*

Der edle Ritter Tannhäuser zieht nach Rom, um den Papst von der Existenz des Venusbergs zu unterrichten, man kann das auch Beichte nennen.

Papst Urban erfährt:

> *Ich bin der edle Tannhäuser genannt,*
> *Wollt Lieb' und Lust gewinnen,*
> *Da zog ich in den Venusberg,*
> *blieb sieben Jahre drinnen.*
>
> …
>
> *Ich hab mich gerettet aus dem Berg,*
> *Doch stets verfolgen die Blicke*
> *Der schönen Frau mich überall,*
> *Sie winken: komm zurücke!*

...

Der Papst hub jammernd die Händ' empor,
Hub jammernd an zu sprechen:
»Tannhäuser, unglücksel'ger Mann,
Der Zauber ist nicht zu brechen.«

Also zieht der Ritter halb befreit, halb verstimmt zurück in den Venusberg und berichtet Frau Venus, was er unterwegs gesehen:

Auf sieben Hügeln ist Rom gebaut,
Die Tiber tut dorten fließen;
Auch hab ich in Rom den Papst gesehn,
Der Papst, er läßt dich grüßen.

...

In Schwaben besah ich die Dichterschul',
Gar liebe Geschöpfchen und Tröpfchen!
Auf kleinen Kackstühlchen saßen sie dort,
Fallhütchen auf den Köpfchen.

...

Zu Dresden sah ich einen Hund,
Der einst gehört zu den Bessern,
Doch fallen ihm jetzt die Zähne aus,
Er kann nur bellen und wässern.

Zu Weimar, dem Musenwitwensitz,
Da hört ich viel Klagen erheben,
Man weinte und jammerte: Goethe sei tot,
Und Eckermann sei noch am Leben!

Zu Potsdam vernahm ich lautes Geschrei –
»Was gibt es?« rief ich verwundert.
»Das ist der Gans in Berlin, der liest
Dort über das letzte Jahrhundert.«[496]

Richard Wagner liest nicht nur den »Schnabelewopski«, sondern auch dieses Gedicht und bringt den Venusberg zum Klingen. Die Rückreiseberichte aus Frankfurt, Dresden und Weimar läßt er weg. Leider kann Heine diese Oper nicht hören, er wüßte sonst – spätestens nach der Ouvertüre, die keine Ouvertüre mehr ist –, wie er sich fühlt. Der real existierende Venusberg ist eine kleine Wohnung in der Cité Bergère.

Zum ersten Mal wohnt er nicht im Hotel. Ihm wird so wunderbar beheimatet zumute. Er will, Anfang Januar, einen der üblichen Beschwerdebriefe an Campe schreiben – in der »Romantischen Schule«, die er gerade bekam, fehlt doch die Hälfte, oder fast die Hälfte! –, aber erst teilt er Campe mit, wie gut es ihm geht, er kann nicht anders: Sein neues Appartement sei *prächtig und wollüstig angenehm, so daß ich jetzt warm und wollig sitze. Es ist Cité Bergère No. 3*.[497]

Es ist an dieser Stelle zu vermerken, daß Heine der einzige ist, der seine Wohnung »prächtig und wollüstig angenehm« findet. Das gilt auch für seine vielen zukünftigen Wohnungen. Sie erschrecken die Besucher immer wieder durch ihre schlechte Lage und die spießbürgerliche Einrichtung. Eigene Möbel besitzt er auch später fast keine. Eigene Möbel gelten als Merkmal bürgerlicher Repräsentanz, und bürgerlich zu repräsentieren hatte er noch nie vor. Wahrscheinlich hat er auch gar keine Lust, so zu wohnen wie Goethe, in ständiger Angst, von einer überlebensgroßen antiken Statue erschlagen zu werden. Noch lange Zeit nach Heines Tod hielt sich der Mythos vom armen Dichter im Pariser Exil. Hätte Heine nicht seine abschreckenden Wohnungen gehabt, kein Mensch hätte ihm seine Armut geglaubt.

Entscheidend ist natürlich das subjektive Wohngefühl, und der allerschönste Einrichtungsgegenstand in der Cité Bergère 3 ist Mathilde. Sie war ziemlich teuer. Nach Schätzungen etwa dreitausend Franken. Für dreitausend Franken soll Heine sie der Tante abgekauft haben, wie soll man da noch Möbel finanzieren? Außerdem hat er eigenhändig ein Brautkleid ausgesucht. Im Brautkleid ist sie mit ihm essen gegangen, dann hat er Mathilde in die Cité Bergère geführt, unklar bleibt, ob er die große, schwere Braut über die Schwelle getragen hat. Was am nächsten Morgen geschieht, wissen wir besser.

Mathilde erhebt sich in voller Lebensgröße, die ihn so fasziniert, und gänzlich unbekleidet im Bett, um eine Grundsatzerklärung abzugeben. Sie habe ihm alles gegeben, was ein anständiges Mädchen geben könne. Wenn er glaube, daß sie nicht wisse, daß er sie gekauft habe, irre er sich. Sie habe sich kaufen lassen, weil er ihr gefalle und weil man ihr gesagt habe, daß ein Deutscher treuer sei als ein Franzose. Da er sie gekauft habe, müsse er sie behalten, egal ob er sie liebe oder nicht, egal ob er sie mißhandele oder nicht. Sie, Mathilde, bleibe jetzt für immer da.

Heine wirft an diesem Punkt der Grundsatzerklärung klärend ein, daß er genau das wolle, sonst hätte er ja den ganzen Aufwand nicht betrieben. Und außerdem liebe er sie. Mathilde registriert die Unterbrechung halb strafend, halb wohlwollend und fährt fort, daß sie ihn immer, immer, immer lieben werde. Der Mann im Bett wiederholt, daß er das gleiche tut oder zu tun beabsichtige.

– Das kannst du halten, wie du willst, fährt die imposante nackte Schönheit in strengem Ton fort und droht, ihm als seine Frau künftig auf Schritt und Tritt zu folgen.

Das findet der nackte Mann im Bett nun doch ziemlich interessant und will wissen, was geschieht, wenn er sie doch verläßt. Mathilde spricht ohne Zögern, noch strenger als vorher:

– Dann töte ich mich zu deinen Füßen!

Heine erschrickt leicht, denn er weiß, daß seine Frau keine große Logikerin ist. Sie könnte genausogut meinen: Dann töte ich dich zu meinen Füßen! Bestimmt meint sie das sogar. Daher schlägt er beschwichtigend vor, erst einmal zu frühstücken. Doch Mathilde ist gerade so programmatisch zumute. Alle Tage werden wir miteinander frühstücken, ergänzt sie, und auch wenn Heine nie große Stücke auf die Geisteskräfte seiner Frau geben wird, sie ist doch eine große Logikerin:

»Nicht nur du hast mich gekauft, ich habe dich auch gekauft! Den Preis kennst du!«[498] Das grenzt ans Geniale.

Heinrich Heine findet das großartig. Ist er jemals so begehrt worden? Wollte sich jemals eine für ihn töten? Oder ihn für sich töten? Egal, nur Pedanten machen hier einen Unterschied. Das macht ihm sogar diesen Pariser Januar zum Sommer: *Ich befinde mich gesünder und heiterer als jemals und genieße mit vollsaugender Seele alle Süßigkeiten dieser Lustsaison. Dank den ewigen Göttern!*[499] Das ist ohne Zweifel ein ganz außerordentliches Befinden für jemanden, der gerade mit Berufsverbot belegt wurde, dem – mal ganz praktisch gesehen – die meisten gegenwärtigen und künftigen Einnahmequellen verstopft wurden.

Aber er ist zu glücklich, um an die real existierende Niedertracht zu glauben. *Die ganze Verfolgung des Jungen Deutschland nehme ich nicht so wichtig,* schreibt er Campe, *Sie werden sehen: viel Geschrei und wenig Wolle. … Es ist nur auf Demütigung abgesehen. Das Unerhörte, das Verbot von Büchern, die noch nicht geschrieben sind, darf Preußen nicht wagen; … Ich lasse mich nicht verblüffen und bin der Meinung, je keckere Stirne man bietet, je leichter lassen sich die Leute behandeln! Angst ist bei Gefahren das gefährlichste.*[500]

Es ist ihm gerade so mild zumute. Dabei schreiben sogar die Spitzel in ihren hochgeheimen Geheimberichten, daß ein Mann mit Charakter, derart verboten, nun kämpfen würde. Doch sei Heine nun einmal kein Mann von Charakter. Woher sollen die Spitzel wissen, daß er viel zu glücklich ist, um zu kämpfen? Er schreibt dem Verbotsgremium vielmehr einen netten Brief, den er seinen *kindlich siruplich submissen Brief* nennt. Da aber auch die Wissenschaftler nicht viel von solch unwissenschaftlichen Tatbeständen wie dem Glück verstehen, hat dieser Brief ihnen viel Kopfzerbrechen bereitet.

Heine schreibt:

An die hohe Bundesversammlung
Mit tiefer Betrübnis erfüllt mich der Beschluß, den Sie in Ihrer 31. Sitzung von 1835 gefaßt haben. Ich gestehe Ihnen, meine Herren, zu dieser Betrübnis gesellt sich auch die höchste Verwunderung. Sie haben mich angeklagt, gerichtet und verurteilt, ohne daß Sie mich weder mündlich noch schriftlich vernommen, ohne daß jemand mit meiner Verteidigung beauftragt worden, ohne daß irgendeine Ladung an mich ergangen. So handelte in ähnlichen Fällen nicht das Heilige Römische Reich, an dessen Stelle der Deutsche Bund getreten ist; Doktor Martin Luther, glorreichen Andenkens, durfte, versehen mit freiem Geleite, vor dem Reichstage erscheinen und sich frei und öffentlich gegen alle Anklagen verteidigen.[501]

Es macht ihm Spaß, sich plötzlich neben Luther wiederzufinden,

288

obwohl er sich umgehend dafür entschuldigt, nicht ohne anzufügen, daß Luther bereits die Denkfreiheit – in religiösen Dingen – erkämpft hatte. Für Heine ist der Protestantismus synonym mit dieser nun schon recht alten, ehrwürdigen, urdeutschen Denkfreiheit. Die man nun zurücknehmen will? Wenn man ihn schon nicht wie Luther zu behandeln gedenkt – mit freiem Geleit usf. –, *so bewilligen Sie mir wenigstens freies Wort in der deutschen Druckwelt und nehmen Sie das Interdikt zurück, welches Sie gegen alles, was ich schreibe, verhängt haben.* Das klingt stark, fast kämpferisch, wie von den Spitzeln erwartet, aber schon der nächste Satz will nicht recht zu seinem Vorgänger passen: *Diese Worte sind keine Protestation, sondern nur eine Bitte. … Sobald mir das freie Wort vergönnt ist, hoffe ich bündigst zu erweisen, daß meine Schriften nicht aus irreligiöser und immoralischer Laune, sondern aus einer wahrhaft religiösen und moralischen Synthese hervorgegangen sind …*[502] Heine hat Größe genug, das ganze »Junge Deutschland« in diese Synthese mit hineinzustellen. Dabei zählt er sich gar nicht dazu, strenggenommen existiert das »Junge Deutschland« gar nicht, es ist nur der Name, den Wienbarg einmal probeweise den neueren deutschen nichtromantischen Autoren gegeben hat. Glaubt Heine, daß Metternich nicht wüßte, was er von Heines »wahrhaft religiösen und moralischen Synthesen« zu halten hat?

Heine versichert den hohen Herren, daß er immer den Gesetzen des Vaterlandes gehorchen werde und daß er in ihnen *die höchsten Autoritäten einer geliebten Heimat* ehre, was ihm um so leichter falle, da er sich außerhalb ihres Herrschaftsbereichs befinde. Ist das Ironie oder ist es keine? Nie war es unmöglicher, das zu entscheiden. Das ist die Absicht. Heine unterzeichnet mit Heinrich Heine, beider Rechte Doktor.

Der Bundestag, hofft er, wird gerührt sein von soviel Höflichkeit. *Und sechsunddreißig Taschentücher werden von bundestäglichen Tränen benetzt werden.*[503] Und diesen höflichen Menschen habe man verfolgen wollen? Heine wartet auf Antwort. Er hat dem Bundestag auch die Adresse seiner »prächtigen«, »wollüstig angenehmen« Wohnung mitgeteilt. Zwei Zimmer hat sie. In dem einen schreibt Heine an den Bundestag, im anderen toben zwei Grisetten in den Betten.

Jedenfalls findet Franz Grillparzer im Schlafzimmer genau

zwei, als er Heine besucht. Den Dichter selbst findet er im Schlafrock. Rund, jung und hübsch, sagt Grillparzer. Heine selbst urteilt, er sei gerade dabei, fett zu werden. Jeden Morgen bekommt er einen Schreck, wenn er sich im Spiegel sieht. So ungefähr, denkt er, sah mein Vater aus, als er aufhörte, schön zu sein. Daß er nicht mehr wie ein Dichter aussieht, bemerken viele. Nur die Berufsbilder, die zu diesem neuen Äußeren passen könnten, wechseln je nach Betrachter. David Friedrich Strauß bemerkt eine eiserne Muskulatur, die zu einem Ringer gehören könnte. Auch Grillparzer findet Heines Nacken kräftig, aber die meisten teilen doch die ungeschönte Selbstansicht des Dichters: fett. Steigerungen in den nächsten Jahren sind noch möglich, sie werden aufmerksam notiert werden.

Wahrscheinlich hat er seinen morgendlichen Schreck vorm Spiegel schon hinter sich, als Grillparzer vor der Tür steht. Grillparzer erfährt, daß nur eine der beiden Grisetten Heines *petite* ist. Die andere ist vielleicht Mathildes Freundin, denn was soll sie den ganzen Tag machen, wenn Heine im Nebenzimmer Briefe an ominöse deutsche Institutionen schreibt?

Heine und Grillparzer ziehen sich in Heines kleines Arbeitszimmer zurück, das auf Grillparzer dennoch den Eindruck des Geräumigen oder vielmehr »des Geräumten« macht, wahrscheinlich, weil nichts drinsteht. Heines Bibliothek beeindruckt ihn. Sie besteht aus einem einzigen Buch. Die beiden beginnen ein Gespräch über Literatur, während das Bettenmachen nebenan enormen Fortschritten entgegensieht. Zwei Grisetten! Ein Buch! Grillparzer ist begeistert: Endlich einmal ein Dichter mit gesundem Menschenverstand. Überhaupt störe ihn der Leichtsinn nur dort, wo er behindert, was man soll.[504]

Natürlich ist der gesunde Menschenverstand nicht überall angebracht. Zum Beispiel nicht in Gegenwart des reichsten Mannes der Welt. Das merkt auch Grillparzer, als er ein paar Tage später bei den Rothschilds eingeladen ist. Mit Heine. Gegen Baron Rothschild ist Heines Onkel ja nun wirklich ein Minimillionär. Rothschild bewohnt einen neuen, ganz im Renaissancestil erbauten Palast in der Rue de Lafitte, dessen Errichtung Millionen und dessen Einrichtung die nächsten Millionen gekostet hat.

Am 1. März wurde der Palast mit einem großen Ball eröffnet, und Heine berichtete exklusiv für die »Allgemeine Zeitung«. Er schrieb, das *Publikum bestand, wie bei allen Rothschildschen Soi-reen, in einer strengen Auswahl aristokratischer Illustrationen.* Was den Palast mit seinen Dekorationen betreffe, so sei hier alles vereinigt, *was nur der Geist des sechzehnten Jahrhunderts ersin-nen und nur der Geist des achtzehnten Jahrhunderts bezahlen konnte. ... Es ist das Versailles der absoluten Geldherrschaft.*[505] – Das zu bemerken, ist er seinem analytischen Genius schuldig. Und auch den Hausherrn bemerken zu lassen, was er bemerkt hat. Außerdem ist ihm nichts so geläufig, wie an Millionärstafeln zu speisen. Baron Rothschild hätte auch nicht ausgerechnet ihn fra-gen müssen, warum der Wein, den sie gerade trinken, wohl »La-crymae Christi« heiße.

Das ist vollkommen klar, antwortet Heine, Sie müssen das nur übersetzen. Christus weint, wenn reiche Juden solchen Wein trin-ken, während so viele arme Menschen Hunger und Durst leiden.

Die Tischgesellschaft bemüht sich um ein Lächeln. Am zuver-sichtlichsten lächelt Heine. Gut, daß der Baron die meisten Witze nicht versteht, die er auf seine Kosten macht. Sie haben hier Angst vor ihm, laden ihn aber trotzdem immer wieder ein. Die Hausherrin jedoch mag er, sie ist klug und sanft, ihr schickt er seine Bücher; sie kann nichts dafür, daß sie so reich ist. Aber die satte Selbstgewißheit des Barons provoziert ihn, er kann nicht anders, er muß sich beteiligen an der allgemeinen Erörterung, warum die Seine in Paris so schmutzig ist. Am wenigsten Ver-ständnis dafür hat der Hausherr selbst. Er habe den Fluß einmal an der Quelle gesehen: »Ein Wasser, klar wie Kristall.« Heine nickt langsam und spricht zum Baron: »Ihr Vater soll doch auch ein rechtschaffener Mann gewesen sein, Herr Baron!« Grillpar-zer ist das unangenehm. So gut ihm Heine zu Hause gefällt – ein Buch! zwei Grisetten! –, so furchtbar ist er ihm in Gesellschaft. Natürlich darf Mathilde, das wilde Kind, zu all diesen Bällen und Soireen nicht mit.

Nach dem Rothschild-Ball kam Heine erst morgens um vier nach Hause, schrieb noch den Artikel für die »Allgemeine Zei-tung«, auch über die Uraufführung von Meyerbeers »Hugenot-ten«, und ging schlafen.

Aber nicht jeden Morgen ist es Heine, der noch schläft, wenn man bei ihm klingelt. Manchmal schläft auch George Sand noch, wenn

Heine morgens mit einem Freund vor ihrer Tür steht. Sie wohnt nicht weit weg von ihm, am Quai Malaquai, er hat sie im November kennengelernt, genau zu der Zeit, als er Mathilde viel besser kennenlernte. Morgens? Es ist schon fast vier Uhr nachmittags. Schläft sie wirklich noch? fragt Heine die Bedienstete, und diese öffnet einladend die Tür. Da er ein Cousin der Sand ist, ein Seelenverwandter, darf er selbst nachgucken gehen. Zwei Männer betreten das Schlafzimmer der Autorin. Sie schläft wirklich. Wahrscheinlich hat sie in der Nacht gerade wieder einen Roman beendet. Er weiß, daß sie zu den Schriftstellern gehört, die, wenn sie den letzten Punkt in einem Roman setzen, gleich noch den nächsten anfangen. Eigentlich müßte Heine seine Cousine beneiden. Nicht nur, daß er nie über den Anfang eines Romans hinausgekommen ist – Heine-Romane bestehen grundsätzlich bloß aus Anfängen; nicht nur, daß er es niemals mit der ungeheuren Produktivität dieser Frau aufnehmen kann; bald schon wird er gar nichts mehr schreiben. Manchmal ist es doch sehr gut, daß der Mensch nicht in die Zukunft blicken kann. Aber jetzt hat Heine ein anderes Problem. Was fangen sie nun an mit dem angebrochenen Nachmittag? Heine und Lewald besuchen kurzentschlossen Mignet, den besten Freund des Ministerpräsidenten – und werden vorgelassen.

Bloß vom deutschen Bundestag kommt keine Antwort, und was ist schon der deutsche Bundestag gegen den französischen Ministerpräsidenten? Mit dem einen ist er fast befreundet, also so befreundet, wie man es mit einem Ministerpräsidenten sein kann, und von der anderen Regierung bekommt er nicht einmal Post? Auch von bundestäglichen Reuetränen ist noch nichts bekannt geworden. Natürlich, so ein Bundestag hat viel zu tun – die ganzen Verbote! –, der braucht vielleicht mehr Zeit. Inzwischen denkt er darüber nach, wie sein nächstes Buch aussehen sollte, vor allem wie es heißen könnte.

Der Titel *Das stille Buch* gefällt ihm am besten. Es soll die »Elementargeister« enthalten, eine Betrachtung über Kobolde, Riesen, Zwerge, Elfen, Nixen, Nymphen, Undinen, Meerbischöfe, Schwanenjungfrauen und immer so weiter. Man kann vieles gegen Gespenster haben, aber laut sind sie nicht, und sie sind auch noch nie durch politisches Engagement aufgefallen. Man sagt Heine nach, ein hochironischer Autor zu sein, aber die Gespenster nimmt er absolut ernst. Nur wenigen Gegenständen widmet er sich mit solch vollkommener Hingabe wie der Klassifikation der Geister, jener armen Geschöpfe, die das Christentum zu lauter Teufeln erklärte. Paracelsus war als erster dagegen und fand, daß es sich bei den Geistern um ganz legitime Gottesgeschöpfe handelt, nur daß sie nicht aus Adams Geschlecht seien. Heine betrachtet sie näher. Kobolde zum Beispiel. *Sie sind Gespenster, ein Gemisch von verstorbenen Menschen und Teufeln; man muß sie von den eigentlichen Erdgeistern genau unterscheiden. Die wohnen meist in den Bergen, und man nennt sie Wichtelmänner, Gnomen, Metallarii, kleines Volk, Zwerge.*[506] Heine stellt fest, daß die Riesen *auf immer verschwunden* sind aus Deutschland, aber die Zwerge *trifft man mitunter noch in den Bergschachten, wo sie, gekleidet wie kleine Bergleute, die kostbaren Metalle und Edelsteine ausgraben.*[507] Sie verschwinden durch Zwerglöcher im Gebirge, und der Verfasser vergißt nicht zu erwähnen, daß er selbst im Harz, *namentlich im Bodetale*, viele gesehen hat. Er handelt ausführlich vom Zwerg als deinem Freund und Helfer – *und des Nachts, wenn die Menschen schliefen, verrichteten sie deren schwere Arbeit* – und davon, wie die Zwerge die Menschen verließen.

Von den Zwergen, den Erdgeistern, seien die Luftgeister genau zu unterscheiden. Die Bewegungsform der Luftgeister ist der Tanz, aber es gibt noch mehr tanzende Geister, die trotzdem keine richtigen Luftgeister sind. Das sind »die Willis«. *Die Willis sind Bräute, die vor der Hochzeit gestorben sind. Die armen jungen Geschöpfe können nicht im Grabe ruhig liegen, in ihren toten Herzen, in ihren toten Füßen blieb noch jene Tanzlust, die sie im Leben nicht befriedigen konnten, und um Mitternacht steigen sie hervor, versammeln sie sich truppenweis an den Heerstraßen, und wehe dem jungen Menschen, der ihnen da begegnet. Er muß mit ihnen tanzen, ... bis er tot niederfällt.*[508] Bald wird Théophile Gautier bei Heine auf die Willis treffen und ein Willis-Libretto schreiben, was als »Giselle« zum großen Erfolg wird.

Heine aber ist längst nicht fertig mit der Geistersystematik; er erklärt, wie der Nix sich von den Nixen unterscheidet und was Meerbischöfe sind. Meerbischöfe sind Meermänner mit Bischofsstab und Meßgewand. Der Autor kritisiert auch andere Gespensterforscher vor ihm, etwa Johannes Praetorius, der erstens wirkliche Gespenster und zweitens erdichtete Gespenster unterscheidet, also Betrüger, *die sich als Gespenster vermummen*.[509] Es folgt Wissenswertes über die Seinsweise der Teufel, der eigentlichen Feuergeister. Daß der Teufel sich sogar in Salat verwandeln kann, beeindruckt Heine besonders. Er hat es in der »Dämonomagie« von Horst gelesen.

Neben den »Elementargeistern« soll *Das stille Buch* auch die »Florentinischen Nächte« enthalten. Die *Florentinischen Nächte sind ungefähr so politisch wie die Elementargeister*. In den »Florentinischen Nächten« wacht ein Mann namens Maximilian am Bett einer schönen todkranken Frau, die jene schauerlich weiche Stimme besitzt, *wie sie bei Lungenkranken gefunden wird und worin wir zugleich das Lallen eines Kindes, das Zwitschern eines Vogels und das Geröchel eines Sterbenden zu vernehmen glauben*.[510] Aber man soll ihre Stimme möglichst nicht hören, denn das Sprechen geht über ihre Kraft, darum erzählt Maximilian Nacht für Nacht Geschichten aus seinem Leben. Er berichtet der Sterbenden auch von den Willis, den toten Bräuten, vor allem aber erfährt sie, wen er geliebt hat. Marmorne Statuen und ein Bild der Mutter Gottes, aber nie hat er eine Statue und ein Bild zugleich geliebt. Tote Frauen liebte er auch. Eine war schon sechs Jahre tot, als ihn ein tiefes Gefühl für sie ergriff, da war er gerade in Potsdam, *und mein ganzer Umgang beschränkte sich auf die Statuen, die sich im Garten von Sanssouci befinden*. Aber dann waren Statuen, die Mutter Gottes und die toten Frauen vergessen, denn er begegnete Laurence. Maximilian sah sie in London, was dem Autor Gelegenheit gibt zu einer neuerlichen, großangelegten Schmähung der Insel. Die schöne Kranke fragt geistesgegenwärtig dazwischen, ob Mademoiselle Laurence nun eine Statue oder ein Gemälde oder ein Traum gewesen sei. *»Vielleicht alles dieses zusammen«, antwortete Maximilian*.

In der zweiten Nacht erfährt die Kranke, daß Mademoiselle Laurence ein Totenkind ist. Ein Totenkind wird man, wenn die tote Mutter, hochschwanger begraben, gar nicht richtig tot, sondern nur scheintot war. Das fiel den Grabräubern auch auf, als sie das Grab von Laurences Mutter öffneten, um zu stehlen. Sie wohnten der Entbindung der Scheintoten bei, die ob dieser Anstrengung nun wirklich starb. Die Grabräuber schoben den Deckel wieder auf den Sarg, und das Kind nahmen sie mit. Der Autor scheint sich an keiner Stelle gefragt zu haben, ob das wirklich die richtigen Gute-Nacht-Geschichten für eine Todkranke sind. Wir erfahren auch nicht, ob die schöne Frau mit der Lungenkrankenstimme diese Erzählungen überlebt hat.

Was für ein grabesstilles Buch!

Er rät Campe, es möglichst gleich zu drucken. *Ich glaube, Campe gibt der Welt ein Schauspiel, ein Buch mit meinem Namen herauszugeben, als ob gar nichts passiert sei.*[511] Nur nicht *banghosig* (!) sein! Die Möglichkeit, einen neuen Namen anzunehmen, hat er kurz bedacht und wieder verworfen.

Campe antwortet, daß er das neue Buch, so still es auch sein möge, doch lieber der Zensur vorlegen möchte. Denn auch gegen die Verleger hat der Bundestag große Schikanen beschlossen, wenn sie negativ auffallen. Aber da wird Heine prinzipiell. *Können Sie also das Buch nicht ohne Zensur drucken, so möge es ungedruckt bleiben.*[512] Er ist sauer und unterstellt, daß Campe offensichtlich vorhabe, ihn entweder zu ruinieren oder zum Schurken zu machen. Halb mit Pathos, halb mit Überraschung notiert er: *Ich vertrete in diesem Augenblick den letzten Fetzen deutscher Geistesfreiheit.*[513] Vielleicht sollte er das Buch doch unter anderem Namen drucken lassen? Unter neuem, *aber in vierundzwanzig Stunden zur Berühmtheit kommenden Namen*, sagt er. Manche finden es eitel, wenn einer weiß, wer er ist. Aber auch aus dem anderen Namen – es müßte der seiner Mutter, van Geldern, sein – wird nichts. *Ekelhaft häßliches, preußisches Jahr!*

Die Euphorie des Januars ist verflogen. Es wird bald Sommer, aber ansonsten wird es Winter. Anfang Mai ist er mit Mathilde auf dem Lande. Es fällt ein sanfter Schnee, die Finger zittern ihm vor Kälte. Mathilde sitzt neben ihm am Kamin und arbeitet an seinen neuen Hemden; das ist eine Tätigkeit, von der er nie wieder berichten wird. Das wilde Eheleben hat schon erhebliche Fortschritte gemacht, *nur höchst selten denke ich noch daran, mich nebst sie zu vergiften oder zu asphyxieren; wir werden uns wahrscheinlich auf andere Art ums Leben bringen, etwa durch eine Lektüre, bei der man vor Langeweile stirbt.*[514]

Unglücklicherweise hat ein Freund ihr viel Rühmendes von den Büchern ihres Mannes gesagt, so daß Heine extra ein französisches Exemplar der »Reisebilder« holen mußte. Heine behauptet, sie habe selber darin gelesen, aber sollte sie das in vier Monaten gelernt haben? Wahrscheinlich liest er ihr vor, als er bemerkt, wie sie totenbleich wird und an allen Gliedern zu zittern beginnt. Er hat ihr eine verliebte Stelle vorgetragen, vielleicht etwas von Signora Franscheska oder Lady Mathilde. Was, noch eine Mathilde? Die zweite, real existierende Mathilde bittet ihren Mann, das Buch um Gottes willen fest zu schließen. Mit Mühe läßt sie sich davon überzeugen, daß die Frauen in seinen Büchern erfunden sind. Ein Abgrund tut sich vor ihr auf, eine Ahnung von der Niedertracht der Welt. Auf so etwas ist ihr gerader Sinn nicht gefaßt. Erfunden, aber trotzdem irgendwie wirklich, ja, noch wirklicher als manches Wirkliche. Sicherheitshalber muß er ihr versprechen, nie wieder Liebesphrasen an erfundene Frauen in seinen Büchern zu richten. Mathilde wird nie wieder einen Blick in das Schrifttum ihres Mannes werfen.

Morgens kommt jetzt immer eine dicke Bauersfrau, um ihn zu rasieren. Er kann das nicht allein. Selten hat er soviel Angst wie in dem Moment, wenn er die Bäuerin mit dem Messer nahen sieht und sein Kopf ganz in ihren Händen ist. Höchstens noch vor der Zukunft hat er Angst.

Es gibt Dinge, die weiß man und ist dennoch jedesmal wieder überrascht. Das Leben ist in erstaunlichem Maße unvollkommen. Er hat jetzt eine Frau und kein Geld. Das ist um so bedenklicher, da eines der wenigen Talente Mathildes darin besteht, viel Geld auszugeben.

Vor den Bundestagsbeschlüssen hatte er bündig an Campe geschrieben: *Ich brauche dies Jahr noch 2000 Mark Banko, ich will sie von Ihnen haben, und auf folgende Weise.*[515] Es folgte die Weise, und als Campe nicht sofort in wünschenswerter Form reagierte, wurde der Autor schon etwas ungehalten. Das sei ein Spottpreis bei seiner jetzigen Konjunktur, und verdeutlichend fügte er an: *Ich bin Ihr einziger Klassiker.*[516] Schon damals hatte er gemahnt: *O liebster Campe, ich gäbe was drum, wenn Sie mehr Religion hätten! Aber das Lesen meiner eigenen Schriften hat Ihrem Gemüte viel geschadet, ... Sie sind ein Pharisäer geworden, der in den Büchern nur den Buchstaben sieht und nicht den Geist, ein Sadduzäer, der an keine Auferstehung der Bücher, an keine Auflagen glaubt, ein Atheist, der im geheim meinen heiligen Namen lästert – oh, tun Sie Buße, bessern Sie sich!*[517]

Und jetzt, welche Konjunktur hat ein verbotener Klassiker? Den Franzosen ist er kein Deutscher und schon gar kein deutscher Philosoph, weil er nicht so schreiben kann, daß ihn keiner versteht. Über den Erfolg beim Leserkreis Börnes – und der ist viel größer als seiner – braucht er gar nicht nachzudenken. Und der einzige, der ihn wirklich schätzt, Metternich, der immer weinen muß, wenn er seine Gedichte liest, belegt ihn mit Berufsverbot.

Das ist alles ein bißchen viel. Und ist fast ein halbes Jahr Zusammenleben mit derselben Frau nicht genug? Da bekommt er auch noch die Gelbsucht. Acht Tage lang kann er weder essen noch schlafen, nur sich krümmen und erbrechen. Aber er kann wohl Briefe schreiben. In dieser gelbsüchtigen Woche wird er seinem Onkel einen Klagebrief schreiben, der nicht mehr existiert. Und es wird wohl dieser Satz drinstehen, das Beste am Onkel sei, daß er seinen Namen trage. Er kann sich an diesen Satz später nicht mehr erinnern. Das Ergebnis des Briefes ist außerordentlich. Onkel Salomon schickt kein Geld mehr. Gerade jetzt. Zu seinem eigenen großen Erstaunen überlebt er die Gelbsucht, und daß die Geldquelle Salomon Heine versiegt ist, weiß er noch nicht. Rekonvaleszenz ist ein guter Vorwand, sich zu entfernen.

Heine hat vor, was er immer vorhat, wenn es ihm nicht gut geht. Er will verreisen. Bloß nicht noch ein Winter in Paris. Er verreist – noch gilt das – grundsätzlich allein, trotz Mathildes Schwur, ihm überallhin zu folgen. Es hilft nichts, sie muß zu ihrer Mutter aufs Land. Und wer weiß, ob er sie da wieder abholen wird.

So schnell gedenkt er nicht zurückzukehren. Er fährt nach Marseille, um von dort ein Schiff nach Neapel zu nehmen. Marseille ist ihm entsetzlich, *das Geräusch der schachernden Seestadt wirkt peinigend auf meinen Körper, Marseille ist Hamburg ins Französische übersetzt, und ich kann letzteres jetzt auch in der besten Übersetzung nicht vertragen.*[518] Am Abend vor seiner Abfahrt erfährt er, daß in Neapel gerade die Cholera ausgebrochen ist. Gelbsucht und nun Cholera? Heine glaubt nicht, daß er das aushält. Ciao Italia, zumindest für dieses Jahr. Er revidiert seine Reisepläne, das neue Ziel ist Spanien. Das Schiff legt ab, kommt aber nie an. Ein Loch im Schiff macht sich nach dem Ablegen unangenehm bemerkbar. Der Dampfer kehrt um. Er kennt das schon, kürzlich wäre er beinahe auf der Seine gekentert. Aber er weiß, er darf jetzt nicht ersaufen, denn er hat noch keine Antwort vom Bundestag. Heine ist wieder in Marseille, in der besten Übersetzung Hamburgs, und war noch gar nicht richtig weg. Es bleibt nur noch eins: die Provence. Aix? Aix! Es ist der 30. Oktober, und Heine schaut aus seinem Zimmer über die Aixer Dächer, auf denen ein zarter Schnee liegt. *Jetzt begreife ich, warum jener afrikanische Beduine, mit dem ich in Marseille sprach, so ironisch lächelte, als ich ihm sagte, daß ich die kalte Luft von Paris verließ, um meine Gesundheit unter dem schönen Himmel der Provence wiederherzustellen. Der Afrikaner lächelte beinahe so, wie wir anderen über die Naivität der armen Lappländer lächeln, die, wenn sie lungenkrank sind, Lappland verlassen und nach Sankt Petersburg gehen, um dort die Sanftheit des Klimas zu genießen.*[519]

Das schreibt er in einem langen, melancholischen Brief an seine Principessa, auch daß die Gelbsucht in seinem Herzen sei und seine Gedanken meist um ein Schloß herumstreifen, das zwischen Rueil und Bougival liegt. Er meint ihre Frage schon zu hören: Und was machen Sie in Aix? *Aber, mein Gott, Madame, irgendwo muß ich ja sein.*[520] Vielleicht ist das Wetter in Avignon besser, in Avignon, der Exilresidenz der Päpste. Vor zwei Monaten hat die katholische Kirche seine Bücher »De la France«, »De l'Allemagne« und die »Reisebilder. Tableaux de Voyage« auf den Index gesetzt. Aus Avignon schreibt er einen erschütternden Brief.

Er schreibt an Moses Moser, den längst vergessenen Freund, so wie er einst an Christian Sethe, den längst vergessenen Freund, geschrieben hatte. Er braucht Geld, so schlimm steht es also. *Lieber Moser! Wird Dich der Brief, den Du heute von mir empfängst, erfreuen, obgleich die Veranlassung nichts weniger als erfreulich? Wirst Du verstehen, daß dieser Brief der höchste Beweis ist, den ich Dir von der Zuversicht meiner Freundschaft geben konnte? Wirst Du ihn sogar als ein Zeugnis großer Sinnesart betrachten?*[521] Das letztere ist vielleicht ein wenig viel verlangt, er weiß es. Er berichtet Moser von einer schlaflosen Fiebernacht in Paris, als er im Geiste alle seine Freunde musterte, wem er wohl seinen letzten Willen anvertrauen könnte. Er fand nur zwei, Moser und eventuell seinen Bruder Max. Das mit dem letzten Willen ist noch nicht ganz akut, aber Geld braucht er schon heute. Vierhundert Taler vielleicht, jetzt, *in der schmerzlichsten Passionszeit seines Lebens?*

Moser wird nicht antworten. Genau wie der Bundestag.

Er hat verstanden. Das Schicksal will ihm alle Fluchtwege abschneiden, auch alle Fluchtwege vor Mathilde. Im Dezember ist er zurück in Paris. Mathilde hat ihn wieder, er hat Mathilde wieder. Sie hat unterdessen einen großen Teppich gestickt, was er als Beweis nimmt, daß sie während seiner Abwesenheit sehr fleißig, also auch treu war. Den Teppich kriegt Lewald als Geschenk.

Wir leben beide sehr glücklich, d. h. ich habe weder tags noch nachts eine Viertelstunde Ruhe ... Ich war immer der Meinung, daß man in der Liebe b e s i t z e n müßte, und habe immer Opposition gebildet gegen die Entsagungspoesie; aber das Platonische hat auch sein Gutes, es verhindert einen nicht, am Tage zu träumen und des Nachts zu schlafen, und jedenfalls ist es nicht sehr kostspielig.[522] Das ist das entscheidende Wort. Er braucht Geld.

Er sieht nur einen Ausweg, er muß die Rechte an der Gesamtausgabe seiner Werke verkaufen.

Am 12. Februar stirbt Börne, und Heine fühlt sich auch nicht gut. Er hat die Grippe, diese *charakterlose Justemilieukrankheit, die Ludwig Philippe erfunden zu haben scheint, wodurch man weder leben noch sterben kann, eine Cholera ohne Gefahr und Poesie.*[523] Zu Börnes Beerdigung am 28. Februar auf dem Père-Lachaise kommen dreitausend Menschen. Er kommt nicht. Man wird ihm das sehr übelnehmen. Dreitausend Menschen nur wegen Börne! Wenn er jetzt tot wäre, keine hundert brächte er zusammen. Börnes Bücher sind auch viel erfolgreicher als seine, und er selbst hat Börne einst zu Campe gebracht. Und nicht einmal vom Bundestagsbeschluß war Börne betroffen. Der stirbt völlig unverboten. Dabei ist Börne viel radikaler als er. Ja, er, Heine, ist im Grunde überhaupt nicht radikal; Börne ist radikal. Es trifft immer die Falschen. Aber er weiß schon, warum. Menzel steckt dahinter. Wolfgang Menzel, der Börne auf seine Seite ziehen wollte. Menzel, der das ganze Bundestagsverbot erst angestiftet hat. Menzel, den er schon vom Studium in Bonn kennt. Menzel, der Denunziant. »Über den Denunzianten« heißt die Vorrede zum dritten Teil des »Salons«, die er Campe soeben geschickt hat. Wenn der Bundestag ihm schon nicht antwortet! Immerhin haben mehrere deutsche Zeitungen seinen Bundestagsbrief gedruckt. Ein Gesinnungsfreund Menzels, von Beruf Zensor, wird »Über den Denunzianten«[524] vorläufig verhindern. Wie gut, daß er das noch nicht weiß.

Börne! Kein bißchen verboten, hohe Auflagen und braucht das Geld nicht einmal. Der könnte auch vom Vermögen seines Vaters leben. Dafür ist er jetzt tot. Kann er also nicht mehr. *Deutschland verliert in ihm unstreitig seinen größten Patrioten; die Literatur verliert wenig an ihm.*[525] Am besten findet Heine, daß er sich von Börne nie provozieren ließ. Egal, was der schrieb, öffentlich. Er hat nie geantwortet. Daß er das kann, hätte er gar nicht erwartet. Er ist nur ein bißchen neidisch wegen der dreitausend Trauergäste für Börne, aber das würde er nie zugeben. Das Totsein hat nicht viele Vorteile, aber man braucht bedeutend weniger Geld. Das unterscheidet ihn von Börne. Er notiert etwas über sich und Börne.

Wehe dem Dichter, der kein Geschäftsmann ist, vor allem in aussichtslosen Lagen. Das mit der Gesamtausgabe sagt er nicht Campe zuerst – Campe, der so gern Börne verlegt –, sondern er ködert erst einmal andere. Als verbotener Autor kann er ohnehin nicht sehr hoch gehen. Mit dem Angebot eines anderen Verlegers überrennt er noch im Februar Campe, denn treu ist er doch, und simuliert außerdem enorme Schulden. Sicher ist sicher. Campe klagt zurück, daß er im Moment gar nicht gut bei Kasse sei. Heines Angebot: Zwanzigtausend Francs für die Rechte an seiner Gesamtausgabe auf elf Jahre. Er hat sogar noch eine Sonderkondition für Campe, die der andere Verlag nicht bekäme: *Ihnen aber, liebster Campe, mache ich ein Zugeständnis, das Ihnen vielleicht ebensoviel wert ist wie die ganze Exploitation der Gesamtausgabe: ich gestatte Ihnen nämlich, neben der Gesamtausgabe während zehn Jahren von den einzelnen Schriften, die Sie im Verlag haben, soviel besondere und öftere Auflagen zu machen, als Sie nur immer wollen.*[526] Er weiß selbst, daß das generös ist, aber daß das »Buch der Lieder« gleich ein Bestseller wird, weiß er noch nicht.

Duell wegen Mathilde. Der Dichter und seine Frau, mit den Augen seiner Frau betrachtet

Im April ist der Vertrag perfekt und das Schlimmste überstanden. Campe muß in drei Raten zahlen, und die erste kommt sofort. Endlich kann Heine wieder in Ruhe essen gehen. Wahrscheinlich hat er auch nie damit aufgehört. Mit Mathilde und Detmold diniert er im Restaurant »Bœuf à la mode«, am Nebentisch sitzen sechs französische Studenten. Die gucken nach Mathilde, und wahrscheinlich guckt Mathilde zurück, es interessiert sie sowieso nicht, was die beiden Deutschen neben ihr zu reden haben. Die Worte am Studententisch zeugen allmählich von einer gewissen Mathilde-Begeisterung, als Heine sein langweiliges Gespräch unterbricht, aufspringt und dem nächstsitzenden Studenten eine schallende Ohrfeige gibt. Die sechs Studenten fahren hoch, greifen nach Stuhlbeinen, Besteck oder eigenen, mitgebrachten Messern und nehmen die Schlachtordnung ein. Sechs gut Bewaffnete gegen den einhändigen Heine, denn er kann zwar noch ohrfeigen, aber nur mit der rechten Hand, die linke ist lahm, schon ganz abgemagert und sieht eher aus wie die Hand einer Leiche.[527] Die Lähmung reicht schon fast bis zum Ellenbogen. Detmold überlegt inzwischen, ob man unter die Omelette soufflé auf der Speisekarte künftig nicht auch eine Soufflet à la Heine setzen sollte.

Heines Lage ist strategisch längst aussichtslos, als Wirt, Kellner und Gäste sich mutig in die Kampflinie zwischen dem Dichter und den sechs Studenten stellen. Man tauscht, äußerlich bald krampfhaft ruhig, die Visitenkarten. Der Hauptbeleidigte ist von enorm altadeliger Familie, und Heine empfängt umgehend eine Forderung auf Pistolen. Dichter können so unlogisch sein. Eben gerade hat er unter so viel Aufwand seine Einkünfte geregelt, oder wenigstens die Grundlage künftiger Einkünfte, und nun will er sich totschießen lassen.

Er nimmt sich vor, überaus glänzend aufzutreten. Er braucht nur noch zwei glänzende Sekundanten. Detmold ist nicht glänzend genug und sieht sich außerdem nervlich außerstande, an einer solchen Veranstaltung teilzunehmen. Heine findet aber einen polnischen Grafen, der im Jockeiklub und überhaupt überall verkehrt und einen großen Marstall und massenhaft Equipagen besitzt. Das ist sehr wichtig für die Repräsentation. Es kann Heine, der den Adel und dessen Gepflogenheiten doch so verachtet, gar nicht adelig genug sein. Sein Freund Massarellos ist der andere Sekundant. Der hochwohlgeborene Student hat einen Baron und einen Kavalleriekapitän als Sekundanten. Die Parteien handeln die Bedingungen aus: Fünfzehn Schritt Barriere mit einfachen Kavallerie-Feuersteinpistolen am 1. Mai, sechs Uhr morgens. Immerhin kann Heine noch etwas sehen, kurz darauf wird er fast erblinden, aber man darf sicher sein, daß er auch halbblind und halblahm noch zu jedem nur denkbaren Duell antreten würde.

Nicht einmal ein halbes Jahr später – er kann nicht mehr sehen, die Lähmung ist bereits am Ellenbogen angelangt – hat er nur einen einzigen großen Gedanken: Menzel, der Denunziant, soll sich mit ihm schlagen; *man muß ihn auf alle mögliche Weise dazu reizen.*[528] Er ist genau wie sein geliebter Ritter Don Quixote, dessen Lebensgeschichte er schon als Kind las und zu deren Neuausgabe er soeben mit der Grippe im Leib eine Einleitung schrieb, vor allem, weil er tausend Francs dafür bekommen soll. Tausend Francs für eine Einleitung! Unklar ist im Augenblick, ob er überhaupt noch Gelegenheit finden wird, die tausend Francs auszugeben. Gott sei Dank hat er Campe schon mitgeteilt, daß seine Gesamtausgabe neunzehn Bände haben wird und was in jeden Band hinein soll. Leider wird Campe weder jetzt noch überhaupt zu seinen Lebzeiten eine Gesamtausgabe drucken. Das Recht an den unbegrenzten Auflagen der Einzelbände gefällt ihm viel besser.

Am 1. Mai hält noch weit vor sechs Uhr morgens eine prächtige Kutsche mit Vollblutvierergespann in der Cité Bergère. Heine tritt glänzend und ein wenig donquixotisch aus der Tür, der zweite Sekundant ist ebenfalls schon da. Auch von früheren Duellen ist bezeugt, daß Heine selten so wohlgelaunt und geistreich ist wie auf dem Weg zum Duellplatz. Der polnische Graf kutschiert persönlich, sein Kutscher sitzt neben ihm auf dem Bock. Die Equipage bleibt vor dem Restaurant stehen, die Gegner kommen im Fiaker. Die vier Sekundanten beginnen eine lange Unterredung, ob Heine inzwischen frühstückt, ist nicht bekannt. Am Ende der Unterredung des polnischen Grafen und des Herrn M. mit dem feindlichen Baron und dem feindlichen Kavalleriekapitän steht ein bemerkenswerter Ausgang. Der Beleidigte hat nun selbst keine Lust mehr auf einen, wie er soeben erfahren hat, berühmten Dichter zu schießen. Heine läßt auch übermitteln, daß die Ohrfeige vielleicht etwas unangemessen war. Das sieht er wirklich so. Aus Feigheit entschuldigt er sich nie. Dann ist es kurz vor sieben, und alle gehen frühstücken, sogar ein Sekundant der eben noch feindlichen Partei kommt mit. Das Schöne an Duellen, wenn man sie überlebt, auch wenn sie gar nicht stattfinden, ist dieses Gefühl, ein ganz neues Leben anzufangen.

Am nächsten Morgen steht in einem Pariser Journal, Heine habe, getroffen von der Kugel des Gegners, großmütig in die Luft geschossen. Ein anderes meldet, aufgrund beleidigender Äußerungen des Franzosen über deutsche Manieren – Heines – habe der Dichter zum Duell gefordert und sei beim Wechsel doppelter Pistolenschüsse getroffen worden. Die »Allgemeine Zeitung« druckt das umgehend nach.[529]

Nicht nur durch Gedichte, auch mit Duellen kann man berühmt werden, merkt Heine. Er kennt einen riesengroßen, breitschultrigen, schönäugigen, großmäuligen, deutschen Major in Paris, der bekannt ist für seinen Erfolg bei den Frauen und etwas minder bekannt durch seinen Reiseführer »Morgen- und Abendland«. Er ist ein Mann, der – wie schon der Titel seines Reiseführers verrät – aufs Ganze geht, und Heine hat noch in diesem Mai eine fabelhafte Idee:

– Hailbronner, tun Sie mir einen großen Gefallen, wollen Sie?

Hailbronner zögert; er kennt Heines Bitten. Kürzlich wollte er sich seinen Körper ausborgen, nur für drei Wochen. »Dann würde ich ihn getreulich wiederbringen, aber wüst zugerichtet.«

– Also welchen Gefallen? fragt Hailbronner.

– Duellieren Sie sich mit mir im Bois de Boulogne!

Der großmäulige Major ist sprachlos, und Heine erklärt ihm den Plan. Sie bräuchten ja nicht unbedingt Kugeln mitzunehmen, beide würden überleben und dann frühstücken gehen, am besten getrennt, wegen der Glaubwürdigkeit. Und am nächsten Morgen würden alle französischen Zeitungen melden, er habe sich mit diesem Goliath geschlagen – undenkbar schön. Sein Renommee wäre gar nicht mehr steigerbar, wahrscheinlich wären sogar die deutschen Jakobiner beeindruckt. Leider findet das Duell mit Hailbronner nie statt.[530]

Was Mathilde darüber denkt, daß ihr Mann sich wegen ihr mit sechs Studenten auf einmal anlegt, ist nicht überliefert. Wahrscheinlich hat sie keiner gefragt. Es ist ohnehin schauderhaft, daß nur Männer das Bild prägen, das dann die Nachwelt von einem hat. Was wissen denn Männer von Frauen? Sie hat nun einmal einen notorisch eifersüchtigen Mann, sie muß ihn irgendwie besänftigen. Alle halten sie für unberechenbar und verstehen nicht, warum sie sich manchmal vor Wut auf den Boden wirft und schreit und heult und sich mit Fäusten schlägt, aber wenn ihr Mann wegen nichts Aufruhr anzettelt, sagt ihm keiner etwas von Überreaktion und Unberechenbarkeit. Sie ist doch schon sehr vorsichtig, aber manches läßt sich einfach nicht vermeiden. Zum Beispiel die Treppe hochzugehen. Was kann sie dafür, daß sie nicht ganz unten wohnen? Sie läuft die Treppe hoch, schneller als Heine, Detmold und dessen Bruder, die hinter ihr gehen. Detmold, dieser Deutsche, den sie mag, hat seinen Bruder Karl mitgebracht, er ist siebzehn und hinter ihr und bückt sich, damit er von unten besser ihre Beine sehen kann, vielleicht auch das, was darüber ist. Kaum oben, ruft Heine den älteren Detmold in sein Arbeitszimmer, geht mit verschränkten Armen lange und sehr verstört auf und ab, um endlich in die Schillerschen Worte auszubrechen: »Hermann! der Knabe Karl fängt an, mir fürchterlich zu werden!«[531] – Ist das etwa normal? Oder später, als sie mit zwei Bekannten ihres Mannes und diesem selbst spazierengehen muß, und es macht ihr nun wirklich keinen Spaß, mit Deutschen spazierenzugehen. Aber der eine hat so eine Waschbärennatur, das gefällt ihr, er heißt Moritz und sagt auch gleich »Mathilde« zu ihr, das gefällt ihr auch, und er bietet ihr den Arm und sie nimmt ihn, und sie unterhalten sich gut. Henri geht mit dem anderen hinter ihr und kann sie immer sehen. Aber sobald ein Passant ihm die Sicht verdeckt, fragt er: »Wo ist denn Moritz mit Mathilde?« Und so geht das den ganzen Spaziergang über.[532] Benimmt sich so ein großer Dichter? Sie hatte da schon immer ihre Zweifel.

Ja, sie weiß, ihr Henri liebt sie. Sie liebt ihn doch auch – wie ihren Papagei, das Einkaufengehen und das Plaudern. Im Sommer soll sie wieder zu ihrer Mutter aufs Dorf zu den Kühen, aber das kann er diesmal vergessen, wer sagt ihr, daß er wiederkommt? Zweimal hat sie schon Glück gehabt, aber beim dritten Mal geht es bestimmt schief. Außerdem möchte sie auch einmal das Meer sehen und die Bretagne. Er hat keine Chance. Wenn es darauf ankommt, ist sie doch stärker. Sie kann schreien, heulen, tagelang, wenn es sein muß. Wer etwas will, muß Opfer bringen. Als Frau weiß man das. Wie gut, daß sie keine Erziehung hat, sie wäre ihr bestimmt hinderlich. Frauen mit Erziehung sind viel unglücklicher als Frauen ohne Erziehung.

Es kommt genau, wie sie es erwartet hat. Er gibt nach. Und schreibt seinen Freunden, daß diese Begleitung viel Beschwerliches habe *wegen der Wildheit der teuren Person*.[533] Wenn er das schon sagt! Noch haben sie keinen Hausfreund wie später, der immer verraten wird, wenn sie einem Gast die Fischplatte samt Fisch an den Kopf wirft. Ja, sie weiß, das ist nicht zartfühlend, aber hat er nicht selbst gesagt, daß ihm der Fisch nicht schmeckt? Und daß sie dem Arzt ihres Mannes in ferner Zukunft beinahe ein Auge ausschlagen wird, ist nicht nett, doch so etwas kommt vor, und außerdem kommt es später. Aber schon jetzt gilt: sie macht solche Dinge nicht einfach so. Über den Arzt zum Beispiel wird sie sich sehr ärgern. Überhaupt benimmt sie sich immer so, wie sie sich fühlt. Das ist ehrlich, oder etwa nicht? Und ihr Henri soll bloß nicht so doppelmoralisch tun, genau das liebt er doch an ihr, daß sie so undoppelt ist, sie weiß es genau. Und daß sie sonst nichts weiß, das liebt er auch. Er sagt dann immer zu seinen Freunden: Sie liebt mich nur wegen mir! – Ja, weshalb soll sie ihn denn auch sonst lieben?

Natürlich versuchen immer wieder irgendwelche Fremde, ihr die Legende mit dem Dichter zu erzählen. Na, sie weiß ja nicht, das mit der Mathilde oder Franscheska oder wie die hieß in dem komischen Buch, hat ihr gereicht. Sie macht bei solchen Äußerungen Dritter immer ein hochphilosophisches Gesicht und sagt dann: »Komisch, ich merke gar nichts davon.« Also von Henris Dichtertum. Oder: »Ist es nicht schnurrig, daß ich gar nichts davon verstehe?« Und dann lachen alle. Aber der wahre Philosoph ist doch sie. Zugegeben, sie weiß nicht genau, was das ist. Einmal hat sie Henri gefragt, was ist das, die Philosophie, aber er hat nur gesagt: Sei froh, daß du es nicht weißt.

Dabei weiß sie es in Wirklichkeit längst. Philosophisch ist es zum Beispiel, den deutschen Bekannten, die Henri immerzu besuchen, erst »Guten Tag!« zu sagen und, wenn sie die dann unbedingt reinlassen muß, auch noch »Nehmen Sie Platz!«. Bis dahin schafft sie es gerade noch, dann prustet sie jedesmal los vor Lachen. Erstens, weil sie keine anderen deutschen Wörter kennt, und zweitens, weil die so komisch sind. Außerdem brauchen sich diese Deutschen nicht zu wohl bei ihnen zu fühlen. Sie sind nämlich wirklich lästig. Nicht nur, daß ihre Worte wie Klötzer sind, später werden sie auch noch verbreiten, sie sei ungebildet, weil sie nur »Guten Tag!« und »Nehmen Sie Platz!« auf deutsch sagen kann. Dabei kann sie einen vollständigen Satz bilden: »Ich bin eine wilde Katze.« Reicht das nicht in einer solchen Sprache? Und zwei Wörter kann sie noch: »Meine Frau«. Ja, sie weiß schon, sie sollte sich diesen Deutschen nicht immer mit »meine Frau« vorstellen, wahrscheinlich ist da ein Fehler drin, aber der Mensch macht nun mal Fehler, und in unmöglichen Sprachen macht er eben besonders viele.

Vielleicht war es auch ein Fehler, daß Lewald, der im Augenblick Henris bester Freund ist, dieses Porträt von ihr und Henri und ihrer Wohnung entworfen hat, was alle lasen und weshalb sie dann so merkwürdig überrascht waren, wenn sie vor der Tür standen. Lewald hatte vor einem Jahr geschrieben: »›Ich werde Sie meiner Frau vorstellen‹, sagte er [Heine] und führte mich zu einem kleinen eleganten Salon, wo Madame Heine auf den schwellenden Polstern eines Diwans saß und eine Tapisserie zwischen den niedlichen Fingern hielt. ... Eine hübsche Brünette mit Feueraugen, aus denen Geist blitzt.«[534] Salon! Diwan! Geistaugen! Immerhin wird sie einmal die Reihe der ägyptischen Könige viel besser hersagen können als ihr Henri. Und zwar, wenn er sie in dieses Pensionat mit lauter Sechzehnjährigen stecken wird. Da wird sie schon vierundzwanzig sein. Warum er dann immer lachen muß, wenn sie über die alten Ägypter spricht, wird ihr rätselhaft sein. Sie lacht doch auch nicht, wenn er etwas weiß.

Nur daß er sie verhaut, meistens montags, ist nicht so schön. Und sie darf sich nicht einmal wehren. Er sagt, sie braucht das. Aber das stimmt nicht. Er braucht das gewiß, um sich einbilden zu können, daß er sie im Griff habe. Das ist natürlich Unfug. Sie kann ihn so leiden lassen. Sie kann ihn fertigmachen, sie weiß das. Ja, das mit dem Verhauen montags ist seltsam, immerhin bekommt sie hinterher jedesmal etwas geschenkt, und das wiederum ist schön, aber das kommt alles später, denn noch haben diese Montage gar nicht angefangen. Das Meer ist wirklich schön.

Und die Bretagne und Granville sind auch schön. Sie sind schon fast zwei Monate unterwegs. Nur wird ihr jetzt so merkwürdig. Henri ist schon ganz ängstlich und sagt, sie müssen nach Paris zurück, weil die Ärzte dort besser sind. Sie will ganz schnell wieder gesund werden, sonst fährt er noch allein nach Boulogne, wo er schon in den ganzen Vor-Mathilde-Sommern war. Er freut sich so auf den Wellenschlag dort, auch wegen seiner Hand. Die Hand ist dünn, aber sonst ist er schon ganz unmöglich dick. Zwar ist sie im Zunehmen doch noch schneller als er, aber gut sieht das nun wirklich nicht aus.

Boulogne ist, wie sie es erwartet hatte, irgendwie langweilig. Sie will da nicht bleiben. Er nimmt fünfzehn Bäder. Sie bekommen ihm nicht. Außerdem kriegt er Migräne. Vielleicht sollte man doch keine alten Männer heiraten? Gut, daß sie weiter nach Havre fahren, Havre ist besser, vier Wochen bleiben sie da, bis zum September, und diesmal ist nicht sie schuld, daß sie abfahren müssen. Henri kann nichts mehr sehen und hat schreckliche Angst, blind zu werden. Jetzt müssen sie schnell nach Paris zurück wegen des Augenarztes Dr. Sichel. Der schafft es zumindest, daß Henri wieder die Buchstaben erkennen kann, die er schreibt. Sie kann die nicht lesen, schwer zu sagen, wie ihr diese Buchstaben gefallen würden. Er schreibt: *Mathilde hat sich auf der Reise gut aufgeführt, nur in Paris ist sie schwer zu ertragen.* Am 17. September schreibt er das, an Detmold, mit dem sie damals essen waren in dem Restaurant mit den sechs Studenten. Der 17. September ist ein denkwürdiges Datum. Von nun ab wird er bis an sein Lebensende solche Sätze schreiben, die beginnen: *Meine Frau führt sich gut auf* ... Ja, was ist denn das? Schreibt man so über seine Frau? Über ein kleines Kind schreibt man so oder über sein Haustier. Natürlich ist sie beides, und das Haustier läßt sich auch näher bestimmen. Sie ist nämlich die Tigerkatze, und er ist der arme Hund, das sagt er selber. Wahrscheinlich will er nur angeben, daß er sie notdürftig gezähmt kriegt, daß sie ihn nicht zerfleischt, und weil er unfähig ist, solche Tatbestände vernünftig auszudrücken, schreibt er: *Meine Frau führt sich gut auf* ... Entsetzlich!

Schrecklich ist auch, daß er sie immer wieder einfach wegsperrt. Als er später nach Deutschland fährt, gibt er sie in ein Pensionat. Als ob sie nicht allein leben könnte. Jetzt, Ende Dezember, liefert er sie ins Krankenhaus an der Barriere St. Jacques ein. Das ist mal wieder typisch, keiner weiß, was man hat, nur bei ihm überliefern das alle der Nachwelt. Ins Krankenhaus sperrt er sie – einsperren! das sagt er selbst –, weil sie so eigensinnig wird gegenüber den ärztlichen Verordnungen. Dabei hat sie doch noch gar nicht angefangen mit dem Zerbeißen von Wassergläsern, so daß man die Scherben einzeln aus ihrem Mund sammeln muß. Aber sie bekommt eine *inflammation des intestins: Hätte ich nicht energische Maßregeln getroffen, sie wär mir gestorben und ich hätte wieder ein Buch Trauerlieder schreiben können.*[535] Immerhin, er kommt sie fast täglich besuchen und braucht dafür mehrere Stunden Anreise. Das ist auch sehr gut so, denn er geht zu anderen Frauen. Man darf den Männern nicht zuviel Zeit lassen. Wie gut, daß sie das mit den anderen Frauen nicht weiß. Nichts von dieser Caroline Olivier, Schauspielerin und Primadonna. Und nichts von dieser Pauline Treuenthal, der er extra in deutscher Sprache schreibt, denn die klinge doch *traulicher, wenigstens ehrlicher* als das beste Französisch. Er muß es ja wissen. Ein Buch Gedichte will er ihr geben, *und Sie werden recht viel zärtliche Verse, überhaupt nur Liebesgedichte, darin finden.*[536] Hat sie es nicht gleich gewußt, Bücher sind die Doppelmoral persönlich. Zwar mußte er ihr schwören, niemals wieder erfundene Frauen zu bedichten, aber ihn schwören zu lassen, seine Gedichte nie anderen Frauen zu schenken, das hat sie vergessen. Man kann nicht an alles denken. Und außerdem ist sie krank.

Sonderbar, die glückliche Liebe schreibt gar keine Verse, kaum erlaubt sie einem in Prosa zu schreiben.[537] Ob Mathilde diese Zeilen ihres Mannes, niedergeschrieben während ihrer Inhaftierung im Maison de santé, verstanden hätte?

Heine schreibt eine Apotheose des Künstlertums, die keiner mag, duelliert sich schon wieder, verhaut seine Ehefrau und vergiftet ihren Papagei

Ob sie etwas gemerkt hat, welche Art Briefe ihr Mann zuletzt schrieb, schon in Havre und dann in Paris? Es sind schmerzhafte Selbstdemütigungsbriefe. Er will und muß das Verhältnis zum Onkel wiederherstellen, nicht nur wegen des Geldes – das Onkel-Geld fehlt ihm sehr –, auch um seiner Seelenruhe willen. Er schreibt dem Bruder Max, noch aus Havre, was ihn so kränkt: *Ich habe wahrhaftig zu dem Ansehen, das ich in der Welt erlangt, der Beihülfe meiner Familie nicht bedurft; daß aber die Familie nie das Bedürfnis fühlte, dieses Ansehen, und sei es auch in den kleinsten Dingen, zu befördern, ist unbegreiflich. Ja, im Hause meines Oheims fanden diejenigen Menschen eine gute Aufnahme, die notorisch als Gegner meines Renommee bekannt waren.*[538] Nun gut, Beihilfe hat die Familie schon geleistet, sonst hätte Heine keine Universität von innen gesehen. Aber die Familie versteht bis heute nichts von dem, was er ist. Wahrscheinlich ist es dem Onkel verdächtig, daß einer nur durch die Art, wie er spricht, berühmt werden kann. Nur durch Sprache – das geht nicht mit rechten Dingen zu. Kann er, Salomon, etwa richtig deutsch? Kann er nicht, und kommt auch durchs Leben. Deutsch können, kann kein Verdienst sein. Seine Millionen, die sind Verdienst. Etwas, das man zählen kann. Berühmtheit durch Sprache aber – da ist etwas Unberechenbares, dunkel Gefährliches. Der Neffe ist ein Nichtsnutz.

Daß e r, der Neffe, um Verzeihung bitten soll, wo er doch wie *geschunden von den schneidendsten Beleidigungen* ist, kommt ihm ungeheuerlich vor. Aber er macht es, er schreibt einen Brief an Salomon und schickt ihn an Max. Der kleine Max hat bereits eine große Karriere hinter sich. Er trat in den russischen Staatsdienst ein, nahm 1828 als Militärarzt am Kaukasuskrieg teil und wurde in St. Petersburg Arzt an einem Kadetteninstitut. Später, verheiratet mit der Witwe des kaiserlichen Leibarztes, wird er es noch bis zum Staatsrat bringen. Aber jetzt ist er in Hamburg und will den Brief seines Bruders in einer geeigneten Stunde übergeben. Der kann nicht direkt an Salomon schreiben, seine Feinde im Onkelhaus würden den Brief abfangen. Es ist ein sehr langer Brief, darin steht, daß, wenn alle Heines längst im Grabe liegen, der Neffe dafür gesorgt haben wird, daß *mein ganzes Leben, mein ganzes, reines, unbeflecktes, obgleich unglückliches Leben seine gerechte Anerkennung findet.* Nur der Onkel will sie nicht geben? *Aber, teurer Onkel, es liegt mir sehr viel daran, die Unliebe, womit jetzt Ihr Herz wider mich erfüllt ist, zu verscheuchen und Ihre frühere Zuneigung aufs neue zu erwerben. Dieses ist jetzt das schmerzlichste Bedürfnis meiner Seele, und um diese Wohltat bitte ich, bettle ich und flehe ich mit der Unterwürfigkeit, die ich immer Ihnen gegenüber empfunden und deren ich mich n u r e i n m a l im Leben entäußert habe, nur einmal, und zwar zu einer Zeit, als die unver-*

dientesten Unglücksfälle mich grauenhaft erbitterten, als die widerwärtigste Krankheit, die Gelbsucht, mein ganzes Wesen verkehrte.[539] *Und dann, ganz am Ende: Aber sagen Sie mir, was ist der letzte Grund jenes Fluches, der auf allen Männern von großem Genius lastet, warum trifft der Blitz des Unglücks die hohen Geister, die Türme der Menschheit, am öftesten, während er die niedrigen Strohköpfe der Mittelmäßigkeit so liebreich verschont? Sagen Sie mir, warum erntet man Kummer, wenn man Liebe säet? Sagen Sie mir, warum der Mann, der so weichfühlend, so mitleidig, so barmherzig ist gegen fremde Menschen, sich jetzt so hart zeigt gegen seinen armen Neffen. H. Heine.*[540]

Max findet keine Gelegenheit, den Brief zu übergeben. Nichts bessert sich. Aber es gibt ja noch Giacomo Meyerbeer, hauptberuflich erfolgreichster Komponist seiner Zeit, nebenberuflich Heinrich Heines privates Wohltätigkeitsinstitut. Der *Carissimo Maestro* erfährt im März von der ganzen Misere eines deutschen Dichters: Mathilde spuckt Blut, und aus der deutschen Zeitung in Paris, die er soeben gründen wollte, wird auch nichts. Geldgeber hatte er schon, sogar ein preußischer Minister interessierte sich für das Projekt, zwanzig Druckbogen Briefe rund um die Zeitung hat er geschrieben und verschickt und tiefste, modernste Einsichten in das Wesen des Anzeigengeschäfts getan – wie finanziere ich mittels Annoncen eine Zeitung? –, da kommt aus Berlin das Aus. Ein verbotener Autor darf keine deutsche Zeitung machen. Außerdem wird er nun wohl bald endgültig blind und das Schrecklichste bei alldem: auch er, Meyerbeer, glaube also, er habe seinen Onkel gekränkt. Und nun erfährt der *Carissimo Maestro* auf vielen Seiten die wahre Geschichte vom Onkel und vom Neffen – *A b e r i c h l i e b t e d i e s e n M a n n, das war mein Fehler* –, und das Wunder geschieht: Giacomo Meyerbeer, Komponist der Erfolgsopern »Robert der Teufel« und »Die Hugenotten«, bringt Onkel und Neffen wieder zusammen. Das hat die überaus erfreuliche Nebenwirkung, die doch eine Hauptwirkung ist, daß das Onkel-Geld nun bald wieder regelmäßig und in klar geregelter Höhe bei ihm eingeht, ab Januar 1839 viertausend Francs jährlich. Und weil das Schicksal gar nicht immer der Agent des Übels ist, sondern manchmal auch ganz fulminante Synthesewirkungen hervorbringt, bekommt er ein Jahr später auch noch viertausendachthundert Francs jährlich vom französischen Staat.

Es hat schon Vorteile, den Ministerpräsidenten zu kennen. Und die Franzosen haben das deutsche Verbot Heines ohnehin mit tiefem Unverständnis zur Kenntnis genommen.

Im September kommt Onkel Salomon nach Paris. Sein Sohn Carl heiratet Cécile Furtado, die achtzehnjährige Tochter eines – was wohl? – bedeutenden Bankiers. Das Geldimperium Heine wächst im europäischen Maßstab. Heinrich kannte Cécile zuerst – manche glauben, er kannte sie nicht nur näher, sondern sehr nah; wahrscheinlicher ist, daß sie den Dichter verehrte. Heiraten hätte er sie nie können, weil kein Millionen-Bankier der Welt seine Tochter einer Halbweltfigur wie einem Schriftsteller zur Frau gibt. Da sind sie wieder, die Begriffe von Verdienst und Seriosität, die ihn wahnsinnig machen, sobald er darüber nachdenkt. Er hat die Liaison von Carl und Cécile wohl vermittelt, und selbst wenn mehr zwischen ihnen war – daß er bei der Hochzeit seiner Geliebten stumm danebensteht, kommt ihm sehr vertraut vor. Er kennt das aus seinen Gedichten, seine frühen Lieder handeln von nichts anderem.

Nur hat er wenig Ähnlichkeit mehr mit dem Alter ego seiner frühen Lieder. Anderen fällt das auch auf. Mathilde wird Jahr um Jahr dicker und dicker – mit fünfunddreißig Jahren wird sie bereits neunzig Kilo Lebendgewicht erreicht haben, dann wiegt er so gut wie gar nichts mehr –, aber noch kann er mithalten. Ein aufmerksamer Betrachter sieht noch »die leiseste Spur eines poetischen Äußern im Fette« verschwinden. Sein Witz bekomme einen Bauch, sein scheu blickendes Auge werde immer kurzsichtiger und »in seinem ursprünglich sehr geistreichen Gesichte mit den feingeschnittenen, sarkastischen Zügen tauchen hier und da böse, philisterhafte Fettrunzeln auf«.[541] Nur manchmal erinnern einige seiner Gesten an den Dichter, etwa wenn er in einer Unterhaltung die Hand aufs Herz legt und sehr tief aufseufzt. Ein Zeuge dieser Geste, der gerade wieder im »Buch der Lieder« gelesen hat und weiß, daß der Dichter eine rote, flammende Sonne als Herz in der Brust trägt, ist überzeugt, daß diese Sonne ihm soeben ein Loch in die Haut und in den Rock gebrannt hat, als der Mann mit der Sonne in der Brust noch einmal einen langen poetischen Seufzer tut und sagt: »Zuviel gegessen« und den Rock aufknöpft.[542] Aber eine solche Gemütslage ist durchaus gesund, man kann mit ihr zwar nicht dichten – das macht er auch nicht –, dafür ist es viel leichter, gute Gespräche mit dem Onkel in Paris zu führen:

– Nun, mein lieber Neffe, tust du noch immer nichts in Paris?

– Aber Pardon, lieber Onkel, ich schreibe Bücher!

– Na, das sage ich ja gerade: Du tust noch immer nichts![543]

Kurz vorher, im Sommer von Granville, formuliert er wie nebenbei die ästhetische Maxime der Zukunft: *Mein Wahlspruch bleibt: Kunst ist der Zweck der Kunst, wie Liebe der Zweck der Liebe und gar das Leben der Zweck des Lebens ist.*[544] Der Erfinder des L'art-pour-l'art-Standpunktes ist Heinrich Heine. Gutzkow hatte ihm empfohlen, die »Verschiedenen« um Himmels willen nicht als Anhang in das »Buch der Lieder« aufzunehmen, Heine fügt sich, merkt aber an, daß seine Gedichte ohnehin kein Futter für die rohe Menge seien. L'art pour l'art.

Er ist allein in Granville, Mathilde muß zu ihrer Mutter aufs Dorf, Milch trinken und in einem Stall schlafen, so will es ihre Gesundheit, hat der Arzt gesagt. Manchmal, findet Heine, sagen die Ärzte durchaus sehr vernünftige Sachen. Trotzdem ist ihm melancholisch zumute am Meer, und George Sand bekommt einen seiner schönsten Briefe. Er klingt fast wie ein Liebesbrief und ist doch keiner. Heine ist schon wieder nicht zu einem ihrer Diners erschienen. Früher hatte sie ihn mit Billetts wie diesem eingeladen: »Lieber Cousin! wenn Sie in physischer oder moralischer Hinsicht nicht tot sind (was mich betrifft, so ist beides schon lange der Fall), so kommen Sie heute abend zum Essen zu mir. Dieses Vergnügen möchte ich Liszt bereiten, um ihn für den Anblick meiner dummen Physiognomie zu entschädigen. Weitere Gäste werden nicht zugegen sein, Sie können in Pantoffeln und Schlafmütze kommen. Versuchen Sie unbedingt zu kommen, wenn Sie nicht gar meinen Namen vergessen haben. Von ganzem Herzen. George«. Dieses Billett ist schon etwas älter, denn damals liebte sie noch Liszt, jetzt ist sie schon einen Musiker weiter, nämlich bei Chopin, aber die Grundproblematik, physische und moralische Lebendigkeit, ist noch immer die gleiche:

Meine sehr schöne und sehr gute Cousine!
Ich kann nicht in Worte fassen, wie bekümmert ich bin, daß ich Sie in Paris nicht mehr gesehen habe. Am Vorabend meiner Ab-

*fahrt habe ich durch Chopin Ihr liebenswürdiges Billett erhalten,
und ich danke Ihnen für das Interesse, das Sie mir bezeugen. Tausend Dank! Ich hätte Sie so gern gesehen! Die Strahlen Ihrer Augen hätten mir wohlgetan. Ich bin sehr traurig. Sie kennen all
meine Leiden nicht. Gegenwärtig bin ich von einer physischen
Blindheit befallen, die ebenso betrüblich ist wie die moralische
Verblendung, deren ich mich seit vier Jahren erfreue und die Sie
kennen.*

*Sie erschrecken mich, wenn Sie sagen, daß Sie das Land bald
verlassen; ich hoffe, daß ich Sie im Oktober noch in Paris antref-
fen werde; wenn Sie mir diese Hoffnung geben können, schreiben
Sie mir zwei Zeilen, adressiert an Henri Heine in Granville, Dé-
partment de la Manche.*

*Ich liebe Sie sehr, von ganzem Herzen, mit allen Fasern meines
Herzens. Wenn Sie frei sind, erfreuen Sie sich Ihrer Freiheit! Ich
bin noch in den schrecklichen Ketten, und weil man mich abends
mit besonderer Sorgfalt ankettet, gelang es mir nicht, Sie in Paris
zu sehen. Aber wenn ich alles hinter mir habe, werde ich Sie
wiedertreffen, und sei es am Ende der Welt ... vorausgesetzt, daß
man Sie nicht aufs neue ergriffen und ins Bagno zurückgeführt
hat, mein schöner, von der Liebe befreiter Galeerensklave!*

*Leben Sie wohl. Erfreuen Sie sich Ihrer Freiheit. Weinen Sie nie,
denn Tränen schwächen den Blick. Welch schöne Augen Sie haben.
Quälen Sie sich nicht wegen der Zukunft; das macht grau. Und Ihr
Haar ist das schönste, das ich gesehen habe.*
Henri Heine[545]

Sie wollen sich treffen irgendwo n a c h der Liebe. Doch noch läuft
er nicht ans Ende der Welt zu George Sand; vorerst nennt er Sands
Neuen vertraulich »Chop«, und ihn selbst haben seine *Geliebte
und die übrigen Plagen* fest im Griff. Er sitzt zu Hause neben einem bösen Papagei, der ihm ins Ohr schreit – wahrscheinlich faßt
er schon jetzt den Plan, ihn zu vergiften, vom Plan bis zur Tat wird
es dann noch ein paar Jahre dauern –, während seine Frau, zurück
aus dem Kuhstall, mit einer alten, tauben Magd schimpft. In seiner
Seele sieht es aus *wie in einem alten Schornstein, worin Heringe
getrocknet werden und die Hexen auf ihren Besenstielen auf und
ab steigen.*[546] Aber er hat jetzt einen Plan. Er wird ein Buch über
Börne schreiben. Gutzkow schreibt auch eins. Natürlich wird das

Buch über Börne in Wirklichkeit ein Buch über ihn selbst sein, ja mehr noch: über die Zeiten als solche, in die er so exemplarisch hineingestellt ist. Ein Talent, aber kein Charakter, hat Börne über ihn gesagt, und die dummen Deutschen haben das sofort verstanden und fanden ihn schrecklich. Jeder Franzose würde das Umgekehrte entsetzlich finden: Gibt es etwas Beängstigenderes als einen Charakter, und dann noch ohne Talent? Unter dem Horizont der Zeit wird er darstellen, wie sich der Genius des Tages vom wahren Genius der Zeiten unterscheidet.

Er hat schon längst weiter an seinen Memoiren geschrieben, nun muß er wieder etwas davon abzweigen. Aber endlich wieder etwas Großes schreiben, nicht diese kleinen Aufsätze, mit denen man soviel Ärger bekommt. Zuletzt waren Campe und er schon dazu übergegangen, ihren Zwist öffentlich auszutragen. Anlaß war der »Schwabenspiegel« gewesen, gedacht als Nachwort zu einem zweiten Band des »Buches der Lieder«. Doch Campe druckte keinen zweiten Band, und also gab es kein Nachwort. Der Verleger nahm den Aufsatz aber auf in sein neugegründetes »Jahrbuch der Literatur«. Es war so etwas Böses gegen die neueren schwäbischen Natur-Dichter, die ihrerseits sehr viel Böses über den Alles-Mögliche-Dichter Heine gesagt hatten. Man kennt von der »schwäbischen Schule« heute vor allem noch Gustav Schwab, schon für Heine damals der Hering unter lauter Sardellen. Aber sonst hatte die neuere schwäbische Dichtung eigentlich mit Fischen gar nichts zu tun, mehr mit Obst. Sie besang im Grunde, fand Heine, nur Obst. Höchstens noch Blumen. Gelbveiglein. – Eben etwas sehr, sehr Böses schrieb er da. Aber wie sah das aus, als Heine es gedruckt sah? Er war – wie so oft – fassungslos. Sollte das die Zensur getan haben? So etwas macht keine Zensur. Was hat die Zensur mit Gelbveiglein zu schaffen? Gutzkow! dachte Heine. Sein Verleger und Gutzkow. Also säte er Zwietracht unter ihnen; Campe trat öffentlich gegen ihn auf, Heine trat öffentlich gegen Campe auf (»Schriftstellernöten«). Und ließ ihm – ließ sich – doch die Tür einen Spalt weit offen.

Und jetzt soll sie wieder ganz aufgehen.

Heine ist euphorisch. Die Partei des Künstlers gegen den Parteigeist Börne wird er darstellen. Sich endlich wehren dürfen. Börne hat gesagt, wenn ihm ein König die Hand drücken würde, er würde sie nachher ins Feuer halten, um sie zu reinigen. Heine gibt zu,

Börne könnte das vielleicht nur metaphorisch gemeint haben, *es ist aber nicht bildlich, sondern ganz buchstäblich gemeint, daß ich, wenn mir das Volk die Hand gedrückt, sie nachher waschen werde. Man muß in wirklichen Revolutionszeiten das Volk mit eigenen Augen gesehen, mit eigener Nase gerochen haben, man muß mit eigenen Ohren anhören, wie dieser souveräne Rattenkönig sich ausspricht.*[547] Ja, meint er denn, das Volk liebt ihn, wenn es das liest? Es liebt Börne, dessen politische Anschauungen Heine für die Anschauungen eines Wahnsinnigen hält. Allein diese »Briefe aus Paris«. *... der ehemalige Polizeiaktuar von Frankfurt am Main stürzte sich jetzt in einen Sansculottismus des Gedankens und des Ausdrucks, wie man dergleichen in Deutschland noch nie erlebt hat. Himmel! Welche entsetzliche Wortfügungen, welche hochverräterische Zeitwörter! welche majestätsverbrecherische Akkusative! Welche Imperative! Welche polizeiwidrige Fragezeichen! Welche Metaphern, deren bloßer Schatten schon zu zwanzig Jahr Festungsstrafe berechtigte!*[548]

Metapher, richtig. Der tote Börne ist ihm nur noch eine Metapher für eine bedrohliche Schlagseite des Bewußtseins. Heine sieht Börnes Schriften *nicht als das Produkt eines einzelnen, sondern als Dokument unserer politischen Sturm-und-Drang-Periode.* Die Stürmer und Dränger werden das anders sehen. Sie werden vor allem sehen, daß Börne tot ist und daß eine Leiche keine Metapher ist und daß Heine hier einen Toten angreift. *Es ist immer ein Zeichen von Borniertheit, wenn man von der bornierten Menge leicht begriffen und ausdrücklich als Charakter gefeiert wird.*[549] Ja, was soll die Menge sagen zu solchen Sätzen? Er hat schon verloren, als er anfängt. Heinrich Laube versucht, ihn zu warnen. Er liest das Manuskript. Er liest ihm die gefährlichsten Stellen laut vor. Heine hört mit halbem Ohr zu und fragt: »Ja, aber ist's nicht schön ausgedrückt?«[550] Doch einen wird es geben, der den Genius dieser Schrift erkennt. Den »Börne« wird Thomas Mann am liebsten haben von allen Werken Heines. Leider ist Thomas Mann noch nicht einmal geboren.

Aber er hat Ruhe zum Schreiben, Mathilde hat er in ein Pensionat zu lauter Sechzehnjährigen gesteckt, um sie bilden zu lassen. Immer sonntags kommt er sie besuchen. Einmal nimmt er Freunde mit, im Pensionat ist ein Ball, und die anderen sollen »seine Kleine« tanzen sehen. Sie können Mathilde gut erkennen inmitten der anderen, denn sie ist mit Abstand die Größte. Aber sie tanzt weich und anmutig. Heine ist begeistert.

Wenn er doch besser sehen könnte, wären das Leben und das Schreiben, was manchmal fast dasselbe ist, gar nicht so übel zu ertragen. Und nebenbei unterhält ihn die Stadt. Er geht mit Meyerbeer und Weill frühstücken. Sie essen gut, und Weill erzählt von einer Kneipe, wo man für einen Sou Suppe mit einem Stück Fleisch bekommt. Suppe für einen Sou! Die gehobene, gesättigte Frühstücksgesellschaft findet das überaus amüsant. Das wollen sie sehen. Heine fordert gerade zweitausend Mark banco für sein neues Buch – ca. zwölftausend Euro –, weshalb Campe das Manuskript vorerst wieder zurückschicken wird. Heine soll das Honorar dann aber doch erhalten, wenn er mehr schreibt. Und Meyerbeer mußte noch nie über Geld nachdenken. Sie verkleiden sich mit Jacke und Mütze als stellungslose Kommis und betreten »Die glückliche Gabel«. Zerlumpte Menschen, Diebe und Zuhälter. Der Wirt holt die Suppe mit einer Klistierspritze aus einem finsteren Kessel. Die Gesichter sind auch nicht heller als der Kessel, aber Meyerbeer ist begeistert. Natürlich fallen sie auf, erst recht als der Maestro, in Jacke und Mütze, anfängt, Suppe zu spendieren. Sie kostet tatsächlich nur einen Sou. Es wird Zeit zu gehen, man hält sie schon für Spione. Doch Meyerbeer kann gar nicht genug kriegen vom Anblick dieser Unterwelt, Heine und Weill ziehen ihn ins Freie.[551] Wahrscheinlich gehen sie nach dieser Expedition erst einmal gut essen und Meyerbeer zahlt.

»Ludwig Börne. Eine Denkschrift«, soll sein Buch heißen. Schon wegen der Metapher. Campe nennt es »Heinrich Heine über Ludwig Börne«. Das macht ihn schon wieder ohnmächtig vor Ärger. Das Mißverständnis steckt jetzt schon im Titel. Die Katastrophe bahnt sich an. Die Rezensionen sind vernichtend. Keiner steht auf seiner Seite, alle stehen auf Börnes Seite. Campe unterrichtet seinen Autor höchst detailliert schon am 14. August 1840: »Am Sonnabend habe ich Ihr Buch ausgegeben. Auch in Leipzig kam es an denselben Tage ins Publikum. Was soll ich darüber berichten? – Soll ich Ihnen die Wahrheit sagen? – *Ich* habe mich mit dem Buche abgefunden; ich habe Ihnen gesagt, daß ich es beklage, daß Sie sich mit Börne verglichen, alles das war mir fatal und sagte ich Ihnen: Sie würden *dafür* aushalten müssen! … Börne, hat eine unbeschreibliche Popularität in Deutschland gewonnen; alle sehen in ihn einen seltenen Charakter, – man *liebt* und *verehrt* ihn – *allgemein*! – ... Es ist ein allgemeiner Schrei *gegen Sie* und noch sprach ich, außer Ihrer Mutter, keinen Menschen der sich dieser Gedanken erwehren konnte. ... Laube wollte Sie verteidigen und ward ausgelacht.«[552] Er habe das alles beim ersten Lesen vorgefühlt. Und nichts sei da, schreibt der Verleger, diesen »trostlosen Eindruck« zu verwischen: »Wäre dieser Salon 4 doch beßer! Der Rabbi ist *ein Fragment*; ohne Schluß – ohne Befriedigung. Was zählt der Salon 4 –«[553] Eine Woche später folgt der nächste Campe-Brief; nun ist von offenem Haß die Rede. Heine sei Deutschland und den Deutschen entfremdet, er kenne beide nicht mehr.

Gutzkows Buch erscheint kurz nach Heines »Börne«; er konnte ihn noch lesen und seinem »Börne« ein heroisches Anti-Heine-Vorwort geben: »Ohne Beziehung zu Börne hätt' ich Herrn Heine's Buch bemitleiden können; als Biograph des Angegriffenen werd' ich es widerlegen müssen.«[554]

Heinrich Heines Stern in Deutschland stand noch nie so tief wie jetzt. Manche halten ihn schon für ganz gesunken. Nur das »Buch der Lieder« behauptet einsam seinen Namen.

Am 14. Juni 1841 nachmittags in der Rue de Richelieu, Ecke Rue St. Marc kommt Heine nicht mehr weiter. Ein Mann steht vor ihm, am ganzen Leibe zitternd, aber irgendwie doch sehr bestimmt. Der Mann weiß nicht, ob er schreien oder flüstern soll, er sieht sich zu beidem außerstande und schrei-flüstert dem Gehgehemmten ins Gesicht, sein Name sei Strauß. Strauß? Wer war doch gleich ...? Ah, der Gatte von Jeanette Wohl. Jeanette Wohl, zu Frankfurt auf dem Wollgraben. Börnes Freundin, an die seine Briefe aus Paris adressiert waren. Zu der ihn Börne einst mitgenommen hatte, damals, als er ihn in Frankfurt besuchte. In seinem Buch hat er sich dieses Besuchs erinnert: *Ich sah eine magere Person, deren gelblichweißes, pockennarbiges Gesicht einem alten Matzekuchen glich. Trotz ihrem Äußern, und obwohl ihre Stimme kreischend war, wie eine Türe, die sich auf rostigen Angeln bewegt ...*[555] Hätte er das besser weglassen sollen? Und die übrigen Merkwürdigkeiten des künftigen Börne-Wohl-Straußschen Lebens zu dritt in seinem Buch gleich mit? Jeanette, die »zweideutige Dame«. Ein bißchen tut es ihm ohnehin längst leid.

Was geht es ihn an, wenn andere zu dritt leben? Sollen sie doch zu viert oder zu fünft. Ja, er kann den flüster-schreienden, zitternden Mann begreifen, der jetzt etwas stammelt, was er nicht recht versteht. Heinrich Heine überreicht Herrn Strauß mit einer gemessenen Handbewegung seine Karte, wie er das schon so oft bei ähnlichen Anlässen getan hat. Die Sache könne doch sicher noch ein paar Wochen warten, er verreise gerade.

Das stimmt. Am 26. Juni kommt er in Cauterets in den Pyrenäen an. Er hat Strauß schon fast wieder vergessen. Er weiß, daß diese Reise Wahnsinn ist, viel zu teuer, und dann noch mit Mathilde, aber er setzt soviel Hoffnung für seine Gesundheit in Cauterets. Nur ist es so kalt hier in den Bergen, und er hat nur leichte Pariser Sommeranzüge mitgenommen. Neben ihm stürzt sich ein Wasserfall von den Bergen, *und der Schaum dieses Wasserfalls spritzt bis an mein Fenster; das Geräusch desselben ist aber über alle Begriffe angenehm und lieblich; alle Gedanken werden davon in Schlaf gelullt, und zugleich werden alle Gefühle geweckt – kaum weiß ich, was ich schreibe, mir ist alles wie ein Traum.*[556] Er wird schnell und sehr unsanft geweckt.

In Deutschland kennt man inzwischen eine andere Version des Zusammenstoßes mit Herrn Strauß auf offener Straße. Schon am 3. Juli hält er mitten in einer der schroffsten Pyrenäenschluchten, dort liegt Cauterets, die »Mainzer Zeitung« in den Händen und liest, wie Herr Salomon Strauß in Paris dem Herrn Heine den Weg vertrat und ihn kräftig ohrfeigte – für alles, was er über seine Frau, ihn selbst und Börne geschrieben hatte –, worauf Herr Heine tief erschrak und auf der Stelle aus der Stadt floh vor der Wut des Rächers. Heine möchte aufschreien. Er ist so empfindlich in diesen Dingen. *Das Individuum, das sich dessen rühmte, ist von allen Löwen gewiß der letzte, der dies wagen dürfte,*[557] schreibt er an Kolb von der »Allgemeinen Zeitung«. Er verfaßt eine Gegenerklärung, und aus den vielen Wochen, die er in den Bergen bleiben will, werden vorerst drei.

Das Leben ist das höchste der Güter nicht, hatte Schiller behauptet. Heine sieht das genauso. Geld sei gar nichts – wir befinden uns hier wohlgemerkt schon mitten in der Aufzählung der höchsten Güter –, Gesundheit, Leben also, sei schon viel mehr, Ehre aber sei alles. Es ist vielen aufgefallen, daß dieser so moderne Mensch Heine einem merkwürdig altbackenen Ehrbegriff anzuhängen scheint. Schon Kant hatte in der Ehre eine ganz und gar äußerliche Bestimmung gesehen; das ist sie für Heine, diesen so unäußerlichen Menschen gewiß nicht. Er würde nie etwas tun, nur weil es die Konvention erfordert. Bloß fürs Duellwesen macht er eine Ausnahme. Aber nur, weil dieses pulverdampfende, säbelrasselnde Brauchtum seinem innersten Ehrempfinden entgegenkommt. Juden durften nie Waffen tragen. Er weiß, daß er gemeinhin als Mensch ohne Charakter gilt, schon weil die Menge, die Konvention, seinen Charakter nicht versteht. Das ist ihm egal. Um so wichtiger ist ihm die Selbstachtung. Seine oberste moralische Instanz ist er selbst. Er will jederzeit billigen können, was er tut. Und niemals hätte er sich auf offener Straße ohrfeigen lassen. Besonders aber ärgert ihn, daß Strauß drei angebliche Augenzeugen aufbietet, die dem deutschen Publikum bezeugen, daß alles so gewesen ist, wie es nicht war. So etwas kann die schönste Badekur verderben, das übertönt noch den wild-besänftigenden Wasserfall Le Gave vor seinem Fenster. Er schaut auf die himmelhohen Pyrenäenberge, *so ruhig, so leidenschaftslos, so glücklich*, und weiß, daß er kein Talent hat, sich ihnen anzuschließen. Inzwischen erscheint in der »Dresdener Abendzeitung« eine einsame Pro-Heine-Stimme: »Wer von unserem jungen Volk eine Feder zur Hand nimmt, gut oder schlecht, bewußt oder unbewußt, sucht es Heine nachzumachen, denn nie hat eine so plötzlich und mit Blitzesschnelle hervorgerufene, gänzlich unvermutete Erscheinung ihre Richtung so unwiderstehlich beherrscht als die Heines die ihrige. Nicht genug aber, daß wir nachher geduldig zusehen, wie unsere Polizei dies herrliche Talent von seinem väterlichen Boden verjagt, daß wir ihn zwingen, aufzuhören, Deutscher zu sein, während er doch nimmermehr Pariser werden kann … Wir freuen uns auch und klatschen in die Hände, wenn diesem Heine endlich eine Behandlung widerfährt, wie wir sie bei uns gegen Sechzehngroschenrezensenten anzuwenden die praktische Gewohnheit haben.«[558]

Diese Stimme gehört Richard Wagner, genau sieben Jahre, bevor er in Dresden ein Opernhaus in Brand steckt.

Heine will zurück nach Paris, die falschen Augenzeugen stellen. Er muß Strauß zum Duell fordern. Diesmal bestellt er sich anfangs die französische Literatur zu Sekundanten. Théophile Gautier und Alphonse Royer. Strauß zögert und windet sich, will sich höchstens auf Säbel oder Degen schlagen. Heine antwortet: *Auf den Degen, wie Sie wohl wissen, kann ich mich nicht schlagen, es ist eine in unsrer Heimat ungebräuchliche, eine fast undeutsche Waffe, ich habe sie nie geführt, und bei meinem jetzigen Augenübel, wie Sie wohl wissen, bedürfte ich geraumer Zeit zur Einübung.*[559] Säbel will er auch nicht, aber sonst ist ihm für einen Dichter ungewöhnlich martialisch zumute, es gelüstet ihn, *ein großes Exempel zu statuieren; dieses kann ich nur erreichen durch ein Duell, wo ein Mensch auf dem Walplatze bleibt oder ein zerschmettertes Bein; am liebsten schösse ich nach Ihrem Bauche,*[560] erfährt Strauß. Und er soll seine Gattin grüßen.

Inzwischen geht die vierte Auflage des »Buches der Lieder« in den Druck, während ihr Autor nur noch Blut! Blut! denken kann. 5. September: ... *er muß mir aufs Terrain, und müßte ich ihn dahin schleppen bis an die chinesische Mauer.*[561] Der dies an Campe schreibt, ist nicht nur ein halbblinder, kampfeslüsterner Mann, sondern außerdem seit genau fünf Tagen verheiratet. Und zwar katholisch. Seine Frau ist sehr katholisch, sie hat ein Kruzifix an der Wand und geht täglich, schön angezogen, in die Kirche. Er heiratet sie für den Fall, daß mehr als ein zerschmettertes Bein von ihm auf dem Walplatz zurückbleibt. Er heiratet sie, damit Mathilde seine Erbin werden kann und ihre Zukunft gesichert ist. Aber eine Bedingung hat er. Sie soll sich nach seinem Tod sofort wiederverheiraten, damit wenigstens ein Mensch auf der Welt sei, der seinen Hingang bedauert: Ach, wäre dieser arme Heine nicht gestorben, hätte ich nicht seine Frau am Hals.[562] Nach Liebesheirat klingt das nicht.

Am 7. September um sieben Uhr früh im Wald von Saint Germain findet das Duell statt. Morgens um sieben Uhr hat die Welt noch etwas vom Schöpfungsmorgen. Heine ist beeindruckt, zugleich ist ihm so griechisch zumute. Wenn er fällt, möchte er keinen Priester, es sei denn, irgendwo seien noch ein paar Diener der Pallas Athene aufzutreiben.

Distanz zwanzig Schritte, der erste Schuß nach Los. Heine findet Strauß viel mutiger, als er gedacht hätte. Und den ersten Schuß schenkt das Glück ihm auch. Nun kann Strauß Heine direkt in den Bauch schießen, dabei wollte Heine das doch bei Strauß tun. Strauß läuft in Richtung Barriere, Heine geht ihm entgegen, dreht sich sekundenschnell zur Seite, weil man niemals einem Bauchschuß den Bauch entgegenhalten sollte. Ein paar Millimeter fehlen zu Mathildes Witwenschaft. Der geplante Bauchschuß streift seine Hüfte. Aber er steht. Strauß findet nicht einmal mehr Zeit zu zittern wie damals auf der Rue Richelieu, Heine hebt den Arm und schießt in die Luft. Seine Hüfte schwillt stark an und wird kohlenschwarz, gut gehen kann er vorerst nicht mehr.

Strauß hat er überlebt, aber er ist verheiratet. Wird er auch das überleben? Nie schreibt er so ernüchterte Briefe über sich und Mathilde wie ausgerechnet jetzt: *Dieses eheliche Duell, welches nicht eher aufhören wird, bis einer von uns beiden getötet, ist gewiß gefährlicher als der kurze Holmgang mit Salomon Strauß aus der Frankfurter Judengasse.*[563]

Mathilde ist jähzornig. Sie soll von dem Duell nichts gewußt und Heine soll, für den Fall seines Todes, den Überbringer der schlechten Nachricht vor ihr gewarnt haben: Sofort in Deckung gehen, wahrscheinlich werde sie dem Boten den erstbesten Gegenstand an den Kopf werfen. Das ist ihre Art, Nachrichten, die sie überfordern, zu verarbeiten. Auch wenn die Warnung Heines an den Überbringer seiner Todesnachricht rein fiktiv sein sollte – sie charakterisiert Mathildes Wesen. In gewissem Sinne lebt er mit ihr in ständiger Lebensgefahr. Er muß Vorkehrungen treffen. Er muß diesen Gegner einschüchtern.

Zählt Verhauen zu legitimen Vorkehrungen oder interpretiert Heine da etwas falsch? Er pflegt seine Frau zu prügeln wie der erstbeste Droschkenkutscher, lautet ein Bericht aus seinem zweiten offiziellen Ehejahr. Alexander Weill sagt das. Der Journalist aus dem Elsaß ist einer der wenigen, denen Heine seine Tür ganz und gar öffnet. Vor den meisten versteckt er Mathilde noch immer. Aber Weill ist ein Bewunderer Mathildes, also vor allem ein Bewunderer ihres üppigen Körpers, und solche Mathilde-Bewunderer gibt es doch nicht allzu viele. Andere Berichte aus dem Jahr 1842 lauten etwa: »… Endlich war sie über die erste Jugend hinaus und ziemlich wohlbeleibt geworden, fand es aber für gut, trotzdem noch immer den naiven Gurli-Ton, das kindische Wesen beizubehalten, sie affektierte das Baby, aber es war ein altes und dickes Baby.«[564] Hier spricht offensichtlich ein Mathilde-Hasser, Weill aber ist das Gegenteil, um so glaubhafter sein Bericht.

Meist prügelt Heine montags, ist Weill zufällig da, sagt er zu ihm: »Meine Frau braucht wieder einmal Schläge«, läßt die Fenstervorhänge herunter und malträtiert die schönen Schultern Mathildes. Weill muß zugucken, Mathilde hält still und weint, ruft nur manchmal: »Helfen Sie mir, Weill!« Aber der Berichterstatter bleibt untätig, doch fällt ihm auf, daß Heine seine Frau nie aus Eifersucht oder Zorn schlägt, sondern mehr mit pädagogischem Vorsatz. Er habe dann wieder für einen Monat Ruhe. Es ist, als sei das eine in regelmäßigen Abständen zu erneuernde Herrschaftsdemonstration. Indem Mathilde duldet, erkennt sie seine Herrschaft, die ohnehin auf wackligen Beinen steht, an. Denn hier prügelt kein Grobian, auch kein Sadist, sondern eher ein struktureller Masochist, der nicht ganz untergehen will. George Sand hatte in ihr Tagebuch notiert, Heine sei in der Liebe schwach und hörig, sogar bereit, unbegrenzte Unterjochung durch eine Frau zu ertragen. Woher George Sand das weiß, ob durch weibliche Intuition, ob durch lange Gespräche mit ihrem Cousin oder durch praktische Erprobung, muß offenbleiben. Ja, aber was heißt denn hier Liebe? Das ist eine Ehe, und die dauert länger.

Der erste Tag der Woche im Hause Heine hat es in sich. An einem Montag geben sie ein Diner, Weill und drei andere Gäste sitzen mit am Tisch, sie trinken Champagner und essen einen Hecht, den Mathilde selbst gekauft hat. Selbst gekocht hat sie ihn wohl nicht. Dennoch scheint der Hecht kein wirklicher Erfolg zu sein, und Mathilde will von Weill, der doch immer so ehrlich sei, wissen, was er von dem Hecht halte. Weill sagt etwas sehr Unvorteilhaftes über den Fisch, und der Satz mit der Hecht-Schmähung ist noch gar nicht ganz zu Ende, als der Freund des Hauses die schwere Platte mitsamt Sauce und Fisch schon im Gesicht hat. Hecht und Sauce sind nicht so schlimm, er wird sich umziehen müssen. Aber die schwere Platte hätte ihm die Nase zertrümmern können. Nicht viele Frauen hätten mit solchen Platten werfen können. Mathilde schon, denn sie ist nicht nur groß, sie ist auch sehr stark. Mathilde entschuldigt sich für ihre Lebhaftigkeit. Heines Reaktion am nächsten Tag ist verräterisch. Wenn ich Sie nicht kennen würde, hätte ich Grund, eifersüchtig zu werden, sagt er zu Weill. Solche Flegeleien erlaube sie sich eigentlich nur ihm gegenüber. Wenn er seine Ehe überleben will, muß er wohl auf der Hut sein.

Oder ist das nur Konversation, Entschuldigung beim Freund, verpackt in Schmeichelei? Schließlich wird Mathilde später auch Fremden, die sie nie zuvor gesehen hat, Proben ihrer Körperkraft geben. Und doch, etwas sträubt sich, so ganz dem Männerbild von der Frau zu folgen, die ihre Affekte nicht kontrollieren kann und darum der Züchtigung bedarf. Sehen wir den Hecht-Montag noch einmal mit Mathildes Augen. Das Essen mit Champagner soll nur der Auftakt sein zu einem langen Abend. An dem sie, Mathilde, nicht teilnehmen wird. Sie hat gesehen, daß Henri zwei Billetts für Logenplätze im Theater geschickt bekam. Der zweite Platz, das weiß sie, ist nicht für sie. Weill sagt, er ist für Madame B. Ob ihr Mann ihr sagt, mit wem er ins Theater gehen will, ist fraglich. Er kommt nicht auf den Gedanken, ihr Rechenschaft schuldig zu sein. Was will seine Mathilde denn im Theater? Wahrscheinlich will er etwas sehen, was sie ohnehin nicht versteht. Denkt er. Sie kann das Brodeln, das sie im Bauch fühlt, nicht formulieren, das macht es nur noch stärker. Wahrscheinlich erstickt sie daran. Und dann schmeckt bei diesem ohnehin traurigen Essen den anderen der Fisch nicht. Und dann fragt sie Weill, und dann nimmt sie eben die Platte.

Weibliche Irrationalität? Wer sagt das denn? Ihr Henri ist nicht mit Madame B. ins Theater gefahren. Das hat sie gewollt. Das Brodeln in ihr hat das gewollt. Natürlich, sie hat dafür am Abend noch ihre Schläge bekommen. Aber es war sowieso Montag. Und sie hat ganz still gehalten. Männer brauchen dieses Gefühl von Überlegenheit. Gerade schwache Männer wie ihr Henri. Sie ist dreimal so stark wie er, sie könnte ihn an der Wand zerdrücken, sie könnte ihn zermalmen. Weill sagt das auch. Und Henri weiß es genau. Wäre sie klein und schwach, wahrscheinlich könnte er sie gar nicht schlagen. Aber sie ist die Bestie, die sich bändigen läßt. Es ist ein Spiel mit einem ernsten Mittelpunkt. Der ernste Mittelpunkt ist ihre symbolische Unterwerfung. Aber irgendwann ist es genug, dann läßt sie sich auf den Boden fallen, umschlingt seine Beine und wirft ihn einfach um. Dann wälzen sie sich am Boden, der Zweikampf bekommt allmählich einen etwas anderen Charakter. Weill geht dann meistens. Und am Ende sind sie beide erschöpft, von dem einen Zweikampf und von dem anderen auch. Und irgendwie mag sie das Ende der Montage sogar, wegen des Geschenks danach. Ein Schal, ein Hut oder eine Mantille.[565]

Doch einmal konnte sie sich über nichts mehr freuen, weder über Schal, Hut noch Mantille. Ja, sie spürte ihre Umwelt kaum noch. Auch Henri nicht. Sie weiß noch, wie sie nach Hause kam, ihren Papagei rief und keine Antwort bekam. Die leere Stange sah sie wohl zuerst. Noch nie hat sie so einen Schmerz gefühlt. Es war, als sei sie plötzlich ganz allein auf der Welt. Der Papagei war tot. Sie hörte Henri lachen. Ich bin dir also nichts? fragte er. – Nichts! Nichts! rief sie. Es stimmt genau. Was ist Henri schon gegen den schönsten aller Vögel?

Was bin ich ihr gegen den Vogel? hat er schon oft gedacht. Mit dem Papagei spricht sie viel zärtlicher als mit ihm. Sie würde es gar nicht merken, wenn er nicht mehr da wäre. Aber er merkt immer, daß der Papagei da ist. Kreischt ihm ins Ohr, wenn er auf einen Gedanken wartet, den zu notieren es lohnen könnte. Kein Wunder, daß keiner kommt. Früher mußte jedes Zimmer, das er bewohnen sollte, uhrenfrei sein, und auch die Nachbarzimmer durften nicht von tickenden Folterwerkzeugen bewohnt werden. Zwischen sich und jeden Handwerker legte er einen akustischen Sicherheitsabstand, beim geringsten Verdacht lauter Nachbarn zog er um. Und jetzt? Wohnt er mit zwei kreischenden Vögeln zusammen. Mathilde und der Papagei. Aber der eigentlich komische Vogel in diesem Hause ist er. Die beiden, das sieht er genau, sind auch ganz glücklich ohne ihn. Schwer zu sagen, wann er den Papagei, seinen Rivalen, zum ersten Mal mit diesem mörderischen Blick ansah. Einer von uns beiden muß hier raus, sagt dieser Blick. Wenn er den Papagei jetzt kreischen hört, kann er ihn schon viel selbstbewußter anschauen: Nicht mehr lange! Das hat sich bald ausgekrächzt. Weill muß das Gift besorgen. Schierling. Unfehlbare Wirkung. Das hat schon Sokrates umgebracht.

Aber soll er etwa selbst? Nein, so etwas Niederträchtiges kann er nicht tun. Er kann das einfach nicht. Besser, Weill macht das. Besser, er guckt gar nicht hin. Dann gehen sie essen. Den Todeskampf des Tieres wollen sie nicht sehen. Nur bei Sokrates waren alle dabei, fast bis zuletzt. Manchmal findet er die alten Griechen doch ein wenig befremdlich. Gott sei Dank, der Papagei ist kein Philosoph. Und wenn doch …? Wenn er nun zurückkommt, sich zu rächen? Der Vogel ist ein Symbol des Todes. Totenvogel … Höchste Zeit, endlich essen zu gehen. Nur bei einem guten Essen ist man wirklich jenseits des Todes. Das Essen ist gut. Bloß dumm, daß man irgendwann wieder nach Hause gehen muß. Weill will auch nach Hause gehen. Das hat er sich so gedacht. Erst unschuldige Papageien umbringen und dann feige sein. Nein, Weill, der Mörder, kommt mit.

Und dann muß er so lachen. Über Mathildes »Jetzt bin ich ganz allein auf der Welt!«. Und er darf sich doch nicht verdächtig machen. Undenkbar, daß Mathilde darauf käme, daß er, nein Weill, also er den Papagei –? So etwas kann sie nicht denken. Das mag er an ihr. Das fürchtet er jetzt. Weill geht nun doch. Er ist allein mit einem schreienden Weib und einem toten Papagei. Er hätte sich das Papageienvergiften wirklich einfacher vorgestellt.

Und mit dreifacher Liebe würde sie jetzt für ihn da sein. Die zwei Drittel, die dem Vogel gehörten, sind ja nun frei. Dachte er. Aber Mathilde hat überhaupt keine Liebe mehr. Mathilde leidet. Das kann er nicht sehen. Acht Tage hält er durch. Acht Tage wartet er, ob seine Liebesarithmetik nicht doch aufgeht. Am achten Tag geht er los. Papagei kaufen. Er sieht den Vögeln tief in die Augen; mit welchem könnte er sich vertragen. Irgendwie gucken die alle wie Philosophen. Dann nimmt er einen, aber der ist häßlicher als sein Vorgänger. Heine will eine Chance haben gegen ihn bei Mathilde. Und billiger ist der neue auch.

Es ist Cocotte.

Der Papageienmörder Heinrich Heine schreibt am 8. März 1842 an seine Mutter in Hamburg: *Meine Frau führt sich gottlob sehr gut auf. Sie ist ein kreuzbraves, ehrliches, gutes Geschöpf, ohne Falsch und Böswilligkeit. Leider aber ist ihr Temperament sehr ungestüm, ihre Laune nicht gleich, und sie irritiert mich manchmal mehr, als mir heilsam ist. Ich bin ihr noch immer mit tiefster Seele zugetan, sie ist noch immer mein innigstes Lebensbedürfnis – aber das wird doch einmal aufhören, wie alle menschlichen Empfindungen mit der Zeit aufhören, und diesem Zeitpunkt sehe ich mit Grauen entgegen. Ich werde alsdann nur die Launenlast empfinden, ohne die erleichternde Sympathie.*[566]

Der Papageienmörder dichtet jetzt etwas über Bären.

Sommernachtstraum und Wintermärchen.
Ein Doktor aus Trier in Paris und Cocotte in Hamburg

Das größte Übel sind jetzt gar nicht mehr die Gelbveiglein-Dichter von der schwäbischen Schule, auch nicht Börne, der ist ja tot. Aber er hat einen Nachfolger, nein, viele Nachfolger: Das größte Übel im Augenblick sind die »Vormärz«-Dichter. Später wird man sie einmal so nennen. Das sind unglaublich politische Dichter. Das sind die Tendenzlyriker. Die dichten nur für die Befreiung des Vaterlands und für den Fortschritt und halten jeden, der für etwas anderes dichtet, für dekadent. Freiligrath streitet gerade mit Herwegh darüber, von wo der Dichter ruft. Ruft er von der »Zinne der Partei«, oder gibt es noch eine Zinne darüber? Heine hat kürzlich die Losung des L'art pour l'art erfunden. Er dichtet natürlich über etwas anderes. Er bedichtet Bären, und das macht er sehr romantisch, schon weil die Tendenzlyriker die Romantik nicht ausstehen können. Und weil er im Grunde selbst ein Romantiker ist. Er muß oft lachen, wenn er die Gedichte der Vormärzler liest. Ferdinand Freiligrath zum Beispiel hat gerade so ein witziges Gedicht gemacht, über einen progressiven schwarzen Stammeshäuptling, damals sagte man aber nicht »schwarzer Stammeshäuptling«, sondern »Mohrenfürst«, und der verliert in Afrika einen Kampf gegen böse Mohrenfürsten und wird darum von denen nach Europa verkauft. Da muß er als Jahrmarktsattraktion die Trommel schlagen. Aber am Anfang des Gedichts geht es dem Mohrenfürsten noch gut, und er ist bereit zum Kampf:

> »Aus dem schimmernden, weißen Zelte hervor,
> Tritt der schlachtgerüstete, fürstliche Mohr;
> So tritt aus schimmernder Wolken Tor
> Der Mond, der verfinsterte, dunkle, hervor.«
> FERDINAND FREILIGRATH, »DER MOHRENFÜRST«

Der Mohr als Mondfinsternis, Heine findet das sehr lustig. Andererseits sagt er nichts öffentlich gegen die politischen Dichter, weil sie es doch gut meinen und weil es schon genug Reaktionäre gibt. Aber man kann nicht immer schweigen.

Er mußte viel zu schnell weg aus Cauterets in den Pyrenäen, in Gedanken ist er jetzt wieder da. Auf dem Marktplatz von Cauterets tanzen zwei Bären, Atta Troll mit seiner schwarzen Mumma:

> Finster schaut er wie ein schwarzer
> Freiligräthscher Mohrenfürst,
> Und wie dieser schlecht getrommelt,
> Also tanzt er schlecht vor Ingrimm.[567]

Sogar Juliette lacht vom Balkon herunter über die schweren Sprünge, *Juliette hat im Busen/ Kein Gemüt, sie ist Französin.* Aber dann reißt Atta Troll sich los, und keiner lacht mehr, er läuft mitten hinein in die wilden Pyrenäen, zu der Höhle, in der er mit Mumma lebte, bevor sie bei den Menschen tanzen mußten. Alle seine Kinder, die er mit Mumma zeugte, findet er wieder in der Höhle, und Atta Troll beginnt, ihnen Vorträge zu halten, wie das alle Bären tun, die die Welt gesehen haben:

> Tod und Hölle! Diese Menschen,
> Diese Erzaristokraten,
> Schaun auf das gesamte Tierreich
> Frech und adelsstolz herunter,
>
> ...
>
> Und sie glauben sich berechtigt,
> Solche Untat auszuüben
> Ganz besonders gegen Bären,
> Und sie nennen's Menschenrechte!
>
> Menschenrechte! Menschenrechte!
> Wer hat euch damit belehnt?
> Nimmer tat es die Natur,
> Diese ist nicht unnatürlich.

Und Atta Troll erklärt seinen Bärchen, daß Biber viel besser in Hydraulik sind als Menschen, und:

Schreiben Esel nicht Kritiken?
...

Singen nicht die Nachtigallen?
Ist der Freiligrath kein Dichter?

Der Bär faßt zusammen:

> *»Kinder« – grommelt Atta Troll,*
> *Und er wälzt sich hin und her*
> *Auf dem teppichlosen Lager –*
> *»Kinder, uns gehört die Zukunft!*
> *...*
>
> *Wir stiften ein gerechtes Animalreich.*
>
> *Grundgesetz sei volle Gleichheit*
> *Aller Gotteskreaturen,*
> *Ohne Unterschied des Glaubens*
> *Und des Fells und des Geruches.*

Sogar die Juden sollen volles Bürgerrecht genießen, findet Atta Troll, bloß das Tanzen auf den Märkten muß man ihnen verbieten im Interesse der Kunst. Heine zeigt uns auch den Himmel Atta Trolls, in dem ein kolossaler Eisbär sitzt.

Wir ahnen es schon: Das geht nicht gut aus. Heine selbst streift mit Laskaro, dem wilden, leider toten Bärenjäger durch die Pyrenäen. Daß Laskaro trotz seiner Totheit Bären jagen kann, liegt an Uraka, der Pyrenäenhexe, und in ihrer Hütte trifft er auch einen Mops, der Suppe kochen und sprechen kann. Es ist ein verzauberter Schwabendichter, Heine will ihn gern erlösen, aber die Bedingung ist zu schwer. Nur eine Jungfrau kann das tun:

> *Diese reine Jungfrau muß*
> *In der Nacht von Sankt Silvester*
> *Die Gedichte Gustav Pfizers*
> *Lesen – ohne einzuschlafen!*

Heine kann den Mops nicht entmopsen, aber er kann an den Umzügen ganzer Gespensterheere teilnehmen und ein Gespräch mit dem Schnee ganz oben auf den Bergen beginnen. Er dichtet *das letzte freie Waldlied der Romantik* und widmet es Varnhagen, er weiß selbst, daß mit ihm diese Schule geschlossen ist. Zum Ende erschießt Laskaro Atta Troll, und die Bärenhaut bekommt Juliette als Bettvorleger, und auch Heine will, mit bloßen Füßen, oft darauf gestanden haben. Die schwarze Mumma verliebt sich im Jardin des Plantes in Paris in einen riesigen russischen Eisbären; Atta Troll aber bekommt einen Grabstein, auf dem steht:

> *»Atta Troll, Tendenzbär; sittlich*
> *Religiös; als Gatte brünstig;*
> *Durch Verführtsein von dem Zeitgeist,*
> *Waldursprünglich Sansculotte;*

> *Sehr schlecht tanzend, doch Gesinnung*
> *Tragend in der zott'gen Hochbrust;*
> *Manchmal auch gestunken habend;*
> *Kein Talent, doch ein Charakter!«*

Er ist noch nicht fertig mit seinen Bären, als Frankreich das erste Eisenbahnunglück erlebt. Auf der Strecke Paris–Versailles entgleist ein Zug. Über einhundert Menschen sterben. Aber noch mehr erschreckt ihn eine andere Nachricht in diesem Mai. Hamburg brennt!

Vier Tage lang brennt die Stadt, vom 5. Mai, ein Uhr morgens, bis zum 8. Mai vormittags. Das Feuer war bei einem Zigarrenmacher in der Deichtorstraße ausgebrochen. Die meisten Häuser brennen ab, manche werden gesprengt, um die Ausbreitung des Feuers zu erschweren. Der Hamburger Millionär Salomon Heine bietet als erster sein Stadthaus am Jungfernstieg zur Sprengung an. Er schenkt der Hamburger Stadtregierung eine halbe Million Mark. Der Gesamtschaden beträgt neunzig Millionen Mark. Der Bankier selbst sorgt dafür, daß der Zinssatz nicht über vier Prozent steigt. Das tun Bankiers nur selten.

Man zählt einundfünfzig Tote, zwanzigtausend Hamburger sind obdachlos, auch das Haus der Mutter ist abgebrannt. Er ist wahnsinnig vor Angst, als er noch nichts Näheres weiß. Er erfährt, daß seine Mutter im brennenden Hamburg nichts Wichtigeres zu tun hatte, als einen Brief an ihn richtig zu frankieren. Damit der Junge nicht noch Extragebühren zahlen muß für die Briefe seiner Mutter. Er schreibt ihr einen zärtlichen Brief. Die Briefe an seine Mutter gehören zu den schönsten, die er schreibt. *Und nun, alte Katz, leb wohl.* Wer seinen Briefwechsel liest, muß glauben, er habe eben erst, im März, damit angefangen. Er wird ihr schon immer, die ganzen elf Jahre lang, viel geschrieben haben. Die früheren Briefe Heines an seine *alte Katz* gehören auch zu den Brandopfern.

Er schreibt das *Nun Du, alte süße Katze, wie geht es Dir?* jetzt nicht mehr so leicht wie früher. Nicht nur, daß er eine Gesichtslähmung hat und nicht weiß, wie lange er noch wird sehen können. Er ist auf alles gefaßt. Noch lädt er Gäste zu sich ein, Balzac bekommt eine Einladung zum Diner; er wird Balzac auch noch Jahre später zum Diner einladen, aber dann wird er schon nichts mehr schmecken können. Und wird, auf alles vorbereitet, doch wieder überrascht sein von dieser neuen Schikane. Nichts ist unendlich auf Erden, das weiß er längst; Hamburg hätte er schon für ein bißchen unendlich gehalten, und daß es so einfach von einem Tag auf den überübernächsten nicht mehr dasein kann, gibt ihm schon zu denken. Noch am 18. September 1843 schreibt er seiner Mutter: *Wäre es mir möglich (aber es ist mir in diesem Augenblick fast nicht möglich), würde ich Dich noch dieses Jahr besuchen; nächstes Jahr geschieht es aber in jedem Falle.*[568] Drei Wochen später weiß er: Jetzt! Zwar wird es fast schon Winter, und er verreist viel lieber im Sommer, aber so viele Sommer haben die Menschen nicht, als daß sie leichtfertig auf den nächsten warten dürften. Daß er sein berühmtestes Großgedicht aus dieser Reise machen wird, weiß er noch nicht. Und nicht, wie gut der Spätherbst dazu passen wird. »Deutschland. Ein Sommermärchen« wäre Unfug. Deutschland schläft noch immer. Winter, das ist Winterschlaf. Er weiß überhaupt noch nicht, daß er etwas über diese Reise dichten wird. Er hat nur Sehnsucht. Mathilde wird wieder zu Madame Darte und den Sechzehnjährigen ins Pensionat gesteckt.

Im traurigen Monat November war's ... nein, es ist noch nicht November, es ist erst Oktober, Ende Oktober. Aber Oktober, das ist noch der Herbst als Verklärung, das paßt nicht. Er fährt über Brüssel, Aachen, Köln, Unna, Münster, Osnabrück und Bremen. Am 29. Oktober, kurz vor Mittag, trifft er in Hamburg ein. Die Stadt gleicht noch immer einer Ruine, manche Menschen auch. Aber dafür hat er jetzt nur einen halben Blick, er will zu Betty Heine:

> *Und als ich zu meiner Frau Mutter kam,*
> *Erschrak sie fast vor Freude;*
> *Sie rief: »Mein liebes Kind!« und schlug*
> *Zusammen die Hände beide.*

> *»Mein liebes Kind, wohl dreizehn Jahr'*
> *Verflossen unterdessen!*
> *Du wirst gewiß sehr hungrig sein –*
> *Sag an, was willst Du essen?«*

Auch er erschrickt, als er die Mutter sieht. Sie ist kleiner, als er gedacht hatte. Er sieht wohl auch anders aus, als sie gedacht hatte. Das Caput XX des »Wintermärchens« ist vielleicht eine der schönsten Mutter-Sohn-Passagen der Weltliteratur.

> *»Mein liebes Kind! und wirst Du auch*
> *Recht sorgsam gepflegt in der Fremde?*
> *Versteht Deine Frau die Haushaltung,*
> *Und flickt sie Dir Strümpfe und Hemde?«*

> *»Der Fisch ist gut, lieb Mütterlein,*
> *Doch muß man ihn schweigend verzehren;*
> *Man kriegt so leicht eine Grät' in den Hals,*
> *Du darfst mich jetzt nicht stören.«*

Er schreibt Mathilde viel, er nennt sie *Meine kleine Nonotte!* Es sind seltsame Briefe, Briefe an ein Kind. Man hat sie oft als Zeugnisse einer großen Liebe gelesen, aber da klingt er anders. In seinen Liebes-Sterbe-Briefen an die Mouche wird er mit ihr von Kind zu Kind sprechen. Hier spricht ein Vater zu seinem Kind: *Ich denke nur an Dich, meine liebe Nonotte. Es ist ein großer Entschluß, daß ich Dich allein in Paris gelassen, in diesem schrecklichen Abgrunde! Vergiß nicht, daß mein Auge immer auf Dir ruht; ich weiß alles, was Du tust, und was ich jetzt nicht weiß, werde ich später erfahren.*[569] Nicht daß sie nicht da ist, macht ihn so unruhig, sondern daß sie in Paris ist. Wäre sie irgendwo abgeschieden auf dem Lande, wäre ihm wohler. Offenbar kann sie heraus aus dem Pensionat der Madame Darte.

Drei Tage später folgt die nächste Warnung: *Ich beschwöre Dich, keine Leute zu besuchen, mit welchen ich schlecht stehe und welche Dich eines Tages verraten würden, wenn Du Dich mit ihnen überworfen hast.*[570] Der Brief endet: *Mein Gott! mein Gott! seit vierzehn Tagen hab ich Dich nicht zwitschern hören. Und ich bin so fern von Dir! Es ist ein wahres Exil. Ich küsse Dich auf das kleine Grübchen Deiner rechten Wange. Henri Heine.*[571] – Das klingt sehr nah, oder will er sie vor allem hindern, andere zu besuchen? Er traut ihr nicht. Er gibt nichts auf die Urteilsfähigkeit seiner Frau, aber sollte er wirklich befürchten, daß sie sich so leicht verführen läßt? Oder hat er Angst, daß sie den falschen Leuten die falschen Dinge erzählt?

Er geht zum Diner mit dem Onkel, alle nehmen ihn auf, als habe es niemals eine Verstimmung gegeben. Er schafft es, Salomon zum Lachen zu bringen. Gumpelino lebt nicht mehr. Vor allem aber muß er zu Campe. Der Elfjahresvertrag läuft in vier Jahren aus, er will die Zukunft regeln, im Lorenzschen Keller:

> *Es war ein schöner Abend, als ich*
> *Mich hinbegab mit Campen;*
> *Wir wollten miteinander dort*
> *In Rheinwein und Austern schlampampen.*
>
> ...
>
> *Ein andrer Verleger hätte mich*
> *Vielleicht verhungern lassen,*
> *Der aber gibt mir zu trinken sogar;*
> *Werde ihn niemals verlassen.*

Heine überträgt Campe das Recht, seine Werke auch weiterhin zu verlegen. Dafür muß er ihm eine lebenslängliche Rente von tausendzweihundert Mark zahlen (etwa zweitausendvierhundert Francs), und wenn er vor Mathilde stirbt, wird diese Rente auf sie übergehen.

Rente ist wohl das richtige Wort. 1848 soll sie beginnen, 1848, im Jahr seines endgültigen Zusammenbruchs. Besonders wichtig ist ihm im Augenblick die Absicherung seiner Frau. Er bleibt viel länger als er wollte, obwohl er nicht einmal Varnhagen besucht. Das hätte er besonders gern gewollt, aber er hat Angst, in Preußen verhaftet zu werden, und Varnhagen ist krank, er kann nicht kommen. Es fällt ihm schwer, wieder abzufahren. Am 7. Dezember verläßt er Hamburg; er fährt über Celle, Hannover, Minden, Bückeburg, Münster, Hagen, Köln und Brüssel. Am 16. Dezember ist er wieder in Paris. An manchen Stationen seiner »Winterreise« war er gar nicht, die Grotenburg, an der gerade das Hermannsdenkmal gebaut wird, hat er nicht gesehen, und den Kyffhäuser auch nicht. Und dennoch hat keiner beide Orte sehenderen Auges beschrieben als er.

Kaum ist er zurück in Paris, fängt er an. Es ist ein Rausch. Das Wiedersehen mit der Heimat hat ihn nicht nur glücklich und wehmütig gemacht, es hat ihm auch neue Kraft gegeben. Die Verse kommen einfach zu ihm. Er wisse nicht mehr, was in Deutschland vorgehe, hatte Campe einst gesagt. Er habe den Deutschen nichts mehr zu sagen. Jetzt schreibt er von nah und fern zugleich, das ist der große Reiz dieses Riesengedichts, der doppelte und dreifache Boden fast jeder Strophe. Er weiß, was da unter seinen Händen wird. Er wußte, daß der »Börne« das beste Buch war, daß er bis dato geschrieben, auch wenn das sonst niemand erkannte. Und er weiß jetzt, daß da ein Werk entsteht, *das mehr Furore machen wird als die populärste Broschüre und das dennoch den bleibenden Wert einer klassischen Dichtung haben wird.*[572]

Menschen in Räuschen, auch in Schaffensräuschen, haben meist wenig Sinn für so unbedeutende Dinge wie die Außenwelt, real existierende Menschen inklusive.

Aber einer kommt jetzt zu ihm, von dem läßt er sich stören. Er heißt Karl Marx und ist fünfundzwanzig Jahre alt, bis eben war er Redakteur der »Rheinischen Zeitung«. Dem Blatt wurden kommunistische Tendenzen vorgeworfen, aber das lag vor allem an den freien Mitarbeitern, Karl Marx ermahnte sie, sie sollen ganz nah am Tatsächlichen bleiben und nicht ideologisieren, aber es half nichts. Die »Rheinische Zeitung« wurde verboten, und Marx beschloß, nach Paris zu gehen. Er will mit eigenen Augen sehen, was ihn seinen Redakteursposten gekostet hat. Er will den »Kommunismus an der Quelle« studieren. Ein gruseligeres Studiengebiet kann der fast doppelt so alte Heine sich gar nicht denken. Babeuf! Babeuf, dieser rousseauistische Feldvermesser und Grundbuchbeamte mit seinem »Manifest der Plebejer« und seiner »Verschwörung der Gleichen«. Babeuf ist tot, hingerichtet 1797, aber die Gleichen verschwören sich in seinem Namen weiter. Heine wird immer darauf beharren, ein in höchstem Maße Ungleicher zu sein. Kommunismus, das ist für ihn ein Hirte mit eisernem Stab und einer gleichgeschorenen, gleichblökenden Menschenherde.

Seit drei Jahren schreibt er wieder für die »Allgemeine Zeitung«; es sind die Artikel, aus denen einmal die »Lutetia« werden wird. Lutetia ist der alte lateinische Name von Paris. Er schreibt über Politik, Kunst und die schöne Gesellschaft. Vor allem aber schreibt er über das, was darunter ist. Er sah vor zwei Jahren schon, was noch kaum einer wahrnimmt, der von oben schaut: *Die zerstörenden Doktrinen haben in Frankreich zu sehr die unteren Klassen ergriffen – es handelt sich nicht mehr um Gleichheit der Rechte, sondern um Gleichheit des Genusses auf dieser Erde, und es gibt in Paris etwa 400 000 rohe Fäuste, welche nur des Losungswortes harren, um die Idee der absoluten Gleichheit zu verwirklichen, die in ihren rohen Köpfen brütet. Von mehreren Seiten hört man, der Krieg sei ein gutes Ableitungsmittel gegen solchen Zerstörungsstoff. Aber hieße das nicht, Satan durch Beelzebub beschwören? Der Krieg würde nur die Katastrophe beschleunigen und über den ganzen Erdboden das Übel verbreiten, das jetzt nur an Frankreich nagt; – die Propaganda des Kommunismus besitzt eine Sprache, die jedes Volk versteht: die Elemente dieser Universalsprache sind so einfach wie der Hunger, wie der Neid, wie der Tod. Das lernt sich so leicht!*[573]

Aber über den Kommunismus sprechen der junge Doktor und der etwas angealterte Doktor nicht, sondern über etwas viel Wichtigeres. Sie sprechen über die Dichtung. Marx hat zwar kein »Buch der Lieder« geschrieben, aber dafür ein »Buch der Liebe«. Das ist deutlich, überdeutlich. Karl Marx hat also seinen Meister aufgesucht. Auch Marx hat in Bonn studiert und gehörte dort einem Dichterkreis an. Auch er hat lange überlegt, ob er nicht ein bedeutender Dramatiker werden sollte, und zu diesem Zwecke eine nie vollendete Schicksalstragödie geschrieben. Allerdings ist er längst dabei zu erkennen, daß Weltverbesserer unter Umständen ein viel folgenreicherer Beruf sein kann als Dramatiker. Dramatiker dürfen die Tragödien nur beschreiben, Weltverbesserer dürfen sie mit verursachen. Schon 1837 hatte Marx in einem allerersten rigiden Anwendungsfall des später so folgenreichen Prinzips der Selbstkritik das Dichten von einem Tag auf den anderen aufgegeben. Aber die alte Ehrfurcht des Dichters des »Buches der Liebe« für den Dichter des »Buches der Lieder« ist noch da. Das unterscheidet ihn von den meisten anderen. Denn die Normallinken der Zeit finden Heine entsetzlich. Linkshegelianer Ruge, der Marx zu Heine bringt, findet ihn schrecklich, und Engels, den Marx noch gar nicht kennt, findet Heine, den Bordelldichter, keinen Deut besser. Eine der ersten Konzessionen, die Engels dem neuen Freund wird machen müssen, ist, Heine über Börne zu stellen.

Marx ist so taktvoll, wie es nie wieder ein Marxist sein wird. Er weiß, daß man mit Dichtern vor allem über ihre Dichtung sprechen muß. Und der Verfasser des »Buches der Liebe« ist noch Dichter genug, stundenlang mit Heine über ein paar Gedichtzeilen zu sitzen. Jedenfalls wird Marx' Tochter das später behaupten. Und das ist bemerkenswert, denn das nun beginnende Jahr 1844 ist auch ein Meilenstein in Marx' eigener Entwicklung. Zwischendurch, wenn er Zeit hat, schreibt er etwa seine »Ökonomischphilosophischen Manuskripte«, den Grundriß des ganzen späteren Marx. Und »Zur Kritik der Hegelschen Rechtsphilosophie« ist auch noch nicht fertig. Dann muß er wieder – vorausgesetzt, seine Tochter hat recht – über Reime nachdenken. Dieser Marx ist offenkundig begabt, denn es gibt nur sehr, sehr wenige Menschen, mit denen Heine überhaupt über Gedichtzeilen diskutieren würde. Sitzen sie gar über dem »Wintermärchen«? Vielleicht hämmern sie auch an den »Zeitgedichten«.

Die »Zeitgedichte« sind Heines neue politische Dichtung. Ruge sagt, Marx und er haben Heine darauf gebracht. Er soll doch endlich mal mit der Liebesnörgelei aufhören und den politischen Dichtern zeigen, wie man ein ordentliches politisches Gedicht macht. Heine selbst hat sich das auch schon oft überlegt. Das kann er, wenn es sein muß, doch besser, hat er gedacht. Und es muß sein, zum Beispiel als Anfang Juni im schlesischen Peterswaldau und in Langenbielau vollkommen verelendete Weber die Häuser ihrer Fabrikanten stürmen. Das Militär schlägt den Weberaufstand nieder, elf Weber sterben. Jeder kennt »Die schlesischen Weber« von Heine. Das Gedicht steht am 10. Juli im »Vorwärts!« und verbreitet sich dann als Flugblatt durch ganz Deutschland. Drei Jahre später liest der deutsche »Westend Comunisten Verein« in London die »Weber« jeden Freitag als Eröffnungsgebet. Heine hat auch gar nichts gegen ein politisches Gedicht. Solange es ein wirkliches Gedicht ist. Der »Vorwärts!«, gegründet mit einer Dreitausend-Francs-Spende Meyerbeers, war bis eben ein recht gemütliches Blatt, aber ab Mai ist das vorbei. Dann steht im »Vorwärts!« zum Beispiel etwas über den Kaiser von China:

Der Kaiser von China

Mein Vater war ein trockner Taps,
Ein nüchterner Duckmäuser,
Ich aber trinke meinen Schnaps
Und bin ein großer Kaiser.

Das ist ein Zaubertrank! Ich hab's
Entdeckt in meinem Gemüte:
Sobald ich getrunken meinen Schnaps;
Steht ganz China in Blüte.

Das Reich der Mitte verwandelt sich dann
In einen Blumenanger,
Ich selber werde fast ein Mann,
Und meine Frau wird schwanger.

Und so geht das weiter, noch viele Strophen. Der Kaiser von China ist natürlich Friedrich Wilhelm IV., der seit 1840 Preußen regiert und bei dessen Machtantritt so viele Hoffnungen keimten. Denn er begnadigte die »Demagogen«, bis eben vollkommen unmögliche Leute bekamen eine Professur, und Arndt erhielt seine zurück. Ja, der König ließ sogar die Presse frei. Sein Zauberwort hieß »Freiheit und Gehorsam«. Leider hielten es die beiden nicht sehr lange miteinander aus, das merkte sogar der Kaiser von China.

Heine bedichtet auch »Unsere Marine«:

Unsere Marine
Nautisches Gedicht

Wir träumten von einer Flotte jüngst,
Und segelten schon vergnüglich
Hinaus aufs balkenlose Meer,
Der Wind war ganz vorzüglich.

Wir hatten unsern Fregatten schon
Die stolzesten Namen gegeben,
Prutz hieß die eine, die andre hieß
Hoffmann von Fallersleben.

Da schwamm der Kutter Freiligrath,
Darauf als Puppe die Büste
Des Mohrenkönigs, die wie ein Mond
(Versteht sich ein schwarzer) grüßte.

Da kamen geschwommen ein Gustav Schwab,
...

Auch dieses Gedicht hat sehr viele Strophen. Jetzt versteht man
die Marxsche Teilnehmung an der Heineschen Versarbeit schon
viel besser. Die Gendarmen und Zöllner an den deutschen Grenzen
sollen jetzt doppelt wachsam sein, daß nichts von diesem schrecklichen Literaturgut nach Deutschland gelangt. Man beobachtet
Gendarmen und Grenzschützen in diesem Jahr 1844 jedoch in
höchst untypischen Diensthaltungen. Etwa lachend am Boden liegend. Da haben sie gerade eine neue Zeitschrift beschlagnahmt
und darin die »Lobgesänge auf König Ludwig« gelesen. Das ist
Ludwig I. von Bayern, der einst den Fehler gemacht hatte, Heine
keine Professur zu geben.

Herr Ludwig ist ein großer Poet,
Und singt er, so stürzt Apollo,
Vor ihm auf die Knie und bittet und fleht:
»Halt ein! Ich werde sonst toll, oh!«

Das Gedicht hat achtundzwanzig solcher Strophen. Es steht zuerst in den von Ruge und Marx gemeinsam herausgegebenen »Deutsch-Französischen Jahrbüchern«, deren erste Ausgabe im März erschienen ist. Leider ist es zugleich die letzte, was nicht zuletzt an den »Lobgesängen auf König Ludwig« liegt.

Aber noch haben Heine und Marx viel Freude aneinander. Heine kommt sehr oft zur jungen Familie Marx, manchmal täglich. Jenny, das erste Kind, ist auch schon da. Miteinander benehmen sich Heine und Marx ganz heine- und marxuntypisch. Denn nicht nur, daß Marx hilfsdichtet, Heine fällt auf als Spezialist für Kleinstkinderheilkunde.

Marx, seine Frau und ihre Freundin Helene Demuth umstehen rat- und fassungslos die kleine Jenny Marx, erst wenige Monate alt. Das Baby wird von schlimmen Krämpfen geschüttelt. Heine kommt, sieht und befiehlt: Das Kind braucht ein Bad. Er macht das Bad gleich selbst, nimmt das Kind und hält es hinein. Die Krämpfe lösen sich. Jenny überlebt.[574]

Im Februar kehrte sein altes Augenübel schlimmer zurück als je zuvor. Er ist fast blind und froh, sein großes Gedicht, das »Wintermärchen«, schon beinahe fertig zu haben. Als er wieder etwas sehen kann, schreibt er bis zum Sommer wie nebenbei für den »Vorwärts!« noch Zeitgedichte. Das hat Konsequenzen. Im Juli ergehen Grenzhaftbefehle gegen Heine, Marx und andere »Vorwärts!«-Mitarbeiter. Das ist ungünstig, denn eben hat Heine vor, wieder nach Deutschland zu fahren. Diesmal mit Mathilde.

Heine ahnt, daß die Gendarmen nicht vor Lachen am Boden liegen werden, wenn sie statt seiner Gedichte ihn selber sehen. Die Frage ist, ob sie ihn erkennen. Die Pariser Polizei hat der preußischen Regierung auf Nachfrage immerhin eine hochdetaillierte Personenbeschreibung geschickt: »Heine, Schriftsteller, fünfzig Jahre alt, mittlere Statur, spitze Nase und spitzes Kinn, betont israelitischer Typus, ein Wüstling, dessen müder Leib die Erschöpfung bekundet.« Spitze Nase und spitzes Kinn? Und wenn die einen »israelitischen Typus« suchen, könnte er jeden Tag unerkannt über die Grenze gehen. Trotzdem will er es nicht riskieren, noch einmal über Aachen zu fahren, wo sich langweilen *auf der Straß'/ Die Hunde, sie flehn untertänig:/ »Gib uns einen Fußtritt, o Fremdling, das wird/ Vielleicht uns zerstreuen ein wenig«,* wo die preußischen Soldaten noch immer aussehen wie früher, so *kerzenge-*

rade geschniegelt,/ *Als hätten sie verschluckt den Stock,* /*Womit man sie einst geprügelt,* und wo er oben auf dem Posthausschild den häßlichen deutschen Vogel am liebsten heruntergeschossen hätte. Er kann in Köln nicht nachschauen, ob der Kölner Dom noch dieselbe protestantische Ruine ist wie seit Jahrhunderten und im letzten Jahr: *Da kam der Luther, und er hat/ Sein großes »Halt!« gesprochen – /Seit jenem Tage blieb der Bau/ Des Domes unter-brochen.* Heine bietet viele »Wintermärchen«-Strophen auf zur Beschwörung dieses Ist-Zustands, umsonst, wie wir wissen. Er kann nicht mit dem Vater Rhein sprechen, der ihm im letzten Herbst seine angegriffene Gesundheit geklagt hatte: *Zu Biberich hab ich Steine verschluckt,/ Wahrhaftig, sie schmeckten nicht lek-ker!/ Doch schwerer liegen im Magen mir/ Die Verse von Niklas Becker.* Becker hatte das populäre vaterländische Lied gedichtet: »Sie sollen ihn nicht haben, den freien, deutschen Rhein«. »Sie« sind natürlich die Franzosen. Heine wird sich auch nicht mehr mit dem Kaiser Rotbart streiten können – *Das beste wäre, du bliebest zu Haus,/ Hier in dem alten Kyffhäuser –/ Bedenk ich die Sache ganz genau/ So brauchen wir gar keinen Kaiser.* Alte Kaiser er-scheinen einem nur während der langen, schaukelnden Postkut-schenfahrten über Land. Und auch den Wölfen im Teutoburger Wald wird er nachts keine Ansprachen halten: »*Ich bin ein Wolf und werde stets/ Auch heulen mit den Wölfen / Ja, zählt auf mich und helft euch selbst,/ Dann wird auch Gott euch helfen!*«// *Das war die Rede, die ich hielt/ Ganz ohne Vorbereitung;/ Verstümmelt hat Kolb sie abgedruckt/ In der »Allgemeinen Zeitung«.* Selbst für erfundene Radbrüche in einen Wald voller Wölfe muß man Post-kutsche fahren genau wie für schaukelnde Kaiser-Träume.

Auf Schiffen ist das Schaukeln anders.

Ende Juli reisen Heine und seine beiden französischen Vögel mit dem Dampfer von Havre nach Hamburg. Cocotte hat bald den Propheten Jona im Bauch, wie oft er ihn ausspucken muß, ist nicht überliefert. Nur daß der Papagei bei seinem Landgang in Hamburg sehr mißmutig ist. Er ist doch schließlich keine Möwe. Der see-kranke Papagei beißt den Schwager, den Heine noch nie ausstehen konnte, zur Begrüßung mit Kraft in den Finger. Der Schwager war vorwitzig genug, den Käfig tragen zu wollen. Das ist kein guter Anfang. Aber dann gefällt es Cocotte in Hamburg doch ziemlich gut, nur der andere französische Vogel läßt die Flügel hängen.

Noch nie hat jemand behauptet, daß Mathilde Talent hat, sich zu benehmen, aber die steife hanseatische Etikette ist eine einzige Überforderung. Den Onkel kennt sie schon aus Paris, und er mag sie, auch hat er ihr im letzten Jahr zu Weihnachten einen riesengroßen Extra-Scheck geschickt, aber jetzt macht er sie gemütskrank. Der Onkel ist nämlich genauso unbegabt für Sprachen wie sie. Unglücklicherweise sprechen sie nicht dieselbe. Und Onkel Salomon kann es nicht ausstehen, wenn irgend jemand in seiner Gegenwart eine Sprache spricht, die er nicht versteht. Er hat einen Schwiegersohn, der spricht am liebsten ein unglaublich steifes, prätentiöses Englisch – aber bitte nicht in seiner Gegenwart. Und Französisch kann der Onkel auch nicht. Also sitzt Mathilde Tag um Tag schweigend am Tisch. Das kommt ihr vor, als ob man ihr verboten hätte zu atmen. Sobald Mathilde wach ist, spricht sie. Und wenn sie nicht mehr redet, darf man sicher sein, daß sie schläft. Oder sehr krank ist. Nicht, daß ihr Mann das nicht schon öfter beklagt hätte, aber nie wäre er auf die Idee gekommen, ihr das Reden zu verbieten. Nur Cocotte darf den ganzen Tag französisch sprechen. Und überhaupt ist Henris Onkel unerträglich. Er ist sehr krank, aber wie er mit ihrem Mann redet! Gut, daß sie das nicht versteht. Ob sie Zeugin ist, als Salomon seinen Neffen vor Ärger mit dem Stock schlägt, einen bald fünfzigjährigen Mann? Wie böse der Onkel ist. Nach zwei Wochen hält Mathilde es nicht mehr aus. Sie will zurück nach Paris. Sofort. Er kann es nicht verhindern.

Er schreibt ihr jetzt wieder diese väterlichen *Meine-liebe-Nonotte!*-Ermahnungsbriefe. *Halte Dich still in Deinem Neste bis zu meiner Rückkehr. Laß die Deutschen nicht Deinen Schlupfwinkel aufspüren; sie haben vielleicht aus dem Geschwätz einiger deutscher Blätter erfahren, daß Du ohne mich nach Frankreich zurückgekehrt bist.*[575] Er schreibt ihr auch, daß er einen Brief von seinem Onkel bekommen hat. Salomon hat *beinahe* um Verzeihung gebeten, erfährt Mathilde. Das heißt, wenn Salomon das könnte – um Verzeihung bitten –, hätte er es getan.

Dann weiß sie, daß die Deutschen wissen, daß sie allein in Paris ist, und seine Warnungen werden dringlicher: *Du weißt wohl, daß Du nur sicher bist unter der Hut Deines treuen Schäfers, welcher zugleich Dein Hund ist.*[576] Ja, das ist wohl die richtige Bezeichnung für das Dreiecksverhältnis, nein, Viereckverhältnis, das diese Ehe ist. Er ist ihr Schäfer und Hund zugleich, aber nicht Hütehund, eher armer Hund. So unterschreibt er einmal auch: *Dein Hund und Gatte*. Sie ist Tigerkatze und Lamm zugleich. Allerdings ein schwer hütbares Lamm.

Im September lernt Heine in Campes Buchhandlung den schreibenden Schneidergesellen Wilhelm Weitling kennen und ist schockiert über dessen ganz und gar unehrerbietiges, formloses Betragen. Er begrüßt Heine, einen Schneider wie du und ich, und kratzt sich immerzu an den Beinen, an denen schon die Ketten sämtlicher deutscher Gefängnisse hingen. Heine kann nichts dafür, die Ketten beeindrucken ihn jetzt nicht wie sie sollten; daß sich in seiner Gegenwart jemand so hemmungslos kratzt, fasziniert ihn viel mehr. Und wie dieser begabte Schneider mit ihm spricht, so vertraulich, so … Heine ist angewidert. Seit er Weitling kennt, denkt er noch einmal ganz neu über den Kommunismus nach. Wird er nicht die vollständige Entformung des Lebens bedeuten? Kultur, was ist sie anderes als ein sublimes Gespür für Abstände? Sie wird aufhören. Zehn Jahre später notiert er das genauer.

Marx bekommt aus Hamburg die Druckfahnen des »Wintermärchens«; es erscheint zwischen Oktober und Ende November vollständig im »Vorwärts!« Der einzige Brief an Marx endet: … *wir brauchen ja wenige Zeichen, um uns zu verstehen! Herzinnigst H. Heine.* Herzinnigst – einen solchen Gruß hat er noch nie verschickt. Im selben Monat interveniert die preußische Regierung bei Ministerpräsident Guizot. Frankreich soll die »Vorwärts!«-Mitarbeiter ausweisen. Guizot zeigt sich kooperativ. Die »Vorwärts!«-Mitarbeiter müssen das Land verlassen. Nur für Heine macht die französische Regierung eine Ausnahme. Erstens, weil Heine Heine ist. Und zweitens, weil es eine Regelung gibt, daß alle Düsseldorfer, die zwischen 1791 und 1801 geboren sind, das Recht haben, in Frankreich zu leben. Schließlich sind sie französisch aufgewachsen.

Im Februar müssen Marx, die große und die kleine Jenny Paris endgültig verlassen. Marx schreibt an Heine: »Von allem, was ich hier an Menschen zurücklasse, ist mir die Heinesche Hinterlassenschaft am unangenehmsten. Ich möchte Sie gern mit einpacken.«[577]

Gemeinsame Gefahr schweißt zusammen, aber wer glaubt, Heine ist gerade dabei – Weitling hin, Weitling her –, in irgendeine informelle Vorform irgendeiner zukünftigen kommunistischen

Partei einzutreten, irrt. Auch wenn Heine dichtet: *Ich hab ein neues Schiff bestiegen/ Mit neuen Genossen; es wogen und wiegen/ Die fremden Fluten mich hin und her – / Wie fern die Heimat! mein Herz wie schwer!* Heine geht nicht bei Marx an Bord, vielmehr ist er schon Anfang des Jahres in die Freimaurerloge »Trinosophes« eingetreten. Und darauf ist er stolz, denn die nehmen nicht jeden. Die Freimaurer passen ohnehin viel besser zu ihm. Die einzige Staatsform, die ihm gefiele, wäre eine Republik, von Monarchisten regiert, oder eine Monarchie, die Republikaner regieren. Unwahrscheinlich, daß er Marx das gesagt hat.

Im Grunde ist es ein Zufall, daß die Marxisten den L'art pour l'art-Künstler mit dem satirischen Talent unter ihre Hausheiligen eingereiht haben. Denn er ist doch eher der Vorläufer Nietzsches. Ein großer Einzelner, fern allen Massenbekenntnissen, fern dem Politisch-Bekenntnishaften überhaupt, mit ungeheuren Ängsten vor dem Zeitalter der Massen. Marx und Heine teilen die frühe Hegel-Begeisterung, und wer die Faszination einer solchen metaphysischen Großsynthese nicht kennt, der weiß nicht, was das heißt: Denken. Allerdings ist da von Anfang an die Reserve des dichterisch-konkreten Temperaments Heine: Schade um die Wirklichkeit, wenn sie tatsächlich in einen Begriff passen sollte. Die Wirklichkeit in Begriffen – das ist eine sehr unpoetische Idee. Es ist auch eine strukturell unerwachsene Idee. Es ist die Pflicht einer jeden Jugend, die ganze Welt in die Tasche – des Begriffs – zu stecken. Wer das nie wollte, war nie jung. Aber dann? Vielleicht gehört es zu den Zeichen des Erwachsenwerdens, kein Philosoph mehr zu sein. Marx stört das nicht. Wenn er die Hegelsche Dialektik vom Kopf auf die Füße stellt, dann nicht, um die hybride Systematisierung der Wirklichkeit abzuschütteln, sondern im Gegenteil. Hier liegt die Grundverschiedenheit des Marxschen und des Heineschen Temperaments. Und doch hat Heine Marx einen tiefen Gedanken vorgedacht: die deutsche Philosophie als Parallelphänomen zur Französischen Revolution. Der (philosophische) Gedanke, der zur Tat drängt. Die Idee, die zur Wirklichkeit werden muß. – Das ist nicht nur Marx, das ist lange vorher schon originärer Heine. Nur folgt daraus nicht, daß man die Tatwerdung der Idee freudig begrüßen muß, daß man ihr den Weg zur Wirklichkeit leichter machen und wenn möglich abkürzen sollte. Heine hat Angst vor der tatkräftigen Idee. Vom

Philosophen der Tat unterscheiden ihn die tiefe Tatskepsis und die Melancholie des Dichters.

Heine hat jetzt auch Wichtigeres zu tun, als sich um die Zukunft der Menschheit zu kümmern. Was ist die Zukunft der Menschheit gegen seine eigene? Und die war noch nie so bedroht wie jetzt. Nichts kündigte diese Bedrohung an.

Die Rache des Enterbten. Weltrevolutionsgepolter 1848. Die Venus der Medici, zum letzten Mal

Die übrigen Gäste trinken Sauterne, Mathilde trinkt lieber Champagner. Sie kann nicht nur für zwei essen, sie kann auch für drei Champagner trinken. Und sie hat Grund dazu. Henri ist wieder da, seit Mitte Oktober. Wenn Mathilde genug Champagner getrunken hat, muß Weill manchmal eine Opernarie singen, in der sie vorkommt: »O Mathilde, idole de mon ame!« Das ist von Rossini. Und Henri ist auch glücklich. Jetzt bin ich noch ein Bettler, sagt er zu Weill, aber einmal werde ich ein reicher Mann sein. Champagner! Henri weiß nicht genau, wieviel Millionen der Onkel hat. Auf jeden Fall sind es sehr viele. Ob er eine davon abbekommen wird? Oder eine halbe? Oder ein Viertelmilliönchen? Oder …? Am Ende haben sich Neffe und Onkel doch wieder gut verstanden.

Am 23. Dezember stirbt Salomon Heine. Am 28. weiß es der Neffe. Von seiner Schwester. *Das Gehirn zittert mir im Kopfe,* schreibt er zurück, *Du weinst, aber ich habe bis jetzt noch keine Träne vergießen können. Den Vorteil habt ihr Weiber, daß ihr leichter weinen könnt. Auch meine Frau weint, sie ist dreimal diese Nacht zu mir gekommen. Du hast recht, daß die Zeit allein hier trösten kann. Wie muß die Therese, das gute Kind, leiden! – Und Carl, der arme Junge, wieviel muß der ausgestanden haben!* Und dann noch einmal: *Wenn ich nur weinen könnte!*[578]

Man muß Geduld haben. Man muß warten können. Dann kommen die Tränen von ganz allein. Ein paar Tage später erhält Heinrich Heine noch einen Brief aus Hamburg. Tränenlos liest er, dann fällt er wie tot zu Boden, schlimmer als jedes Weib, sogar sein eigenes, und er würde dort für immer liegenbleiben, aber Weill und Mathilde heben den Mann auf und tragen ihn ins Bett wie ein kleines Kind. Selber gehen kann er nicht mehr. Und dann hören Weill und Mathilde ein höchst schauerliches Geräusch. Das kommt aus dem Bett. Sie hören ein Weinen, ein unaufhaltsames Weinen. Zum ersten und einzigen Mal sieht Hausfreund Weill Tränen bei Heinrich Heine. Mathilde möglicherweise auch. Der Brief, den der Tränen-Mensch eben las, ist von Carl Heine, Salomons Sohn. Er wird ihn nie wieder einen armen Jungen nennen.

Carl Heine teilt seinem dreizehn Jahre älteren Cousin Heinrich Heine mit, daß der Verstorbene ihm achttausend Mark banco vermacht habe. Insgesamt hinterläßt Salomon dreißig Millionen. Das soll, umgerechnet in die Kaufkraft von 1976, etwa zweihundertsechzehn Millionen DM entsprochen haben, weit über hundert Millionen Euro. Weinen ist ein Zustand tiefster Fassungslosigkeit des Gemüts, und wie soll er sich an diesen Betrag gewöhnen? Achttausend Mark! Nicht einmal ein Prozent des Erbes. 0,05 Prozent. Der entlegenste Hamburger Wohltätigkeitsverein erbt mehr vom Onkel. Er hat keinen vergessen. Achttausend Mark. Allein wenn er diese Zahl denkt, muß er weinen wie ein Kind. Ein besonders kühler Heine-Kenner, Fritz J. Raddatz, vermutet, daß Heine überhaupt nur einmal geweint hat, nämlich jetzt, und daß die übrigen Tränen in seinem Werk reine Dichtung sind. Andererseits hat Martin Walser den schönen Essay »Heines Tränen« geschrieben, worin er nachweist, daß Heines Tränen grundsätzlich echt sind. Auch, wenn sie nicht echt sein sollten, bleibt hinzuzufügen. Leider können wir uns dabei nicht aufhalten, denn es geht um wichtigere Dinge. Es geht ums Geld.

Jedenfalls auf den ersten Blick. Carl Heine macht seinem Cousin das Angebot, ihm die Hälfte der bisherigen Jahrespension weiterzuzahlen, die er mit viertausend Francs angibt. Dabei bekommt Heine seit seiner Heirat viertausendachthundert – soviel, wie die Pension vom französischen Staat beträgt, von der noch niemand weiß. Doch Carl hat zwei Bedingungen: Heine, der noch nie mit Geld habe umgehen können, soll die achttausend Mark zu vier Prozent Zinsen bei ihm lassen. Wie er das formuliert! Der kleine Carl, den er einst in Paris vor der Cholera rettete, viel jünger als er, sein Freund bis eben, spricht nicht wie ein Freund. Er spricht wie ein Haupterbe, der keine Freunde mehr kennt: »Du hast nie mit Capital umzugehen gewußt, daher proponire ich Dir, diese Mark Banco 8000 – will ich, wenn Du wünschst, zu mir nehmen und darauf 4 % Zinsen zu vergüten. – Ich meinerseits stelle die Bedingung, daß Du nicht ohne triftige, nothwendige Gründe darüber disponirst und nur die Zinsen erhebst.«[579]

Die halbe Rente, die Carl weiterzuzahlen gedenkt, möchte er ausdrücklich nicht als Rente verstanden wissen: Heine soll keinen Anspruch darauf haben, und der »freie Wille« seines Cousins behält sich vor, die Zahlung jederzeit einzustellen. Dahin ist es mit der schönen Kategorie des »freien Willens« gekommen. Ja, und noch eine Bedingung hat der kleine Carl. Wenn Heine etwas schreiben sollte, worin der Vater vorkommt, »so bitte ich Dich das Manuskript einem bewährten Freunde vorher einzuliefern und ich verlasse mich fest darauf, daß nicht ein Wort darin bleibt, das hätte wegbleiben müssen«.[580]

Wie tot zu Boden fallen, ist in der Tat die einzig kongeniale Reaktion auf eine solche Nachricht. Der Mann, der sich nicht einmal der preußischen Zensur unterwarf, soll sich nun einer Verwandtenzensur unterwerfen? Man will ihm sein 0,05-Prozent-Erbe nicht einmal auszahlen. Und was heißt, er könne nicht mit Kapital umgehen? Nur weil er nicht aus Geld mehr Geld macht, was seine Familie einzig als gelingendes Leben zu begreifen scheint. Dieser Brief ist eine einzige große Demütigung, verfaßt von einem kleinen Jungen, den er einmal mochte, der über Nacht zu einem großen (Geld-)Jungen geworden ist und nun versucht, sich der neuen Rolle entsprechend zu verhalten.

Indem es um Geld geht, geht es um etwas ganz anderes. Das hier trifft seine Ehre. Man begreift solche Dinge in Sekunden, beim Lesen. Und er ist durch nichts darauf vorbereitet. Er hat keine Anti-Onkel-Hornhaut auf dem Herzen und keine Carl-Antikörper im Blut, er trauert; als er die Nachricht aus Hamburg liest, ist er verwundbar. Der Heinesche Zusammenbruch nach der Lektüre des Carl-Briefes ist kein Achttausend-Mark-banco-Zusammenbruch. Der Güter höchstes ist berührt, nebenbei und fast absichtslos. Das macht es noch schlimmer. Die wollen ihn gar nicht verletzen. Die merken es nicht einmal. Das wirft ihn um.

Wir wissen nicht, wie viele Tage der Dichter fassungslos in Tränen liegt. Aber am 8. Januar schreibt er einen ob seiner kühlen Fassung erschreckenden Brief an Campe. Campe setzt er als seinen künftigen Interessenvertreter in Hamburg ein. Es sind nur sachliche Instruktionen: *Dann schicke ich Ihnen einen Brief für Carl Heine, den Sie lesen und in Abschrift für mich aufbewahren müssen. Das Original schicken Sie u n v e r z ü g l i c h v e r s i e g e l t an Carl Heine. Beileibe keiner Seele ein Wort. – Ich schreibe in der größten Eile. Soviel werden Sie merken, daß ich einen Todeskampf beginne und neben den Gerichten auch die öffentliche Meinung für mich gewinnen will, im Fall Carl Heine nicht nachgibt. Ich will mein Recht, und müßte ich es mit meinem Tode besiegeln.*[581]

Es wird ein Todeskampf, das sieht er richtig. Zwar wird er ihn überleben, aber nicht als Lebender. Danach wird er ein Sterbender sein. Und sein Recht, das ist nicht so sehr ein juristisch einklagbares, sondern mehr ein moralisches. Auch Heine scheint das zu wissen. Zwar suggeriert er sich, einen Prozeß gewinnen zu können, aber das soll nur der letzte Schritt sein. Er vertraut auf die Presse. Das heißt, auf sich selbst. Er kann mit öffentlichen Angriffen leben, aber die Hamburger sind sehr ungeübt darin. Er wird ihnen einbrocken, wovor sie solche Angst haben. Die Artikel, die in diversen Zeitungen erscheinen sollen, schreibt er gleich selbst, denn wer könnte das besser als er? Er schreibt einen Angriff auf das verletzbarste Hamburger Familienmitglied, Dr. Halle, Schwiegersohn Salomons, der jetzt in dessen prächtiges Haus einzieht. Verletzbar ist Halle schon deshalb, weil er Senator der Hansestadt werden will. Die Gegenposition – eine Verteidigung des Familienstandpunkts – schreibt er gleich mit und schickt alles mit den nötigen Instruktionen an Laube. Auch Detmold ist bereits in die Spur gebracht.

Es ist schon ein wenig befremdlich, dem Dichter beim Entwerfen einer professionellen Pressekampagne zuzusehen. Das habe er von Gutzkow gelernt, entschuldigt er seine Durchtriebenheit. Andererseits wäre es kleinlich, von einem Dichter enttäuscht zu sein, nur weil er etwas von Strategie und Taktik versteht. Weil er weiß, wie man d a s macht. Eine andere Chance hat er nicht, er weiß es.

Er wird beim Kampagnenentwerfen nur von seinem Arzt und Mathilde gestört. Von seinem Arzt, weil der ihm längst Schreiben und Lesen ausdrücklich verboten hat und jedesmal sehr grundsätzlich wird, wenn er auf Beweisstücke des Patientenungehorsams trifft.

Man muß sich das ganz klar machen. Ein Schriftsteller, der schon längere Zeit weder lesen noch schreiben darf, ist nicht mehr unbedingt Herr seiner Produktionsmittel. Er ist ein klarer Fall für die noch nicht erfundene Berufsunfähigkeitsrente. Und genau so etwas soll die Hamburger Pension auch sein.

Mathilde sitzt anfangs *wie ein Marmorbild am Kamin und spricht kein Wort. Das Unerhörte hat sie versteinert.*[582] Aber fünf Tage später muß sie sich doch vom Kamin weggerührt haben, denn am 13. Januar klagt er, daß sein *Hausvesuv, der drei Jahre ruhig war, jetzt wieder Feuer speit.*[583] Noch schiebt er das auf die spezifisch Mathildesche Form der Nachrichtenverarbeitung, aber bald wird klar, daß sie krank ist. Seine Nächte sind böse, Mathilde hält ihn wach. *Ein kranker, arbeitsunfähiger Kopf, Mathilde, grimmige Privatfeinde, politische Verfolgung, noch allerlei geheime Schäden, die täglich ausbrechen können, und dabei kein Geld – das kann ich nicht aushalten. … Samiel hilf!*[584]

Er kann nicht mit Kapital umgehen, hat Carl gesagt. Das wollen wir doch mal sehen. Seine früheren Freunde, die Saint-Simonisten, engagieren sich alle sehr im Eisenbahnwesen. Heine sieht es mit Interesse. Und Baron Rothschild hat soeben die Konzession zum Bau der Eisenbahn Paris–Strasbourg bekommen. Der Dichter geht zur größten Finanzmacht der Welt und sagt, daß er ein paar Eisenbahnaktien gut gebrauchen könnte. Nicht jeder bekommt von Rothschild Aktien, Heine, der schon viel Bedenkliches über den Baron gesagt hat, sogar unter Bezug auf den Verschmutzungsgrad der Seine, bekommt welche. Allerdings hat Heine bei Campe verhindert, daß ein unangenehmes Buch über die Rothschild-Dynastie erscheint. Das war sehr freundlich. Das können Millionäre schätzen. Seinen Erbteil, die achttausend Mark banco, fordert er natürlich sofort von Carl Heine, er läßt sich doch keine Bedingungen stellen. Was macht man mit achttausend Mark banco? Nein, achttausend Mark banco sind es nicht mehr. Carl Heine hat bei der Überweisung am 15. April vierhundert Mark Collateral-Steuer abgezogen. Weitere Reaktionen zeigt der Haupterbe nicht.

Man könnte die achttausend Mark minus vierhundert Mark Collateral-Steuer natürlich ausgeben. Das macht Heine auch, ein bißchen. Wenn man schon bald kein Geld mehr hat – denn selbstverständlich bekommt Heine die von Carl angebotenen zweitausend Francs Jahresrente nun auch nicht –, wenn man sich also schon bald am Ende des Geldes befinden wird, sollte man vorher wenigstens gut essen. Er fährt mit Mathilde nach Montmorency bei Paris, ein Augenzeuge der Reisevorbereitungen notiert bündig: »Seine dicke Mathilde packt ein.«

In Montmorency sind auch Gautier und Royer, noch zwei Schriftsteller, die ungefähr so leben wie er. Sie geben viel Geld aus, ohne je welches in der Tasche zu haben, und ihre jungen Freundinnen sind fast so schön und üppig wie Mathilde. Der Speiseplan dieses Sommers ist vielleicht die einzige wirkliche Freude des Jahres. So sitzen sie beim Frühstück im Café Montmartre, und weil es schon ein spätes Frühstück ist, essen sie »zwei Dutzend Austern mit Sauterne, die Flasche nur drei Franken, das Dutzend Austern sechzig Centimes, ein Kotelett à la Provençale, mit Knoblauch scharf gewürzt, Eisdessert, Käse und damit Schluß«.[585] Manchmal kommt auch Balzac zu diesen Kotelett-Austern-Frühstücken. Heine und Gautier essen am fortgeschrittenen Morgen aber fast noch lieber Steinbutt mit Weinsauce. Wenn es sehr warm ist, trinken alle Dichter zum Sauterne einen Cocktail aus Bier, Eis, Zitrone, viel Zucker und Orangen. Weill berichtet, daß Mathilde, kaum zu Hause, manchmal noch ein weiteres Dutzend Austern verschlingt, dann zwei Beefsteaks, und eine halbe Flasche Wein dazu trinkt. Sie nähert sich unaufhaltsam ihren neunzig Kilo. Weill vermutet jedesmal, wenn er über Mathildes Eßgewohnheiten spricht, daß sie in der Liebe phlegmatisch sei. Der Zusammenhang fasziniert ihn. Heine hat dazu nie etwas gesagt.

Wenn der Mensch gut gegessen hat, kann er auch besser darüber nachdenken, was er mit seinem Erbe tun soll. Die Welt sieht dann so zuversichtlich aus. Und einen Neuen Markt haben nicht nur spätere Jahrhunderte, Heines Jahrhundert hat erst recht einen. Denn vor seinen Augen fängt alles an, was man die Industrialisierung nennt, die komplette Revolution aller Lebensverhältnisse. Man könnte das Geld zum Beispiel in die Gasbeleuchtung der Stadt Prag investieren. Er findet es sehr vernünftig, daß Prag künftig mit Gas beleuchtet werden soll. Er hat auch schon mal einen der berühmtesten Prager Brückenheiligen gegen einen Angriff verteidigt. Das war Nepomuk. Eine Gasbeleuchtungsgesellschaft gibt es auch schon. Die heißt »Iris«. Und der Gesellschafter heißt Friedland, Ferdinand Friedland, der hat schon Breslau mit Gas heimgeleuchtet, und er weiß außerdem, wie man aus Fichtennadeln Baumwolle herstellen kann. Das hat er sich patentieren lassen. Vielleicht hätte Heine das nachdenklich machen sollen.

Aber er hat es wirklich nötig, ein erfolgreicher Shareholder zu werden, denn gleich ist das Jahr zu Ende, und sein Geld auch. Carl Heine hat nicht nachgegeben. Keinen Millimeter. Und Meyerbeer, der einzige Zeuge, der gehört hat, wie Salomon Heine seinem Neffen die Rente lebenslänglich versprach, hat dies zwar bezeugt, sich aber geweigert, persönlich bei Carl zu intervenieren. Carl sei, hat der Komponist zum Dichter gesagt, so ein loyaler Charakter. Das wird schon! So ungefähr sprach der Komponist. Wenn Heine darüber nachdenkt, wer sein Freund ist, dann fragt er sich: Auf wen könnte ich mich noch in schier ausweglosen Situationen verlassen? Andere Menschen haben Fragestellungen dieser Art nicht ganz so nötig, ein freier Autor schon. Meyerbeer, sein privates Wohltätigkeitsinstitut, gehörte bis eben fraglos dazu. Aber nicht nur, daß Meyerbeer keinen Brief an Carl schickt, er muß sich wohl auch geweigert haben, ihm Geld zu borgen. Heine ist fassungslos und schreibt einen dieser harten Endgültigkeitsbriefe, mit denen er sich von Freunden trennt, die ihn menschlich enttäuschten. Vergessen alles, was er mit Meyerbeer, den er bald versuchsweise auch Beeren-Meyer oder Meyer-Beer nennen wird, erlebt hat. Vergessen der gemeinsame Besuch in der »Glücklichen Gabel«. Und hat Meyerbeer ihm nicht schon lange versprochen, seine Lieder zu vertonen? Heine hat sogar schon einen Vorschuß auf dieses Projekt bekommen. Alle Welt vertont gerade Heines Lieder; Schumann hat ihm seine Kompositionen geschickt, Heine hat nicht geantwortet. Wer ist – jetzt noch – Schumann gegen Meyerbeer? Und der komponiert Heine nicht.

Hochgeehrter Maestro! Ich verhehle Ihnen nicht, daß ich es nicht verschmerzen kann, irgend eine Fehlbitte bei Ihnen getan zu haben. Ich muß daher Abschied von Ihnen nehmen. ... In betreff der Volksliedermelodien gebe ich Ihnen Ihr Versprechen zurück. Nachdem ich jahrelang von Ihnen an der Nase herumgeführt worden, verzichte ich auf jede Herausgabe. Ich habe den Herren Escudier hiervon Anzeige gemacht und ihnen ihre Vorschüsse (tausend Francs) zurückerstattet. ... Heinrich Heine, Paris, den 24. Dezember (Todestag meines armen Oheims).[586] Tausend Francs zurückgeben, ohne Notwendigkeit, ohne Aufforderung – zu solchen Reaktionen ist er fähig aus verletztem Stolz. Hoffentlich klappt das mit der Prager Gasbeleuchtung!

Das wird schon, hat Meyerbeer gesagt? Das einzige, was gerade unfaßbare Fortschritte macht, ist der Zerfall seines Körpers. Nicht nur, daß er manchmal fast blind ist, auch seine Augenlider sind der Meinung, daß es nicht länger lohnt, die Welt anzugucken. Das eine Auge kann er gar nicht mehr öffnen, und das andere schließt sich auch schon. Er versucht, das positiv zu sehen. Ich verliere das Augenlicht, erklärt er Caroline Jaubert, der Dame mit dem Fuß, und gleich der Nachtigall werde ich jetzt um so schöner singen. Fritz J. Raddatz sagt, der Heinesche Witz sei wie ein Luftholen während eines Erstickungsanfalls. Das ist er. Und er ist die Höflichkeit des feineren Geistes. Wenn man andere, gesunde Menschen schon mit seinen Leiden belästigt, sollte man sie wenigstens gut unterhalten. Ich kann nur noch mit einer Seite essen, nur mit einem Auge weinen, teilt er Carolines Abendgesellschaften mit, ich bin nur noch ein halber Mann. Die Liebe kann ich nicht mehr ganz ausdrücken, nur noch mit links. Wahrscheinlich werde ich nur noch Anspruch auf ein halbes Frauenherz erheben dürfen. Man muß sehr lachen über den Dichter mit nur einer lebendigen Gesichtshälfte und einem ganz geschlossenen und einem fast geschlossenen Auge. Noch kann er sprechen, doch auch das wird sich ändern. Das Reden wird ihm immer mühsamer, trotzdem bekommt Honoré de Balzac am 27. Februar eine Einladung zum Diner bei ihm zu Hause; Diners zu Hause gibt er nur für seine besten Freunde. Gautier und andere kommen auch. Der Mann, der Einladungen zum Essen verschickt, kann aber schon seit ein paar Wochen nichts mehr schmecken. Egal, was er ißt, alles schmeckt wie Erde. Er weiß, nichts ist so schlimm, daß es nicht noch schlimmer kommen könnte. Er mag den Erdgeschmack nicht und kann es nicht recht schätzen, daß er überhaupt noch essen kann. Auch das kann er nicht mehr lange.

Und dann steht da ein junger Mann vor seiner Tür wie der Inbegriff des Lebens. So wie dieser Junge war er auch einmal, oder wollte es sein. Er ist zwanzig Jahre alt, er ist schön und gespannt vor Erwartung und Begeisterung. Nur wofür er sich begeistern soll, weiß er noch nicht ganz genau. Auf jeden Fall für die Gerechtigkeit und für das Glück aller Menschen. Es ist Ferdinand Lassal, er wird etwas später auffallen als Ferdinand Lassalle und Mitgründer der deutschen Sozialdemokratie. Er hat alles von Heine gelesen; Dichter mögen Menschen, die ihre Bücher kennen. Heines Situation bleibt ihm nicht lange verborgen, und er begreift die Aufgabe sofort: Hier gilt es, ein Genie zu retten vor den Barbaren des Finanzkapitals. Heine hat seinen Robin Hood gefunden. Der Rächer des Enterbten steht vor ihm. Ferdinand Lassal aus Breslau, auch er Sohn eines Textilkaufmanns. Nur war Vater Lassal im Unterschied zu Samson erfolgreich, so daß er gemeinsam mit seinem Schwiegersohn inzwischen ganz Breslau mit Gas beleuchten kann, eine durchaus auch auf Prag übertragbare technische Innovation. Der Pragbeleuchter ist nämlich Lassalles Schwager. Lassalle selbst studiert in Berlin und ist eigentlich nur kurz in Paris, auch um mitzuhelfen, die böhmische Hauptstadt möglichst schnell in das richtige avantgardistische Licht zu rücken. Als er zurück ist in Berlin, nimmt er den Kampf für das enterbte Genie auf. Die progressivsten Preußen und Nicht-Preußen will er gewinnen. Über Varnhagen lernt er Fürst Pückler-Muskau kennen. Lassalles Auftritt muß von großer Wirkung sein, denn der Fürst setzt sich sofort an seinen Sekretär und schreibt an Carl Heine. Er schreibt, wie stolz die Familie sein könne, mit einem Genie wie Heine verwandt zu sein. Und daß er nicht glauben könne, daß der Dichter einem Familien-Zensur-Diktat unterworfen werden soll. Und wolle Carl seinem (Bank-)Haus wirklich die Schmach antun, daß man für den Lebensunterhalt von Deutschlands geistreichstem Schriftsteller eine Kollekte veranstalten muß? Um Weltbegriffe gehe es im Falle des Cousins, nicht um Familienbegriffe. Umsonst. Carl rührt sich nicht. Nach Art der unsicheren Menschen wird er immer starrer.

Heine entwirft Pressekampagne Teil zwei. So etwas hat noch kein Dichter vor ihm getan. Lassalle weiß auch nichts davon. Heinrich Heine schreibt im Februar 1846 eine Selbstschmähung. Er verfaßt – gewiß nicht ohne böse Lust – eine Verleumdung seiner selbst. Denn auch hier gilt: Wenn es schon getan werden muß – wer könnte das besser als er?

Er schreibt über die *innere Ruchlosigkeit* seines Wesens, über seinen *beleidigten Eigendünkel* und *albernen Hochmut, der es nicht ertragen kann, daß andere Mitglieder der Familie sich in sozialer Stellung über ihn erhoben und ihn so tief unter sich zurückgelassen haben, ihn, der sich einbildete, nach dem Tode seines*

Oheims als das lorbeergekrönte Haupt der Familie betrachtet zu werden.[587] Das bemerkenswerte Schriftstück endet: *Das Talent vergeht, nur der Charakter bleibt.*[588]

Und nun bekommt Varnhagen Post: *Teuerster Freund! Anbei erhalten Sie das Konzept des infamen Artikels, den ich gegen Heinrich Heine geschrieben.*[589] Der Artikel soll in der »Kölner Zeitung« erscheinen, natürlich anonym, Heine hat schon dafür gesorgt. Varnhagens Aufgabe ist, in der »Allgemeinen Zeitung« den *infamen Artikel* zu widerlegen und dabei unbedingt aus dem schönen Brief des Fürsten Pückler-Muskau zu zitieren. Und Varnhagen soll Carl zugleich in Schutz nehmen gegen die Vermutung, er wolle seinem Vetter die Pension entziehen ... Heine hatte probeweise dreitausend Francs auf Carl Heine trassiert, und der hat akzeptiert. Jetzt soll er dazu gebracht werden, das in aller Form zu erklären. Heine weiß, was er da tut, er ist sich längst selbst unheimlich: *Zum Unglück ist mein Wille auch so starr wie der eines Wahnsinnigen – das liegt in meiner Natur. Ich endige vielleicht im Irrenhause.*[590]

Varnhagen hat alles für Heine getan, aber das geht ihm zu weit. Er wird nicht schreiben, sagt er dem Freund. Auch die »Kölner Zeitung« druckt Heines anonyme Selbstdiffamierung nicht.

Im Juni unternimmt Heinrich Heine seine letzte Reise auf Erden. Noch einmal fährt er in die Pyrenäen. Noch einmal hofft er auf Linderung. Anfang des Jahres wollte er sich in Berlin von dem berühmten Arzt Dieffenbach behandeln lassen. Doch beim Betreten Preußens droht ihm sofortige Verhaftung. Lassalle wollte seinem enterbten Dichter freies Geleit organisieren. Er ging zu Alexander von Humboldt, Humboldt ging zum König, also zum Kaiser von China, und der Kaiser von China wollte Heine tatsächlich einreisen lassen. Das war groß vom chinesischen Kaiser; Heine hätte sofort ein neues Gedicht auf ihn machen müssen. Allerdings hat der Kaiser einen Innenminister, der die Rücknahme der allerhöchsten Entscheidung bewirkte. Heine in Preußen – unmöglich! Man fürchtet ihn. Man fürchtet die Kunde seiner Anwesenheit, die wie ein Signal wirken könnte, egal wie halb- oder dreivierteltot er ist. Dann eben in die Pyrenäen. Unterwegs geht es ihm so schlecht, daß er die Reise unterbrechen muß. Im Lehnstuhl wird er ins Gebirge getragen.

Inzwischen schreibt der gekündigte Freund und neue preußische Generalmusikdirektor Giacomo Meyerbeer einen Brief, den er eigentlich gar nicht schreiben wollte. Er schreibt an Carl Heine. Er wiederholt ihm, daß sein Vater dem Cousin die Pension lebenslänglich zugedacht hatte und sagt ihm, wie krank Heine ist.

Ende Juni kommt Heine in Barèges an, der Anblick der Berge tut ihm gut. Mathilde badet viel und geht auf die Kurbälle, er kann nur unter größter Anstrengung noch ein paar Worte sprechen. Cocotte krächzt dafür um so lauter, und Mitte Juli macht er einen Ausflug ins Gebirge. Als Cocotte durch die Pyrenäen fliegt, hat Carl Heine in Hamburg seinem Vetter den Versöhnungsbrief schon geschrieben. Die Furtados in Paris sollen ihn weiterleiten, machen aber eine ruhende Post daraus, und Heine im Gebirge erfährt nicht, daß alles vorbei, alles gewonnen ist. Mathilde läuft rufend und weinend durchs Dorf. Vielleicht besucht Cocotte jetzt Atta Troll, mag Heine denken; aber das ist wohl nicht der richtige Trost für seine Frau. Was soll er ihr sagen? Er kann ohnehin nichts mehr sagen. In Barèges baden auch französische Afrika-Soldaten. Die werden aufmerksam auf die große fassungslose laute Frau mit dem kleinen stummen Mann mit den geschlossenen Augen. Ob er die Augen beim Essen wohl aufmacht? Woher sollen die Soldaten wissen, daß er nicht mehr essen kann. Er kann nicht mehr schlucken. Die Soldaten gehen jetzt zwischen ihren Bädern auf Papageienjagd, und sie fangen Cocotte tatsächlich. Heine ist beeindruckt. Preußische Soldaten, glaubt er, hätten das nicht geschafft. Cocotte schreit ihm nun wieder ins Ohr. Dabei hört er gut. Hören ist im Grunde das einzige, was er noch kann; und schreiben. Er schickt sein Porträt an Campe: *Auch bin ich entsetzlich abgemagert, mein armer Bauch ist kläglich verschwunden, und ich sehe aus wie ein dürrer einäugiger Hannibal.*[591] Auch fällt er nun oft in Ohnmacht.

Wenn er aus den Ohnmachten wieder aufwacht, liest er manchmal Zeitung. Daß in Zeitungen meist schlechte Nachrichten stehen, weiß er. Eines Morgens liest er, daß er tot ist. Er liest: »Am Tage der Volksabstimmung über die Berner Verfassung starb auf Berner Boden im Glockental, eine Viertelstunde von Thun, der Dichter Heinrich Heine. Er hatte sich vor etwa vierzehn Tagen auf den Rat der Ärzte in diese Gegend begeben ... Es heißt, ein wiederholter Schlaganfall habe seinem Leben ein Ende gemacht. Nach Bern kam die Nachricht von dem Hinscheiden des Dichters, der auch hier seine zahlreichen Verehrer hat, bevor man nur wußte, daß er sich im Lande befinde.«[592] Kein Wunder, daß ihn keiner in der Schweiz gesehen hat. Er wird doch wohl noch wissen, in welchem Gebirge er sich gerade aufhält. Gott sei Dank hat er zeitgleich einen Artikel in der »Allgemeinen Zeitung«. Sein Freund Laube schreibt ihm einen schönen, tiefgefühlten Nachruf, der im letzten Augenblick doch nicht gedruckt wird. Man hatte ihn verwechselt. Ein wichtiger Orthopäde namens Heine war in der Schweiz gestorben.

Nicht viele Menschen kommen in die Lage, ihre eigenen Todesanzeigen zu lesen. Ihm wird das nicht zum letzten Mal passiert sein. Trotzdem wird er immer seinen Nachruf von Laube lesen wollen, aber der bleibt unauffindbar in Kolbs Papierkorb. Das alles beeindruckt ihn doch mehr, als es sollte. Kein Wunder, er hat neuerdings so einen Druck auf der Brust, der ihn in jedem Augenblick dem Ersticken nahebringt; *mein Hinterer fragt mich gar nicht mehr um Erlaubnis, was er tun soll – enfin, sehr schlechte Symptome.*[593] Er hat keine Angst vor dem Tod, *das Sterben ist etwas Schauderhaftes, nicht der Tod, wenn es überhaupt einen Tod gibt. Der Tod ist vielleicht der letzte Aberglaube.*[594]

Lange hat man gedacht, daß die falsche Todesnachricht Carl zum Nachgeben bewogen hat. Es hätte gut gepaßt. Börsianer sind abergläubisch. Venedig etwa ist nicht deshalb voller Kirchen, weil die venezianischen Kaufleute so fromm, sondern weil sie so abergläubisch waren. Die angemessene Geisteslage für Börsianer ist die Esoterik, das Börsengeschehen ist esoterisch. Carl hätte den Tod seines unversöhnten Cousins bestimmt als schlechtes Omen gesehen. Aber es ist nicht so, sein Versöhnungsbrief ist vom Juli, nur bekommt ihn Heine erst jetzt im September.

Leider sind bei der Beleuchtungsgesellschaft »Iris« inzwischen die Lichter ausgegangen. Carl hat irgendwie recht gehabt, er kann einfach nicht mit Geld umgehen. Er ist ein verdammt schlechter Esoteriker. Fast seine ganze Erbschaft ist in die Moldau gefallen. Und in Prag bleibt es vorerst dunkel. Vielleicht sollte man das Spekulieren doch besser den Spekulanten überlassen?

Allerdings versucht Heine, noch etwas aus der Moldau herauszufischen. Er schreibt dem Gasbeleuchter, sehr, sehr sanft für einen, der gerade sein Kapital verloren hat, denn er mag diesen

Friedland. *Kommen Sie nur bald hierher, damit ich Sie vor meinem Tode noch einmal lügen höre! ... Ich will hiermit, liebster Calmonius, beileibe nicht Sie beschuldigen, mich wissentlich irregeleitet zu haben, Sie haben das sonderbare Talent, alles selber zu glauben, was Sie wünschen, und Ihr Glaube ist ansteckend ...*[595] Er weiß, Friedland habe ihn nur glücklich machen wollen, aber nun, mahnt Heine, möge er alles aufbieten, ihn nicht ganz und gar unglücklich zu machen. Auf das Eisenbahnwesen scheint mehr Verlaß zu sein. Seine Rothschild-Aktien stehen gut. Und anderen geht es noch viel schlimmer.

Ein armer, brustkranker Musiker hat dem König eine Bittschrift geschickt. Im Treibhaus des Jardin du Luxembourg ist soeben ein Apfelsinenbaum eingegangen, und der Musiker bittet um Erlaubnis, auf dem freigewordenen Orangerietopf wohnen zu dürfen. So werde er es warm haben und dazu ein dichtes Dach über dem Kopf, er werde die Partitur seiner Oper beenden können und im Frühjahr die königliche Orangerie und den Pomeranzentopf umgehend verlassen. Heine kennt den Verfasser der Petition. Gallien heißt der junge Musiker, er ist begabt. Heine findet ihn in einer hohen, windigen Dachkammer im Bett liegend, doch pfeifend und schreibend, die Bettdecke voller Notenblätter.

Eine nicht ganz alltägliche Bittschrift habe er da eingebracht, sagt Heine. Doch Gallien umschreibt nur mit einer Handbewegung seine Wohnmisere und bekräftigt die Auffassung, es auf einem Apfelsinentopf viel besser zu haben.

– Aber Sie sind nun mal kein Pomeranzenbaum! gibt Heine zu bedenken.

– Das nicht, ich bin nicht einmal ein Holzapfelbaum, aber folgt daraus, daß ich eingehen muß? fragt der schwindsüchtige Musiker zurück. Er brauche dringend warme Luft, der Aufenthalt im Treibhaus könne ihm eine Reise nach Italien ersetzen.

Heine wird nachdenklich. Niemand sollte gezwungen werden einzugehen, nur weil er nicht als Pomeranzenbaum zur Welt gekommen ist. Er sehnt sich auch nach Italien. Das halbe Jahr dort war die glücklichste Zeit seines Lebens, er hat es Freunden oft gesagt. Schließlich badete er in Lucca als künftiger Münchner Professor und dachte an keinen Menschen weniger als an Platen. Er wird nie wieder nach Italien fahren, das weiß er. Er hat schon die Treppen zu dieser Komponistendachkammer kaum geschafft. Ich will sehen, sagt er zu Gallien, ob ich Sie nach Italien schicken kann.

Er steigt die Treppen wieder hinab und fährt zu Thiers. Der ist nicht mehr Ministerpräsident, aber noch immer ein einflußreicher Mann. Doch es gelingt Heine nicht, Thiers für den Komponisten zu interessieren, der auf einem Pomeranzentopf wohnen möchte. Heine schickt ihm Geld, wie er das so oft bei fremden Notfällen tat. Im Frühjahr stirbt Gallien. Zu Börnes Begräbnis ging Heinrich Heine nicht, aber er soll einer der wenigen gewesen sein, die Galliens Sarg folgten.

Noch kann er das. Bald wird er nicht mehr laufen können. Das ist eine gute Gelegenheit, ein Ballett zu schreiben – eine Hommage an die Beine. Auch in Andersens Märchen weiß die kleine Seejungfrau mit dem Fischschwanz am besten, was Beine bedeuten und was Tanzen ist. Genau wie der Nichttänzer Heine jetzt. Andersen und Heine haben sich gemocht, Andersen hat ihn oft besucht, und einmal haben der Seejungfrauenkenner und Mathilde mit den Nachbarskindern gespielt, während Heine für Andersen ein Gedicht abschrieb. Vorbei.

Er hatte Goethe gesagt, daß er einen Faust schreiben wolle. Das ist lange her, und es wird höchste Zeit anzufangen, denn Freunden teilt er seinen Aufenthaltsort bereits so mit: *Ich bleibe diesen Winter auf jeden Fall hier und wohne vorderhand (ziemlich geräumig) Faubourg Poissonnière No. 41; und finden Sie mich nicht hier, so suchen Sie mich gefälligst auf dem Cimitière Montmartre, nicht auf dem Père Lachaise, wo es mir zu geräuschvoll ist.*[596]

Die Principessa hat ihm die neue Wohnung besorgt, die Heine so geräumig findet und in der er jetzt seinen »Faust« für viele Frauen- und ein paar Männerbeine schreibt. Man geht drei hölzerne, enge, gefährlich glattpolierte Treppen hoch, dann steht der Besucher vor einer schmalen braunen Tür, an der eine grünseidene Glockenschnur hängt. Wer daran zieht, bekommt meist eine sehr korpulente, gleichwohl noch recht jugendliche Dame zu sehen, die die Gäste durchdringend prüfend ansieht, und wenn sie einen dunklen Frack und eine bestimmte Art Schuhe tragen, haben sie ganz schlechte Karten. Dann sagt Madame Mathilde, daß es ihr sehr leid tue, aber Monsieur Einé sei ausgegangen. Sie erkennt diese Deutschen schon an der Kleidung. So etwas Furchtbares trägt kein Franzose. Wenige Besucher schaffen es, die unerbittliche

Schildwache Mathilde zu überrennen. Friedrich Engels zum Beispiel, der Marx inzwischen schon kennt und von diesem grüßen soll und nachschauen, wie es Heine geht. »Der arme Teufel ist scheußlich auf den Hund«, berichtet Engels nachher Marx. Über die *geräumige* Wohnung sagt er nichts.

Die größten Chancen haben Besucher, wenn Heine seiner Türsteherin in den Rücken fällt mit der Auskunft, er sei doch da. Meist ist er dann noch im Schlafrock, mit baumelnden Bändern, was auf manche, die sich einen Dichter am Morgen ganz anders vorstellen, einen sehr prosaischen Eindruck macht. Und die *geräumige* Wohnung erst: »Die Wohnung eines der größten Dichter, die Deutschland je gehabt, stand gewiß hinter der eines französischen Autors zweiten oder dritten Ranges weit zurück. Drei ganz kleine Zimmer im dritten Stockwerke waren mit bescheidenem Komfort geziert.«[597] Keine Aussicht, wenn man nicht gewillt ist, den Anblick eines engen, dunklen Hinterhofs als Aussicht zu bezeichnen. Das einzig Bemerkenswerte an dieser Wohnung ist ein in regelmäßigen Abständen scharf schreiender Papagei sowie eine »alte, pockennarbige Mohrin mit einem buntseidenen Tuche um den Kopf«. Das ist die Magd. Außerdem gibt es noch die *flammenäugige Elise*, schwarze Augen, schwarzes Haar, eine Freundin Mathildes, die sie im Pensionat kennengelernt hat und die täglich da ist. Die *flammenäugige Elise* ist ungefähr so kokett und lebhaft wie Mathilde.

In solcher Gesellschaft schreibt Heinrich Heine seinen »Faust«, und zwar für den Direktor des Londoner Opernhauses, Benjamin Lumley. Dem hatte er schon im Februar, in zwei Morgenstunden, *Die Göttin Diana* geschrieben und viel Geld damit verdient. Der Direktor von »Her Majesty's Theatre« hat Heine bestimmt deshalb zum Ballettautor gemacht, weil schon der ungeheure Erfolg der »Giselle« im Grunde auf Heine zurückging. Freund Gautier hatte Heines »Elementargeister« gelesen und gleich ein Ballett daraus gemacht. Warum soll Heine selbst das nicht können? Er kann es.

Faust sitzt faustisch in seinem hohen, gotischen Studierzimmer, malt magische Kreise auf den Boden und öffnet ein großes Buch. Faust, der Schwarzkünstler. Ein großer roter Tiger erscheint, den Faust gelangweilt anschaut, dann kommt eine ungeheure Schlange, und Faust will das Buch vor Überdruß schon wieder zuklappen, als eine hübsche kleine Ballettänzerin in das düstre Professorenzimmer springt, *gekleidet im gewöhnlichen Gaze- und Trikotkostüme und umhergaukelnd in den banalsten Pirouetten.*[598] Der Überdruß weicht von seiner Stirn, daß der Teufel eine Frau ist, leuchtet ihm ein, aber so schnell unterschreibt er nicht. Die kleine Ballettänzerin gibt sich Mühe, sie verzaubert das Studierzimmer und holt die ganze Unterwelt herauf. – Heine schreibt eine große, bildmächtige Überforderung der Bühnentechnik. Faust fällt fast schon in seine Ursprungs-Gelehrtenlangeweile zurück, als Mephistophela ihm eine Frau zeigt, die alle seine Sinne weckt. Er sieht einen Tänzer dem schönen Bild nahen, und Faust muß zusehen. Das kann er nicht; er unterschreibt. Statt eines Goetheschen Verjüngungshexenzaubers bekommt Faust jetzt Tanzunterricht. Und dann ziehen Mephistophela und Faust durch die Welt, dem Bild nach, das Faust sah. Er findet es in einer schönen Herzogin, und seine Lust führt beide zu einem Hexensabbat – Heine schreibt das mit großem szenischem Gespür –, bis Faust ein Ekel befällt vor dieser Orgie. Es ist ja nur die Umkehrung der christlichen Asketik, eine verzerrte Lust. Das ist der tiefste Gedanke dieses Faust-Balletts. Die *Revolte der realistischen, sensualistischen Lebenslust gegen die spiritualistisch altkatholische Askese* ist *die eigentliche Idee der Faustsage.* Bei Goethe wird sie fast unkenntlich, Heine holt sie wieder in den Vordergrund. Im nächsten Akt kommt Faust auf eine *Insel im Archipel.* Er ist in Griechenland, er sieht einen Tempel der Venus-Aphrodite. *Nichts erinnert an ein neblichtes Jenseits, an mystische Wollust- und Angstschauer, an überirdische Ekstase eines Geistes, der sich von der Körperlichkeit emanzipiert.*[599] Noch einmal feiert Heine die Befreiung der Körper. Daß Faust im fünften Akt, ganz geläutert und bei sich selbst angekommen, dennoch in die Hölle fährt, liegt in der Logik der alten Sage und der großen Verkehrtheit der christlichen Asketik.

Er wartet auf die Aufführung seines Körperverherrlichungsballetts, und ist nicht allein die Idee des Balletts schon eine Feier des Leibes? Doch der Mann kann zur selben Zeit auch ganz anders auf den menschlichen Körper blicken. Ist Gesundheit nicht die leibgewordene Einfalt? Einst, als sein Körper noch für ihn war, hatte er vermutet, die Tiroler seien zu dumm, um krank zu sein. Er formuliert das jetzt genauer. Er schreibt an die Dame mit dem Fuß: *Letz-*

ten Endes verbirgt das Fleisch die Schönheit, die sich erst nach einer Krankheit, die den Körper beseelt hat, in ihrer ganzen idealen Herrlichkeit enthüllt, ich meinerseits habe mich gegenwärtig zum Skelett verschönert. Die hübschen Frauen drehen sich um, wenn ich durch die Straßen gehe; meine geschlossenen Augen (das rechte ist nicht mehr als ein Achtel geöffnet), meine hohlen Wangen, mein fiebriger Bart, mein wankender Gang, all das verleiht mir das Aussehen eines Sterbenden, das mich hinreißend macht! Ich versichere Ihnen, ich habe jetzt großen Erfolg als Todkranker. Ich esse Herzen; ich kann sie nur nicht verdauen. Ich bin jetzt ein sehr gefährlicher Mann, und Sie werden sehen, wie sich die Marquise Christine Trivulzi in mich verlieben wird; ich bin genau das Totengerippe, das sie braucht.*

Leben Sie wohl, Beste und Schönste! Gott bewahre Sie davor, sich auf meine Art zu verschönern. Ich empfehle Sie seinem heiligen und würdigen Schutz. Henri Heine.[600]

Er sieht seinem Ende entgegen. Er trägt es mit *Ruhe und Stolz.*

Mathilde kauft ihm zu Weihnachten einen prächtigen Nachtstuhl, von ihrem ersparten Geld. Heine findet ihn so prächtig, *daß sich die Göttin Hammonia desselben nicht zu schämen brauchte. Ich vertausche ihn nicht gegen den Thron des Königs von Preußen. Ich sitze darauf ruhig und sicher und sch ... allen meinen Feinden was!*[601] So könnte er abtreten. Ein König, er mag seinen Stuhl. Er glaubt, daß es vorbei ist. Seit September sind auch seine Füße und Beine paralysiert. Er ist auf seinem Thron den ewigen Göttern an Ruhe und Gleichmut jetzt ebenbürtig.

Aber die wissen, daß kein Sterblicher das schafft, nicht einmal Heinrich Heine. Sie wissen, daß die kleinste Besserung alle Fassung zunichte macht, daß sie sofort wilde Hoffnung nährt. Sie schicken ihm eine Linderung. Im Dezember schon spürt er sie. Keine Kopfschmerzen mehr, die Unterleibsbeschwerden sind auch fast weg, oder liegt das an diesem hervorragenden Nachtstuhl? Die englischen Zeitungen haben ihn soeben wieder totgesagt, aber das ist nicht so schlimm, wenn man fühlt, daß das Leben lebt. Unter seinem Schlafzimmer hat sein infamer Hauswirt Pferde einquartiert, die nun seine Nächte durchstampfen. Die Tage verbringt er, auf der Flucht vor diesen Nachbarn, schon außer Haus. Noch kann er das, denn es geht ihm besser. Aber ab und zu muß er doch nach Hause kommen, denn seine Frau zerbeißt gerade Gläser und muß mit Mühe daran gehindert werden, die Scherben zu verschlucken. Er hat schon immer beklagt, daß ihre Stimmung sehr ungleich ist, er ist ein vornehmer Mann, er wird nicht deutlicher, aber das hier kann er sich nur als Nervenabszeß erklären. Trotz alledem, es geht besser.

Er könnte die Dame mit dem Fuß besuchen, seine Freundin Caroline. Leider wohnt sie im zweiten Stock. Er läßt sich auf dem Rücken eines Dieners nach oben tragen. Der setzt ihn auf dem Sofa ab. Caroline Jaubert und er hatten in letzter Zeit öfter über die Trennung von Körper und Geist, über die Unsterblichkeit und das Nichts gesprochen. Caroline ist nicht die Frau, die fragen würde: Und Sie, Herr Doktor, was denken Sie eigentlich vom Nichts? Auf solche Erkundigungen hätte er eine kongeniale Nicht-Antwort, aber wenn die Dame mit dem Fuß ihn fragt, antwortet er. Manchmal auch erst nach langem Schweigen, und nur: »Il y a pourtant un coin divin dans l'homme!« Und dennoch trägt der Mensch einen Keim des Göttlichen in sich. Aber diesmal kommen sie nicht zum Reden. Kaum sitzt er auf dem Sofa, wird er von schlimmen, schmerzhaften Krämpfen befallen, die seinen ganzen Körper durchziehen. Caroline ist die hilflose Augenzeugin dieses Anfalls. Als er ruhiger wird, tröstet er sie. Immerhin ist er nicht auf ihrem Sofa gestorben. Sie solle sich doch einmal vorstellen, was die Leute gesagt hätten, wäre er auf ihrem Sofa gestorben. Kein Mensch hätte geglaubt, wie unamourös dieser Tod gewesen wäre. Krämpfe statt Liebe! Caroline kann noch nicht mit ihm lachen. Unsterblichkeit und das Nichts – ein Zeitvertreib für Theoretiker. Was sie eben sah, war nicht theoretisch.

Heinrich Heine erfindet einen neuen Rechtsbegriff. Er erfindet »le droit de moribondage«, das Recht des Todkranken. Das Recht des Todkranken ist es zum Beispiel, Besuch von der Freundin zu bekommen, sooft er will. Caroline Jaubert verspricht es.

Anfang Februar zieht Heinrich Heine mit Frau, Gesellschafterin Pauline – sie wird Mathildes Faktotum – und Papagei in das Maison de santé seines Freundes Faultrier. Auch, weil er den Pferdestall unter seinem Schlafzimmer nicht mehr erträgt. Das Maison de santé liegt weit draußen in der Rue de Lourcine. Daß dieser Februar der Februarrevolution ihren Namen geben würde, ahnt noch niemand. Heine nicht, nicht seine Freunde und nicht einmal die Preußen. Ein Vertrauter des preußischen Königs hatte diesem soeben mitgeteilt, daß das französische Juli-Königtum niemals sicherer gestanden habe als in diesem Augenblick.

Die ersten Schüsse fallen beim Essen. Das ist ein ungünstiger Beginn für eine Revolution. Als die Julirevolution ausbrach und der junge Heine auf Helgoland saß, roch die ganze Nordsee nach Kuchen. Diesmal stört ihn die Revolution beim Essen. Er mag sie von Anfang an nicht. Revolutionen sind nicht rücksichtsvoll, sie machen alle guten Manieren zunichte. Revolutionen sind nichts für Kranke. Gerade heute ist er nicht im Maison de santé, wo er jetzt eigentlich hingehört, sondern er ist mit seinem Arzt und Mathilde in der Rue Poissonnière. Mathilde hatte zum Essen eingeladen. Der Arzt erfaßt die Lage zuerst, als die Schüsse lauter werden. Der Patient soll sofort in sein Krankenhaus zurück. Er holt einen Wagen.

Heine hat es gewußt – Revolutionäre haben kein Benehmen. Sie werfen die Kutsche um und bauen sie in eine schöne große Barrikade ein. Er wird kurz darauf in der »Allgemeinen Zeitung« das französische Talent zum Barrikadenbau loben, ohne zu erwähnen, welches Opfer er dafür bringen mußte: *Jene hohen Bollwerke und Verschanzungen, zu deren Anfertigung die deutsche Gründlichkeit ganzer Tage bedürfte, sie werden hier in einigen Minuten improvisiert, sie springen wie ein Zauber aus dem Boden hervor, und man sollte glauben, die Erdgeister hätten dabei unsichtbar die Hand im Spiel.*[602] Ja, oder eben das eigene Verkehrsmittel. Leider kann er nicht mehr weg, denn am anderen Ende der Straße ist auch eine Barrikade. So hat er einen Sperrsitz in dem Stück, das nun gegeben wird und das man die Februarrevolution nennen wird. Es ist der Tag des Massakers auf dem Boulevard des Capucines. Die Nationalgarde hatte sich mit einer großen Demonstration der unzufriedenen Massen solidarisiert, da griff die Armee ein, und aus der Demonstration wurde ein Aufstand.

Er hat so vor diesem Stück gewarnt. In London verfaßt sein Freund Marx umgehend ein »Kommunistisches Manifest«; in Wien versteht Metternich die Welt nicht mehr, was keinen kümmert, denn er wird abgesetzt.

In Heines Maison de santé finden ihn Besucher in einem großen Schlafzimmer mit großem Himmelbett und blauen Möbeln, eine Hand auf einen Schreibtisch gestützt, denn sonst kann er nicht mehr stehen. Er entschuldigt sich für sein Aussehen, für seinen ungepflegten Bart, er vertrage im Augenblick keinerlei Berührung. Der Arzt sagt, sein Patient habe gestern und heute stundenlang für die »Allgemeine Zeitung« geschrieben.[603] Aus seiner Miene ist nicht zu entnehmen, ob er das billigt.

Heine ist also ein Reporter, wie jede Zeitung sich ihn wünscht. Er kann kaum noch laufen, jede Berührung peinigt ihn, aber er schreibt einen Artikel nach dem anderen. Allerdings läßt die Aktualität zu wünschen übrig, denn die Februarrevolution war, wie der Name sagt, im Februar, aber jetzt ist März. Der Reporter moderiert diesen Umstand, indem er seinen Lesern erklärt, daß ihm bis eben der Kopf ganz betäubt war von dem lauten Getrommel und Geschieße und der Dauer-Marseillaise. Er habe versucht, den Aufruhr in seinem Gemüt durch das Summen einiger heimatlich frommer Melodien zu bändigen, etwa durch »Üb immer Treu und Redlichkeit« oder »Heil dir im Siegerkranz«, aber vergeblich. – Die alte Ironie ist noch da, das alte Lied ist noch da, aber die alte Begeisterung, man hört es, ist fort. Nur ganz kurz lief es ihm *kalt über den Rücken und die Arme hinauf wie stechende Nadeln*[604], aber das war ein Augenblick und schnell vorbei.

Er kann das in der Zeitung nur nicht so deutlich sagen, denn immerhin gilt er als progressiver Autor, und es ist nicht fair, einer Revolution in den Rücken zu fallen. Der zweite Artikel des bekennenden Monarchisten Heinrich Heine wird immerhin ein Loblied auf Louis Philippe, der ungewöhnlicherweise nicht geköpft wurde, denn er ist nach Großbritannien geflohen. Alle Wärme, zu der Heine fähig ist, versammelt sich in diesem Königsporträt. Das Königtum als notwendige Phase zur *Volkwerdung der Freiheit*. Er hat nicht den Eindruck, daß das Volk reif ist für eine Republik. Trotzdem, auch Lamartine, der Mitdichter, jetzt Mitregierungschef einer Quasi-Regierung, wird gelobt. Er fand Lamartine immer besser als Hugo – wer ist eigentlich Victor Hugo? –, und deshalb macht es Heine stellvertretend stolz, daß ein Dichter ein Land leiten soll. Lamartines Buch »Die Girondisten« hat ihm auch gefallen. Das alles hat er gerade geschrieben für die »Allgemeine Zeitung«, im Krankenhaus. Sein Arzt sagt es selbst. Aber Heine unterbricht ihn:

– Geschrieben? Ach, ich kann ja gar nicht mehr schreiben, ich kann nicht, denn wir haben keine Zensur mehr. Wie soll ein

Mensch ohne Zensur schreiben, der immer unter Zensur gelebt hat? Aller Stil wird aufhören. Schrieb ich bisher etwas Dummes, so dachte ich: Nun, die Zensur wird es streichen oder ändern. Aber jetzt – ich fühle mich sehr unglücklich, sehr ratlos. Ich hoffe auch immer, es ist gar nicht wahr und die Zensur dauert fort.[605]

Das ist kein Spaß, oder nur halb – wie jeder Spaß zur anderen Hälfte ernst ist. Nun soll also die Republik kommen? Die Republik ist Heine im Grunde nur eine Vorstufe des Kommunismus: *In einer Republik braucht kein Bürger besser zu schreiben wie der andere. Nicht bloß Freiheit der Presse, sondern auch die Gleichheit des Stils muß dekretiert werden von einer wahrhaft demokratischen Regierung,*[606] teilt er den Lesern der »Allgemeinen Zeitung« mit.

Nur mühsam verbirgt er unter Launigkeit, was diese Revolution wirklich in ihm auslöst. Er schreibt es zur selben Zeit seiner Mutter und Schwester: *Der Spektakel hat mich physisch und moralisch sehr heruntergebracht. Ich bin so entmutigt, wie ich es nie war. Will jetzt ganz ruhig leben und mich um nichts bekümmern. … Wenn die Sachen sich hier, wie ich fürchte, noch düsterer gestalten, so gehe ich fort, mit meiner Frau, oder auch allein.*[607] Dieser Brief wurde bereits als Beleg dafür genommen, daß Heine jetzt bereit ist, seine Frau zu verlassen. Ein paar Zeilen weiter folgen die Sätze: *Meine Frau führt sich gut auf. Führte sie sich nicht gut auf, so würde ich ihr jetzt die Freiheit geben…* – Man muß den zweiten Teil des Satzes aber unbedingt mitlesen. Er würde ihr die Freiheit geben, *wie alle Könige ihren Völkern; sie würde dann sehen, was bei der Freiheit herauskömmt.*[608] Das ist keine Trennungsabsicht, das ist die Klage eines Monarchisten über den Untergang seiner Welt. Und die Erwägung, ohne seine Frau fortzugehen? Nach Fortgehen ist ihm, aber er weiß, daß Mathilde nirgendwo anders leben könnte. Zwei Wochen Hamburg, und sie geht ein wie eine Blume, die man vergessen hat zu gießen. Mathilde kann man nicht umtopfen.

Fortgehen? Er weiß noch nicht, daß er schon gut einen Monat später nirgends mehr hingehen wird. Nicht nur nicht fort, sondern überhaupt keinen Schritt mehr aus dem Haus.

Seinen letzten Spaziergang, acht Jahre vor seinem Tod, macht er im Mai. Er geht zum Louvre. »Her Majesty's Theatre« hat den »Der Doktor Faust« nicht aufgeführt. Vorzüglich bezahlt, ja, aber nicht aufgeführt. So viel nacktes tanzendes Fleisch ist Her Majesty, ist dem prüden England wohl nicht zumutbar. Der Reigen der Bacchantinnen vor dem Venustempel auf der Insel in der Ägäis bleibt auf ewig ungetanzt. Aber er möchte die Göttin noch einmal sehen. Im Nachwort zum »Romanzero« steht, was im Louvre geschieht. Zu den Füßen der Venus bricht er zusammen. Die Szene klingt zu gereimt, um ganz wahr zu sein. Und Heine braucht sie vor allem, um die böse Pointe stärker zu machen. Denn die Göttin schaut mitleidig zu ihm hinunter, wie sie das seit Jahrhunderten tut: Siehst du denn nicht, daß ich keine Arme habe? Daß ich nicht helfen kann?

Man schreibt vielleicht erfundene Szenen – nein, auch das nicht, man erfindet das Wirkliche höchstens vollkommener –, aber man erzählt seinen Freunden keine erfundenen Szenen. Heine hat Caroline Jaubert von diesem letzten Ausflug berichtet, doch ein wenig anders. Sein letzter Spaziergang führt wirklich zum Louvre, er will seine letzten Kräfte proben. Und die Statuen stehen im Erdgeschoß. Eine Treppe hätte die Venus für ihn unerreichbar gemacht. Schon den Hinweg hat er kaum geschafft, er setzt sich der Venus von Milo gegenüber und erlebt einen jener seltenen Momente, in dem Vergangenheit, Gegenwart und Zukunft ineinanderfließen. In dem der Mensch glaubt, daß nicht er selber sieht, was er sieht, sondern etwas sieht durch ihn hindurch, jetzt hätte er sterben wollen. Hier, bei der Göttin ohne Arme. Er weiß, daß die Götter der Griechen und Römer nicht schuld sind an dem, was mit ihm geschieht. Sie hätten ihn vielleicht mit einem Stein oder per Blitz erschlagen.

Er wird noch einmal über die Götter mit Armen nachdenken müssen. Strenggenommen ist es nur einer.

Hat Frankreich Heine gekauft?
Der Dichter unter Verdacht. Er legt sich ins Bett,
steht nie wieder auf, spekuliert an der Börse
und beschwert sich bei Gott. Die religiöse Wende

Ein großer Nachteil von Revolutionen ist, daß man in ihnen meist Geld verliert. Der Zusammenbruch der Juli-Monarchie war auch ein wirtschaftlicher und finanzieller Zusammenbruch. Und die Bank, bei der Heine sein Geld hatte, gibt es schon nicht mehr.

Im Mai veröffentlicht eine kleine Pariser Zeitung, die »Revue rétrospective«, eine Liste, die viel Aufruhr macht. Auf ihr stehen die Namen derer, die die gestürzte Regierung Guizot aus einem Geheimfonds bezahlt hat. Lauter gekaufte Männer also? Heinrich Heines Name ist darunter. Deutschland merkt auf. Auch die »Allgemeine Zeitung«, seine Zeitung, für die er eben noch berichtet hatte, druckt einen bösen Artikel. Man hat es immer geahnt. Ein Talent, aber kein Charakter. Hat die französische Regierung den Reporter der wichtigsten deutschen Zeitung bestochen?

Heute wäre eine Veröffentlichung des Namens auf einer solchen Liste tödlich. Und auch die Heine-Experten, ebenfalls Jetztzeit-Menschen, zeigen sich zumindest beunruhigt. Aber wir kennen Heinrich Heine inzwischen gut genug, um zu wissen, daß er strukturell nicht käuflich ist. Möglicherweise kannte auch Thiers, der ihm die Pension gewährte, ihn gut genug, um das zu wissen. Der ehemalige Ministerpräsident dürfte sich kaum gewundert haben, Kritik an seiner Person und Regierung in der »Allgemeinen Zeitung« zu lesen. Und daß ausgerechnet die »Allgemeine Zeitung« ihren Korrespondenten für gekauft hält, wo sie doch so vieles von ihm nicht druckte! Er gibt eine öffentliche Erklärung: *Die Redaktion der »Allgemeinen Zeitung«, die seit zwanzig Jahren nicht sowohl durch das, was sie von mir druckte, als vielmehr durch das, was sie n i c h t druckte, hinlänglich Gelegenheit hatte zu bemerken, daß ich nicht der servile Schriftsteller bin, der sich sein Stillschweigen bezahlen läßt – besagte Redaktion hätte mich wohl jetzt mit jener levis nota verschonen können.*[609] Die Pension, die Thiers gewährte, sei eben kein Tribut, sondern nur eine Unterstützung gewesen, *sie war – ich nenne die Sache bei ihrem Namen – das große Almosen, welches das französische Volk an so viele Tausende von Fremden spendete, die sich durch ihren Eifer für die Sache der Revolution in ihrer Heimat mehr oder weniger glorreich kompromittiert hatten.*[610]

Heine verweist auf sein Berufsverbot in der Heimat, auch darauf, wie sehr die Preußen die Regierung Frankreichs immer wieder auf das antifranzösische Element Heine aufmerksam machten. Aber Guizot, Thiers' Nachfolger, wies Heine nicht nur nicht aus, sondern zahlte ihm auch seine Pension weiter. Heine sagt, er habe ihm im November 1840 persönlich dafür gedankt und ein kleines Erstaunen erkennen lassen, ob seiner *radikalen Farbe.* Guizot habe geantwortet, nicht der Mann zu sein, der einem deutschen Dichter, der im Exil lebt, ein Stück Brot verweigern könnte.

Es war aber ein großes Stück Brot. Und nicht, daß er es gegessen, macht ihm jetzt zu schaffen, im Gegenteil, er will sein Stück Brot wieder haben. Lamartine, sein einstiger Mitdichter, ist jetzt Regierungschef. Und ausgerechnet der will ihm die Pension nicht weiterzahlen! Gute Freunde versuchen, Einfluß zu nehmen, auch Caroline Jaubert. Umsonst. Heine ist fassungslos. *Meine Beine haben den Sturz des Königtums nicht überlebt*, seine Finanzen auch nicht.

Und seine Seele? *Was die Welt jetzt treibt und hofft, ist meinem Herzen fremd, ich beuge mich vor dem Schicksal, weil ich zu schwach bin, ihm die Stirn zu bieten, aber ich mag ihm den Saum des Kleides nicht küssen, um keinen nackteren Ausdruck zu gebrauchen ...*[611] Er glaubt nicht an die Götter der neuen Zeit, nicht einmal an das allgemeine Wahlrecht. Er glaubt vielmehr, daß, wenn das Volk, *das große Waisenkind*, wählen darf, nur eine allergrößte Dummheit dabei herauskommen kann. In der Tat werden die bald aufeinanderfolgenden Wahlen die Demokratie aushöhlen. Die provisorische Regierung, spontan gebildet in den Februartagen, vereint das Unvereinbare: gemäßigte bürgerliche Republikaner, Lamartine und die Arbeitersozialisten um Louis Blanc.

Er wohnt jetzt mit Mathilde in einem Gartenhaus in Passy bei Paris. Sie frühstücken an einem Tisch im Garten, Sonnenlichter spielen auf seinem Papier, er versucht, das schön zu finden inmitten des Weltrevolutionsgepolters. Doch die Sonne tut seinen Augen weh. Es ist einer der letzten Maitage. Ein paar Tage später kann er nicht mehr aufstehen und die paar Schritte in den Garten gehen zum Tisch. Seine Beine sind wie Baumwolle. Er wird wie ein Kind getragen, vom Bett in den Lehnsessel und wieder zurück. Er schreibt Campe noch einmal, wie seine Gesamtausgabe aussehen soll, welche Schrift in welchen Band muß. Achtzehn Bände sollen es sein. Die Mutter schickt ihm Anweisungen, wie man sich am besten bei der Cholera verhält, nach Ratschlägen des Bruders Max. In ein paar Monaten wird er der Mutter berichten, daß die Krämpfe jetzt schon seinen rechten Arm befallen. Er muß dieses Geständnis machen. Er muß seine Mutter darauf vorbereiten, daß sie bald gar keine eigenhändig geschriebenen Briefe mehr bekommen wird, und er weiß, wie sie das erschrecken wird. Darum gibt er lieber gleich zu, daß sein Arm nicht ganz in Ordnung ist. Aber sonst ... Nur die Schwester erfährt jetzt doch, wie es um ihn steht. Mathilde hat ihn gebeten, der Schwester alles zu sagen, damit sie ihr im Überraschungsfall keine Vorwürfe mache. Das muß Mathilde in einem ganz und gar mathildeuntypischen Bewußtseinszustand gewollt haben, denn sie hat kein Talent, daran zu glauben, daß ihr Henri wirklich so krank ist, wie er aussieht. Es geht ihm nicht gut, aber das wird wieder.

In Paris werden die Nationalwerkstätten geschlossen, viele sind arbeitslos. Die Arbeiter von Paris proben vom 23. bis zum 26. Juni den Aufstand. Er wird von Armee und Nationalgarde niedergeschlagen. Heine hört den Lärm der Schlacht – man hat gesagt, es ist die erste zwischen Besitzenden und Besitzlosen – bis in seine *villa Dolorosa de Passy. Über die Zeitereignisse sage ich nichts; das ist Universalanarchie, Weltkuddelmuddel, sichtbar gewordener Gotteswahnsinn! Der Alte muß eingesperrt werden, wenn das so fort geht. – Das haben die Atheisten verschuldet, die ihn toll geärgert.*[612]

Allerdings ist er nicht immer sicher, ob *der Alte* jetzt wahnsinnig wird oder vielmehr er selbst. Manchmal hat er das Gefühl, die Krämpfe *steigen bis ins Gehirn, wo sie vielleicht mehr Schaden anrichten, als ich selbst feststellen kann; religiöse Gedanken tauchen auf ...*[613] Spricht so ein Bekehrter? Ist das der Respekt, den man einem Gott mit Armen schuldig ist? Aber wieso Respekt – hat Gott etwa Respekt vor ihm? So geht man nicht mit Menschen um. *Soviel ist gewiß, daß ich in den letzten drei Monaten mehr Qualen erduldet habe, als jemals die spanische Inquisition ersinnen konnte*, schreibt er im September an den Bruder Max. *Ich kann weder kauen noch k..., werde wie ein Vogel gefüttert.*[614] Seine Konstitution, hatte er vor einem Jahr behauptet, sei noch schlimmer als die preußische. Da hat er oft gedacht: Hätte ich nicht Frau und Papagei, ich würde wie ein Römer dieser ganzen Misere ein Ende machen. Jetzt versteht er das nicht mehr. Im letzten Jahr konnte er noch laufen, und nun ist er sicher, *daß jedes moralische Ungemach, daß jeder Kummer noch zu ertragen wäre, wenn man dabei spazierengehen könnte!*[615] Warum erkennt man solche Dinge immer erst nachträglich? Ein Römer kann er immer noch werden, aber bis dahin unterhält er sich mit dem jüdischen Christengott. Die Krämpfe dauern oft dreimal vierundzwanzig Stunden. Sein Arzt Gruby findet ihn ohne alle Bewegung, wie ein Knäuel auf der Erde liegend, unfähig, irgendeine Nahrung zu sich zu nehmen. Aber noch kann er sprechen. Zwar unter größten Behinderungen, aber er kann es. Und da sagt er, Heinrich Heine, wie ein Knäuel auf der Erde liegend, diesem Gott, was er von ihm hält. So von gleich zu gleich. Von Knäuel zu Gott. Das ist er seinem Stolz schuldig. Was man oft Heinrich Heines religiöse Wende genannt hat, beginnt in Sommer und Herbst des Revolutionsjahres 1848. Im Winter dichtet er:

> *Wo die Gesundheit aufhört,*
> *Wo das Geld aufhört,*
> *Wo der gesunde Menschenverstand aufhört,*
> *Dort überall fängt das Christentum an.*[616]

Der Ton wird so bleiben. Klingt so eine religiöse Wende? Noch sammeln wir Indizien.

Einmal wird er auf einer Tragbahre ins Freie geschafft und stirbt dabei fast vor Erschöpfung.

Er will weg aus Passy, der dortige Friedhof, glaubt er, muß sehr langweilig sein.

Mathilde findet eine Wohnung in Paris, Rue d'Amsterdam. Natürlich wieder Hinterhaus, das ist ruhiger und billiger. Die Wohnung ist lange nicht so schön wie die andere mit den Pferde-Nachbarn, die die Principessa ausgesucht hatte und vor deren Dürftigkeit Meißner dennoch erschrak. Sie ist der Tribut an seine neue postrevolutionäre Finanzlage. Vorher war Heines Zimmer weitestmöglich von Mathildes Reich entfernt. Sie wohnte am Anfang der Wohnung, er am Ende oder umgekehrt. In der Rue d'Amsterdam 50 geht das nicht. Diese Wohnung hat keinen Anfang und kein Ende, sie hat nur eine Mitte. Heine muß am Haushaltungsspektakel teilnehmen, *so wie ich in diesem Augenblicke einigermaßen aus dem Konzepte komme durch eine Diskussion, welche sich zwischen meiner Gattin und der Köchin entsponnen hat.*[617] Am komfortabelsten aber findet Heine, daß seine neue Wohnung gleich bei seinem Lieblingsfriedhof Montmartre liegt. Er wird es nicht weit haben.

Im Dezember glaubt er zaghaft an Besserung, er glaubt daran, bald wieder einen Teil des Tages außerhalb des Bettes zubringen zu können. Im Januar glaubt er eher an die Hölle. Er hat jetzt keinen Grund mehr zu klagen: *Aber mit zerrissenem Herzen unaufhörlich auf dem Rücken liegen, auf dem wunden Rücken, das ist unerträglich,*[618] denn er kann gar nicht mehr auf dem Rücken liegen, man macht ihm vier große Löcher hinein. Die sollen helfen. *Ich glaube noch nicht ganz an den Himmel, aber den Vorgeschmack der Hölle habe ich schon durch die Brandwunden, die man mir eben an der Wirbelsäule zugefügt hat; das ist ein Fortschritt, denn ich kann mich dem Teufel übergeben, ein Vorteil, den ich meinen armen atheistischen Landsleuten voraus habe.*[619] Man schichtet ihm Matratzen übereinander, so daß er nirgends etwas Hartes spürt, das sein Körper nicht ertragen könnte. Das ist fortan sein Bett. Heinrich Heine ist der Pionier einer künftigen, mehr bodennahen Schlafkultur, denn er möchte auch vom Lager aus alles im Umkreis einer Armlänge auf dem Fußboden erreichen können. Stifte, Blätter, Bücher, Tassen.

Er schreibt jetzt Briefe mit der Nase auf dem Tisch liegend, aufstützen kann er sich nicht, weil er mit der rechten Hand schreiben und mit der linken Hand das Augenlid des einzigen noch etwas brauchbaren Auges hinaufziehen muß. In dieser Haltung teilt er etwa einem Ungarn mit, was für ein großer Dichter dieser Petöfi ist: *... ich selbst habe nur einige wenige solcher Naturlaute, an welchen dieser Bauernjunge reich ist wie eine Nachtigall. Wir Reflexionsmenschen erscheinen neben solcher Ursprünglichkeit wahrhaft bemitleidenswert.*[620]

Gruby und Wertheim, seine Ärzte, haben ihm wenigstens den Gebrauch der Arme und Hände zurückgeben können. Aber Wertheim kommt nicht mehr. Heine ist verzweifelt. Wertheim war leichtsinnig genug gewesen, Mathildes krankenpflegerische Fähigkeiten zu kritisieren. Wahrscheinlich wollte der Arzt aus ihr eine brauchbare Pflegekraft machen, aber er ist nicht sehr weit gekommen mit seinen Erörterungen, da hatte er schon Mathildes Faust im Auge. Sie hätte ihm verbal ihre Empörung nicht so gut erklären können. Und nun kommt Wertheim nicht mehr.

Heine schreibt ihm einen flehenden Brief. Früher hätte Mathilde bestimmt Prügel bekommen für ihr Verhalten dem Doktor gegenüber, aber dieses Mittel steht ihm nicht mehr zur Verfügung. Der Arzt habe keine Vorstellung, wie groß die Lücke sei, die er hinterlasse. *Ich habe erst diese Tage wieder einen deutschen Sekretär, sonst hätte ich mich unterdessen öfter darüber expektoriert, wie sehr ich durch das Ereignis leide, das aus ein und derselben Unglücksquelle entsprang, die mich schon so oft mit Bitternissen tränkte. Ich meine nämlich d e n W a h n s i n n einer geliebten Person, der mehr oder minder selten hervorbricht und der ebenso unzurechnungsfähig wie unheilbar ist. Hier ist weder zu klagen noch etwas zu ändern, sondern nur mit Ruhe zu dulden und mit Barmherzigkeit zu verzeihen.*[621] Es kostet ihn viel Überredung, den Arzt zurückzuholen. Auch seine Schwester bekam schon Briefe mit Mitteilungen wie dieser: *Meine Frau verliert den Kopf und ist manchmal wie verrückt.*[622] Unglücklicherweise ist er bald nicht mehr der einzige Invalide im Haus. Mathilde fällt beim Gardinenaufhängen vom Tisch und verrenkt sich den Fuß, so daß sie nicht mehr laufen, nur noch im Sessel sitzen kann. Er hat ein wenig Angst vor seiner gehbehinderten Frau: Wird ihr Temperament das aushalten, wochenlang, ja monatelang nur im Sessel zu sitzen? Wenn er sie nicht gerade wahnsinnig nennt, so nennt er sie in den Briefen an seine Familie doch schon seit langem nur noch *die Verbrengerin* oder *meine Verbrengerin*. Ihr einziges Talent, viel Geld auszugeben, hat sie mit der Zeit immer weiter perfektioniert. Es existiert kein Hinweis ihres Ehemanns, daß Mathilde ihr Einkaufsverhalten den Situationen finanzieller Bedrängnis angepaßt hätte. Was Heine dem Doktor gesagt hat, *hier ist weder zu klagen noch etwas zu ändern, sondern nur mit Ruhe zu dulden und mit Barmherzigkeit zu verzeihen*, ist seine eigene leidvolle Erfahrung.

Er schreibt jetzt keine Liebesgedichte mehr, sondern Ehege-
dichte:

Celimene

Glaube nicht, daß ich aus Dummheit
Dulde deine Teufeleien;
Glaub auch nicht, ich sei ein Herrgott,
Der gewohnt ist zu verzeihen.

Deine Nücken, deine Tücken
Hab ich freilich still ertragen,
Andre Leut' an meinem Platze
Hätten längst dich totgeschlagen.

Schweres Kreuz! Gleichviel, ich schlepp es!
Wirst mich stets geduldig finden -
Wisse, Weib, daß ich dich liebe,
Um zu büßen meine Sünden.

Ja, du bist mein Fegefeuer,
Doch aus deinen schlimmen Armen
Wird geläutert mich erlösen
Gottes Gnade und Erbarmen.[623]

Er leidet unter seiner Frau. Und trotzdem. Zu keiner Zeit darf man
so sicher sein wie gerade jetzt, daß er sie auch liebt. Daß sie ihn am
Leben hält. Vor allem mit ihrer vollständigen Unfähigkeit, an die
Unheilbarkeit ihres Mannes zu glauben: »Dieu peut faire des mi-
racles«[624], Gott tut Wunder, erklärt sie bündig Besuchern, die es für
ihre Pflicht halten, sie auf eine gewisse Aussichtslosigkeit seines
Zustands aufmerksam zu machen. *Meine Frau ist übrigens ein*
herrliches, holdseliges Weib, und wenn sie nicht zu laut zackelt, ist
ihre Stimme ein tönender Balsam für meine wunde Seele. Ich liebe
sie mit einer Leidenschaftlichkeit, die über meine Krankheit hin-
ausragt, und in diesem Gefühle bin ich stark, wie matt und lahm
auch meine Glieder.[625] Und mehr als ein Jahr später, wieder an
Max: *Meine Frau ist ein sehr gutes Kind, aber die größte Verbren-*
gerin, die Du Dir vorstellen kannst, und dabei von einem heftigen

Temperamente, das auf meine so leicht affizierten Nerven nicht immer wohltätig wirken kann. Ich liebe sie über alle Vernunft, und den Zustand, worin ich sie verlasse, darf ich nicht bedenken, wenn ich nicht verrückt werden will.[626]

Aber nicht er stirbt, um ihn herum wird gestorben. Der Tod der kleinen Tochter seiner Schwester trifft ihn sehr, und nicht nur, weil sie, so klein sie war, ihren Onkel schon als literarische Avantgarde erkannt hat: »*Daß der Onkel das Wort Kackstühlchen gebraucht hat, das ist ganz neu, und das hat noch kein anderer gewagt.*« – Die Kleine wird sich wundern, wenn sie ihren Onkel bald ankommen sieht im Himmel.[627]

Im Himmel? Ja, mit solchen Kategorien geht er jetzt um. Man kann es bereits in vielen deutschen Zeitungen lesen. Auch Betty Heine ahnt inzwischen, daß am Sohn etwas mehr krank sein muß als nur die Augen und daß er mehr Schmerzen hat als nur im rechten Arm. Und wie reagiert Heine? Der Mann, von dem manche glauben, er habe gar keine Mutter, weil eine solche Teufelszunge nicht von einem irdischen Weibe geboren sein könne – derselbe Mann tröstet seine *alte Katz* doppelt so gut wie bisher. Der Anti-Pathetiker Heine scheut kein Pathos und nicht die Anrufung des Höchsten; nicht viele Mütter bekommen solche Briefe von ihren Söhnen: *Der liebe Gott erhalte Dich, bewahre Dich vor Schmerzen und Augenübel, schone Deine liebe Gesundheit, und wenn Dir die Dinge manchmal nicht zu Wunsche gehen, so tröste Dich mit dem Gedanken, daß wenige Frauen von ihren Kindern geliebt und verehrt worden sind, wie Du es bist und wie Du es wahrlich zu sein verdienst, Du meine liebe, brave, rechtschaffene und treue Mutter. Was sind die andern in Vergleichung mit Dir. Man sollte den Boden küssen, den Dein Fuß betreten hat. Der Winter ist unendlich rauh; wenn Du nur warm hast in Deinem dünnen, wackeligen Häuschen am Dammtor. Ich laß mir nichts abgehen und brenne zur Heizung ganze Wälder. Werde überhaupt gut gepflegt. Dein treuer Sohn H. Heine.*[628]

Er bekommt viel Post aus Hamburg, aber einer, der auch dort wohnt, schweigt. Schon seit April 1848. Seit der Revolution schreibt der todkranke Heinrich Heine seinem Verleger Julius Campe Brief um Brief. Nichts, keine Antwort, seit fast zwei Jahren nicht. Zuerst hat er das noch verstanden: *Daß ich von Ihnen keinen*

Brief erhalte, auch in bezug auf die Gesamtausgabe nichts von Ih-
nen vernommen habe, ist mir sehr begreiflich, da unterdessen eine
ganze Welt zusammengestürzt ist.[629] Aber dann wird ihm dieses
Schweigen merkwürdig, er stellt ihm Fragen: Wer soll im Todesfall
beauftragt werden mit der Herausgabe seiner Werke? Keine Antwort. Er schickt ihm ein Gedicht. Keine Antwort. Er schreibe wieder Gedichte, kaum leserlich, große Buchstaben mit Bleistift, Poesie, *versifiziertes Lebensblut.* Keine Antwort.

Ich bin zu gerade und zu ehrlich, um bestimmt herausgrübeln
zu können, welchen Hintergedanken dieses Stillschweigen zuzu-
schreiben ist. Die Pension für die Gesamtausgabe bezahlt er mir
richtig schon seit zwei Jahren, was mir freilich in diesem Augen-
blick die Hauptsache war. Wartet er mit dem Druck meiner Werke,
um sie herauszugeben, sobald ich sterbe, um meinen Tod als Re-
klame auszubeuten? Oder hält er mit dem Schreiben zurück, weil
er meint, daß ich in meinen jetzigen Geldbeklemmnissen, die ich
ihm gestanden, Gott weiß was für Anträge ihm machen würde?
Die Verstimmung, die ich hierüber empfand, vereinigt mit dem
Wiederaufflackern meines religiösen Gefühls, haben mich un-
längst zu einer Tat getrieben, über die Du, Heinrich Laube, *sehr*
ungehalten sein wirst, ... Ich habe ein schreckliches Autodafé ge-
halten, woran ich noch jetzt nicht ohne Erschütterung denken
kann.[630] Heine hat einiges Schriftgut verbrannt. Er schreibt das
auch Campe. *Ich bin kein Frömmler geworden, aber ich will darum*
doch nicht mit dem lieben Gott spielen; wie gegen die Menschen,
will ich auch gegen Gott ehrlich verfahren, und alles, was aus der
frühern blasphematorischen Periode noch vorhanden war, die
schönsten Giftblumen, hab ich mit entschlossener Hand ausgeris-
sen und bei meiner physischen Blindheit vielleicht zugleich man-
ches unschuldige Nachbargewächs in den Kamin geworfen. Wenn
das in den Flammen knisterte, ward mir, ich gestehe es, gar wun-
derlich zumute; ich wußte nicht recht mehr, ob ich ein Heros oder
ein Wahnsinniger sei, und neben mir hörte ich die ironisch trö-
stende Stimme eines Mephistopheles, welche mir zuflüsterte: Der
liebe Gott wird dir alles weit besser honorieren als Campe.[631] Jeder
Verleger müßte seinem Autor in den Arm fallen, wenn dieser anfängt, seine Werke zu verbrennen. Aber: keine Antwort. Im September 1850 kündigt er ihm *die dritte Säule meines lyrischen*
Ruhms an. Es bleibt still.

Ja, er dichtet. Er hat viel Zeit dazu. Ganze Tage und ganze Nächte. Schlafen kann er ohnehin nicht mehr. Er ist Tag und Nacht wach. Wach? Nein, wach sein, er erinnert sich daran, ist etwas anderes. Seine Tage sind keine Tage mehr, seine Nächte sind keine Nächte mehr. Es gibt einen tiefen Zusammenhang zwischen der Schlaflosigkeit und der Religion. Schon nach einer durchwachten Nacht weiß man, was Erlösung wäre, ahnt man, was Verzweiflung ist. Ärzte empfehlen Schlaflosen, aufzustehen. Nichts, was man Normalsterblichen raten kann, paßt mehr auf ihn. Er ist längst kein Normalsterblicher mehr, er weiß es. Er ist eine geistbegabte lebende Leiche. Also in gewissem Sinne das Ideal des körperverachtenden asketischen Gottes. Er ist, jüdisch-christlich gesehen, der vollkommene Mensch. Ganz Geist, Körper fast nicht mehr vorhanden. Er nennt seinen Zustand *die Verzweiflung des Leibes.* Er glaubt, daß er an einen Gott glaubt, und doch glaubt er *manchmal nicht an einen guten Gott. Die Hand dieses großen Tierquälers liegt schwer auf mir.*[632] Und dennoch braucht er Gott in seinen schlaflosen Nächten, schon um ihn zu lästern. Diesen Komfort haben die Atheisten nicht. Jedes Ich braucht ein Du, auch nachts um zwei Uhr, und da schläft Mathilde. Die Frage, ob Gott existiert, können nur theoretische Naturen stellen. Solche, die ihn nicht mehr nötig haben. Für die er ein Gegenstand geworden ist unter anderen Gegenständen. Geist, hat er einmal gedacht, ist nur die Krätze der Natur. Er hat genau gewußt, was er da sagt, aber er kann jetzt kein konsequenter Naturgeschichtler sein. Soll Schopenhauer das zu Ende denken. Soll Wagner das zu Ende komponieren! Und auch die werden es nicht schaffen.

Vielleicht träumt er nur, daß er noch am Leben ist, und in Wahrheit ist er längst tot?

> *Vielleicht bin ich gestorben längst;*
> *Es sind vielleicht nur Spukgestalten*
> *Die Phantasien, die des Nachts*
> *Im Hirn den bunten Umzug halten.*
>
> *Es mögen wohl Gespenster sein,*
> *Altheidnisch göttlichen Gelichters;*
> *Sie wählen gern zum Tummelplatz*
> *Den Schädel eines toten Dichters. –*

Die schaurig süßen Orgia,
Das nächtlich tolle Geistertreiben,
Sucht des Poeten Leichenhand
Manchmal am Morgen aufzuschreiben.[633]

Meistens schläft Mathilde, wenn er wacht. Aber als die Katze vom
Kamin fällt und sich das rechte Ohr verletzt und das Ohr sogar ein
bißchen blutet, macht Mathilde ihr fast eine ganze Nacht lang
kalte Umschläge. Heine beneidet die Katze.[634] Er weiß, daß er solche Opfer nicht von seiner Frau verlangen darf. Er hat inzwischen
schon zwei Pflegerinnen, auch um Doktor Wertheims Auge nicht
noch einmal zu riskieren. Die Talente und die Geduld einer Kran-
kenpflegerin besitzt Mathilde nicht, nicht für Menschen. Aber andere Frauen sind auch hübsch, Marietta zum Beispiel ist ganz
außerordentlich hübsch. Er läßt sich nur von Frauen pflegen, vorzugsweise von jungen Frauen. Und Marietta ist der Ersatz für eine
Pflegerin, die Wertheim geholt und die Gruby wieder abgeschafft
hatte. Marietta! Manchmal ist es fast eine Gnade, so krank zu sein
wie er, sich so rundherum pflegen und bedienen zu lassen. Aber
Mathilde teilt Heines Marietta!-Euphorie nicht. Gruby soll sie
entlassen, und zwar auf der Stelle. Man weiß nicht, ob auch Dr.
Gruby um sein Auge fürchtet; er folgt Mathildes Befehl. Marietta,
die alles richtig gemacht hat, muß gehen. Heine ist sprachlos, als er
den Marietta-Ersatz zum ersten Mal sieht. Die alte Garde des Kaisers Napoleon hätte mich nicht mehr erschrecken können, erklärt
er später einem Freund.[635] Nachts hat er genug Zeit, über Mathildes Erbarmungslosigkeit nachzudenken und sich vor dem nächsten Morgen und der Rückkunft der alten Garde zu fürchten.

Manchmal wird er unruhig, wenn Mathilde ausgeht. Meist verläßt sie am frühen Nachmittag die Wohnung, um mit Pauline im
Wagen zu den Champs-Élysées zu fahren. Am späten Nachmittag
ist sie dann wieder da. Um halb fünf ist er noch ruhig. Um halb
sechs möchte er aufspringen vor Unruhe. Sie kommt nicht. Um
halb sieben steht der Gedanke vor ihm, daß Mathilde, des kranken
Manns überdrüssig, ihn verlassen hat. Der Gedanke läßt sich nicht
verscheuchen. Um acht hält er es nicht mehr aus. Er bittet die Pflegerin, in Mathildes Zimmer zu gehen. Sie soll nachschauen, ob der
Papagei noch da ist. Nie würde sie ohne Cocotte gehen. Die Pflegerin kommt zurück. Der Vogel ist noch da. Sein Kopf sinkt schwer

auf das Kissen zurück. Er kann wieder atmen.[636] Nach der Aufregung wird er vielleicht sogar ein wenig schlafen in der Nacht.

Daß es Morgen wird, merkt er an dem helleren Schein hinter den Vorhängen seines stets abgedunkelten Zimmers. Die schweren Wachträume gehen in leichtere Tagesgedanken über. Wenn er einen guten Tag hat, läßt er den Sekretär kommen und sich vorlesen. Zum Beispiel das neue Buch von Freund Laube, der jetzt Direktor am Burgtheater ist. Der Kranke glaubt nicht, was er da hört, er schreibt dem Freund, und nichts von der Sanftmut eines Todkranken ist in seinem Brief, er klingt wie in seinen lebendigsten Tagen: *Liebster Laube! Schon seit einem Jahrhundert habe ich Lust oder vielmehr Unlust, Dir zu schreiben; ... ich habe bereits diesen Morgen meine Frau zu Tränen gequält, und jetzt kommt die Reihe an Dich, dem ich jetzt in der plumpsten Weise das Unangenehme sagen will, das ich Dir bei besserer Laune viel glimpflicher oder überzuckert beigebracht hätte ...*[637] Er findet das Buch des Freundes scheußlich, verlogen, Laube habe die alte Jahnsche Turnhose wieder angezogen. Heine hat schon wieder einen Freund weniger. Er trauert auch um Balzac, den er nun nicht mehr zum Essen einladen kann, weil er gerade gestorben ist, und er trauert um George Sand, die noch lebt, ihn aber vergessen hat. Er wundert sich über Bruder Gustav, der es fertigbringt, ihm eine Badekur vorzuschlagen, und er schreibt den längsten Brief seines Lebens. Der Brief ist so lang wie eine mittlere Erzählung und handelt von – Aktien. Der Todkranke ist noch immer dabei, seine verlorene Erbschaft aus der Prager Gasbeleuchtungspleite zurückholen.

Er liegt in einem kleinen Zimmer, gleich neben der Küche. Nur ein Wandschirm bewahrt ihn davor, von der Küche her gesehen zu werden. Manchmal dringen Fremde trotz inständiger Abwehr der Magd bis dorthin vor. Sie können dann hören, wie der Dichter mit der Magd hadert und sagt, der M. Allemand möge seiner Wege gehen. Manchmal schaffen es die ungebetenen Gäste dennoch zu ihm. Er ist längst eine Pariser Touristenattraktion.

Andere dürfen fast ohne Anmeldung zu ihm. Gérard de Nerval zum Beispiel, der Mann, der nun seine Gedichte übersetzt und vorher schon Goethes »Faust« übertragen hatte. Das Jahr 1848 war für Heine die reine Katastrophe gewesen, gesundheitlich, finanziell, politisch. Aber 1848 sind auch Nervals Übertragungen des »Lyrischen Intermezzos« und der »Nordsee« erschienen. Zum ersten Mal liest man in Frankreich wirklich Heines Gedichte, denn was vorher erschien, waren nicht seine Gedichte, nur der Name, der obendrüber stand, war von ihm. Nerval kann nicht besonders gut Deutsch, aber er kann Französisch, das ist die Hauptqualifikation eines Übersetzers. Sie sind ein seltsames Paar, ein sterbender Dichter und ein verrückter Dichter. Denn ein wenig verrückt ist Nerval schon, weshalb Mathilde Angst vor ihm hat. Manchmal weiß er nicht mehr, was er tut, und kann sich später an nichts mehr erinnern. Aber wenn er nicht gerade verrückt ist, ist Nerval vollkommen normal und vielleicht der beste Freund, den Heine in Frankreich hat. Sie sind sich sehr ähnlich. Sie haben beide diese tiefste Innerlichkeit und die beinahe selbstzerstörerische Lakonie. Sie sind Wahlverwandte. Nerval sagt, Heine und er hätten beide versucht, eine Jugendliebe totzusingen, und sie sängen noch immer, und sie sterbe doch nicht. Vielleicht stimmt das für Nerval mehr als für Heine. Nervals erste Liebe hieß Adrienne, und Heine spricht oft von ihr. Es macht ihm Spaß, Nerval mit Adrienne zu quälen. Nerval läßt es geschehen. Sie reden oft sehr lange, aber manchmal scheint Nerval seine Witze nicht mehr zu verstehen, dann blickt er zu Boden und seine Hand krampft sich. Wenn Heine das bemerkt, ruft er Mathilde, zeigt auf Nerval, und kurz darauf tritt der Hausportier ein. Der Hausportier stellt sich Nerval vor und behauptet, Alexandre Dumas habe ihn geschickt. Dumas gehe es sehr schlecht, ob der Freund nicht … Was, Dumas – krank? ruft Nerval dann jedesmal. Den Gedanken, daß es Dumas nicht gutgehen könnte, erträgt er nicht. Er folgt dem Portier bereitwillig, aber der führt ihn nicht zu Dumas, sondern in die Anstalt des Doktor Blanche, wo er wohnt. Am nächsten Tag weiß Nerval nichts mehr davon. Manchmal beneidet der todkranke Dichter den verrückten Dichter um seinen sanften Wahnsinn. Vergessen können!

Im April 1851 erhält Heine aus Hamburg ein Bücherpaket. Er läßt sich jetzt oft deutsche Bücher schicken, denn in Frankreich sind sie so schwer zu bekommen. Zwar liest Mathilde ihm den ganzen Alexandre Dumas vor, aber sie muß auch mal eine Pause haben. Diesmal sind Neuerscheinungen aus Campes Verlag im Paket. Heine erhebt seine fällige Rate auf Campes Haus, und bei der Gelegenheit erfährt der leichenstille Verleger – wer ist eigentlich hier die Leiche, Campe oder er? –, was er von dessen jüngsten Publikationen hält: *Das sind also die unsterblichen Geistesmonumente, die Ihnen an Druckkosten soviel Geld in Anspruch nahmen und Sie zwangen, meine vielfältigen Anrufungen um Unterstützung, um Hülfe in der Not unbeachtet zu lassen. ... Es ist unbegreiflich, wie Sie von jeher immer mit Blindheit geschlagen waren und meinen besten Willen, meinen Eifer für Ihre Interessen, ich möchte fast sagen meine dumme Treue und Anhänglichkeit, so sehr mißachteten. Doch das sind überflüssige Worte, da für die Zukunft nichts mehr zu verbessern ist und ich schon mit einem Fuße im Grabe stehe. Ihr sehr betrübter Freund Heinrich Heine.*[638]

Im Juli 1851 biegt ein fester, runder Mann mit einem festen runden Kopf in die Rue d'Amsterdam ein. Er kommt vom Hotel Valois. Er trägt ein weißes, sorgfältig geknüpftes Halstuch und einen absonderlichen Hut. Mühelos steigt er die Treppen im Hinterhaus der Nummer fünfzig nach oben.

»Je voudrais bien parler à Monsieur Heine«, sagt er zu dem Mädchen, das ihm öffnet und das nicht Mathilde sein kann.

»Ah, Monsieur est si malade, il ne peut pas parler à personne. Impossible, Monsieur, de vous annoncer.«

»Mademoiselle, il n'y aura jamais de règle sans exception ... Ayez la complaisance de lui présenter ma carte.«

Das Mädchen geht und kommt augenblicklich wieder:

»Entrez, Monsieur.«

Monsieur durchquert einen winzigen Flur, die Küche und betritt den halbdunklen Raum mit dem Wandschirm. Der Mann im Bett hat sich mühsam halb aufgerichtet, streckt dem Eintretenden die rechte Hand entgegen, während er mit der linken das Augenlid anhebt:

– Das ist brav von Ihnen, Campe, daß Sie endlich einmal kommen.

Campe nimmt die Hand und findet sie völlig normal, nicht einmal magerer als sonst. Andere bezeugen ihre Weißheit, ihre Fast-Durchsichtigkeit, ihre Kühle und ihr Unvermögen, den Druck zu erwidern. Nur Julius Campe, nach drei Jahren des Schweigens jetzt einfach so in Heines Zimmer stehend, findet alles ganz normal. Die Hand und den dazugehörigen Dichter auch. Der soll so krank sein? Kaum zu glauben, findet der Hanseat Campe. Im Bett zu liegen ist schließlich kein Beweis für Krankheit. Vielleicht ist er nur zu faul aufzustehen. Er nimmt ihn wie einen Gesunden. Und so reden sie. Campe ist bald sehr beruhigt. Der Mann im Bett hat keinen religiösen Schaden genommen. Er hatte es dem Verleger auch selbst geschrieben in einem der vielen unbeantworteten Briefe. *Die Phosphordünste der Glaubenspisse* hätten ihm nicht das Hirn vernebelt. Schon ein eigenwilliger Sprachgebrauch für einen Neubekehrten. Nun ist Campe sich ganz sicher. Und da man geistig und körperlich so wohlsituierte Leute nicht schonen muß, reden sie über alles. Eine Woche lang kommt Campe täglich wieder und wird nie weggeschickt. Sie reden und reden. Zwar weiß der Mann im Bett am Ende immer noch nicht genau, warum dieser abscheuliche Verleger ihn drei Jahre lang ohne Antwort ließ. Natürlich, er, Heine, hatte ihn verdächtigt, erst seinen Tod abwarten zu wollen, um eine bessere Reklame für die Gesamtausgabe zu haben, aber muß dieser abgefeimte Buchmensch gleich so reagieren? Und wenn er einen Augenblick geglaubt hatte, Campe sei zu ihm gekommen, um jetzt die Gesamtausgabe zu beginnen – Irrtum. Aber der Verleger besieht interessiert die vielen Manuskriptseiten, die um das Matratzenbett herumliegen. Das sieht nach Arbeit aus. Das ist sehr gut.

– Sie arbeiten viel, sagt er zu Heine.

Diese verstreuten Blätter will er kaufen. Ganz allmählich läßt er das durchblicken. Und Heine läßt durchblicken, daß diese Blätter da sehr, sehr teuer sind.

Campe antwortet: Man kann auch Gold zu teuer kaufen! Und macht ein philosophisches Gesicht.

So geht das weiter, bis Heine vor Glück lachend ruft: Soviel hat der große klassische Goethe in seinem ganzen Leben nicht für all seine Gedichte bekommen!

Für sechstausend Mark banco, zwölftausend Francs (80 000 DM) will Campe die neuen Gedichte kaufen. Er kauft sie blind, ungelesen. Noch sind sie auch nicht in lesbarer Fassung. Einen Titel hat Campe auch schon, »Romanzero« soll dieser Band heißen, mit dem Heine sich von seinen Lesern verabschieden will. Das »Buch der Lieder« ist im Winter in achter Auflage erschienen.

Drei Jahre hat Campe sich nicht gemeldet, jetzt will er alles sofort. Heine muß zum Hochleistungsarbeiter werden, aber er ist einverstanden. Soll der Simulant sich ruhig ein wenig anstrengen, mag Campe denken. Heine prüft Gedichte, stellt sie zusammen. Zwischendurch registriert er die Anwesenheit Mathildes: *so dick, so leidend, so trampelnd.* Aber auch Besuch stört ihn. Schlimm genug, wenn manchmal Deutsche seine Türwächter überwinden, jetzt kommt auch noch die beste Freundin, Caroline, und drängt ihn, Besuch zu empfangen. Die Gräfin Kalergis, Nichte des Grafen von Nesselrode, eine gefeierte russische Schönheit, die Heine im Original liest, möchte ihn sehen. Gautier hat sie auch schon bedichtet und eine »Symphonie in Weiß-Dur« aus der Farbe ihrer Haut gemacht. Caroline bettelt, und ein wenig neugierig ist er am Ende auch. Sie mag kommen. Sie kommt.

Und? fragt Caroline den Freund nach diesem außerordentlichen Besuch. Das ist ja keine Frau, liebe Freundin, die Sie mir zugeführt haben, lächelt er vom Bett, das ist ein Monument, eine Kathedrale des Gottes Amor! Er lächelt noch immer so sonderbar, irgend etwas stimmt nicht, ahnt die Dame mit dem Fuß. Heine hat schon ein Gedicht über die Gräfin Kalergis gemacht. Es heißt »Der weiße Elefant« und wird das zweite Gedicht des »Romanzero« sein. Es ist ein sehr langes Gedicht und handelt vom König von Siam, Mahawasant, der viele Schätze besitzt, die in elf Strophen aufgezählt werden. Die zwölfte Strophe lautet:

> Das Kostbarste aber von allen Schätzen
> Des Königs, sein Glück, sein Seelenergötzen,
> Die Lust und der Stolz von Mahawasant,
> Das ist sein weißer Elefant.

Und weiter:

> Das glücklichste Leben ist ihm beschieden,
> Doch niemand auf Erden ist zufrieden.
> Das edle Tier, man weiß nicht wie,
> Versinkt in tiefe Melancholie.

> Der weiße Melancholikus
> Steht traurig mitten im Überfluß.
> Man will ihn ermuntern, man will ihn erheitern,
> Jedoch die klügsten Versuche scheitern.

Die Ratgeber des Königs von Siam kommen schließlich auf ein Weib, das hoch im Norden lebe und dessen Eigentümlichkeit den Elefanten vielleicht von seiner Schwermut heilen könne:

> *Mit ihr verglichen, scheint er nur*
> *Ein weißes Mäuschen. Es mahnt die Statur*
> *An Bimha, die Riesin, im »Ramayana«,*
> *Und an der Epheser große Diana.*
>
> *...*
>
> *Das ist Gott Amors kolossale*
> *Domkirche, der Liebe Kathedrale;*
> *Als Lampe brennt im Tabernakel*
> *Ein Herz, das ohne Falsch und Makel.*
>
> *Die Dichter jagen vergebens nach Bildern,*
> *Um ihre weiße Haut zu schildern;*
> *Selbst Gautier ist dessen nicht kapabel –*
> *O diese Weiße ist implacable!*
>
> *Gräfin Bianka ist der Name*
> *Von dieser großen weißen Dame;*
> *Sie wohnt zu Paris im Frankenland,*
> *Und diese liebt der Elefant.*
>
> *...*
>
> *Sehnsucht verzehrt ihn seit jener Stund',*
> *Und er, der vormals so froh und gesund,*
> *Er ist ein vierfüßiger Werther geworden,*
> *Und träumt von einer Lotte im Norden.*[639]

Es folgen noch dreizehn Strophen. Caroline hört und erbleicht; sie versucht, das Schlimmste zu verhindern, vergebens, die Strophen bleiben.[640]

Im Juli war Campe da, Ende August gibt er seinem Bruder Gustav, der ihn besucht und auch gestört hat, das Manuskript für Campe mit. Jetzt fehlt noch ein Vorwort. Die Idee, den »Atta Troll«

mit ins Buch zu nehmen, gibt er auf. Bald hält er die ersten Korrekturabzüge in den Händen, und ist – wie immer – entsetzt. Auf den letzten Seiten stehen nicht mehr fünf, sondern nur noch vier Strophen. Welch schauderhafte *typographische Maulsperre*! Da ist zuviel Weiß auf dem Papier, Weiß ist die Farbe des Todes. Er möchte immer gut angezogen vor dem Publikum erscheinen, *aber bei dem vierstrophigen Druck der letzten Abteilung meines Buches fallen mir gleichsam die Hosen herunter vor aller Welt.*[641] Campe soll um Gottes willen dichter setzen, er wird noch ein längeres Vorwort schreiben, das dann ein Nachwort wird. Er schreibt es unter größten Schmerzen und in einem Zustand *dumpfer Betäubnis*.

Er schreibt, daß nichts von ihm übrig ist als seine Stimme. Sein Bett mahnt ihn an das *tönende Grab des Zauberers Merlinus* im Walde Brozeliand in der Bretagne, *unter hohen Eichen, deren Wipfel wie grüne Flammen gen Himmel lodern. Ach, um diese Bäume beneide ich dich, Kollege Merlinus, denn kein grünes Blatt rauscht herein in meine Matratzengruft zu Paris, wo ich früh und spat nur Wagengerassel, Gehämmer, Gekeife und Klaviergeklimper vernehme.*[642] Zum ersten Mal klärt er das Publikum auf über sein neues Verhältnis zu Gott: *Ja, ich bin zurückgekehrt zu Gott, wie der verlorene Sohn, nachdem ich lange Zeit bei den Hegelianern die Schweine gehütet.*[643] Das himmlische Heimweh trieb ihn zurück *über die schwindligsten Bergpfade der Dialektik*. Unterwegs fand er den Gott der Pantheisten, aber er kann ihn nicht brauchen, zu verwachsen ist er mit der Welt, ja letztlich ist er die Welt selbst. Heine hat es in Briefen schon oft gesagt: Es war ein Akt des Denkens, der ihn zurückgebracht hat zu Gott, nicht ein Sprung in den Glauben. Denn: *meine religiösen Überzeugungen und Ansichten sind frei geblieben von jeder Kirchlichkeit; kein Glockenklang hat mich verlockt, keine Altarkerze hat mich geblendet. Ich habe mit keiner Symbolik gespielt und meiner Vernunft nicht ganz entsagt. Ich habe nichts abgeschworen, nicht einmal meine alten Heidengötter, von denen ich mich zwar abgewendet, aber scheidend in Liebe und Freundschaft.*[644]

Nein, er ist kein Bekehrter. Er ist strukturell unfähig zu Damaskus-Erlebnissen. Er gehört nicht zu denen, die von Überzeugungen übermannt werden und die dann – wie es bei Überzeugten so häufig ist – mit besonderem Ingrimm die früheren Überzeugungen verfolgen. Er war nie Hegelianer, er glaubte auch nie an die akademische Philosophie, an die Philosophen, die sich selbst Philosophen nennen – es ist wirklich nichts anders geworden. Nur daß er jetzt kein »De l'Allemagne« mehr schreiben würde, gleichsam im Dienste – nicht als Bekenner – des Hegelschen und saint-simonistischen Weltgeistes. Die Beleuchtung seiner Seele hat gewechselt. Es tritt nun stärker hervor, was bisher im Schatten lag.

Nie hat er stärker die Geschöpflichkeit des Menschen gespürt, seine Endlichkeit. Er hätte es auch so erklären können: Ein Wesen, das seine eigene Endlichkeit denken kann, ist strukturell zum Wahnsinn disponiert. Es ist endlich-unendlich zugleich. Alle pantheistischen Weltsynthesen gehören noch in den Kreis dieser Endlichkeit. Die absolute Autonomie des Menschen aber ist ihm verdächtig. Er ist empfänglich für das, was über diese Autonomie hinausgeht, ohne sie zu zerstören. Er spürt Gott vor allem negativ, als Leerstelle. Er müßte ein negativer Theologe werden, wenn er nicht schon Dichter wäre. Aber die Leerstelle Gott allein genügt ihm jetzt nicht, dazu ist er zu krank. *Nur du, o Gott! bist der wahre Urheber meines Untergangs; jene armen Menschen tragen nicht die Schuld. O Gott! Du wolltest, daß ich zugrunde ging, und ich ging zugrunde. Gelobt sei der Herr! Er hat mich herabgestürzt von dem Postamente meines Stolzes, und ich, der ich in meinem dialektischen Dünkel mich selber für einen Gott hielt und Gefühle hegte und Tugenden übte, die nur einem Gotte ziemten – ich liege jetzt am Boden, arm und elend, und krümme mich wie ein Wurm. Gelobt sei der Herr! Ich trage mit Ergebung meine Qualen, und ich leere den Kelch der Erniedrigung, ohne mit den Lippen zu zucken, bis zum letzten Tropfen. Weiß ich doch, daß ich aus dieser Erniedrigung auferstehe, gerechtfertigt, geheiligt und gefeiert.*[645] Das steht nicht im »Romanzero«, das ist zu intim, das geht nur Gott und ihn etwas an. Am 13. November entwirft er sein Testament und gibt ihm ein Begleitschreiben bei. Das sind die letzten Worte dieses Schreibens. Ganz Unterwerfung und Selbstheiligung zugleich. Nicht Gott, sondern er wird geheiligt am Ende.

Im Nachwort zum »Romanzero« nimmt er Abschied von seinen Lesern, und eine gewisse Rührung beschleicht ihn dabei. *Der Autor gewöhnt sich am Ende an sein Publikum, als wäre es ein vernünftiges Wesen. Doch das Publikum mag sich beruhigen, wir werden uns wiedersehen in einer besseren Welt, wo ich Dir auch bessere Bücher zu schreiben gedenke. Ich setze voraus, daß sich* dort auch meine Gesundheit bessert und daß mich Swedenborg nicht belogen hat.[646] Swedenborg, der alte Geisterseher, hat nämlich herausgefunden, daß die Menschen im Himmel weitestgehend unverändert bleiben und sich mit denselben Dingen beschäftigen, mit denen sie sich auch vorher beschäftigt haben. Heine gibt das zu denken. *So z.B. unser teurer Doktor Martinus Luther war stehengeblieben bei seiner Lehre von der Gnade, über die er während dreihundert Jahren tagtäglich dieselben verschimmelten Argumente niederschrieb.*[647] Er braucht es gar nicht mehr auszusprechen, dieser Himmel hat verdammte Ähnlichkeit mit der Hölle. Überhaupt ist ihm nur allzu bewußt, welche Risiken der Himmel birgt, und er versteht sehr gut die alten Lappländer, die sich weigerten, in einen Himmel zu kommen, in dem es keine Seehunde gibt. Jeder Humorist ist ein großer Skeptiker. Jeder Humorist ist ein struktureller Antipathetiker. Nein, sein Verstand glaubt an keinen Himmel. Aber seine Seele kann dem Kein-Himmel-basta!-Verstand nicht das letzte Wort lassen, schließlich stirbt man nicht mit dem Verstand. *Der horror vacui, den man der Natur zuschreibt, ist vielmehr dem menschlichen Gemüte angeboren. Sei getrost, teurer Leser, es gibt eine Fortdauer nach dem Tode, und in der anderen Welt werden wir auch unsere Seehunde wiederfinden. Und nun, lebe wohl, und wenn ich dir etwas schuldig bin, so schicke mir deine Rechnung. – Geschrieben zu Paris, den 30. September 1851 Heinrich Heine.*[648]

Heine bittet Campe, in dem Exemplar, das seine Mutter bekommen soll, das Nachwort wegzulassen. Es ist zuviel Abschied darin. Briefe an seine Mutter enden bald so: *Unsere ganze Verwandtschaft besteht freilich nur darin, daß Du eine alte weitläuftige Mutter von mir bist, aber Du bist zugleich eine so erzbrave Frau und ein so liebes altes Mausel, daß ich Deiner gar nicht satt haben kann und mit großem Respekt Dich unaussprechlich liebe.*[649]

Was er noch im Nachwort schreiben wollte, aber nicht schrieb, steht in einem Brief an Georg Weerth: ... *nämlich, daß ich als Dichter sterbe, der weder Religion noch Philosophie braucht und mit beiden nichts zu schaffen hat. Der Dichter versteht sehr gut das symbolische Idiom der Religion und das abstrakte Verstandeskauderwelsch der Philosophie, aber weder die Herren der Religion noch die der Philosophie werden jemals den Dichter verstehen, dessen Sprache ihnen immer spanisch vorkommen wird, wie dem*

Maßmann das Latein.[650] Man könnte sagen: weil in jenen Sprachen das Wißbare fest geworden ist und in dieser Starrheit schon
wieder falsch. Der Dichter aber spricht in mehreren Aggregat-
zuständen; er macht das Feste wieder flüssig, erfaßt es in seiner
Bewegung, in seiner Wahrheit. Er behauptet nicht.

Er kann das Leib-Seele-Problem auch anders formulieren:

Leib und Seele

Die arme Seele spricht zum Leibe:
»Ich lass nicht ab von dir, ich bleibe
Bei dir – ich will mit dir versinken
In Tod und Nacht, Vernichtung trinken!
Du warst ja stets mein zweites Ich,
Das liebevoll umschlungen mich,
Als wie ein Festkleid von Satin,
Gefüttert weich mit Hermelin –
Weh mir! Jetzt soll ich gleichsam nackt,
Ganz ohne Körper, ganz abstrakt,
Hinlungern als ein sel'ges Nichts
Dort oben in dem Reich des Lichts,
In jenen kalten Himmelshallen,
Wo schweigend die Ewigkeiten wallen
Und mich angähnen – sie klappern dabei
Langweilig mit ihren Pantoffeln von Blei.
Oh, das ist grauenhaft; o bleib,
Bleib bei mir, du geliebter Leib!«

Der Leib zur armen Seele spricht:
»O tröste dich und gräm dich nicht!
Ertragen müssen wir in Frieden,
Was uns vom Schicksal ward beschieden.
Ich war der Lampe Docht, ich muß
Verbrennen; du, der Spiritus,
Wirst droben auserlesen sein,
Zu leuchten als ein Sternelein …«

Nicht nur Henri denkt über die Religion nach, auch Mathilde führt
theologische Debatten mit Meißner, dem neuen Familienvertrau-

ten. Sie versteht nicht, warum die meisten Menschen einen schlechten Charakter haben, wie sie findet, und die Deutschen hätten ja nun den denkbar schlechtesten Charakter. Mit einer Ausnahme höchstens, oder mit zwei. Meißner gibt zu bedenken, daß diese Deutschen, die sie meint, auch Juden sind.

Juden? fragt Mathilde erstaunt. Meißner zählt auf, wer von den Deutschen, die sie kennt, Jude ist, und Mathilde verstummt. Das hätte sie nicht gedacht. Also sind die so böse, nicht nur weil sie Deutsche sind, sondern außerdem noch Juden. Aber bei einem Namen unterbricht sie Meißner dann doch entschieden: Der Kohn kann gar kein Jude sein, der ist doch mit Henri verwandt, und Henri ist Protestant!

Meißner hält inne. Sollte Mathilde wirklich nicht wissen …? Er zögert noch einen Augenblick, dann gibt er zu, sich geirrt zu haben. Mathilde sieht sehr selbstzufrieden aus: Nun, da sehen Sie, Kohn ist kein Jude, und doch hat er die scharfe Zunge der anderen Deutschen. Er ist ein Protestant genau wie Henri und glaubt wohl, hahaha, genau wie Henri an Lütheer! Wenn ich Henri sage, daß Lütheer ein abscheulicher Ketzer war, wird er jedesmal böse und behauptet, Lütheer sei ein großer Mann gewesen, der größte Deutsche, der je gelebt hat. Oh, wie man so klug sein kann und dabei doch dumm![651] Mathilde lacht. Über Henri und diesen Lütheer.

Am letzten Septembertag schickt Heine den letzten Korrekturbogen an Campe und zugleich das Nachwort, das er so schrieb wie auch alle seine Briefe jetzt: den Leib voller Morphium, um die Schmerzen aushalten zu können. Er hat eine Wunde im Nacken mit einer Erbse drin, so daß die Wunde nicht heilen und ihm das Morphium direkt ins Blut gestreut werden kann. Im Oktober schon erscheint der »Romanzero«, und gleichzeitig, als separater Band, der »Faust«. Campe betrieb eine bis dato ungekannte Werbekampagne. Eigenhändig schrieb er zweihundertfünfzig Briefe an deutsche Buchhändler. Heine ist glücklich über das Buch und Campes Engagement; doch er fürchtet, daß die Art, wie Campe seinen Erfolg organisiert, ihm Feinde machen muß, selbst wenn er Homer oder Shakespeare wäre. Aber der Erfolg ist unvergleichlich. Mitte November schon geht die dritte Auflage in den Druck, zweitausend Exemplare davon *in Pracht und Goldschnitt*. In der Pariser »Revue des deux mondes« erscheinen sechs Gedichte in französischer Übersetzung. Er ist froh und selbstzweiflerisch zugleich. *Meine neuen Gedichte haben weder die künstlerische Vollendung noch die innere Geistigkeit, noch die schwellende Kraft meiner früheren Gedichte,*[652] dafür seien die Stoffe bunter.

Maria Antoinette

Wie heiter im Tuilerienschloß
Blinken die Spiegelfenster,
Und dennoch dort am hellen Tag
Gehn um die alten Gespenster.

...

Die Taille ist schmal, der Reifrock bauscht,
Darunter lauschen die netten
Hochhackigen Füßchen so klug hervor –
Ach, wenn sie nur Köpfe hätten!

Sie haben alle keinen Kopf,
Die Königin selbst manquieret
Der Kopf, und Ihro Majestät
Ist deshalb nicht frisieret.

...

Das sind die Folgen der Revolution
Und ihrer fatalen Doktrine;
An allem ist schuld Jean Jacques Rousseau,
Voltaire und die Guillotine.

...

Die Oberhofmeisterin steht dabei,
Sie fächert die Brust, die weiße,
Und in Ermangelung eines Kopfs
Lächelt sie mit dem Steiße.

Wohl durch die verhängten Fenster wirft
Die Sonne neugierige Blicke,
Doch wie sie gewahrt den alten Spuk,
Prallt sie erschrocken zurücke.[653]

Österreich verbietet den »Romanzero« gleich, weil ihm dieses Gedicht nicht gefällt.

Heine läßt sich am liebsten Reisebeschreibungen vorlesen, das
ist seine Art auszugehen, und deshalb haben die meisten »Histo-
rien«, im ersten Buch des »Romanzero«, sehr exotische Schau-
plätze, beim dritten Teil, den »Hebräischen Melodien«, liegt das in
der Natur der Sache. Schauplatz des Mittelstücks »Lamentatio-
nen« ist er selbst, manchmal, das liegt auch in der Natur der Sache.

Gedächtnisfeier

Keine Messe wird man singen,
Keinen Kadosch wird man sagen,
Nichts gesagt und nichts gesungen
Wird an meinen Sterbetagen.

Doch vielleicht an solchem Tage,
Wenn das Wetter schön und milde,
Geht spazieren auf Montmartre
Mit Paulinen Frau Mathilde.

Mit dem Kranz von Immortellen
Kommt sie, mir das Grab zu schmücken,
Und sie seufzet: »Pauvre homme!«
Feuchte Wehmut in den Blicken.

...

Süßes, dickes Kind, du darfst
Nicht zu Fuß nach Hause gehen;
An dem Barrieregitter
Siehst du die Fiaker stehen.[654]

Aber er denkt nicht nur an Mathilde, er denkt auch daran, wie es anderen Menschen gehen wird oder gehen soll, wenn er nicht mehr da ist:

Vermächtnis

Nun mein Leben geht zu End',
Mach ich auch mein Testament;
Christlich will ich drin bedenken
Meine Feinde mit Geschenken.

Diese würd'gen, tugendfesten
Widersacher sollen erben
All mein Siechtum und Verderben,
Meine sämtlichen Gebresten.

Ich vermach Euch die Koliken,
Die den Bauch wie Zangen zwicken,
Harnbeschwerden, die perfiden
Preußischen Hämorrhoiden.

Meine Krämpfe sollt ihr haben,
Speichelfluß und Gliederzucken,
Knochendarre in dem Rucken,
Lauter schöne Gottesgaben.

Kodizill zu dem Vermächtnis:
In Vergessenheit versenken
Soll der Herr eu'r Angedenken,
Er vertilge eu'r Gedächtnis.[655]

Es wird bald Winter, ganz Deutschland liest den »Romanzero«, und Frankreich liest ein wenig mit. Der Dichter wird inzwischen jeden Morgen von einer kräftigen Mulattin wie ein Kind aus dem Bett gehoben und in eine Badewanne gesetzt. Er wiegt nichts mehr, er hat keine Muskeln mehr, er will seinen Nichtleib gern den Würmern überlassen, sein rechtsgültiges Testament hat er soeben gemacht, es tut ihm selbst leid, daß er den Würmern nur noch ein Knochengericht anbieten kann.[656] Einem Besucher, der zufällig

Zeuge einer solchen Badeszene wird, hilft er über die Verlegenheit hinweg: »Da sehen Sie, wie man mich in Paris auf Händen trägt!« Nach dem Bad kommt das Frühstück, feines, halb gebratenes Rindfleisch, Früchte und mit Wasser und Zucker gemischter Bordeauxwein.[657] Denn er kann wieder schmecken. Wenn er die Welt auch nicht mehr betreten und anschauen kann, er kann sie noch schmecken. Das ist eine höchst intensive Wahrnehmung, und er ist nun einmal ein Sinnenmensch, abgesehen davon, daß er ein Geist ist. Und selbst vollkommen gesunde Menschen sollten gut gefrühstückt haben vor dem nun Folgenden. Heine läßt sich die »Romanzero«-Kritiken vorlesen: Es sei Heine noch nie ernst gewesen mit einer Sache. Und nun nehme er nicht einmal den eigenen Tod ernst. »Dieselbe graziöse Frivolität, dieselbe süß vergiftete Sinnlichkeit.« Man versteht es nicht. Ja, man hält es – sollen wir das Wort gebrauchen? – für »entartet«. Heine feiere seine Auflösung, er buhle mit dem Moder. Man diagnostiziert den letzten Akt einer Selbstvergötterung, die nichts kennt als das eigene Ich.[658] Sie haben kein Ohr für diese letzte Poesie der Verzweiflung. Bald setzen die Verbote des »Romanzero« ein. In Berlin werden die Gesänge eines Sterbenden sogar verbrannt.

Mögen die Kritiker ihre Kritiken doch selber lesen. Und sollen die Hegelianer sich weiter emporspekulieren auf ihre Art, vom subjektiven durch den objektiven bis hin zum absoluten Geist. Er ist auch ein Geist, aber weiß Gott kein Hegelscher, schon gar kein spekulativer. Er spekuliert auch, aber anders. Er spekuliert ab sofort an der Börse.

James Rothschild weist er dezent darauf hin, daß er noch nicht gestorben ist und daß *der Dichter, das große Kind,* gern einen neuen Bissen schlucken würde. Heine nimmt innigsten Anteil an der industriellen Revolution, es interessiert ihn brennend, wenn irgendwo eine neue Eisenbahnstrecke gebaut wird. Zum einen phänomenologisch, weil durch die Strasbourg-Paris-Eisenbahn Stuttgart etwa zum Vorort von Paris wird, was er mit Rücksicht auf die Stuttgarter umkehrt: Paris, der Vorort Stuttgarts. Zum anderen interessieren ihn die Fortschritte des Eisenbahnwesens rein spekulativ. Und wenn er von einem Bankier keine Antwort erhält, schreibt er eben noch einmal. Er möchte unbedingt beteiligt sein am Bau der Strecke Bordeaux–Sète. Manchmal kauft er Aktien einer Strecke, stößt sie drei Tage später wieder ab und kauft neue einer anderen Eisenbahnlinie. Als Todkranker rührt er sogar Geldsäcke, die ihn gar nicht – gut – kennen.

Gruby hatte als erster diagnostiziert, daß Heines Krankheit vom Rückenmark herrühre. Er selbst nennt das, was ihn umbringen wird, die Rückenmarksdarre. Und er glaubt auch zu wissen, woher sie kommt. In einem Brief nennt er sein Leiden die *Krankheit der glücklichen Männer*, und auch gegenüber Lassalle soll er sehr enttäuscht auf seinen Unterleib gezeigt haben: Sehen Sie, welcher Undank! Die Partie, für die ich soviel getan, hat mich so weit gebracht! Er liest ganze medizinische Bibliotheken und kommt doch nicht weiter; es wird, sagt er, nur dazu reichen, schlechten Ärzten im Himmel medizinische Vorlesungen halten zu können. Er hat ein ironisches Verhältnis zu Ärzten, auch zu seinen eigenen.

Lange hat man Heines Selbstdiagnose geglaubt. Syphilis kann genau diese Symptome hervorbringen, nur ergreift die Paralyse gewöhnlich auch bald das Hirn. Insofern wäre er der absolute Ausnahmefall eines Syphilitikers. Heine hätte das verstanden. Daß sein Fall eine besondere Schikane darstellt, war ihm ohnehin klar. Selbst die wohltätige geistige Umnachtung wird ihm verwehrt. Bis zuletzt soll er hellwacher Zeuge des eigenen Untergangs sein. Wenn schon Syphilitiker, dann Ausnahmesyphilitiker. Eine sichere Diagnose der Krankheit ist heute nicht mehr möglich. Aber in regelmäßigen Abständen widmen sich Mediziner und Medizinhistoriker dieser außerordentlichen Krankheitsgeschichte. Die vorerst letzte Diagnose lautet »mit an Sicherheit grenzender Wahrscheinlichkeit«: »Tuberkulose mit Multiorganbeteiligung«, mit Rückenmarkshaut- und Hirnhautentzündung.[659]

Allein sein Morphium kostet ein Vermögen, und Mathilde hat sich gerade wieder ein neues Kleid gekauft, aus grüner Seide. Er nennt es die Vitzliputzli-Robe, weil es genausoviel gekostet hat, wie er für das Gedicht »Vitzliputzli« im »Romanzero« bekommen hat.

Mit Überraschung stellt er im Frühjahr 1852 fest, daß er immer noch lebt. Das hat den Nachteil, daß er auch künftig Geld ausgeben muß. Sollte der »Romanzero« doch nicht sein letztes Buch auf Erden gewesen sein, sollte er gar noch ein Buch machen können, machen müssen? Schon lange hatte er Kolb gebeten, ihm seine Artikel zu schicken, die er von 1840 bis 1844 für die »Allgemeine Zeitung« geschrieben hatte. Er besitzt keine Abschriften. Und hat Kolb vielleicht auch noch die Manuskripte der nicht wenigen Artikel, die die »Allgemeine Zeitung« gar nicht druckte? *In meinem Geiste formiert sich ein Buch, welches Blüte und Frucht, die ganze Ausbeute meiner Forschungen während einem Vierteljahrhundert in Paris sein wird und, wo nicht als Geschichtsbuch, doch gewiß als eine Chrestomatie guter publizistischer Prosa sich in der deutschen Literatur erhalten wird.*[660] Genau das wird die »Lutetia« werden; Heine ist ein großer Einordner seiner Werke, auch wenn sie noch gar nicht fertig sind, und die »Lutetia« ist noch lange nicht fertig. Die Artikel sind durch *Zensur und Zusätze so entstellt, so versäuet, daß ich nur den kleinsten Teil davon gebrauchen kann,* Gott sei Dank hat er doch ein paar Vorlagen wieder. Eine große Gedulds- und Ergänzungsarbeit liegt vor ihm; er bietet Campe das Buch an. *Unter der Regierung Ludwig Philipps von Orleans. Tagesberichte von Heinrich Heine* könnte es heißen. Und die Honorarfrage sollten sie auch schon vorher klären; er, die Halbleiche, will sich nicht nachher bei der Arbeit ärgern müssen. Also vielleicht das Honorar des »Romanzero« noch einmal, sechstausend Mark banco? Campe schreibt zurück, Heine solle sein neues Buch doch auf eigene Kosten drucken lassen, er könne es dann vielleicht in Kommission nehmen. Mein Gott, Campe!

Heine erinnert sich, daß Campe einst ein S c h a u s p i e l seines Freundes Maltitz im Bücherverzeichnis als S c h a c h s p i e l ankündigte. Nur damit der sich über den Druckfehler ärgert. Er nimmt sich vor, sich nicht ärgern zu lassen. Er ist nicht bloß zu faul, aufzustehen, wie Campe glaubt, er gibt auch keine Bücher im Selbstverlag heraus. Dann schreibt er eben nicht für Campe, dann schreibt er für die Franzosen. Noch einmal wendet er sich seinem alten Thema zu, dem Schicksal der Götter im Christentum. In Frankreich erscheinen »Die Götter im Exil« und werden ein Erfolg. Er schreibt auch ganz für sich. Was er mit Mitte zwanzig begann, führt er nun weiter. Seine »Memoiren«, das Buch, vor dem alle soviel Angst haben. Erst nach Mathildes Tod wird das Objekt der Spekulation erscheinen, es sind vielleicht die dünnsten Memoiren, die je geschrieben wurden, dem Umfang nach. *Ich bin krank wie ein Hund, arbeite wie ein Pferd und bin arm wie eine Kirchenmaus.*[661] Trotzdem kann auch er nicht alles zugleich machen. Die Franzosen wollen bald, was Campe nicht will. Seine Gesamtausgabe. Im Verlag Michel Lévy Frères soll sie erscheinen. Dafür bricht er wohl die »Memoiren« ab. Er muß auswählen, überarbeiten, ergänzen, Übersetzungen prüfen. Nebenbei schreibt er weiter Gedichte, sogar Mai-Gedichte. Es ist genauso, wie er Rothschild geschrieben hat: Er ist krank wie ein Hund und arbeitet wie ein Pferd. Die Mai-Gedichte klingen nur ein wenig anders als früher:

> *Mich höhnt der Himmel, der bläulich und mailich –*
> *O schöne Welt, du bist abscheulich.*[662]

»Im Mai« wird zum Lob des Orkus. Die Farbgebung des Schattenreichs, ein sattes Grauschwarz, und die Schmerzenslaute der Unterwelt passen viel besser zu ihm als dieser beinahe gewalttätige Aufbruch der Natur vor seinen Fenstern. Alfred Meißner sitzt nun oft an seinem Bett, er muß dem Dichter die neuen Gedichte vorlesen, auch das über den Mai. Denn Heine kann im Augenblick kaum sprechen, und so ein Gedicht muß man hören, um es ganz Wirklichkeit werden zu lassen. Meißner liest, er sieht die Maisonne vor den Fenstern stehen und liest immer weiter diese Grabesgesänge. Der Dichter registriert zufrieden, wie den Vortragenden das angreift. So wie Heine jetzt hat noch kein Dichter gedichtet. Das sagt Meißner ihm.

– Nicht wahr? kommt da eine beinahe euphorische Stimme aus dem Bett, und Heine öffnet mit dem Zeigefinger seiner blassen, fast blutlosen Hand das geschlossene Auge ein wenig, nicht wahr? Ja, ich weiß es wohl, das ist schön, entsetzlich schön! Es ist eine Klage wie aus einem Grabe, da schreit ein Lebendigbegrabener durch die Nacht, oder gar eine Leiche, oder gar das Grab selbst. Ja, ja, solche Töne hat die deutsche Lyrik noch nie vernommen und hat sie auch nie vernehmen können, weil noch kein Dichter in einer solchen Lage war.[663]

Nur über die religiöse Dichtung sind Meißner und Heine sich uneins:

Zum Lazarus

...

Warum schleppt sich blutend, elend,
Unter Kreuzlast der Gerechte,
Während glücklich als ein Sieger
Trabt auf hohem Roß der Schlechte?

Woran liegt die Schuld? Ist etwa
Unser Herr nicht ganz allmächtig?
Oder treibt er selbst den Unfug?
Ach, das wäre niederträchtig.

Also fragen wir beständig,
Bis man uns mit einer Handvoll
Erde endlich stopft die Mäuler –
Aber ist das eine Antwort?[664]

Der Mann an Heines Bett liest, läßt das Blatt sinken und fragt: Und das nennen Sie religiös? Ich nenne das atheistisch! Heine widerspricht: Nein, nein, das ist religiös, das ist blasphemisch-religiös![665]

Vielleicht ist das die präziseste Bestimmung von Heines Religiosität: Er ist insofern tiefgläubig, als er ein Gottesleugner ist. Er ist ein religiöser Atheist. Denn er ist ein Mystiker. Alle Mystiker verdampfen am Ende Gott – und verdampfen sich selbst in Gott. Der Satz Nietzsches »Ich bin Mystiker. Ich glaube an gar nichts« paßt nicht nur auf ihn, sondern ebenso auf seinen legitimen Vorfahren Heinrich Heine.

Im Juni will der Orkus ihn wirklich holen. Das Nachbarhaus brennt. Er hört schon durch die Wand seines Zimmers das Feuer prasseln, er fühlt die Hitze. Er braucht es wirklich sehr warm, aber das hier ist eine eindeutige Übertreibung. Keiner weiß, ob sich das Feuer mit einem einzigen Haus begnügen wird. Schließlich läßt Mathilde ihn evakuieren; man trägt ihn nach unten zum Portier. Von hier aus kann man ihn im Notfall schnell über die Straße schaffen. Die Hausbewohner der Rue d'Amsterdam 50 schauen nacheinander beim Portier vorbei. Sie haben schon viel gehört von dem berühmten, kranken deutschen Dichter, der schon sechs Jahre in ihrem Haus wohnen soll. Es ist mit ihm wie mit den Gespenstern: Alle reden davon und keiner hat sie gesehen. Jetzt besichtigen sie den Mitmieter. Er sieht wirklich aus wie ein Gespenst. Alle sind sehr höflich zu ihm. Als das Nachbarhaus abgebrannt ist und die Rue d'Amsterdam 50 immer noch steht, wird das Gespenst wieder nach oben getragen.

Er hat Nächte, die er nicht zu überleben glaubt, dann wird sogar Mathilde wach, sitzt an seinem Bett, hält seine Hand und weint. Aber einmal weiß sie ganz genau, warum er jetzt nicht sterben kann: »Nein, Henri, du wirst mir das nicht antun, du wirst jetzt nicht sterben! Du wirst Mitleid mit mir haben! Diesen Morgen habe ich schon meinen Papagei verloren, wenn auch du stirbst, wäre ich zu unglücklich.«[666] Henri hat Mitleid. Er findet es auch unpassend, seinen Todestag künftig mit einem Papagei teilen zu müssen, und wer weiß, wessen Mathilde zuerst gedenkt. Manche Besucher bemerken einen grünen Papagei, postiert wie eine Schildwache, direkt neben Heines Matratzenbett, vielleicht ist es schon der neue. Heine disputiert mit ihm oder bewirft ihn mit Papierkugeln.

Der Autor schiebt seinen Tod auf, gibt aber seiner Frau, der Verbrengerin, Bankvollmacht. Der Zeitpunkt ist da. Onkel Salomon ist auch schon einmal auf die Idee gekommen, Mathilde das Geld anzuvertrauen, weil sein Neffe ja nicht damit umgehen könne. Er kannte Mathilde nicht. Sie hat schon einen ganzen Schrank voller Vitzliputzli-Roben. Heine weiß, er hat keinen großen Einfluß mehr in seinem Haushalt. Er konnte seine Frau nicht einmal zurückhalten, bei den Unruhen im Dezember 1851 auf die Straße zu gehen. Mal gucken, wer da schießt! *Ich habe leider nichts zu befehlen in Frankreich, und wie überall fehlt auch in meinem Hause die notwendige Autorität.*[667]

Dieser Autoritätsschwund liegt nicht nur an seiner Hinfälligkeit, er liegt auch in der Zeit. Er mag sie nicht, aber manchmal macht er ein Gedicht über sie. Das klingt nicht unbedingt wie die Poesie eines Sterbenden:

Die Wanderratten

Es gibt zwei Sorten Ratten:
Die hungrigen und die satten.
Die satten bleiben vergnügt zu Haus,
Die hungrigen aber wandern aus.

...

Es haben diese Käuze
Gar fürchterliche Schnäuze;
Sie tragen die Köpfe geschoren egal,
ganz radikal, ganz rattenkal.

Die radikale Rotte
Weiß nichts von einem Gotte.
Sie lassen nicht taufen ihre Brut,
Die Weiber sind Gemeindegut.

Der sinnliche Rattenhaufen,
Er will nur fressen und saufen,
Er denkt nicht, während er säuft und frißt,
Daß unsre Seele unsterblich ist.

So eine wilde Ratze,
Die fürchtet nicht Hölle, nicht Katze;
Sie hat kein Gut, sie hat kein Geld
Und wünscht aufs neue zu teilen die Welt.

...[668]

Dieses Gedicht enthält alles, was Heine über den Kommunismus denkt. Nur eine satte Ratte ist eine vollkommene Ratte. Das erkennt er an. Jeder hat das Recht zu essen. Aber schade ist es doch. Um die Kultur. Um alles, was ihm wichtig ist und was nun untergehen wird. Heines Kommunismusbild ist das des letzten Antikommunisten. Babeuf ist schuld. Aber Heine ist nicht der Mann, anderen etwas zu glauben, was seine Zukunftsfühligkeit ihm nicht selbst sagt. Er hatte schon früher über den Kommunismus nachgedacht in Briefen: *Dem Kommunismus geht es auch gut, obgleich er über schlechte Zeiten jammert! Wir haben alle kein Geld mehr, und somit existiert de facto die kommunistische Gleichheit.*[669]

Im September 1854 erscheinen Heines »Geständnisse« als Vorabdruck in der »Revue des deux mondes«. Eigentlich sollen sie die Neuausgabe von »De l'Allemagne« begleiten. Denn wenn die Welt noch einmal ein Buch lesen soll, das sein Autor um keinen Preis mehr schreiben würde, sollte man das begründen. Heine erklärt feierlich, *daß alles, was in diesem Buche namentlich auf die große Gottesfrage Bezug hat, ebenso falsch wie unbesonnen ist.*[670] Die Kommunisten haben ihn darauf gebracht. Denn irgendwann fiel ihm auf, daß er bei der, wie er glaubte, exklusiven Beschäftigung des Gottesleugnens nicht allein ist. *... als ich sah, daß Schmierlappen von Schuster- und Schneidergesellen in ihrer plumpen Herbergssprache die Existenz Gottes zu leugnen sich unterfingen – als der Atheismus anfing, sehr stark nach Käse, Branntwein und Tabak zu stinken: da gingen mir plötzlich die Augen auf, und was ich nicht durch meinen Verstand begriffen hatte, das begriff ich jetzt durch den Geruchssinn, durch das Mißbehagen des Ekels, und mit meinem Atheismus hatte es, gottlob! ein Ende.*[671] Das Bündnis des Atheismus *mit dem schauderhaft nacktesten, ganz feigenblattlosen, kommunen Kommunismus* erschreckte ihn. Und dieses Erschrecken habe nichts gemein mit der Angst des Bourgeois, der um seine Kapitalien zittert, es ist *vielmehr die geheime Angst des Künstlers und des Gelehrten, die wir unsere ganze moderne Zivilisation, die mühselige Errungenschaft so vieler Jahrhunderte, die Frucht der edelsten Arbeiten unserer Vorgänger, durch den Sieg des Kommunismus bedroht sehen.*[672] Er kann sich den Kommunismus nur als Barbarei, als allgemeine Rohheit denken. Das Volk ist häßlich, böse und dumm, erklärt Heine, und er möchte gern mithelfen, das alles zu ändern. *Wir wollen gern für das Volk uns opfern, denn Selbstaufopferung gehört zu unsern raffiniertesten Genüssen* – aber vor der Herrschaft des Volkes bewahre ihn Gott. Seit er den Schneidergesell Weitling in Campes Buchladen traf, hat dieser Vordenker Nietzsches dafür eine klare Empfindung. Auch deshalb verläßt er die *Unglaubensarmee*.

Als er »De l'Allemagne« schrieb, war er Grieche und Hegelianer zugleich, ein Gott unter Göttern. *Aber die Repräsentationskosten eines Gottes, der sich nicht lumpen lassen will und weder Leib*

*noch Börse schont, sind ungeheuer; um eine solche Rolle mit Anstand zu spielen, sind besonders zwei Dinge unentbehrlich: viel
Geld und viel Gesundheit. Leider geschah es, daß eines Tages – im
Februar 1848 – diese beiden Requisiten mir abhanden kamen, und
meine Göttlichkeit geriet dadurch sehr ins Stocken.*[673] Er fühlt sich
jetzt, als neugeborener Ex-Gott, viel besser: *Wie für mich, brauche
ich jetzt auch nicht mehr für andre zu sorgen, und seit ich zu den
Frommen gehöre, gebe ich fast gar nichts mehr aus für die Unterstützung von Hülfsbedürftigen.*[674] Das ist Heine.

Er hat schon immer in der Bibel gelesen und empfiehlt dieses
Buch auch *meinem noch viel verstockteren Freunde Marx, ja auch
den Herren Feuerbach, Daumer, Bruno Bauer, Hengstenberg und
wie sie alle heißen mögen, diese gottlosen Selbstgötter,*[675] zur erbaulichen Beherzigung. Das schöne Wort *gottlose Selbstgötter* ist
ihm erst eingefallen, als das Buch schon im Druck war. Er schlägt
ihnen vor, gleich am Anfang die Geschichte von der Schlange zu
lesen, *der kleinen Privatdozentin, die schon sechstausend Jahre
vor Hegels Geburt die ganze Hegelsche Philosophie vortrug. Dieser Blaustrumpf ohne Füße zeigt sehr scharfsinnig, wie das Absolute in der Identität von Sein und Wissen besteht, wie der Mensch
zum Gotte werde durch die Erkenntnis oder, was dasselbe ist, wie
Gott im Menschen zum Bewußtsein seiner selbst gelange.*[676]

Die »Allgemeine Zeitung« hat die »Geständnisse« sofort in eigenmächtiger Übersetzung aus der »Revue des deux mondes«
nachgedruckt. Erst einen Monat später erscheinen bei Campe die
»Vermischten Schriften«, die neben den neuen Gedichten, die zu
lesen Meißner so schwer fiel, und Heines »Denkworten« auf den
kleinen Marcus auch die »Geständnisse« enthalten. »Lutetia« folgt
in den nächsten Bänden.

Alle Welt liest seine »Geständnisse«, und er atmet zum ersten
Mal nach so vielen Jahren wieder unter Bäumen. Es sind nicht genau solche wie Kollege Merlin hatte in seinem Bretagne-Grab,
aber doch beinahe grüne Flammen, grundsolide Pariser Vorstadtbäume in Batignole. Ein Haus, ganz für ihn allein, *wozu ein ganz
großer Garten mit ganz großen Bäumen gehört.* Jedes Jahr im
Frühjahr hatte Mathilde ihm versprochen, eine neue Wohnung zu
suchen. Jetzt, nach der Feuersbrunst nebenan, hat sie es endlich getan. Die Sonne und die freie Luft tun ihm gut, die Pflaumen fallen
ihm *überreif fast ins Maul.* So könnte man leben. Aber auch das

Paradies hat Mängel. Die Mutter seines Sekretärs ist soeben an der Cholera gestorben, was Heine nicht sehr stört, aber er hat nun schon seit Tagen keinen Vorleser mehr.[677] Und die Wohnung, merkt er bald, ist auch nicht vollkommen. Man kann sich hier den Tod holen, vor allem, wenn es Herbst wird. Und es wird Herbst. Zuviel Feuchtigkeit zu ebener Erde. Er bekommt eine Halsentzündung. Jetzt soll er an einem Katarrh sterben? Nach allem, was er erduldet? Aber ohne ihn. Kaum eingezogen, muß Mathilde schon wieder eine neue Wohnung suchen. Heine ist so oft umgezogen, wie erst der mobile Mensch späterer Jahrhunderte es tun wird. Auch in dieser Hinsicht ist er Avantgarde. Er hat ein wenig Sorge, ob er, das empfindlichste Stück Hausrat, den zweiten Wohnungswechsel im selben Jahr überstehen wird. *Ich kann bei diesem Transport Akzesse bekommen, die der ganzen Komödie ein Ende machen.*[678] Man wartet auf einen milden Tag. Adieu, eigenes Haus! Adieu, Merlin-Bäume! Am 6. November 1854 zieht Heinrich Heine zum letzten Mal um.

Er zieht an die Champs-Élysées und hat einen kleinen Balkon vor jedem seiner französischen Fenster. So komfortabel hat er noch nie gewohnt. Dieses 1854 war gar nicht übel, hat aber *im ganzen doch nicht viel getaugt, und der Teufel mag es holen wie die vorigen. ... Wir befinden uns alle wohl, mit Ausnahme der Katze,*[679] schreibt er Ende Dezember nach Hamburg. Wer zur Touristenattraktion Heinrich Heine in Paris vordringen will, hat es jetzt schwerer. Er muß die neue Adresse finden. Zuletzt hatte sich ein erfolgsorientierter Besucher an seiner Tür schon als Campe aus Hamburg ausgegeben und, vor Heine stehend, seine Identität dahingehend abgeschwächt, daß er nur einen Brief von Campe überbringen sollte. Nun, der Brief! sagte Heine. Der Besucher beklagte, ihn verloren zu haben. Dann gehen Sie und suchen Sie ihn! schloß Heine die Unterredung.

Sein letztes Jahr beginnt.

Das letzte Jahr. Die letzten Bücher.
Die letzten Aktien. Die letzte Liebe

Das neue Jahr fängt nicht gut an. Am 26. Januar 1855 sieht man in einer schmutzigen Gasse an einem Eisenhaken einen Erhängten baumeln. Es ist Gérard de Nerval, der Goethe- und Heine-Übersetzer, sein bester Freund. Es steht nicht gut um seine Freunde. Balzac ist tot, Musset ertrinkt im Absinth und nun auch noch Nerval mit seinem sanften Wahnsinn. Er soll sich am Gürtel einer Marquise erhängt haben. Das ist mehr als sanfter Wahnsinn.

Dabei hatten sie alle keinen Grund zu sterben, die konnten doch laufen. Er denkt nur noch selten: Ach, hätte ich Beine! Nur auf acht Tage!

– Wohin würden Sie gehen? hatte mal einer gefragt.

– Mein Gott, in die Kirche natürlich, hatte er geantwortet, und dann gezögert: Das heißt, wenn ich wirklich gehen könnte, ganz ohne Krücken, würde ich nicht in die Kirche gehen, sondern zu Mabille oder Valentino! Aber er hat sich an die Vorzüge seiner Immobilität gewöhnt. Er erklärt Baron Rothschild noch im Januar, daß er eine große Summe einsetzen möchte *bei dem großen Anleihn für fünfhundert Millionen.* Natürlich steht ihm das offen, er braucht die Vermittlung des Barons gar nicht dazu, *aber ich habe die Ehre Ihnen zu bemerken, daß, um hier etwas Erkleckliches zu gewinnen, eine sehr große Summe subskribiert und ebenfalls ein beträchtlicher Teil Kapital gleich eingezahlt werden muß, dessen Entbehrung mich gewiß genieren würde. Dieser Gene entgehe ich, wenn Sie, Herr Baron, für mich die Einzahlungen machen. Ferner, da ich nicht auf die Börse gehen kann ...*[680] usw. Er ist *sehr krank und sehr beschäftigt*, er muß noch das Vorwort zur französischen »Lutetia«-Ausgabe schreiben, da kann man nicht gleichzeitig auf die Börsenkurse aufpassen. Überhaupt ist es eine gute Idee, wenn die Bankiers selbst für einen spekulieren, und zwar mit ihrem eigenen Kapital. Bestimmt würden das sogar die Kommunisten gut finden. Zum letzten Mal schreibt er jetzt, im März 1855, über den Kommunismus. Er schreibt sein kommunistisches Testament: *Durch die »Allgemeine Zeitung« erhielten die zerstreuten Kommunistengemeinden authentische Nachrichten über die unaufhörlichen Fortschritte ihrer Sache; ... Dieses Geständnis, daß den*

Kommunisten die Zukunft gehört, machte ich im Tone der größten
Angst und Besorgnis, und ach! das war keineswegs eine Maske! In
der Tat, nur mit Grauen und Schrecken denke ich an die Zeit, wo
jene dunklen Bilderstürmer zur Herrschaft gelangen werden: mit
ihren rohen Fäusten zerschlagen sie dann alle Marmorbilder der
Schönheit, die meinem Herzen so teuer sind; ... sie hacken mir
meine Lorbeerwälder um und pflanzen darauf Kartoffeln; ... und
ach! mein »Buch der Lieder« wird der Krautkrämer zu Tüten ver-
wenden, um Kaffee oder Schnupftabak darin zu schütten für die
alten Weiber der Zukunft.[681]

Das »Buch der Lieder« erscheint im Juli in der dreizehnten Auflage, von deren Vorläufern er – laut Vertrag – nichts hatte. Aber
das ist noch gar nichts. In Amerika, in Philadelphia, wird gleich
seine Gesamtausgabe herauskommen. Und davon wird er – ganz
ohne Vertrag – auch nichts haben. Jeder hat das Recht, eine Markt-
lücke zu bemerken, auch wenn er in Philadelphia wohnt. Dort ist
das noch viel komfortabler, weil es kein Urheberrechtsabkommen
mit Amerika gibt. Campe hat die Nichtexistenz einer Heine-Ge-
samtausgabe nie gestört, jetzt zeigt er doch Nerven und fährt umgehend zur großen Lagebesprechung nach Paris. Dort korrigiert
Heine gerade seine französische Gesamtausgabe, hat wenig Zeit
und muß auch noch seinen Verleger trösten.

Er hat zu viel Besuch, so kann kein Mensch arbeiten. Aber wenn
niemand kommt, geht es ihm erst recht schlecht, dann fühlt er sich
doppelt begraben. Vergessen zu Lebzeiten. Und dann steht plötzlich Hector Berlioz im Zimmer, und er ruft: Der Berlioz ist doch
immer originell, er kommt mich besuchen![682]

Er weiß nicht recht, ob er sich über die Ankunft ganzer Musik-
kapellen freuen soll. So viele Menschen in seinem kleinen Zimmer. Aber den Kölner Männergesangsverein läßt er doch vor. Sie
singen seine eigenen Lieder, meist die Mendelssohn-Kompositio-
nen, »Am fernen Horizonte« oder »Leise zieht durch mein Gemüt«. Der bald meist vertonte Poet der Welt hat das noch nie gehört. Aber es gefällt ihm.

Noch lieber als ganze Männergesangsvereine hat er einzelne
Frauen an seinem Bett. Das kleine englische Mädchen, mit dem er
früher in Boulogne immer bis zur Mole gelaufen ist, hat ihn schon
vor zwei Jahren wiedergefunden in Paris. Sie sind zusammen noch
einmal alle Hotelgäste von damals durchgegangen, und Lucie

mußte das Lied von Lady Alice und ihrem treuen Liebhaber Giles Collins singen. Den Schluß hat er noch immer am liebsten. Lady Alice nimmt noch einen Löffel Haferbrei, »an Zucker und Gewürzen so reich«, dann stirbt sie, und der Pfarrer ißt den noch warmen Haferbrei der Lady Alice auf. Zwischendurch fuhr der Mann im Bett schon damals manchmal hoch, schob mit der Hand das Augenlid nach oben und sagte: Gott! Die kleine Lucie ist groß geworden und hat einen Mann, das ist eigen![683] Sie können sich auch jetzt nicht einigen, wer von beiden das Kind ist. Sein Körper unter der Decke ist schmal wie der eines Kindes, und als sie ihn zur Begrüßung küßt, fühlt sich sein Bart an wie Daunen oder Kinderhaar. Sie sprechen englisch, französisch und deutsch, meistens deutsch, und wenn Heine deutsch mit ihr redet, sagt er »du« zu ihr und gebraucht all die vertraulichen Ausdrücke, mit denen man in Deutschland zu Kindern spricht. Aber Lucie ist nicht das einzige Mädchen in Heines letztem Jahr. Die Principessa ist wieder da, zurück von langen Orientreisen und auch keine Saint-Simonistin mehr, ein schon etwas altes Mädchen. Und dann gibt es noch eins.

Im Juni steht es vor seiner Tür und will etwas abgeben. Das Mädchen war in Wien gewesen und dort gebeten worden, ein paar Kompositionen für Heine nach Paris mitzunehmen. So sagt es das selbst. Aber wahrscheinlich hat es Heine noch vor seiner Botenmission diesen Brief geschrieben: »Schon seit Jahren, mein Herr, seit dem Tage, an dem ich zum ersten Mal in Ihren Werken las, hatte ich das Empfinden, daß wir früher oder später einmal Freunde werden würden. Von diesem Augenblicke an habe ich Ihnen eine innige Zuneigung bewahrt, welche nur mit meinem Leben aufhören wird, wovon ich Ihnen, wenn es Ihnen Freude macht, und Sie es wünschen, gern einmal Zeugnis ablegen will.«[684] Eine Zuneigung, die erst mit ihrem Leben aufhören wird? Er ist neugierig. Die Botin aus Wien soll hereinkommen.

Sie ist jung, und mit der ganzen Schonungslosigkeit der Jugend betrachtet sie das Domizil des Dichters und was sonst noch zu ihm gehört: »Der Wirklichkeit entsprach das Bild, das meine Phantasie sich von Frau Heine geschaffen hatte, keineswegs. Eine schöne, elegante, zierliche Gestalt, mit bleichen, interessanten Zügen und großen rätselvollen Augen – so hatte ich sie mir ausgemalt. Nun aber stand eine brünette, ziemlich starke Dame vor mir, welche harmlosvergnügt aussah und sich, nach ihrer frischen, gesunden

Gesichtsfarbe zu schließen, viel im Freien bewegte.«[685] Sie findet sie in einem Zimmer »unter allerlei Trödel und Flitterkram«. Die Wohnung? Das »Mobiliar einer längst entschwundenen Epoche«, kein Komfort, keine Spur von Eleganz und auch keine Spur einer ordnenden Hand. Als sie ins Krankenzimmer tritt, stößt sie an den Wandschirm, denn es ist, mitten am Tag, mitten im Juni, so dunkel hier, daß sie anfangs fast blind ist. Und dann glaubt sie, einen Christuskopf vor sich zu sehen, über den Mephistos Lächeln geht. Sie soll wiederkommen, sagt er, als sie geht. Sie kommt aber nicht, denn sie hält diese Einladung für bloße Höflichkeit.

Am 20. Juni hat sie einen Brief in den Händen: *Sehr liebenswürdige und charmante Person! Ich bedaure sehr, daß ich Sie letzthin nur wenige Augenblicke sehen konnte. Sie haben einen äußerst vorteilhaften Eindruck hinterlassen, und ich sehne mich nach dem Vergnügen, Sie recht bald wiederzusehen. –*

Wenn es Ihnen möglich ist, kommen Sie morgen, in jedem Fall, sobald es Ihnen Ihre Zeit erlaubt, Sie kündigen sich an wie letzthin. Den ganzen Tag bin ich zu jeder Stunde bereit, Sie zu empfangen. Die liebste Zeit wäre mir von vier Uhr bis so spät Sie wollen. – Trotz meiner Augenleiden schreibe ich eigenhändig, weil ich jetzt keinen vertrauten Sekretär besitze. – Ich habe viel Peinliches um die Ohren und bin sehr leidend noch immer. – Ich weiß nicht, warum Ihre liebreiche Teilnahme mir so wohl tut und ich abergläubischer Mensch mir einbilden will, eine gute Fee besuche mich in trüber Stunde. Oder sind Sie eine böse Fee? Ich muß das bald wissen. Ihr Heinrich Heine.[686]

So trübe ist die Stunde gar nicht, denn ganz Paris spricht von seiner »Lutetia«, und man fühlt sich gleich viel weniger tot, wenn alle von einem reden. Das ist der größte Nachteil des Totseins, daß man vom eigenen Ruhm nichts mehr erfährt. Er kann seine Lage schätzen. Guizot und Thiers hat er persönlich seine Geschichtsschreibung der Gegenwart geschickt.

Er hat das Mädchen *sehr liebenswürdige und charmante Person* genannt, vielleicht weiß er nicht, wie es heißt, denn es heißt öfter mal anders. Im Augenblick stellt es sich meist als Margot vor, später schreibt es unter dem Pseudonym Camille Selden, aber in Wirklichkeit heißt es Elise Krinitz und ist, sagt es, geboren am 26. Juni 1828 als uneheliche Tochter des Grafen Nostiz und einer Gouvernante. In Wahrheit ist sie die Tochter eines sächsischen Tuchmachers. Die Mutter stirbt nach der Geburt. Das deutsche, in Paris lebende Ehepaar Krinitz adoptierte das Kind. Als sie zu Heine kommt, soll sie gerade eine besonders dramatische Ehe hinter sich haben, die für sie in einem englischen Irrenhaus endete. Ihr französischer Mann, nachdem er in England ihre Mitgift durchgebracht hatte, sah keinen anderen Weg, die Frau wieder loszuwerden. Es kostete Elise Krinitz große Überredungskunst, aus dem Irrenhaus wieder rauszukommen, denn Verrückte, die so tun, als seien sie normal, sind besonders verdächtig. Heine ist es egal, wer sie ist und wieviel Namen sie hat, er gibt ihr selber einen, und unter diesem Namen kennt man sie. Sie ist die Mouche, die Fliege, die Mücke. Er hat eine Fliege auf ihrem Petschaft gesehen.

Mein liebes Kind! ich bin nicht mehr leidend, sondern nur belästigt; denn seit zwei Tagen arbeitet man vor meinem Fenster, um dort ein Zelt aufzubauen, das ich sehr gut entbehren könnte. Mit großem Vergnügen lese ich Ihr kleines Manuskript wieder und immer wieder; wir werden darüber plaudern; kommen Sie also morgen (Freitag), wenn es Ihnen möglich ist. Ich dürste sehr danach, Sie wiederzusehen.

Ich liebe Sie aufrichtig und höre nicht auf, an die zarte Mouche zu denken. H. Heine. Donnerstag morgen.[687]

Er hat gerade keinen Sekretär, der letzte, Richard Reinhardt, war ein energisches Mitglied des »Bundes der Kommunisten« gewesen, wahrscheinlich hat Heine ihm noch im März die ganzen antikommunistischen Stellen des »Lutetia«-Vorworts diktiert. Aber er ist nicht vor Empörung gegangen, er wurde gekündigt, im Mai, nach Campes Besuch. Mit diesen Kommunisten gerät man immer in Eigentumsfragen aneinander. Dieser Reinhardt benahm sich schon, als ob ihm hier bei Heine alles gehört. Reinhardt, der selbsternannte Nachlaßverwalter, und er, Heine, atmet dabei noch? Er hat jetzt eine Stelle frei. Die Mouche liest ihm vor; er diktiert ihr Briefe und findet ihre Buchstaben abscheulich, besonders die großen. Wenn er müde wird vom Zuhören oder Briefe-Verfassen, bittet er sie, seine Hand zu nehmen. Von Reinhardt hat er das nie gewollt. Er faßt ihre Hand, so stark er kann, und erklärt mit einer seltsamen Schärfe in der Stimme, so gedenke er, sich an das fliehende Leben zu klammern. Will er sie erschrecken? Aber das Mädchen mit den vielen Namen hat längst gemerkt, daß er ein Vampir ist. Denn gewöhnlich spricht er »mit leiser, hohler Stimme wie ein Toter, und seine fahlen Lippen erinnerten mich an einen dieser Vampire, die nach der düsteren ungarischen Sage um Mitternacht ihrem Grabe entsteigen, um aus dem Blute der Lebenden neue Kraft zu saugen.«[688]

Sie übersetzt auch seine Gedichte und macht das gut: *Allersüßeste fine mouche! Oder soll ich Sie, statt nach dem Emblem Ihres Petschafts, nach dem Dufte Ihres Briefes titulieren? In diesem Falle müßte ich Sie holdseligste Bisamkatze nennen. – Vorgestern erhielt ich Ihr Schreiben, die pattes de mouche krabbeln mir beständig im Kopf herum und vielleicht sogar im Gemüte. Herzlichen Dank für die viele Liebe, die Sie mir widmen! Die Gedichte sind sehr schön, und ich wiederhole in dieser Beziehung, was ich Ihnen schon gesagt.*

Auch freue ich mich, Sie bald wiederzusehen et de poser une empreinte vivante sur les traits suaves et quelque peu souabes – ach! wäre ich noch ein Mann, diese Phrase bekäme eine minder platonische Turnüre. Aber ich bin nur noch ein Geist, was vielleicht Ihnen, aber nicht mir sonderlich zusagt. – Meine französische Gedichtausgabe erschien und macht Furore.

Ich werde aber erst in einigen Monaten die Gedichte, die unübersetzt geblieben, wie zum Exempel den »Neuen Frühling«, *in einem der letzten Bände der französischen Edition herausgeben. Sie sehen, hier ist kein Zeitverlust. – Ja, ich freue mich, Sie wiederzusehen! Fine mouche de mon ume! Holdeste Bisamkatze, die aber zugleich so sanft ist wie eine Angorakatze, meine Lieblingsgattung – Lange Zeit liebte ich die Tigerkatzen, aber die sind zu gefährlich, et les empreintes vivantes, die sie zuweilen in meinem Gesichte zurückließen, waren nicht sehr angenehm. – Ich befinde mich noch immer sehr schlecht; beständige Krämpfe und Ärgernisse. – Ärger über meinen Zustand, der hoffnungslos! Ein Toter, lechzend nach den lebendigsten Lebensgenüssen! Das ist schrecklich. Leben Sie wohl! Möge das Bad Sie erquicken und kräftigen. Innigste Grüße. Ihr Freund Heinrich Heine. Paris, den 20. Juli 1855.*[689] Ihm ist der Hals so trocken, als habe er *verschluckt die untergehende Sonne.*

Sie fährt weg, nach Deutschland, nach Wildbad im Schwarzwald zur Kur. Er hätte nicht gedacht, daß diese Nachricht ihn so schwer trifft. Als sie es ihm sagt, schweigt er lange, und sie wagt auch nicht, etwas zu sagen. Sie schaut auf die tanzenden Staubkörnchen in dem Streifen Licht, den die Vorhänge hereinlassen. Durch die geöffneten Fenster dringt eine erstickende Hitze, sie hören beide die zankenden Stimmen nebenan, wahrscheinlich ist das Mathilde in Meinungsverschiedenheiten mit dem Personal. Heine seufzt tief auf, und das Mädchen geht schnell, in Tränen.

Sie ist weg, die Hitze aber bleibt. Plötzlich sieht er nur noch italienische Kirchen, eine nach der anderen. Wegen der Kühle dieser Kirchen hatte er den Katholizismus einst als gute Sommerreligion bezeichnet. Hilfe! ruft er, die Lähmung greift mein Gehirn an! Er hatte diesen Zustand längst befürchtet und längst bedichtet: *In meinem Hirne rumort es und knackt,/ Ich glaube, da wird ein Koffer gepackt,/ Und mein Verstand reist ab – o wehe! –/ Noch früher als ich selber gehe.*[690]

– Es ist nichts, es ist nur die Hitze, antwortet sein neuer phlegmatischer Ersatzsekretär, wir haben sechsunddreißig Grad im Schatten.

Die Erklärung trifft ihn wie ein Lichtstrahl. Heine möchte nun doch einmal das Zelt vor seinem Fenster probieren, auf das er so gern verzichten wollte. Man baut ihm ein Lager auf dem Balkon, trägt ihn hinaus und zum ersten Mal nach so vielen Jahren sieht er wieder die Welt. In sein Zimmer in der Rue d'Amsterdam drang kein Rauschen von Bäumen, kein Vogellaut. Das hatte er kurz in seinem Merlinschen Gartenhaus, aber das hier unter ihm ist etwas anderes. Das ist die Stadt, das ist ein französischer Boulevard. Die Welt besteht gerade aus einem Pastetenbäckerjungen, der zwei Damen in Krinolinröcken bedient. Er könnte weit hinausblicken auf die Elysäischen Felder, aber so weit reicht sein Blick schon lange nicht mehr. Er läßt sich das Opernglas seiner Frau geben, nur so erkennt er den Pastetenbäckerjungen. Und dann sieht er etwas Erschütterndes, etwas ganz und gar Unerwartetes. Ein kleiner Hund pinkelt an einen Baum, drei Beine auf dem Boden, eins nach oben. Das ist zuviel. Dieses absichtsloseste Bild des Lebens erträgt er nicht. Nie hat er jemanden mehr beneidet als den kleinen Hund. Er will hier weg, sofort. Nie mehr wird er sich auf den Balkon tragen lassen und auf die Straße blicken.

Er liest einen Artikel von Dumas über das Leid und den Tod eines anderen. *Dank für diese Tränen,* schreibt er Dumas, *oder, besser gesagt, für den Vorwand zu weinen; denn das menschliche Herz, dieser hochmütige Hund von einem Herzen, ist so beschaffen, daß es, wie bedrückt es auch sein mag, manchmal lieber ber-*

sten möchte, als daß es sich durch Tränen zu erleichtern sucht, dieser hochmütige Hund von einem Herzen muß jedesmal sehr zufrieden sein, wenn es ihm erlaubt ist, seine eigenen Schmerzen mit Tränen zu stillen, indem er sich den Anschein gibt, nur über das Unglück der anderen zu weinen![691] Doch er will Dumas nicht traurig machen. Seine Briefe hören sonst manchmal auf: *Aber ich muß mein Diktat beenden – ich ersticke,* diesmal schreibt er Dumas von einem Diener, den er in München hatte: *Er hatte bemerkt, daß ich oft ganze Tage mit Diktieren beschäftigt war, und wenn ihn einer seiner würdigen Landsleute fragte, was sein Stand sei, antwortete er: »Mein Herr ist Diktator!« Leben Sie wohl, ich muß hier meine Diktatur niederlegen.*[692]

Diktaturen wird man nicht so einfach los. Sein Herz ist auch ein Diktator. Es ist Mitte August, das Mädchen mit den vielen Namen müßte längst zurück sein aus dem Schwarzwald. Warum kommt es nicht? *Paris, den 14. August. Meine liebe Freundin! Sie sind in Paris, und trotzdem säumen Sie noch, mir die Hand zu drücken. Ich habe großes Verlangen, den Moschusduft Ihrer Handschuhe zu riechen, den Ton Ihrer Stimme zu hören, einen lebendigen Abdruck auf Ihr Schwabengesicht zu drücken. – Ärgern Sie sich nicht: so anmutig Sie auch sind, Sie haben ein Gesicht wie schwäbische Gelbveiglein! Aber kommen Sie bald. Ganz Ihr Henri Heiné.*[693]

Nie hätte er gedacht, daß er einmal schwäbische Gelbveiglein lieben würde. Und Schwabengesichter. Ein wenig derb sind ihre Züge auf dem überlieferten Bild, aber er mag den Typus. Fein und vergeistigt ist er selber. Er ist zu krank, den Brief weiterzugeben. Das Schwabengesicht kommt auch ohne Billett noch an demselben Tag und wird wieder weggeschickt, er sendet der Mouche gleich noch eine Botschaft hinterher. Und dann noch eine, denn es gibt Tage, da kann er sie nicht bei sich haben:

Liebste und süßeste Katze! Morgen (Mittwoch) will ich Sie nicht sehen, schon aus dem Grunde, weil mir bereits eine fatale Migräne im Kopf dämmert – aber wenn es Ihnen möglich ist, mich Freitag nachmittag zu besuchen, so wär das ein Ersatz für die Entbehrnis, Sie so lange nicht gesehen zu haben. Von Freitag an sind mir alle Tage gleich passend – und je öfter Sie kämen, desto glücklicher wär ich. Meine gute, holdseligste fine mouche! Flattern Sie

mir ein bißchen um die Nase herum mit Ihren kleinen Fittichen!
Ich kenne ein Lied von Mendelssohn, wo der Refrain ist »Komme
du bald!« Die Melodie summt mir beständig im Kopfe: – Komme
Du bald! Ich küsse die beiden lieben Pfoten; nicht auf einmal, son-
dern die eine nach der anderen; – faute de pouvoir poser une em-
preinte vivante sur ... Adieu! H.H.[694]

Sie kommt jetzt wieder oft zu ihm; man läßt sie vor, Mathilde
weicht ihr aus und erwidert kaum die freundliche Begrüßung.[695]
Sie wird versucht haben, ihrem Mann diese Besuche zu verwehren. Kann sein, daß ein Blick Henris sie zum Schweigen gebracht
hat. Er würde ihr nicht verzeihen, wenn sie ihm das nimmt, das
weiß sie. Das und die Ehrfurcht vor einem Sterbenden, die auch ein
so einfaches Herz wie das ihre fühlt, halten sie davon ab, Elise Krinitz aus dem Haus zu werfen.

Den anderen begegnet das Mädchen, der Principessa etwa oder
der kleinen Lucie, die längst eine große Lucie geworden ist, und
auch Caroline Jaubert. Die Mouche ist nicht sonderlich beeindruckt von denen, die das schon ein wenig hinter sich haben, was
sie noch vor sich hat: das Leben. Jede Jugend registriert das. »Da
war die Principessa Belgiojoso, die viel von ihrem kranken Magen
sprach und behauptete, nur Speisen aus Eis und zwar bloß um Mitternacht genießen zu können. Eine andere Ruine, die Prinzessin W.
aus Weimar, schleppte sich mit frommen Broschüren herum, deren Weihrauch Gott ruhig über sich ergehen ließ und eine Engländerin wurde mir vom Dichter als das Original der Lady Mathilde
aus den ›Reisebildern‹ bezeichnet. Mit dem Departement der Lie-
besangelegenheiten war Frau Jaubert wohl vertraut, die, eine
wahre Liliputergestalt, vom Scheitel bis zur Sohle schmuck und
sauber gekleidet, mit einem kleinen Regenschirme in ihren Händ-
chen, einen fast grotesk-komischen Anblick gewährte.«[696]

Ein Panoptikum der vergangenen Zeit. Und er gehört dazu.
Denn nicht nur die Principessa, auch er kann manchmal erst nach
Mitternacht essen. Es ist ein Wunder, daß die dauernden Überdo-
sen Morphium ihn überhaupt noch am Leben lassen. An guten Tagen ißt auch er abends um sechs zu Mittag, wie das in Paris üblich
ist. Oft genug aber wird es Mitternacht und später, bevor er wieder
etwas zu sich nehmen kann.[697] Die Principessa und er, zwei ge-
schleifte Festungen des Saint-Simonismus. Die Principessa ist inzwischen sehr katholisch geworden, vielleicht weil das die beste

Religion für Magenkranke ist. Sie war im heiligen Land gewesen und hat einen in ganz Paris berühmten Beichtvater, den sie dem Freund senden will. Der religiöse Wundertäter heißt Abbé Caron, und er kommt tatsächlich. Wahrscheinlich will Heine ihn studieren, denn nichts liegt ihm ferner, als sich einem Beichtvater anzuvertrauen. Aber die Besuche des Abbé währen nicht lange, wahrscheinlich langweilt er ihn bald – zu religiös –, und Heine erklärt, zu den Kataplasmen zurückkehren zu wollen. Das sind die Umschläge seiner Pflegerin Catherine. Die helfen schneller, sagt er.[698] Bekehrte klingen anders. Die Mouche bemerkt ein Mephistolächeln auf seinem Christuskopf, als sie mit Begeisterung über die »Bekenntnisse« des Augustinus spricht, die sie gerade liest. Gefällt ihm das Buch denn nicht? Doch, antwortet er, es ist reizend. Bis zu der Stelle, wo er sich bekehrt.[699]

Dabei geht es ihm schlecht wie nie, er ist also religiös überaus empfänglich, aber sein Verstand weigert sich beharrlich, die Koffer zu packen: *Liebste holde Freundin! Ich danke für die süßherzlichen Zeilen – bin froh, daß Sie wohl sind. – Ich bin leider immer sehr krank – schwach und unwirsch – manchmal bis zu Tränen über den geringsten Schicksalsschabernack affiziert. – Jeder Kranke ist eine Ganasche. Ungern lasse ich mich in solchem miserablen Zustande sehen – aber die liebe Mouche muß ich dennoch sumsen hören. – Komme Du bald – sobald Ew. Wohlgeboren nur wollen – sobald, als möglich, komme, mein teures, liebes Schwabengesicht. – Das Gedicht habe ich aufgekritzelt: Pure Charenton-Poesie – Der Verrückte an eine Verrückte! H.H.*[700]

Soll er wirklich länger »Sie« sagen? »Sie« zu einer Fliege? Im Brief hält er das am längsten durch. *Sonntag mittag. Liebste Seele! Bin noch immer kopfleidend, aber morgen werde ich hoffentlich erholt sein. Ich höre nicht auf, über Sie böse zu sein: Ausgehen trotz dem schlechten Wetter! Kalte Füße bekommen, sogar nasse! Und doch eigensinnig wie ein Mulet, keine Raison annehmen! Und gewiß dadurch Fieber bekommen haben! Oh, Du garstige Lotosblume! Nur wenn schön Wetter, soll sie kommen. H.H.*[701] Dann ist, trotz Herbst, das Wetter schöner, aber er kann sie dennoch nicht zu sich lassen: *Liebste Heloise! Ich stecke noch immer in meinem Kopfschmerz, der vielleicht erst morgen (Mittwoch) endigt, so daß ich die liebliche Mouche erst übermorgen (Donnerstag) sehen kann. Welch ein Kummer! Ich bin so krank! My brain is full of madness and my heart is full of sorrow! Nie war ein Poet elender in der Fülle des Glückes, das seiner zu spotten scheint! Je pose une empreinte vivante auf alle Deine Herrlichkeiten – aber nur in Gedanken – das ist alles, was Du von mir haben kannst, poor girl! – Leb wohl! Dienstag. Mittagszeit. H.H. Die épreuve habe ich nicht nötig vor Donnerstag.*[702]

Den Zeitplan dieser Liebe machen seine Kopfschmerzen. Er kann die Migräne-Liebeszettel kaum lesen, die er ihr da mit Bleistift schreibt und in denen er sie immer wieder bittet, statt am verabredeten Tag ein oder zwei Tage später zu kommen. Sie enden: *Ach Gott! wie gerne gäbe ich Dir doch einen dieser glanzvollen Tage, wie man sie an den Ufern des Ganges durchlebt, und wie sie den Lotosblumen zukommen! Komme bald! – aber noch einmal, nicht heute. Ich erwarte Dich Mittwoch, am Nachmittage. Ich hoffe, daß Dir dieser Tag recht sein wird. Ich küsse usw. H. Heine.*[703] Oder: *Ich werde den lieben Gott, der so grausam an mir handelt, beim Thierschutzverein verklagen. Ich rechne darauf, Dich Freitag zu sehen; unterdessen küsse ich in Gedanken die kleinen pattes de mouche. Dero wahnsinniger H.H.*[704] Oder: *Grüße, Liebkosungen! Ich lache vor Schmerz; ich knirsche mit den Zähnen, ich komme noch um meinen Verstand. H.H.*[705] Oder: *Ich sehne mich sehr nach Dir, letzte Blume meines larmoyanten Herbstes, holdselige Närrin! Ich verharre zärtlich toll Dein ergebenster H.H. Mein Bruder schwatzt mich tot – leide sehr – komme Du bald!*[706]

Gustav und Charlotte sind bei ihm. Es ist November. Seit zwölf Jahren hat Charlotte den Bruder nicht mehr gesehen, und Gustav verbrachte die ganze Hinfahrt damit, die Schwester auf seinen Anblick vorzubereiten. Dann sitzen sie da, er hat den Kopf an ihre Schulter gelegt, und sie darf den ganzen Tag nicht mehr von seinem Bett aufstehen. Es ist nicht so schlimm, wie sie gedacht hatte; erst als Catherine den Bruder aus dem Bett hebt und sie seine Beine leblos herabhängen sieht, glaubt sie, seinem Anblick nicht mehr standzuhalten. Die Fersen der verkrüppelten Beine zeigen nach vorn.[707] Charlotte mag Mathilde und Mathilde mag Charlotte. Die Schwester lernt auch Elise Krinitz kennen und liebt sie, weil ihr Bruder sie liebt. Sie nennt Mathildes Eifersucht krankhaft; sie weiß nicht, zu welchen Unternehmungen ihr Bruder fähig war vor Eifersucht.

Denn ein einziges Mal in all den Jahren hat er doch aus eigener Kraft sein Bett verlassen. Nur mit der Kraft eines Ellenbogens hat er sich fast bis zur Tür geschleppt, denn er hatte Stimmen von nebenan gehört. War da nicht auch eine Männerstimme? War Mathilde etwa mit einem Mann nebenan im Zimmer? Er hat es nicht geschafft bis zur Tür, man hat ihn auf dem Boden gefunden. Der Mann nebenan war wohl irreal, Elise Krinitz ist höchst real. Heine wünscht sich, daß sie mit den anderen am Tisch sitzen und mit ihnen essen könnte. Aber das läßt Mathilde nicht zu. Und vielleicht bedrängt er seine Frau nicht weiter, auch im Interesse der Mouche. Er weiß, sie hätte sonst bestimmt, kaum am Tisch sitzend, die Fleischplatte im Gesicht.

Dabei kann Mathilde so weich sein. Aufgelöst in Tränen stürzt sie zu ihrem Mann ins Zimmer, wo Charlotte dem Bruder gerade einen Brief vorliest. Cocotte stirbt! ruft sie. Gott sei es gedankt! antwortet Heine auf deutsch, nur Charlotte versteht ihn. Mathilde nimmt es als tröstendes Wort der Teilnahme.

Am Abend geht es Cocotte wieder besser. Cocotte stirbt nicht, Heine stirbt.

Am Ende des Jahres geben die Ärzte ihm nicht mehr viel Zeit. Und er ahnt das Ende auch. Aber darf er deshalb einseitig werden? Darf er die Börse vernachlässigen? Der Rothschild-Sohn Anselm baut gerade die Österreichische Kreditbank auf, er könnte da ein paar Aktien gebrauchen. Zwei seiner letzten Briefe – und es sind die längsten – handeln von Aktien und von der Kunst des Millionär-Seins. Die Neomillionäre verstehen die Kunst des Gebens nicht mehr, darum schätzt Heine die Rothschilds: *Jedesmal, wenn sie uns ein Stück Geld zuwerfen, werfen sie uns zugleich ein Loch in den Kopf ... Ja, die Kunst des schönen Gebens wird in unserer Zeit immer seltener, in dem Maße, wie die Kunst des plumpen Nehmens, des rohen Zugreifens täglich allgemeiner gedeihet, daher nochmals meine Danksagung, Herr Baron, für Gabe und Form des Gebens.*[708] Er bekommt die Aktien. Sein Bruder Maximilian wird geadelt und sein Bruder Gustav, einst der Ölhändler der Familie, wird als Millionär sterben. Da muß er mithalten, und er hat keine Zeit mehr.

Ich liebe Dich mit der Zärtlichkeit des Sterbenden, das heißt, mit der überhaupt denkbar größten Zärtlichkeit,[709] hatte er der Mouche geschrieben. Was soll er ihr noch sagen über sein baldiges Nichtmehrdasein?

Solch eine Blum' an meinem Grabe stand,
Und über meinen Leichnam niederbeugend,
Wie Frauentrauer, küßt sie mir die Hand,
Küßt Stirne mir und Augen, trostlos schweigend.[710]

Das Gedicht heißt »Für die Mouche«, ist sehr lang und nicht besonders optimistisch, er weiß es. Er kann auch anders:

Lotosblume

Wahrhaftig, wir beide bilden
Ein kurioses Paar,
Die Liebste ist schwach auf den Beinen,
Der Liebhaber lahm sogar.

Sie ist ein leidendes Kätzchen,
Und er ist krank wie ein Hund,
Ich glaube, im Kopfe sind beide
Nicht sonderlich gesund.

Sie sei eine Lotosblume,
Bildet die Liebste sich ein;
Doch er, der blasse Geselle,
Vermeint der Mond zu sein.

Die Lotosblume erschließet
Ihr Kelchlein im Mondenlicht,
Doch statt des befruchtenden Lebens
Empfängt sie nur ein Gedicht.

...[711]

Zum neuen Jahr 1856 schickt er ihr eine Schachtel Schokolade, der dazugehörige Neujahrsbrief endet:
Jedenfalls aber kommt sie morgen (Donnerstag) zu ihrem

> *Nebukatnetzar II*
> *ehemaliger königlich preußischer Atheist,*
> *jetzt aber Lotosblumenanbeter.*[712]

Man hat noch niemals gehört, daß Sterbende besonders witzig sind. Er ist es. Er ist Heinrich Heine. Nur wie er seiner Mutter erklären soll, daß er gerade noch viel mehr stirbt als sonst und daß es diesmal ernst ist, weiß er nicht. Er schreibt ihr am 24. Januar einen Brief von verhaltener Zuversicht. Er schreibt, daß Mathilde Kopfschmerzen hat. Und gut, daß er ein Dichter ist, ein Wörtererfinder. Er zeigt seiner Mutter die *Unverschlimmerung* seines Gesundheitszustandes an.

Am selben Tag schreibt er noch einen Brief: *Liebste Mouche! Ich habe eine böse, sehr böse Nacht verjammert und verliere fast den Mut. Ich rechne darauf, daß ich Dich morgen summen höre. Dabei bin ich sentimental wie ein Mops, der zum ersten Mal liebt. Könnt ich nur einmal auf die appats der Madame Koreff meine Sentimentalität ergießen! Aber auch diesen Genuß versagt mir das Schicksal. Aber du verstehst mich nicht, Du bist eine Gans.*
> *Dein Gänserich I*
> *König der Vandalen*[713]

Soll man sich so von der Welt verabschieden? Beinahe wäre das sein letztes Wort auf Erden gewesen, aber dann kommt Levy, sein französischer Verleger, mit den Korrekturabzügen der Gesamtausgabe nicht nach: *Ich habe bis jetzt vergeblich auf einen zweiten Korrekturabzug des sechzehnten Bogens gewartet, den mir der Drucker neulich geschickt hatte, um auf Ihre Reklamation zu antworten. Ich habe Ihnen schon gesagt, daß das ein heikler Bogen ist und daß ich großen Wert darauf lege, mich wegen der Korrekturen zu vergewissern – und ich werde nicht ruhig sein, ehe ich nicht* [714]... usw. Das ist am 11. Februar. Er stirbt nicht ohne den zweiten Korrekturabzug des sechzehnten Bogens. Am 12. Februar sieht er die Mouche. Sein »Endlich bist Du da!« klingt beinahe streng. Sie ist ein paar Tage nicht gekommen, sie war auch krank, aber das weiß er nicht. Sie sagt nichts, doch er spürt die Verhärtung, seine Kälte tut ihm leid, er zieht versöhnend an ihrem Hutband. Nimm den Hut ab, daß ich dich besser sehe! Sie beginnt zu weinen, und er legt ihr die Hand auf den Kopf. Zum letzten Mal. Er ist der Tröstende, noch immer.[715]

Am 13. Februar arbeitet er volle sechs Stunden, sagt seine Pflegerin Catherine. Am 14. Februar bekommt er starke Brechanfälle. Sein Magen wehrt sich gegen das Morphium. Er schiebt es auf die Migräne. Er schreibt Elise Krinitz: *Liebste! Komme heute (Don-*

nerstag) nicht. Ich habe die entsetzlichste Migräne. Komm morgen (Freitag). Dein leidender H.H.[716] Aber am Freitag steht sie vergeblich vor seiner Tür. Die Anfälle haben nicht nachgelassen. Doktor Gruby ist nicht da, ein alter Arzt aus der Nachbarschaft verordnet alle halbe Stunde eine halbe Tasse Orangenblütentee, Vichy-Wasser und einen Tropfen Laudanum. Am Abend kommt Gruby doch. Der Tee wird abgesetzt, statt dessen bekommt er Eispackungen auf den Magen. Catherine erschrickt. Ich habe nur noch vier Tage Arbeit, hatte er zu ihr gesagt. Noch nie hat er ein Wort über seine Arbeit zu ihr gesagt. Als sie die Eispackungen auflegt, weiß sie, daß keine Hoffnung mehr ist. Zuerst bringen sie Erleichterung, aber nicht lange.

Man sorgt sich in allerletzten Stunden traditionell mehr noch um die Seele als um den Leib. Und gibt seine Seele nicht ganz besonderen Anlaß zur Besorgnis? Es mag schon sein, daß man ihn jetzt noch ermahnt, sein Verhältnis zu Gott zu klären. Seid unbesorgt, dieu me pardonna, c'est son metier! soll er geantwortet haben. Gott wird mir verzeihen, es ist sein Metier! Ob er Gott verzeihen kann, weiß er noch nicht. Ein hellwacher Geist, fast ein Jahrzehnt eingekerkert in den Leib eines Toten. Er ist bis zum letzten Augenblick bei vollem Bewußtsein.

Heinrich Heine stirbt am 17. Februar morgens um fünf Uhr in Catherines Armen. Es ist ein Sonntag. Mathilde schläft oder ist nicht da. Sie hat nicht für ihn gewacht. Cocotte geht es gut.

Um zehn Uhr steht Elise Krinitz zum letzten Mal vor Heines Tür und erfährt, daß sie nie wieder in die Rue Matignon zu kommen braucht.

Auf den Père-Lachaise kann er nicht, da ist schon Börne. Auch ist der Père-Lachaise viel zu groß für seine wenigen Trauergäste, sie könnten sich verlaufen. Aber das hat er nicht gesagt. Der Père-Lachaise ist zu laut, hat er gesagt, ich will auf den Montmartre. Am Montmartre wohnte er fast immer, ist nur jeweils ein paar Straßen weiter gerückt. Einfach soll sein Begräbnis sein, wie das des ärmsten Mannes im Volk. Und ohne Priester. Und ohne Reden. Einst hat er ein Buch angefangen mit dem Satz: *Ich bin der höflichste Mensch von der Welt.* Und hat begründet, warum man auch auf Philistersätze wie »Es ist heute eine schöne Witterung!« unbedingt ausführlich und gewinnend antworten muß. Denn wer weiß, neben wem man ganz am Ende liegt, wenn man sich seine Nachbarn nicht mehr selbst aussuchen kann, aber vielleicht noch einmal fremde Hilfe braucht. Und du hörst *am Jüngsten Tage die Posaune erschallen und sagst zu deinem Nachbar: »Guter Freund, reichen Sie mir gefälligst die Hand, damit ich aufstehen kann, das linke Bein ist mir eingeschlafen von dem verdammt langen Liegen!«, dann bemerkst du plötzlich das wohlbekannte Philisterlächeln und hörst die höhnische Stimme: »Es ist heute eine schöne Witterung.«*

Es ist keine schöne Witterung, es ist ein nebliger Wintertag.

Am 20. Februar um elf Uhr vormittags wird er zu Grabe getragen. »Und ich denke mit Bitterkeit daran«, wird Flaubert berichten, »daß bei Heinrich Heines Begräbnis neun Personen anwesend waren. O Publikum! O Bürger! O Lumpenpack!« Flaubert ist falsch informiert. Nicht neun, nicht dreitausend, etwa einhundert Menschen sind gekommen. Bekannte Mathildes, deutsche Emigranten und natürlich französische Schriftsteller. Sein Sarg ist sehr schwer, an ihm liegt das nicht. Schließlich ist er allein im Sarg, ohne sein Geld. Der Onkel würde sich wundern. Nie wieder, auch in der anderen Welt nicht, will er den Satz hören, er könne nicht mit Geld umgehen. Er hinterläßt fast hunderttausend Francs, die Campe-Rente seiner Frau inklusive. In Euro umgerechnet, ist das zwar keine Million, aber mehr als eine halbe! Das ist allerunterste Oberschicht oder oberste Mittelschicht. Er ist sehr zufrieden.

Alexandre Dumas weint. Gautier, Mignet und Weill umstehen stumm das Erdloch. Mathilde ist nicht da.

Sie geht erst Wochen später an das Grab ihres Mannes.

Mathilde heiratet nicht wieder. Sie besitzt bald sechzig Kanarienvögel, Cocotte und drei weiße Bologneser Hunde. Sie kocht die Lieblingsmenüs ihres Mannes und ißt alles allein auf. Ihr Körper ist das Monument seines Angedenkens. Das Monument wird immer größer. An Heines Todestag steht sie siebenundzwanzig Jahre später am Fenster ihrer Wohnung und sinkt plötzlich tot zusammen. Eben noch hat sie mit Pauline gesprochen. Sie wird neben ihrem Mann auf dem Friedhof Montmartre beerdigt.

Anmerkungen

[1] Theodor W. Adorno, Die Wunde Heine, in: Noten zur Literatur, Frankfurt a. M. 1981, 95ff.

[2] Memoiren, 7, 186; alle Zitate bis auf weiteres ebenda, 7, 183ff.

[3] Citronia, 2, 408

[4] Nach dem Zeugnis von Maria Embden-Heine, in: Heinrich Heine – Gespräche, 7

[5] Hans-Eugen Bühler und Georg Hövelmann: Harry Heine und Josepha Edel. Zum Wirklichkeitsgehalt von Heines »Memoiren«, in: Heine-Jahrbuch 17 (1978), 218–223

[6] vgl. Ludwig Marcuse, Heinrich Heine, 46

[7] vgl. Reise von München nach Genua, 3, 195

[8] Ideen – Das Buch Le Grand, 3, 138; nachfolgende Zitate bis auf weiteres wieder aus den Memoiren

[9] Ideen – Das Buch Le Grand, 3, 140; nachfolgende Zitate bis auf weiteres ebenda

[10] Memoiren, 7, 185

[11] vgl. Strodtmann, Heinrich Heines Leben und Werke, 1, 15

[12] vgl. Gespräche mit Heine, 13f. Die Heine-Forschung habe festgestellt, daß »Der Taucher« in Wahrheit »Kassandra« und der Oberappellationsgerichtspräsident ein Kriegsrat von Ammon war.

[13] Nach dem Zeugnis von Maximilian Heine, in: Heinrich Heine – Gespräche, 8f.

[14] vgl. Gespräche mit Heine, 14f.

[15] Adolf Strodtmann, Heinrich Heines Leben und Werke, Bd. 1, 26f.

[16] Nachlese zu den Gedichten 1812–1831, 2, 253

[17] Ludwig Börne. Eine Denkschrift, 6, 85

[18] Memoiren, 7, 189

[19] Nachlese zu den Gedichten 1812–1831, 2, 256f.

[20] vgl. Ludwig Marcuse, Heinrich Heine, 47

[21] Ludwig Börne, 6, 85f.; folgende Zitate ebenda

[22] Memoiren, 7, 217

[23] Brief an Christian Sethe vom 6. Juli 1816, in: Briefe I, 2

[24] ebenda, 1f.

[25] ebenda, 2

26 Aus den Memoiren des Herren von Schnabelewopski, 4, 66
27 Gérard de Nerval, in: Gespräche mit Heine, 376
28 vgl. Edda Ziegler, Heinrich Heine, Leben und Werk, 30
29 Brief an Christian Sethe vom 27. Oktober 1816, in: Briefe I, 9f.
30 Zitiert nach Marcuse, 247
31 Brief an Christian Sethe vom 27. Oktober 1816, in: Briefe I, 3ff.
32 Fritz J. Raddatz, Taubenherz und Geierschnabel. Heinrich Heine, 109
33 Nach dem Zeugnis von M.M. Haarbleicher, in: Heinrich Heine – Gespräche, 10
34 Aus den Memoiren des Herren von Schnabelewopski, 4, 63f.
35 Buch der Lieder, 1, 20f.
36 Buch der Lieder, 1, 46ff.
37 Nach dem Zeugnis von W. Koppel, in: Heinrich Heine – Gespräche, 10
38 Memoiren, 7, 189f.
39 Beschreibung des Göttinger Studiosus Heine nach dem Zeugnis von Friedrich Steinmann, in: Heinrich Heine – Gespräche, 11
40 Dialog nach dem Protokoll des akademischen Gerichts zu Bonn, 26. November 1819, in: Heinrich Heine – Gespräche, 11f.
41 zit. nach Kopelew, 65
42 Die romantische Schule, Zweites Buch, 5, 73f.
43 Die Romantik, 4, 177ff.
44 Nach dem Zeugnis von Johann Baptist Rousseau, in: Gespräche mit Heine, 21
45 Brief an Friedrich Beughem vom 15. Juli 1820, in: Briefe I, 12
46 Brief an Friedrich Arnold Brockhaus vom 7. November 1820, in: Briefe I, 20ff.
47 Almansor, 2, 490
48 ebenda, 498f.
49 ebenda, 499
50 Die Harzreise, 3, 18
51 Brief an Fritz Steinmann und Johann Baptist Rousseau vom 29. Oktober 1820, in: Briefe I, 15
52 Die Harzreise, 3, 20
53 Brief an Friedrich von Beughem vom 9. November 1820, in: Briefe I, 22
54 Brief an Friedrich Steinmann vom 29. Oktober 1820, in: Briefe I, 17f.

55 Briefe aus Berlin, hrsg. von Herbert Scurla, 19f.

56 Nach dem Zeugnis von Hermann Schiff, in: Heinrich Heine – Gespräche, 26 f.

57 ebenda

58 vgl. Mitteilung von Schreebs, in: Gespräche mit Heine, 26

59 Brief an Heinrich Straube zwischen Februar und April 1821, in: Briefe I, 33

60 vgl. Hauschild/Werner, Heinrich Heine. »Der Zweck des Lebens ist das Leben selbst«, 58

61 Die Harzreise, 3, 18

62 Brief an Friedrich Steinmann vom 4. Februar 1821, in: Briefe I, 26f.

63 Brief an H. Straube von Februar–April 1821, in: Briefe I, 31

64 ebenda

65 ebenda

66 ebenda

67 ebenda

68 Reise von München nach Genua, 3, 196

69 Die Bäder von Lucca, 3, 285

70 Briefe aus Berlin, 5

71 Die Stadt Lucca, 3, 396f.

72 Die Stadt Lucca, 3, 400

73 Brief an Ernst Christian August Keller vom 1. September 1822, in: Briefe I, 47

74 Geständnisse, 7, 126

75 Heinrich Heine – Gespräche 22f.

76 Brief an Rahel Varnhagen von Ense vom 12. April 1823, in: Briefe I, 82f.

77 Nach dem Zeugnis Hermann Schiffs, in: Heinrich Heine – Gespräche, 23f.

78 ebenda

79 ebenda

80 ebenda

81 Vorrede vom 24. November 1851 zum Wiederabdruck des »William Ratcliff«, 2, 556

82 William Ratcliff, 2, 564

83 Brief an Christian Sethe vom 14. April 1822, in: Briefe I, 38f.

84 Diese Reaktion folgt dem Zeugnis von Eduard Grisebach, der sich auf Karl Köchy beruft, vgl. Heinrich Heine – Gespräche, 35

85 Grabbe an Schreiner, in: Heinrich Heine – Gespräche, 36

86 Briefe aus Berlin, 3, 513f.

87 ebenda

88 Brief an Christian Sethe vom 14. April 1822, in: Briefe I, 40f.

89 ebenda

90 Protokolle des Vereins für Cultur und Wissenschaft der Juden, in: Heinrich Heine – Gespräche, 29f.

91 ebenda, 31

92 Brief an Leopold Zunz vom 27. Juni 1823, in: Briefe I, 102

93 Satzung des Vereins für Cultur und Wissenschaft der Juden (1822), zit. nach Adolf Strodtmann, Heinrich Heines Leben und Werke,1, 285

94 Nach dem Zeugnis L.J. Braunhardts, in: Heinrich Heine – Gespräche, 31f.

95 Brief an Immanuel Wohlwill vom 1. April 1823, in: Briefe I, 69

96 ebenda, 32

97 Brief an Christian Sethe vom 21. Januar 1823, in: Briefe I, 64

98 Briefe an Immanuel Wohlwill vom 1. April und 7. April 1823, in: Briefe I, 71

99 ebenda

100 ebenda

101 Brief an Karl Immermann vom 10. April 1823, in: Briefe I, 78

102 Brief an Maximilian Schottky vom 4. Mai 1823, in: Briefe I, 87

103 Brief an Moses Moser vom Mai 1823, in: Briefe I, 89

104 ebenda, 90

105 Brief an Moses Moser vom 18. Juni 1823, in: Briefe I, 105f.

106 Brief an Moses Moser vom Mai 1823, in: Briefe I, 91

107 Zitiert nach Lew Kopelew, Ein Dichter kam vom Rhein. Heinrich Heines Leben und Leiden, 118

108 Brief an Moses Moser vom Mai 1823, in: Briefe I, 91f.

109 Brief an Moser vom 18. Juni 1823, in: Briefe I, 106

110 Brief an Karl Immermann vom 14. Januar 1823, in: Briefe I, 59f.

111 ebenda, 58

112 Brief an Moses Moser vom 28. November 1823, in: Briefe I, 149f.

113 Brief an Karl Immermann vom 10. Juni 1823, in: Briefe I, 96f.

114 ebenda, 100

115 vgl. Fritz J. Raddatz, Heine. Ein deutsches Märchen, 8: »Er stellte wie kein Dichter vor ihm so keck wie melancholisch sein Ich heraus, aber das ›Ich‹ seiner Gedichte ist nicht das seine: ›Bei mir wenigstens paßt es nie.‹«

[116] Brief an Christian Sethe vom 27. Oktober 1816, in: Briefe I, 8

[117] Brief an Moritz Embden vom 2. Februar 1823, in: Briefe I, 66

[118] Brief an Moses Moser vom 23. August 1823, in: Briefe I, 120

[119] Brief an Immanuel Wohlwill vom 1. April 1823, in: Briefe I, 67ff.

[120] ebenda, 68

[121] Brief an Karl Immermann vom 21. Januar 1823, in: Briefe I, 63f.

[122] Im Juni des kommenden Jahres, als Heine schon in Göttingen ist, notiert ein Kommilitone Gespräche mit Heine. Seine Memoiren seien »schon ziemlich stark angewachsen«, jetzt würden sie allerdings liegenbleiben, weil er anderes zu tun habe. Nach dem Zeugnis von Eduard Wedekind, in: Heinrich Heine – Gespräche, 51f.. Demnach muß Heine sie in Lüneburg geschrieben haben.

[123] Brief an Moses Moser vom 24. Juni 1823, in: Briefe I, 111

[124] ebenda

[125] Brief an Moses Moser vom 11. Juli 1823, in: Briefe I, 117f.

[126] Brief an Varnhagen von Ense vom 17. Juni 1823, in: Briefe I, 103

[127] Brief an selbigen Baron vom 10. Juni 1823, in: Briefe I, 94

[128] Brief an Moses Moser vom 24. Juni 1823, in: Briefe I, 112

[129] Brief an Moses Moser vom 23. August 1823, in: Briefe I, 121

[130] Brief an Charlotte Embden vom 28. Juli 1823, in: Briefe I, 118

[131] Brief an Moses Moser vom 28. November 1823, in: Briefe I, 148

[132] Varnhagen an Rahel, 22. Juli 1823, in: Heinrich Heine – Gespräche, 42

[133] ebenda

[134] Rahel an Varnhagen, ebenda, 42

[135] Brief an Moses Moser vom 28. November 1823, in: Briefe I, 147

[136] Brief an Moses Moser vom 27. September 1823, in: Briefe I, 128f.

[137] Brief an Moses Moser vom 30. September 1823, in: Briefe I, 130f.

[138] ebenda

[139] Brief an Charlotte Embden vom 7. November 1823, in: Briefe I, 141

[140] Brief an Moses Moser vom 5. oder 6. November 1823, in: Briefe I, 139

[141] Brief an Charlotte Embden vom 9. Januar 1824, in: Briefe I, 153

[142] Brief an Charlotte Embden vom 31. Januar 1824, in: Briefe I, 168

[143] ebenda, 168f.

[144] Brief an Moses Moser vom 2. Februar 1824, in: Briefe I, 170

[145] ebenda

[146] Nach dem Zeugnis von Eduard Wedekind, in: Heinrich Heine – Gespräche, 59

147 Nach dem Zeugnis von Maximilian Heine, in: Heinrich Heine – Gespräche, 44

148 Adolf Peters an Philipp Spitta, in: Heinrich Heine – Gespräche, 45

149 Brief an Moses Moser vom 9. Januar 1824, 157

150 Tagebuch Eduard Wedekinds, zitiert nach Heinrich Heine – Gespräche, 46

151 ebenda, 47

152 ebenda, 53

153 vgl. Brief an Moses Moser vom 25. Oktober 1825, in: Briefe I, 211

154 vgl. Heinrich Heine – Gespräche, 50

155 vgl. im folgenden den Bericht Adolf Strodtmanns nach dem Zeugnis eines Mitreisenden in: Heinrich Heine – Gespräche, 60 f.

156 ebenda, 215

157 Heinrich Heine – Gespräche, 64f.

158 Die romantische Schule, 5, 61

159 Die Begegnung mit Goethe folgt dem Bericht von Maximilian Heine, in: Heinrich Heine – Gespräche, 68

160 Die Harzreise, 3, 18ff.; folgende Zitate bis auf weiteres ebenda

161 vgl. den Bericht von Karl Dörne, in: Heinrich Heine – Gespräche, 62

162 Die Harzreise, 2, 28; folgende Zitate bis auf weiteres aus der Harzreise

163 Tagebuch Wedekind 16. Juli 1824, in: Heinrich Heine – Gespräche, 57

164 Brief an Moses Moser vom 27. September 1823, in: Briefe I, 129

165 Ludwig Marcuse, Heinrich Heine, 128

166 Brief an Moses Moser vom 27. September 1823, in: Briefe I, 129

167 ebenda, 127

168 Brief an Moses Moser vom 30. Oktober 1824, in: Briefe I, 217f.

169 Nach dem Zeugnis von Heines Bruder Maximilian, vgl. Heinrich Heine – Gespräche, 68f.

170 vgl. Heinrich Heine – Gespräche, 70

171 vgl. Gespräche mit Heine, 95

172 Brief an Moses Moser vom 19. März 1824, in: Briefe I, 185

173 Brief an Moses Moser vom 25. Juni 1824, in: Briefe I, 202

174 ebenda, 203f.

[175] Der Rabbi von Bacherach, 4, 7ff.; alle Zitate bis auf weiteres ebenda

[176] Brief an Moses Moser vom 25. Oktober 1824, in: Briefe I, 211f.

[177] Der Rabbi von Bacherach, 4, 47

[178] vgl. auch Hauschild/Werner, Heinrich Heine. Der Zweck des Lebens ist das Leben selbst, 313f.

[179] Brief an Rudolf Christiani vom 7. März 1824, in: Briefe I, 178

[180] Memoiren, 7, 190

[181] Nach dem Zeugnis von Adolf Strodtmann nach Michaelis, in: Heinrich Heine – Gespräche, 60

[182] Nach dem Zeugnis von Hermann Schiff, in: Heinrich Heine – Gespräche, 26ff.

[183] Brief an Christian Sethe vom 1. September 1825, in: Briefe I, 241

[184] ebenda, 242

[185] Aus den Memoiren des Herrn von Schnabelewopski, 4, 66

[186] Brief an Friederike Robert vom 15. Mai 1825, in: Briefe I, 227

[187] Brief an Moses Moser vom 14. Dezember 1825, in: Briefe I, 249

[188] Brief an Moses Moser vom 24. Februar 1826, in: Briefe I, 261

[189] ebenda, 262

[190] Brief an Varnhagen von Ense vom 14. Mai 1826, in: Briefe I, 264

[191] Brief an Rudolf Christiani vom »so und sovielten Dezember 1825«, in: Briefe I, 254

[192] Brief an Moses Moser vom 14. Dezember 1825, in: Briefe I, 250

[193] Brief an Moses Moser vom 9. Januar 1826, in: Briefe I, 260

[194] Die Ablehnung des Drucks wegen zu hoher Honorarforderung ist erwähnt bei Strodtmann II, 17

[195] Brief an Moses Moser vom 24. Februar 1826, in: Briefe I, 263

[196] Die Nordsee, Dritte Abteilung, 3, 92

[197] Brief an Friedrich Merckel vom 25. Juli 1826, in: Briefe I, 276

[198] Brief an Varnhagen von Ense vom 29. Juli 1826, in: Briefe I, 280

[199] Brief an Friedrich Merckel vom 4. August 1826, in: Briefe I, 281

[200] Brief an Friedrich Merckel vom 16. August 1826, in: Briefe I, 283

[201] vgl. Gespräche mit Heine, 383

[202] Brief an Friedrich Merckel vom 6. Oktober 1826, in: Briefe I, 285

[203] ebenda

[204] Brief an Moses Moser vom 14. Oktober 1826, in: Briefe I, 288

[205] Die Nordsee, Dritte Abteilung, 3, 89

[206] Nach dem Zeugnis von Julius Campe, in: Gespräche mit Heine, 105ff.

[207] Die Nordsee, Dritte Abteilung, 3, 89

[208] ebenda, 90

[209] ebenda

[210] ebenda, 90f.

[211] ebenda

[212] ebenda, 91

[213] ebenda

[214] ebenda, 92f.

[215] ebenda, 96f.

[216] Brief an Friedrich Merckel vom 10. Januar 1827, in: Briefe I, 299

[217] Nach dem Zeugnis von Maximilian Heine, vgl. Gespräche mit Heine, 111f.

[218] Englische Fragmente, 3, 416

[219] ebenda, 418

[220] ebenda, 419

[221] ebenda

[222] ebenda, 420

[223] ebenda, 422

[224] ebenda, 423

[225] Brief an Varnhagen von Ense vom 1. Mai 1827, in: Briefe I, 306

[226] Englische Fragmente, 3, 426

[227] ebenda, 437

[228] ebenda, 436

[229] Brief an Friedrich Merckel vom 1. Juni 1827, in: Briefe I, 307

[230] Die Nordsee, Dritte Abteilung, 3, 102

[231] ebenda, 102

[232] ebenda, 109

[233] Brief an Friedrich Merckel vom 20. August 1827, in: Briefe I, 310

[234] ebenda, 311

[235] Nach dem Zeugnis von Eduard Wedekind, in: Gespräche mit Heine, 112f.

[236] Nach dem Zeugnis von Maximilian Heine, in: Gespräche mit Heine, 111

[237] Brief an Moses Moser vom 30. Oktober 1827, in: Briefe I, 316

[238] Julius Campe an Karl Immermann, in: Gespräche mit Heine, 113

[239] Brief an Varnhagen von Ense vom 19. Oktober 1827, in: Briefe I, 311

[240] ebenda, 314

[241] Brief an Varnhagen von Ense vom 30. Oktober 1827, in: Briefe I, 317

[242] Ludwig Börne. Eine Denkschrift, 6, 90

243 ebenda, 90
244 ebenda, 90f.
245 ebenda, 92
246 ebenda, 94
247 Moritz Gottlieb Saphir, in: Gespräche mit Heine, 119
248 Ludwig Börne. Eine Denkschrift, 6, 98f.
249 vgl. Strodtmann II, 111
250 Brief an Varnhagen von Ense vom 28. November 1827, in: Briefe I, 318
251 Brief an Julius Campe vom 1. Dezember 1827, in: Briefe I, 321
252 ebenda, 322
253 Reise von München nach Genua, 3, 195
254 ebenda, 197 f.
255 ebenda, 198 f.
256 Brief an Varnhagen von Ense vom 1. April 1828, 8, 304
257 Nach dem Zeugnis von Friedrich Stammann, in: Gespräche mit Heine, 122 f.
258 Brief von Robert Schumann an Dr. Heinrich v. Kurrer vom 9. Juni, in: Gespräche mit Heinrich Heine, 124
259 Robert Schumann, ebenda, 123
260 Brief an Varnhagen von Ense vom 1. April 1828, 8, 304
261 Brief an Friedrich Merckel vom Silvesterabend 1827, 8, 295
262 Brief an Johann Friedrich von Cotta, ohne Datum, 8, 313
263 Brief an Moses Moser vom 6. September 1828, 8, 320
264 Reise von München nach Genua, 3, 205
265 Brief an Varnhagen von Ense vom 1. April 1828, 8, 304
266 ebenda, 305
267 Brief an Wolfgang Menzel vom 2. Mai 1828, 8, 310
268 Brief an Wolfgang Menzel, undatiert (Frühjahr 1828), 8, 309
269 Reise von München nach Genua, 3, 207
270 ebenda, 207f.
271 ebenda, 212
272 ebenda, 213
273 ebenda, 217
274 ebenda, 218
275 ebenda, 219
276 Die Bäder von Lucca, 3, 308
277 Reise von München nach Genua, 3, 226
278 ebenda, 228f.

279 Brief an Eduard von Schenk vom 27. August 1828, 8, 317
280 Reise von München nach Genua, 3, 236
281 ebenda, 264f.
282 Nach Julius Campe, in: Gespräche mit Heine, 131
283 Die Stadt Lucca, 3, 359 ff.; alle Zitate bis auf weiteres ebenda
284 Brief an Salomon Heine vom 15. September 1828, 8, 321
285 ebenda, 322
286 Brief an Eduard von Schenk vom 1.Oktober 1828, 8, 323
287 ebenda, 324
288 Brief an Johann Friedrich von Cotta vom 11. November 1828, 8, 327
289 Brief an Gustav Kolb vom 11. November 1828, 8, 331
290 Brief an Eduard von Schenk vom 27. August 1828, 8, 317f.
291 Julius Campe, in: Gespräche mit Heine, 131
292 Rahel Varnhagen, in: Gespräche mit Heine, 136
293 ebenda
294 ebenda, 140
295 Brief an Friederike Robert ohne Datum, aber 1829, 8, 334
296 ebenda
297 Brief an Moses Moser vom 30. Mai 1929, 8, 336
298 Brief an Moses Moser vom 15. Juni 1829, 8, 338
299 Nach Johann Peter Lyser, in: Gespräche mit Heine, 148
300 Die Bäder von Lucca, 3, 273f.
301 Brief an Moses Moser vom 6. August 1829, 8, 338
302 Nach Ferdinand Meyer, in: Gespräche mit Heine, 147
303 Brief an Moses Moser vom 6. August 1829, 8, 339
304 Die Bäder von Lucca, 3, 277; alle Zitate bis auf weiteres ebenda
305 ebenda, 299
306 ebenda, 311
307 ebenda, 326
308 Zitiert nach Strodtmann II, 151
309 ebenda
310 Die Bäder von Lucca, 3, 333
311 ebenda, 334
312 ebenda, 338
313 Nach Alfred Meißner, zitiert nach Strodtmann II, 174
314 Die Bäder von Lucca, 3, 342
315 ebenda, 341
316 ebenda, 347

[317] vgl. ebenda, 349

[318] Brief an Karl Immermann vom 26. Dezember 1829, 8, 345

[319] Brief an Friederike Robert, Mitte Dezember 1829, 8, 344

[320] Brief an Karl Immermann vom 26. Dezember, 8, 346

[321] Brief an Varnhagen von Ense vom 3. Januar 1830, 8, 350

[322] Brief an Varnhagen von Ense vom 27. Februar 1830, 8, 363

[323] Johann Peter Lyser, in: Gespräche mit Heine, 8, 164

[324] vgl. Brief an Varnhagen von Ense vom 27. Februar 1830, 8, 359

[325] Gymnasialprofessor Ullrich zu Hamburg, zit. nach Strodtmann II, 163

[326] Nach dem Zeugnis Ludolf Wienbargs, in: Gespräche mit Heine, 158

[327] Brief an Varnhagen von Ense vom 5. April 1830, 8, 363f.

[328] Johann Peter Lyser, in: Gespräche mit Heine, 165

[329] Nach dem Zeugnis von Johann Peter Lyser, der nicht immer glaubwürdig ist. Aber solche Besuche erfindet man nicht, vgl. Gespräche mit Heine, 165ff.

[330] Brief an Varnhagen von Ense vom 5. April 1830, 8, 363

[331] Therese Devrient, in: Gespräche mit Heine, 169ff.

[332] Nach dem Zeugnis von Heines Nichte Maria Embden-Heine, in: Gespräche mit Heine, 181

[333] vgl. Ludwig Börne. Eine Denkschrift, Zweites Buch, 6, 114ff.

[334] Ludwig Börne. Eine Denkschrift, 6, 118; in einem Brief an Varnhagen von Ense vom 19. November 1830, 8, 373 nennt er eine ähnliche Verfaßtheit, aber eine andere Lektüre in den letzten Vor-Revolutionswochen:

Wie es Vögel gibt, die irgendeine physische Revolution, etwa Gewitter, Überschwemmungen etc., vorausahnen, so gibt's Menschen, denen die sozialen Revolutionen sich im Gemüte voraus ankündigen und denen es dabei lähmend, betäubend und seltsam stockend zumute wird. So erkläre ich mir meinen diesjährigen Zustand bis Ende Juli. Ich befand mich frisch und gesund und konnte nichts treiben als Revolutionsgeschichte Tag und Nacht. Zwei Monate badete ich in Helgoland, und als die Nachricht der großen Woche dort anlangte, war's mir, als verstünde sich das von selbst, als sei es nur eine Fortsetzung meiner Studien.

[335] ebenda, 115

[336] ebenda, 119

[337] ebenda, 128

[338] ebenda, 114

[339] ebenda, 127

[340] ebenda, 129

[341] ebenda, 130

[342] ebenda, 133

[343] Ludwig Börne. Eine Denkschrift, 6, 132

[344] ebenda, 136

[345] Brief an Varnhagen von Ense vom 19. November 1830, 8, 376

[346] Brief an Ludolf Wienbarg vom August 1830, 8, 371

[347] Nach dem Zeugnis Ludolf Wienbargs, in: Gespräche mit Heine, 177

[348] Die Stadt Lucca, 3, 372; alle Zitate bis auf weiteres ebenda

[349] ebenda, 386

[350] ebenda, 388f.

[351] ebenda, 393

[352] ebenda, 400

[353] ebenda, 376

[354] Brief an Varnhagen von Ense vom 4. Januar 1831, 8, 381

[355] ebenda

[356] Brief an Varnhagen von Ense vom 1. April 1831, 8, 388

[357] Einleitung zu »Kahldorf über den Adel«, 4, 276

[358] ebenda, 280

[359] ebenda, 275

[360] Geständnisse, 7, 112

[361] Nach dem Zeugnis Varnhagens, in: Gespräche mit Heine, 184

[362] August Clemens, in: Gespräche mit Heine, 188

[363] Geständnisse, 7, 112f.

[364] Einleitung zum »Don Quixote«, 5, 408f.

[365] Geständnisse, 7, 113

[366] ebenda, 114f.

[367] Florentinische Nächte, 4, 154

[368] Strodtmann II, 238

[369] Französische Zustände, 4, 385

[370] Florentinische Nächte, 4, 154

[371] Brief an Moses Moser vom 27. Juni 1831, 8, 389

[372] Brief an Varnhagen von Ense vom 27. Juni 1831, 8, 389 f.

[373] Brief an Johann Hermann Detmold vom 22. März 1835, 8, 448

[374] Brief an Varnhagen von Ense vom 27. Juni 1831, 8, 391

[375] Nach dem Zeugnis von Hermann Franck, in: Gespräche mit Heine, 193

[376] Ludwig Börne, in: Gespräche mit Heine, 195

[377] Nach dem Zeugnis Eduard Beurmanns, in: Gespräche mit Heine, 197

[378] Ludwig Börne an Jeanette Wohl am 3. Februar 1831, in: Ludwig Börne und Heinrich Heine. Ein deutsches Zerwürfnis, 12

[379] Briefe aus Paris, 11. Februar 1831, ebenda, 13

[380] ebenda

[381] ebenda

[382] ebenda, 14

[383] Börne an Jeanette Wohl am 2. November 1831, ebenda 27

[384] Börne an Jeanette Wohl am 27. September 1831, 17

[385] ebenda, 18

[386] Nach dem Zeugnis von Hermann Franck, in: Gespräche mit Heine, 198

[387] Börne an Jeanette Wohl am 2. November 1831, Ein deutsches Zerwürfnis, 27

[388] Florentinische Nächte, 156

[389] vgl. Börne, Briefe aus Paris, in: Ein deutsches Zerwürfnis, 37

[390] vgl. das Zeugnis August Lewalds, in: Gespräche mit Heine, 217

[391] ebenda

[392] Nach dem Zeugnis Ferdinand Hillers, in: Gespräche mit Heine, 209

[393] vgl. ebenda, 22

[394] Börne an Jeanette Wohl am 27. Oktober 1831, in: Ein deutsches Zerwürfnis, 25

[395] Florentinische Nächte, 4, 156f.

[396] vgl. August Lewald, in: Gespräche mit Heine, 207

[397] Französische Maler, 4, 305

[398] ebenda, 305f.

[399] ebenda, 308f.

[400] ebenda, 310

[401] ebenda, 309

[402] ebenda

[403] Börne an Jeanette Wohl am 15. Dezember 1831, in: Ein deutsches Zerwürfnis, 34

[404] Börne an Jeanette Wohl am 17. Dezember 1831, in: Ein deutsches Zerwürfnis, 36

405 vgl. Börne an Jeanette Wohl am 8. Dezember 1831, in: Ein deutsches Zerwürfnis, 31

406 vgl. August Lewald, in: Gespräche mit Heine, 217f.

407 Französische Zustände, 4, 384

408 ebenda, 386

409 ebenda, 395f.

410 Brief an Johann Friedrich von Cotta vom 1. März 1832, 8, 399

411 Ludwig Börne an Jeanette Wohl vom 5. März 1832, in: Ein deutsches Zerwürfnis, 40

412 vgl. Strodtmann II, 2, 52

413 Nach dem Zeugnis Karl Gutzkows, in: Gespräche mit Heine, 220ff.

414 Französische Zustände, 4, 452

415 August Lewald, in: Gespräche mit Heine, 219

416 ebenda, 220

417 Brief an Johann Friedrich Cotta vom 2. April 1832, 8, 401

418 Französische Zustände, 4, 453

419 ebenda, 455f.

420 ebenda, 462

421 ebenda, 462f.

422 DHA, 12/2, 644

423 ebenda

424 Brief an Johann Friedrich von Cotta vom 21. April 1832, 8, 403

425 Ludwig Börne an Jeanette Wohl am 28. Mai 1832, in: Ludwig Börne, Über das Schmollen der Weiber. Berliner Briefe an Jeanette Wohl und andere Schriften, 32

426 Französische Zustände, 4, 495

427 ebenda, 497

428 ebenda

429 ebenda, 500

430 ebenda, 499

431 ebenda, 502

432 ebenda, 504

433 Brief an Cotta vom 1. Januar 1833, 8, 413

434 Brief an Ferdinand Hiller vom 24. Oktober 1832, 8, 407f.

435 Brief an Varnhagen von Ense vom 22. Mai 1832, 8, 404

436 ebenda

437 Französische Zustände, Vorrede, 4, 368f.

438 ebenda, 376f.

439 ebenda, 382

440 Brief an Julius Campe vom 28. Dezember 1832, 8, 410ff.

441 Nach August Lewald, in: Gespräche mit Heine, 8, 194

442 Einleitung zu »Kahldorf über den Adel«, 4, 276

443 Brief an Magnus von Moltke, 8, 391f.

444 Geständnisse, 7, 106

445 ebenda

446 ebenda, 105

447 ebenda

448 Französische Zustände, 4, 396

449 Die romantische Schule, 5, 94

450 Geständnisse, 7, 118

451 Gedichtzitate bis auf weiteres aus: Verschiedene, 1, 235ff.

452 Brief an Heinrich Laube vom 10. Juli 1833, 8, 419

453 Die romantische Schule, 5, 8

454 ebenda, 45

455 ebenda, 48

456 ebenda, 96f.

457 ebenda, 98

458 Brief an Varnhagen von Ense vom 28. März 1833, 8, 415

459 Nach dem Zeugnis von Philarète Chasles, in: Gespräche mit Heine, 228f.

460 Das berichtet er allerdings erst ein Jahr später aus Boulogne, doch wir setzen voraus, daß es schon jetzt zutrifft; vgl. Brief an Théodore Toussenel vom 15. Juli 1834, 8, 439

461 Nach dem Zeugnis von Lucie Duff Gordon, in: Gespräche mit Heine, 231

462 vgl. Hauschild/Werner, Heinrich Heine. Der Zweck des Lebens ist das Leben selbst, 281

463 Brief an Julius Campe vom 8. September, 8, 425

464 Brief an Betty Heine und Charlotte Embden vom 25. Oktober 1833, 8, 427

465 ebenda, 426

466 Aus den Memoiren des Herren von Schnabelewopski, 4, 53

467 ebenda, 59

468 ebenda, 78

469 ebenda, 81f.

470 ebenda, 82

471 ebenda, 89f.

472 ebenda, 91

473 Ludwig Börne an Jeanette Wohl am 16. März 1833, in: Gespräche mit Heine, 225

474 Brief an Christine Belgiojoso vom 18. April 1834, 8, 433ff.

475 vgl. Ernestine Goldstücker, in: Gespräche mit Heine, 235f.

476 ebenda

477 Brief an Christine Belgiojoso vom 5. April 1835, 8, 451f.

478 Brief an Giacomo Meyerbeer vom 6. April 1835, 8, 452ff.

479 Brief an Julius Campe vom 7. April 1835, 8, 456f.

480 Brief an Christine Belgiojoso vom 11. April 1835, 8, 458f.

481 Brief an August Lewald vom 11. April 1835, 8, 459f.

482 Brief an Christine Belgiojoso vom 4. Juni 1835, 8, 462

483 Brief an Heinrich Laube vom 27. September 1835, 8, 473

484 Brief an Caroline Jaubert vom 22. April 1835, 8, 460f.

485 Brief an Julius Campe vom 2. Juli 1835, 8, 465

486 vgl. Carl Brinitzer, Heinrich Heine. Roman seines Lebens, 138

487 Zur Geschichte der Religion und Philosophie in Deutschland, 5, 205

488 ebenda, 260

489 ebenda, 260f.

490 ebenda, 270

491 Ludwig Börne, Über Deutschland, Von Heinrich Heine, Mai 1835, zit. nach Ludwig Börne und Heinrich Heine. Ein deutsches Zerwürfnis, 61

492 ebenda, 66

493 ebenda, 69

494 vgl. DHA VIII, 554

495 Brief an François Mignet vom 2. Dezember 1835, 8, 481f.

496 Der Tannhäuser. Eine Legende, 1, 258ff.

497 Brief an Julius Campe vom 12. Januar 1836, 8, 485

498 vgl. das Zeugnis Alexander Weills von 1839, in: Gespräche mit Heine, 329ff.

499 Brief an Julius Campe vom 12. Januar 1835, 8, 485

500 ebenda, 486

501 Brief an die hohe Bundesversammlung, 8, 488

502 ebenda, 489

503 Brief an Julius Campe vom 4. Februar 1836, 8, 490

504 vgl. das Zeugnis Franz Grillparzers, in: Gespräche mit Heine, 17f.

[505] Meyerbeers Hugenotten, 5, 382

[506] Elementargeister, 5, 313

[507] ebenda

[508] ebenda, 321

[509] ebenda, 327

[510] Florentinische Nächte, 4, 112

[511] ebenda, 491

[512] Brief an Julius Campe vom 8. März 1836, 8, 494

[513] Brief an Julius Campe vom 14. März 1836, 8, 495

[514] Brief an August Lewald vom 3. Mai 1836, 8, 501

[515] Brief an Julius Campe vom 2. Juli 1835, 8, 466f.

[516] Brief an Julius Campe vom 26. Juli 1835, 8, 470

[517] ebenda

[518] Brief an Julius Campe vom 7. Oktober 1836, 8, 507

[519] Brief an Christine Belgiojoso vom 30. Oktober 1836, 8, 511

[520] ebenda, 512

[521] Brief an Moses Moser vom 8. November 1836, 8, 514

[522] Brief an August Lewald vom 25. Januar 1837, 8, 522

[523] Brief an August Lewald vom 11. Februar 1837, 8, 527

[524] vgl. Über den Denunzianten, 5, 388ff.

[525] Brief an Julius Campe vom 6. September 1837, 8, 567

[526] Brief an Julius Campe vom 1. März 1837, 8, 536

[527] vgl. Brief an Johann Hermann Detmold vom 29. Juli 1837, 8, 558

[528] Brief an Julius Campe vom 6. September 1837, 8, 567

[529] vgl. das Zeugnis Massarellos', in: Gespräche mit Heine, 288ff.

[530] Nach dem Zeugnis von Karl von Hailbronner, mitgeteilt von Levin Schücking, in: Gespräche mit Heine, 290f.

[531] vgl. das Zeugnis Massarellos', in: Gespräche mit Heine, 291f.

[532] vgl. das Zeugnis von Franz Wallner, in: Gespräche mit Heine, 379f.

[533] vgl. Brief an August Lewald vom 2. Juni 1837, 8, 555

[534] vgl. August Lewald, in: Gespräche mit Heine, 8, 262f.

[535] Brief an August Lewald vom 1. Januar 1838, 8, 579

[536] Brief an Pauline Treuenthal vom 11. Januar 1838, 8, 580

[537] Brief an August Lewald vom 1. Januar 1838, 8, 579

[538] Brief an Maximilian Heine vom 29. August 1837, 8, 561f.

[539] Brief an Salomon Heine vom 1. September 1837, 8, 564

[540] ebenda, 566

[541] Joseph Mendelssohn, in: Gespräche mit Heine, 332

[542] ebenda, 333

[543] Nach dem Zeugnis Philibert Audebrands, in: Gespräche mit Heine, 315

[544] Brief an Karl Gutzkow vom 23. August 1838, 8, 616

[545] Brief an George Sand vom 17. August 1838, 8, 610f.

[546] Brief an Heinrich Laube vom 7. Januar 1839, 9, 7

[547] Über Ludwig Börne. Eine Denkschrift, 6, 156

[548] ebenda, 147

[549] ebenda, 215

[550] vgl. Heinrich Laube, in: Gespräche mit Heine, 344

[551] vgl. den Bericht Alexander Weills, in: Gespräche mit Heine, 339f.

[552] Julius Campe an Heinrich Heine am 14. August 1840, in: Ludwig Börne und Heinrich Heine. Ein deutsches Zerwürfnis, 272

[553] ebenda, 273

[554] Karl Gutzkow, Vorrede zu Börnes Leben, in: Ludwig Börne und Heinrich Heine. Ein deutsches Zerwürfnis, 262

[555] Über Ludwig Börne. Eine Denkschrift, 6, 96

[556] Brief an Cécile Heine vom 28. Juni 1841, 9, 66

[557] Brief an Gustav Kolb vom 3. Juli 1841, 9, 68

[558] zit. nach Carl Brinitzer, Heinrich Heine. Roman seines Lebens, 177

[559] Brief an Salomon Strauß vom 14. August 1841, 9, 73

[560] ebenda, 75

[561] Brief an Julius Campe vom 5. September 1841, 9, 81

[562] vgl. Alexander Weill, in: Gespräche mit Heine, 394

[563] Brief an August Lewald vom 13. Oktober 1841, 9, 83

[564] Heinrich Börnstein, in: Gespräche mit Heine, 397

[565] vgl. Alexander Weill, in: Gespräche mit Heine, 399ff.

[566] Brief an Betty Heine vom 8. März 1842, 9, 89

[567] Atta Troll. Ein Sommernachtstraum, 1, 343ff.

[568] Brief an Betty Heine vom 18. September 1843, 9, 121

[569] Brief an Mathilde Heine vom 2. November 1843, 9, 126

[570] Brief an Mathilde Heine vom 5. November 1843, 9, 127

[571] ebenda, 128

[572] Brief an Julius Campe vom 17. April 1844, 9, 144

[573] Lutetia, Artikel vom 11. Dezember 1841, 6, 399

[574] vgl. Kautsky nach den Erinnerungen von Marx' Tochter, in: Gespräche mit Heine, 450f.

[575] Brief an Mathilde Heine vom 12. August 1844, 162

[576] Brief an Mathilde Heine vom 1. Oktober 1844, 175

[577] HSA 26, 127

[578] Brief an Charlotte Embden vom 29. Dezember 1844, 9, 187f.

[579] Brief Carl Heines an Heinrich Heine vom 30. Dezember 1844, HSA 26, 123f.

[580] ebenda

[581] Brief an Julius Campe vom 8. Januar 1845, 9, 189

[582] ebenda 190

[583] Brief an Johann Hermann Detmold vom 13. Januar 1845, 9, 192

[584] Brief an Johann Hermann Detmold vom 23. Januar 1845, 9, 197

[585] Alexander Weill, in: Gespräche mit Heine, 480

[586] Brief an Giacomo Meyerbeer vom 24. Dezember 1845, 9, 214f.

[587] Memoire, 7, 346

[588] ebenda

[589] Brief an Varnhagen von Ense vom 24. Februar 1846, 9, 231

[590] Brief an Julius Campe vom 3. Februar 1845, 9, 208

[591] Brief an Julius Campe vom 1. September 1846, 9, 243f.

[592] vgl. Carl Brinitzer, Heinrich Heine. Roman seines Lebens, 185

[593] Brief an Ferdinand Friedland vom 14. September 1846, 9, 246

[594] Brief an Julius Campe vom 1. September 1846, 9, 244

[595] Brief an Ferdinand Friedland vom 14. September 1846, 9, 247

[596] Brief an Heinrich Laube vom 19. Oktober 1846, 9, 249

[597] Alfred Meißner, in: Gespräche mit Heine, 537

[598] Der Doktor Faust. Ein Tanzpoem, 7, 12

[599] ebenda, 22

[600] Brief an Caroline Jaubert vom 13. April 1847, 9, 263

[601] Brief an Betty Heine vom 4. Dezember 1847, 9, 274

[602] Artikel für die »Allgemeine Zeitung« vom 3. März 1848, 7, 275

[603] Nach dem Bericht Fanny Lewalds, in: Gespräche mit Heine, 603

[604] Brief an Alfred Meißner vom 12. April 1848, 9, 278

[605] Nach dem Bericht Fanny Lewalds, in: Gespräche mit Heine, 603f.

[606] Artikel für die »Allgemeine Zeitung« vom 14. März 1848, 279f.

[607] Brief an Betty Heine und Charlotte Embden vom 30. März 1848, 276

[608] ebenda 277

609 Erklärung vom 15. Mai 1848, 7, 351f.

610 ebenda 352

611 Brief an Alfred Meißner vom 12. April 1848, 9, 278

612 Brief an Julius Campe vom 9. Juli 1848, 9, 291f.

613 Brief an Caroline Jaubert vom 19. September 1848, 9, 306

614 Brief an Maximilian Heine vom 12. September 1848, 9, 302

615 Brief an Maximilian Heine vom 3. Dezember 1848, 9, 310

616 Nach Alfred Meißner, in: Gespräche mit Heine, 632f.

617 Brief an Maximilian Heine vom 3. Dezember 1848, 9, 310

618 ebenda 310

619 Brief an François Mignet vom 17. Januar 1849, 9, 317

620 Brief an Karl Maria Kertbény, 9, 329

621 Brief an L. Wertheim vom 5. April 1849, 9, 319

622 Brief an Charlotte Embden vom 10. August 1848, 9, 294

623 Celimene, 2, 437

624 vgl. Adolf Ebeling, in: Gespräche mit Heine, 654

625 Brief an Maximilian Heine vom 3. Dezember 1848, 9, 310

626 Brief an Maximilian Heine vom 9. Januar 1850, 9, 1850

627 Brief an Maximilian Heine vom 3. Mai 1849, 9, 325

628 Brief an Betty Heine und Charlotte Embden vom 21. Januar 1850, 9, 336

629 Brief an Julius Campe vom 15. Januar 1849, 9, 314

630 Brief an Heinrich Laube vom 25. Januar 1850, 9, 339

631 Brief an Julius Campe vom 1. Juni 1850, 9, 353

632 Brief an Heinrich Laube vom 12. Oktober 1850, 9, 363

633 Zum Lazarus, 2, 210

634 vgl. Alfred Meißner, in: Gespräche mit Heine, 705

635 Nach Henri Julia, in: Gespräche mit Heine, 867f.

636 vgl. Alfred Meißner, in: Gespräche mit Heine, 704f.

637 Brief an Heinrich Laube vom 12. Oktober 1850, 360

638 Brief an Julius Campe vom 21. April 1851, 9, 398ff.

639 Der weiße Elefant, 2, 10ff.

640 Nach Caroline Jaubert, in: Gespräche mit Heine, 816f.

641 Brief an Julius Campe vom 23. September 1851, 427

642 Nachwort zum Romanzero, 2, 185f.

643 ebenda

644 ebenda 189

645 Entwurf eines Begleitschreibens zum rechtsgültigen Testament vom 13. November 1851, 7, 458

[646] ebenda 190

[647] ebenda 190f.

[648] ebenda 191

[649] Brief an Betty Heine vom 18. August 1853, 9, 547

[650] Brief an Georg Weerth vom 5. November 1851, 9, 449

[651] Nach Alfred Meißner, in: Gespräche mit Heine, 644ff.

[652] Brief an Campe vom 7. September 1851, 417

[653] Maria Antoinette, 2, 25ff.

[654] Vermächtnis, 2, 116f.

[655] Vermächtnis, 2, 123

[656] vgl. Brief an Campe vom 12. September 1852, 9, 519

[657] vgl. das Zeugnis von Maurice Etienne, in: Gespräche mit Heine, 839f.

[658] vgl. DHA 3/2, 475ff.

[659] vgl. Henner Montanus, Der kranke Heine, 492

[660] Brief an Julius Campe vom 7. Juni 1852, 9, 497

[661] Brief an James Rothschild vom 13. Januar 1855, 9, 619

[662] Im Mai, 2, 196

[663] Nach Alfred Meißner, in: Gespräche mit Heine, 892ff.

[664] Zum Lazarus, 2, 209

[665] vgl. Alfred Meißner, in: Gespräche mit Heine, 663, 896

[666] Nach Caroline Jaubert, in: Gespräche mit Heine, 857

[667] Brief an Betty Heine und Charlotte Embden vom 5. Dezember 1851, 9, 458

[668] Die Wanderratten, 2, 392f.

[669] Brief an Gustav Kolb vom 17. April 1849, 9, 320

[670] Geständnisse, 7, 131f.

[671] ebenda 120

[672] ebenda 121

[673] ebenda 128

[674] ebenda 129

[675] ebenda 133

[676] ebenda

[677] vgl. Brief an Julius Campe vom 21. September 1854, 9, 597

[678] Brief an Julius Campe vom 24. Oktober 1854, 9, 610

[679] Brief an Betty Heine und Charlotte Embden vom 27. Dezember 1854, 9, 617

[680] Brief an James Rothschild vom 13. Januar 1855, 618

[681] Lutetia, 6, 246f.

682 vgl. Alfred Meißner in: Gespräche mit Heine, 903

683 vgl. Lucie Duff Gordon, ebenda, 869f.

684 Zit. nach Walter Wadepuhl, Heinrich Heine, 350f.

685 Camille Selden, Heinrich Heines letzte Tage, 11

686 Brief an Elise Krinitz vom 20. Juni 1855, 9, 648f.

687 Brief an Elise Krinitz, 9, 649f.

688 Camille Selden, Heinrich Heines letzte Tage, 56f.

689 Brief an Elise Krinitz, 9, 656

690 Babylonische Sorgen, 2, 201

691 Brief an Alexandre Dumas vom 2. August 1855, 9, 661

692 ebenda 662

693 Brief an Elise Krinitz vom 15. August 1855, 9, 664

694 Brief an Elise Krinitz o.D., 9, 665

695 Nach dem Zeugnis der Schwester Charlotte, 9, 964

696 Camille Selden, Heinrich Heines letzte Tage, 11

697 vgl. Gustav Heine, in: Gespräche mit Heine, 954ff.

698 vgl. Caroline Jaubert, ebenda, 932

699 vgl. Camille Selden, Heinrich Heines letzte Tage, 58

700 Brief an Elise Krinitz o.D., 9, 670

701 Brief an Elise Krinitz o.D., 9, 674

702 Brief an Elise Krinitz o.D., 9, 675

703 Brief an Elise Krinitz o.D., in: Camille Selden, Heinrich Heines letzte Tage, 45f.

704 Brief an Elise Krinitz o.D., ebenda, 47

705 Brief an Elise Krinitz o.D., in: Camille Selden, Heinrich Heines letzte Tage, 42

706 Brief an Elise Krinitz o.D., 9, 680

707 vgl. Caroline Jaubert, in: Gespräche mit Heine, 981

708 Brief an Anselm von Rothschild vom 30. Dezember 1855, 9, 688

709 Brief an Elise Krinitz o.D., in: Camille Selden, Heinrich Heines letzte Tage, 45

710 Für die Mouche, 2, 445ff.

711 Lotosblume, 2, 443

712 Brief an Elise Krinitz vom 1. Januar 1856, 9, 680

713 Brief an Elise Krinitz vom 24. Januar 1856, 9, 691

714 Brief an Michel Levy vom 11. Februar 1856, 9, 692

715 vgl. Camille Selden, Heinrich Heines letzte Tage, 70

716 Brief an Elise Krinitz vom 14. Februar 1856, 9, 680

Literatur

Zitiert wird nach der zehnbändigen Heine-Ausgabe von Hans Kaufmann, Aufbau-Verlag, Berlin 1961. Die Ziffern nach den Titeln bezeichnen den Band, die dann folgenden Ziffern die Seitenzahl. Die Briefe werden anfangs nach der zweibändigen Ausgabe der Heine-Briefe, gesammelt und herausgegeben von Hans Daffis, Berlin 1906 zitiert. Später liegt die Aufbau-Ausgabe (Bd. 8 und 9) zugrunde. Gegebenenfalls wurde auch auf die beiden großen Heine-Editionen, die Weimarer, im Akademie-Verlag erscheinende Säkularausgabe (HSA, 27 Bde., noch nicht abgeschlossen) sowie die bei Hoffmann und Campe erschienene Düsseldorfer Historisch-kritische Gesamtausgabe (DHA, 16 Bde.) zurückgegriffen.

Angaben zu den Lebenszeugnissen folgen dem von Hugo Bieber herausgegebenen Band »Heinrich Heine – Gespräche«, Berlin 1926 und den von H. Houben gesammelten »Gespräche(n) mit Heine«, Frankfurt a.M. 1926.

Im Zusammenhang der Beziehung Heines zu Ludwig Börne wird nach dem von Hans Magnus Enzensberger herausgegebenen Dokumenten-Band »Ludwig Börne und Heinrich Heine. Ein deutsches Zerwürfnis«, Frankfurt a.M. 1997 zitiert.

Heine-Literatur (Auswahl)

Adorno, Theodor W., Die Wunde Heine, in: Noten zur Literatur, stw, Frankfurt a.M. 1981, 95–100

Börne, Ludwig, Über das Schmollen der Weiber, Berliner Briefe an Jeanette Wohl und andere Schriften, hrsg. von Willi Jasper, Köln 1987

Brinitzer, Carl, Heinrich Heine. Roman seines Lebens, Frankfurt a.M., Berlin, Wien 1972

Hädecke, Wolfgang, Heinrich Heine. Eine Biographie. Reinbek bei Hamburg 1989

Hauschild, Jan-Christoph/ Werner, Michael, Heinrich Heine. »Der Zweck des Lebens ist das Leben selbst«, Berlin 1999

Höhn, Gerhard, Heine-Handbuch, Stuttgart 2004

Kopelew, Lew, Ein Dichter kam vom Rhein. Heinrich Heines Leben und Leiden, Berlin 1981

Liedtke, Christian, Heinrich Heine, Rowohlt-Monographie, Reinbek bei Hamburg 1997

Marcuse, Ludwig, Heinrich Heine. Melancholiker. Streiter in Marx. Epikureer, Zürich 1980

Marcuse, Ludwig, Heinrich Heine, Rowohlt-Monographie, Reinbek bei Hamburg 1960

Mayer, Hans, Der Weg Heinrich Heines. Versuche, Frankfurt a.M. 1998

Mehring, Franz, Heinrich Heine, Berlin 1986

Montanus, Henner, Der kranke Heine. Stuttgart-Weimar 1995

Raddatz, Fritz J., Heine. Ein deutsches Märchen, Reinbek bei Hamburg 1988

Raddatz, Fritz J., Taubenherz und Geierschnabel. Heinrich Heine. Eine Biographie, Weinheim 1997

Reich-Ranicki, Marcel, Der Fall Heine, München 2000

Selden, Camille, Heinrich Heines letzte Tage, Bodenheim 1997

Strodtmann, Adolf, H. Heine's Leben und Werke, 2 Bde., Berlin 1867

Trilse-Finkelstein, Jochanan, Heinrich Heine. Gelebter Widerspruch, Berlin 2001

Steinmann, Friedrich, H. Heine. Denkwürdigkeiten und Erlebnisse aus meinem Zusammenleben mit ihm, Prag und Leipzig 1857

Wadepuhl, Walter, Heinrich Heine. Sein Leben und seine Werke, Köln/Wien 1974

Ziegler, Edda, Heinrich Heine, Leben – Werk – Wirkung, Zürich 1993

Zeittafel

1797 am 13. Dezember wird Harry Heine in Düsseldorf in der Bolkerstraße 275 als ältester Sohn des jüdischen Kaufmanns Samson Heine und seiner Frau Betty, geb. van Geldern, geboren

1798 im Februar Beschneidung, Eintragung in das Register der jüdischen Gemeinde Düsseldorf

1803 Besuch der jüdischen Privatschule Rintelsohn

1804 Napoleon wird Kaiser der Franzosen, Harry besucht die Normalschule im früheren Franziskanerkloster und hat weiterhin Religionsunterricht in der jüdischen Privatschule

1810 Aufnahme ins Lyceum; Gleichberechtigung der Juden

1814 verläßt das Lyceum ohne Abitur; Besuch der Handelsschule Vahrenkampf; Verbannung Napoleons, Wiener Kongreß

1815 kaufmännische Lehre im Bankhaus Rindskopf in Frankfurt; Düsseldorf wird preußisch

1816 Harry setzt die kaufmännische Lehre in Hamburg fort unter Aufsicht Onkel Salomons und liebt seine Cousine

1817 erste Gedichte in Hamburgs »Wächter«

1818 im Mai eröffnet das Manufakturwarengeschäft »Harry Heine & Comp.«

1819 im März Liquidation von »Harry Heine & Comp.« wegen drohenden Bankrotts; Heine beginnt Jura-Studium in Bonn

1820 im Oktober Wechsel nach Göttingen; Arbeit am »Almansor«

1821 Tod Napoleons; Heine in Berlin; »Gedichte« erscheinen bei Maurer

1822 Aufnahme in den »Verein für Cultur und Wissenschaft der Juden«; Reise ins preußisch besetzte Polen

1823 »Tragödien nebst einem lyrischen Intermezzo« erscheinen bei Dümmler; Heine zieht nach Lüneburg zu den Eltern; Uraufführung des »Almansor« in Braunschweig – Theaterskandal

1824 studiert wieder in Göttingen Jura, arbeitet am »Rabbi von Bacherach«, wandert im September durch den Harz und besucht Goethe

1825 am 28. Juni Taufe in Heiligenstadt; Promotion am 20. Juli; erster Sommer auf Norderney

1826 lernt den Verleger Julius Campe kennen; im Mai erscheinen »Reisebilder. Erster Teil«; Arbeit an »Ideen. Das Buch Le Grand«

1827 die »Reisebilder. Zweiter Teil« erscheinen; Englandreise; das »Buch der Lieder« folgt im Oktober; ab November Redakteur der »Neuen allgemeinen politischen Annalen« bei Cotta in München

1828 bewirbt sich um eine Professur in München; fährt im August nach Italien; am 2. Dezember Tod des Vaters; kehrt nach Hamburg zurück

1829 im Frühjahr in Berlin und Potsdam, im Sommer auf Helgoland und im Herbst in Hamburg Arbeit an den Italien-Reisebildern

1830 Skandal um die Platen-Satire im dritten Teil der »Reisebilder«; Heine erfährt auf Helgoland von der Juli-Revolution in Paris; Arbeit an den »Nachträgen zu den Reisebildern«; bemüht sich um eine Ratssyndikusstelle in Hamburg

1831 verlässt am 1. Mai Hamburg und kommt am 19. Mai in Paris an; besucht die Versammlungen der Saint-Simonisten

1832 Korrespondent für die »Allgemeine Zeitung« (bis Herbst 1833)

1833 schreibt Artikelserie über Deutschland für die »L'Europe Litteraire« (daraus entstehen »De l' Allemagne«/ »Die romantische Schule«, »Zur Geschichte der Religion und Philosophie in Deutschland«)

1834 Oktober: Heine liebt Crescence Augustine Mirat, genannt Mathilde

1835 Flucht vor Mathilde; 10. Dezember: Bundestagsbeschluß gegen das Junge Deutschland, Publikationsverbot

1840 wieder Korrespondent der »Allgemeinen Zeitung«; »Ludwig Börne. Eine Denkschrift« erscheint bei Campe unter dem Titel »Heinrich Heine über Ludwig Börne«

1841 Aufenthalt in Cauterets, Pyrenäen; heiratet Mathilde; Duell mit Salomon Strauß

1843 Ende Oktober die erste Deutschland-Reise

1844 preußische Haftbefehle gegen Heine, Marx, Ruge und andere; von Juli bis Oktober zweite Reise nach Deutschland

(anfangs mit Mathilde); »Deutschland. Ein Wintermärchen« und »Neue Gedichte« erscheinen; am 23. Dezember
Tod Salomons; Beginn des Erbschaftsstreits

1846 Aufenthalt in den Pyrenäen, letzte Reise Heines

1847 »Atta Troll« erscheint als Buch

1848 Februar-Revolution; am 26. Februar wird Frankreich Republik; letzte Berichte für die »Allgemeine Zeitung«; im Mai
Beginn der »Matratzengruft«

1851 Campe kommt nach Paris nach jahrelangem Schweigen; im
Oktober erscheint der »Romanzero«

1852 Beginn der Arbeit an »Lutezia«

1854 im September Vertrag über französische Gesamtausgabe;
im Oktober erscheinen »Vermischte Schriften« (»Geständnisse«, »Gedichte 1853 und 1854«, »Die Götter im Exil«,
»Ludwig Marcus. Gedenkworte«; Bd. 2 u. 3: »Lutetia«)

1855 großer Erfolg der »Lutèce« in Frankreich; lernt im Juni Elise
Krinitz kennen

1856 Heine stirbt am 17. Februar um fünf Uhr morgens

Bildnachweis